上海"十二五"重点图书出版规划项目
上海文化发展基金资助项目

·中外会计人文系列丛书·
CHINESE AND FOREIGN ACCOUNTING HUMANITIES SERIES

西方会计规范集萃

许家林 张华林 冯丽丽 等／主编

图书在版编目(CIP)数据

西方会计规范集萃 / 许家林等主编. —上海：立信会计出版社,2013.4
(中外会计人文系列丛书)
ISBN 978-7-5429-3872-5

Ⅰ.①西… Ⅱ.①许… Ⅲ.①会计制度—汇编—西方国家 Ⅳ.①F233.1

中国版本图书馆 CIP 数据核字(2013)第 074151 号

责任编辑　黄成艮
封面设计　周崇文

西方会计规范集萃

出版发行	立信会计出版社	
地　　址	上海市中山西路 2230 号	邮政编码　200235
电　　话	(021)64411389	传　　真　(021)64411325
网　　址	www.lixinaph.com	电子邮箱　lxaph@sh163.net
网上书店	www.shlx.net	电　　话　(021)64411071
经　　销	各地新华书店	
印　　刷	上海肖华印务有限公司	
开　　本	787 毫米×1092 毫米　1/16	
印　　张	36.75	插　　页　3
字　　数	669 千字	
版　　次	2013 年 4 月第 1 版	
印　　次	2013 年 4 月第 1 次	
书　　号	ISBN 978-7-5429-3872-5/F	
定　　价	78.00 元	

如有印订差错，请与本社联系调换

总　　序

　　人类社会发展与演进过程中的无数史实充分表明,会计是经济管理的一个重要组成部分,经济越发展,会计越重要。早在140多年前,马克思就在其鸿篇巨制《资本论》第二卷中曾明确地谈到会计对社会经济发展的重要价值:"过程越是按社会的规模进行,越是失去纯粹个人的性质,作为对过程的控制和观念总结的簿记就越是必要;因此,簿记对资本主义生产,比对手工业和农民的分散生产更为必要,对公有生产,比对资本主义生产更为必要。"在现代信息社会中,经济的发展,尤其离不开会计。而会计理论是采用一定逻辑形式对会计实践行为的本质及其演变与发展规律进行研究后所形成的系统、全面的理性认识。会计理论来自于会计实践,用于指导会计实践并接受实践的检验。由于会计实践的多样性,导致会计理论的内涵非常丰富,所涉及的范围比较广泛,内容也比较庞杂。随着社会生产力水平的不断提高,会计方法与技术日趋完善,会计理论所涉及的范围日益广泛。会计理论和实务的发展,促进着社会经济的发展。

　　20世纪既是世界经济发展的高峰时期,也是现代会计理论逐渐走向成熟的重要时期。在这一时期,会计环境的不断变化给会计工作提出了许多新的要求,也使会计理论与实务面临着许多新的问题。在会计界的共同努力下,会计理论研究所取得的一系列重要成果,为会计科学在整个人类科学体系中占据重要地位打下了坚实的基础。回溯20世纪西方会计理论的发展历程,其巨大成就的取得,除了来自外部环境对会计理论演进的外力作用外,由人类文化宝库中先进的、科学的、优秀的价值观与方法论指导而形成特有会计文化元素——会计学科群体内部的会计专业人士、会计职业组织、会计研究文献、会计专门规范、会计专业期刊和相关会计传播媒体等主要人文因素的相应变化,以及其综合动力的形成,也是促进其发展的重要源泉,它们各自对现代会计理论的发展起到了不同的推动作用。因此,研究现代会计理论与实务的发展趋势,就必须研究其已经取得的历史成就并分析其形成与演进的规律;研究现代西方会计理论及会计思想的发展规律,就需要了解在会计实务与理论发展的不同时期,上述相关因素所起到的客观作用,需要研究不同因素之间的关系及其对会计理论发展的影响程度,更需要系统地研究其所包含的主要内容及其在学术发展中的地位。只有这样,才可使我们在研究有关会计理论学术观点的演进历程、变化态势与发展趋势等问题时,能够从历史发展进程的角度对其进行全面的分析、研究与评判,从而得出相对比较客观的结论。

会计专业人士、会计职业组织、会计研究文献、会计专门规范、会计专业期刊和相关会计传播媒体等学术元素,不仅对现代会计理论的发展具有重要影响,且相互之间也具有必然的联系:如果没有优秀的会计专业人士,就难以对纷繁复杂的会计实务从理论的高度进行系统的分析与研究,从而也就不会产生闪耀着理性光芒的会计思想;如果没有相应的会计职业组织与会计学术组织,单一会计专业人士的思想与理性认识就不会在碰撞和砥砺中得以发扬光大与传播;如果没有会计研究文献,会计专业人士和会计组织的研究成果就不可能流传后世;如果没有会计专业期刊、会计出版机构与会计网络等平面和立体的传播媒体,会计专业人士的思想与观点就不可能有效且及时地传播,会计思想与理论就不可能向指导会计实务方面有效地转化;如果没有形成与时俱进的会计专门规范并付诸实施,会计理论研究成果将会永远停留在会计学者的书斋和会计管理者的案卷资料中,也就不能对会计实务的改进形成具体的指导,进而难以推进会计理论与实务的发展。我们要研究会计思想的发展,就必须对这些问题进行深入、全面、系统的研究。与此同时,我们要培养合格的高层次会计专门人才,就必须向学生系统地传授这方面的知识,以使其在系统了解并不断丰富上述会计理论知识的基础之上,承担传承会计学术薪火的重任。

1983年以来,我一直从事基础会计理论的研究与教学工作。2001年以来,我在中南财经政法大学会计学院主要从事会计学专业博士生的《会计理论发展与学术派别》、硕士研究生《会计基本理论研究》、《会计科学研究方法》和本科生《会计学原理》、《会计理论专题》和《毕业论文写作专题》等课程的教学以及与此相关的研讨组织工作。

在近30年针对不同层次的会计理论教学实践中,我深切地感受到,当前会计专业学生,特别是研究生生源结构上的复杂性,导致学生专业知识参差不齐的现象极其严重。在会计专业理论学习过程,学生对于需要了解的相关基本知识(诸如会计理论发展历史、会计名家、会计名著、会计规范、会计职业组织和会计专业期刊等)以及经典会计文献等会计人文方面的知识知之甚少,甚至可以说是极其贫乏。

目前,在我国繁荣的图书市场上,尽管国内出版的会计理论书籍众多,但尚无系统介绍有关西方会计理论发展演进的普及性书籍,从而给学生全面了解会计理论知识带来诸多不便。此外,尽管有的会计理论书籍中亦有对上述问题的不同程度涉及,以及为满足各自著述需要的不同视角的介绍,但因不同作者取得资料的来源不一,加上互相转引现象较为普遍,因而,客观上既形成了对西方同一学者、同一文献的译法不一、提法不一、说法不一以及内容不一的混乱现象,有的甚至于产生一定的专业知识误导。具体表现为:(1)在同一书中将同一位会计名家列出不同的辞条。如国内已经出版的一本教科书中,对于同一位会计名人分别列了两个辞条:如美国著名的会计学家斯蒂芬·亚当·泽夫(Stephen Addam Zeff),就有两次介绍,既有"斯蒂芬·A·泽福",也有"斯蒂芬·A·泽夫";又如,现代会计之父卢卡·帕乔利(Luca Pacioli)也有两次不同的辞条介绍。(2)同一文献在同一书籍的参考文献中被重复列示。如国内出版的一本会计理论书籍的书末参考文献中,美国著名会计学家阿纳尼亚斯·查尔斯·利特尔顿(Ananias Charles Littleton)1953 年的一份英文文献"A. C. Littleton. 1953. Structure of Accounting Theory. American Accounting Association Published in the United States of American"就出现了 3 次,其主要原因是其在列示该文献时,英文名字的排列顺序不同:一条列为 A. C. Littleton;一条列为 Littleton A. C.;另外一条则直接列为 Littleton。(3)重要会计组织的译名出现明显错误。如国内出版的一本会计学译著中,在介绍作者时,就有:"唐纳德·E·基索(Donald E. Kieso)博士,CPA,全美会计协会(AAA)、全美注册会计师协会(AICPA)和伊利诺伊州注册会计师协会成员……"、"杰里·J·韦安特(Jerry J. Weygandt)博士,CPA,全美会计协会(AAA)、全美注册会计师协会(AICPA)和威斯康星州注册会计师协会成员……"这里面,将美国会计学会(AAA)和美国注册会计师协会(AICPA)一再译为"全美会计协会(AAA)"、"全美注册会计师协会(AICPA)",似有不妥。如此现象,不一而足。这种状况,对于会计专业学术薪火传承产生了一种极为不利的后续学术影响,即部分本科生、研究生毕业后又相继走上不同层次学校会计专业的专科、本科甚至于是硕士研究生会计理论课的教学岗位,他们用非规范抑或是不太准确的学术信息向学生传授,这也在客观上形成了会计专业理论知识的非良性循环。

由此可见,如果能够对影响会计理论与思想发展的相关元素进行全面编译整理,通过相应的研究,最终形成一套能够大致反映 20 世纪中外会计思想发展演变全貌的资料便显得尤为重要。这项工作,既是一项具有重要学术价值和社会影响的文献研究工作,也是一项可体现我国现阶段会计理论研究成果繁荣程度的基础性工作之一。

正是出于个人对这一工作的热情与兴趣,近 10 年来,我亦曾采用多种方式,组织我所带的博士生和硕士生们先后尝试着做了些相应的会计理论知识的普及与传播工作,并取得了初步成效。

2001—2003 年间,我曾组织编纂了《西方会计学名著导读》一书,由于受到当时资料条件的限制,书中只搜集了较为经典的22部会计理论论著,并对其作者生平以及论著的核心内容进行了概要式的编写,该书经中国财政经济出版社于2004年12月正式出版发行后,国内有很多高校均将其选作会计专业研究生的会计理论课的参考材料,笔者所在的中南财经政法大学会计学院更是早已经将该书列为会计专业研究生的必读书目之一,受到了使用者的普遍好评。但由于受当时资料掌握程度的限制,该书所涉及的范围也极为有限。

2005—2006年间,我曾组织2002—2004级硕士生以中文核心期刊《财会月刊》所专门开设的"西方会计名著掠影"专栏为阵地,先后发表了22篇会计名著的赏读性论文,在学术界产生了一定的学术影响。

2007—2010年间,我曾组织2003—2007级博士生在中文核心期刊《财会通讯》、《财会月刊》、《立信会计学院学报》和《财政监督》等杂志上发表了44篇有关实证研究经典论文赏析、会计理论学术派别、会计理论发展创新以及中国会计改革与发展的论文。

2008年1月到2010年12月间,我曾组织2005—2009级硕士生在会计期刊上连载了自1950年"美国会计名人堂"创设以来所入选的前36位会计名家。自2011年开始,我继续组织学生在会计杂志上开设的"西方会计名家掠影"专栏中,连载入选"美国会计名人堂"的后续52位会计名家与其他会计名人的著作。

但由于上述工作涉及的范围较广,延续时间较长,所取得的成果较为零碎,故其所产生的学术影响也受到限制。于是,我们考虑,能否制定一个系统的研究计划并分步实施,对涉及会计理论发展的主要元素进行相对较为全面的整理与研究,并形成一套系统的资料呢?

2001年开始,我即开始构思并着手编纂这套"中外会计人文系列丛书"的准备工作,当时初步拟定本套丛书的书目主要有《西方会计名家传略》、《中国会计名家传略》、《西方会计规范集萃》、《西方会计名著导读(上、下)》、《中外会计组织掠影》和《中外会计期刊概览》等十多本。

为了完成这一浩繁的工程,我先后组织了我院2000—2011级共11届的200多名硕士研究生,以及2004—2011级的100多名博士研究生参与这一工作,并且通过各种方式从国内外不同渠道搜集资料、分类整理并分步组织实施。首先,通过各种渠道广泛搜集西方会计名著、会计规范、会计名家、会计职业组织、会计专业期刊,以及经典会计案例等方面的中外文资料;其次,组织博士与硕士研究生进行全面的编译与整理;第三,组织院内外英文基础较好的青年教师进行校译;最后,组织专家对全部资料进行校订。经过将近10年的努力,基本上完成了前拟规划中主要书目的初步编纂以及相应的资料整理工作。

纳入该丛书撰著规划中的《西方会计名家传略》、《中国会计名家传略》、《西方会计规范集萃》、《西方会计名著导读(上、下)》、《中外会计组织掠影》和《中外会计期刊概览》等6本,将作为"中外会计人文系列丛书"的第一批,可望于2014年底完成全部编纂出版工作。

而纳入该丛书撰著规划中的其他书目,将作为"中外会计人文系列丛书"的第二批,计划在未来5~8年内完成全部编纂出版工作。

我们相信,由于该丛书涉及的知识面广泛,且涉及的内容繁多,故该丛书的出版,不仅会对传播会计理论、繁荣会计理论起到一定的推动作用,更为重要的是,它可为会计专业的研究生学习与研究会计理论,以及会计专业教师研讨会计专业问题,特别是对于研究20世纪会计理论与会计思想发展方面的问题,提供了一套系统的参考资料,且属于填补国内会计理论研究与出版物方面空白的一项工作。因而,它的出版,不仅对繁荣我国现阶段的会计理论研究具有重要的学术价值,而且对我国现阶段的高层次会计教育等会计实务工作,亦具一定的促进作用。

许家林

2013年1月于武昌·竹苑

前　言

《西方会计规范集萃》一书,是我们组织编撰的"中外会计人文系列丛书"的第二辑,它主要收录了48项国际会计职业组织和西方主要国家发布的直接会计规范以及与会计相关的规范,并附有5项中国、韩国两国和中国台湾、香港、澳门等地区的会计相关规范,并对其发布机构与背景,以及各项规范的要点做了提要式评价。

2004年初,我们即开始构思与设计这本书的基本内容,并通过不同渠道全面搜集并不断地积累资料,拟定了书稿编辑方案并分步组织实施。编辑本书目的,就是为会计专业学生与会计理论和实务工作者提供一个比较系统的现行会计规范基本构架,以为其全面把握与深入研究提供基本线索。按照书中所收录会计规范的内容,分为4篇。

第一篇为"会计准则类",共选了21项。其主要内容为IASC/IASB的《国际会计准则》(IAS/IFRS)、IPSASB的《国际公共部门会计准则》(IPSAS)、SEC的会计类文告、CAP的《会计研究公告》(ARB)、APB的《会计业务处理意见书》(APB's Opinions)、FASB的《财务会计准则》(SFAS)、GASB的《美国州和地方政府会计与财务报告准则》(GASBS)、FASAB的《美国联邦政府财务会计准则》(SFFAS)、FASB的《非营利组织公认会计原则》、ASC/ASB的《财务报告准则》(SSAP/FRS)、CICA的《加拿大特许会计师手册》(CICA Handbook)、AASB的《澳大利亚会计准则》(AASB)、DRSC的《德国会计准则》(DRS)、法国的《会计总计划》(PCG)、日本的会计规范、EU的《会计指令》和英美的银行会计准则,并附有KASB的《韩国会计准则》、HKICPA的《香港会计准则》(HKAS)、澳门的会计规范和ARDF的《台湾财务会计准则》。

第二篇为"审计准则类",共选了4项。主要内容为IFAC的《国际审计准则》(ISA)、IIA的《内部审计准则》(IIAS)、GAO的《美国政府审计准则》(GAS)和ASB/PCAOB的《审计准则公告》(SAS/AS)。

第三篇为"职业行为规范类",共选了8项。主要内容为IFAC的《会计师职业道德守则》、IIA的《国际内部审计师道德守则》、AICPA的《职业道德规范》、ICAEW的

《职业道德指南》、CGAC 的《职业道德原则和行为准则》、IMA 的《职业道德标准》、ISAR 的《职业会计师资格要求国际指南》和 IFAC 的《职业会计师国际教育准则》（IES）。

第四篇为"相关法律规范类"，共选了 20 项。主要内容为 SAI 的《社会责任国际标准——SA 8000》、ISO 的《ISO 14001——环境管理体系标准》、ISAR 的《环境成本和负债的会计与财务报告》、ISAR 的《企业环境业绩与财务业绩指标的结合》、ISAR 的《生态效率指标编制者和使用者手册》、OECD 的《公司治理原则》、IFAC 的《公司行为准则制定指南》、COSO 的《内部控制框架》、美国的《萨班斯-奥克斯利法案》、美国《证券法(1933)》及与会计相关的主要条款、美国《证券交易法(1934)》及与会计相关的主要条款、美国《公司法》及会计相关的主要条款、加拿大《公司法》及与会计相关的主要条款、英国《公司法》及与会计相关的主要条款、澳大利亚《公司法》及与会计相关的主要条款、德国《公司法》及与会计相关的主要条款、法国《公司法》及与会计相关的主要条款、荷兰《公司法》及与会计相关的主要条款和日本《公司法》及与会计相关的主要条款，并附有中国《公司法》及与会计相关的主要条款。

我们将收录于书中每项规范分为两个主要部分：第一，是对不同规范的形成与发展情况的简要概述；第二，是对不同规范核心内容的扼要综述。

本书的编写纲要与资料收集整理详案由许家林提出，华东政法大学的张华林博士不仅在前期框架资料的搜集与形成中发挥了重要的作用，还承担了该书全部初稿的总纂工作。冯丽丽和林芳两位博士生不仅承担了部分规范的撰稿工作，还参与了最终书稿的补充与校订工作，博士生蔡梅江协助进行了书稿编校的相关协调工作。龚翔、黄益雄、杨海燕、许慧、胡曲应、朱廷辉、杨孙蕾和李朝芳等各位博士生参加了部分内容的资料补充与校订工作。

该书初稿的作者有王昌锐、胡伟、江金锁、安国祥、陈榜、陈祺、陈燕、程超、杜菲、杜盼盼、付敏、付文娟、顾建华、郭璐、胡鑫红、胡亚君、康婷、李青、李瑞良、李四海、梁飞、刘海英、刘琳、刘晓静、龙娟、马怀花、宁晋豫、彭昕、邱明珠、全怡、孙清亮、孙秀丽、汤建霞、田野、王翠婷、王婧雅、王奇、魏学强、熊黎、徐澜、徐翔、杨芬、游婷婷、张付荣、邹萍、肖曼、闫瑶和翟月梅同学，每位作者所承担的任务，已经分别在各篇规范末以"初稿执笔人"的形式明确。此外，孙清亮、刘海英、肖曼、龙娟、闫瑶、徐佳琪、武苗、杨明、徐荣、钟淑雅和李红良同学，还承担了书稿部分内容的补充任务；2010 级硕士生李寒珺、廖海霞、邓越、李想、陈磊、杨姚幸子和杨姚存子，以及 2011 级硕士生柴小康、刘莎、孙艳阳、周超、胡一川和张然等则承担了书稿终稿的校订工作；2011 级博士生舒利敏和吕敏康除承担全部文末参考文献的校订任务外，还负责组织了最终书稿文字的校订款费用资本化》，2007年3月和2008年5月，IASB对该准则继续进行修订，修订后的生效日期是2009年1月1日。对《IAS No.23——借款费用》的修订取消了原准则中可将所有借款费用立即确认为费用的选择。对于与购置、建造或生产符合条件的资产相关的借款费用，经修订的准则要求将其作为此类资产成本的一部分予以资本化，所有其他的借款费用均应在发生时确认为费用。对IAS No.23的修订通常应采用未来适用法，适用于资本化开始日为IAS No.23修订版的生效日（2009年1月1日，或者由主体指定的任何更早的日期）或以后日期的、与符合条件的资产相关的借款费用。因此，如果主体之前已采用将所有借款费用立即确认为费用的会计政策，则对于在IAS No.23修订版生效日之前发生的与符合条件的资产有关的借款费用，不要求对其财务报表作追溯重述；对于在生效日之前已经开始（即已符合IAS No.23中开始资本化的条件）的项目在生效日之后发生的借款费用，也不要求应用资本化的政策。该准则的目的是规范借款费用的会计核算。一般情况下，准则要求借款费用立即费用化。但是，作为允许选用的处理方法，该准则允许那些可直接归属于符合条件的资产的购置、建造或生产的借款费用资本化。该准则适用于借款费用的会计核算，但不涉及权益的实际成本或估算成本。

《IAS No.24——关联方披露》(Related-Party Disclosures)

2003年12月，《IAS No.24——关联方披露》取代了1994年重编的《IAS No.24——关联方披露》，2009年11月4日，IASB发布了修订后的《IAS No.24——关联方披露》，修订后的IAS No.24简化了受政府控制、共同控制或重大影响的主体的披露要求并澄清了关联方的定义。该准则的目的是确保主体的财务报告对可能影响其财务状况和损益的关联方、关联方之间的交易及其未结算余额做出必要的披露，以引起财务报告使用者的注意。该准则适用于：确定关联方关系和关联方交易；确定主体与关联方之间的未结算余额；确定在前两项中需要披露的情况；确定对这些项目的披露。

《IAS No.25——投资会计》(Accounting for Investments)

2000年4月，《IAS No.25——投资会计》被《IAS No.32——金融工具：披露和列报》、《IAS No.39——金融工具：确认和计量》和《IAS No.40——投资性房地产》替代。在这种情况下，IAS No.25仅剩下有限的内容，IASC认为没有必要单独制定一项国际会计准则，因此决定撤销IAS No.25，该撤销决定对2001年1月1日或以后日期开始的财务报表生效。

《IAS No.26——退休福利计划的会计和报告》(Accounting and Reporting by Retirement Benefit Plans)

1991年，《IAS No.26——退休福利计划的会计和报告》的重编版取代了IASC于

1986年6月批准的原准则,并按国际会计准则的修订格式重新编排。该准则目的是规范退休福利计划的会计处理和报告。该准则适用于为退休福利计划所编制的财务报表,涉及将全部参与者作为一个整体的退休福利计划的会计处理和报告,不涉及提供给各个参与者有关其退休福利权利的报告。

《IAS No. 27——单独财务报表》(Separate Financial Statements)

2003年12月,IASB发布修订后的《IAS No. 27——合并财务报表和单独财务报表》,取代了2000年修订的《IAS No. 27——合并财务报表和对子公司投资会计》。2008年1月发布修订后的IAS No. 27,之后在2008年5月再次修订,修订后对报告期自2009年7月1日或以后日期开始的财务报表有效。2011年5月12日,《IAS No. 27——单独财务报表》取代 IAS No. 27(2003),生效日期是2013年1月1日。该准则的目的是规范子公司、联合控制主体和联营企业的合并财务报表的会计处理。该准则适用于母公司控制下的企业集团合并财务报表的编制和列报,也适用于在母公司单独财务报表中对子公司、共同控制主体和联营企业的投资的核算。

《IAS No. 28——对联营企业和合资企业的投资》(Investments in Associates and Joint Venture)

2003年12月,发布修订后的《IAS No. 28——对联营企业的投资》取代了2000年修订的《IAS No. 28——对联营企业投资会计》,2008年1月和5月再次对其进行修订,修订后对报告期自2009年7月1日或以后日期开始的财务报表有效。2011年5月12日,发布《IAS No. 28——对联营企业和合资企业的投资》取代 IAS No. 28(2003),生效日期是2013年1月1日。该准则的目的是向投资者提供有关所投资本的盈利及被投资方资产、负债下的权益信息。该准则适用于投资者对联营企业和合资企业投资的核算,不适用于由风险投资机构、共同基金、单位信托以及其他包括保险投资连接基金类似主体持有的在联营企业和合资企业中的投资。

《IAS No. 29——恶性通货膨胀经济中的财务报告》(Financial Reporting in Hyperinflationary Economies)

1994年,《IAS No. 29——恶性通货膨胀经济中的财务报告》重编版取代了 IASC 于1989年批准的原准则,之后于2003年12月修订的 IAS No. 21 和2007年9月修订 IAS No. 1 对涉及该准则的内容进行相应的修订,2008年5月再次修订了该准则,修订后对报告期自2009年7月1日或以后日期开始的财务报表有效。在恶性通货膨胀经济中,只以当地货币报告经营成果和财务状况而不加以重新表述是无用的。因为货币如此快速地丧失其购买力使得对在不同时间甚至同一会计期间发生的交易和其他事项进行金额上的比较会使人误解。该准则的目的是规范如何对恶性通货膨胀经济货币报告的企业财务报表加以重新表述。该准则适用于以恶性通货膨胀经济货币报告的企业的基本财务报表,也包括合并财务报表。但该准则不设立判断恶性通货膨胀发生绝对物价上涨率,确定何时需要按照该准则调整财务报表,需要作出判断。

《IAS No. 30——银行和类似金融机构财务报表中的披露》(Disclosures in the Financial Statements of Banks and Similar Financial Institutions)

2005年8月,IASB发布了《IFRS No. 7——金融工具:披露》,取代了《IAS No. 30——银行和类似金融机构财务报表中的披露》。

《IAS No. 31——合营中的权益》(Interests in Joint Ventures)

2003年12月,IASB发布修订后的《IAS No. 31——合营中的权益》,取代2000年修订的《IAS No. 31——合营中权益的财务报告》,2008年1月和2008年5月再对其进行修订,修订后对报告期自2009年7月1日或以后日期开始的财务报表有效。2011年5月12日,IAS No. 31被《IFRS No. 11——联合安排》所取代,生效日期为2013年1月1日。

《IAS No. 32——金融工具:披露和列报》(Financial Instruments: Disclosure and Presentation)

1995年6月,IASC批准了《IAS No. 32——金融工具:披露和列报》,1998年和2000年对其进行了有限的修订,2003年12月,IASB发布了修订后的IAS No. 32。由于2005年8月发布的IFRS No. 7以及2008年1月修订的IFRS No. 3和IAS No. 27对该准则中部分内容进行相应的修订,2009年10月,IASB发布了该准则的修订版,对报告期自2010年2月1日或以后日期开始的财务报表有效。本次修订的内容涉及可赎回金融工具的分类及仅在清算时才产生的义务,旨在提供"短期的有限范围的修订",修订后,可赎回金融工具仅当满足以下条件时才能作为权益列报:在清算时持有人有权按股份比例获得主体的净资产;金融工具属于最次级的工具类别且在该类别中的所有工具均具有相同的特征;该工具没有其他符合金融负债定义的特征;在金融工具存续期内归属于该工具的预计现金流量总额实质上是属于损益、已确认净资产的变动或者主体已确认和未确认净资产的公允价值变动。2011年12月16日,公布对IAS No. 32中的金融资产和金融负债的抵销进行修订,自2014年1月1日开始生效。该准则的目的在于增强财务报告使用者对于资产负债表表内和资产负债表表外金融工具对企业财务状况、经营业绩和现金流量的重要影响的理解。该准则规定了某些资产负债表表内金融工具的列报要求,并明确了资产负债表表内(已确认)及资产负债表表外(未确认)金融工具所应披露的信息。

《IAS No. 33——每股收益》(Earnings per Share)

2003年12月,修订后的《IAS No. 33——每股收益》,取代了1997年发布的《IAS No. 33——每股收益》,由于2007年9月对IAS No. 1的修订,涉及对该准则的修订,对报告期自2009年1月1日或以后日期开始的财务报表有效。该准则的目的是规范每股收益的确定和列报原则,这些原则将改进同一期间不同企业之间和同一企业在不同会计期间的业绩比较。该准则着重于每股收益计算时分母的确定,通过保持分母确定的一致性,使财务报表得以改进。该准则适用于普通股或潜在普通股公开交易的企业以及正处于在公开的证券市场上发行普通股或潜在普通股过程中的企业。没有公开交易的普通股和潜在普通股但披露每股收益的企业,应根据该准则计算和披露每股收益。此外,如果列报母公司合并财务报表,准则只要求对合并报表提供每股收益信息。

《IAS No. 34——中期财务报告》(Interim Financial Reporting)

1998年2月,IAS No. 34经IASC批准。2007年9月,IASB对IAS No. 1的修订中也涉及对该准则的修订,对报告期自2009年1月1日或以后日期开始的财务报表有效。2010年5月6日,《2010年度国际财务报告改进》文件公布,修订后的本准则自2011年1月1日开始生效。该准则的目的是规范中期财务报告的最基本内容,并规范完整或简明的中期财务报表中应采用的确认和计量原则。及时和可靠的中期财务报告可以帮助投资者、债权人和其他人士了解企业的获利和产生现金流量的能力以及其财务状况和流动性。该准则不强制规定哪些企业应公布中期财务报告、间隔多长或在中期期末后多久公布。但是,政府、证券监管机构、证券交易所和会计团体通常要求有债券或权益性证券公开交易的企业公布中期财务报告。如果企业被要求或自行选择依据国际会计准则公布中期财务报告应采用该准则。

《IAS No. 35——终止经营》(Discontinuing Operations)

1998年6月,发布《IAS No. 35——终止经营》,2004年3月31日,《IFRS No. 5——持有以备出售的非流动资产和终止经营》取代IAS No. 35。

《IAS No. 36——资产减值》(Impairment of Assets)

2004年3月,IASB发布修订后的《IAS No. 36——资产减值》取代1998年发布的《IAS No. 36——资产减值》,2008年5月和2009年4月对该准则进行修订,修订后对2010年1月1日或以后日期开始的财务报表有效。该准则的目的是规范企业确保其资产可以不超过可收回金额进行计量的程序。如果资产的账面金额超过了通过使用或销售而收回的价值,该资产就是按超过其可收回金额计量的。如果是这样,该资产应视为已经减值,该准则要求企业确认资产减值损失。该准则也规定了企业应在何时转回减值损失,并规范了减值资产的有关披露内容。该准则规范了除下述资产以外的所有资产减值的会计和披露:存货;建造合同形成的资产;递延所得税资产;雇员福利形成的资产;包括在《IAS No. 32——金融工具:披露和列报》范围内的金融资产;以公允价值计量的投资性房地产;以公允价值减去预计至销售将发生的费用计量的、与农业活动有关的生物资产;包括在《IFRS No. 4——保险合同》范围内、由保险人的合同权利产生的递延取得成本和无形资产;按照《IFRS No. 5——持有待售的非流动资产和终止经营》被划分为持有待售的非流动资产或处置组。该准则适用于以下金融资产:《IAS No. 27——合并财务报表和单独财务报表》中定义的子公司;《IAS No. 28——对联营企业和合资企业的投资》中定义的联营;《IAS No. 31——合营中的权益》中定义的合营。对其他金融资产的减值,参照《IAS No. 39——金融工具:确认和计量》。

《IAS No. 37——准备、或有负债和或有资产》(Provisions, Contingent Liabilities and Contingent Assets)

IAS No. 37 于 1998 年 7 月经 IASC 批准,对报告期自 1999 年 7 月 1 日或以后日期开始的财务报表有效。该准则的目的是确保将适当的确认标准和计量基础运用于准备、或有负债和或有资产,并确保在财务报表的附注中披露充分的信息以便使用者能够理解它们的性质、时间和金额。该准则适用于除以下各项以外所有企业的准备、或有负债和或有资产的会计处理和披露:以公允价值计量的金融工具形成的准备、或有负债和或有资产;待执行合同(亏损性待执行合同除外)形成的准备、或有负债和或有资产;保险公司与保单持有人之间签订的合同形成的准备、或有负债和或有资产;由其他国际会计准则规范的准备、或有负债和或有资产。

《IAS No. 38——无形资产》(Intangible Assets)

2004 年 3 月,IASB 发布修订后的《IAS No. 38——无形资产》取代 1998 年发布的《IAS No. 38——无形资产》,2008 年 3 月和 2009 年 4 月,由于 IFRS 的修订导致对该准则的修订,修订后对报告期自 2009 年 7 月 1 日或以后日期开始的财务报表有效。该准则的目的是对没有在其他国际会计准则中特别涉及的无形资产的会计处理进行规范,规范的内容包括:确认无形资产的条件、计量无形资产的账面金额、无形资产的特定披露。该准则适用于除以下项目以外的所有企业的无形资产的会计处理和披露:《IAS No. 39——金融工具:确认和计量》中定义的金融资产;矿产权及矿产、石油、天然气和类似非再生性资源的勘探支出或开发和采掘支出;由其他国际会计准则规范的无形资产。

《IAS No. 39——金融工具:确认和计量》(Financial Instruments: Recognition and Measurement)

《IAS No.39——金融工具:确认和计量》由 IASC 于 1999 年 3 月批准,2000 年 11 月,对该准则发布了 5 项有限的修订,2003 年 12 月发布了修订后的 IAS No.39 之后,历经多次修订,目前生效的是经 2009 年 4 月修订后的准则,2009 年 11 月 12 日,IAS No.39 中关于分类和计量规定的条款被 IFRS No.9 取代,自 2013 年 1 月 1 日生效并允许提前采用。该准则制定了有关金融资产和金融负债的确认、计量和信息披露原则,目的是为在主体财务报表中确认和计量金融资产、金融负债以及买卖非金融项目的一些合同建立原则。该准则极大地增加了金融工具会计处理中公允价值的使用。按照该准则,所有金融资产和金融负债包括所有衍生工具均应在资产负债表内确认。该准则适用于除已由其他国际会计准则规范的金融工具以外的所有企业中的各项金融工具的会计处理和披露。

《IAS No.40——投资性房地产》(Investment Property)

2003 年 12 月,IASB 发布修订后的《IAS No.40——投资性房地产》取代了 2000 年批准的《IAS No.40——投资性房地产》,由于 2007 年 IFRSs 的修订导致该准则在 2008 年 5 月 22 日进行修订,修订后对报告期自 2009 年 1 月 1 日或以后日期开始的财务报表有效。该准则的目的是规范投资性房地产的会计处理和相关披露要求,主要规范了投资性房地产的确认、确认时的计量、确认后的计量、转换、处置和披露等内容。该准则适用于持有投资性房地产的所有主体,但不适用于:与农业活动有关的、附着于土地的生物资产;矿产权、矿产、石油、天然气和类似非再生性资源的勘探开采。

《IAS No.41——农业》(Agriculture)

IAS No.41 由 IASC 于 2000 年 12 月批准,由于 2007 年 IFRSs 的修订导致该准则在 2008 年 5 月进行修订,修订后对报告期自 2009 年 1 月 1 日或以后日期开始的财务报表有效。该准则的目的是规范与农业活动相关的会计处理、财务报表列报和披露,主要规范生物资产和农产品的确认与计量、与农业活动有关的政府补贴的处理以及有关列报与披露要求。该准则只适用于生物资产、收获时的农产品,以及该准则第 34 段至第 35 段涉及的政府补助,不涉及与农业活动相关的土地、无形资产及收获后农产品的加工。

四、《国际财务报告准则》的主要内容

《IFRS No.1——首次采用国际财务报告准则》(First-time Adoption of International Financial Reporting Standards)

IFRS No.1 是 IASC 自 2001 年 1 月 4 日改组后,新设立的 IASB 正式制定发布的

第一项冠以"国际财务报告准则"的国际会计准则。该准则于 2003 年 6 月 19 日发布,分准则正文、应用指南和结论基础三个部分,它适用于主体自 2004 年 1 月 1 日起或者以后日期的首份财务报表。IFRS No.1 的出台,标志着 IASB 的工作已经进入正轨,从而促使国际会计协调步入了一个新的阶段。2005 年 6 月,对该准则与 IFRS No.6 进行了有关的修正,2008 年 11 月发布修订后的 IFRS No.1,完善了 IFSR No.1 的结构,令该准则更加清晰和易于遵循,2009 年 7 月修订版增加了 2 个对首次采用者的额外豁免,修订后对 2010 年 1 月 1 日或以后日期开始的财务报表有效。2010 年 1 月 28 日修订版,免除了首次采用 IFRSs 者通过 2009 年 3 月提高披露金融工具的使用,提供补充披露(IFRS No.7 修订版)。因此,确保首次采纳者能够受益于与 IFRS No.7 修订同样的过渡期规定。此外,本次修订的有效日期是 2010 年 7 月 1 日,鼓励提前采用。2010 年 12 月 20 日,IFRS No.1 修订了固定过渡期和恶性通货膨胀条款,自 2011 年 1 月 1 日生效。2012 年 3 月 13 日,IFRS No.1 再次修订了在国际财务报告准则过渡内,低于市场利率的政府贷款的业务处理,自 2013 年 1 月 1 日开始生效。

该准则的目的是确保主体首份按照国际财务报告准则编制的财务报表,以及这些财务报表所涵盖的部分期间的中期财务报告能够提供高质量的信息。要求按照该准则所提供的信息能够达到:对使用者透明并且在所有列报期间可比;提供合理的按照国际财务报告准则进行会计处理的起点;编制成本不超过带给使用者的收益。该准则的运用范围限于在按照国际财务报告准则编制财务报表时,能够满足下列条件的各主体:其首份按照国际财务报告准则编制的财务报表;其首份按照国际财务报告准则编制的财务报表已经涵盖了部分期间内按照《IAS No.34——中期财务报告》编制的每份中期财务报告;其首份按照国际财务报告准则编制的财务报表确实是第一份采用国际财务报告准则编制的年度报表,并且已经无保留地声明其遵循了国际财务报告准则。该准则中还对主体按照国际财务报告准则编制首份财务报表的具体条件作了详细列示。该准则在"确认与计量"段,就主体按照国际财务报告准则编制期初资产负债表时,对于会计政策、企业合并、公允价值或重估价值作为认定成本、雇员福利、累计折算差额、复合金融工具、子公司与联营企业以及合营企业的资产与负债、以前已确认金融工具的认定、以股份为基础的支付交易、保险合同等问题的处理原则做了具体规定。该准则在"列报与披露"段,首先明确提出了其对其他国际财务报告准则中的列报和披露要求不予豁免,然后就可比信息、调整、金融资产或金融负债的认定、运用公允价值作为认定成本和中期财务报告等问题做了原则规定。

《IFRS No.2——以股份为基础的支付》(Share-based Payment)

2004年2月,IFRS No.2正式发布,分准则正文、结论基础和应用指南三部分。2008年1月,对该准则中的可行权条件和取消进行了修订,2009年6月修订了该准则中关于集团内现金结算的以股份为基础的支付,修订后适用于主体自2010年1月1日或以后日期开始的财务报表。IFRS No.2是IASB独立制定并对一些一直困扰准则制定机构的难题发挥主导作用的第一个重要准则。

该准则的目的是规范主体在发生以股份为基础的支付交易时如何编制财务报告,特别是要求主体在损益表和财务状况表中反映以股份为基础的支付交易的影响,包括授予雇员股票期权的相关费用。该准则在"确认和计量"段,对以权益结算的以股份为基础的支付交易、以现金结算的以股份支付为基础的支付交易、具有现金选择权的以股份为基础的支付交易问题的具体处理原则做出了规定。该准则在"列报和披露"段首先提出了主体应披露能够使财务报表的使用者理解当期存在的以股份为基础的支付安排的性质和范围的信息;然后,主体披露当期取得的商品或服务的公允价值或者所授予的权益性工具的公允价值如何确定的信息;最后,主体披露以股份为基础的支付交易对主体当期财务状况和经营成果的影响的信息。

《IFRS No.3——企业合并》(Business Combinations)

2004年3月31日,IASB正式颁布《IFRS No.3——企业合并》并取代了《IAS No.22——企业合并》,2008年1月,发布了修订后的该准则,对2009年7月1日或以后日期发生的企业合并生效。IFRS No.3修订引起的其他重要变更包括:扩充了准则的范围,以涵盖共同主体之间的企业合并以及仅依据合同达成的企业合并;针对以股份为基础的替代支付奖励是否转移对价的一部分以及初始确认时对回购权的计量,引入了特定指引;明确主体在购买时需要重新评估契约性协议的分类(保险合同和租赁除外,对于租赁,原先作出的融资租赁或经营租赁的分类应予保留),与金融工具、嵌入衍生工具及套期关系的评估尤其相关。如果主体在2009年7月1日前采用IFRS No.3(2008版),则必须同时采用IAS No.27(2008版);反之亦然。2010年5月6日,因《国际财务报告准则2010年度改进》而修订IFRS No.3,自2010年7月1日生效。

该准则的目的是提高报告主体在其财务报表中提供的企业合并信息及其影响的相关性、可靠性和可比性。为了实现这一目标,该准则规定购买方在进行下述交易时的原则和要求:如何在财务报表中确认和计量取得的可辨认资产、承担的负债和被购买方的非控制性权益;如何确认和计量企业合并中取得的商誉或廉价购买取得的利得;如何确定披露的信息以使报表使用者能评估企业合并的本质及其财务影响。该准则在"确认和计量"段,对购买法的确认原则和计量原则进行了规定,并指出了确认或计量原则的例外,最后对合并的后续计量和会计处理进行规定。该准则在"列报和披露"段,指出购买方应披露该报告期或报告期末之后、财务报表批准报出之前的信息。

《IFRS No.4——保险合同》(Insurance Contracts)

2004年3月,IFRS No.4正式发布,对2005年1月1日或以后日期的财务报表生效。2005年8月,对该准则中财务担保合同进行了修订,对2006年1月1日或以后日期开始的年度期间应用这些修改内容,鼓励提前采用。如果主体提前采用该准则,应披露这一事实。

该准则的目的是在IASC完成保险合同项目第二阶段之前,规范所有签发保险合同的主体对保险合同的财务报告。该准则特别要求:承保人对保险合同的会计处理作有限的改进;披露相关的信息,识别和解释承保人财务报表中因保险合同而产生的金额,以帮助报表使用者理解源于保险合同的未来现金流量的金额、时间及其不确定性。该准则在"确认和计量"段,对其他国际财务报告准则要求的暂时豁免、会计政策变更、在企业合并或一揽子转让中取得的保险合同和相继参与分红特征事项做出规定。该准则在"列报和披露"段,对已确认金额的解释和源于保险合同的风险的性质和程度作出了规定。

《IFRS No.5——持有以备出售的非流动资产和终止经营》(Non-current Assets Held for Sale and Discontinued Operations)

2004年3月31日,IASB正式发布IFRS No.5,取代了《IAS No.35——终止经营》,IFRS No.5是IASB与FASB合作项目的第一个准则,是在重估了FASB于2001年发布的《SFAS No.144——长期资产减值或处置的会计处理》后的成果。IFRS No.3和IFRS No.5的发布,消除了IFRSs和美国GAAP之间的主要差异。由于2007年IFRSs的修订,2008年5月,对IFRS No.5进行了修订,同时由于2008年11月,《国际财务报告解释公告第17号——向所有者分配非现金资产》的修订导致该准则对关于分配非现金资产的会计处理进行修订。2009年4月,由于IFRSs多项准则修订,该准则再次进行了修订,修订后对2010年1月1日或以后日期开始的报告期的财务报告有效。

该准则的目的是规范持有以备出售资产的会计处理,以及终止经营的列报和披露。该准则要求:满足划分为持有以备出售标准的资产应按照账面价值和公允价值减去出售费用后的余额孰低计量,并且停止对这些资产计提折旧;满足划分为持有以备出售标准的资产应在资产负债表中单独列示,终止经营的成果也应在损益表中单独列示。该准则在"确认和计量"段,对将非流动资产(或处置组)划归为持有待售的确认标准、计量原则做出了具体规定。该准则在"列报和披露"段,对列报终止经营、与持续经营有关的利得或损失、被划归为持有待售的非流动资产(或处置组)的列报、附加披露等问题做了原则规定。

《IFRS No. 6——矿物资源的勘探和评价》(Exploration for and Evaluation of Mineral Resources)

2004年12月,IASB正式发布IFRS No. 6,2005年6月,发布了该准则的修订版,在2006年1月1日或以后日期开始的年度期间采用,鼓励提前采用。如果主体在2006年1月1日之前开始的年度期间采用该准则,应披露这一事实。

该准则的目的是规范矿物资源勘探和评价的财务报告,对以下方面做出了规定:对勘探和评价支出的现行会计实务进行有限改进;要求确认勘探和评价资产的主体按照本国际财务报告准则对这些资产进行减值评估;要求披露用于认定和解释因矿物资源的勘探和评价而在主体财务报表中确认的金额的信息,帮助报表使用者理解主体确认的勘探和评价资产所带来的未来的现金流量的金额、时间和确定性。该准则适用于主体对当期发生的勘探和评价支出的会计处理,不适用于在勘探和评价矿物资源之前发生的支出和开采矿物资源的技术可行性和商业价值能够得到证明之后发生的支出。该准则在"确认和计量"段,对勘探和评价资产进行确认和计量;在"列报"段,对勘探和评价资产进行分类和重分类;在"减值"段,对减值的确认和计量以及勘探和评价资产减值评估的层次进行了规定;在"披露"段,明确了主体应披露的内容。

《IFRS No. 7——金融工具:披露》(Financial Instruments:Disclosures)

2005年8月,IASB正式发布《IFRS No. 7——金融工具:披露》,2008年1月和10月、2009年3月、2010年10月7日、2011年12月16日分别对该准则进行了修订,最后一次修订允许财务报表的使用者提高他们对金融资产交易的理解,包括实体由于资产的转换而仍然存在任何可能的风险。此外,如果在报告期末进行不成比例的转换交易,本次修订要求进行额外的披露。

该准则的目的是要求主体在其财务报表中提供信息披露,以使报表使用者可以对下列事项进行评估:金融工具对主体的财务状况和业绩的重要性;主体在报告期间和报告期末承受金融工具所产生的风险的性质和程度,以及主体如何管理这些风险。该准则中的原则是对IAS No. 32和IAS No. 39中金融资产及金融负债的确认、计量和列报原则的补充。该准则适用于除下述各项之外的所有类型的金融工具:遵循IAS No. 27、IAS No. 28和IAS No. 31进行会计处理的子公司、联营或合营中的权益;使用IAS No. 19的雇员福利计划产生的雇主权利和义务;在IAS No. 4中定义的保险合同；适用 IFRS No.2 的以股份为支付基础的支付交易中的金融工具、合同和义务，但在 IAS No.39 第 5 段至第 7 段范围内的合同除外。该准则在"确认和计量"段，对金融工具在财务状况表、综合收益表、其他披露中的确认和计量作出了规定。该准则在"列报和披露"段，对金融工具所产生的风险的性质和程度的定性和定量披露作出了规定。

《IFRS No.8——经营分部》(Operating Segments)

2006 年 11 月，IASB 发布了《IFRS No.8——经营分部》，由于 2009 年 4 月，IFRSs 的修订，该准则也进行了修订，修订后对 2010 年 1 月 1 日或以后日期开始的期间的财务报表适用。

该准则的目的是向报表使用者披露信息，使其能够评价主体所从事经营活动的性质和财务影响，以及其经营所处的经济环境。该准则适用于：母公司的集团合并财务报表以及主体的单独或个别财务报表。该准则对经营分部和报告分部的加总标准和量化界限进行了规定，对经营分部的一般信息和利润或亏损、资产和负债的信息披露作出了规定，并且在计量时对相关内容进行了调节和对前期报告信息进行了重述。

《IFRS No.9——金融工具》(Financial Instruments)

2009 年 11 月 12 日，IASB 发布《IFRS No.9——金融工具》，对 2013 年 1 月 1 日或以后日期开始的期间的财务报表适用，允许提前采用。2010 年 11 月 1 日发布了金融负债会计确认的必要条件，充实了 IFRS No.9 的内容。2011 年 12 月 16 日，修订 IFRS No.9 的生效日期为 2015 年 1 月 1 日或以后日期开始的期间的财务报表，并修订了免除重述对比期和与 IFRS No.7 相关的披露。

IFRS No.9 引入了有关金融资产分类和计量的新要求，对于该准则没有涵盖的属于 IAS No.39 范围的金融工具，提前采用该准则的主体将继续采用 IAS No.39 的其他会计处理要求。IFRS No.9 提供了将公允价值选择权作为以摊余成本计量的替代方法，对于未采用公允价值选择权被指定为以公允价值计量且其变动计入损益的债务工具，如果主体有关金融资产的业务模式目标发生变更而之前的模式不再适用，则应当对以公允价值计量且其变动计入损益类别与以摊余成本计量类别进行重分类。IFRS No.9 要求主体审核基础资产或现金流量以作出决定。所有属于 IFRS No.9 范围的所有者权益投资在财务状况表中均以公允价值计量，并且在没有作出特别选择的情况下利得和损失均计入损益。属于 IFRS No.9 范围的所有衍生工具均须以公允价值计量，包括通过交付无标价权益工具进行结算的金融工具。对于主合同是一项属于 IFRS No.9 范围的金融资产的情况，金融资产的合同现金流量应作为整体评估，如果该金融资产的任何现金流量不代表 IFRS No. 9 所述的本金和利息付款额,则该资产整体应以公允价值计量且变动计入损益。对于金融资产产生的收入是由发行人以优先于其他多项与合同挂钩工具的顺序进行支付的情况,IFRS No. 9 规定此类工具的现金流量必须满足特定条件才能被视为本金和利息的付款额。

《IFRS No. 10——合并财务报表》(Consolidated Financial Statements)

2011 年 5 月 12 日,IASB 颁布《IFRS No. 10——合并财务报表》。当一个主体控制一个或多个其他主体时,该项准则为控制主体编制合并财务报表提供依据。IFRS No. 10 取代了《SIC No. 12——合并:特殊目的主体》和《IAS No. 27——合并财务报表和单独财务报告》中对合并的相关要求,对 2013 年 1 月 1 日或以后日期开始的财务报表适用,允许提前采用。IFRS No. 10 的主要目的在于确定投资者是否能够控制被投资者,从而为所有类型主体提供唯一的合并模型。该准则中控制的定义包括三个因素:①对被投资者的控制力;②从被投资者处获得变动收益的权利;③利用控制力影响报告主体收益的能力。该项准则规定一个主体是否应该包括在母公司的合并财务报表中,取决于对控制概念的界定,同时该准则还为控制难以被评定时提供了额外的指导,如潜在投票权、代理关系、对特殊资产的控制力以及其他不由投票权决定控制的情况。相对于 SIC No. 12 和 IAS No. 27 来说,IFRS No. 10 对控制的内涵进行了发展和延伸,而针对合并中会计处理和合并程序的规定该准则延续了 IAS No. 27 的要求。

《IFRS No. 11——联合安排》(Joint Arrangements)

2011 年 5 月 12 日,IASB 发布《IFRS No. 11——联合安排》,取代了《SIC No. 13——共同控制主体:投机者的非货币性贡献》和《IAS No. 31——合营中的权益》,对 2013 年 1 月 1 日或以后日期开始的期间财务报表适用,允许提前采用。IFRS No. 11 构成 FASB 和 IASB 之间谅解备忘录的一部分,尽管最初的目的是为了在较短时间内减少准则分歧,但首先关注的却是有关联合安排的会计核算问题。该准则规定了联合安排中缔约方编制财务报告的原则基础,即要求关注联合安排中对被投资方的权利和义务,而不是法律形式,从而对联合安排进行更真实的反映。IFRS No. 11 是对 IAS No. 31 的改进,因为它确立了一个清晰的原则,这一原则适用于所有联合安排的会计问题。为了消除联合安排报告的不一致,IFRS No. 11 要求对联合安排主体的收益采用统一的会计核算方法。这一基础方法将使得信息使用者获取更加透明的信息;同时,有关联合安排报告的真实性、可比性和可理解性也将得到提升。该基础方法的使用会形成两种情况:一是联合经营,即投资主体对被投资方的资产拥有权利,对其负债承担义务,此时需核算源自被投资方的资产、负债以及相应的收入和费用;二是联合投资,即投资主体仅对被投资主体的净资产拥有权益,此时需采用权益法对投资进行核算。

《IFRS No. 12——其他实体的权益披露》(Disclosure of Interests Other Entities)

2007年开始的全球金融危机,强调了有关报告实体的信息缺乏透明度。同时,IASB意识到《IAS No. 27——合并财务报表和独立财务报表》、《IAS No. 28——联营企业的投资》,以及《IAS No. 31——合营中的权益》,在许多领域均有重叠。因此,委员会得出结论,为满足其他实体的利益,使其更容易理解和运用适当的披露要求,国际财务报告准则第12条规定实体披露信息应正确评估以下两点:①其他实体权益的性质及风险;②关于其他实体的财务状况、经营成果及现金流量的权益的影响。2011年5月12日,IASB发布《IFRS No. 12——其他实体的权益披露》,它适用于子公司、联合安排、联营公司或非合并实体的权益。该准则对2013年1月1日或以后日期开始的期间财务报表适用,允许提前采用。

《IFRS No. 13——公允价值计量》(Fair Value Measurement)

2011年5月12日,IASB发布了《IFRS No. 13——公允价值计量》,该准则于2013年1月1日生效。它陈述了一个依据公允价值计量披露框架的独立国际财务报告准则。该准则不确定资产、负债以及所有者权益的权益工具何时采用公允价值计量。该准则中的计量以及披露要求应用于当其他准则需要或允许某些项目采用公允价值计量时。

公允价值计量条款属于有关IASB和美国FASB之间的谅解备忘录的一部分。该准则是FASB中820号条款的更新,同时也是一个满足IFRS以及GAAP对公允价值计量以及披露需求的指引。

主要参考文献

[1] [美]罕尼·梵·格鲁宁. 国际财务报告准则:实用指南[M]. 北京国家会计学院,译. 北京:中国财政经济出版社,2007.

[2] 财政部会计司. 国际财务报告准则:2004[M]. 北京:中国财政经济出版社,2005.

[3] 沈颖玲,等. 国际财务报告准则——阐释与应用[M]. 上海:立信会计出版社,2007.

[4] 汪祥耀,邓川,等. 国际会计准则与财务报告准则——研究与比较(第2版)[M]. 上海:立信会计出版社,2005.

[5] 汪祥耀,等. 与国际财务报告准则趋同——路径选择与政策建议[M]. 上海:立信会计出版社,2006.

[6] 王建新. 国际财务报告准则简介及与中国会计准则比较[M]. 北京:人民出版社,2008.

［7］张象至,李红霞.《改进国际会计准则》项目13项国际会计准则主要变化(一)[J].会计研究.
　　　2004(1):82-95.
［8］http://www.iasplus.com/china/0912closingout2009_cn.pdf，2011-03-12.
［9］http://www.iasc.org，2011-03-12.

（初稿执笔人：王昌锐　孙清亮）

IPSASB 的《国际公共部门会计准则》(IPSAS)

一、《国际公共部门会计准则》概述

国际公共部门会计准则(International Public Sector Accounting Standards,简称 IPSAS)是由国际公共部门会计准则理事会(International Public Sector Accounting Standards Board,简称 IPSASB)制定发布的适用于公共部门的会计和财务报告标准。国际公共部门会计准则委员会(IPSASB)是国际会计师联合会(International Federation of Accountants,简称 IFAC)下设的一个常设委员会,它成立于 1986 年,原称为公共部门委员会(Public Sector Committee,简称 PSC),2004 年 11 月,改名为 IPSASB。IPSASB 致力于制定高质量的全球公认的公共部门会计准则(IPSAS),并积极推动公共部门会计准则的国际协调和促进全球政府财务报告质量的提高。截至 2010 年 12 月 31 日,IPSASB 共发布了 31 项基于权责发生制的国际公共部门会计准则,这些准则代表着国际公共部门主体财务报告领域的先进实务,正在为世界越来越多的国家所采用、趋同和协调。

国际公共部门会计准则的发展分为两个阶段:第一阶段为国际公共部门会计准则体系框架的构建阶段。自成立后至 20 世纪 90 年代中期,委员会重点研究了公共部门会计和财务报告关键的基础问题,包括公共部门财务报告的目标、会计核算基础、财务报告主体、财务报表要素、要素的定义和确认等议题,对这些问题的研究构建了公共部门会计准则体系的基本框架,也为 90 年代后期国际公共部门具体会计准则的制定打下了坚实的理论基础。第二阶段为国际公共部门具体会计准则的制定阶段。1996 年,为了推动各国政府会计改革、加强政府会计规范的国际协调,以提高各国政府会计信息的质量,IPSASB 在进行了大量前期研究的基础上开始启动"准则项目",着手制定一系列规范性的公共部门会计准则和相关实务指南。在工作过程中,基本上采纳了 IASB 已发布的改进前的国际会计准则(IAS),尽可能保留 IAS 的会计处理方法和原有内容,除非存在重大问题并有证据表明该问题与 IAS 相背离。同时,IPSASB 也参考和使用了其他一些机构已发布的公告,如各国的权威监管机构、会计职业团体等,但这些机构对 IPSAS 的影响并不是非常明显。

为了进一步完善 IPSAS 体系,IPSASB 正在努力进行以下工作:为现有的国际财务报告准则中尚未涉及的公共部门特有的会计问题制定规范,并且发布了关于税收和转移支付的非交换收入的第 23 号具体准则;将已发布的 IPSAS 与国际货币基金组织(IMF)的政府财政统计(GFS)文件相协调;按改进后的国际财务报告准则(IFRS)修订现行的国际公共部门会计准则(IPSAS)。

国际公共部门会计准则是 IPSASB 发布的各种文献中具有权威性的公告,主要体现在公共部门财务报告的目标、会计核算基础、会计要素的分类、定义、确认和计量,以及财务报表的列报等方面,其具体准则共有 31 号。

二、《国际公共部门会计准则》的主要内容

《IPSAS No. 1——财务报表的列报》(Presentation of Financial Statements)

IPSAS No. 1 是依据国际会计准则理事会(International Accounting Standards Board,简称 IASB)发布的《IAS No. 1——财务报表的列报》(2003 年 12 月修订)起草的。为了响应 IASB 对国际会计准则的改进,IFAC 会计准则理事会对《IPSAS No. 1——财务报表的列报》作了修改,并取代了 2000 年 5 月发布的《IPSAS No. 1——财务报表的列报》。2010 年 1 月,对本准则进行修订,主要修订准则第 75、第 79、第 82、第 129、第 148 和第 150 段,增加了第 7A、第 95A、第 148A~D 段,主要变化体现在以下 7 个方面:范围、定义、公允表达和违背 IPSAS、资产和负债的分类、列报和披露、净资产或权益变化的声明、注解。修订的内容对 2011 年 1 月 1 日或以后日期的财务报表生效。如果主体在 2011 年 1 月 1 日前采用本准则的第 79 和第 82 段,应披露这一事实。如果主体在 2011 年 1 月 1 日前采用本准则的第 7A、第 95A 和第 148D 段,应披露这一事实,并且也要同时采用 IPSAS No. 28。如果主体在 2011 年 1 月 1 日前采用本准则的第 75、第 129、第 148 和第 148A~C 段,应披露这一事实,并且也要同时采用 IPSAS No. 30。

该准则规定了财务报表的组成部分,同时也规定了在财务状况表和财务业绩表表内披露以及列报净资产/权益变动的最低要求。准则还规定了可能在相关财务报表表内或附注中进一步列示的项目。一套完整的财务报表包括:财务状况表;财务业绩表;净资产/权益变动表;现金流量表;当主体公布其获得批准的预算时,还应编制一份额

外的关于预算和实际发生额相比较的单独的财务报表,或者在财务报表中列示预算栏;包括重要会计政策概述和解释性注释的财务报表附注。该准则的目的在于规定通用财务报表的方式,以确保主体自身的财务报表与其前期的财务报表以及与其他主体的财务报表相互可比。为了达到该目的,该准则提出了财务报表列报的总体要求,提供了有关财务报表结构的指南,还提出了权责发生制会计基础下财务报表内容的最低要求,具体交易和其他事项的确认、计量和披露则在其他国际公共部门会计准则中规定。

该准则适用于以权责发生制为基础,根据国际公共部门会计准则编报的所有通用财务报表以及除政府企业以外的所有公共部门主体。"政府企业"在《IPSAS No. 1——财务报表的列报》中给予了定义。关于"政府企业"定义的来源,以下不再赘述。主体应在自 2008 年 1 月 1 日或以后日期开始的财务报表采用本国际公共部门会计准则,鼓励提前采用。如果主体对 2008 年 1 月 1 日之前开始的期间采用了该准则,则应披露这一事实。

《IPSAS No. 2——现金流量表》(Cash Flow Statements)

IPSAS No. 2 是依据 IASB 发布的《IAS No. 7——现金流量表》起草的。2010 年 1 月,对本准则进行修订,主要是对准则第 22 段"经营活动现金流量的内容"进行修订,修订的内容对 2011 年 1 月 1 日或以后日期的财务报表生效。如果主体在 2011 年 1 月 1 日前采用本准则,应披露这一事实,并且也要同时采用 IPSAS No. 17 的第 83A 段。

该准则的目的是要求主体通过现金流量表的方式提供有关现金和现金等价物历史变动的信息,现金流量表将当期现金流量划分为经营活动、投资活动和筹资活动的现金流量。采用权责发生制会计基础编报财务报表的主体,应当根据该准则的要求编制现金流量表,并应将其作为财务报表列报各期财务报表的必要组成部分进行列报;该准则适用于除政府企业之外的所有主体列报现金流量表。该准则对报告期自 2001 年 7 月 1 日或以后日期开始的财务报表有效,鼓励提前采用。

《IPSAS No. 3——会计政策、估计变更和差错》(Accounting Policies, Changes in Accounting Estimates and Errors)

IPSAS No. 3 是依据 IASB 发布的《IAS No. 8——会计政策、会计估计变更和差错》(2003 年 12 月修订)起草的,取代了 2000 年 5 月发布的《IPSAS No. 3——当期净盈余或赤字、重大差错和会计政策变更》。2010 年 1 月对本准则进行修订,主要修订准则第 9、第 11 和第 14 段,涉及的修订内容如下:准则的名称、范围、定义、重要性、本期的盈余或亏损、会计政策、差错、本准则应用的特例、披露。修订的内容对 2011 年 1 月 1

日或以后日期的财务报表生效,鼓励提前采用。

该准则的目的是对选择和变更会计政策的标准,以及对会计政策变更、会计估计变更和差错更正的会计处理及披露作出规定。准则旨在提高主体财务报表的相关性和可靠性以及该主体不同期间财务报表的可比性和与其他主体财务报表之间的可比性。该准则适用于会计政策的选择和应用,以及会计政策变更、会计估计变更和前期差错更正的会计处理,并适用于除政府企业之外的所有公共部门主体。该准则包括原本包括在《IPSAS No.1——财务报表的列报》中的会计政策选择的标准,但是不包括关于财务业绩表中项目列报的规定,这些规定现包括在 IPSAS No.1 中。主体应对自 2008 年 1 月 1 日或以后日期开始的年度期间,采用本国际公共部门会计准则,鼓励提前使用。

《IPSAS No.4——汇率变动的影响》(The Effects of Changes in Foreign Exchange Rates)

2000 年 5 月,IPSASB 的前身——公共部门委员会发布了第一版《IPSAS No.4——汇率变动的影响》,这版准则是基于 1993 年版的《IAS No.21——汇率变动的影响》制定的。2006 年 12 月,IPSASB 根据 IAS No.21(2003 年修订版)修订了 IPSAS No.4,后来为了响应 IASB 对国际会计准则的改进项目,发布了新的《IPSAS No.4——汇率变动的影响》作为原准则的替代。本准则的变化主要是由于 IPSAS No.3 的变化引起的。主体的国外业务可能有两种形式:外币交易或拥有境外经营。另外,主体可能按外币列报其财务报表。该准则旨在规定如何将外币交易和境外经营反映在主体的财务报表中,以及如何将财务报表折算成列报货币。外币交易和国外经营中的主要问题是使用何种汇率以及如何在财务报表中报告汇率变动的影响。

该准则要求,以权责发生制为基础编制财务报表的主体应当在以下方面采用该准则:外币交易和余额的会计处理,但包括在国际和国内有关金融工具确认和计量的会计准则范围内的衍生工具交易和余额除外;通过合并、比较合并或权益法而被包括在主体财务报表中的境外经营的经营成果和财务状况的折算;将主体的经营成果和财务状况折算成列报货币。该准则适用于除政府企业之外的所有公共部门主体。主体应对自 2010 年 1 月 1 日或以后日期开始的年度期间采用本国际公共部门会计准则,鼓励提前采用。如果主体对 2010 年 1 月 1 日之前开始的期间采用了该准则,则应披露这一事实。

《IPSAS No.5——借款费用》(Borrowing Costs)

IPSAS No.5 是依据 IASB 发布的《IAS No.23——借款费用》起草的。

该准则的目的在于规范借款费用的会计处理。在一般情况下,该准则要求借款费用立即费用化。但是,作为允许选用的处理方法,该准则也允许将那些可直接归属于符合资本化条件的资产购置、建造或生产的借款费用资本化。该准则适用于借款费用的会计处理,并适用于除政府企业以外的所有公共部门主体。它对报告期自 2001 年 7 月 1 日或以后日期开始的财务报表有效,鼓励提前采用。若主体在该准则生效日期后采用国际公共部门会计准则所定义的权责发生制会计基础编报财务报告,则该准则适用于该主体自采用日或以后日期开始的财务报表。

《IPSAS No. 6——合并财务报表和单独财务报表》(Consolidated and Separate Financial Statements)

IPSAS No. 6 是根据 IASB 发布的《IAS No. 27——合并财务报表和单独财务报表》(2003 年修订版)制定的。该准则取代了基于《IAS No. 27——合并财务报表和受控主体会计》(1994 年重调格式版)制定,并于 2000 年 5 月发布的《IPSAS No. 6——合并财务报表和受控主体会计》。

该准则的目的在于规范子公司、联合控制主体和联营企业的合并财务报表的会计处理。该准则要求在权责发生制下编制和列报财务报表的主体应当在为经济主体编制和列报合并财务报表时采用该准则,也适用于主体选择或应当地监管部门要求报送单独财务报表时,对受控主体、共同控制主体和联营主体的会计处理。该准则适用于除政府企业外的所有公共部门主体。各主体应当自 2008 年 1 月 1 日或以后日期开始的年度期间采用本国际公共部门会计准则,鼓励提前采用。如果主体对 2008 年 1 月 1 日前开始的期间采用了该准则,则应当披露该事实。

《IPSAS No. 7——联营中的投资》(Investments in Associates)

IPSAS No. 7 是根据 IASB 发布的《IAS No. 28——联营中的投资》(2003 年修订版)制定的。为响应 IASB 改进国际会计准则的项目,该准则取代了 2000 年 5 月基于《IAS No. 28——对联营投资的会计处理》(1994 年重排版)制定的《IPSAS No. 7——对联营主体投资会计》。该准则的目的在于向使用者提供有关投资者对所投资本的盈利及资产负债和权益的信息。2010 年 1 月,对本准则进行修订,主要修订准则第 1 段"准则适用的范围",修订的内容对 2011 年 1 月 1 日或以后日期的财务报表生效。如果主体在 2011 年 1 月 1 日前采用本准则,应披露这一事实,并且也要同时采用 IPSAS No. 28 的第 3 段、IPSAS No. 8 的第 1 段和 IPSAS No. 30 的第 3 段,鼓励提前采用。

该准则要求,采用权责发生制编报财务报表的主体,如果其对联营主体投资是以持有股份或其他正式的权益结构方式拥有所有者权益,则应当运用该准则对联营主体投资进行会计处理。然而,该准则不适用于下述投资者持有的联营中的投资:风险资本组织,共同基金、信托公司以及包括投资连接保险基金在内的类似主体,这些投资遵循涉及金融工具确认和计量的相关国际或国家会计准则,以公允价值计量,公允价值变动计入当期盈余/赤字。该准则适用于除政府企业外的所有公共部门主体。该准则要求,各主体应当自2008年1月1日或以后开始的年度期间采用该准则,鼓励提前采用。如果主体对2008年1月之前开始的期间采用了该准则,应披露这一事实。

《IPSAS No.8——合营中的权益》(Interests in Joint Ventures)

IPSAS No.8是根据IASB发布的《IAS No.31——合营中的权益》(2003年修订版)起草的。为了响应国际会计准则理事会改进国际会计准则的项目,该准则取代了2000年5月基于《IAS No.31——合营中权益的财务报告》(1994年重调格式版)发布的《IPSAS No.8——合营中的权益》。该准则的目的是向使用者提供有关投资所有者在合营企业的盈利以及净资产中的权益的信息。2010年1月,对本准则进行修订,主要修订准则第1段"准则适用的范围",修订的内容对2011年1月1日或以后日期的财务报表生效。如果主体在2011年1月1日前采用本准则,应披露这一事实,并且也要同时采用IPSAS No.28的第3段、IPSAS No.7的第1段和IPSAS No.30的第3段,鼓励提前采用。

该准则要求,以权责发生制编报财务报表的主体,应采用该准则核算其在合营中的权益,并在合营者和投资者的财务报表中报告合营资产、负债、收入和费用,不论合营活动是在怎样的结构和形式下发生的。但是,该准则不适用于下述主体持有的共同控制主体中的合营者权益:风险资本组织,共同基金、信托公司以及包括投资连接保险基金在内的类似主体。这些权益按照规范金融工具确认和计量的相关国际或国家会计准则,在初始确认时被指定为以公允价值计量,并将公允价值变动计入当期盈余/赤字。该准则适用于除政府企业外的所有公共部门主体。该准则要求,各主体应对自2008年1月1日或以后日期开始的报告期间采用本国际公共部门会计准则,鼓励提前采用。如果主体对2008年1月1日之前开始的期间采用了该准则,则应披露该事实。

《IPSAS No.9——交换交易收入》(Revenue from Exchange Transactions)

IPSAS No.9是根据IASB发布的《IAS No.18——收入》(1993年修订版)起草的。该准则的目的在于规范交换交易和事项所形成收入的会计处理。在收入会计处理中,主要问题是决定何时确认收入。在未来经济利益或服务潜能很可能流入主体且这些利益能被可靠地计量时,才对收入加以确认。准则明确了在何种情况下这些标准将被满足,也提供了关于应用这些标准的实务指导。

该准则要求,采用权责发生制基础编报财务报表的主体,应当运用该准则对下列交易和事项产生的收入进行会计处理:提供服务;销售货物;提供他人使用本主体能产生利息、特许使用费和股利的资产,但不涉及非交换交易收入。该准则适用于除政府企业以外的所有公共部门主体。该准则对报告期自 2002 年 7 月 1 日或以后日期开始的财务报表有效,鼓励提前采用。

《IPSAS No. 10——恶性通货膨胀经济中的财务报告》(Financial Reporting in Hyperinflationary Economies)

IPSAS No. 10 是根据 IASB 发布的《IAS No. 29——恶性通货膨胀经济中的财务报告》(1994 年重调格式版)起草的。IPSAS No. 10 主要修订准则第 17、第 18 和第 22 段"财务状况的陈述",修订的内容对 2011 年 1 月 1 日或以后日期的财务报表生效,鼓励提前采用。

采用权责发生制基础编报财务报表且以恶性通货膨胀经济货币为报告的主体,应当采用该准则编报基本财务报表,包括合并财务报表。该准则适用于除政府企业外的所有公共部门主体。

该准则对报告期自 2002 年 7 月 1 日或以后日期开始的财务报表有效,鼓励提前采用该准则。

《IPSAS No. 11——建造合同》(Construction Contracts)

IPSAS No. 11 是根据 IASB 发布的《IAS No. 11——建造合同》(1993 年修订)起草的。该准则的目标在于规定与建造合同有关的收入和成本的会计处理。该准则的内容包括:确认属于建造合同的相关协议;提供公共部门可能存在建造合同类型方面的指南;具体规定合同费用的确认基础及披露,如果相关,还应对合同收入的确认基础及披露进行规范。

该准则要求,采用权责发生制为基础的编报财务报表的承包商,应当采用该准则对建造合同进行会计处理。该准则适用于除政府企业以外的所有公共部门主体。该准则对报告期自 2002 年 7 月 1 日或以后日期开始的财务报表有效,鼓励提前采用该准则。

《IPSAS No. 12—— 存货》(Inventories)

IPSAS No. 12 是根据 IASB 发布的《IAS No. 2——存货》(2003 年修订)起草的。该准则取代了基于《IAS No. 2——存货》(1993 年修订)于 2001 年发布的《IPSAS No. 12——存货》。该准则的目的是对存货的会计处理作出规定。2010 年 1 月,对本准则进行修订,主要修订准则第 29 段"生物资产的农业生产成本",修订的内容对 2011 年 1 月 1 日或以后日期的财务报表生效。如果主体在 2011 年 1 月 1 日前采用本准则,应披露这一事实,并且也要同时采用 IPSAS No. 27,鼓励提前采用。

该准则要求,以权责发生制为基础编报财务报表的主体,应采用该准则对除下列各项外的所有存货进行会计处理:建造合同(包括直接相关的劳务合同)形成的在建工程(参见《IPSAS No.11——建造合同》);金融工具;与农业活动相关的生物资产,以及收获时的农产品(参见涉及农业的相关国际或国家会计准则);不直接从接收者那里取得对价或仅取得名义对价而提供的未完工服务。该准则不适用于由于下列持有者所持有的存货的计量:按那些行业已经确立的惯例,以可变现净值计量的农林产品、收割后的农产品、矿物和矿产品的生产者,如果这些存货按可变现净值计量,其价值的变动应在变动当期确认计入盈余或赤字;按公允价值减去销售费用后的余额计量其存货的商品经纪人,如果这些存货按公允价值减去销售费用后的余额计量,则其价值变动应在变动当期确认计入盈余或赤字。该准则适用于除政府企业外的所有公共部门主体。它适用于自2008年1月1日或以后日期开始的财务报表,鼓励提前使用。如果主体在2008年1月1日之前开始的期间采用该准则,则应披露这一事实。

《IPSAS No. 13——租赁》(Leases)

IPSAS No. 13 是根据 IASB 发布的《IAS No. 17——租赁》(2003 年修订)起草的。取代了基于《IAS No. 17——租赁》(1999 年修订)于 2001 年 12 发布的《IPSAS No. 13——租赁》。该准则的目的是对承租人和出资人在融资租赁和经营租赁中运用恰当的会计政策和相关披露作出规定。

该准则要求,以权责发生制为基础编报财务报表的主体应采用该准则对所有的租赁进行会计处理,但该准则不适用于下列项目:开采或使用矿产、石油、天然气和类似的非再生资源的租赁;诸如电影、录像、剧本、文稿、专利和版权等项目的许可使用协议。但该准则不作为以下项目的计量基础:承租人持有的作为投资性房地产核算的房地产(参见 IPSAS No. 16);出租人在经营租赁下提供的投资性房地产(参见 IPSAS No. 16);承租人在融资租赁下持有的生物资产(参见相关国际或国家有关农业的会计准则);出租人在经营租赁下提供的生物资产(参见相关国际或国家有关农业的会计准则)。该准则适用于除政府企业以外的所有公共部门主体。各主体应自 2008 年 1 月 1 日或以后日期开始的期间采用本国际公共部门会计准则,鼓励提前采用。如果主体在 2008 年 1 月 1 日之前开始的期间采用该准则,则应披露这一事实。

《IPSAS No. 14——报告日后事项》(Events after the Reporting Date)

IPSAS No. 14 是根据 IASB 发布的《IAS No. 10——资产负债表日后事项》(2003 年修订)起草的。该准则取代了 2001 年 12 月基于《IAS No. 10——资产负债表日后事项》(1999 年修订)发布的《IPSAS No. 14——报告日后事项》。2010 年 1 月,对本准则进行修订,主要修订准则第 16 段"报告期后宣告的股利分配",修订的内容对 2011 年 1 月 1 日或以后日期的财务报表生效。鼓励提前采用。

该准则的目的是规范主体应在何时就报告日后事项调整其财务报表,主体应对财务报表批准报出日和报告日后事项作出的披露。该准则还要求,如果报告日后事项表明持续经营假设不再适用,主体不应在持续经营的基础上编制其财务报表。采用权责发生制会计基础编报财务报表的主体应该适用该准则对报告日后事项进行会计处理和披露。该准则适用于除政府企业以外的所有公共部门主体。该准则对报告期自2008年1月1日或以后日期开始的财务报表有效,鼓励提前采用。主体若在2008年1月1日之前采用该准则,应披露这一事实。

《IPSAS No. 15——金融工具:披露和列报》(Financial Instruments: Disclosure and Presentation)

IPSAS No. 15 是根据 IASB 发布的《IAS No. 32——金融工具:披露和列报》(1998年修订)起草的。该准则的目标在于增强财务报表使用者对于资产负债表表内和表外金融工具对政府和其他公共部门主体财务状况、经营业绩和现金流量的重要影响的理解。

该准则要求,按照权责发生制编制和列报财务报表的公共部门主体应当采用该准则关于金融工具列报和披露的规定。该准则适用于列报和披露所有类型金融工具的信息,但不适用于:在受控主体中的权益;在联营中的权益;在合营中的权益;保险合同所形成的义务;雇主和退休福利计划对各类离职后福利的义务,包括雇员福利计划;主体提供社会福利所形成的付款义务,主体所提供的这种社会福利:从接受福利者处不会直接收到任何对价,或者只能直接从那些福利接受者处收到与所提供福利的公允价值相去甚远的对价。该准则适用于除政府企业以外的所有公共部门主体。该准则对报告期自2003年1月1日或以后日期开始的财务报表有效,鼓励提前采用。

《IPSAS No. 16——投资性房地产》(Investment Property)

IPSAS No. 16 是根据 IASB 发布的《IAS No. 40——投资性房地产》(2003年修订)起草的。该准则取代了2001年12月基于《IAS No. 40——投资性房地产》(2000年修订)而发布的《IPSAS No. 16——投资性房地产》。该准则的目标是规范投资性房地产的会计处理和相关披露要求。2010年1月,对本准则进行修订,主要修订准则第12、第13、第40、第57、第59、第62和第63段,修订内容是"经营租赁目的下而持有的投资性房地产"和"与 IPSAS No. 17 准则变化相匹配的内容",修订的内容对2011年1月1日或以后日期的财务报表生效。如果主体在2011年1月1日前采用该准则,应披露这一事实,并且也要同时采用 IPSAS No. 17 的第8和第107A段。鼓励提前采用。

该准则要求,采用权责发生制会计基础编报财务报表的主体,应当运用该准则对投资性房地产进行会计处理。该准则适用于除政府企业以外的所有公共部门主体。

该准则对报告期自 2008 年 1 月 1 日或以后日期开始的财务报表有效,鼓励提前采用。如果主体在 2008 年 1 月 1 日之前采用该准则,应披露这一事实。

《IPSAS No.17——不动产、厂场和设备》(Property, Plant and Equipment)

IPSAS No.17 是根据 IASB 发布的《IAS No.16——不动产、厂场和设备》(2003 年修订)起草的。该准则取代了 2001 年 12 月基于《IAS No.16——投资性房地产》(1998 年修订)而发布的《IPSAS No.17——不动产、厂场和设备》。2010 年 1 月,对本准则进行修订,主要修订准则第 8、第 83A 和第 84 段,修订内容是:定义、确认、计量、折旧、减值的补偿、撤销、过渡期的规定,修订的内容对 2011 年 1 月 1 日或以后日期的财务报表生效。如果主体在 2011 年 1 月 1 日前采用本准则,应披露这一事实,并且也要同时采用 IPSAS No.2 和 IPSAS No.16 的第 12、第 13、第 29、第 40、第 57、第 59、第 62、第 62A、第 62B、第 63、第 66 和第 101A 段。鼓励提前采用。

该准则的目的是规范不动产、厂场和设备的会计处理,以使财务报表使用者可以掌握主体在不动产、厂场和设备方面的投资及其变动情况的信息。在不动产、厂场和设备的会计处理中涉及的主要问题包括这些资产的确认、账面金额及应确认与之相关的折旧费用和减值损失的确定。采用权责发生制会计基础编报财务报表的主体,应当遵循该准则对不动产、厂场和设备进行会计处理,但以下两项除外:根据其他国际公共部门会计准则采用了一种不同的会计处理方法;遗产,但第 88 段、第 89 段和第 92 段的披露要求适用于已确认的遗产。该准则适用于除政府企业以外的所有公共部门主体。该准则不适用于:与农业活动有关的生物资产;矿产权和诸如石油、天然气和类似矿产资源的非可再生资源。它对报告期自 2008 年 1 月 1 日或以后日期开始的财务报表有效,鼓励提前采用。如果主体在 2008 年 1 月 1 日前采用该准则,应披露这一事实。

《IPSAS No.18——分部报告》(Segment Reporting)

IPSAS No.18 是根据 IASB 发布的《IAS No.14——分部报告》(1997 年修订)起草的。

该准则的目的是为按分部报告财务信息者制定原则,对分部信息的披露将帮助财务报告使用者更好地理解主体过去的业绩,识别支持主体主要活动的资源,并增强财务报告的透明度,使主体更好地履行其受托责任义务。采用权责发生制编报财务报表的主体在提供分部信息时应使用该准则。该准则适用于除政府企业以外的所有公共部门主体。如果政府或其他经济主体的合并财务报表与母主体单独财务报表一同列报,则分部信息只需以合并财务报表为基础列报。该准则自 2003 年 7 月 1 日起开始生效,用以编制此后各会计期间的财务报表,鼓励提前采用。

**《IPSAS No.19——准备、或有负债和或有资产》(Provisions, Contingent Liabilities and Contingent Assets）

IPSAS No. 19 主要是根据 IASB 发布的《IAS No. 37——准备、或有负债和或有资产》(1998 年)起草的。该准则的目的是对准备、或有负债和或有资产进行定义,明确应当确认准备的情况以及如何对其进行计量和披露。该准则还要求在财务报表附注中对或有负债和或有资产进行一定的披露,以使使用者能够理解它们的性质、时间和金额。

该准则要求,采用权责发生制编报财务报表的主体应当运用该准则对准备、或有负债和或有资产进行会计处理,除以下各项:主体提供的社会福利或产生的准备和或有负债,主体提供社会福利未从受益人直接获取大约等于所提供商品和劳务价值的对价;以公允价值计量的金融工具形成的准备、或有负债和或有资产;待执行合同(亏损性待执行合同除外)形成的准备、或有负债和或有资产;保险公司与保单持有人之间签订的合同形成的准备、或有负债和或有资产;由其他国际公共部门会计准则规范的准备、或有负债和或有资产;与所得税或类似所得税费用有关的准备、或有负债和或有资产;因该准则中规范的重组而发生的除辞退福利之外的雇员福利所产生的准备、或有负债和或有资产。该准则适用于除政府企业以外的所有公共部门主体。该准则对报告期自 2004 年 1 月 1 日或以后日期开始的财务报表有效,鼓励提前采用。

《IPSAS No. 20——关联方披露》(Related Party Disclosures)

IPSAS No. 20 是根据 IASB 发布的《IAS No. 24——关联方披露》(1994 年重新修订)起草的。

该准则的目的是要求披露存在控制关系的关联方以及在一定情况下有关主体与其关联方进行交易的信息。披露这些信息是为了更好地理解报告主体的财务状况和业绩。披露关联方信息时的主要问题是认定哪些主体对报告主体具有控制或重大影响,以及确定应披露有关这些主体间交易的哪些信息。采用权责发生制编报财务报表的主体应当运用该准则披露有关关联方关系以及特定关联方交易的信息。该准则适用于除政府企业以外的所有公共部门主体。该准则对报告期自 2004 年 1 月 1 日或以后日期开始的财务报告有效,鼓励提前采用。

《IPSAS No. 21——非现金产出资产的减值》(Impairment of Non-cash-generating Assets)

IPSAS No. 21 旨在规范非现金产出资产减值的会计处理程序,指导主体确定非现金产出资产是否发生减值并确保减值损失得到确认。该准则也规定了主体应何时转回减值损失以及如何披露与减值有关的信息。2010 年 1 月,对本准则进行修订,主要修订准则第 2 和第 7 段"本准则适用的范围",增加了第 26A、第 26B 和第 39A 段,修订的内容对 2011 年 1 月 1 日或以后日期的财务报表生效。如果主体在 2011 年 1 月 1 日前采用本准则,应披露这一事实,并且也要同时采用 IPSAS No.31。鼓励提前采用。

该准则要求,采用权责发生制基础编报财务报表的主体,应当运用该准则对除下列资产外的所有非现金产出资产的减值进行会计处理:存货(参见《IPSAS No.12——存货》);建造合同形成的资产《IPSAS No.11——建造合同》;包括在《IPSAS No.15——金融工具:披露和列报》范围内的金融资产;以公允价值计量的投资性房地产(参见《IPSAS No.16——投资性房地产》);以重估价计量的非现金不动产、房屋和设备(参见《国际公共部门会计准则第 17 号——不动产、厂场和设备》);其他资产(其减值的会计处理规定已包括在其他国际公共部门会计准则之中)。该准则适用于除政府企业以外的所有公共部门主体。该准则对报告期自 2006 年 1 月 1 日或以后日期开始的财务报表有效,鼓励提前采用。如果主体在 2006 年 1 月 1 日前采用该准则,应披露这一事实。

《IPSAS No.22——一般政府部门财务信息的披露》(Disclosure of Financial Information About the General Government Sector)

IPSAS No.22 旨在规定选择在合并财务报表中列示一般政府部门信息的政府的信息披露。对政府的一般政府部门作出适当信息披露,能够增强财务报告的透明度,从而使信息使用者更好地理解政府的市场活动与非市场活动之间的关系,以及财务报表与统计基础财务报告之间的关系。

该准则要求,采用权责发生制基础编制和列报合并财务报表并且选择披露一般政府部门财务信息的政府,应当按照该准则的要求进行披露。选择披露一般政府部门财务信息的主体应当将本国际公共部门会计准则适用于 2008 年 1 月 1 日或以后日期开始的会计期间的财务报表,鼓励提前使用。如果主体在 2008 年 1 月 1 日前使用该准则,应披露这一情况。

《IPSAS No.23——非交换交易收入(税收和转移)》(Revenue from Non-Exchange Transactions-Taxes and Transfers)

2004 年 1 月,公共部门委员会发布了一份由其设立的指导委员会起草的"非交换交易收入(包括税收和转移)"的征求评论稿,征求意见的截止时间为 2004 年 6 月 30 日。国际公共部门会计准则委员会审阅了反馈意见后,通过 2004 年 11 月以及之后的委员会会议草拟了一份征求意见稿,并于 2006 年 1 月发布了最终的征求意见稿,征求意见的截止日期为 2006 年 6 月 30 日。在 2006 年 11 月的委员会会议上,国际公共部门会计准则委员会审阅了收到的反馈意见,并批准发布了 IPSAS No. 23。2010 年 1 月,对本准则进行修订,主要修订准则第 5、第 10、第 37、第 87 和第 106 段,修订内容是:范围、非交换性交易、投资者捐赠、债务豁免和或有负债、披露,修订的内容对 2013 年 1 月 1 日或以后日期的财务报表生效。如果主体在 2013 年 1 月 1 日前采用本准则,应披露这一事实,并且也要同时采用 IPSAS No. 28 和 IPSAS No. 29。鼓励提前采用。

该准则的目的是规范非交换交易(引起主体合并的非交换交易除外)收入的财务报告。该准则解决确认和计量非交换交易收入过程中需要考虑的各种问题,包括识别所有者投入。以权责发生制为基础编报财务报表的主体,应当依据该准则对非交换交易收入进行会计处理。该准则不适用于属于非交换交易的主体合并。该准则适用于除政府企业以外的所有公共部门主体。该准则对报告期自 2008 年 6 月 30 日或以后日期开始的财务报表有效,鼓励提前采用。若主体在 2008 年 6 月 30 日之前开始的报告期间采用该准则,应披露这一事实。

《IPSAS No. 24——财务报表中预算信息的列报》(Presentation of Budget Information in Financial Statements)

IPSAS No. 24 规定,被要求或自行选择公布其已批准的预算从而对其批准预算负有公共受托责任的主体,应当在财务报表中披露预算数与预算执行实际数之间的比较信息。该准则还要求披露预算与实际数之间重大差异形成的原因。根据该准则的规定对预算遵循情况(公共部门主体对已批准的预算负有受托责任)和达到预算结果过程中的财务绩效(在预算和财务报表使用同一编制基础的情况下)进行解释,将确保公共部门主体解除其受托责任并增强财务报表的透明度。

该准则要求,基于权责发生制会计基础编制和列报财务报表的主体,应当使用该准则。该准则适用于被要求或自行选择公布其批准预算的公共部门主体,政府企业除外。主体应当对自 2009 年 1 月 1 日或以后日期开始的期间的年度有效,鼓励提前采用。如果主体将该准则适用于 2009 年 1 月 1 日以前日期开始的期间,应披露这一事实。

《IPSAS No. 25——雇员福利》(Employee Benefits)

IPSAS No. 25 以《IAS No. 19——退休福利》为基础制定,规范了公共部门主体对雇员福利的会计处理及披露。2010 年 1 月,对本准则进行修订,主要修订准则第 10、第 11、第 37、第 113、第 114 和第 131 段,修订内容是:定义、短期雇员福利、多雇主计划、过去的服务成本、缩减,修订的内容对 2011 年 1 月 1 日或以后日期的财务报表生效。如果主体在 2011 年 1 月 1 日前采用本准则,应披露这一事实,鼓励提前采用。

该准则的目的是规范雇员福利的会计处理和披露。该准则要求主体在雇员提供了服务以换取将在未来得以支付的雇员福利时,确认一项负债,而在主体消耗了雇员为换取福利而提供的服务所产生的经济利益或服务潜能时,确认一项费用。雇主应根据该准则核算所有雇员福利,以股份为基础的交易除外(对以股份为基础的交易的处理参见相关国际会计准则或各国会计准则)。该准则不涉及雇员退休福利计划的报告,也不涉及综合社会保障方案所提供的福利。该准则对自 2011 年 1 月 1 日或以后日期开始的期间的财务报表有效,鼓励提前采用。如果主体在 2011 年 1 月 1 日前使用该准则,应披露这一事实。

《IPSAS No. 26——现金产出资产的减值》(Impairment of Cash-Generating Assets)

IPSAS No. 26 是根据 IASB 发布的《IAS No. 36——资产减值》起草的。该准则的目的在于规定主体用以确定某项现金产出资产是否发生减值并且确保已经确认减值损失的程序。该准则还规定了主体应在何时转回减值损失,以及有关披露内容。2010 年 1 月,对本准则进行修订,主要修订准则第 2(h)、第 25、第 100 和第 123 段,修订内容是:范围、资产减值的评估、减值信息、无形资产在寿命期内的减值恢复估计的披露,修订的内容对 2011 年 1 月 1 日或以后日期的财务报表生效。如果主体在 2011 年 1 月 1 日前采用本准则,应披露这一事实,并且也要同时采用 IPSAS No. 16 的第 12、第 13、第 29、第 40、第 57、第 59、第 62、第 62A、第 62B、第 63、第 66 和第 101A 段。如果主体在 2011 年 4 月 1 日前采用本准则,应披露这一事实,并且也要同时采用 IPSAS No. 31。

该准则适用于以权责发生制为基础编报财务报表的主体对除下述资产以外的现金产出资产减值的会计处理:存货(参见《IPSAS No. 12——存货》);建造合同形成的资产(参见《IPSAS No. 11——建造合同》);包括在《IPSAS No. 15——金融工具:披露和列报》范围内的金融资产;以公允价值计量的投资性房地产(参见《IPSAS No. 16——投资性房地产》);以重估价计量的现金产出不动产、厂场和设备(参见《IPSAS No. 17——不动产、厂场和设备》);递延所得税资产(参见规范递延所得税资产的有关估计会计准则或各国会计准则);雇员福利形成的资产(参见《IPSAS No. 25——雇员福利》);定期以公允价值重估价的无形资产;商誉;以公允价值减去估计销售时费用计量的、与农业活动有关的生物资产(参见规范农业资产的有关国际会计准则或各国会计准则);包括在规范保险合同的相关国际或国家会计准则范围内的保险合同下承保人的保险权利形成的递延购买成本和无形资产;按照规范持有待售和终止经营非现金产出资产的相关国际或国家会计准则被归类为持有待售且以账面金额与公允价值减出售费用孰低计量的非流动资产(或处置组);其减值已由其他国际公共部门会计准则规范的其他现金产出资产。该准则适用于除政府以外的所有公共部门主体。各主体应当对自2009年4月1日或以后日期开始的财务报表适用该准则,鼓励提前采用。如果主体自2009年4月1日前使用该准则,应披露这一事实。

《IPSAS No. 27——农业》(Agriculture)

IPSAS No. 27是以IASB的《IAS No. 41——农业》为基础制定的,并对与具体公共部门的财务往来问题进行了适度修改。该准则的目的是为了规范农业活动会计处理和披露,主要规范了生物资产和在收获点的农产品的确认和计量以及有关列报和披露要求。该准则不涉及与农业活动相关的土地、无形资产及收获后农产品的加工的会计处理。

该准则适用于除政府以外的所有公共部门主体。要求不同主体应当对自2011年4月1日或以后日期开始的财务报表适用该准则,鼓励提前采用。如果主体自2011年4月1日前使用该准则,应披露这一事实。

《IPSAS No. 28——金融工具:列报》(Financial Instruments: Presentation)

IPSAS No. 28以IASB《IAS No. 32——金融工具:列报》为基础,确立了将金融工具列示为负债或所有者权益,以及冲抵金融资产和金融负债的原则。该准则目的在于增强财务报告使用者对于金融工具对企业财务状况、经营业绩和现金流量的影响程度的理解。2010年1月,对本准则进行修订,主要修订准则第2(h)、第25、第100和第123段,修订内容是:范围、原则、所有者权益工具合约的分类、可回售的金融工具、债务产生的义务、结算方式的选择等。

该准则规定了某些资产负债表表内金融工具的列报要求,并明确了资产负债表表内(已确认)及资产负债表表外(未确认)金融工具所应披露的信息。该准则适用于除政府以外的所有公共部门主体。各主体应当对自2013年1月1日或以后日期开始的财务报表适用该准则,鼓励提前采用。如果主体自2013年1月1日前使用该准则,应披露这一事实。一个主体应于2013年1月1日前不适用该准则,除非它也适用于IPSAS No. 29及IPSAS No. 30。

《IPSAS No. 29——金融工具:确认和计量》(Financial Instruments: Recognition and Measurement)

IPSAS No. 29以IASB的《IAS No. 39——金融工具:确认和计量》为基础,确立了金融资产、金融负债以及某些非金融项目买卖合同的确认和计量原则,为确定优惠贷款的公允价值提供了指南。此外,该准则也对贷款公允价值与贷款资金之间差额的会计处理进行了规范,IPSAS No. 30要求对相关贷款进行披露。该准则制定了有关嵌入式衍生工具、金融资产和金融负债的定义、确认、计量和信息披露原则及其套期保值的有关条款,目的是为在主体财务报表中确认和计量金融资产、金融负债以及买卖非金融项目的合同建立原则。

该准则适用于除政府以外的所有公共部门主体。各主体应当对自 2013 年 1 月 1 日或以后日期开始的财务报表适用该准则,鼓励提前采用。如果主体在 2013 年 1 月 1 日前使用该准则,应披露这一事实。一个主体应于 2013 年 1 月 1 日前不适用该准则,除非它也适用于 IPSAS No. 28 及 IPSAS No. 30。

《IPSAS No. 30——金融工具:披露》(Financial Instruments: Disclosures)

IPSAS No. 30 以 IASB 的《IAS No. 7——金融工具:披露》为模板,对 IPSAS No. 29 中所涉及的贷款类型进行披露。这将使财务信息使用人能够评价金融工具在主体的财务状况和经营成果中的重要性、主体因金融工具而引发的风险敞口的性质和程度以及主体如何管理风险等内容。

该准则适用于除政府以外的所有公共部门主体。各主体应当对自 2013 年 1 月 1 日或以后日期开始的财务报表适用该准则,鼓励提前采用。如果主体自 2013 年 1 月 1 日前使用该准则,应披露这一事实。一个主体应于 2013 年 1 月 1 日前不适用本准则,除非它也适用于 IPSAS No. 28 及 IPSAS No. 29。

《IPSAS No. 31——无形资产》(Intangible Assets)

IPSAS No. 31 以 IASB 的《IAS No. 38——无形资产》为基础,规范了无形资产的会计处理。该准则规定了主体确认无形资产的条件及其对无形资产的确认、计量和披露。

该准则适用于除政府以外的所有公共部门主体。各主体应当对自 2011 年 4 月 1 日或以后日期开始的财务报表适用该准则,鼓励提前采用。如果主体自 2011 年 4 月 1 日前使用该准则,应披露这一事实。一个主体应于 2011 年 4 月 1 日前不适用本准则,除非它也适用于 IPSAS No. 21 及 IPSAS No. 26。

《Cash Basis IPSAS——收付实现制下的财务报告》(Financial Reporting under the Cash Basis of Accounting)①

国际公共部门会计准则理事会正在制定分别适用于权责发生制下和收付实现制下的国际公共部门会计准则。《Cash Basis IPSAS——收付实现制下的财务报告》共分两部分,第一部分制定了适用于收付实现制下所有主体编制通用财务报告的必要条件。它定义了会计的收付实现制,规定了财务报表及报表附注信息披露要求,并涉及

---

① 经查,IFAC 没有将该号准则命名为第 32 号,故未编号。

一些特殊报告业务;第二部分确立了附加的一些会计政策和披露,鼓励主体采用这些政策和披露以提高财务报表的受托责任和透明度,还包括对特定信息列报方式选择的说明。

该准则中定义的主体,在收付实现制下编制和列报财务报表,在列报其年度通用财务报表时应当采用该准则第一部分的要求。如果主体的财务报表遵循了该准则第一部分的要求,则应披露这一事实。只有财务报表遵循了该准则第一部分的所有要求才能被称作是遵循了该准则。该准则适用于除政府企业以外的所有公共部门主体。此外,该准则对报告期间、及时性、批准日期、报告主体的信息、现金余额和借款使用的限制、列报的一致性、比较信息以及财务报表的认定等方面做了总体要求。

该准则中 1.1~1.7 段的生效日期为 2004 年 1 月 1 日;1.9~1.10 段的生效日期均为 2009 年 1 月 1 日,如果主体在 2009 年之前使用了该准则,应该披露这一事实。

主要参考文献

[1] 财政部会计准则委员会.国际公共部门会计文告手册[M].北京:中国财政经济出版社,2008.
[2] http://web.ifac.org,2011-03-12.

(初稿执笔人:孙清亮)

SEC 的会计类文告

一、美国证券交易委员会发布的会计类文告概述

美国证券交易委员会(Securities and Exchange Commission,简称 SEC)成立于 1934 年,它是根据美国的《证券法(1933)》和《1934 年证券交易法》设立的、由美国国会直接领导的、专司上市公司及其证券发行交易的金融监管机构,并被赋予确保有关为获得公众投资而发行的证券的所有重大事实"充分而公允的披露"(full and fair disclosure)的职责。SEC 的意图不是必须防止投机性证券进入市场,而是坚持向投资者提供足够的信息。SEC 作为一个拥有强势资源和广泛权力、实行集中式监管的联邦监督机构,一直注重强调民间机构对准则制订和行业监管的参与工作,这与美国资本市场和会计行业的发达程度有着密切关系。为了规范上市公司会计信息的发布工作,SEC 自 1937 年开始发布《会计系列文告》(Accounting Series Releases,简称 ASR),以提供公司财务会计信息披露规则、实施细则以及其他会计、审计实务方面的指南,并于 1938 年完成了它的第一部会计论文集,表达了对会计和审计的系统观点。1982 年,SEC 开始改为发布《财务报告文告》(Financial Reporting Releases,简称 FRR)和《会计与审计实施文告》(Accounting and Auditing Enforcement Releases,简称 AAER)①。此外,SEC 的首席会计师办公室和公司融资部自 1975 年开始根据实际需要发布名为《员工会计公告》(Staff Accounting Bulletins,简称 SAB)的实务解释性文件。这些权威性文告对规范公司财务会计与报告起着十分重要的作用。

二、《会计系列文告》主要内容

在 1937—1982 年间,SEC 发布了一系列旨在解释需要特别处理的会计程序的文告,用以补充 AICPA 和 FASB 发布的规则,这些文告被称为《会计系列文告》。

---

① 2009 年第一季度正式发布了 43 号,第二季度则已经正式发布了 15 号。参见:http://www.sec.gov/divisions/enforce/friactions.shtml,2009-05-17。

1933年通过的《证券法》和1934年通过的《证券交易法》使证券交易委员会从国会得到广泛的权力,包括享有制定会计准则的法定权力。但是,实际上SEC允许私人部门机构制定公认会计原则(GAAP)。1935年12月,卡曼·乔治·布劳(Carman George Blough,1895—1981)成为SEC历史上的第一任首席会计师(任期至1938年5月)。由于当时SEC在如何监管会计的问题上莫衷一是,而会计职业也十分担心同SEC的关系。但布劳坚持认为,会计原则的发展以及缩小会计原则运用中的差异应该由会计职业自身来完成。同时,在1937年的一次演讲中,布劳又告诫注册会计师,如果会计职业不设法解决会计实务的统一性和一致性问题,SEC将出面干预。

1937年,SEC发布的《ASR No.1——会计系列文告》(Accounting Series Release,简称ASR)宣布将定期发表关于会计原则的意见,以有助于在关键的会计问题上形成一致的准则和惯例。1938年4月,布劳为SEC起草了著名的《ASR No.4——财务报告的管理政策》(Administration Policy on Financial Statements),从而奠定了SEC会计监管制度的框架。该文告首次提出SEC对会计原则的管理方针,认为公司财务报告的编制必须遵循"具有实质性权威支持(substantial authoritative support)的会计原则",但这些原则应当由会计职业界的组织负责制定并推动其实施。为此,美国注册会计师协会(AICPA)于1939年5月成立了会计程序委员会(CAP),负责发布会计研究公告(ARB),即"具有权威性支持的会计原则"。SEC的会计监管制度由此创立并延续至今,布劳是这一会计监管模式的设计大师,如果没有他,AICPA制定会计准则的历史便会黯然失色。在ASR No.4中,SEC陈述了它的政策:第一,要想最终被SEC接受,财务报表必须按照具有"实质性权威支持"(Substantial Authoritative Support)的会计原则来编制;第二,如果SEC不同意登记人的看法,而所采用的会计原则具有实质性的权威支持,如果SEC此前没有在已发布的官方文件中表达它对该问题的意见,SEC可以接受在报表中加入脚注来代替按照SEC的观点修改该报表。然而,SEC没有指出如何确定"实质性权威支持"的问题。ASR No.4表明,SEC将公认会计原则制定权让渡给私人部门——会计职业界。该文告隐含的意思是:"实质性权威支持"实际上来自于SEC本身。

1972年,约翰·坎伯·布顿(John Campbell Burton,1932—)成为SEC第一任总会计师,他既是一个充满活力的总会计师,也是一个表达力强的发言人。在他的任期(1972—1976年)内,SEC共发表了70部会计论文集(其中超过$\frac{1}{3}$的部分是应对财务报告的),这一数量相比1937—1972年期间发表的126部文集而言,显得非常丰富。与此同时,SEC还开始注重与FASB对会计口径的统一与合作,宣称他们与FASB间有一项共同的不惊奇政策,这使得对方不会因另一方出台的规则而惊慌失措。1973

年,SEC在颁布的第105号《会计系列文告》中就曾声称"本委员会对财务会计准则委员会(FASB)在其公告和解释性文件中所颁布的政策、原则、标准与实务,给予重要的官方支持,而那些与财务会计准则委员会公告相对立的意见则不具备这方面的支持"。可SEC始终认为,FASB应在确认与计量问题上占主导地位,但披露主要还是在SEC的管理范围。1973年,SEC通过ASR No.150将GAAP制定权移交给财务会计准则委员会(FASB)。根据ASR No.150,凡是由FASB在其公告和解释中制定的原则、准则和实务,均具有实质性权威支持;而与FASB制定的原则、准则和实务持相反意见的,就不认为具有这种支持。然而SEC并没有放弃它制定会计准则的权力,在必要时SEC将采取适当的行动,来解决上市公司碰到的会计报告方面的非常问题。

截至1982年,SEC前后共发布了307份ASR[①]。

三、《S-X规则》和《S-K规则》的主要内容

自1934年开始,美国证券交易管理委员会(SEC)根据《证券法》和《证券交易法》的要求,开始以发布指南手册的形式规范公司财务会计信息披露,并于1940年将其汇编成《S-X规则》,之后又发展和补充了这些规则。此外,还颁布了旨在规范非财务报表信息披露的《S-K规则》。SEC要求公司登记报表须根据其发布的《S-X规则》和《S-K规则》编制。《S-X规则》和《S-K规则》分别在规范财务报表信息及非财务报表信息的内容与格式基础上,还颁布一系列会计类专业公告等相关规定为信息披露内容提供更为具体的编报指南。《S-X规则》不仅规定了财务报表的一般性指南,包括财务报表的格式、内容及有关的注释与表格,而且还针对工商业、保险业、银行业等行业的特点,分别就其财务报表作出规定。《S-K规则》则详细规定了登记报表中必须提供的非财务信息。

《S-X规则》的发布,是SEC历史上第二位首席会计师威廉·韦林·沃恩茨(William Welling Werntz,1908—1964)的成果。威廉·沃恩茨毕业于耶鲁大学会计专业,1938年5月担任首席会计师(任期至1947年4月)。沃恩茨上任刚7个月,麦克森-罗宾斯(McKesson & Robbins)欺诈案曝光。作为一家主要经营药物和化学制品的知名大公司,在麦克森-罗宾斯公司账上的8 700万美元总资产中,竟有1 900万美元子虚乌有。调查还发现了该公司总裁的多项商业欺诈前科,以及公司其他高层管理人员隐瞒真实姓名的事实。作为麦克森-罗宾斯的审计师,普华(Price Waterhouse)公

---

① 据查有关资料,此后再无此类信息,似乎未再发布。

司也受到了 SEC 的调查。SEC 在调查后公布了一份长达 454 页的调查报告。鉴于该案所暴露的问题,沃恩茨认识到建立审计准则的重要性。从 1941 年起,SEC 就要求审计师在审计报告中明确其审计是否遵循了"公认审计准则",而 AICPA 直到 1948 年才正式定义"公认审计准则"。显然,沃恩茨对审计准则的建立发挥了重要作用。SEC 的《S-X 规则》也是在沃恩茨的领导下,通过对 Z 规则的修订和充实而建立起来的。《S-X 规则》是 SEC 对上市公司财务信息的披露形式和内容的具体规范,要求提供的信息主要有:S-X 规则的适用范围;会计师的资格和财务报告;财务报表一般指南;一般应用规则;工商业公司财务报表;投资管理公司财务报表;保险公司财务报表;银行持股公司财务报表;中期财务报表;预测财务信息;一览表的格式与内容。

《S-K 规则》要求提供的非财务信息主要有:经营说明;普通股的市场价格与红利;管理部门的讨论与分析;会计师的变更与分歧;管理人员的薪金;与有关方面的交易与关系;收益的使用;管理人员与董事的报酬。

四、《财务报告文告》的主要内容

1982 年后,SEC 发布《财务报告文告》(Financial Reporting Release,简称 FRR)是为了使登记的公司和会计师及时跟踪财务报告要求的变化。由于 SEC 利用 FRR 来发布新的规则、修改现有规则,并表明它对与财务报表有关问题的官方立场,因此,FRR 是会计师指南一个重要形式[①]。

五、《会计与审计实施文告》的主要内容

1982 年以来,当涉及 SEC 的执法行动时,就会发布《会计与审计实施文告》(Accounting and Auditing Enforcement Releases,简称 AAER)。截止到 2010 年 12 月 31 日,SEC 所发布的 AAER 共 3 222 份,而其 2010 年发布的 AAER 目录就有 129 号[②]。

六、《员工会计公告》的主要内容

1975 年 11 月,SEC 通过其公司融资部和首席会计师办公室,开始发布《员工会计公告》(Staff Accounting Bulletin,简称 SAB)。SAB 并不是 SEC 的正式规则或解释,

---

① http://www.sec.gov/interps/account.shtml, 2011-03-12.
② 同上.

而是反映了 SEC 官员在施行联邦证券法律的披露要求时所遵循的解释和惯例。自此以后,100 多个《员工会计公告》的发表,很可能是时任总会计师布顿为了鼓励 SEC 的员工在没有必要获得委员长的正式认可时公布的会计观点。然而,却有许多批评意见认为,SAB 的发布是一个产生正式会计政策的方法——尽管 SAB 并不是"正式的"规则。①

主要参考文献

[1] [美]K·弗莱德·斯考森,[美]斯蒂芬·M·格洛夫,[美]道格拉斯·F·普莱维特. 公司治理与证券交易委员会[M]. 方红星,译. 大连:东北财经大学出版社,2006.

[2] 陈汉文,李树华. 证券市场与会计监管[M]. 北京:中国财政经济出版社,2011.

[3] 方红星. 公司财务会计与报告架构:美国模式的剖析和启示[J]. 会计研究,2003(6):54-58.

[4] 宁宇新. 公认会计准则制定基础问题研究[J]. 当代财经,2004(2):125-128.

[5] 汪祥耀. "公认会计原则"探析[J]. 财经论丛,2001(3):61-66.

[6] 吴联生. 美、英、日、法上市公司会计报告规范体系一般模式研究[J]. 外国经济与管理,2000(2):27-32.

[7] 杨雄胜,熊廷瑶. 证券市场与会计行为的规范:来自美国的经验[M]. 中国注册会计师,2001(9):55-58.

[8] SEC. Accounting Series Release, No. 150/December 20, 1973[EB/OL]. http://c0403731.cdn.cloudfiles.rackspacecloud.com/collection/papers/1970/1973_1220_SECAccounting.pdf, 2011-03-12.

[9] Carman G. Blough. The Need for Accounting Principles[J]. The Accounting Review,1937,12(1):30-37.

[10] Stephen A. Zeff. Chronology of Significant Developments in the Establishment of Accounting Principles in the United States,1926-1972[J]. Journal of Accounting Research,1972,10(1):217-227.

[11] Barry J. Epstein, Ralph Nach and Steven M. Bragg. Wiley GAAP 2007:Interpretation and Application of Generally Accepted Accounting Principles[M]. Hoboken:John Wiley & Sons, Inc.,2009.

[12] http://www.sec.gov/index.htm,2011-03-12.

(初稿执笔人:杜 菲)

---

① http://www.sec.gov/interps/account.shtml,2011-03-12.

CAP 的《会计研究公告》（ARB）

一、《会计研究公告》概述

《会计研究公告》（Accounting Research Bulletins，简称 ARB）系由美国注册会计师协会（American Institute of Certified Public Accountants 简称 AICPA）于 1938 年正式设立的会计程序委员会（Committee on Accounting Procedure，简称 CAP）所发布的系列研究公告，它主要是对当时业已存在的会计处理惯例加以选择和认可，并不是对会计准则的系统研究。会计程序委员会（CAP）是美国 20 世纪 30 年代面临经济大萧条后，在《证券法（1933）》和《1934 年证券交易法》出台后，所成立的第一个具有权威支持的民间会计准则研究与制定机构。CAP 在其存续的 1939—1959 年间，共发表了 51 份《会计研究公报》（ARB）。1953 年 6 月，AICPA 的会计程序委员会（CAP）将 1939—1953 年发布的第 1～42 号会计研究公告（ARB）修正与重述为 ARB No.43，并将其具体内容分为 15 章①。因此，目前适用的实际上仅存第 43～51 号公报共 9 份公报。

二、《会计研究公告》的主要内容

（一）《会计研究公告》（APB No.43）的主要内容

第 1 章 前期意见（以前的公报）

本章重述了部分会计原则，这些原则是在会计程序委员会成立之前和会计研究公告发布之前颁布的。会计程序委员会是最早制定会计准则的民间组织，其设立目的是

---

① 查理德·F·拉金，珂里亚·蒂托玛莎著．李建发主译．(2001)非营利组织公认会计原则解释与应用．北京：中国财政经济出版社．

推动会计原则的发展。会计研究公告汇集了该委员会所制定发布的公认会计原则。

第2章 报表格式

本章指出,年度报告中,除当年基本财务报表外,还应列示上年或者前几个年度的基本财务报表,或者披露5～10年的摘要财务信息的总结,以便投资分析师和其他有兴趣的使用者对相关信息对比分析,从而加强这些报告的有用性。如果将以前年度的会计报表列入当期报表,还应列示以前年度重要报表的附注。

第3章 营运资本

本章将营运资本定义为流动资产减去流动负债,其作为企业资本总额中流动性相对较好的一部分,能够用来判断企业偿还到期债务的能力。本章就如何正确核算与报告流动资产与流动负债做出了规定,流动资产是指现金或将在一年或一个正常营业周期两者孰长的期间内转换为现金或被消耗的资产。正常的周期是指通过购买或者生产某种产品,然后再将该产品转变为现金所需要的时间(现金到现金所需要的时间)。流动资产主要包括现金及现金等价物、短期投资、应收短期票据、存货、交易性证券以及待摊费用。而流动负债是指合理预期将以现有流动资产或新的流动负债来偿还的负债,并且将要到期的和无论债务人的意图如何债权人可以随时收回的负债都应当划分为流动负债。

第4章 存货(存货计价)

本章是以"存货会计处理的基础是成本"这一原理为根本,对存货成本的定义为:为使存货达到当前状态和场所而直接或间接发生的成本费用的合计金额,它要求将异常的无用运费、装卸费以及废料损失确认为当期费用,而不构成存货成本。它对存货的计价方法有先进先出法(FIFO)、后进先出法(LIFO)、加权平均法等。对存货应按成本与市价孰低估价,做了如下规定:"成本与市价孰低"其市价是指当前重置成本(购入或重置)但有特别规定:"市价不应超过可变现净值(即在正常营业过程中预估售价减去合理的加工及销售费用);市价不应低于可变现净值减去正常利润数的近似值"。同时本章对于一般存货按成本与市价孰低的估价规则提出了例外的条款:"仅在特殊情况下,存货可适当地高于成本反映。如贵金属,有固定货币价值,没有什么销售费,可用这种货币价值反映。其他例外必须符合以下各种情况,不能确定合适的近似成本,按市场牌价可立即出售,具有各单位可以互换的特性"。

第5章 无形资产(略)

第6章 应急储备金(略)

第7章 资本账户

本章对企业的资本账户会计处理进行了有关规定,确定了企业准重组的程序,首先应得到股东和债权人的合理的、相应的授权;然后重估企业资产的现值;最后通过记入实收资本的方法来弥补亏损。其中,准重组是对资产、资本以及留存收益的重述,通常用于纠正对公司资产价值的高估,该高估可能导致留存收益的不足。同时,本章对股票股利和股票分割进行了规定,股票股利只能限于当期收益;当市场价值显著高于面值或法律规定时,增发后股份应按市场价值予以资本化。

第8章 收入与盈余(略)

第9章 折旧

本章对企业资产的折旧进行了规定,认为管理层有责任来选择合适的方法对企业的长期固定资产进行折旧,明确提出了企业的管理层可以根据资产的性质、使用方式等不同情况来选择如下的折旧方法:直线法、双倍余额递减法、年数总和法、集体折旧法或复合折旧法、现值法和产量法等。

第10章 税金(税收)

本章对企业税金的会计处理进行了有关规定,认为企业财产税金会计核算最合适的方法为:在税务当局规定的纳税年度里按月计提财产税,企业每月就当月所承担的年度财产税确认负债和费用。

第11章 政府合同

本章是关于"成本加固定费用"形式的政府合约的会计报告。

第12章 国外经营与外汇(国外业务与外币折算)

本章对企业国外经营与外汇的会计处理进行了有关规定:对于国外收益和资产进行会计处理时应谨慎;对于任何重大事项,应做完全披露。此外还规定:可以不合并国外子公司的财务报表。

第13章 薪酬(补偿)(略)

第14章 长期租约中承租人的财务报表披露(略)

第15章 摊销折扣,发行成本和债券赎回溢价(略)

(二)《会计研究公告》(ARB No. 44-51)的主要内容

《ARB No. 44——余额递减折旧法》(Declining-Balance Depreciation)

1954年,美国颁布的收入法案允许采用加速折旧法,这主要是出于税法目的的考虑,可使企业在前期所提折旧较大而减少前期所得税费用,从而实现折旧的抵税作用所带来的时间价值。出于会计目的的考虑,计提的折旧一般采用简单易行的直线法。这必然产生出于税法目的和出于会计目的所计提折旧之间的重大差异,从而导致应纳税所得额与税前会计利润出现差异,产生了所得税会计处理的争论。1954年10月,会计程序委员会(CAP)发布了 ARB No.44,明确了所得税的费用性质,提出了永久性差异和时间性差异的概念,正式将所得税分摊作为财务会计的一条重要原则,并采用"当期计列法"(即应付税款法)作为所得税会计处理方法。

《ARB No.45——长期建造合同》(Long-Term Construction-Type Contracts)

1955 年 10 月,会计程序委员会发布 ARB No.45 对企业长期建造合同的会计处理进行了有关规定。该公告明确确定了合同完工进度的方法:期末累计实际发生的合同成本占合同预计总成本的比例;按完成合同进度预计所需成本占合同总成本的比例;实际测定的完工进度,同时也确定了当建造合同的完工进度不能可靠估计时的合同收入的确认方法——采用完全完工法。

《ARB No.46——营运盈余日期确定的终止》(Discontinuance of Dating Earned Surplus)

1956 年 2 月,会计程序委员会发布了 ARB No.46。该公告规定,准重组之后出具财务报表的,列示重组日盈余公积或者留存收益的金额,其中准重组是对资产、资本以及留存收益的重述,通常用于纠正对公司资产价值的高估,该高估可能导致留存收益的不足。该公告还指出,没有必要列示 10 年前的留存收益;某些情况下,也没有必要列示短于 10 年期的留存收益。

《ARB No.47——养老金计划的成本会计》(Accounting for Costs of Pension Plans)

1956 年 9 月,会计程序委员会发布的 ARB No.47,对企业的养老金会计处理进行了相应的规定。该规定以收入费用观作为指导理念,在企业财务报告中只确认相关养老金成本费用,不确认养老金资产和负债。本会计研究公告第一次引入了企业年金负债的概念,建议在资产负债表中报告未提存的既得年金福利,即职工已得但企业还未拨付给基金管理机构的养老金,同时建议在损益表中把未提存的企业年金福利的增加数确认为本期最小企业年金费用。

《ARB No.48——企业合并》(Business Combination)

1957 年 1 月,会计程序委员会发布 ARB No.48,对企业合并的会计处理进行了规定。它论述了购买法与权益结合法之间的差异、采用购买法或权益结合法的标准及应考虑的因素。该报告的规定构成了随后一段时期内(直到 1970 年)进行合并会计处理的基本指导性规范。该报告规定禁止企业对商誉进行一次性冲销,但它对购买法和权益结合法的选择条件还不是十分明确和严格。在实务中购买法与权益结合法有相当大的选择余地,从而导致了企业在选择会计处理方法时纷纷倾向于采用权益结合法以避免购买法可能对未来报告收益产生的影响(商誉的摊销会导致以后合并净利润的减少)。

《ARB No. 49——每股收益》(Earnings Per Share)

1958年4月,AICPA的会计程序委员会(CAP)发布了 ARB No. 49。它是美国最早的有关每股收益的指南,对计算与揭示每股收益提供了一般性指导。

《ARB No. 50——或有事项》(Contingencies)

1958年10月,AICPA的会计程序委员会(CAP)发布的 ARB No. 50 对企业或有事项的会计处理进行了相应规定。该公告规定:对于或有利得,即可能会产生利得的或有事项通常不应入账,但应对产生或有利得的或有事项必须给予恰当的披露说明。

《ARB No. 51——合并财务报表》(Consolidated Financial Statements)

1959年8月,AICPA的会计程序委员会(CAP)发布的 ARB No. 51,成为指导企业合并的一般公认会计原则。它明确说明合并财务报表的会计核算和报告要求,涵盖了基本合并政策、合并程序、少数股东权益等方面的内容。按照该公告,合并的通常情况是拥有多数表决权,即直接或间接拥有50%以上在外流通的表决权股份。当一家公司拥有另一家公司控制性的财务利益时,为了使报表公允地披露,应当编制合并报表。该公告最大的缺陷在于"非同质排除":如果母公司和它的子公司所从事的经济业务和商务活动在性质和本质上显著不同,则编制个别财务报表比编制合并财务报表更为可取。这就造成了许多公司运用这个例外原则,在编制合并报表时将拥有绝大多数股权的子公司排除在合并范围之外的结果。

会计程序委员会制定的《会计研究公告》不是在研究的基础上产生的,而是把不同的惯例进行评比、并挑选其中为多数实务界所接受的内容。没有理论根据,导致委员们的意见经常各执一词,结果只能赋予会计处理方法以较大的弹性,这就造成了相似的企业由于采用不同的会计方法,所报告的净收益却出现重大分歧。当然,会计程序委员会并非不注意理论,他们曾设想先研究一套会计准则的基本理论,然后据以制定会计准则,但要实现这一研究计划,大约需要5年时间。一方面,美国证券交易委员会(SEC)不允许会计程序委员会还未解决当前迫切问题,而先花长达5年的时间去研究会计基本理论;另一方面,美国会计学会已在1936年抢先发表了《公司财务报表所依据的会计原则的暂行说明》,并于1941—1948年、1950年、1954年和1957—1964年多次修订补充。会计程序委员会如不迅速针对当时的热点制定会计准则,则公认会计原则的制定权就有可能落入美国会计学会手中。由于会计程序委员会制定的《会计研究公告》导致企业报表可比性的降低和不能在解决会计新问题时有自己的创见,这些缺陷也最终导致会计程序委员会被会计原则委员会所取代。

主要参考文献

[1] [美]斯蒂芬·A·泽夫. 会计准则制定:理论与实践——斯蒂芬·A·泽夫教授论文集[C]. 王震,译. 北京:中国财政经济出版社,2005.

[2] 比尔·D·贾纳金. 美国公认会计原则指南[M]. 北京:中信出版社,2008.

[3] 葛家澍. 回顾与评介——AICPA关于财务会计概念的研究[J]. 会计研究,2003(11):51-57.

[4] 李勇,左连凯,刘亭立. 资产负债观与收入费用观比较研究:美国的经验与启示[J]. 会计研究,2005(12):83-87.

[5] 刘锋,何广涛. 特殊目的实体合并的变革[J]. 财经论丛,2003(6):76-80.

[6] 王世定,李海军. 美国财务会计准则[M]. 北京:经济科学出版社,2002.

[7] 王啸. 特殊目的实体会计——合并原则的争议与变革[J]. 财务与会计,2002(12):17-19.

[8] 朱宝宪,朱朝华. 企业合并中购买法与权益结合法的选择分析[J]. 财经论丛,2003(2):62-68.

[9] Barry J. Epstein, Ralph Nach and Steven M. Bragg. Wiley GAAP 2007:Interpretation and Application of Generally Accepted Accounting Principles [M]. Hoboken:John Wiley & Sons, Inc.,2006.

[10] Barry J. Epstein, Ralph Nach and Steven M. Bragg. Wiley GAAP 2008:Interpretation and Application of Generally Accepted Accounting Principles[M]. Hoboken :John Wiley & Sons, Inc.,2007.

(初稿执笔人:李四海)

APB 的《会计业务处理意见书》
（APB's Opinions）

一、《会计业务处理意见书》概述

《会计业务处理意见书》(APB's Opinions) 由美国会计原则委员会 (Accounting Principles Board，简称 APB) 发布。1959 年，美国注册会计师协会 (American Institute of Certified Public Accountants，简称 AICPA) 决定撤销会计程序委员会 (CAP)，而以会计原则委员会 (APB) 代之，APB 以制定会计实务处理的指南或文告作为工作重点。APB 的成员基本上来自会计师事务所、全国各地区以及产业界和学术界，因而具有较广泛的代表性。APB 所发布的文件称为会计原则委员会意见书。在 1959—1973 年间，它先后发表了 31 份意见书。此外，APB 还发表了另一种研究性文件，称为"会计原则委员会公告"(APB Statements)，并且先后发表了 4 份这样的"公告"，但是这些"公告"只是作为"意见书"的理论依据，它们本身并不属于会计准则，因此也就不具备行为约束力[①]。

二、《会计业务处理意见书》的主要内容

《APB No.1 ——新折旧方法的指导方针和规则》(New Depreciation Guidelines and Rules)

APB No.1 在 1962 年 11 月公布，于 1987 年 12 月被 SFAS No.96 所取代。

---

① 此外，AICPA 还另设会计研究分会 (Accounting Research Division，简称 ARD)，它也是美国注册会计师协会 (AICPA) 属下的组织。设置会计研究分会旨在拨出专门的研究经费，谋求制定权威性的原则，以加强工作的进程。ARD 的成员主要由会计学者组成，其研究成果称为"会计研究论文集"(Accounting Research Studies，简称 ARS)，该"论文集"是为 APB 制定会计准则提供理论基础的，它们本身不属于会计准则。

《APB No. 2——投资贷项的会计处理》(Accounting for the Investment Credit)

APB No. 2 于 1962 年 12 月公布,要求投资贷项按"递延法"处理,根据权责发生制和配比原则,采用递延法在固定资产使用寿命期内摊销该贷项,体现合理、系统和内在一致。

《APB No. 3——资金的来源和运用表》(The Statement of Source and Application of Funds)

APB No. 3 于 1963 年 10 月公布,在 1971 年 3 月被 APB No. 19 所取代,其建议企业在编制资产负债表和损益表的同时,编制资金流量表,并说明了资金流量表应列示的有关内容。不过,其中的说明较为模糊,企业在编制时仍有较大的独立性。这一段时期的资金表,一般称为"资金的来源和运用表"。

《APB No. 4——投资贷项的会计处理》(Accounting for the Investment Credit)

APB No. 4 于 1964 年 3 月公布,是对 APB No. 2 的修订。1962 年 APB 发布的 APB No. 2,要求投资贷项按"递延法"处理,递延法使减税政策不能在报表上充分体现,不能刺激企业对技术更新的支持。美国国会通过 SEC 向 APB 施加压力,APB 发布 APB No. 4,允许企业在"递延法"和"流尽法"中任选其一,因为在"流尽法"下,企业账面利润较大。

《APB No. 5——承租人财务报表中租赁物的报告》(Reporting of Leases in Financial Statements of Leasee)

APB No. 5 于 1964 年 9 月公布,在 1976 年 11 月被 SFAS No. 13 所取代。

《APB No. 6——会计研究公告的地位》(Status of Accounting Research Bulletins)

APB No. 6 于 1965 年 10 月公布,是对 ARB No. 43 的修订。除对会计研究公告的地位进行研究外,还研究了库存股票的问题,包括库存股票的定义、库存股票销售产生损益的处理及回购库存股票的处理。美国会计原则委员会(APB)在其发布 APB No. 6 中明确表示,企业只能在"递延法"与"债务法"之间选择所得税会计处理方法。

《APB No. 7——出租人财务报表中租赁物的报告》(Accounting for Leases Financial Statements of Leasors)

APB No. 7 于 1966 年 5 月公布,该准则在 1976 年 11 月被 SFAS No. 13 所取代。

《APB No. 8——养老金计划的会计处理》(Accounting for the Cost of Pension Plans)

APB No. 8 于 1966 年 11 月公布,在 1985 年 12 月被 SFAS No. 87 所取代。该准则导致了企业年金会计的重大变革,APB No. 8 建议无论企业当期现金提存数是多少,都应采用一种可接受的保险精算方法来计算当期的企业年金费用。它标志着企业年金会计从收付实现制向权责发生制转变。

《APB No. 9——交易结果的报告》(Reporting the Results of Operations)

APB No. 9 于 1966 年 12 月公布,取代了 ARB No. 49,并在 1969 年 5 月被 APB No. 15 所取代。该准则详细论述了每股收益和非常项目的规定,并介绍了非常项目、前期调整及资本交易的披露。这一意见的结论:纯收入应反映所有项目的盈利和亏损,承认在此期间除了前期的调整,非常项目要单独作为一个要素计入此期间净收入;指定的标准可用于确定哪些物品,如果有的话,经验证的在本期间内将被视为特殊物品;指定的标准可用于确定哪些项目,如果有的话,经验证的在本期间内都被认为是事先期间的调整和排除本期净收入;规定中声明的格式和术语在使用和披露时,必须作为特殊项目或前期调整。

《APB No. 10——综合性意见》(Omnibus Opinion)

APB No. 10 于 1966 年 12 月公布,主要包括 7 个主题:统一的财务报表;利益的汇聚;税务分配处理;有价证券对应付税金的抵销;可转换债券与分离交易的可转换公司债券;优先股对剩余财富的优先分配;分期付款法的会计处理。

《APB No. 11——所得税会计》(Accounting for Income Taxes)

APB No. 11 于 1967 年 12 月公布。1954 年,美国开始关于所得税分配的持久争论,1967 年,即发布了 APB No. 11。此后,由于许多批评家对 APB No. 11 提出评论,他们认为,运用这种方法在理解和应用上都十分困难,导致了各种不同的解释,与实践中会计处理发生很大分歧,故在 1987 年 12 月被 SFAS No. 96 所取代。

《APB No. 12——综合性意见》(Omnibus Opinion)

APB No. 12 于 1967 年 12 月公布,主要包括 6 个主题:津贴的分类和披露;应折旧资产及其折旧的披露;递延补偿合同;资本变化;可转换债券与认股权证;债务分期偿还的折扣和费用。

《APB No. 13——对 APB No. 9 第 6 段的修订,商业银行的应用》(Amending Paragraph 6 of APB Opinion No. 9, Application to Commercial Banks)

APB No. 13 于 1969 年 3 月公布,是美国注册会计师一个委员会向商业银行推荐的损益表的通用格式。

《APB No. 14——可转换债券与分离交易的可转换公司债券的会计处理》(Accounting for Convertible Debt and Debt Issued with Stock Purchase Warrants)

APB No. 14 于 1969 年 4 月公布,论述了可转换债券的定义、可转换债券收益的处理以及分离交易的可转换公司债券的处理,最后介绍了债券收益的会计处理。

《APB No. 15——每股收益》(Earnings Per Share)

APB No. 15 于 1969 年 5 月公布，于 1997 年 2 月被 SFAS No. 128 所取代。该准则提出用于计算股票期权稀释后每股收益的方法主要是库藏股份法。库藏股份法首先假定所有股票期权都是在会计期初行权的，如果是当年发行的股票期权，则假定是在会计期间行权；其次，库藏股份法还假定股票期权持有人现金行权后，公司所获得的现金收入将用于在市场上按照当期平均市价购回本公司的普通股股票。

《APB No. 16——企业合并》(Business Combinations)

为了避免对权益结合法的滥用，1970 年 8 月 APB No. 16 发布，分别从参与合并企业的性质、所有者权益的结合方式、不存在有预谋的交易等方面对权益结合法的使用提出了 12 项限制性条件，有效地遏制了权益结合法的滥用。由于购买法与权益结合法选用会产生显著的会计差异，美国从来就未间断过对企业合并会计处理方法的研究，该准则在 2001 年 6 月被 SFAS No. 141 所取代。

《APB No. 17——无形资产》(Intangible Assets)

APB No. 17 于 1970 年 8 月公布，在 2001 年 6 月被 SFAS No. 142 所取代，主要论述了从其他公司获得无形资产的处理、不能明确认定的无形资产的处理以及无形资产摊销的处理。其关于商誉会计处理的规定如下：只有取得商誉的成本才能资本化，维护和发展商誉的支出应作为期间费用从收益中扣除；由于很少有无形资产能够永久存在，故商誉的成本必须分摊至人为设定的某一段期限内，并且取消了将商誉当做资产永久保留的做法，只允许采用系统摊销法；摊销期最长不超过 40 年，即使商誉的年限超过 40 年，也必须在 40 年内摊销；除非有证据表明另一种系统方法更合适，否则就用直线法摊销商誉。该准则建议在估计无形资产有效期时，应考虑以下因素：法律或合同条文限制的最长使用年限；因法律和合同条文的修改或延续，可能改变对使用年限的具体限制；因过时、竞争或其他经济因素可能会缩短使用年限；使用年限可能与有关雇员的可预计服务年限有关；竞争对手的行动可能会影响目前的竞争优势；难以确定使用年限的无形资产其年限是不可确指的，其收益也不能恰当地预计。该准则认为：企业应不断地估计、分析摊销期限，以确定因环境变化或发生有关事件是否会影响对预计使用年限的修订。如若修订，未摊销的成本应在修订后无形资产剩余使用年限内分摊，但自取得起不能超过 40 年。

《APB No. 18——普通股权投资的权益法》(The Equity Method of Accounting for Investments in Common Stock)

APB No. 18 于 1971 年 3 月公布，首先介绍了权益证券投资处理，接着介绍了债券投资处理，然后主要论述了权益法的具体处理方法。根据 APB No. 18，美国规定使用权益法时,"就像子公司、公司合资经营或被投资公司被合并时的处理一样,投资方或被投资方未实现的公司间内部利润或亏损应予冲销"。对未实现的公司间内部利润或亏损的处理,取决于投资者与被投资者之间的交易是否被认为是"正常"交易。"正常"交易是指在独立的买方和独立的卖方之间进行商洽的交易。当投资方通过多数投票权控制某被投资方,并且同某被投资方进行一项非"正常"交易时,由该交易得到的公司间利润或亏损的部分,在没有通过与第三方交易而实现之前,都不应确认为投资方的收益。在被投资方与投资方之间的"正常"交易能被证实的情况下,只有未实现利润或亏损的比例份额应予冲销。

《APB No. 19——财务状况变化的报告》(Reporting Changes in Financial Position)

APB No. 19 于 1971 年 3 月公布,在 1987 年 11 月被 SFAS No. 95 所取代。它明确要求企业编制能概括反映损益表编报期间财务状况变动的报表,APB 将之称为"财务状况变动表"。当时实务中,编制财务状况变动表有两种最基本的格式:营运资金格式和现金及现金等价物格式。相比之下,营运资金格式仍占主导地位。由于在编报方法及其变动上缺乏相应的准则指导,致使企业在编表时产生诸多差异,甚至在采用同样格式的企业间也存在差异。

《APB No. 20——会计变更》(Accounting Changes)

APB No. 20 于 1971 年 7 月公布,在 2005 年 5 月被 SFAS No. 154 所取代。它要求将会计原则变更所产生的累计影响(包括会计原则变更、会计估计变更和报告主体变更)在损益表中报告,其金额是扣除所得税后的净额,为了保证会计信息的可比性,应在假设基础上,按新会计原则在表外调整以前年度的净收益;会计估计变更的影响不必单独反映,也不必调整净收益;会计主体的变更则要调整以前各年度的损益表。国际会计准则要求企业应把以下三项作为其财务报表的单独组成部分反映在报表中:当期净损益;按国际会计准则要求直接进入权益中的每个收益和费用、利得或亏损项目(例如,重新估价盈余和损失以及某种外币折算差额)以及这些项目的总额;按《IAS No. 8——当期净损益、重大错误、会计政策的变更》的基准处理方法处理的会计政策变更和重大更正的累计影响。

《APB No. 21——应收应付的利息处理》(Interest on Receivables and Payables)

APB No. 21 于 1971 年 8 月公布,首先介绍了利息总额的计算,然后介绍了折扣和额外费用,以及可交换现金支票的现值和可交换财产支票的现值,此外介绍了 APB No. 21 不适用的几种情况,最后规范了应收票据的现值和应付债券的会计处理。

《APB No. 22——会计政策的披露》(Disclosure of Accounting Policies)

APB No. 22 于 1972 年 4 月公布,指出报告主体的会计政策是由该主体的管理当局以一般公认会计原则和更有利地描述公允的财务状况、财务状况变动和营业活动结果为准绳,而在编制财务报表过程中所采用的特定的会计原则,以及由于采用这些会计原则所涉及的方法。

《APB No. 23——所得税会计——特殊领域》(Accounting for Income Taxes—Special Areas)

APB No. 23 于 1972 年 4 月公布,1987 年 12 月颁布的 SFAS No. 96 和 1992 年 2 月颁布的 SFAS No. 109 对其进行修订。

《APB No. 24——所得税会计——权益法下普通股投资会计处理》(Accounting for Income Taxes—Investments in Common Stock Accounted for by the Equity Method)

APB No. 24 于 1972 年 4 月公布,在 1987 年 12 月被 SFAS No. 96 所取代。

《APB No. 25——发行给员工的股票的会计处理办法》(Accounting for Stock Issued to Employees)

APB No. 25 于 1972 年 10 月公布,在 2004 年 12 月被 SFAS No. 123 所取代。在 1972 年之前,美国的公司采用股票期权计划奖励员工,由于没有相应的会计准则做指导,绝大部分美国公司不将这种股票期权奖励的薪酬费用反映到公司的损益表中,很明显地,企业利润可能被高估。对于这种完全不确认企业薪酬费用的做法,经济学家予以坚决地反对,同时,企业也要求官方对股票期权制定统一的会计标准,以规范企业的财务管理。为了顺应这种要求,APB 于 1972 年制定了 APB No. 25,并于 1973 年对 APB No. 25 制定了解释性条款,以方便该意见书的实施。APB No. 25 颁布以后,为了适应此后股票薪酬方式的大量创新带来的会计准则不适应的问题,APB 又制定和颁布了一系列的解释性意见书来进行补充说明。因此,我们所指的 APB No. 25 的精神实际上是上述文件的综合,内容十分繁杂凌乱,但归纳起来讲,APB No. 25 的主要内容如下:

根据 APB No. 25 的规定,股票期权计划分为两种类型:补偿性的和非补偿性的。如果归入非补偿性的,该计划必须符合以下四个条件:达到一定雇佣条件的全职雇员基本上全部有权参与计划;股份必须平等,或根据工资比例授予;必须有限定行使的时间;不能给予超过市场价格基础上所能给予的合理折扣,如在一般的"配股"中给予的折扣。只要不符合条件之一的,该股票期权计划就视为补偿性的。但是,这并不意味着一定要确认补偿成本,因为补偿成本可以等于零。然而,基于对补偿成本确认的强烈反对情绪,APB No. 25 延续了 ARB No. 143 的做法,基本上取消了对所谓的固定股票期权补偿成本的确认。因为将"补偿成本"定义为授予日股票的市场价格与行权价格之间的正差额,并通常于授予日计算。这样,如果股票期权的行权价等于或大于授予日的市场价格,不论今后任何时间,股票的价值如何变动均无需确认补偿成本。由于行使价格多数定为等于或高于授予日的市场价格,因此,大多数的固定认股权计划无需确认补偿成本。

根据 APB No.25,计算日期是指某一雇员得知可得到的认股权数量及认股权行使价格的最早日期。对于多数固定认股权计划,上述两个数据均在授予日得知。还需注意的是,即使受益人必须满足其他条件,如该受益人必须在授予日后继续服务一段时间才可行使认股权,计算日仍然为授予日。如果认股权计划是补偿性的,补偿成本是以计算日市场价格与认股权行使价格之间的差额计算。除非在极少数情况下,股票是专门收购来满足认股权计划,并在收购后很快交付给认股权持有人,发行机构的股票机会成本不作参照。此外,即使在计算日(一般为授予日)没有发生补偿成本,某些期后事件也可能导致需要确认补偿成本。其中最重要的是:①认股权续期或延期,产生新的计算日,如果该日市场价格或公平价格超过了认股权行使价格,则需要确认补偿成本;②为了清算以前作出的股票奖励或认股权而向雇员支付现金的,该项付款额需视为补偿成本。如果某认股权计划包括向雇员支付补偿,该补偿应在与补偿对应的服务期间予以确认。如果认股权的授予是无条件的(如果认股权没有待权期,那么在授予日便可以立即行使认股权),即其目的是酬劳雇员以前提供的服务,则补偿成本应在授予日一次入账。如果股票认股权是在部分或全部劳务提供之前授予,补偿成本应在劳务发生的期间按配比原则确认。如果认股权计划的待权期是一次生效的,补偿成本基本上以直线法计提。而如果计划的股权或是分期生效的,确认的方法便更为复杂。

《APB No.26——早期债务的消并》(Early Extinguishment of Debt)

APB No.26 于 1972 年 10 月公布。

《APB No.27——厂商或者租赁经销商租赁交易的会计处理》(Accounting for Lease Transactions by Manufacturer or Dealer Leasors)

APB No.27 于 1972 年 11 月公布,在 1976 年 11 月被 SFAS No.13 所取代。

《APB No.28——中期财务报告》(Interim Financial Reporting)

APB No.28 于 1973 年 5 月公布,西方的股份有限公司发展较早,资本市场较为发达,因而,中期财务报告发展较早且比较完善。美国钢铁公司于 1901 年首次发布中报,距今已有一个世纪。历经 1934 年《证券交易法》的发布以及 1945 年、1949 年、1970 年美国 SEC 要求报送内容的多次改进,直到 1973 年,美国 APB 才发布了涉及中期财务报告会计计量原则的 APB No.28,这是世界上第一套关于中期报告的一般会计原则。

《APB No. 29——非货币交易会计处理》(Accounting for Nonmonetary Transactions)

APB No. 29 于 1973 年 5 月公布,该准则在 2004 年 12 月被 SFAS No. 153 所取代。首先阐述了基本原理,它适用于除个别例外的所有案例,包括两部分:交易获得资产成本的计算和交易产生的损益的计量;其次论述了无商业实质交易的修正处理;最后陈述了美国新问题工作小组的意见。APB No. 29 将"交换"定义为:"交换(或交换交易)是指一个主体与另一个主体之间的互惠转让,通过转让,主体以让渡其他资产或劳务或者承担其他义务而取得资产或劳务,或者偿还一项负债。"该定义明确了交换的性质为互惠转让,交换的对象可以是资产、劳务或负债。APB No. 29 规定了非货币性交易的基本计量原则:非货币性交易应以交换资产的公允价值为计量基础。如果所收到资产的公允价值比所放弃资产的公允价值更加明显,则应以所收到的资产的公允价值计量成本,但对相似资产之间的交换,应以换出资产的账面金额作为换入资产的入账价值。

《APB No. 30——交易结果的报告以及对部分商业交易和非正常交易披露影响的报告》(Reporting the Results of Operations—Reporting the Effects of Disposal a Segment of a Business, and Extraordinary, Unusual and Infrequently Occuring Events and Transactions)

APB No. 30 于 1973 年 6 月公布,主要介绍了非正常交易的处理,并举例说明了不需要作为异常项目报告的损益,以及异常损益在报表中的处理和所得税处理。APB No. 30 中"经营成果的报告"是关于损益表格式及内容,列有收入、费用、正常项目利得和损失、持续经营利润、中止经营损益、非常项目利得和损失、会计原则变更累计影响、净收益等项目。格式中关于营业收入仅列出"收入"一项,但填报收入时,可将销售收入和其他收入合并为一项,也可将利息收入、租金收入、投资收益单列。

《APB No. 31——承租人对租赁相关事项的处理》(Disclosure of Lease Commitments by Leasees)

APB No. 31 于 1973 年 6 月公布,在 1976 年 11 月被 SFAS No. 13 所取代。

主要参考文献

[1] 葛家澍. 财务会计概念框架研究的比较与综评[J]. 会计研究,2004(6):3-10.

[2] 葛家澍. 公允价值的定义问题——基于美国财务会计准则 157 号《公允价值计量》[J]. 财会学习,2009(1):24-27.

[3] 许家林.商誉会计研究的八十年:扫描与思考(上)[J].财经政法资讯,2006(3):3-14.

[4] 于增彪,赵景文,袁光华等.重新审视美国会计对中国会计国际化的影响[J].会计研究,2004(3):7-15.

[5] 訾磊.会计目标:回顾与评述[J].财经政法资讯,2006(2):51-57.

[6] Barry J. Epstein, Ralph Nach and Steven M. Bragg. Wiley GAAP 2008: Interpretation and Application of Generally Accepted Accounting Principles[M]. Hoboken: John Wiley & Sons, Inc., 2007.

(初稿执笔人:程　超)

FASB 的《财务会计准则》(SFAS)

一、《财务会计准则》概述

财务会计准则公告(Statements of Financial Accounting Standards,简称 SFAS)系美国财务会计准则委员会(Financial Accounting Standards Board,简称 FASB)发布的有关会计准则的正式文件。FASB 自 1973 年成立以来,工作卓有成效,硕果累累。FASB 发布的公告类型包括四类:一是财务会计概念公告(Statements on Financial Accounting Concepts,简称 SFACs),它是对一系列财务会计概念进行研究,以便为制定的准则提供一个良好的理论框架;二是财务会计准则(SFAS);三是财务会计准则解释(FASB's Interpretation),它是对现有准则的修正和扩展,与准则公告具有同等的权威性;四是技术公报(Technical Bulletins),是为财务会计与报告实务问题以及准则公告的执行提供及时的指南[①]。在 FASB 所发布的与会计准则有关的公告中,最重要的是财务会计概念公告(SFACS)和财务会计准则(SFAS)。迄今为止,FASB 共发布了 8 号概念公告(SFAC),它们是:第 1 号《企业财务报告的目的》(1978 年 11 月);第 2 号《会计信息的质量特征》(1980 年 12 月);第 3 号《企业财务报表的要素》(1980 年 12 月)(已被第 6 号取代);第 4 号《非营利组织财务报告的目的》(1984 年 12 月);第 5 号《企业财务报表项目的确认和计量》(1984 年 12 月);第 6 号《财务报表的要素》(1985 年 12 月)(取代第 3 号);第 7 号《全面考虑会计计量中的现值问题》(2000 年 2 月);第 8 号《财务报告概念框架》(2010 年 9 月)。1973 年 12 月开始截止 2009 年 6 月 30 日,财务会计准则(SFAS)已经发布了 168 份,而其中有相当大的一部分是为

[①] 有关财务会计概念公告(Statements on Financial Accounting Concepts,简称 SFACs)的内容将纳入另外的会计理论知识专辑中详介,本书略。

了修订或补充以前发布的 APB 意见书、会计研究公告和 FASB 公报①。根据国际会计趋同的进程,FASB 自 2009 年 7 月 1 日开始,除对原准则进行修订外,不再发布的准则公告。截止到 2011 年年底,FASB 已经先后发布了 48 个更新公告文件。

二、《财务会计概念框架》的主要内容

《SFAC No. 1——企业财务报告的目标》(Objectives of Financial Reporting by Business Enterprises)

SFAC No. 1 主要讨论企业财务报告的目标问题,认为财务报告在性质上必须是为"通用目的"服务的,而不是为特定使用者团体的特殊目的服务的,虽然它比较注重投资者和信贷人的利益。SFAC No. 1 假定财务报表的使用者是能够读懂财务信息和财务报告的。SFAC No. 1 在强调财务报表的"经济决策"目的的同时,也谈到了财务报表对反映企业管理当局"受托责任"的重要性。此外,还讨论了以下几方面重要问题所作出的价值判断:其一,是财务信息的提供不是不需要成本的,因此使用财务信息的好处应大于其编制成本;其二,是会计报告不是关于企业信息的唯一来源;其三,是在评价和预测企业盈利能力和现金流量时,权责发生制会计显得特别有用;其四,是所提供的信息应该是有帮助的,但使用者仍需自己作出预测和评判。值得注意的是,在 SFAC No. 1 中所讨论的是"财务报告"的目的,而不再仅仅是"财务报表"的目的。关于财务报告与财务报表之间的关系和区别,有这样一段陈述:"财务报告不仅包括财务报表,而且还包括传递信息的其他手段,其内容直接或间接地与会计制度所提供的信息有关——那就是:关于企业资源、债务和收益等方面的信息。"可见,财务报表只是财务报告中的一部分或核心部分②。

《SFAC No. 2——会计信息的质量特征》(Qualitative Characteristics of Accounting Information)

SFAC No. 2 主要涉及会计信息的质量特征问题。虽然 SFAC No. 1 已经指出财务报表主要是针对使用者的共同需要的,并且也已假定使用者能够理解财务报表和财务信息的内容,然而,财务信息本身亦应达到一定的可读程度,因此,"可理解性"是受

---

① www.fasb.org 截至 2003 年 8 月 20 日的相关资料;The Financial Accounting Standard Board. Statements of Financial Accounting Standards No. 1-137, by FASB,401 Merritt 7, Norwolk,Connection,06856 USA, 1999;中译本为王世定等主译:美国财务会计准则(1-137 号)(上、中、下),经济科学出版社,2002 年 1 月第 1 版;许家林主编:《会计理论发展通论》(上):北京:经济科学出版社,2010 年 12 月第 1 版,第 518-529 页。

② 2010 年 9 月 28 日,由 FASB 发布"财务会计概念公告"第 8 号第一章取代了该号概念公告。

财务信息使用者和编制者两方面因素影响的特征。由于 SFAC No.2 在"决策有用性"要求下继续强调决策者以及他们的需要,因此,它将"相关性"(relevance)和"可靠性"(reliability)作为财务报表的两大质量特征。在"相关性"下,讨论了会计信息应具有"预测价值"、"反馈价值"和"及时性"等三方面的问题;在"可靠性"下,讨论了会计信息应"可以验证"、应"如实反映"和保持"中立性"等问题。接着,SFAC No.2 还讨论了"相关性"和"可靠性"之间的取舍标准。此外,还对"稳健性"、"可比性"和"一致性"以及"重要性"等问题作出了较深入的探讨[①]。

《SFAC No.3——企业财务报表的要素》(Elements of Financial Statements of Business Enterprises)

SFAC No.3 定义和讨论了企业财务报表的 10 个要素。后来被 SFAC No.6 所取代,关于财务报表要素的定义也在 SFAC No.6 中作出了修订。

《SFAC No.4——非营利组织财务报告的目标》(Objectives of Financial Reporting by Nonbusiness Organizations)

SFAC No.4 主要讨论了非营利组织编制财务报告的目标问题,以及与此相关的其他问题。

《SFAC No.5——企业财务报表的确认与计量》(Recognition and Measurement in Financial Statements of Business Enterprises)

SFAC No.5 主要讨论会计确认与计量的标准问题。首先,所谓"确认",是将某一个项目作为一项资产、负债、营业收入、费用等要素正式列入某一会计实体财务报表的过程。确认的标准,则包括以下四个方面:一是定义性(definition),即确认的项目必须符合财务报表要素的定义;二是可计量性(measurement),即该项目能够进行可靠的计量;三是相关性(relevance),即该项目所提供的信息能够影响决策;四是可靠性(reliability),即该项目所提供的信息必须符合可靠性的要求,包括如实反映、可验证性和中立性等。SFAC No.5 认为,一个项目只要符合上述四项标准,并且符合效益大于成本以及重要性这两个前提,就应予以确认。其次,所谓"计量",是指一个项目只要符合确认的标准,就应以货币单位作出充分可靠的计量,并将它们记录在财务报表之中。不同的项目,可能具有不同的计量属性。一个项目应采用何种计量方法加以计量,视项目的性质以及计量属性的相关性和可靠性而定。为此,SFAC No.5 探讨了历史成本(historical cost)、现行成本或重置成本(current cost or replacement cost)、现行价值(current value)、可变现净值(net realizable value)和现值(present value)等 5

[①] 2010 年 9 月 28 日,由 FASB 发布"财务会计概念公告"第 8 号第三章取代了该号概念公告。

种流行的会计计量属性。对于上述 5 种计量方法，FASB 主张首先使用"历史成本法"，但它也允许将"历史成本法"与其他的计量方法结合使用。然而，无论采用何种计量方法，关键的问题是需要对所采用的方法及其影响加以披露，从而使报表使用者可以对财务报表作出理解和比较。

《SFAC No. 6——财务报表的要素》(Elements of Financial Statements)

SFAC No. 6 是用来替代 SFAC No. 3 的，它所讨论的财务报表 10 个要素的定义也基本上与 SFAC No. 3 相同，但论述范围却有所扩大，它将非营利组织也包括在内。SFAC No. 6 对与计量某一会计实体的成果和现状直接有关、但又对相互联系的 10 个要素分别作出了定义。

《SFAC No. 7——在会计计量中使用现金流量信息及现值》(Using Cash Flow Information and Present Value in Accounting Measurements)

继上述 6 项"财务会计概念公告"发布以后，时隔 15 年，FASB 于 2000 年 2 月又发布了 SFAC No. 7。在 SFAC No. 5 中，FASB 曾经讨论了 5 种可以在财务报表中使用的会计计量属性，但当时的会计计量，系以历史成本为主，其他 4 种计量属性则较少采用。20 世纪 90 年代以后，"公允价值"(fair value)的概念逐步成为除历史成本之外的其他会计计量属性的总称或代名词，它在经济学、财务学、会计学、投资学、金融保险、资本运作、价值评估等方面均得到了广泛的应用。所形成的基本看法是：可以代表"公允价值"的数额一般是在公开活跃市场上的挂牌价或最新成交价，它们是以市场观察值为基础的，通常比较客观；但是在不存在市场观察值的情况下，采取未来现金流量的现值则可以较好地逼近"公允价值"。然而，计算未来现金流量的现值需要基于一定的方法和假设条件，包括对未来现金流量的估算、折现率的确定等，SFAC No. 7 正是为了提供在这一方面的理论框架而提出的。

《SFAC No. 8——财务报告概念框架》(Conceptual Framework for Financial Reporting)

SFAC No. 8 于 2010 年 9 月 28 日由 FASB 发布，它是 IASB 和 FASB 双方自 2005 年以来合作开展的共同概念框架联合项目第一阶段的成果，FASB 将其列为 SFAC No. 8 的第一章和第三章，取代了分别于 1978 年 11 月发布的 SFAC No. 1 和 1980 年 12 月发布的 SFAC No. 2，它是 FASB 于 2000 年 2 月发布了 SFAC No. 7，十年之后所发布的一项新的概念公告，它是会计准则国际趋同的产物，对建立全球统一的高质量会计准则具有十分重要的意义。该公告的第一章为"通用财务报告的目标"，主要阐述了两个方面的内容：(1)通用财务报告目标、有用性和局限性。(2)关于报告主体的经济资源、财产权利的信息及资源和财产权利中的变化，主要涉及经济资源和财产权利、经济资源和财产权利的变化、权责发生制所反映的财务状况、收付实现制反映的财务业绩和非财务业绩反映的经济资源和财产权利的变化等5个方面的问题。该公告的第三章为"有用财务信息的质量特征",主要阐述了两个方面的内容:(1)有用财务信息的质量特征。主要涉及基本质量特征与强化质量特征两大类,前者包括相关性与如实反映,在此基础之上,派生出预测价值、完整性、真实价值、中立性、重要性和避免重大错误等质量要求,后者则包括及时性、可比性、可验证性和可理解性4项要求。(2)有用财务信息质量的基本约束条件,主要提出了成本效益原则与重要性[①]。

三、《财务会计准则》的主要内容

《SFAS No. 1——外币交易信息的披露》(Disclosure of Foreign Currency Translation Information)

SFAS No. 1 是 FASB 于 1973 年 12 月颁布的,对 1973 年 11 月 30 日后结束的会计期间生效。该准则先后被 SFAS No. 8 和 SFAS No. 52 所取代。

《SFAS No. 2——研究开发成本的会计处理》(Accounting for Research and Development Costs)

SFAS No. 2 是 FASB 于 1974 年 10 月颁布的,对 1975 年 1 月 1 日或以后开始的会计年度生效。该准则建立了研究开发成本的财务会计报告标准,其目的是减少目前在实务中采用的可供选择的会计报告和方法的数量以及提供有关研究开发成本的有用的财务信息。该准则主要内容涉及:为实现财务会计报告目的而视为研究开发的活动;研究开发活动应包括的成本要素;研究开发成本的会计处理;与研究开发成本有关的财务报告披露。

《SFAS No. 3——在中期财务报表中披露会计变更(对 APB No. 28 的修正)》(Reporting Accounting Changes in Interim Financial Statements—An Amendment of APB Opinion No. 28)

SFAS No. 3 是 FASB 于 1974 年 12 月公布的,对 1974 年 12 月 31 日或之后结束的年度中期生效。该准则对《APB No. 28——中期财务报告》中关于存货定价方法改为后进先出法时在中期财务报告中该如何报告的有关结论作了相应的修正,该准则主要的改变是如果会计变更不是发生在某会计年度的第一个会计期间,那么应在第一个会计期间财务报告的净收入中反映该会计变更对年初留存收益的影响数(重新出具该

---

① http://www.fasb.org/home,2011-03-13;汪祥耀. FASB 第 8 号概念公告述评(上)[J]. 财会通讯,2011(1):127-130;汪祥耀. FASB 第 8 号概念公告述评(下)[J]. 财会通讯,2011(2):125-126.

期的财务报告)。该准则主要内容涉及:除改用后进先出法之外的累积影响类型会计变更;改用后进先出存货定价法及类似的会计政策变更;上市公司第四季度的会计变更。

《SFAS No. 4——债务解除的利得或损失的报告(对 APB No. 30 的修正)》(Reporting Gains and Losses from Extinguishment of Debt—An Amendment of APB Opinion No. 30)

SFAS No. 4 是 FASB 于 1975 年 3 月公布的,对 1975 年 3 月 31 日以后的债务解除生效。该准则主要内容涉及:债务解除的利得和损失在损益表中的分类;债务解除的利得和损失的披露。该准则现在已经被 SFAS No. 145 取代。

《SFAS No. 5——或有事项的会计处理》(Accounting for Contingencies)

SFAS No. 5 是 FASB 于 1975 年 3 月公布的,对 1975 年 7 月 1 日或以后开始的会计年度生效。该准则主要内容涉及:或有损失的应计项目;或有损失的披露。该准则不要求披露一般或非特指经营风险的有关信息,该准则还对企业从留存收益中分出的一部分作为或有损失的专用款项的使用作了规定,该准则没有对或有利得重新定义,ARB No. 50 第 3 段和第 5 段的条款继续有效。

《SFAS No. 6——预期再融资的短期负债的分类(对 ARB No. 43 第 3A 章的修正)》(Classification of Short-Term Obligations Expected to be Refinanced—an Amendment of ARB Opinion No. 43, Chapter 3A)

SFAS No. 6 是 FASB 于 1975 年 5 月公布的,对 1975 年 12 月 31 日结束或在该日期以后结束的会计年度生效。该准则主要内容涉及:短期负债的分类(有的作为流动负债,有的作为长期负债);企业准备对短期负债进行再融资的意图;企业预期再融资的能力;短期负债的披露。

《SFAS No. 7——企业开办期内的会计报告方法》(Accounting and Reporting by Development Stage Enterprises)

SFAS No. 7 是 FASB 于 1975 年 6 月公布的,对 1976 年 1 月 1 日或以后开始的会计年度生效。该准则主要内容涉及:识别处于开办阶段企业的标准;规定了处于开办阶段企业财务会计报告的准则。另外,该准则的过渡性规定也适用于某些正常运营的企业。

《SFAS No. 8——外币交易和外币报表折算的会计处理》(Accounting for the Translation of Foreign Currency Transaction and Foreign Currency Financial Statements)

SFAS No. 8 是 FASB 于 1975 年 10 月公布的,对 1976 年 1 月 1 日或以后开始的

会计年度生效,该准则已被 SFAS No. 52 取代。

《SFAS No. 9——所得税会计——石油天然气生产企业(对 APB No. 11 和 No. 23 的修正)》(Accounting for Income Taxes: Oil and Gas Producing Companies—an Amendment of APB Opinion No. 11 and 23)

SFAS No. 9 是 FASB 于 1975 年 10 月公布的,对 1975 年 12 月 1 日或以后公布的财务报表生效。该准则已被 SFAS No. 19 取代。

《SFAS No. 10——对企业合并"不追溯"条款的扩展(对 APB No. 16 的修正)》(Extension of "Grandfasther" Provisions for Business Combination—an Amendment of APB Opinion No. 16)

SFAS No. 10 是 FASB 于 1975 年 10 月公布的,对自 1975 年 11 月 1 日开始的会计期间生效。该准则删除了 APB No. 16 第 99 段和 AICPA 公布的 AIN 中有关不追溯条款的 5 年期限规定。

《SFAS No. 11——或有事项的会计处理——过渡性方法(对 SFAS No. 5 的修正)》(Accounting for Contingencies-Transition Method—an Amendment of FASB Statement No. 5)

SFAS No. 11 是 FASB 于 1975 年 12 月公布的,对 1975 年 7 月 1 日或以后开始的会计年度生效。该准则规定将累积影响包括在确定净收益期间,应披露该期间累积影响对列示于非常项目前的收益、净收益以及相关的每股金额的影响,以及对所有呈报的前期报表不予重新编报的原因。在该准则生效日后,提供的生效日前的任何财务报告或从该财务报告中得出的财务总结或其他任何资料都应包含因遵从 SFAS No. 5 对留存收益特定拨款重新分类的内容。

《SFAS No. 12——某些可交易证券会计处理》(Accounting for Certain Marketable Securities)

SFAS No. 12 是 FASB 于 1975 年 12 月公布的,对 1975 年 12 月 31 日或以后结束的会计期间生效。该准则已被 SFAS No. 115 取代。

《SFAS No. 13——租赁会计》(Accounting for Leases)

SFAS No. 13 是 FASB 于 1976 年 11 月公布的,适用于 1977 年 1 月 1 日起订立和修改的租赁交易和租赁协议,但随后被 SFAS No. 26、SFAS No. 29、SFAS No. 34、SFAS No. 71、SFAS No. 98 和 SFAS No. 109 修正。该准则为出租人和承租人的租赁交易确立了财务会计和报告准则。该准则主要内容涉及:相关术语定义;租赁的分类;租赁分类的标准(不包括杠杆租赁);承租人的会计处理和报告;出租人的会计处理和报告;不动产租赁;关联方之间的租赁;售后回租交易;转租赁和类似租赁交易的会计处理和报告;杠杆租赁的会计处理和报告。

《SFAS No. 14——企业分部财务报告》(Financial Reporting for Segments of a Business Enterprise)

SFAS No. 14 是 FASB 于 1976 年 12 月公布的,对 1976 年 12 月 15 日后开始的会计年度和这些年度的中期财务报表生效(但随后被 SFAS No. 18、SFAS No. 21 和 SFAS No. 24 修正),该准则已被 SFAS No. 131 取代。

《SFAS No. 15——债权债务人对债务重组的会计处理》(Accounting by Debtors and Creditors for Troubled Debt Restructurings)

SFAS No. 15 是 FASB 于 1977 年 6 月公布的,对在 1977 年 12 月 31 日以后完成的债务重组生效。该准则详细论述了债权人和债务人债务重组财务会计处理和报告的标准。债务人和债权人的会计处理应根据重组类型的不同对债务重组进行会计处理。债务重组类型包括但并非仅限于以下方式:以资产清偿全部债务;以权益清偿全部债务;修改偿债条件;偿债方式组合。

《SFAS No. 16——前期调整》(Prior Period Adjustments)

SFAS No. 16 是 FASB 于 1977 年 6 月公布的,对 1977 年 10 月 15 日以后开始的会计年度生效。该准则主要内容涉及:对前期财务报告中错误的更正或对于购买子公司前的经营亏损结转的减免所得税调整进行会计处理和报告;对本会计年度已过中期的调整的确认、计量与报告;对现有声明的修正。

《SFAS No. 17——租赁的会计处理——初始直接成本(对 SFAS No. 13 的修正)》(Accounting for Leases: Intial Direct Costs—an Amendment of FASB Statement No. 13)

SFAS No. 17 是 FASB 于 1977 年 11 月公布,对 1978 年 1 月 1 日或以后订立的租赁交易和修改的租赁协议生效。该准则已被 SFAS No. 91 取代。

《SFAS No. 18——企业分部财务报告——中期财务报表(对 SFAS No. 14 的修正)》(Financial Reporting for Segments of a Business Enterprises: Interim Financial Statements—an Amendment of FASB Statement No. 14)

SFAS No. 18 是 FASB 于 1977 年 11 月公布的,自 1977 年 12 月 1 日生效,追溯至 SFAS No. 14 的生效日期。该准则已被 SFAS No. 131 取代。

《SFAS No. 19——石油天然气生产企业的财务会计报告》(Financial Accounting and Reporting by Oil and Gas Producing Companies)

SFAS No. 19 是 FASB 于 1977 年 12 月公布的,对 1978 年 12 月 15 日以后开始的会计年度与那些年度的中期财务报告生效(但被 SFAS No. 25 修正),该准则仅适用石油天然气生产活动,并未述及与石油天然气的运输、炼制以及营销有关的财务会计和报告问题。该准则主要内容涉及:对该准则应用的有关术语给出了定义;石油天然气生产活动企业所包括的特殊类型的资产的基本概念;成本发生时的会计处理;资本化成本的处置;矿区财产的转让及相关交易;石油天然气生产企业披露规定;石油天然气企业所得税会计。

《SFAS No. 20——期汇合约的会计处理(对 SFAS No. 8 的修正)》(Accounting for Forward Exchange Contracts—an Amendment of FASB Statement No. 8)

SFAS No. 20 是 FASB 于 1977 年 12 月公布,自 1978 年 1 月 1 日生效。该准则已被 SFAS No. 52 取代。

《SFAS No. 21——对非公开招股企业中止报告每股收益和分部信息(对 APB NO. 15 和 SFAS No. 14 的修正)》(Suspension of the Reporting of Earnings per Share and Segment Information by Nonpublic Enterprises—an Amendment of APB Opinion No. 15 and FASB Statement No. 14)

SFAS No. 21 是 FASB 于 1978 年 4 月公布的,自 1978 年 4 月 30 日生效,追溯至 1976 年 12 月 15 日后开始的会计年度。该准则已被 SFAS No. 131 取代。

《SFAS No. 22——通过再融资而对免税债务提前还款而引起的租赁合约条款修改(对 SFAS No. 13 的修正)》(Changes in the Provisions of Lease Agreements Resulting from Refundings of Tax-Extemp Debt—an Amendment of FASB Statement No. 13)

SFAS No. 22 是 FASB 于 1978 年 6 月公布,对自 1978 年 7 月 1 日起修改的租赁合约有效。该准则主要内容涉及:(1)在租约到期之前,由于出租人对免税债务再融资(包括提前还款在内)引起原有租约中条款改变,这一改变不仅将可预见的再融资经济利益转移给了承租人,而且使变更后的租约为承租人的资本租赁或出租人的直接融资租赁的承租人与出租人的会计处理;(2)对 SFAS No. 13 的修正。

《SFAS No. 23——租赁起始日(对 SFAS No. 13 号修正)》(Inception of the Lease—an Amendment of FASB Statement No. 13)

SFAS No. 23 是 FASB 于 1978 年 8 月公布的,对自 1978 年 12 月 1 日开始的租赁业务及其修正生效。该准则将租赁起始日由租赁资产完工日或出租人取得租赁资产日改为租赁协议生效日或较早的租赁承诺日。

《SFAS No. 24——在其他企业提供的财务报告所列示的财务报表上报告分部信息(对 SFAS No. 14 的修正)》(Reporting Segment Information in Financial Statements That are Presented in Another Enterprises Financial Report—an Amendment of FASB Statement No. 14)

SFAS No. 24 是 FASB 于 1978 年 12 月公布,自 1979 年 1 月 1 日生效,追溯至 1976 年 12 月 15 日后开始的会计年度。该准则已被 SFAS No. 131 取代。

《SFAS No. 25——暂停使用对石油天然气生产企业的某些会计规定(对 SFAS No. 19 的修正)》(Suspension of Certain Accounting Requirements for Oil and Gas Producing Companies—an Amendment of FASB Statement No. 19)

SFAS No. 25 是 FASB 于 1979 年 2 月公布的,对 1978 年 12 月 15 日以后开始的会计年度生效。该准则主要内容涉及:中止了 SFAS No. 19 中关于成果法会计处理采用的生效时间;要求披露石油天然气生产活动中发生的成本的会计处理方法;废除了 SFAS No. 19 中储量的定义,要求采用能源部为财务报告系统设计的定义。

《SFAS No. 26——对不动产销售租赁的利润确认(对 SFAS No. 13 的修正)》(Profit Recognition on Sales-Type Leases of Real Estate—an Amendment of FASB Statement No. 13)

SFAS No. 26 是 FASB 于 1979 年 4 月公布,对自 1979 年 8 月 1 日开始记录的租赁交易和修改的租赁协议生效,该准则已被 SFAS No. 98 取代。

《SFAS No. 27——对现有销售租赁或直接融资租赁的续租或展期时的再分类(对 SFAS No. 13 的修正)》(Classification of Renewals or Extensions of Existing Sales-Type or Direct Financial Leases—an Amendment of FASB Statement No. 13)

SFAS No. 27 是 FASB 于 1979 年 5 月公布的,对自 1979 年 9 月 1 日起的租赁协议可续租和展期核算生效。该准则是对 SFAS No. 13 的修正,如果续租或展期发生在原有租期内,则现存销售租赁或不符合销售租赁的直接融资租赁的续租或展期应该确认为直接融资租赁;如果续租或展期发生在原有租赁交易的期末,则应将其确认为销售租赁。

《SFAS No. 28——不同回租条件下售后回租的会计处理(对 SFAS No. 13 的修正)》(Accounting for Sales with Leasebacks—an Amendment of FASB Statement No. 13)

SFAS No. 28 是 FASB 于 1979 年 5 月公布的,对自 1979 年 9 月 1 日起的租赁交易及其修正生效。该准则是对 SFAS No. 13 的修正。SFAS No. 13 一般将售后回租作为单一的融资交易。因此,资产出售过程中所形成的各种收益,应全部由租赁资产的出卖者,也就是承租人递延或摊销,该准则要求资产出卖者分别按照不同的情况确认收益或损失。

《SFAS No. 29——或有租金的确定(对 SFAS No. 13 的修正)》(Determining Contingent Rentals—an Amendment of FASB Statement No. 13)

SFAS No. 29 是 FASB 于 1979 年 6 月公布的,对 1979 年 10 月 1 日及以后的租

赁交易及其修正生效。该准则将或有租金界定为：在租赁开始日以后，由于影响租金计算因素的变化而引起的租赁付款额的增减额。

《SFAS No.30——披露主要客户信息(对 SFAS No.14 的修正)》(Disclosure of Information about Major Customers—an Amendment of FASB Statement No.14)

SFAS No.30 是 FASB 于 1979 年 8 月公布的，对 1979 年 12 月 15 日后开始的会计年度生效。该准则已被 SFAS No.131 取代。

《SFAS No.31——对英国关于存货减免税的税法相关的纳税利益的会计处理》(Accounting for Tax Benefits Related to U.K Tax Legislation Concerning Stock Relief)

SFAS No.31 是 FASB 于 1979 年 9 月公布的，对 1979 年 9 月 30 日后公布的 1979 年 7 月 26 日或以后结束的年度或中期财务报表生效。该准则已被 SFAS No.96 和 SFAS No.109 取代。

《SFAS No.32——AICPA 会计与审计事项立场公告与指南中的特殊会计处理与报告的原则与实务(对 APB No.20 的修正)》(Specialized Accounting and Reporting Principles and Practices in AICPA Statements of Position and Guides on Accounting and Auditing Matters—an Amendment of APB Opinion No.20)

SFAS No.32 是 FASB 于 1979 年 9 月公布的，自 1979 年 10 月 31 日生效。该准则已被 SFAS No.111 取代。

《SFAS No.33——财务报告和物价变动》(Financial Reporting and Changing Prices)

SFAS No.33 是 FASB 于 1979 年 9 月公布的，对 1979 年 12 月 25 日或以后结束的会计年度生效。该准则已被 SFAS No.89 取代。

《SFAS No.34——利息费用资本化》(Capitalization of Interest Cost)

SFAS No.34 是 FASB 于 1979 年 10 月公布的，对 1979 年 12 月 25 日以后开始的会计年度生效。该准则对将利息费用资本化作为取得资产的历史成本的一部分进行了规范。该准则主要内容涉及：符合利息费用资本化的资产；利息费用资本化金额；资本化期间；资本化金额的处理；披露。

《SFAS No.35——既定受益养老金计划的会计处理和报告》(Accounting and Reporting by Defined Benefit Pension Plans)

SFAS No.35 是 FASB 于 1980 年 3 月公布的，对 1980 年 12 月 15 日之后开始的计划年度生效(但是对于州或地方政府出资的计划据 SFAS No.75 可无限期推迟)。该准则建立了对既定受益养老金计划的年度财务报表进行会计处理和报告的规范。该准则主要内容涉及：现有的一般会计原则；计划财务报表的首要目标；财务报表；退休基金可得的净资产；退休基金可得的净资产的变化；累积计划养老金的精算现值；累积计划养老金的精算现值的变化；附加的财务报表披露；平均数或合理的近似值的使用。

《SFAS No. 36——养老金信息的披露（对 APB No. 8 的修正）》(Disclosure of Pension Information—an Amendment of APB Opinion No. 8)

SFAS No. 36 是 FASB 于 1980 年 5 月公布的，对 1979 年 12 月 15 日后开始的会计年度，以及在这些会计年度内对 1980 年 6 月 30 日后公布的完整中期报表生效。该准则已被 SFAS No. 87 取代。

《SFAS No. 37——递延所得税在资产负债表中的分类（对 APB No. 11 的修正）》(Balance Sheet Classification of Deferred Income Taxes—an Amendment of APB Opinion No. 11)

SFAS No. 37 是 FASB 于 1980 年 7 月公布的，对 1980 年 12 月 15 日后结束的期间生效。该准则规定了在资产负债表中对递延所得税的分类基础。与一项资产或负债相关的递延所得税与相关资产和负债的分类相同；与一项资产或负债无关的递延所得税，按照时间性差异的预期转回。该准则被 SFAS No. 96 取代，又被 SFAS No. 109 恢复生效。

《SFAS No. 38——被购企业被购前或有事项的会计处理（对 APB No. 16 的修正）》(Accounting for Pre-acquisition Contingencies of Purchased Enterprises—an Amendment of APB Opinion No. 16)

SFAS No. 38 是 FASB 于 1980 年 9 月公布的，对 1980 年 12 月 15 日以后开始的企业合并有效。该准则规范了收购企业应当如何对在购买日存在的被购企业的或有事项进行会计处理，以及如何对这些或有事项产生的后续调整项目进行会计处理。

《SFAS No. 39——财务报告和物价变动：特殊化资产——采矿业与石油天然气（对 SFAS No. 33 的补充）》(Financial Reporting and Changing Prices: Specialized Assets-Mining and Oil and Gas—a Supplement to FASB Statement No. 33)

SFAS No. 39 是 FASB 于 1980 年 10 月公布的，对 1980 年 12 月 25 日或以后结束的会计年度生效。该准则已被 SFAS No. 89 取代。

《SFAS No. 40——财务报告和物价变动：特殊化资产——林场和成长林（对 SFAS No. 33 的补充）》(Financial Reporting and Changing Prices: Specialized Assets-Timberlands and Growing Timber—a Supplement to FASB Statement No. 33)

SFAS No. 40 是 FASB 于 1980 年 11 月公布的，对 1980 年 12 月 25 日或以后结束的会计年度生效。该准则已被 SFAS No. 89 取代。

《SFAS No. 41——财务报告和物价变动:特殊化资产——盈利性不动产(对 SFAS No. 33 的补充)》(Financial Reporting and Changing Prices: Specialized Assets-Income Producing Real Estate—a Supplement to FASB Statement No. 33)

SFAS No. 41 是 FASB 于 1980 年 11 月公布的,对 1980 年 12 月 25 日或以后结束的会计年度生效。该准则已被 SFAS No. 89 取代。

《SFAS No. 42——利息费用资本化重要性的确定(对 SFAS No. 34 的修正)》(Determining Materiality for Capitalization of Interest Cost—an Amendment of FASB Statement No. 34)

SFAS No. 42 是 FASB 于 1980 年 11 月公布的,对 1979 年 12 月 15 日以后开始的会计年度生效,除非企业已经采用准则第 34 号;如果这样的话,则对 1980 年 10 月 15 日以后开始的会计年度生效。该准则修正的有:(1)删除 SFAS No. 34 中有些人认为在特定情况下允许避免利息费用资本化的语言;(2)解释 SFAS No. 34 未设立对重要性的新测试。

《SFAS No. 43——带薪缺勤的会计处理》(Accounting for Compensated Absences)

SFAS No. 43 是 FASB 于 1980 年 11 月公布的,对在 1980 年 12 月 15 日以后开始的会计年度生效。该准则要求雇主在某些条件满足时,将雇员享有的获取未来缺勤的补偿的权利作为雇主自己的一项应计债务。

《SFAS No. 44——对公路运输业的无形资产的会计处理(对 ARB No. 43 第 5 章的修正以及对 APB No. 17、APB No. 30 的解释)》(Accounting for Intangible Assets of Motor Carries—an Amendment of Chapter 5 of ARB No. 43 and an Interpretation of APB Opinions No. 17 and 30)

SFAS No. 44 是 FASB 于 1980 年 12 月公布的,自 1980 年 12 月 19 日生效,对 1980 年 12 月 15 日后开始的会计期间的财务报表生效。该准则要求在有限竞争下运输货物的州际权力公路运输业的无形资产的未摊销成本应冲减收益,如果很重要的话,应作为未来非常项目来报告。该准则现已被 SFAS No. 145 取代。

《SFAS No. 45——特许权使用费收入的会计处理》(Accounting for Franchise Fee Revenue)

SFAS No. 45 是 FASB 于 1981 年 3 月公布的,对 1981 年 6 月 15 日后开始的会计年度生效。该准则规定了特许权使用费收入的会计处理方法,以及特许权所有者的会计报告方法。该准则要求,当单个或区域特许权所有者完成了与销售有关的实质性服务时才能确定其收入。该准则同时对持续的特许权费用、持续的产品销售、代理销售、重新获得特许权、特许权成本、后期收入、特许权所有者与使用者之间的关系等作了规定。

《SFAS No. 46——财务报告和物价变动：影片（对 SFAS No. 33 的补充）》(Financial Reporting and Changing Prices: Motion Picture Films—a Supplement to FASB Statement No. 33)

SFAS No. 46 是 FASB 于 1981 年 3 月公布的，对 1981 年 3 月 31 日或以后结束的会计年度生效。该准则已被 SFAS No. 89 取代。

《SFAS No. 47——长期负债的披露》(Disclosure of Long-Term Obligations)

SFAS No. 47 是 FASB 于 1981 年 3 月公布的，对 1981 年 6 月 15 日后结束的会计年度生效。该准则要求企业对与卖方融资有关的、无条件购买债务的承诺进行披露。该准则同时要求对长期借款和可赎回股票的未来支付进行披露。

《SFAS No. 48——当存在销售退回权时收入的确认》(Revenue Recognition When Right of Return Exists)

SFAS No. 48 是 FASB 于 1981 年 6 月公布的，对 1981 年 6 月 15 日以后开始的会计年度生效。该准则详细说明了当购买方对产品具有退回权时，企业如何对它的产品销售进行会计处理。

《SFAS No. 49——产品融资业务的会计处理》(Accounting for Product Financing Arrangements)

SFAS No. 49 是 FASB 于 1981 年 6 月公布的，对 1981 年 6 月 15 日以后签订的产品融资业务生效。该准则规范了判断标准，用来判断什么时候涉及存货销售的业务在实质上是产品融资业务。该准则规定产品融资业务应作为借款行为进行会计处理，而不是作为销售行为处理。

《SFAS No. 50——音像行业的财务报告》(Financial Reporting in the Record and Music Industry)

SFAS No. 50 是 FASB 于 1981 年 11 月公布的，对 1981 年 12 月 15 日以后开始的会计午度生效。该准则从 AICPA No. 76-1 号公告的《音像行业的会计实务》抽取出特定的会计原则和实务，并且还针对音像行业的许可证转让方和受让方的财务会计处理及报告制定标准。该准则要求许可证的受让方将保证金以最小值记录为资产，并根据许可证的条款将其转化为费用。该准则还为艺术家报酬成本及母版成本制定了标准。

《SFAS No. 51——有线电视公司的财务报告》(Financial Reporting by Cable Television Companies)

SFAS No. 51 是 FASB 于 1981 年 11 月公布的，对 1981 年 12 月 15 日后开始的

会计年度生效。该准则从 AICPA 立场公告第 79-2 号《有线电视的会计处理》中抽出特定的会计原则和实务,并且针对应用于有线电视系统的建设和经营成本、费用和收入的财务会计和报告进行了规范。

《SFAS No.52——外币折算》(Foreign Currency Translation)

SFAS No.52 是 FASB 于 1981 年 12 月公布的,对 1982 年 12 月 15 日或以后开始的会计年度生效。该准则取代了 SFAS No.8,并且修正了现行对外币交易和外币会计报表进行折算的核算及报告要求。该准则主要内容涉及:折算目的;功能货币;高通货膨胀经济中的功能货币;外币报表的折算;外币交易;期汇合约;不计入净收益的交易利得或损失;汇率变动对所得税的影响;公司间利润的抵销;汇率;平均法和其他估计方法的运用;披露。

《SFAS No.53——电影制片商和发行商的财务报告》(Financial Reporting by Producers and Distributors of Motion Picture Films)

SFAS No.53 是 FASB 于 1981 年 12 月公布的,对 1981 年 12 月 15 日以后开始的会计年度生效,该准则从 AICPA 行业会计指南《电影行业会计》以及 AICPA 公告第 79-4 号《电影行业会计》中抽取出特定的会计原则和实务,并为电影制片商和发行商的财务会计和报告建立标准。

《SFAS No.54——财务报告和物价变动:投资公司(对 SFAS No.33 的修正)》(Financial Reporting and Changing Prices:Investment Companies—a Supplement to FASB Statement No.33)

SFAS No.54 是 FASB 于 1982 年 1 月公布的,自 1982 年 1 月 27 日生效,追溯至 1979 年 12 月 25 日或以后结束的会计年度。该准则已被 SFAS No.89 取代。

《SFAS No.55——确定某种可转换证券是否为普通股等价物(对 APB No.15 的修正)》(Determining Whether a Convertible Security Is a Common Stock Equivalent—an Amendment of APB Opinion No.15)

SFAS No.55 是 FASB 于 1982 年 2 月公布的,对 1982 年 2 月 28 日后发行的可转换证券生效。该准则已被 SFAS No.111 取代。

《SFAS No.56——应用 APB No.20 时优先执行 AICPA 指南和立场公告第 81-1 号〈关于承包人的会计处理〉和与医疗机构有关的立场公告 81-2 号(对 SFAS No.32 的修正)》(Designation of AICPA Guide and Statement of Position(SOP)81-1 on Contractor Accounting and SOP 81-2 Concerning Hospital-Related Organizations as Preferable for Purposes of Applying APB Opinion 20—an Amendment of FASB Statement No.32)

SFAS No. 56 是 FASB 于 1982 年 2 月公布的,对 1981 年 12 月 31 日后开始的会计年度生效。该准则已被 SFAS No. 111 取代。

《SFAS No. 57——关联方披露》(Related Party Disclosures)

SFAS No. 57 是 FASB 于 1982 年 3 月公布的,对 1982 年 6 月 15 日以后结束的会计年度生效。该准则建立了有关关联方披露的要求,与美国注册会计师协会的审计准则执行委员会颁布的审计准则第 6 号《关联方交易》的要求基本一致。

《SFAS No. 58——以权益法核算投资的财务报表中利息费用的资本化(对 SFAS No. 34 的修正)》(Capitalization of Interest Cost in Financial Statements That Include Investments Accounted for by the Equity Method—an Amendment of FASB Statement No. 34)

SFAS No. 58 是 FASB 于 1982 年 4 月公布的,对在 1982 年 6 月 30 日以后所作的投资生效,但对在该日已签订合同但还未实施的投资可以选择使用。该准则修正了 SFAS No. 34 的有关内容:对母公司和合并子公司的合规资产的合并利息资本化做出了限制;对被投资者正在为开始其经营计划采取必要的活动,如果这些活动包括运用资金以取得其经营活动所需的合规资产,在这种情况下,把以权益法核算的投资包含在投资者的合规资产中。

《SFAS No. 59——对州及地方政府养老金计划的某些会计处理要求生效日期的递延(对 SFAS No. 35 的修正)》(Deferral of the Effective Date of Certain Accounting Requirements for Pension Plans of State and Local Governmental Units—an Amendment of FASB Statement No. 35)

SFAS No. 59 是 FASB 于 1982 年 4 月公布的,自 1982 年 4 月生效,追溯至 1980 年 12 月 15 日后开始的会计年度。该准则已被 SFAS No. 75 取代。

《SFAS No. 60——保险企业的会计处理和报告》(Accounting and Reporting by Insurance Enterprises)

SFAS No. 60 是 FASB 于 1982 年 6 月公布的,对 1982 年 12 月 15 日以后开始的会计年度生效。该准则从 AICPA 保险行业相关指南中选取了特殊的会计原则和会计实务,并为非互助人寿保险企业、赋课型保险企业和互助社会团体的保险企业建立了财务会计和报告准则。

《SFAS No. 61——产权档案库的会计处理》(Accounting for Title Plant)

SFAS No. 61 是 FASB 于 1982 年 6 月公布的,对 1982 年 12 月 15 日后开始的会计年度生效。该准则从 AICPA 公告第 80-1 号《产权保险企业的会计处理》中选取有关产权档案库的特殊原则和实务,应用于诸如产权保险企业、产权转让企业以及产权代理商等在经营中要用产权档案库的企业。该准则要求将建立产权档案库而发生的直接成本资本化,直到企业可以用该产权档案库进行产权查询为止。该准则还要求产权档案库的资本化成本不应计提折旧,并且产权档案库的维护成本和产权查询成本在发生时确认为费用。

《SFAS No. 62——某些免税借款和某些捐赠与补助情况下的利息费用资本化(对 SFAS No. 34 的修正)》(Capitalization of Interest Cost in Situations Involving Certain Tax-Exempt Borrowings and Certain Gifts and Grants—an Amendment of FASB Statement No. 34)

SFAS No. 62 是 FASB 于 1982 年 6 月公布的,对在 1982 年 8 月 31 日以后签订的免税借款协议以及接受可捐赠与补助生效。该准则修正了 SFAS No. 34:要求受限制的免税借款的利息减去自借款日后用这些借款款项作短期投资赢得的所有利息费用予以资本化,直到用这些借款取得的特定合规资产准备好预定用途;禁止使用捐赠者或补助者限制用途的捐赠或补助款取得特定资产时进行利息费用资本化。

《SFAS No. 63——广播公司的财务报告》(Financial Reporting by Broadcasters)

SFAS No. 63 是 FASB 于 1982 年 6 月公布的,对在 1982 年 12 月 15 日以后开始的会计年度生效,该准则抽取并修正 AICPA 公告 75-5 号《广播公司的会计实务》中的特定会计原则与实务,为广播公司财务会计和报告建立标准,并且为广播公司的易货交易及网络联营协议制定标准。

《SFAS No. 64——为满足偿债基金需要进行的债务清偿(对 SFAS No. 4 的修正)》(Extinguishments of Debt Made to Satisfy Sinking-Fund Requirements—an Amendment of FASB Statement No. 4)

SFAS No. 64 是 FASB 于 1982 年 9 月公布的,对 1982 年 9 月 30 日以后发生的债务解除生效。该准则修正了 SFAS No. 4:企业为满足 1 年内偿债基金需要而进行的债务解除所产生的利得和损失不作为非常项目;为满足偿债基金需要而进行的债务解除的利得和损失的分类不受偿债方式的影响。该准则现已经被 SFAS No. 144 号取代。

《SFAS No. 65——特定抵押银行业务的会计处理》(Accounting for Certain Mortgage Banking Activities)

SFAS No. 65 是 FASB 于 1982 年 9 月公布的,对 1982 年 12 月 31 日以后发生的交易生效。该准则从 AICPA 公告第 74-12 号《抵押银行业的会计实务》和第 76-2 号《抵押银行业的发起成本、贷款和承诺费的会计处理》中抽取出特殊的会计和报告原则和实务,并为特定的抵押银行活动建立会计和报告准则。该准则主要内容涉及:抵押贷款和有抵押的证券;服务费;与关联企业之间的交易;内部发生成本;发行特定 GN-

MA 证券的成本;服务权;贷款和承诺费;资产负债表的归类;披露。

《SFAS No. 66——不动产销售的会计处理》(Accounting for Sales of Real Estate)

SFAS No. 66 是 FASB 于 1982 年 10 月公布的,对 1982 年 12 月 31 日以后的不动产销售交易生效。该准则建立了所有不动产销售交易收益确认的标准。由于销售条款和售卖程序方面的差异,导致了不同的收益确认标准和方法。该准则对非土地零售的不动产销售和土地零售作了具体规定。

《SFAS No. 67——不动产项目的成本和初始租赁运营的会计处理》(Accounting for Costs and Intial Rental Operations of Real Estate Projects)

SFAS No. 67 是 FASB 于 1982 年 10 月公布的,对 1982 年 12 月 31 日后的会计年度内发生的不动产项目成本生效。该准则规定了与取得、开发、建造、销售和租赁不动产项目相关的成本是否应予以资本化的标准,同时提供了将资本化成本分配至项目的各个组成部分的恰当方法。

《SFAS No. 68——研究开发安排的会计处理》(Accounting for Research and Development Arrangements)

SFAS No. 68 是 FASB 于 1982 年 10 月公布的,对在 1982 年 12 月 31 日以后开始的研究开发安排生效。该准则规定企业在由其他组织提供资金进行研究开发安排时,应如何核算它的责任。该企业必须决定它是只有责任为其他组织执行契约性的研究开发,还是有其他的责任。如果该企业对其他组织有偿还责任时,则该企业的责任记为负债,并在研究开发成本发生时确认为费用。

《SFAS No. 69——石油和天然气生产活动的披露(对 SFAS No. 19、No. 25、No. 33 和 No. 39 的修正)》(Disclosures about Oil and Gas Producing Activities—an Amendment of FASB Statement No. 19, 25, 33 and 39)

SFAS No. 69 是 FASB 于 1982 年 11 月公布的,对 1982 年 12 月 15 日或以后开始的会计年度生效。该准则制定了石油天然气生产活动的一系列披露标准,并且取代了一些前期准则的要求。对石油天然气生产业务中发生的成本和相关的资本化成本的处理的会计方法的披露要求,继续对公开发行股票的公司和其他公司适用。这一准则中其他方面的要求不涉及到非公开交易的企业,并且取消了对有关该类公司的已探明石油天然气储藏数量、资本化成本和已发生成本的现有信息披露要求。

《SFAS No. 70——财务报告和物价变动:外币折算(对 SFAS No. 33 的修正)》(Financial Reporting and Changing Prices: Foreign Currency Transition—an Amendment of FASB Statement No. 33)

SFAS No. 70 是 FASB 于 1982 年 12 月公布的,对 1982 年 12 月 15 日后结束的

会计年度生效。该准则已被 SFAS No. 89 取代。

《SFAS No. 71——对某些管制结果的会计处理》(Accounting for the Effects of Certain Types of Regulation)

SFAS No. 71 是 FASB 于 1982 年 12 月公布的,对 1983 年 12 月 15 日以后开始的会计年度生效。该准则为大多数公用事业部门编制通用会计报表提供了指南。符合特定标准的并且其经营活动受到管制的其他公司也适用。

《SFAS No. 72——银行或储蓄机构特定购并活动的会计处理(对 APB No. 17 的修正和对 APB No. 16、No. 17 的解释以及对 FSAB 解释文件第 9 号的修正)》(Accounting for Certain Acquisitions of Banking or Thrift Institutions—an Amendment of Chapter 5 of APB No. 17, an Interpretation of APB Opinions No. 16 and 17, and an Amendment of FASB Interpretation No. 9)

SFAS No. 72 是 FASB 于 1983 年 2 月公布的,对 1982 年 9 月 30 日以后发起的企业合并生效。该准则修正了 APB No. 17 中关于在某些以购买法核算的企业合并中确认的无法辨认的无形资产的摊销(通常指商誉)。如果承担负债的公允价值超过购并银行或储蓄机构所获得的可辨认资产的公允价值,所确认的无法辨认的无形资产通常应当使用利率法,在不长于所获长期附息资产的折扣确认为利息收入的期间摊销为费用。该准则还指出,与企业合并相联系,管理层可能接受企业的财务支持,如果企业可能接受,并且这种支持的数额可以合理地预计,则该财务支持应当核算为联合体的一部分。该准则运用于商业银行、储蓄贷款协会、互助储蓄银行、信用社、其他有着相同类型资产与负债的存款机构以及这些企业分支机构的购并活动。

《SFAS No. 73——铁路轨线构造会计处理变更的报告(对 APB No. 20 的修正)》(Reporting a Change in Accounting for Railroad Track Structures—an Amendment of APB Opinion No. 20)

SFAS No. 73 是 FASB 于 1983 年 8 月公布的,对在 1983 年 6 月 30 日以后发生的由报废—重置—改良会计处理变为折旧会计的变更生效。该准则详细说明了铁路轨线构造改为折旧会计的会计变更,应通过重新说明前期已公布的财务报表加以报告。

《SFAS No. 74——支付给职工的专项终职福利的会计处理》(Accounting for Special Termination Benefits Paid to Employees)

SFAS No. 74 是 FASB 于 1983 年 8 月公布的,对 1983 年 6 月 30 日或以后提供的专项终职福利生效。该准则已被 SFAS No. 88 取代。

《SFAS No. 75——对州及地方政府养老金计划的某些会计处理要求生效日期的

递延(对 SFAS No. 35 的修正)》(Deferral of the Effective Date of Certain Accounting Requirements for Pension Plans of State and Local Governmental Units—an Amendment of FASB Statement No. 35)

SFAS No. 75 是 FASB 于 1983 年 11 月公布的,自 1983 年 11 月生效,追溯至 1980 年 12 月 15 日后开始的会计年度。该准则已被 SFAS No. 135 取代。

《SFAS No. 76——债务的解除(对 APB No. 26 的修正)》(Extinguishmnet of Debt—An Amendment of APB Opinion No. 26)

SFAS No. 76 是 FASB 于 1983 年 11 月公布的,对 1983 年 12 月 31 日以后进行的交易生效。该准则已被 SFAS No. 125 取代。

《SFAS No. 77——转让者对有追索权的应收项目转让的报告》(Reporting by Transferors for Transfers of Receivables with Recourse)

SFAS No. 77 是 FASB 于 1983 年 12 月公布的,对 1983 年 12 月 31 日后进行的有追索权的应收项目转让生效。该准则已被 SFAS No. 125 取代。

《SFAS No. 78——即付负债的分类(对 ARB No. 43 第 3A 章的修正)》(Classification of Obligations That Are Callable by the Creditor—an Amendment of ARB No. 43, Chapter 3A)

SFAS No. 78 是 FASB 于 1983 年 12 月公布的,对 1983 年 12 月 15 日后开始的会计年度或中期的财务报表生效。该准则对资产负债表中在资产负债日后一年内(或一个营业周期内)到期的负债的分类进行了具体规定。同时,该准则也对债务人偿付或即将付的长期负债做出了具体分类。

《SFAS No. 79——非公开上市企业在企业合并中的某些披露的取消(对 APB No. 16 的修正)》(Elimination of Certain Disclosure for Business Combinations by Nonpublic Enterprises—an Amendment of APB Opinion No. 16)

SFAS No. 79 是 FASB 于 1984 年 2 月公布的,对 1983 年 12 月 15 日以后开始的会计年度的财务报表生效。该准则不再要求非公开招股企业在采用购买法进行核算的企业合并中披露匡算的经营成果。该准则并未改变公开上市企业的披露要求。

《SFAS No. 80——期货合约的会计处理》(Accounting for Future Contracts)

SFAS No. 80 是 FASB 于 1984 年 8 月公布的,对 1984 年 12 月 31 日后开仓的期货合约生效,该准则已被 SFAS No. 133 取代。

《SFAS No. 81——退休后健康保健和人寿保险福利的披露》(Disclosure of Post-retirement Health Care and Life Insurance Benefits)

SFAS No. 81 是 FASB 于 1984 年 11 月公布的,对 1984 年 12 月 15 日后结束的

期间公布的财务报表生效。该准则已被 SFAS No. 106 取代。

《SFAS No. 82——财务报告和物价变动：一些披露的删除（对 SFAS No. 33 的修正）》(Financial Reporting and Changing Prices：Elimination of Certain Disclosures—an Amendment of FASB Statement No. 33)

SFAS No. 82 是 FASB 于 1984 年 11 月公布的，对 1984 年 12 月 15 日或以后结束的会计年度生效。该准则已被 SFAS No. 89 取代。

《SFAS No. 83——应用 APB No. 20 时优先执行 AICPA 指南和立场公告"关于经纪人和券商、员工福利计划以及银行的会计处理"（对 SFAS No. 32 和 APB No. 30 的修正以及对 FASB 解释文件第 10 号的废止）》(Designation of AICPA Guides and Statement of Position on Accounting by Brokers and Dealers in Securities, by Employee Benefit Plans, and by Banks as Preferable for Purpose of Applying APB Opinion 20—an Amendment of FASB Statement No. 32 and APB Opinion No. 30 and a Rescission of FASB Interpretation No. 10)

SFAS No. 83 是 FASB 于 1985 年 3 月公布的，自 1985 年 3 月 31 日生效。该准则已被 SFAS No. 111 取代。

《SFAS No. 84——可转换债务的诱导性转换（对 APB No. 26 的修正）》(Induced Conversions of Convertible Debt—an Amendment of APB Opinion No. 26)

SFAS No. 84 是 FASB 于 1985 年 3 月公布的，适用于依据 1985 年 3 月 31 日以后依照诱导而进行的可转换债务的转换。该准则给出了当债务人通过向可转换债务的持有者提供额外的证券或其他对价以诱导债务的转换时，可转换债务转换为权益证券的会计处理方法。

《SFAS No. 85——确认可转换证券是否为普通股等价物的收益性测试（对 APB No. 15 的修正）》(Yield Test for Determining whether a Convertible Security is a Common Stock Equivalent—an Amendment of APB Opinion No. 15)

SFAS No. 85 是 FASB 于 1985 年 3 月公布的，适用于 1985 年 3 月 31 日后发行的可转换证券。该准则已被 SFAS No. 128 取代。

《SFAS No. 86——对出售、租赁和以其他方式上市的计算机软件成本的会计处理》(Accounting for the Costs of Computer Software to Be Sold, Leased, or Otherwise Marketed)

SFAS No. 86 是 FASB 于 1985 年 8 月公布的，对在 1985 年 12 月 15 日以后开始的会计年度的财务报表生效。该准则具体说明了对作为一个单独产品或者一个产品或系列的一部分进行出售、租赁或以其他方式上市的计算机软件成本的会计处理。它适用于内部开发的计算机软件及外购的软件。该准则主要内容涉及:计算机软件的研究和开发成本;计算机软件的生产成本;外购的计算机软件;资本化软件成本的摊销;存货成本;资本化软件成本的评估;披露。

《SFAS No. 87——雇主对养老金的会计处理》(Employers' Accounting for Pensions)

SFAS No. 87 是 FASB 于 1985 年 12 月公布的,对 1986 年 12 月 15 日以后开始的会计年度生效。该准则取代了以前的关于雇主对养老金的会计处理的有关准则。虽然某些条款也适用于参与多雇主计划或出资于既定缴存计划的雇主,但是对过去实务的最重大变化是影响了雇主对于单雇主既定受益养老金计划的会计处理。该准则主要内容涉及:该准则适应的范围;合理近似数的运用;单雇主既定受益养老金计划;既定缴存计划;多雇主计划;非美国养老金计划;企业合并。

《SFAS No. 88——雇主对既定受益养老金计划的结算、削减和终止福利的会计处理》(Employers' Accounting for Settlements and Curtailments of Defined Benefit Pension Plans and for Termination Benefits)

SFAS No. 88 是 FASB 于 1985 年 12 月公布的,对 SFAS No. 87 实施后的所有会计年度内的相关事件均适用。该准则对雇主进行既定受益养老金债务的会计结算、既定受益养老金计划的削减及福利的终止等方面的会计处理设立了准则,该准则与 SFAS No. 87 密切相关,并且应一并考虑。该准则主要内容涉及:适用范围;相关定义;结算和缩减与其他业务之间的关系;养老金债务结算的会计处理;计划缩减的会计处理;福利终止;独立核算部门的清理;披露与列表。

《SFAS No. 89——财务报告和物价变动》(Financial Reporting and Changing Prices)

SFAS No. 89 是 FASB 于 1986 年 12 月公布的,对 1986 年 12 月 2 日以后公布的财务报表生效。该准则取代了 SFAS No. 33 及其随后的各个修正稿,并要求可自愿采用补充信息形式披露现行成本/不变购买力信息。

《SFAS No. 90——受管制企业——废置和厂场成本不予列支的会计处理(对 SFAS No. 71 的修正)》(Regulated Enterprises-Accounting for Abandonments and Disallowances of Plant Costs—an Amendment of FASB Statement No. 71)

SFAS No. 90 是 FASB 于 1986 年 12 月公布的,对 1987 年 12 月 15 日以后开始的会计年度以及这些会计年度的中期生效。该准则明确规定厂场废置以及新完工厂场成本不予列支的会计处理。此外,还提供了建设中使用的基金备抵资本化的指南。该准则主要内容涉及:对厂场弃置的会计处理;新完工厂场的不予列支成本;建设中使用的基金备抵;对 SFAS No. 71 的修正。

《SFAS No. 91——与发生或获得贷款有关的不可收回的费用和成本以及租赁初期直接费用的会计处理(对 SFAS No. 13、No. 60 和 No. 65 的修正以及对 SFAS No. 17 的废止)》(Accounting for Non-refundable Fees and Costs Associated with Originating or Acquiring Loans and Initial Direct Costs of Leases—an Amendment of FASB Statement No. 13, 60 and 65 and a Rescission of FASB Statement No. 17)

SFAS No. 91 是 FASB 于 1986 年 12 月公布的,对 1987 年 12 月 15 日以后的会计年度及其过渡期内发生的贷款、租赁交易和承诺生效。该准则确定了与贷款、承诺贷款、购买一项或一组贷款有关的不可退回费用和成本的会计处理。该准则条款适用于所有类型的贷款(包括债务证券)和所有类型的贷款机构(包括银行、储蓄机构、保险公司、抵押银行和其他的金融和非金融机构)。该准则也详细说明了与租赁有关的费用和租赁初期直接成本的会计处理。该准则主要内容涉及:一般要求;贷款发生费用和成本;承诺费用和成本;再融资或再重组的费用和成本;购买一项或一组贷款;其他;利息法的应用和其他摊销方法;资产负债表分类;收益表分类;应用于租赁业务。

《SFAS No. 92——受管制企业分阶段实施计划的会计处理(对 SFAS No. 71 的修正)》(Regulated Enterprises-Accounting for Phase-in Plans—an Amendment of FASB Statement No. 71)

SFAS No. 92 是 FASB 于 1987 年 8 月公布的,对 1987 年 12 月 15 日以后开始的会计年度以及这些会计年度的中期生效。该准则修正了 SFAS No. 71,详细说明了受管制企业分阶段实施计划的会计处理。该准则详细论述了有关受管制企业的以下方面:分阶段实施计划的会计处理;对分阶段实施计划的修正和补充;分阶段实施计划和不给津贴的成本间的相互关系;以确认费率为目的的股东收益资本化津贴;分阶段实施计划下资本化数量在财务报表中的分类列示;披露。

《SFAS No. 93——非营利组织折旧的确认》(Recognition of Depreciation by Not-for-Profit Organizations)

SFAS No. 93 是 FASB 于 1987 年 8 月公布的,对 1988 年 5 月 15 日以后开始的会计年度生效。该准则要求所有的非营利组织在通用的对外财务报表中确认长期有形资产的使用成本,即折旧。但是,一些艺术品、历史珍品不需要确认折旧。该准则也扩展到 APB No. 12,即《总括意见——1967》所要求的那些非营利组织要求它们披露有关应计折旧的资产和折旧的信息。该准则不包括财务报表披露的事项、资产的确认和计量。

《SFAS No. 94——所有拥有多数股权的子公司的合并(对 ARB No. 51、No. 18 和

No. 43 第 12 章的修正）》（Consolidation of All Majority-owned Subsidiaries—an Amendment of ARB No. 51, with Related Amendments of APB Opinion No. 18 and ARB No. 43, Chapter 12）

SFAS No. 94 是 FASB 于 1987 年 10 月公布的，对 1988 年 12 月 15 日后结束的会计年度生效。该准则要求除非控制权是暂时性的或者不掌握在拥有多数股权的所有者手中外，其他拥有多数股权的子公司都要合并。该准则要求，对于所有拥有多数股权的子公司，即使其业务"非同质"、存在拥有较大股份的少数股东或者在国外营业，也需要合并。

《SFAS No. 95——现金流量表》（Statement of Cash Flows）

SFAS No. 95 是 FASB 于 1987 年 11 月公布的，对 1988 年 7 月 15 日以后结束的会计年度生效。该准则提供了现金流量表报告准则，它取代了《APB No. 19——报告财务状况变动》，要求所有的企业以现金流量表代替财务状况变动表作为其完整财务报表的组成部分，该准则要求现金流量表应当根据经营活动、投资活动和筹资活动对现金收支活动分类，并给出了每一类型的定义。该准则鼓励采用直接法，对于不采用直接法的企业，要求通过对净收益进行调整间接反映企业经营活动形成的现金净流量。该准则要求现金流量表使用报告货币反映外币现金流量，使用的汇率是外币收支发生时的汇率。该准则要求对于不引起当期现金收支的投资和筹资活动的信息应当单独披露。该准则主要内容涉及：该准则适用的范围；现金流量表的目的；现金和现金等价物；现金总流量和现金净流量；现金收支的分类；外币现金流量；现金流量表的内容和格式；非现金投资和筹资活动的信息；每股现金流量。

《SFAS No. 96——所得税的会计处理》（Accounting for Income Taxes）

SFAS No. 96 是 FASB 于 1987 年 12 月公布的，对 1988 年 12 月 15 日后开始的会计年度生效。该准则已被 SFAS No. 109 取代。

《SFAS No. 97——保险企业对某些长期合同和出售投资的已实现利得和损失的会计处理和报告》（Accounting and Reporting by Insurance Enterprises for Certain Long-Duration Contracts and for Realized Gains and Losses from the Sale of Investments）

SFAS No. 97 是 FASB 于 1987 年 12 月公布的，对 1988 年 12 月 15 日以后开始的会计年度生效。该准则确立了保险企业对某些长期合同进行会计处理的标准，在该准则中这些长期合同指的是万能寿险型合同。该准则还建立了对限期缴款的长期保险合同和投资合同的会计处理标准，并且改变了 SFAS No. 60 对投资的已实现利得和损失的列报。该准则主要内容涉及：投资合同；限期缴费合同；万能寿险型合同；内部替换交易;已实现投资利得和损失的列报;对准则第 60 号的其他修正。

《SFAS No. 98——租赁会计(对 SFAS No. 13、No. 66 和 No. 91 的修正以及对 SFAS No. 26 和技术公告第 79-11 号的废止)》(Accounting for Leases: Sale-Leaseback Transations Involving Real Estate, Sales-Type Lease of Real Estate, Definition of the Lease Term, and Intial Direct Costs of Direct Financing Leases—an Amendment of FASB Statements No. 13, 66 and 91 and a Rescission of FASB Statement No. 26 and Technical Bulletin No. 79-11)

SFAS No. 98 是 FASB 于 1988 年 5 月公布的,对 1988 年 6 月 30 日以后发生的交易生效。该准则规定卖方——承租人以不动产(包括有附属设施的不动产)为标的物的售后回租交易的会计处理。另外该准则修正了 SFAS No. 13,该准则定义了租赁合同、发生所有权转移的出租人不动产销售型租赁的会计处理及直接融资租赁的初始直接成本的会计处理。此外,该准则也详细论述了售后回租交易和对租赁会计的其他修正。

《SFAS No. 99——非营利组织折旧确认的生效日期的推迟(对 SFAS No. 93 的修正)》(Deferral of the Effective Date of Recognition of Depreciation by Not-for-Profit Organizations—an Amendment of FASB Statement No. 71)

SFAS No. 99 是 FASB 于 1988 年 9 月公布的,自 1988 年 9 月生效。该准则推迟 SFAS No. 93 的生效日期,即对 1990 年 1 月 1 日或以后开始的会计年度生效。

《SFAS No. 100——所得税的会计处理——对 SFAS No. 96 生效日期的递延(对 SFAS No. 96 的修正)》(Accounting for Income Taxes-Deferral of the Effective Date of FASB Statement No. 96—an Amendment of FASB Statement No. 96)

SFAS No. 100 是 FASB 于 1988 年 12 月公布的,自 1988 年 12 月 15 日生效。该准则已先后被 SFAS No. 103、SFAS No. 108 和 SFAS No. 109 取代。

《SFAS No. 101——受管制企业——终止应用 SFAS No. 71 的会计处理》(Regulated Enterprises-Accounting for the Discontinuation of Application of FASB Statement No. 71)

SFAS No. 101 是 FASB 于 1988 年 12 月公布的,对发生在 1988 年 12 月 15 日以后的会计年度的终止应用 SFAS No. 71 情形生效。该准则详细说明了一个企业应如何在其对外通用财务报表中报告这一事项——该企业全部或部分经营活动不再适用 SFAS No. 71。

《SFAS No. 102——现金流量表——特定企业的豁免和出于再销售目的而获得的特定证券所产生的现金流量的分类(对 SFAS No. 95 的修正)》(Statement of Cash

Flows-Exemption of Certain Enterprises and Classification of Cash Flows from Certain Securities Acquired for Resale—an Amendment of FASB Statement No. 95）

SFAS No. 102 是 FASB 于 1989 年 2 月公布的，对 1989 年 2 月 28 日后公布的财务报表生效。该准则规定了要求提供现金流量表的豁免情况，以及要求将出于再销售目的而获得或销售的证券产生的现金流量在现金流量表中将其划分为经营活动的现金流量。

《SFAS No. 103——所得税的会计处理——对 SFAS No. 96 生效日期的递延（对 SFAS No. 96 的修正）》（Accounting for Income Taxes-Deferral of the Effective Date of FASB Statement No. 96—an Amendment of FASB Statement No. 96）

SFAS No. 103 是 FASB 于 1989 年 12 月公布的，自 1989 年 12 月 15 日生效。该准则已分别被 SFAS No. 108 和 SFAS No. 109 替代。

《SFAS No. 104——现金流量表——特定现金收支的净值报告及套期交易的现金流量（对 SFAS No. 95 的修正）》（Statement of Cash Flows-Net Reporting of Certain Cash Receipts and Cash Payments and Classification of Cash Flows from Hedging Transactions—an Amendment of FASB Statement No. 95）

SFAS No. 104 是 FASB 于 1989 年 12 月公布的，对 1990 年 6 月 15 日后结束的会计年度生效。该准则允许银行、储蓄机构及信用合作社在现金流量表中报告下列特定现金收支的净值：在其他金融机构存放的存款以及存款的收回；接受的定期存款及存款的偿付；向顾客的贷款及贷款本金收回。另外，该准则还允许只要披露了会计政策，则由用作对可辨认交易或事项进行套期保值的期货合约、期权合约或互换合约所产生的现金流量可以与被套期项目产生的现金流量列入同一类别。

《SFAS No. 105——具有表外风险的金融工具和信用风险集中的金融工具的信息披露》（Disclosure of Information about Financial Instruments with Off-Balance-Sheet Risk and Financial Instruments with Concentrations of Credit Risk）

SFAS No. 105 是 FASB 于 1990 年 3 月公布的，对 1990 年 6 月 15 日后结束的会计年度生效。该准则已被 SFAS No. 133 取代。

《SFAS No. 106——雇主对养老金以外的退休后福利的会计处理》（Employers, Accounting for Postretirement Benefits Other than Pensions）

SFAS No. 106 是 FASB 于 1990 年 12 月公布的，对 1992 年 12 月 15 日以后开始的会计年度生效。该准则制订了雇主对养老金以外的退休后福利进行会计处理的准则。尽管该准则适用于所有形式的退休后福利，但它主要侧重于退休后的医疗保健福利。该准则规定运用权责发生制，即将预计支付给雇员受益人以及受赡养者的福利作为成本计入雇员提供必要劳务的各个年份,从而使退休后福利的现行会计处理离开收付实现制而发生重大变化。该准则主要内容涉及:该准则适用的范围;对意见书第12号和第87号的修正;合理近似的使用;单一雇主的既定退休后福利计划;多雇主计划;多重雇主计划;美国之外的退休后福利计划;企业兼并;退休后福利债务结算的会计处理;计划削减的会计处理;结算和削减与其他事项的联系;终止福利所产生影响的计算;经营分部的处置;既定缴存计划。

《SFAS No. 107——金融工具公允价值的披露》(Disclosures about Fair Value of Financial Instruments)

SFAS No. 107 是 FASB 于 1991 年 12 月公布的,对 1992 年 12 月 15 日后结束的会计年度生效。该准则对现有一些金融工具公允价值的披露实务加以扩展,要求所有主体披露金融工具的公允价值。不论是在资产负债表中已确认还是未确认的资产或负债,只要可以估计出它们的公允价值,均应披露。如果无法估计公允价值,该准则要求披露与金融工具的价值估计相关的描述性信息。

《SFAS No. 108——所得税的会计处理——对 SFAS No. 96 生效日期的递延(对 SFAS No. 96 的修正)》(Accounting for Income Taxes-Deferral of the Effective Date of FASB Statement No. 96—an Amendment of FASB Statement No. 96)

SFAS No. 108 是 FASB 于 1991 年 12 月公布的,自 1991 年 12 月 16 日生效。该准则已被 SFAS No. 109 取代。

《SFAS No. 109——所得税的会计处理》(Accounting for Income Taxes)

SFAS No. 109 是 FASB 于 1992 年 2 月公布的,对 1992 年 12 月 15 日以后开始的会计年度生效。该准则旨在为当年或以前年度企业活动所产生的所得税的影响规定财务会计处理和报告准则。它要求对所得税的会计处理和报告采用资产负债法。该准则详细论述:该准则适用的范围;目标及基本原则;确认和计量;所得税期内分摊;子公司独立财务报表;财务报表列报和披露。

《SFAS No. 110——既定受益养老金计划对投资合同的报告(对 SFAS No. 35 的修正)》(Reporting by Defined Benefit Pension Plans of Investment Contracts—an Amendment of FASB Statement No. 35)

SFAS No. 110 是 FASB 于 1992 年 8 月公布的,对 1992 年 12 月 15 日以后开始的会计年度的财务报表生效。该准则要求既定受益养老金计划对保险公司或其他机构以公允价值发行的投资合同进行报告。该准则允许既定受益养老金计划只对其合同价值中含有死亡风险或含有混合风险的合同进行报告。

《SFAS No. 111——SFAS No. 32 的废止与技术性更正》(Rescission of FASB Statement No. 32 and Technical Corrections)

SFAS No. 111 是 FASB 于 1992 年 11 月公布的,自 1992 年 11 月 30 日起生效。该准则废止 SFAS No. 32,并废止相关的声明。该准则还修正其他现有的权威性文献以实行各种技术性更正。

《SFAS No. 112——雇主对离职金的会计处理(对 SFAS No. 5 和 No. 43 的修正)》(Employers, Accounting for Postemployment Benefits—an Amendment of FASB Statement No. 5 and 43)

SFAS No. 112 是 FASB 于 1992 年 11 月公布的,对 1993 年 12 月 15 日后开始的会计年度生效。该准则为对前任的或非现役的雇员离职后但退休前提供津贴的雇主建立了财务会计处理和报告准则。

《SFAS No. 113——短期合同与长期合同再保险的会计处理和报告》(Accounting and Reporting for Reinsurance of Short-Duration and Long-Duration Contracts)

SFAS No. 113 是 FASB 于 1992 年 12 月公布的,对 1992 年 12 月 15 日以后开始的会计年度生效。该准则详细说明了保险企业对保险合同的再保险(分出)的会计处理。该准则建立了要求有再保险人的合同作为再保险进行会计处理的条件,并规定了这些合同的财务会计和报告准则。该准则要求分出企业披露再保险交易的实质、目的和影响,包括与分入的再保险和分出的再保险相关的保费金额。它还要求根据 SFAS No. 105 条款的披露与应收再保险金额和预付再保险保费相关的集中信用风险。

《SFAS No. 114——债权人贷款减值的会计处理(对 SFAS No. 5 和 No. 15 的修正)》(Accounting by Creditors for Impairment of a Loan—an Amendment of FASB Statement No. 5 and 15)

SFAS No. 114 是 FASB 于 1993 年 5 月公布的,对 1994 年 12 月 15 日后开始的会计年度生效。该准则规范债权人某些贷款减值的核算。它要求在该准则范围内的减值贷款应以预期未来现金流量的现值计量,预期未来现金流量贴现所使用的利率为贷款的实际利率。该准则主要内容涉及:定义和范围;减值确认;收益确认;披露。

《SFAS No. 115——对某些债务性及权益性证券投资的会计处理》(Accounting for Certain Investments in Debt and Equity Securities)

SFAS No. 115 是 FASB 于 1993 年 5 月公布的,对 1993 年 12 月 15 日后开始的会计年度生效。该准则提出了容易确定公允价值的某些权益性证券投资及所有债务性证券投资的会计处理和报告。该准则不适用于非证券化贷款。

《SFAS No. 116——接受捐赠和捐赠的会计处理》(Accounting for Contributions

Received and Contributions Made)

SFAS No. 116 是 FASB 于 1993 年 6 月公布的,对 1994 年 12 月 15 日以后开始的会计年度生效。该准则制定了有关捐赠的会计准则,它适用于任何收到或做出捐赠的主体。该准则要求非营利组织区分增加永久受限制的净资产、暂时受限制的净资产以及不受限制的净资产的捐赠。它同时要求在限制性条件失效时确认捐赠人施加的限制的失效。该准则允许在服务捐赠、艺术品捐赠、历史珍宝的捐赠以及相类似资产的捐赠的处理上存在某些例外。该准则要求适当披露没有资本化的收藏品项目以及收到的捐赠服务和给予的承诺。该准则主要内容涉及:该准则适用的定义和范围;收到的捐赠;捐赠人所定限制的实效;做出捐赠;以公允价值计量;条件承诺给予;承诺给予的披露;收藏品的财务报表呈报和披露。

《SFAS No. 117——非营利组织的财务报表》(Financial Statements of Not-for-Profit Organizations)

SFAS No. 117 是 FASB 于 1993 年 6 月公布的,对 1994 年 12 月 15 日以后开始的会计年度生效。该准则建立了一个非营利组织提供变动的一般目的的向外财务报表的准则。该准则要求所有的非营利组织提供财务状况表、经营活动报告表和现金流量表。该准则还要求在捐赠人施加限制存在与否的基础上,对一个组织的净资产及其收入、费用、利得和损失进行分类,并且要求在财务状况变动表中列示三类净资产的每个数据,在经营活动报告表中列示这几类净资产的变动数额。

《SFAS No. 118——债权人贷款减值的会计处理——收入确认和披露(对 SFAS No. 114 的修正)》(Accounting by Areditors for Impairment of a Loan: Income Recognition and Disclosures—an Amendment of FASB Statement No. 114)

SFAS No. 118 是 FASB 于 1994 年 10 月公布的,对 1994 年 12 月 15 日后开始的会计年度生效。该准则允许债权人运用各种现行方法确认减值贷款的利息收入,要求披露有关减值贷款的账面投资以及债权人如何确认与减值贷款相关的利息收入的信息。

《SFAS No. 119——衍生金融工具和金融工具公允价值的披露》(Disclosure about Derivative Financial Instruments and Fair Value of Financial Instruments)

SFAS No. 119 是 FASB 于 1994 年 10 月公布的,对 1994 年 12 月 15 日后结束的会计年度生效。该准则已被 SFAS No. 133 取代。

《SFAS No. 120——互助人寿保险企业以及保险企业的特定长期共同保险合同的会计处理和报告(对 SFAS No. 60、No. 97 和 No. 113 的修正以及对解释文件第 40 号的修正)》(Accounting and Reporting by Mutual Life Insurance Enterprises and by Insurance Enterprises for Certain Long-Duration Participating Contracts—an Amendment of FASB Statement No. 60,97,and113 and Interpretation No. 40)

SFAS No. 120 是 FASB 于 1995 年 1 月公布的,对 1995 年 12 月 15 日以后开始的会计年度生效。该准则将 SFAS No. 60,SFAS No. 97 和 SFAS No. 113 的要求扩展到互助人寿保险企业、赋课型保险企业和互助社会团体。AICPA 立场公告第 95-1 中的互助人寿保险企业某些共同人寿保险合同的会计处理适用于该准则。该准则还允许股份制人寿保险企业对满足该准则条件的共同人寿保险合同运用此会计政策推荐公告的条款。

《SFAS No. 121——长期资产的减值、处置的会计处理》(Accounting for the Impairment or Disposed of Long-Lived Assets)

SFAS No. 121 是 FASB 于 1995 年 3 月公布的,对 1995 年 12 月 15 日后开始的会计年度生效。该准则旨在为以下事项建立会计准则:长期资产、特定可辨认无形资产及与企业所拥有、使用的资产相联系的商誉的减值、长期资产和特定可辨认某些无形资产的处置。该准则现已被 SFAS No. 144 取代。

《SFAS No. 122——抵押服务权的会计处理(对 SFAS No. 65 的修正)》(Accounting for Mortgage Servicing Rights—an Amendment of FASB Statement No. 65)

SFAS No. 122 是 FASB 于 1995 年 5 月公布的,预期对 1995 年 12 月 15 日后开始的会计年度生效。该准则已被 SFAS No. 125 取代。

《SFAS No. 123——股票型报酬的会计处理》(Accounting for Stock-Based Compensation)

SFAS No. 123 是 FASB 于 1995 年 10 月公布的,对 1995 年 12 月 15 日开始的会计年度生效。该准则规定了股票型员工报酬计划的会计处理和报告。该准则也适用于主体发行权益工具以获得非员工的商品和服务的交易。该准则主要内容涉及:该准则适用的范围和备选的会计方法;与非员工交易的核算;与员工交易的核算;为员工服务而发行权益工具的估价;披露;对每股收益的影响。

《SFAS No. 124——非营利组织持有的特定投资的会计处理》(Accounting for Certain Investments Held by Not-for-Profit Organizations)

SFAS No. 124 是 FASB 于 1995 年 11 月公布的,对 1995 年 12 月 15 日以后开始的会计年度生效。该准则制定了非营利组织持有的特定投资的会计准则。该准则也制定了永久持有或在特定期限持有的投资因捐赠人对捐赠投资的规定而遭受损失的报告准则。该准则主要内容涉及:该准则适用的范围;债务性证券和特定权益性证券的会计处理;报告投资利得、损失和收益;披露。

《SFAS No. 125——金融资产转让和服务以及债务解除的会计处理》(Accounting for Transfers and Servicing of Financial Assets and Extinguishments of Liabilities)

SFAS No. 125 是 FASB 于 1996 年 6 月公布的,对 1996 年 12 月 31 日之后发生的金融资产转让和服务及负债的解除生效。该准则提供金融资产转让和服务以及债务解除的会计和报告准则,这些准则以持续运用强调控制权的"金融合成分析法"为基础。该准则现已被 SFAS No. 140 取代。

《SFAS No. 126——对一些不公开招股主体的金融工具的特定披露要求的豁免(对 SFAS No. 107 的修正)》(Exemption from Certain Required Disclosures about Financial Instruments for Certain Nonpublic Entities—an Amendment of FASB Statement No. 107)

SFAS No. 126 是 FASB 于 1996 年 12 月公布的,对 1996 年 12 月 15 日后结束的会计年度生效。该准则修正了 SFAS No. 107,使得符合规定标准的主体能够选择按照或者不按照 SFAS No. 107 关于金融工具的公允价值的要求进行披露。

《SFAS No. 127——对 SFAS No. 125 的某些规定的生效日期的递延(对 SFAS No. 125 的修正)》(Deferral of the Effective Date of Certain Provisions of FASB Statement No. 125—an Amendment of FASB Statement No. 125)

SFAS No. 127 是 FASB 于 1996 年 12 月公布的,自 1996 年 12 月 31 日生效。该准则将 SFAS No. 125 以下项目的生效日期递延 1 年:SFAS No. 125 的第 15 段;SFAS No. 125 第 9~12 段和第 237(b)段中的回购协议、美元转期、证券租借和相似交易。

《SFAS No. 128——每股收益》(Earning Per Share)

SFAS No. 128 是 FASB 于 1997 年 2 月公布的,对 1997 年 12 月 15 日后结束的中期和年度报表生效。该准则建立了计算和公布每股收益准则,适用于被公开持有普通股或潜在普通股的主体。该准则主要内容涉及:该准则适用的范围;基本每股收益;稀释每股收益;在收益表上的列报;披露。

《SFAS No. 129——资本结构信息的披露》(Disclosure of Information about Capital Structure)

SFAS No. 129 是 FASB 于 1997 年 12 月公布的,对 1997 年 12 月 15 日后结束的财务报表生效。该准则为一个主体披露资本信息建立了标准,它适用于所有主体。该准则主要内容涉及:该准则适用的范围;关于证券的信息;优先股的清算优先权;可赎回股票。

《SFAS No. 130——报告综合收益》(Reporting Comprehensive Income)

SFAS No. 130 是 FASB 于 1997 年 6 月公布的,对 1997 年 12 月 15 日后开始的

会计年度生效。该准则对在整套通用财务报表中披露与报告综合收益及其组成项目（收入、费用、利润、利得和损失）进行了规范。该准则要求：企业按会计准则要求确认为综合收益的所有项目都必须在一张财务报表中予以报告，并且这张财务报表与其他财务报表同样重要。该准则详细记述了：该准则适用的范围；综合收益的定义；综合收益的使用；报告综合收益的目的；综合收益的报告与披露；报告综合收益可供选择的形式；在资产负债表的所有者权益部分报告其他综合收益；中期报告。

《SFAS No.131——企业分部和相关信息的披露》(Disclosures about Segment of an Enterprise and Related Information)

SFAS No.131 是 FASB 于 1997 年 6 月公布的，对 1997 年 12 月 15 日后开始的会计年度生效。该准则为公开招股企业在年度财务报表中报告有关经营分部信息制定会计准则，并要求这些企业在向股东发布的中期报告中报告经营分部的选择性信息。它还为产品和服务、地区和主要客户的相关信息披露建立准则。该准则不应用于非公开招股企业或非营利组织。该准则详细记述了：该准则适用的范围；经营分部；企业范围的信息披露。

《SFAS No.132——雇主对养老金和其他退休后福利的披露（对 SFAS No.87、No.88 和 No.106 的修正）》(Employers, Disclosures about Pensions and Other Post-retirement Benefits—An Amendment of FASB Statement No.87, 88, and 106)

SFAS No.132 是 FASB 于 1998 年 2 月公布的，对 1998 年 12 月 15 日后开始的会计年度生效。该准则更正了雇主对养老金和其他退休后福利的披露。它使对养老金和其他退休后福利的披露要求在切合实际的程度上进行了标准化，并且要求公布关于福利债务和计划资产的公允价值变更的额外信息，这些信息使财务分析变得更加方便，并且可以取消某些披露。该准则建议以合并的形式呈报养老金和退休后福利的披露。该准则也允许非公开招股企业减少披露。该准则详细记述了：该准则适用的范围；对养老金和其他退休后福利的披露；有两个或更多计划的雇主；对非公开招股企业减少披露的要求；既定缴存金额养老金计划；多雇主计划。

《SFAS No.133——衍生工具和套期活动的会计处理》(Accounting for Derivative Instruments and Hedging Activities)

SFAS No.133 是 FASB 于 1998 年 6 月公布的，对 1999 年 6 月 15 日以后开始的所有会计年度的所有会计季度生效（被 SFAS No.137 推迟至 2000 年 6 月 15 日后开始的所有会计年度的所有会计季度生效）。该准则对衍生工具，包括某些嵌入在其他合同中的衍生工具（统称为衍生工具），以及套期活动的会计处理和报告进行了规范。该准则要求主体应将其所有衍生工具作为资产或负债在其资产负债表中确认，并按公允价值进行计量。该准则适用于所有主体。该准则详细记述了以下内容:该准则适用的范围和定义;衍生工具的确认以及衍生工具和被套期项目的计量;非营利组织和其他不报告收益的主体的会计处理;披露;报告综合收益组成部分的变化。

《SFAS No. 134——抵押银行业务企业将为销售持有的抵押贷款证券化后对保留的抵押担保证券的会计处理(对 SFAS No. 65 的修正)》(Accounting for Mortgage-Backed Securities Retained after the Securitization of Mortgage Loans Held for Sale by a Mortgage Banking Enterprise—an Amendment of FASB Statement No. 65)

SFAS No. 134 是 FASB 于 1998 年 10 月公布的,对 1998 年 12 月 15 日以后开始的第一个会计季度生效。该准则要求在为销售持有的抵押贷款证券化之后,涉及抵押银行活动的主体根据其是继续持有还是出售这些投资的能力和意图,将抵押担保债券或其他保留权益人权益进行分类。该准则统一了抵押贷款证券化之后,抵押银行业务企业对保留证券的后续会计处理和其他类型的资产证券化之后,非抵押银行业务企业对保留证券的后续会计处理。

《SFAS No. 135—— SFAS No. 75 的废止和技术更正》(Rescission of FASB Statement No. 75 and Technical Corrections)

SFAS No. 135 是 FASB 于 1999 年 2 月公布的,对 1999 年 2 月 15 日后结束的会计年度公布的财务报表生效。该准则废止了 SFAS No. 75。该准则也修正了其他现存的权威性文献,从而做出各种技术更正、澄清含义或者描述在条件发生变化的情况下的适用性。

《SFAS No. 136——向对他人发起或持有捐赠的非营利组织或慈善受托机构转让资产》(Transfers of Assets to a Not-for-Profit Organization or Charitable Trust that Raises or Holds Contributions for Others)

SFAS No. 136 是 FASB 于 1999 年 6 月公布的,对 1999 年 12 月 15 日后开始的会计年度公布的财务报表生效,第 12 段继续对 1996 年 9 月 15 日后结束的会计年度生效。该准则制定了关于个体交易的会计准则,在该种交易中,捐赠人个体通过向一个非营利组织或慈善受托机构转交资产而做出捐赠,接受方组织则接受从捐赠人处转交的资产并且同意代表捐赠人使用资产,或将资产、这些资产上取得的投资收益,或二者兼有转交给另一主体——受益方(该受益方是由捐赠人指定的受益方)。该准则也制定了以相似方式发生的交易的准则,但交易并非捐赠,因为资产转交是可取消的、可赎回的,或者是互惠的。该准则详细记述了:该准则适用的范围;中介机构;受托人;代理人;财务相关组织;受益方;非捐赠的资产转让;披露。

《SFAS No. 137——衍生金融工具和套期活动的会计处理——对 SFAS No. 133 生

效日期的推迟（对 SFAS No. 133 的修正）》(Accounting for Derivative Instruments and Hedging Activities-Deferral of the Effective Date of FASB Statement No. 133—an Amendment of FASB Statement No. 133)

SFAS No. 137 是 FASB 于 2000 年 6 月公布的，对 2000 年 6 月 15 日以后开始的所有会计年度生效。该准则将 SFAS No. 133 的生效日期推迟至 2000 年 6 月 15 日以后开始的所有会计年度。

《SFAS No. 138——某些衍生金融工具和套期交易的会计处理（对 SFAS No. 133 的修正）》(Accounting for Certain Derivative Instruments and Certain Hedging Activities—an Amendment of FASB Statement No. 133)

SFAS No. 138 是 FASB 于 2000 年 6 月公布的，对 2000 年 6 月 15 日以后开始的会计年度生效。该准则是对《SFAS No. 133——衍生工具和套期活动的会计处理》的修正。

《SFAS No. 139——对 SFAS No. 53 的替代和对 SFAS No. 63、No. 89 和 No. 121 的修正》(Rescission of FASB Statement No. 53 and Amendments to FASB Statements No. 63, 89 and 121)

SFAS No. 139 是 FASB 于 2000 年 6 月公布的，对 2000 年 12 月 15 以后开始的会计年度生效。该准则替代了《SFAS No. 53——电影制片商和发行商的财务报告》。该准则也修正了《SFAS No. 63——广播公司的财务报告》、《SFAS No. 89——财务报告和物价变动》以及《SFAS No. 121——长期资产减值、处置的会计处理》。

《SFAS No. 140——金融资产的转移和应用及与相关负债的解除的会计处理（对 SFAS No. 125 的替代）》(Accounting for Transfers and Servicing of Financial Assets and Extinguishments of Liabilities—A Replacement of FASB Statement No. 125)

SFAS No. 140 是 FASB 于 2000 年 9 月公布的，对 2001 年 3 月 31 日以后发生的金融资产转移和服务以及债务解除生效，同时对 2000 年 12 月 15 日之后会计年度的与证券化交易和抵押相关的披露生效，该准则预计会运用特定的例外条款。该准则取代了《SFAS No. 125——金融资产转让和服务以及债务解除的会计处理》，对证券化和其他金融资产转计以及抵押品的会计处理准则进行了修订，并且要求作出相应披露。具体内容包括金融资产转让和服务的会计处理、债务的解除、披露和实施指南。

《SFAS No. 141——企业合并》(Business Combinations)

SFAS No. 141 是 FASB 于 2001 年 6 月公布的，对 2001 年 6 月 30 日以后的企业合并生效。该准则建立了企业合并的会计处理和报告标准，取代了 APB No. 16 和 SFAS No. 38。该准则要求所有符合该准则范围要求的企业合并均使用购买法。

《SFAS No. 142——商誉与其他无形资产》(Goodwill and Other Intangible Assets)

SFAS No. 142是FASB于2001年6月公布的,对2001年12月15日以后开始的会计年度生效。该准则提供了在取得商誉和其他无形资产时的会计处理标准,且该准则替代了《APB No. 17——无形资产》。该准则提供了单独获得的或与其他资产一起取得的(但不是在企业合并中取得的)无形资产的会计处理标准,也提供了关于商誉和其他无形资产在财务报表中初始确认后的会计处理标准。

《SFAS No. 143——资产退废负债》(Accounting for Assets Retirement Obligations)

SFAS No. 143是FASB于2001年6月公布的,对2002年6月15日开始的年度的财务报表生效。该准则要求会计主体在资产退废期间记录资产退废负债的公允价值。最初记录负债时,企业应通过增加相关资产的账面价值使成本资本化;随着时间的延续,负债每期随其现值而增值,资本化成本也在相关资产的有效寿命期内折旧;至负债结算时,企业要么以其所记录的负债金额来估算,要么产生估算损益。

《SFAS No. 144——对长期资产的减值或处置的会计处理》(Accounting for the Impairment or Disposal of Long-lived Assets)

SFAS No. 144是FASB于2001年8月公布的,对2001年12月15日以后开始的会计年度的财务报告生效。该准则提供了长期资产减值或处置的会计处理和报告标准。该准则替代了《SFAS No. 121——长期资产的减值或处置的会计处理》和《APB No. 30——报告企业分部经营成果和处置影响以及分部处置时的非凡、不经常且罕见的事项和交易》。该准则也修正了《ARB No. 151——合并会计报表》,消除了将可能暂时处于企业控制下的子公司纳入合并范围的例外。

《SFAS No. 145——对SFAS No. 4、No. 44和No. 64的替代以及对SFAS No. 13进行改进和技术修正》(Rescission of FASB Statements No. 4, 44 and 64, Amendment of FASB Statement No. 13 and Technical Corrections)

SFAS No. 145是FASB于2002年4月公布的,对2002年5月15日以后开始的会计年度生效。该准则替代了SFAS No. 4、SFAS No. 44和SFAS No. 64,并对SFAS No. 13进行改进和技术修正,其更新阐明并简化了现有的会计公告。这是FASB应委托人对债务废除的收益、损失的会计处理进行重新审视的要求而进行的,而且它对经常利用债务废除进行风险经营活动的二级期货交易市场具有特殊的重要性。

《SFAS No. 146——与退出或处置交易成本有关的会计处理》(Accounting for Costs Associated with Exit or Disposal Activities)

SFAS No. 146是FASB于2002年6月公布的,对2002年12月31日以后的退出或处置交易生效。该准则提供了与退出或处置活动有关的成本的会计处理和报告标准以及废除了《EITF No. 94-3——与退出一项活动有关的某些雇员利益的终止和其他成本的债务的确认(包括在重组中的某些成本)》。

《SFAS No. 147——某些金融机构的兼并(对 SFAS No. 72、No. 144 和 FASB 准则解释文件第 9 号的修正)》(Acquisition of Certain Financial Institutions—an Amendment of FASB Statement No. 72 and 144 and FASB Interpretation No. 9)

SFAS No. 147 是 FASB 于 2002 年 10 月公布的,对 2002 年 10 月 1 日以后开始的符合该准则范围要求的某些金融机构的兼并活动生效。除了两个或两个以上互助企业之间的交易以外,该准则剔除了 SFAS No. 72 和 SFAS 解释公告第 9 号中的金融机构兼并的规定,要求这些交易按 SFAS No. 141 和 SFAS No. 142 进行会计处理。SFAS No. 72 第五段要求将超过负债公允价值的被有形资产和可辨认的无形资产的公允价值承担之后的部分确认为一项不可辨认的无形资产,而在该准则中将不适用这一规定。除此之外,该准则修正了 SFAS No. 144,将长期顾客关系作为金融机构的无形资产,如存款人关系和借款人关系无形资产、信用卡持有人无形资产。这些无形资产视同持有和使用 SFAS No. 144 规定的其他无形资产一样,将要求进行非贴现现金流量收回测试和减值损失的确认和计量。

《SFAS No. 148——基于股票补偿的会计处理》(Accounting for Stock-based Compensation-Transition and Disclosure—an Amendment of FASB Statement No. 123)

SFAS No. 148 是 FASB 于 2002 年 12 月公布的,对 2000 年 12 月 15 日以后开始的会计年度的财务报表有效。该准则针对越来越多的公司宣布计划对股票认购权提取费用,FASB 宣布对股票认购权指南加以改进并提供更完善的披露方法。该准则改进了 SFAS No. 123,提供了几种基于公允价值的股票补偿的会计处理方法,并要求在财务报表中更突出、频繁地披露基于股票的补偿。

《SFAS No. 149——对 SFAS No. 133 衍生金融工具和套期交易的修正》(Amendment of FASB Statement No. 133 On Derivative Instruments and Hedging Activities)

SFAS No. 149 是 FASB 于 2003 年 4 月公布的,对 2003 年 6 月 30 日后签订或修改的合同生效。该准则对内嵌于其他合同中的衍生工具和 SFAS No. 133 规定的套期交易等业务的会计处理做了修正和解释。该准则中的相关修订要求具有可比性质的合同应以相似的会计方法计量以改进企业财务报告。特别指出,该准则阐述了在何种条件下具有初始净投资性质的合同符合 SFAS No. 133 中衍生金融工具的定义。另外,对何时需要将含有金融成分的衍生工具在现金流量表中列示作了规定。该准则还对现行的其他一些条款做了修订,这些修订将有助于保证对衍生工具合同和需要单独计量的嵌套衍生工具合同报告的一致性。

《SFAS No. 150——具有负债和权益双重性质的金融工具的会计处理》(Accounting for Certain Financial Instruments with Characteristics of both Liabilities and Equity)

SFAS No. 150 是 FASB 于 2003 年 5 月公布的,对上市公司于 2003 年 5 月 31 日生效或者对在 2003 年 6 月 15 日后开始的首个会计中期的期初施行。对于非上市公司,强制性可赎回股票可在 2003 年 12 月 15 日后开始的会计期间适用。该准则影响发行者对以下三类自立支撑的金融工具的会计处理:第一类是强制性可赎回股票;第二类包含了卖出期权和预购契约;第三类是可以用股票来偿还的项目。

《SFAS No. 151——存货成本(对 ARB No. 4 的修正)》(Inventory Costs—An Amendment of APB No. 43, Chapter 4)

SFAS No. 151 是 FASB 于 2004 年 11 月 24 日发布的,对 ARB No. 43 第 4 章进行了修订,对 2005 年 6 月 15 日或以后开始的会计年度有效。此次修订主要是明确了非正常的运输和装卸费,以及浪费的材料(废品)等应该确认为当期费用,不构成存货成本,这些规定采用了与 IAS No. 2 中类似的措辞。与 IAS No. 2 仍存在的不同之处是,该准则允许采用后进先出法,而 IAS No. 2 不允许。该准则的发布是 FASB 努力提高跨国财务报告可比性的举措,也是 FASB 与 IASB 合作以实现一套高质量会计准则的重要步骤。

《SFAS No. 152——不动产分时共享的会计处理(对 SFAS No. 66 和 No. 67 的修订)》(Accounting for Real Estate Time-sharing Transactions—an Amendment of FASB Statement No. 66 and 67)

SFAS No. 152 是 FASB 于 2004 年 12 月 4 日发布的,对 SFAS No. 66 和 SFAS No. 67 进行了修订,对 2005 年 6 月 15 日或以后开始的会计年度有效。此前,美国注册会计师协会的会计准则执行委员会(AcSEC)发布了《立场公告 04-2》(SOP No. 04-2),以规范多种类型的不动产分时共享的会计处理。该准则将同 SOP04-2 一起对这方面的会计处理和财务报告起到改进作用。

《SFAS No. 153——非货币交易(对 APB No. 29 的修正)》(Exchanges of Nonmonetary Assets—an Amendment of APB Opinion No. 29)

SFAS No. 153 于 2004 年 12 月 4 日发布,取代了《APB No. 29——非货币交易的会计处理》,对 2005 年 6 月 15 日或以后开始的会计年度有效。其基本原则是,非货币资产的交换交易应以交换资产的公允价值来计量。该准则还用"没有商业实质的非货币交易"这一新概念取代了"同类资产"的旧概念。新概念的范围略广,对交易实质的把握也更准确。该准则的发布,使 FASB 在非货币交易方面与国际财务报告准则基本保持了一致。

《SFAS No. 154——会计政策变更和会计差错更正（对 APB No. 20 和 SFAS No. 3 的替代）》（Accounting Changes and Error Corrections—A Replacement of APB Opinion No. 20 and FASB Statement No. 3）

SFAS No. 154 于 2005 年 5 月 5 日发布，取代了 APB No. 20 和 SFAS No. 3。该准则适用于企业自行变更会计政策的各类情形，同时还修改了会计政策变更的会计处理方法及其报告要求。根据该准则的要求，如果企业自行变更会计政策，则企业应在适用的情况下对其前期的财务报表做追溯调整，对于非货币性的长期资产，如果因会计政策变更而导致其折旧、摊销和减值方法出现变更，则应作为会计估计变更进行处理。该准则对于在 2005 年 12 月 15 日以后开始的会计年度所作的会计政策变更和会计差错更正有效。也可提前采用，并适于在 2005 年 6 月 1 日以后开始的会计年度所作的会计政策变更和会计差错更正。对于任何现有的会计公告，SFAS No. 154 阿不影响这些公告中的过渡条款（包括自 SFAS No. 154 生效之后，仍处于过渡阶段的公告）。

《SFAS No. 155——特定混合工具的会计处理》（Accounting for Certain Hybrid Financial Instruments—An Amendment of FASB Statement No. 133 and 140）

SFAS No. 155 于 2006 年 2 月 6 日发布，对 2006 年 9 月 15 日或以后开始的会计年度有效。该准则允许含嵌入衍生工具的金融工具作为一个整体以公允价值计量，其公允价值变动计入损益。提供了这一选择后，企业可不必再将嵌入衍生工具从主合同中分离出来，从而与国际财务报告准则保持了一致。

《SFAS No. 156——金融资产和负债服务会计（对 SFAS No. 140 的修订）》（Accounting for Servicing of Financial Assets—an Amendment of FASB Statement No. 140）

SFAS No. 156 于 2006 年 3 月 6 日发布，是对 SFAS No. 140 的修订，对在 2006 年 9 月 15 日之后开始的会计年度生效。该准则要求主体在某些情形下由于签订服务合同而承担提供服务的义务时，要确认服务性资产或者服务性负债。

《SFAS No. 157——公允价值计量》（Fair Value Measurement）

SFAS No. 157 于 2006 年 9 月公布，对在 2007 年 11 月 15 日之后开始的会计年度生效，鼓励提前采用。美国一般公认会计准则（Generally Accepted Accounting Principles，简称 GAAP）中有超过 40 个会计准则要求（或允许）报告主体按照公允价值计量资产和负债。在该准则发布之前，有关公允价值计量的方法是散乱且缺乏一致性的，特别是对于那些没有活跃交易的事项来说尤为明显，该准则的发布结束了这种局面。该准则主要介绍了公允价值的含义、初始和后续确认、公允价值估价方法及估价方法的参照信息、公允价值等级和披露等内容。该准则的发布对财务会计理论和实务将会产生深远影响,极大地推动着财务会计计量的改革和发展。

《SFAS No. 158——雇主固定福利养老金和其他退休后计划的核算》(Employers' Accounting for Defined Benefit Pension and Other Postretirement Plans)

SFAS No. 158 于 2006 年发布,对公众主体的生效期为 2006 年 12 月 15 日之后结束的会计年度,非公众主体对 2006 年 6 月 15 日之后结束的会计年度采用(对在 2006 年 12 月 15 日至 2007 年 6 月 16 日之间结束的财年的财务报表附注,仍有特定的披露要求)。该准则要求雇主将一项固定收益退休金计划的资金过剩和资金不足确认为一项资产或负债,在资产负债表中列示,更有利于向投资者和债权人呈现公司的财务状况。

《SFAS No. 159——金融资产和金融负债的公允价值选择权准则(引致对 SFAS No. 115 的修订)》(The Fair Value Option for Financial Assets and Financial Liabilities—Including an Amendment of FASB Statement No. 115)

SFAS No. 159 于 2007 年 2 月发布,对自 2007 年 11 月 15 日以后的会计年度生效。但是,如果会计主体在会计年度的最初的 120 天内做出选择,并选择适用 SFAS No. 157 准则的条款,那么也允许其自本会计年度开始起用新准则。该准则给予公司公允价值的选择权:即可以采用公允价值报告所选的金融资产和金融负债,并建立了相关的呈报和披露要求,以便于公司之间对选择不同计量属性、但类型相似的资产和负债进行比较。另外,准则还要求公司提供附加信息,这些信息将有助于投资者和财务报表的其他使用者更易于理解公司在盈利上采用公允价值的效应。它还要求主体列示其已选择拟在资产负债表上采用公允价值计量的资产和负债。不过,新准则并不会取消其他会计准则中的披露要求,这些包括《SFAS No. 157——公允价值计量》和《SFAS No. 107——金融工具公允价值的披露》。

该准则的目的在于减少金融工具会计的复杂性,降低因相关资产和负债的计量不同而产生的盈利波动。

《SFAS No. 160——合并财务报告中的非控股权益(对 APB No. 51 的修订)》(Non-controlling Interests in Consolidated Financial Statements—an Amendment of ARB No. 51)

SFAS No. 160 于 2007 年 12 月 4 日发布,对在 2008 年 12 月 15 日后开始的会计年度生效。该准则要求所有企业像股东权益一样在合并财务报表中报告在子公司中的非控股(少数)权益,并且要求把一个企业和非控股权益之间的交易当做权益交易来作会计处理,消除了现存的对该类交易处理的多样性。该准则的目的是改善合并财务报告主体提供非控股权益或少数股东权益信息的相关性、可比性和透明度。

《SFAS No. 161——衍生工具和套期业务的披露（对 SFAS No. 133 的修订）》(Disclosures about Derivative Instruments and Hedging Activities—an Amendment of FASB Statement No. 133)

SFAS No. 161 于 2008 年 3 月发布，对自 2008 年 11 月 15 日或之后开始的年度的财务报表和中期报告有效，同时也鼓励提前采用。该准则旨在改进与衍生工具和套期业务相关的财务报告质量，通过提高的披露要求使投资者能够更好地了解衍生工具和套期业务对企业财务状况、经营成果以及现金流量的影响。该准则要求主体对衍生工具的公允价值和损益以表格形式进行披露，同时还要求披露与信用风险相关的衍生工具的特征，提供有关主体流动性方面信息。

《SFAS No. 162——美国一般公认会计原则的层级》(The Hierarchy of Generally Accepted Accounting Principles)

SFAS No. 162 于 2008 年 5 月发布，将 GAAP 分为 5 个层级：第一层——包括 FASB 的公告（SFAS）和解释（FIN）、APB 的意见书、CAP 的会计研究公报；第二层——包括 FASB 的业务公告（FTB）、AICPA 的行业审计和会计指南、AICPA 的立场公告（SOP）；第三层——包括 FASB 紧急问题工作组的一致意见、AICPA 的实务公告（PB）；第四层——包括 AICPA 的会计解释（AIN）、FASB 的实施指南（FIG）、广泛认可的行业实务；第五层次——主要是其他会计文献。

《SFAS No. 163——金融保证保险合同的会计处理——对 SFAS No. 60 的解释》(Accounting for Financial Guarantee Insurance Contracts—an Interpretation of FASB Statement No. 60)

SFAS No. 163 于 2008 年 5 月发布，对 2008 年 12 月 15 日以后开始的会计年度以及会计年度内的会计中期所发布的财务报告有效，与保险企业风险管理活动有关的披露规定将在该准则颁布后的第一个报告期生效。该准则阐明了 SFAS No. 60 是如何应用于保险企业所签订的金融保证保险合同，包括保费收入和求偿责任的确认及计量，同时也要求加强对金融保证保险合同的披露。除与保险企业风险管理活动有关的信息披露之外，当有证据表明被保的金融负债发生信用恶化时，保险企业应在被保事项发生违约之前就确认求偿责任。同时，该准则也要求披露：保险企业在评估被保金融负债发生信用恶化时所采用的风险管理活动；保险企业的监视名单。通过在诸如"求偿责任的确认和计量"等方面建立一致性，提高会计信息的质量和可比性，为财务报告使用者提供更好的会计信息。

《SFAS No. 164——非营利组织：兼并与收购——包括对 SFAS No. 142 的修正》

(Not-for-Profit Entities: Mergers and Acquisitions—Including an Amendment of FASB Statement No. 142)

SFAS No. 164 于 2009 年 4 月发布,对 2009 年 12 月 15 日或之后日期的合并或收购的初步报告生效。该准则对非营利组织的兼并和收购进行界定,并对相关的确认、计量和披露做出详细规定,但不适用于:(1)组建合资公司;(2)兼并或收购的资产或资产组不构成任何一个企业或一个非盈利性活动的兼并或收购;(3)非营利组织、企业或共同控制下的非盈利活动的合并。该准则的目的是要改善非营利组织兼并和收购会计信息的相关性、完整性和可比性。

《SFAS No. 165——期后事项》(Subsequent Events)

SFAS No. 165 于 2009 年 5 月发布,对 2009 年 6 月 15 日或之后日期的中报和年度报表生效。该准则目的是为建立期后事项的会计处理规范,规定了期后事项的期间,报告主体是否在报表中确认期后事项的情况以及是否披露。该准则适用于对期后发生的事项的会计处理和披露。

《SFAS No. 166——金融资产转让的会计处理——对 SFAS No. 140 的修正》(Accounting for Transfers of Financial Assets—an Amendment of FASB Statement No. 140)

SFAS No. 166 于 2009 年 6 月发布,对 2009 年 11 月 15 日或之后日期的年度报表生效。该准则适用于所有的主体,具有与 SFAS No. 140 相同的适用范围。该准则中删除了 SFAS No. 140 中"合格特殊目的主体"的概念和 FASB 解释公告第 46 号中"可变权益主体合并"的概念。

《SFAS No. 167——对 SFAS No. 46(R)解释的修正》[Amendments to FASB Interpretation No. 46〈R〉]

SFAS No. 167 于 2009 年 6 月发布,对 2009 年 11 月 15 日或之后日期的中报和年度报表生效。该准则的目的是改善与可变利益主体合并的财务报告,以解决:对财务会计准则委员会第 46 号解释(2003 年 12 月修订)中可变权益主体合并和对第 46(R)中某些关键条款的具体解释。此外,该准则也提供了有关表外项目有效控制的指导意见。

《SFAS No. 168—— FASB 会计准则汇编与公认会计原则级次——对 SFAS No. 162 的替代(对 SFAS No. 162 的替代)》(The FASB Accounting Standards CondificationTM and the Hierarchy of Generally Accepted Accounting Principles—a Replacement of FASB Statement No. 162)

SFAS No. 168 于 2009 年 6 月发布,对 2009 年 9 月 15 日或之后日期的中报和年度报表生效。财务会计准则委员会会计准则编纂将成为美国一般公认会计原则

(GAAP)的权威来源,由非政府主体实施。根据这一声明生效之日起,所有的编纂将取代当时存在的非美国证券交易委员会的会计和报告标准。该准则适用于按照美国一般公认会计原则编制的非政府主体的财务报表。该准则替代了 SFAS No.162,将一般公认会计原则重新分类:第一类是权威文献(主要包括 SFAS No.162 中前 4 个层次 GAAP);第二类是非权威文献(主要对应 SFAS No.162 中第五层次 GAAP)。编纂不产生新的准则和指南,只是将现有文献按统一结构分 90 个左右的标题进行梳理,还将 SEC 发布的规则指南等权威内容纳入汇编。

主要参考文献

[1] 美国财务会计准则委员会.美国财务会计准则(第 1~137 号)[M].王世定,李海军,译.北京:经济科学出版社,2002.
[2] 谢诗芬.公允价值:国际会计前沿问题研究[M].长沙:湖南人民出版社,2004.
[3] Http://www.fasb.org,2011-03-12.

(初稿执笔人:王昌锐)

GASB 的《美国州和地方政府会计与财务报告准则》(GASBS)

一、美国州和地方政府会计与财务报告准则概述

1984年,美国专门成立了政府会计准则委员会(Governmental Accounting Standards Board,简称 GASB),以更好地研究与发布关于州和地方政府单位活动和交易方面的财务会计和报告准则。政府会计准则委员会以财务会计基金会一个基本分支机构的形式存在,但具有相对的独立性,其运作结构与美国财务会计准则委员会(Financial Accounting Standards Board,简称 FASB)相似,也配备一个顾问委员会(The Governmental Accounting Standards Advisory Council,简称 GASAC)及技术工作组(Telecom Security Task Force,简称 TSTF)。1991年,美国注册会计师协会(AICPA)认可了政府会计准则委员会发布的相关文件,并将政府会计的一般公认会计原则(GAAP)划分为五个层次:第一层次,GASB 公告与解释;第二层次,GASB 技术公告;第三层次,GASB 紧急问题研究组的一致意见与 AICPA 实务公告;第四层次,GASB 的问题与解答及被州与地方政府广泛认可的相关的会计实务;第五层次,其他相关会计文献。至此,政府会计准则委员会在建立州与地方政府会计准则方面确立了自己的权威地位,其制定的准则也得到了普遍的认可。到2010年12月止,GASB 共颁布并已生效了62个政府会计准则公告(Governmental Accounting Standards Statements,简称 GASBS)及其相关解释。

二、《美国州和地方政府会计与财务报告准则》的主要内容

《GASBS No.1——政府会计全国委员会公告和美国注册会计师协会行业审计指南的权威地位》(Authoritative Status of NCGA Pronouncements and AICPA Industry Audit Guide)

GASBS No.1 是 GASB 于 1984 年 7 月发布并生效。它承认全国政府会计委员会(the National Council on Governmental Accounting,简称 NCGA)与美国注册会计

师协会的文件为公认会计原则的一部分,表明截至1984年7月实行的所有政府会计全国委员会公告和解释被认为包括在"公认会计原则"的惯例、规则和程序当中并继续有效,直到被此后的GASBS所修改、修订、补充、废除或替代(GASBS No.1,No.18)。但是GASB的这一对于那些构成州和地方政府部门的"公认的会计原则"的政府会计全国委员会(NCGA)与美国注册会计师协会(AICPA)的公告的承认不应当看作是GASB赞成每一个准则(GASBS No.1,No.111)。此外,该公告还确定了那些有关养老金会计和财务报告的公告,但是这些相关的规定被随后的GASBS No.5中的规定所取代。

《GASBS No.2——按照国内税收法规第457部分的规定所采纳的递延补偿计划的财务报告》(Financial Reporting of Deferred Compensation Plans Adopted under the Provisions of Internal Revenue Code Section 457)

GASBS No.2是GASB于1986年1月发布的,适用于会计期间结束于1986年12月15日后的财务报告,后被GASBS No.12所取代。该公告要求:对于使用政府基金会计的雇主,美国国内的税收法规(IRC)第457部分的递延补偿计划的余额,应当在可以合法使用这些资源的政府雇主的代理基金中予以反映,而不管这些资产的拥有者是雇主、公务员退休系统(Public Employees' Retirement System,简称PERS)、非政府机构的第三方、还是某个多种管辖权计划下的另一个政府主体。政府的公用事业和公共机关应当在资产负债表中对负债进行报告,并指定一项资产与之对应。该公告要求披露以下注释信息:"国内税收法规第457部分要求:递延补偿计划中的资产保持雇主的所有权,直到支付或者参与使用者使用资产;该资产只局限于政府的普通债权人的要求权;在递延补偿计划中政府的信贷责任。"

《GASBS No.3——金融机构的存款、投资(包括回购协议)和取消回购协议》[Deposits with Financial Institutions, Investments(including Repurchase Agreements) and Reverse Repurchase Agreements]

GASBS No.3是GASB于1986年4月发布的,适用于会计期间结束于1986年12月15日后的财务报告。该公告要求披露一些注释,以反映政府主体在金融机构的存款、投资(包括回购协议)和取消回购协议的信息。所要求的披露通常应当以整个主体为对象,但是在某些情况下,也应当为组织单位、养老信托基金或者其他基金或基金类型进行补充或者单独披露。该公告要求披露的信息包括:(1)法规或合同授予条款的投资类型,以及在与存款和投资相关的法规或合同条款的执行期间所发生的重大违规事项;(2)资产负债表编制日的存款和投资证券的信息,为使用者提供有关信贷和市场风险方面的信息;(3)对于取消回购协议,公告要求披露使用的原材料、与协议相关的法规和合同条款执行期间所发生的重大违规事项,以及在资产负债表日协议所涉及的信贷风险的概括信息。该公告还为回购和取消回购协议会计提供指南。因协议和固定票息的取消,回购协议所产生的负债,应作为"取消回购协议下的义务"进行揭示,同时不应当被资产负债表中的相关资产所抵扣。与取消回购协议和固定票息的取消回购协议相关的利息成本要求作为利息支出或费用予以揭示,同时不应当被相关投资的利息收入所抵扣。回购协议和固定票息的回购协议中获得的收入,应作为利息收入予以反映。为保持收益而进行的回购协议和取消回购协议,应作为投资的购买和出售进行处理,并确认投资所产生的损益。

《GASBS No. 4——〈SFAS No. 87——雇主的养老金会计〉对州和地方政府的适用性》(Applicability of FASB Statement No. 87— "Employers' Accounting for Pensions", to State and Local Governmental Employers)

GASBS No. 4 是 GASB 于 1986 年 9 月发布并生效的,后被 GASBS No. 27 所取代。该公告规定:州和地方政府的雇主不应当因《SFAS No. 87——雇主的养老金会计》的发布而改变其对养老金的会计处理和财务报告。

《GASBS No. 5——由公务员退休系统、州和地方政府雇主披露的养老金信息》(Disclosure of Pension Information by Public Employee Retirement Systems and State and Local Governmental Employers)

GASBS No. 5 是 GASB 于 1986 年 11 月发布的,适用于 1986 年 12 月 15 日后公布的财务报告。这份公告对公务员退休系统(PERS)、州和地方政府雇主如何在财务报表注释和必要的补充信息中披露养老金信息规定了披露的准则。它取代了 GASBS No. 1 号中第 9 段养老金披露的要求,使养老金披露指南标准化。该公告具体内容包括:提供考核 PERS 在持续经营基础上的筹资状况、为支付到期福利而进行的资产积累和雇主是否在交纳保险精算确定的缴费额等情况所需的信息;PERS 和雇主发布的财务报告,包括那些没有为其养老金义务筹资的雇主发布的财务报告,所要披露的养老金的具体信息;作为要求报告的补充信息,所要求编制的 10 年趋势信息应当包括的数据比较;公务员退休系统的分类;对于小规模 PERS 和小规模雇主的要求;有关确定缴费型养老金计划的信息披露。

《GASBS No. 6——特殊税捐的会计处理和财务报告》(Accounting and Financial Reporting for Special Assessments)

GASBS No. 6 是 GASB 于 1987 年 1 月发布的,适用于会计期间开始于 1987 年 6 月 15 日后的财务报告。该公告对从特种税捐中筹资的资本改良和服务规定了会计处理和财务报告准则。因为财务报告目的,取消了《NCGA No. 1——政府会计和财务报告原则》中所确定的特种税捐基金类型,要求按照相关活动的拨款的基金类型进行处理。该公告具体内容包括:服务性特种税捐交易的报告所属的基金类型;政府主体在财产所有者发生拖欠时,如负有支付特种税捐负债的义务的处理;政府主体以某种方式对特种税捐负债承担义务的情况;对资本改良的税捐方案的报告提供的指南。

《GASBS No. 7——导致债务终止的提前偿还债务》(Advance Refundings Resulting in Defeasance of Debt)

GASBS No. 7 是 GASB 于 1987 年 3 月发布的,适用于会计年度开始于 1986 年 12 月 15 日后的财务报告。这份公告对如何处理普通长期负债中记录的负债的提前再融资提供了指南。新债务的发行收入应当在接受收入的基金中,作为"其他财务资源——提前再融资债券的收入"进行报告,用新债务提供的财务资源对第三方代理商的支付作为"其他财务资源——对提前再融资债券的第三方代理商支付"进行报告。用主体的其他财务资源对第三方代理商的支付,作为偿债基金进行报告。该公告还对所有政府主体的提前偿债披露提供了指南,不管债务是在何处进行报告的。除了其他事项外,提前再融资的经济损益也应当予以披露。

《GASBS No. 8——〈SFAS No. 93——非营利组织折旧的确认〉对某些州和地方政府主体的适用性》(Applicability of FASB Statement No. 93—"Recognition of Depreciation by Not-for-Profit Organizations", to Certain State and Local Governmental Entities)

GASBS No. 8 是 GASB 于 1988 年 1 月发布并同时生效的,后被 GASBS No. 35 的内容所取代。该公告规定:政府的高等院校,以及使用某些专门行业的会计和报告原则的和实务的其他政府主体,不应当因《SFAS No. 93——非营利组织折旧的确认》对某些州和地方政府主体的适用性的颁布,而改变其资本资产折旧的会计处理和报告。但是,政府的高等院校并不排除可以按照美国注册会计师协会的行业审计指南——《高等院校审计》中所允许的方法对资本资产进行折旧。

《GASBS No. 9——权益基金、不可消耗信托基金和使用权益基金会计的政府主体的现金流量报告》(Reporting Cash Flows of Proprietary and Nonexpendable Trust Funds and Governmental Entities that Use Proprietary Fund Accounting)

GASBS No. 9 是 GASB 于 1989 年 9 月发布的,适用于会计年度开始于 1989 年 12 月 15 日后的财务报告。该公告确定了现金流量报告的准则,要求所有的权益基金和不可消耗的信托基金,以及使用权益基金会计的政府主体(不包括 PERS 和养老信托基金),都要把现金流量表(代替财务状况变动表)作为一套完整财务报表的组成部分。该公告要求:现金流量表应当按照现金的来源——业务活动、非资本性筹资活动、资本性和相关筹资活动或投资活动——对现金收入和现金支出进行分类,并对每一分类都做了定义;政府、企业应当直接通过揭示业务活动的现金收入和支出的主要类别,对来自业务活动的现金流量进行报告(直接法),但是它们也可以使用间接法或调整法;对于不会引起现金收入或支出的投资活动、资本性活动和筹资活动,要单独披露相关信息。

《GASBS No. 10——风险筹资和相关保险事项的会计处理和财务报告》(Accounting and Financial Reporting for Risk Financing and Related Insurance Issues)

GASBS No. 10 是 GASB 于 1989 年 11 月发布的,对于影响公共主体风险集合的规定适用于 1990 年 6 月 15 日以后开始的会计期间的财务报告。对于公共主体风险集合以外的政府主体,适用于 1993 年 6 月 15 日以后开始的会计期间的财务报表。此有效期与委员会关于政府基金的计量核心和会计基础的最终公告的有效期相同。该公告对州和地方政府主体的风险筹资与保险相关的活动,包括公告主体的集合风险,规定了会计处理和财务报告准则。这份公告的范围内所涉及的损失风险包括:民事侵权行为;资产偷盗、破坏和损毁;业务中断;错误和疏漏;雇员因工生病或受伤;天灾以及按照某个公共主体集合风险所发布的政策或参与合同理应承担的任何其他损失风险。该公告要求公共主体风险集合遵守类似商业企业的现行会计和财务报告准则,主要以《SFAS No. 60——保险公司的会计处理和报告》为基础,要求共同基金保险费或所要求的缴费,应当在合同期间按照所提供的风险防范金额的比例确认收入,索赔成本应当在引起保单或参与合同中的保险险别的事项发生时予以确认。对于公共主体风险集合以外的州和地方政府主体,在满足特定条件下,也必须将某个索赔的估计损失报告为支出或费用。此外,对于政府基金,要求在发生时予以报告,而不管何时支付现金。

《GASBS No. 11——计量核心和会计基础——政府基金运营活动表》(Measurement Focus and Basis of Accounting—Governmental Fund Operating Statements)

GASBS No. 11 是 GASB 于 1990 年 5 月发布的,对于 1994 年 6 月 15 日后开始的会计期间的财务报告有效。该公告是对政府会计和财务报告全面复合的基础,为政府基金和可消耗基金的运营表建立了会计计量核心和会计基础准则,确立了在其他方案中建立指南所需要的基本原则,尤其是某些与该公告同时实施的支出确认和计量准则。公告还为政府基金交易提供了专门的指南,为普通长期资本负债的资产负债表报告提供指南。但是,对于那些为业务活动或亏损筹资所发行的负债,或者由于政府基金的支出的增加而产生的长期负债,该公告没有为它们提供指南。该公告具体内容主要包括以下部分:引言与背景,包括适用范围及术语定义等;财务资源的流转计量核心;政府会计和财务报告准则;财务资源流转的一般原则;收入和债务;生效期和过渡要求。

《GASBS No. 12——州与地方政府雇主对养老金以外的退休福利信息的披露》(Disclosure of Information on Postemployment Benefits Other Than Pension Benefits by State and Local Governmental Employers)

GASBS No. 12 是 GASB 于 1990 年 5 月发布的,对于 1990 年 6 月 15 日后开始的会计期间的财务报告有效。该公告要求所要提供养老金以外的退休福利的州和地方政府雇主披露这些信息:对所提供的福利、收益的雇员以及雇主和计划参与的缴费义务的说明;对福利规定和缴费义务建立的法规、合同或其他授权的说明;对这些福利所遵循的会计政策、融资和筹资的说明;为该期间确认的福利所发生的支出或费用,以及某些相关数据的说明。

《GASBS No. 13——预计租金增加的经营租赁的会计处理》(Accounting for Operating Leases with Scheduled Rent Increases)

GASBS No. 13 是 GASB 于 1990 年 5 月发布的,对于租赁期开始于 1990 年 6 月 30 日后的租赁有效,租赁期开始于 1990 年 7 月 1 日以前的租赁允许采用以前的规定。该公告确定了州和地方政府主体对预计租金增加的经营租赁的会计处理和财务报告准则,而不论用于报告租赁交易的基金是什么类型。该公告要求:如果支付要求的模式是系统的和合理的,那么政府主体应当使用租赁合同中的条款,对预计租金增加的经营租赁进行处理,包括规定租赁期内预计租金增加的租赁协议。该公告还要求政府主体应当使用一个权责发生制会计基础,确认经营租赁的收入和费用。但是,在 GASB No. 11 生效之前,在政府基金和类似信托基金中报告这些交易的主体,应当使用修正的权责发生制会计基础确认经营租赁的收入和支出。

《GASBS No. 14——财务报告主体》(Financial Reporting Entity)

GASBS No. 14 是 GASB 于 1991 年 6 月发布的,对于 1992 年 12 月 15 日后开始的会计期间的财务报告有效,建议在此之前应用这份报告。该公告确定了定义和报告财务报告主体的准则及参与联营企业的报告准则。该公告适用于由政府基金、政府的联营企业、共同治理的组织以及其他独立编制的财务报告,还适用于政府的组织单位单独发布的财务报表。另外,如果政府或非政府的组成单位被包括在某个政府的财务报告主体中,那么该公告也适用于这些政府或非政府的组成单位。该公告规定财务报告的主体包括:基本政府;基本政府负有财务责任的组织;其他就他们和基本政府的关系来看如果不将他们包括进去会导致报告主体的财务报表发生误导或者不完整的组织。

《GASBS No. 15——政府高等院校的会计和财务报告模式》(Governmental College and University Accounting and Financial Reporting Models)

GASBS No. 15 是 GASB 于 1991 年 10 月发布的,对于 1992 年 6 月 15 日后开始的会计期间的财务报告有效。该公告对政府高等院校的会计和财务报告模式提供了指南。政府高等院校应当采取美国注册会计师协会推荐的高等院校指南模式或政府模式。

《GASBS No. 16——带薪假期的会计处理》(Accounting for Compensated Absences)

GASBS No. 16 是 GASB 于 1992 年 11 月发布的,对于 1993 年 6 月 15 日后开始的会计期间的财务报告有效。该公告对州和地方政府主体应计的带薪假期负债的计量提供了指南,而不管报告这项交易所使用的报告模式或基金类型是什么。该公告的具体内容包括:带薪假期的定义;对于不同特征的带薪假期的考虑及处理要求;带薪假期负债的计量基础,即用资产负债表日的实际支付率或薪水率进行计量。

《GASBS No. 17——计量核心和会计基础——政府基金运营活动表:对 GASBS No. 11 和相关公告的生效期的修正(对 GASBS No. 10,No. 11 和 No. 13 公告的修正)》(Measurement Focus and Basis of Accounting—Governmental Fund Operating Statements: Amendment of the Effective Dates of GASB Statement No. 11 and Related Statements—an Amendment of GASB Statements No. 10, 11 and 13)

GASBS No. 17 是 GASB 于 1996 年 6 月发布并生效的。该公告对 GASB No. 10、GASB No. 11、GASB No. 13 的内容进行了修正。该公告将 GASB No. 11 的生效期推迟到实施准则发布后大约两年的时间,并修正了 GASB No. 13 中所提到的 GASB No. 11 的生效期。对于在政府基金和类似信托基金中使用修正的权责发生制会计基础的共同基金以外的主体,该公告确定了 GASB No. 10 的生效期,独立于 GASB No. 11 的生效期。

《GASBS No. 18——市政固体垃圾掩埋和掩埋处理后的维护成本的会计处理》(Accounting for Municipal Solid Waste Landfill Closure and Postclosure Care Costs)

GASBS No. 18 是 GASB 于 1993 年 8 月发布的,对于 1993 年 6 月 15 日后开始的会计期间的财务报告有效。该公告以美国环境保护机构(Environmental Protection Agency,简称 EPA)1991 年 10 月 9 日的章程,"固体垃圾处理设备标准"为基础。该公告适用于根据联邦、州和地方的法律法规要求承担市政固体垃圾掩埋成本的掩埋后维护成本的州和地方政府主体。该公告具体内容包括:市政固体垃圾掩埋和掩埋后的成本的计算;对于使用权益基金会计和报告的市政固体垃圾掩埋的处理;对于使用政府基金会计和报告的市政固体垃圾掩埋的处理;市政固体垃圾掩埋和掩埋后的维护要求的性质和来源的披露要求。

《GASBS No. 19——政府高等院校的综合报表(对 GASBS No. 10 和 No. 15 的修正)》(Governmental College and University Omnibus Statement—an Amendment of GASB Statements No. 10 and 15)

GASBS No. 19 是 GASB 于 1993 年 9 月发布的,对于 1993 年 6 月 15 日后开始的会计期间的财务报告有效。对于风险融资活动,该公告对迁 1994 年 6 月 15 日后开始的会计期间的财务报告有效。该公告要求:遵循美国注册会计师协会推荐的高等院校指南模式的政府高等院校,应当在一个当前受限制的基金中报告一系列的拨款;如果使用单一基金对风险融资活动进行处理,那么该基金应当作为一个不受限制的当前基金进行报告。

《GASBS No. 20——权益基金和其他使用权益基金会计的政府主体的会计处理和财务报告》(Accounting and Financial Reporting for Proprietary Funds and Other Governmental Entities That Use Proprietary Fund Accounting)

GASBS No. 20 是 GASB 于 1993 年 9 月发布的,对于 1993 年 12 月 15 日后开始的会计期间的财务报告有效。该公告对权益活动提供了关于商业性会计和财务报告的临时指南,推迟了 GASB 对发布一个或更多的有关权益活动会计和财务报告模式公告的进一步研究。该公告规定权益活动应当使用所有适用的 GASBS,以及联邦财务会计准则委员会、会计准则委员会(APB)和会计程序委员会在 1989 年 11 月 30 日或者之前发布的公告,除非这些公告与 GASBS 发生冲突或矛盾。此外一项权益活动还可以使用 1989 年 11 月 30 日之后发布的所有财务会计原则委员会的公告和解释。

《GASBS No. 21——收归国有的财产的会计处理》(Accounting for Escheat Property)

GASBS No. 21 是 GASB 于 1993 年 10 月发布的,对于 1994 年 6 月 15 日后开始的会计期间的财务报告有效。该公告对报告收归国有资产所使用的基金类型确定了标准,也确定收归国有的资产所涉及的负债和基金间转账的报告标准。该公告要求:收归国有资产通常应当在某个可消耗信托基金,或者在该财产最终归属的基金中(最终基金)进行报告;如果收归国有财产,最初是在一个可消耗信托基金中报告的,那么对最终基金的转入金额应当作为一项运营转账进行报告。

《GASBS No. 22——在政府基金中纳税人自行计缴税收收入的会计处理》(Accounting for Taxpayer-Assessed Tax Revenues in Governmental Funds)

GASBS No. 22 是 GASB 于 1993 年 12 月发布的,对于 1994 年 6 月 15 日后开始

的会计期间的财务报告有效。该公告要求从纳税人自行计缴的税收中获得的收入减去估计预支额后的净额,应当在对权责发生制敏感的会计期间的政府基金中予以确认。

《GASBS No. 23——权益活动报告的债务偿还的会计处理和财务报告》(Accounting and Financial Reporting for Refundings of Debt Reported by Proprietary Activities)

GASBS No. 23 是 GASB 于 1993 年 10 月发布的,对于 1994 年 6 月 15 日后开始的会计期间的财务报告有效。该公告对引起权益活动中报告的债务终止的当期再融资和提前再融资,规定了会计处理和财务报告准则。此外,对于 GASBS No. 7 公告中的第 11~13 段所提出的披露要求适用于权益活动报告的当期再融资。

《GASBS No. 24——某些补助和其他财务援助的会计处理和财务报告》(Accounting and Financial Reporting for Certain Grants and Other Financial Assistance)

GASBS No. 24 是 GASB 于 1994 年 6 月发布的,对于 1995 年 6 月 15 日后开始的会计期间的财务报告有效。该公告对让渡的补助、发给失业者或者贫民的粮票以及代表额外福利和薪水的支付规定了会计处理和财务报告准则,具体内容包括:让渡补助的定义及处理原则;对于州和政府分发的粮票福利在普通基金或者某个特种收入基金中作为收入或支出进行处理的要求;额外福利和薪水的支付主体及其处理原则。

《GASBS No. 25——确定受益型养老基金计划的财务报告和确定缴费型养老金计划的附注披露》(Financial Reporting for Defined Benefit Pension Plans and Note Disclosures for Defined Contribution Plans)

GASBS No. 25 是 GASB 于 1994 年 11 月发布的,对于 1996 年 6 月 15 日后开始的会计期间的财务报告有效。该公告对州和地方政府主体的确定收益型养老金计划的财务报告和确定缴费型养老金计划的报表注释规定了报告准则。由确定收益型养老金计划管理的退休医疗保健计划,以及雇主的养老金支出或费用的财务报告准则分别包括在 GASBS No. 26 和 GASBS No. 27 公告中。该公告的具体内容包括:该公告的适用范围;对于确定收益型养老金计划的财务报告框架及其中两类信息的区分;对于确定收益型计划的财务报表附注所应包含的内容。

《GASBS No. 26——由确定收益型养老金计划管理的退休医疗保健计划的财务报告》(Financial Reporting for Postemployment Healthcare Plans Administered by Defined Benefit Pension Plans)

GASBS No. 26 是 GASB 于 1994 年 11 月发布的,对于 1996 年 6 月 15 日后开始的会计期间的财务报告有效。该公告对由州和地方政府的确定收益型养老金计划管理的退休医疗保健计划规定了财务报告准则,是 GASB 对由计划和雇主提供的其他退休福利的会计处理和财务报告的一个临时性公告。

《GASBS No. 27——州和地方政府雇主对养老金的会计处理》(Accounting for Pensions by State and Local Governmental Employers)

GASBS No. 27 是 GASB 于 1994 年 11 月发布的,对于 1997 年 6 月 15 日后开始的会计期间的财务报告有效。该公告对养老金支出或费用和相关资产、负债、注释性披露以及在有些情况下州和地方政府雇主的财务报告中的必要补充信息的计量、确认和披露提供了指南。其具体内容包括:对于那些参与单雇主和代理多雇主的确定收益型养老金计划的雇主计量和披露养老金成本的要求;净养老金债务和过渡期养老金负债或资产的计量;政府基金和可消耗基金以及其他使用政府基金会计的主体所发生的养老金支出的计量原则。

《GASBS No. 28——证券租借交易的会计处理和财务报告》(Accounting and Financial Reporting for Securities Lending Transactions)

GASBS No. 28 是 GASB 于 1995 年 5 月发布的,对于 1995 年 12 月 15 日后开始的会计期间的财务报告有效。该公告确认了证券租借交易的会计和财务报告准则,具体的内容包括:证券租借交易的类型;租借出的证券的会计处理方法,包括有关收入、成本的计量;对于证券的租借业务所应当披露的信息的范围。

《GASBS No. 29——政府主体对非营利会计和财务报告原则的使用》(The Use of Not-for-Profit Accounting and Financial Reporting Principles by Governmental Entities)

GASBS No. 29 是 GASB 于 1995 年 8 月发布的,对于 1994 年 12 月 15 日后开始的会计期间的财务报告有效。对于美国注册会计师协会推荐的非营利模式对某些 GASBS 所做的修正,对于 1995 年 12 月 15 日后开始的会计期间之前没有使用过这些公告的主体有效。该公告对州和地方政府主体使用的非营利会计和财务报告原则提供了临时指南,该指南执行至 GASB 另行发布关于政府主体,包括权益活动所使用的会计和财务报告模式的公告为止。

《GASBS No. 30——风险融资综合报告(对 GASBS No. 10 的修正)》(Risk Financing Omnibus—an Amendment of GASB Statement No. 10)

GASBS No. 30 是 GASB 于 1996 年 2 月发布的,对于 1996 年 6 月 15 日后开始的会计期间的财务报告有效。该公告为公告主体风险集合及其他主体对 GASBS No. 10 进行了修正,具体内容包括:保险费不足的计算方法;索赔成本的再保险或超额保险险别类型的披露;对于风险基金以外的主体,其未偿还索赔负债的处理及其披露。

《GASBS No. 31——某些投资和外部投资组合的会计处理和财务报告》(Accounting and Financial Reporting for Certain Investments and for External Investment Pools)

GASBS No. 31 是 GASB 于 1997 年 3 月发布的,对于 1997 年 6 月 15 日后开始的会计期间的财务报告有效。该公告对政府的外部投资组合持有的所有投资规定了会计处理原则和财务报告准则,具体内容包括:投资的公允价值的准则;投资的报告原则;投资的具体会计处理的准则;对于补助一个或更多外部投资组合的某个政府主体关于投资的报告原则。

《GASBS No. 32——国内税收法规第 457 部分递延补偿计划的会计处理和财务报告(废除 GASBS No. 2 并修正 GASBS No. 31)》(Accounting and Financial Reporting for Internal Revenue Code Section 457 Deferred Compensation Plans—a Recission of GASB Statement No. 2 and an Amendment of GASB Statement No. 31)

GASBS No. 32 是 GASB 于 1997 年 10 月发布的,对于 1998 年 12 月 31 日后开始的会计期间的财务报告有效。如果计划资产按照国内税收法规第 457 部分的第(g)部分的规定被托管,那么该公告的条款可以对 1998 年 6 月 15 日以前开始的会计期间的财务报告有效。该公告废除了 GASBS No.2,并对国内税收法规第 457 部分的州和地方政府的递延补偿计划确立了会计和财务报告准则。此外对于 GASBS No. 31 和 GASBS No. 32 中关于第 457 部分的计划和投资指南进行了修正。

《GASBS No. 33——非交换性交易的会计处理和财务报告》(Accounting and Financial Reporting for Nonexchange Transactions)

GASBS No. 33 是 GASB 于 1998 年 12 月发布的,对于 2000 年 6 月 15 日后开始的会计期间的财务报告有效。该公告对涉及财务或资本资源的非交换性交易规定了会计和财务报告准则,具体内容包括:非交换性交易和交换性交易的区别;非交换性交易的分类。

《GASBS No. 34——州和地方政府基本财务报表和管理讨论与分析》(Basic Financial Statements—and Management's Discussion and Analysis—for State and Local Governments)

GASBS No. 34 是 GASB 于 1999 年 6 月发布的,该公告要求在 1999 年 6 月 15 日以后结束的第一个财政年度,以政府的年总收入为基础,分为三个阶段,分别在 2001 年 6 月 15 日、2002 年 6 月 15 日、2003 年 6 月 15 日以后开始的会计期间使用该公告。该公告对州和地方政府规定了财务报告准则,包括州、城市、城镇、乡村以及特种目的的政府,具体内容主要包括:基本财务报告和要求的通用目的的政府所必要的补充信息的范围;管理讨论与分析的重要方面;政府范围的财务报告的重要方面;基金财务报表的重要方面;必要的补充信息。

《GASBS No. 35——公立高等院校基本财务报表和管理讨论与分析(对 GASBS No. 34 的修正)》(Basic Financial Statements—and Management's Discussion and Analysis—for Public Colleges and Universities—an Amendment of GASB Statement No. 34)

GASBS No. 35 是 GASB 于 1999 年 11 月发布的,从 2001 年 6 月 15 日开始,以公立高等院校的年总收入为基础,分三个阶段生效。该公告为在 GASBS No. 34 公告中包括的公立的高等院校建立了会计和财务报告准则。该公告的目的是为了一般用途的外部财务报表的三个主要使用者提供财务信息。作为对 GASBS No. 34 的修正,该公告允许公立高等院校,运用从事商业活动的特殊目的的政府部门的会计和财务报告的指南,发布独立的财务报告。该独立报告应该包括:管理层的讨论和分析;基本财务报表;基本财务报表附注;除管理层讨论之外的其他补充信息。

《GASBS No. 36——共享收益的非交换交易的接受主体的会计处理和财务报告(对 GASBS No. 33 的修正)》(Recipient Reporting for Certain Shared Nonexchange Revenues—an Amendment of GASB Statement No. 33)

GASBS No. 36 是 GASB 于 2000 年 4 月发布的,对于 2000 年 6 月 15 日后开始的会计期间的财务报告有效。该公告取代了 GASBS No. 33 中第 28 段,对某些共享收益的非交换交易提供了对称的会计处理规范,消除了时间上的差异,要求接收方政府主体以与提供方的政府主体同样的方式报告共享收入。此外还取消了 GASBS No. 33 中要求的如果通知数额没有及时提供的情况下,接收方的政府主体必须将累计收益按照现金比例折算的处理方式。该公告允许接收方的政府主体采取其他合理的方式估算累计盈余。

《GASBS No. 37——州和地方政府中公共交通主体的基本财务报表和管理讨论与分析(对 GASBS No. 21 和 No. 34 的修正)》(Basic Financial Statements—and Management's Discussion and Analysis—for State and Local Governments: Omnibus—an Amendment of GASB Statements No. 21 and No. 34)

GASBS No. 37 是 GASB 于 2001 年 6 月发布的,该公告的生效期与 GASBS No. 34 保持一致。该公告是对 GASBS No. 21 和 GASBS No. 34 的修正,具体内容包括:第 34 号公告对于第 21 号公告中收归国有财产在可消耗信托基金报告的修正;即其应当在私有目的的信托基金中进行报告,该公告阐述了这种变化的影响;对于第 34 号公告的修正,具体包括对于某些不具有一贯使用性规定的澄清及对 GASB 认为在特定情况下会造成的不良后果的某些条款的修正。

《GASBS No. 38——某些财务报表附注的披露》(Certain Financial Statement Note

Disclosures)

GASBS No. 38 是 GASB 于 2001 年 6 月发布的,该公告的生效期于 GASBS No. 34 保持一致。该公告对原有的 6 个方面的信息披露进行了修正,增加 4 个方面的信息披露要求,废除政府会计全国委员会第 1 号公告"政府会计和财务报告原则"中关于披露会计政策负担的规定。

《GASBS No. 39——对于某些组织是否为财务报告主体的确定(对 GASBS No. 14 的修正)》(Determining Whether Certain Organizations Are Component Units—an Amendment of GASB Statement)

GASBS No. 39 是 GASB 于 2002 年 5 月发布的,对于 2003 年 6 月 15 日后开始的会计期间的财务报告有效。该公告是对 GASBS No. 14 的修正,对那些基本政府不负有财务责任但却与其具有重要联系的组织是否应定义和确定财务报告主体提供了进一步的指导意见。该公告规定对于法律上独立的组织、为免税主体的组织及满足该公告规定的其他条件的组织,可以作为基本政府的一个组成部分来进行报告。

《GASBS No. 40——存款和投资风险的披露(对 GASBS No. 3 的修正)》(Deposit and Investment Risk Disclosures—an Amendment of GASB Statement No. 3)

GASBS No. 40 是 GASB 于 2003 年 3 月发布的,对于 2004 年 6 月 15 日后开始的会计期间的财务报告有效。该公告对州和地方政府关于存款和投资风险的披露做出新的规定,具体内容包括:对于州和地方政府所涉及的存款和投资风险的定义及分类和披露要求,对 GASBS No. 3 中原有的信贷风险披露的规定做出了修正,规定了需要披露的限制条件。

《GASBS No. 41——预算比较表——视角差异(对 GASBS No. 34 的修正)》(Budgetary Comparison Schedules—Perspective Differences—an Amendment of GASB Statement No. 34)

GASBS No. 41 是 GASB 于 2003 年 5 月发布的,与 GASBS No. 34 同时生效。该公告对 GASBS No. 34 做出了修正,为那些具有大量预算编制分歧以至于无法提供有用的普通基金和主要的特殊收入基金的预算比较信息的政府主体,澄清了预算编制的要求。这些政府主体要求提供预算比较表,作为必须提供的基于基金、组织或者政府用于在法律上通过预算的项目结构的补充信息。

《GASBS No. 42——资本资产减值和保险赔款的会计处理和财务报告》(Accounting and Financial Reporting for Impairment of Capital Assets and for Insurance Recoveries)

GASBS No. 42 是 GASB 于 2003 年 11 月发布的,对于 2004 年 12 月 15 日后开始

的会计期间的财务报告有效。该公告为资本资产减值和保险赔款确立了会计处理和财务报告的准则,具体内容包括:资本资产减值的定义及情形;资本资产减值的会计处理原则和报告原则;与造成资产减值的保险赔款的会计处理和报告原则。

《GASBS No. 43——除养老金计划以外的退休人员福利计划的财务报告》(Financial Reporting for Postemployment Benefit Plans Other Than Pension Plans)

GASBS No. 43 是 GASB 于 2004 年 4 月发布的。该公告对于除养老金计划以外的退休人员福利计划(OPEB)建立了统一的财务报告准则,取代了 GASBS No. 26 中有关的暂时性规定,在该公告中所采取的做法与 GASBS No. 25 中的做法是一致的。该公告内容具体分为以下部分:财务报告准则的摘要;财务报告框架;计量方法与参数;替代计量方法;经过信托管理或同等安排的未经过信托和同等安排的 OPEB 计划;养老金的固定缴款计划;生效及过渡日期。

《GASBS No. 44——经济状况报告:统计科(对于全国政府会计委员会第 1 号报告的修正)》(Economic Condition Reporting: The Statistical Section—an Amendment of NCGA Statement No. 1)

GASBS No. 44 是 GASB 于 2004 年 5 月发布的,对于 2005 年 6 月 15 日后开始的会计期间的财务报告有效。该公告对于 NCGAS No. 1 中关于指导统计科编制经济状况报告的部分做出了修正。主要的改进表现为:通过考虑在实际中发展的可比性问题从而对地方和州立政府的财务报告中需要的信息增加到经济状况报告中,提高了统计科所提供信息的可理解性和实用性;提高了每个条款的清晰度;增加了对经济状况报告的使用者确认重要信息的披露要求,取消了之前的某些不必要的条款。

《GASBS No. 45——州和地方政府雇主除养老金计划以外的退休人员福利计划的会计处理和财务报告》(Accounting and Financial Reporting by Employers for Postemployment Benefits Other Than Pensions)

GASBS No. 45 是 GASB 于 2004 年 5 月发布的,该公告要求在 1999 年 6 月 15 日以后结束的第一个财政年度,以政府的年总收入为基础,分为三个阶段,分别在 2006 年 12 月 15 日、2007 年 12 月 15 日、2008 年 12 月 15 日以后开始的会计期间使用该公告。该公告对有关州和地方政府雇主除养老金计划以外的退休人员福利计划(OPEB)建立了统一的会计处理和财务报告准则。在该公告中所采取的做法与 GASBS No. 27 中的做法是一致的。该公告具体内容分为:财务报告准则的摘要;财务报告框架;计量方法与参数;替代计量方法;净 OPEB 义务的测量;财务报表的确认和披露;雇主负担的费用的处理;其他指导意见;生效及过渡期。

《GASBS No. 46——净资产的授权立法限制(对 GASBS No. 34 的修正)》(Net Assets Restricted by Enabling Legislation—an Amendment of GASB Statement No. 34)

GASBS No. 46 是 GASB 于 2004 年 12 月发布的,对于 2005 年 6 月 15 日后开始的会计期间的财务报告有效。该公告对 GASBS No. 34 中有关净资产的授权立法限制的报告的有关规定做出了修改。该公告澄清了依法强制执行的授权立法限制的当事人是政府外部的当事人,比如说公民、公共利益团体或法官,他们可以迫使政府兑现,因此对于强制执行的授权立法限制应当重新估价。该公告同时也详述了新的授权立法取代了现有的授权立法或者法律的可执行性重新评价的情况下的会计处理和财务报告的规定。

《GASBS No. 47——解雇补助金的会计处理》(Accounting for Termination Benefits)

GASBS No. 47 是 GASB 于 2005 年 6 月发布的,对于 2005 年 6 月 15 日后开始的会计期间的财务报告有效。该公告建立了解雇补助金的会计处理准则,具体内容包括:对于解雇补助金的定义与识别要求;解雇补助金的计量要求;对于影响雇主的固定养老金收益或者 OPEB 义务的解雇补助金的处理;解雇补助金的披露要求。

《GASBS No. 48——销售和认捐的应收账款和未来收入及主体内转让资产和未来收入》(Sales and Pledges of Receivables and Future Revenues and Intra-Entity Transfers of Assets and Future Revenues)

GASBS No. 48 是 GASB 于 2006 年 9 月发布的,对于 2006 年 12 月 15 日后开始的会计期间的财务报告有效。该公告建立了以下内容:州和地方政府对于销售和认捐的应收账款和未来收入及主体内转让资产和未来收入应当确认为资产还是负债的标准;主体内转让资产的交易将报告为抵押贷款的标准;州和地方政府不应当重估转让主体间资产的价值的情形;确认其他资产和负债出售所产生的特定的应收款或未来收入的规定,包括剩余利益和追索权的规定。

《GASBS No. 49——污染整治义务的会计处理和财务报告》(Accounting and Financial Reporting for Pollution Remediation Obligations)

GASBS No. 49 是 GASB 于 2006 年 11 月发布的,对于 2007 年 12 月 15 日后开始的会计期间的财务报告有效。该公告为州和地方政府的污染整治义务制定了会计处理和财务报告的准则。该公告所涉及的污染整治义务排除了与目前行动有关的污染预防和控制义务以及未来的污染整治活动。该公告规定了政府所需要承担污染整治义务的 5 种情况,当这 5 种情况中的任何一种发生时,该公告要求州和地方政府估算预计污染整治支出的组成部分并且决定这些组成部分的支出是应当记为负债还是应当资本化。

《GASBS No. 50——养老金计划的披露（对 GASBS No. 25 和 GASBS No. 27 的修正）》(Pension Disclosures—An Amendment of GASB Statements No. 25 and No. 27)

GASBS No. 50 是 GASB 于 2007 年 5 月发布的，对于 2007 年 6 月 15 日后开始的会计期间的财务报告有效。该公告是对 GASBS No. 25 和 GASBS No. 27 中关于养老金计划披露的修改，将养老金计划的财务报告的要求修改至贴近 OPEB 的财务报告的要求，增加了在财务报表附注或者要求的补充信息中对于养老金计划和雇主提供的养老金福利的披露要求。该公告规定了需要披露的具体信息的类型及该公告生效的日期。

《GASBS No. 51——无形资产的会计处理及财务报告》(Accounting and Financial Reporting for Intangible Assets)

GASBS No. 51 是 GASB 于 2007 年 6 月发布的，对于 2009 年 6 月 15 日后开始的会计期间的财务报告有效。该公告为州和地方政府的无形资产提供了会计处理和财务报告的原则，具体内容主要包括：州和地方政府无形资产的界定和分类；对于无形资产的会计处理原则，除非专门的指明，无形资产应当按照资本资产的会计处理和财务报告原则进行处理；无形资产摊销的处理方法等。

《GASBS No. 52——捐赠的土地和其他房地产投资的会计处理》(Land and Other Real Estate Held as Investments by Endowments)

GASBS No. 52 是 GASB 于 2007 年 11 月发布的，对于 2008 年 6 月 15 日后开始的会计期间的财务报告有效。该公告为与州和地方政府基本上类似的主体所捐赠土地和其他房地产投资的财务报告建立了持续的标准。该公告要求捐赠者应当按照公允价值报告其土地和其他房地产投资的价值。州和地方政府也要求：将土地和其他房地产投资的公允价值的变动作为投资收入并在财务报表附注中；对于公允价值确定的方法和重要假设进行披露。

《GASBS No. 53——金融衍生工具的会计处理和财务报告》(Accounting and Financial Reporting for Derivative Instruments)

GASBS No. 53 是 GASB 于 2008 年 6 月发布的，对于 2009 年 6 月 15 日后开始的会计期间的财务报告有效。该公告对于州和地方政府的金融衍生工具的确认、计量和披露制定了详细的规则。

《GASBS No. 54——基金结余报告和政府基金类型的定义》(Fund Balance Reporting and Governmental Fund Type Definitions)

GASBS No. 54 是 GASB 于 2009 年 2 月发布的，对于 2010 年 6 月 15 日后开始的会计期间的财务报告有效。该公告的目的是通过提供更加明确的可一贯适用的资金余额分类以及澄清现有的政府基金类型的定义,来增强基金余额报告的有用性。其具体内容包括:关于基金结余报告的最初的区分,对不可花费基金数量的确定;政府基金划分为受限制的、承诺的、分配的和未分配的基金的标注及其各自的会计处理和报告的要求;关于在资产负债上的基金稳定数的分类和会计处理的指南及其在财务报表附注中披露的信息要求。

《GASBS No. 55——地方和州立政府的一般会计准则的体系》(The Hierarchy of Generally Accepted Accounting Principles for State and Local Governments)

GASBS No. 55 是 GASB 于 2009 年 3 月发布并生效的。该公告的目的是将一般公认会计准则的体系纳入到政府会计准则委员会的权威文献中。GASB 负责为州和地方政府建立 GAAP 体系。

《GASBS No. 56——对载于美国注册会计师协会发布的审计准则中的会计和财务报告指南的编撰》(Codification of Accounting and Financial Reporting Guidance Contained in the AICPA Statements on Auditing Standards)

GASBS No. 56 是 GASB 于 2009 年 3 月发布并生效的。该公告的目的是将对载于美国注册会计师协会发布的审计准则中的会计和财务报告指南纳入到政府会计准则委员会(GASB)的权威文献中。该公告并未建立新的会计准则。

《GASBS No. 57——有关其他退休福利的某些执行问题》(OPEB Measurements by Agent Employers and Agent Multiple-Employer Plans)

GASBS No. 57 是 2009 年 12 月公布的,对 2011 年 6 月 15 日以后日期的财务报告有效。该公告的目的是要考虑是否修改由代理人雇主提供的相关其他退休福利的精确负债的计量的要求。

《GASBS No. 58——对第九章破产会计和财务报告的指导》(Accounting and Financial Reporting for Chapter 9 Bankruptcies)

GASBS No. 58 是 2009 年 12 月公布的,对 2009 年 6 月 15 日以后日期的财务报告有效。该公告的目的是在美国《破产法》第九章下提供保护债权人的政府会计和财务报告的指导。在已授予的第 9 章的保护下,该公告包括政府的财政报告的结果分析。"保护"可能包括对政府一定条件下的债务发行和救灾而生效的合同,以及免除待执行的合约和未过期的租赁条文进行修改。

《GASBS No. 59——综合金融工具》(Financial Instruments Omnibus)

GASBS No. 59 是 2010 年 6 月公布的,对 2010 年 6 月 15 日以后日期的财务报告有效。该公告目的是要考虑修订有关的潜在投资报告和信息披露要求,以解决在实践中已发现的重大问题的现有标准。

《GASBS No. 60——服务特许权安排会计和财务报告》(Accounting and Financial Reporting for Service Concession Arrangements)

GASBS No. 60 是 2010 年 12 月 16 日公布的,对 2011 年 12 月 15 日以后日期的财务报告有效。该公告的目的是当州和地方政府正越来越多介入一个公共和私营部门或公共部门伙伴关系时,如何计算和报告服务特许权安排(协议)。

《GASBS No. 61——财务报告主体:综合(GASBS No. 14 和 No. 34 的修订)》(The Financial Reporting Entity: Omnibus—an Amendment of GASBS No. 14 and 34)

GASBS No. 61 是 2010 年 11 月 17 日公布的。该公告的目的是对 GASBS No. 14 和 No. 34 的修订,进一步明确财务报告主体的内涵。此外,重新修订也包括以最适当和最有效的方式披露组织的财务信息产生的问题。

《GASBS No. 62——会计及财务报告编码指引(在 1989 年 11 月 30 日前,财务会计准则委员会和美国注册会计师协会的声明)》(Codification of Accounting and Financial Reporting Guidance Contained in Pre-November 30, 1989 FASB and AICPA Pronouncements)

GASBS No. 62 是 2010 年 12 月 9 日公布的。该公告的目的是明确确定在 1989 年 11 月 30 日或之前,财务会计准则委员会声明和诠释,会计原则委员会的意见,美国注册会计师协会的会计程序委员会的会计研究公告,和美国注册会计师协会会计诠释。

主要参考文献

[1] [美]陈立奇. 美国政府会计准则研究[M]. 陈穗英,石英华,译. 北京:中国财政经济出版社,2009.

[2] 美国政府会计委员会. 美国州和地方政府会计与财务报告准则汇编[M]. 马如雪,译. 北京:人民出版社,2004.

[3] http://www.gasb.org, 2011-03-12.

(初稿执笔人:彭　昕)

FASAB 的《美国联邦政府财务会计准则》
(SFFAS)

一、美国联邦政府财务会计准则概述

美国联邦政府会计准则咨询委员会(Federal Accounting Standards Advisory Board,简称 FASAB)是美国财政部长、管理与预算署(Office of Management and Budget,简称 OMB)署长以及美国审计总署(U. S. Government Accountability Office,简称 U. S. GAO)审计长在 1990 年底共同组建的,目的就在于考虑和推荐会计准则和原则,使联邦机构的财务报告能提供与其财务活动及与美国政府和其组织机构的运行成果相关的、可靠的、可理解的信息。而且,准则应能有助于会计系统和内部控制的改善,这些改善有助于为用户提供有关政府经济地、高效率地、有效地执行其职能,并遵守有关的法律和规定。FASAB 的主要职责是为联邦报告主体建立会计概念和准则,以指导联邦政府及其组成单位根据《首席财务官法案(CFO 法案)》编制财务报告,从而不断改进财务报告、为所有的使用者提供相关而可靠的联邦财务信息。1999 年,美国注册会计师协会(American Institute of Certified Public Accountants,简称 AIC-PA)正式承认了 FASAB 的准则制定机构身份,其所制定的会计及财务报告原则、准则和有关要求成为联邦政府的一般公认会计准则(GAAP)的构成内容之一。

FASAB 制定联邦政府财务会计准则体系包括 2 个联邦财务会计概念公告(Statements of Federal Financial Accounting Concepts,简称 SFFAC)、8 个联邦财务会计准则(Statements of Federal Financial Accounting Standards,简称 SFFAS)和一个附录(截止 1996 年)。截至 2010 年 12 月 31 日,SFFAC 增至 6 个,SFFAS 增至 39 个[①]。联邦会计概念和准则汇编包括两卷,在公告中还包括了相关索引。这两卷是为满足原始公告(第一卷)和准则公告(第二卷)的使用者的需要而设计的,是准则和解释公告的权威指南。其中第一卷《联邦财务会计概念与准则——原始公告》(即在此介绍的)是由联邦会计准则咨询委员会制定,并经联邦会计准则咨询委员会的发起人——

---

① http://www.fasab.gov,2011-07-31.

财政部长、管理与预算办公室署长及美国总审计长同意采用的文件汇编,文件一旦被采用,它就分别被作为联邦财务会计概念公告(SFFAC)或是联邦财务会计准则公告(SFFAS)。这一卷所表达的纯粹是概念问题,描述了联邦会计准则咨询委员会在为联邦政府考虑及推荐会计准则时所用到的概念框架;第二卷《联邦财务会计准则用户指南》,是准则的主要部分。

二、美国联邦财务会计概念公告的主要内容

《SFFAC No.1——联邦财务报告的目标》(Objectives of Federal Financial Reporting)

SFFAC No.1 于1993年9月2日颁布,目的在于为所有准则提供框架,因此,所有的联邦财务会计准则公告都在其解释部分中阐述其目标。该公告是有关联邦政府财务报告目标的概念性公告,它集中论述了这些报告的使用、报告使用者的需要及报告的目标,这些目标旨在指导委员会制定会计准则,以使联邦政府所报告的财务信息更能反映其受托责任,提供有用的信息,有助于财务信息的内部使用者改善对政府的管理。该公告提出了4个目标:预算的真实性;运营绩效;经管责任;系统和控制。

《SFFAC No.2——主体与表述》(1996年修订)(Entity and Display)

SFFAC No.2 于1995年4月20日颁布,参考了 SFFAS No.7,并将 SFFAS No.7 中第90~102段中的部分材料收录在该公告中。该公告描述了联邦政府及其分支机构在编制通用目的财务报告时确定报告主体的基础,以及联邦财务报告应该包括的项目,提供了把部分机构包括在一个报告主体的标准。

《SFFAC No.3——管理层讨论和分析》(Management's Discussion and Analysis)

SFFAC No.3 于1999年4月颁布。该公告主要描述了管理层讨论和分析的定义,这个概念陈述不具有权威性,他们不建立标准或准则。编制者可能会发现它们非常有用,但这些概念并非在美国注册会计师协会审计准则编纂声明的第558部分"规定的指引"所需的补充资料。在这个声明中没有管理层讨论和分析准则的标准或指引。管理层讨论和分析师一个重要的工具可以解决以下问题:交流管理层对主体报告的洞察;增加 GPFFR 的可理解性;提供主体营运、服务水平、成功之处、面临的挑战以及未来发展的信息。此外,联邦政府也根据管理层讨论和分析的内容进行经济概览。

《SFFAC No.4——美国政府合并财务报告的内部审计和质量特征》(Intended Audience and Qualitative Characteristics for the Consolidated Financial Report of the United States Government)

SFFAC No.4 于 2003 年 1 月 27 日颁布。该公告中描述了美国会计准则咨询委员会(FASAB)辨明美国政府合并财务报告(CFR)预期或主要的读者。FASAB 也描述了这些读者的特征和将会增加 CFR 财务报告会议客观性的 FASAB 的质量特征。该公告中的这些概念进一步发展联邦政府的会计准则及会计和报告框架。这些概念公告提供了 CFR 是外部使用者(市民、中介等)的"一般目的"报告,并且是及时的、易于理解的。

《SFFAC No.5——以权责发生制为基础的财务报表的要素定义和基本确认标准》(Definitions of Elements and Basic Recognition Criteria for Accrual-Basis Financial Statements)

SFFAC No.5 于 2007 年 12 月 26 日颁布。该公告描述了以权责发生制为基础的财务报表的以下要素的定义:资产、负债、净资产、收入、费用。并且,该公告对于一个项目只有满足了两个基本的确认标准才能进入一个主体的财务报表:必须满足要素的定义;并且是可计量的,可用一定数量的货币合理确定或合理估计的。如果一个项目符合要素的定义,但是不能计量,可以作为备选内容在财务报表附注或附加信息中披露。

《SFFAC No.6——区分基本信息、所需的补充信息和其他伴随信息》(Distinguishing Basic Information, RSI and OAI)

SFFAC No.6 于 2009 年 2 月 4 日颁布。该公告修订了 SFFAC No.2,建立了区分基本信息、所需的补充信息(Required Supplementary Information,简称 RSI)和其他伴随信息(Other Accompanying information,简称 OAI)的分类标准。该公告还描述了委员会对一项目进行区分的程序。

三、美国联邦财务会计准则公告的主要内容

《SFFAS No.1——特定资产与负债的会计核算》(Accounting for Selected Assets and Liabilities)

SFFAS No.1 颁布于 1993 年 3 月 30 日,从 1994 年 9 月 30 日或以后日期为期末的会计年度开始生效。该公告界定并阐述了主体资产与非主体资产,以及政府间的资产和负债与政府的资产和负债的区别。该公告曾于 1996 年修订。

《SFFAS No.2——直接贷款和贷款担保的会计核算》(Accounting for Direct Loans

and Loan Guarentees)

SFFAS No.2 于 1993 年 8 月 23 日颁布,从 1994 年 9 月 30 日或以后日期为期末的会计年度开始生效。该准则规定了联邦政府直接贷款和贷款担保的会计核算方法,要求自 1994 年 9 月 30 日以后发生的直接贷款和贷款担保以现值为基础进行会计处理。现值会计核算方法的应用与 1990 年颁布的《联邦信贷改革法》的意图是一致的。该准则允许但不要求对《联邦信贷改革法》颁布前的直接贷款和贷款担保以现值进行重新确认。

《SFFAS No.3——存货和相关财产的会计核算》(Accounting for Inventory and Related Properties)

SFFAS No.3 于 1993 年 10 月 27 日颁布,从 1994 年 9 月 30 日或以后日期为期末的会计年度开始生效。该公告提供了适用于被政府管理机构持有的有形财产(不包括长期固定资产)的会计准则,并且要求存货分类报告。该公告曾于 1996 年修订。

《SFFAS No.4——管理成本会计准则》(Managerial Cost Accounting Concepts and Standards for the Federal Government)

SFFAS No.4 于 1995 年 7 月 31 日颁布,从 1996 年 9 月 30 日为期末的会计年度开始生效。该公告提出了管理成本的定义和基本要素,且是以提供联邦政府完全成本的可靠且及时的信息为目标的。

《SFFAS No.5——联邦政府负债的会计核算》(Accounting for Liabilities of the Federal Government Statement)

SFFAS No.5 于 1995 年 12 月 20 日颁布,适用于自 1996 年 9 月 30 日以后开始的会计年度。该公告界定了不同类型的事项和交易相关的负债的确认标准,还包括以下特定的联邦负债会计准则:或有事项、资本租赁、联邦债务、养老金、其他退休福利和其他离职后福利,以及保险和担保项目。

《SFFAS No.6——不动产、厂场及设备的会计核算》(Accounting for Property, Plant, and Equipment)

SFFAS No.6 于 1995 年 11 月 30 日颁布,对 1997 年 9 月 30 日或以后日期为期末的会计年度开始生效。该公告包括了关于联邦政府所拥有的不动产、厂场及设备和不动产、厂场及设备上的递延维修以及清理成本的会计准则。该公告依据核算的目的定义了 4 类不动产、厂场及设备。该公告曾于 1996 年修订。

《SFFAS No.7——收入和其他财务资源的会计核算及协调预算会计和财务会计的有关概念》(Accounting for Revenue and Other Financing Sources)

SFFAS No.7 于 1996 年 5 月 10 日颁布,从 1997 年 9 月 30 日为期末的会计年度

开始生效。该公告对收入及其他财务资源的分类、确认和计量进行了规定并要求对有关预算资源的存在及其使用情况的信息加以列示,进行审计。这些准则同时还要求对权益会计信息和预算会计信息进行调节,以帮助报表使用者将两者联系起来加以分析。

《SFFAS No.8——补充经管责任报告》(Supplementary Stewardship Reporting)

SFFAS No.8 于 1996 年 6 月 11 日颁布并被财政部采纳,但由于首席财务长官法案要求将其提交国会审议,截至 2004 年 1 月尚未发布。该公告从 1997 年 9 月 30 日为期末的会计年度开始生效,但联邦政府合并财务报表(CFR)除外。该公告为联邦政府对下述经管事项的报告建立了准则:委托各联邦政府的托管不动产、厂场及设备以及托管投资等资源;由联邦政府承担的对现行服务评估的某些责任。此外,该公告还规定了预测报告的准则。

《SFFAS No.9——推迟 SFFAS No.4 中联邦政府管理成本会计准则的生效日期》(Deferral of the Effective Date of Managerial Cost Accounting Standards for the Federal Government in SFFAS No.4)

SFFAS No.9 于 1997 年 10 月颁布。该公告的发行是为了修订在 SFFAS No.4 中联邦政府管理成本会计准则的生效日期。SFFAS No.4 在 1995 年 7 月颁布,最初的生效日期是 1996 年 9 月 30 或以后日期的财务报告。修订后的生效日期是 1997 年 9 月 30 日或以后日期的财务报告。鼓励提前采用。此外,该公告还详细描述了推迟的原因。

《SFFAS No.10——内部使用软件会计》(Accounting for Internal Use Software)

SFFAS No.10 于 1998 年 6 月颁布,对 2000 年 9 月 30 日或以后日期的财务报告有效。如果 SFFAS No.6 的第 27 和 28 段的实施,撤销了本公告的保证期,那么联邦主体在 2000 年 10 月 1 日前继续采用当前的会计实务。鼓励提前采用。该公告提供了内部使用软件的会计标准,在这种标准下,内部使用的软件可以分类为"不动产、厂场和设备"。本公告所指的软件指联邦政府营运(财务管理软件)或提供联邦政府商品或服务的软件(空中交通控制或贷款服务)。

《SFFAS No.11——修订不动产、厂场及设备会计(修订 SFFAS No.6 和 No.8)》(Amendments to Accounting for PP&E: Definitions —an Amendment of SFFAS No.6 and 8)

SFFAS No.11 于 1998 年 10 月颁布,对 1998 年 9 月 30 日或以后日期的财务报告有效。鼓励提前采用。该公告目的是修正《SFFAS No.6——不动产、厂场及设备的会计核算》中第 21 和第 46 段及《SFFAS No.8——补充经管责任报告》中第 52 段和第 59 段。本次修订内容涉及不动产、厂场和设备的定义以及空间探测设备的分类。

《SFFAS No. 12——对由于立法而产生的或有负债的确认(修订 SFFAS No. 5)》(Recognition of Contingent Liabilities from Litigation —an Amendment of SFFAS No. 5)

SFFAS No. 12 于 1998 年 12 月颁布,对 1997 年 9 月 30 日或以后日期的财务报告有效。该公告的目的是修订《SFFAS No. 5——联邦政府负债的会计核算》,指出了关于即将发生的或威胁立法和不肯定声明的确认或有损失的或有负债标准的例外情况。

《SFFAS No. 13——重要的收入——关联方交易披露(修订 SFFAS No. 7)》(Material Revenue-Related Transactions—an Amendment of SFFAS No. 7)

SFFAS No. 13 于 1999 年 1 月颁布,对 1998 年 9 月 30 日或以后日期的财务报告有效。鼓励提前采用。该公告目的是修正《SFFAS No. 7——收入和其他财务资源的会计核算及协调预算会计和财务会计的有关概念》中第 65.2 段,将这一段的生效时间推迟 3 年,自 2000 年 9 月 30 日或以后日期的财务报告开始。

《SFFAS No. 14——对递延维修报告的修订(修订 SFFAS No. 6 和 No. 8)》(Amendments to Deferred Maintenance Reporting —an Amendment of SFFAS No. 6 and 8)

SFFAS No. 14 于 1999 年 4 月颁布,对 1998 年 9 月 30 日或以后日期的财务报告有效。鼓励提前采用。该公告目的是修正《SFFAS No. 6——不动产、厂场及设备的会计核算》及《SFFAS No. 8——补充经管责任报告》中关于递延维修报告的内容。该公告并没有修订递延维修报告提供给使用者的信息,但是修订了这些信息的地位,因而影响财务报表审计师的评论。

《SFFAS No. 15——管理层讨论和分析》(Management's Discussion and Analysis)

SFFAS No. 15 于 1999 年 4 月颁布,对 1999 年 9 月 30 日或以后日期的财务报告有效。该公告主要描述了管理层讨论和分析的定义,这个概念陈述不具有权威性,他们不建立标准或准则。编制者可能会发现它们非常有用,但这些概念并非在美国注册会计师协会审计准则编撰声明的第 558 部分"规定的指引"所需的补充资料。在这个声明中没有管理层讨论和分析准则的标准或指引。

《SFFAS No. 16——修订不动产、厂场和设备会计(修订 SFFAS No. 6 和 No. 8)》(Amendments to Accounting for PP&E: Multi-Use Heritage Assets—an Amendment of SFFAS No. 6 and 8)

SFFAS No. 16 于 1999 年 7 月颁布,对 1999 年 9 月 30 日或以后日期的财务报告有效。鼓励提前采用。该公告的目的是修订《SFFAS No. 6——不动产、厂场及设备的会计核算》及《SFFAS No. 8——补充经管责任报告》中关于继承资产的确定标准。本次修订影响继承资产的会计和报告标准,认为继承资产不仅具有遗传的特性,而且运用在联邦政府营运中。

《SFFAS No. 17——社会保险会计》(Accounting for Social Insurance)

SFFAS No. 17 于 1999 年 8 月颁布,对 1999 年 9 月 30 日或以后日期的财务报告有效。该公告的目的是建立社会保险计划报告信息的标准,以帮助使用者评估政府财务状况和未来预算资源的充分利用。该公告覆盖以下 5 个方面:社会安全、医疗和补充医疗保险、铁路退休福利、黑肺病福利、失业保险。

《SFFAS No. 18——修订直接贷款和贷款担保的会计准则(修订 SFFAS No. 2)》(Amendments To Accounting Standards For Direct Loans and Loan Guarantees—an Amendment of SFFAS No. 2)

SFFAS No. 18 于 2000 年 5 月颁布,对 2000 年 9 月 30 日或以后日期的财务报告有效。鼓励提前采用。该公告的目的是修订《SFFAS No. 2——直接贷款和贷款担保的会计核算》中关于直接贷款和贷款担保的会计准则,以提高关于辅助成本和联邦贷款项目绩效的财务报告。

《SFFAS No. 19——技术性修订直接贷款和贷款担保的会计准则(修订 SFFAS No. 2)》(Technical Amendments to Accounting Standards For Direct Loans and Loan Guarantees—an Amendment of SFFAS No. 2)

SFFAS No. 19 于 2001 年 3 月颁布,对 2002 年 9 月 30 日或以后日期的财务报告有效。鼓励提前采用。该公告的目的是修订《SFFAS No. 2——直接贷款和贷款担保的会计核算》中关于现金折扣法、直接贷款和贷款担保的有效利率及直接贷款和贷款担保错误成本的计量原则的会计准则。

《SFFAS No. 20——清除内部服务收入税收、关税和其他的披露(修订 SFFAS No. 7)》(Elimination of Certain Disclosures Related to Tax Revenue Transactions by the Internal Revenue Service, Customs, and Others—an Amendment of SFFAS No. 7)

SFFAS No. 20 于 2001 年 9 月颁布,对 2000 年 9 月 30 日或以后日期的财务报告有效。该公告目的是修订《SFFAS No. 7——收入和其他财务资源的会计核算及协调预算会计和财务会计的有关概念》中第 65.2 段,并使这些相关内容前后一致。

《SFFAS No. 21——差错更正和会计政策变更(修订 SFFAS No. 7)》(Reporting Corrections of Errors and Changes in Accounting Principles—an Amendment of SFFAS No. 7)

SFFAS No. 21 于 2001 年 10 月颁布,对 2001 年 9 月 30 日或以后日期的财务报

告有效。鼓励提前采用。该公告目的是修订《SFFAS No. 7——收入和其他财务资源的会计核算及协调预算会计和财务会计的有关概念》中关于如何处理前期差错更正和会计政策变更的内容,并使这些相关内容前后一致。

《SFFAS No. 22——改变关于协调义务和经营净成本的确定要求(修订 SFFAS No. 7)》(Change in Certain Requirements for Reconciling Obligations and Net Cost of Operations—an Amendment of SFFAS No. 7)

SFFAS No. 22 于 2001 年 10 月颁布,对 2000 年 9 月 30 日或以后日期的财务报告有效。该公告目的是修订《SFFAS No. 7——收入和其他财务资源的会计核算及协调预算会计和财务会计的有关概念》中关于协调绣务要素的确认,删除了其他和 SFFAS No. 7 第 80 段一致的内容。

《SFFAS No. 23——废除国防不动产、厂场和设备的分类(取消 SFFAS No. 11,修订 SFFAS No. 6 和 No. 8)》(Eliminating the Category National Defense Property, Plant and Equipment—an Elimination of SFFAS No. 11 and an Amendment of SFFAS No. 6 and 8)

SFFAS No. 23 于 2003 年 5 月颁布,对 2002 年 9 月 30 日或以后日期的财务报告有效。鼓励提前采用。该公告的目的是修订关于国防不动产、厂场和设备的一定标准,包括对《SFFAS No. 11——修订不动产、厂场及设备会计》的废除,对《SFFAS No. 6——不动产、厂场及设备的会计核算》及《SFFAS No. 8——补充经管责任报告》的修订。修订内容包括:取消"ND PP&E"术语;重新分类所有 ND PP&E 资产。

《SFFAS No. 24——美国政府合并财务报告的选择标准》(Selected Standards for the Consolidated Financial Report of the United States Government)

SFFAS No. 24 于 2003 年 1 月颁布,对 2001 年 9 月 30 日或以后日期的财务报告有效。该公告目的是澄清联邦主体合并财务报告的现存的和未来的所有标准,除非有其他特殊的准则,并且要求本公告不应用于不重要项目。

《SFFAS No. 25——受托责任的重分类和当前服务评估的清除》(Reclassification of Stewardship Responsibilities and Eliminating the Current Services Assessment)

SFFAS No. 25 于 2003 年 7 月 17 日颁布,对 2002 年 9 月 30 日或以后日期的财务报告有效。关于 RSSI 列报中风险承担的内容在 2002 年 9 月 30 日或以后日期的财务报告中使用,并且要求 SFFAS No. 17 中第 27 和 32 段作为 RSSI 信息列报,对 2004 年 9 月 30 日或以后日期的财务报告有效。鼓励提前采用。该公告改变了受托责任的重分类信息,并且也废除了当前 SFFAS No. 8 中关于当前服务评估的内容。该公告解决了风险承担、当前服务评估和社会保险三个方面的问题。

《SFFAS No. 26——社会保险报表重要假设的列报(修订 SFFAS No. 25)》(Presentation of Significant Assumptions for the Statement of Social Insurance—an Amendment of SFFAS No. 25)

SFFAS No. 26 于 2004 年 11 月 1 日颁布,对 2004 年 9 月 30 日或以后日期的财务报告有效。该公告修订了《SFFAS No. 25——受托责任的重分类和当前服务评估的清除》,目的是披露社会保险报表(SOSI)中潜在的重要假设。披露要求在附注中报告信息或作为基本财务报表组成部分叙述。因此,该公告将重要的假设重新分类为基本信息,而不是需要的补充信息(RSI)。

《SFFAS No. 27——查明和报告专项资金》(Identifying and Reporting Earmarked Funds)

SFFAS No. 27 于 2004 年 12 月 28 日颁布,对 2005 年 9 月 30 日或以后日期的财务报告有效。不允许提前采用。在本公告生效当年,主体不需要重述前期的基本财务报表和相关的披露。该公告界定了"专项资金",并提出了三个确认标准,但对留出以应付特殊目的而持有的资金则不适用本术语。

《SFFAS No. 28——推迟社会保险报表的重分类的生效日期(修订 SFFAS No. 25 和 No. 26)》(Deferral of the Effective Date of Reclassification of the Statement of Social Insurance—an Amendment of SFFAS No. 25 and 26)

SFFAS No. 28 于 2005 年 1 月 6 日颁布并生效。该公告修订了《SFFAS No. 25——受托责任的重分类和当前服务评估的清除》和《SFFAS No. 26——社会保险报表重要假设的列报》的生效日期,推迟 1 年生效,即对 2005 年 9 月 30 日或以后日期的财务报告有效。本公告不应用于非重要项目。

《SFFAS No. 29——继承资产和托管土地》(Heritage Assets and Stewardship Land)

SFFAS No. 29 于 2005 年 7 月 7 日颁布,其中第 25~40 段的 c 和 d1 部分内容对 2007 年 9 月 30 日或以后日期的财务报告有效;第 25~40 段的 d2 和 d3 部分内容对 2008 年 9 月 30 日或以后日期的财务报告有效;整个公告对 2008 年 9 月 30 日或以后日期的财务报告有效。鼓励提前采用。该公告改变了在对 SFFAS No. 8 中继承资产和托管土地报告信息的分类。该公告要求报告主体在资产负债表附注中披露继承资产和托管土地的信息,而不仅仅是货币信息,还要包括这些资产在报告期期末的物理单位信息,在报告期期末增加和减少的物理单位信息,以及这些资产的状况信息。

《SFFAS No. 30——主体内部实施成本(修订 SFFAS No. 4)》(Inter-Entity Cost

Implementation—an Amendment of SFFAS No. 4)

SFFAS No. 30 于 2005 年 8 月 15 日颁布,对 2008 年 9 月 30 日或以后日期的财务报告有效。该公告需要提供《SFFAS No. 4——管理成本会计准则》中要求的所有的主体内部实施成本。每一个主体的所有成本应该与从其他主体那里接受的劳务和商品的所有成本一致。

《SFFAS No. 31——受托业务会计》(Accounting for Fiduciary Activities)

SFFAS No. 31 于 2006 年 10 月 24 日颁布,对 2008 年 9 月 30 日或以后日期的财务报告有效。鼓励提前采用。在本公告生效当年,主体不需要重述前期的基本财务报表和附注。该公告界定了联邦政府的"受托业务",受托关系必须基于法定或其他法律的权威,并且受托活动必须是对这种受托关系的进一步推进。

《SFFAS No. 32——美国政府要求的合并财务报告:实施 SFFAC No. 4——加强美国政府合并财务报告的审计和质量特征》(Consolidated Financial Report of the United States Government Requirements: Implementing SFFAC No. 4—"Intended Audience and Qualitative Characteristics for the Consolidated—The United States Government Financial Report of the United States Government")

SFFAS No. 32 于 2006 年 9 月 28 日颁布,对 2005 年 9 月 30 日或以后日期的财务报告有效。该公告提供了合并财务报告(CFR)的财务会计准则,不改变个体财务报告会计准则。该公告 CFR 披露要求作为附注 1 中重要的会计政策。

《SFFAS No. 33——养老金、其他退休后福利和其他雇佣后福利:由于假设、折现率的选择和估值日期而报告的利得或损失》(Pensions, Other Retirement Benefits, and Other Post-employment benefits: Reporting Gains and Losses from Changes in Assumptions and Selecting Discount Rates and Valuation Dates)

SFFAS No. 33 于 2008 年 10 月 14 日颁布,对 2009 年 9 月 30 日或以后日期的财务报告有效。该公告目的是提供与一定义务有关的潜在成本的更加透明的信息。与联邦雇员养老金、其他退休后福利和其他雇佣后福利相关的费用部分应作为财务报表的附注披露。此外,本公告还提供了折现率和估值日期的选择标准。

《SFFAS No. 34——公认会计原则的级次包括 FASB 颁布的应用标准》(The Hierarchy of Generally Accepted Accounting Principles, Including the Application of Standards Issued by the Financial Accounting Standards Board)

SFFAS No. 34 于 2009 年 7 月 28 日颁布并生效。该公告的目的是辨明会计准则的来源和联邦报告主体的一般目的财务报告的准则选择框架与 GAAP 级次是一致的。本公告并不适用于非重要项目。

《SFFAS No. 35——估计一般不动产、厂场和设备的历史成本(修订 SFFAC No. 6 和 No. 23)》(Estimating the Historical Cost of General Property, Plant, and Equipment—an Amendment of Statements of Federal Financial Accounting Standards No. 6 and 23)

SFFAS No. 35 于 2009 年 10 月 14 日颁布,并且只要能够尽可能实现成本节约,那么颁布当日生效。该公告修订了《SFFAS No. 6——不动产、厂场及设备的会计核算》和《SFFAS No. 23——废除国防不动产、厂场和设备的分类》中关于合理估计原始交易日的历史成本内容。该公告鼓励联邦主体建立使用近似估计的 G-PP&E 历史成本程序。本公告并不适用于非重要项目。

《SFFAS No. 36——报告美国政府的全面长期财政预测》(Reporting Comprehensive Long-Term Fiscal Projections for the U.S. Government)

SFFAS No. 36 于 2009 年 9 月 28 日颁布,分阶段实施。在第一个 3 年(指 2010 年、2011 年、2012 年)计划中所有的信息都作为 RSI 信息报告,那么在 2013 年所有的信息将会作为基本财务报表披露,并且 RSI 作为指定的标准。在 SFFAC No. 1 中建立了联邦财务报告的四个目标,其中目标之三受托责任主要集中在该公告中。该公告有助于加强联邦政府运营和财务状况之间的关系,而不是扩展到对国家财务状况的评估。本公告并不适用于非重要项目。

《SFFAS No. 37——社会保险:管理层讨论和分析的附加要求及基本财务报表》(Social Insurance: Additional Requirements for Management's Discussion and Analysis and Basic Financial Statements)

SFFAS No. 37 于 2010 年 4 月 5 日颁布,对 2011 年或以后日期的财务报告有效。该公告的目的是帮助联邦财务报告提供准确的、透明的信息以帮助公民和政府更好的决策。这些报告必须包括政府长期承诺的社会保险信息和其他政府项目信息。联邦财务报告模式是独一无二的。本公告并不适用于非重要项目。

《SFFAS No. 38——联邦石油、天然气资源会计》(Accounting for Federal Oil and Gas Resources)

SFFAS No. 38 于 2010 年 4 月 13 日颁布,对 2011 年 9 月 30 日或以后日期的财务报告有效。鼓励提前采用。该公告目的是为联邦政府提供关于石油、天然气资源的更完整的会计信息,以反映这些重要资产的价值和变化,从而实现联邦财务报告的目标。本公告并不适用于非重要项目。

《SFFAS No. 39——期后事项:包括在 AICPA 审计准则中的会计和财务报告汇编》(Subsequent Events: Codification of Accounting and Financial Reporting Standards

Contained in the AICPA Statement on Auditing Standards)

SFFAS No. 39 于 2010 年 8 月 4 日颁布并生效。该公告的目的是将 AICPA 中 SASs 中关于期后事项的规定,吸收到 SFFAS 中。本公告并不适用于非重要项目。

主要参考文献

[1] [美]陈立奇.美国政府会计准则研究[M].陈穗英,石英华,译.北京:中国财政经济出版社,2009.
[2] 美国联邦会计准则咨询委员会.美国联邦政府财务会计概念与准则公告(第1版)[M].陈工孟,张琦,姜海,译.北京:人民出版社,2004.
[3] Http://www.fasab.gov,2011-03-12.

(初稿执笔人:张付荣)

FASB 的《非营利组织公认会计原则》

一、美国非营利组织公认会计原则概述

非营利组织会计(Accounting In Non-Profit Organisations)作为会计的一个专业领域[①]，日益受到人们的重视，美国财务会计准则委员会(Financial Accounting Standards Board，简称 FASB)通过与营利组织作比较定义了非营利组织，认为其具有如下其他组织所不具备的特征：这些主体接受重要资源提供者的捐赠，这些资源提供者并不期望按其所提供资源的比例收回资源或获得货币收益；它们的运营是为了达到一定的目的但不是为了获利；它们没有所有者权益。非营利组织的许多会计原理与商业企业相同，但其会计与财务报告却独具特色。因此，FASB 发布了许多只适用于非营利组织会计的公告。FASB 还要求，若将发布的其他会计准则运用于非营利组织必须作适当的修正。下面根据有关资料介绍非营利组织公认会计原则的主要内容。

二、会计记录基础的主要要求

会计记录有两种不同的会计基础——现金制和应计制。大部分规模较小的非营利组织采用现金制会计，但对于一些向公众募集基金的非营利组织来说，法律往往会要求它采用应计制会计。

三、基本财务报表的主要要求

（一）财务状况表

财务状况表是非营利组织的一张基本财务报表。根据 SFAS No. 117 第 9 和第

[①] 非营利组织会计(Accounting In Non-Profit Organisations)一词在我国 20 世纪以前也有译为"非盈利组织会计"，但现在一般均用此译，故本书采用目前的通用译法。

10 段,财务状况表提供一个组织在某一特定时点的资产、负债及净资产的信息。对于非营利组织而言,将资产与负债划分为流动性的与非流动性的概念与商业组织的这一概念稍有不同。在进行流动资产分类时,ARB No. 43 特别声明对许多非营利组织产生了影响,例如:捐赠者限定了现金与投资的用途;捐赠者或非营利组织本身可能指定基金用于购置土地、房屋或者其他长期资产;非营利组织发行债券可能被要求在储备基金中保留一定的现金与投资,指定作为向债券持有人提供额外的信用保护。以上的这些基金都不能用于非营利组织的营运活动。

非营利组织财务状况表或财务报表附注中应当披露以下内容:资产和负债应按相同类别进行合并(SFAS No. 117 第 11 段);有关导致永久性限定和暂时性限定净资产的各种捐赠者限定的信息(除非在财务报告报表附注中披露)(SFAS No. 117 第 14 段);资产和负债的流动性,按资产和负债的顺序或提供一份分类的财务状况表(SFAS No. 117 第 12 段);如果编制分类的财务状况表,应提供流动资产和流动负债的总额;现金或其他被指定用于长期目的或收到已由捐赠者限定将其用于长期目的的资产,应当与可在当期使用的同类资产分开列示,并且应在财务报表中单独编列"现金"或"现金等价物"项目;重大的应收款项应分别编列,如应收账款、应收捐献款、应收补助款、预付采购款以及应收附属组织、雇员和董事的款项等。若下列信息未在财务报表中披露,则应在财务报表附注中予以披露:资产和负债的流动性;关于各类永久性或暂时性限定净资产的性质和金额的信息;对特定资产使用的合同限制。

(二) 业务活动情况表

业务活动情况表是一张反映非营利组织从年初到年末所有财务活动情况的报表。它可以分为两个部分,一部分反映收入、费用和不可支用基金的增加额,另一部分反映净资产变动,每部分都可视为一张单独的报表。但是大多数非营利组织只编制一张包括所有内容的业务活动情况表。

业务活动情况表应当反映报告期各类净资产的变动情况,报告非营利组织的收入、利得、损失和费用以及重分类的信息。而且还应当按要求披露和列示相关的非常项目、非持续营运和会计变更情况,在反映这些项目前提供各类净资产变动的合计数。在业务活动情况表中反映每个项目可按照收入、费用、利得、损失和重分类归类。

《SFAS No. 117——非营利组织的财务报表》提供了此表的三种不同格式——单栏式、多栏式和两张分开的报表,其中多栏式的运用最为普遍。根据 SFAS No. 117 的披露要求,下列几项必须列示,除非不要求分别列示"不可支用增加额"及此前的剩余金额:主要类别的非限定性收入金额;自主要来源渠道取得的非限定性捐助金额;自主要来源渠道取得的当期限定性收入和捐助金额;不可支用的捐赠及其他限定性收益金额;各类净资产和所有净资产的变动情况。

(三) 现金流量表

现金流量表是反映组织在某一期间的现金收入与支付、主要来源及运用的类别的报表。SFAS No. 117 规定,现金流量表应是非营利组织一套完整的财务报表的一个组成部分。但若财务状况表和业务活动情况表是单独呈报的,则可以不提供现金流量表。对于共同信托基金、变动年金账户或由受托人、管理人、监管人所经营的类似基金,只要满足下列条件,则可免于呈报现金流量表:会计期间所有投资项目实际上具有很强的流动性并以市价入账;与该主体平均资产总额相比,其会计期间的平均负债余额很少或没有负债;该主体提供了净资产变动表。

现金流量表要求将现金流量分为三类:投资活动、筹资活动、营运活动。现金流量的营运活动部分可以以直接法或间接法列示,但是 FASB 强调采用直接法反映来自营运活动的现金净额。直接法是一种通过现金收入和现金支出的主要类别反映来自营运活动的现金流量,而不是通过对不影响基金的营运活动项目调整来反映营运活动现金流量的方法。由于直接法只反映现金收入和支出,因此无需对非现金的费用如折旧费、递延所得税等项目进行调整。采用直接法时,还需单独提供一张附表以调节净资产变动净额与营运活动现金流量净额间的关系。间接法是用直接的表述营运活动现金流量的备选方法,通过调整不产生现金流量的收入和费用项目倒推出营运活动的净现金流量。间接法易于编制,因而被广泛用于编制营运活动的现金流量表。在现金流量表中要求报告非常项目与非持续运营活动、代理交易、投资活动和筹资活动的现金流量。

在报表的披露要求方面,SFAS No. 95 第 7、第 10、第 14、第 27、第 29、第 30 和第 32 段;NFP 审计指南第 3 和第 19 段对现金流量表的披露要求都做出了说明。

(四) 其他财务报表

1. 比较财务报表

比较财务报表能够将当年财务报表置于一个历史的背景中,帮助读者理解当期变化对一个组织产生影响的趋势。比较财务报表可以增加信息量,但却不会增加复杂性——具有双重好处。它应披露可导致各项目在两个或两个以上会计期间不具有可比性的项目重新分类或其他变化。主体在提供以前年度概括性的财务信息时应在财务报表附注中说明概括报告的性质。

2. 中期报告

对中期存在着两种观点：一种认为中期是会计年度整体的一个有机组成部分；另一种观点认为，中期是一个离散的会计期间。非营利组织编制中期财务报告应按照编制年度财务报表相同的会计原则进行。如果当年所采用的会计惯例或政策有变动，就应对其做出修正。中期报告应该在以下方面进行确认：收入和费用、存货、其他成本和费用、非相关业务所得税、非持续经营和非常项目、会计变更、或有项目、季节性和第四季度调整。在披露要求方面，一般来说，中期财务报告的披露要求和年度财务报告的披露要求是相同的。但如果中期财务报表意在向董事会报告业务活动和财务状况，非营利组织的管理当局可以选择不呈报财务报表附注和脚注。通常，独立审计师不会要求非营利组织的管理当局对其编制的中期财务报告做出任何保证。

四、非营利组织基本会计问题的处理要求

（一）流动资产与流动负债

根据 ARB No.43 第 3 章，流动资产通常被定义为现金和那些可以合理预期在一个正常营业周期内转换为现金，或出售、或被消耗的其他资产或资源，可以归类于流动资产的项目 SFAS No.95 和 SFAS No.124 都进行了说明。而流动负债是一种义务，通知即付债务和预期再筹资的短期债务都归于此类。SFAS No.117 不要求非营利组织编制分类的财务状况表，但是在财务状况表中应包括流动资产合计数和流动负债合计数，而且应该在财务报表附注中作出相关披露（SFAS No.6 第 15 段，SFAS No.78 第 5 段）。

（二）存货

对于非营利组织来说，存货会计通常没有像商业企业那样是一个重要的会计领域。ARB No.43 第 4 章第 3 段给存货一个比较完整的定义。存货的计价方法有多种，包括完全成本法、直接成本法、个别辨认法、先进先出法、后进先出法和成本与市价孰低法。这些方法的介绍在 ARB No.43 第 4 章中都有详细说明。APB No.28 对适用于中期的期间存货计价原则作出了一些修订。ARB No.43 第 4 章第 14 和第 15 段关于存货在财务报表中的披露也做出了相应的要求。

（三）长期资产、折旧及减损

公认会计准则关于长期资产方面的规定包括合理确定记录的资产成本以及

资产成本在相关使用期间的分摊方法。非营利组织持有的长期资产一般包括的内容在 NFP 审计指南第 9.02 段、SFAS No.13 和 SFAS No.116 中都有说明。关于资产的成本记录问题 APB No.6 第 17 段有相应的要求。资产的成本分摊一般是通过折旧实现，公认会计准则对折旧计算主要认可直线法和加速折旧法，同时还有的一些折旧方法包括报废法、重置法和分类法。折旧计算中预计使用年限和残值变动的相关规定在 APB No.20 第 20 段有相关说明，对于闲置资产的处理 SFAS No.121 提供的指南给出了指导性意见，可复原资产的处理在 SFAS No.121 第 5、第 6、第 7、第 10 和第 11 段中都有明确的指导，而待处理长期资产及可辨认无形资产按账面价值与公允价值减出售费用孰低的原则计价，待处理资产在持有期间不计提折旧。按照公认会计准则编制的财务报告应披露长期资产和折旧的相关信息。

（四）无形资产

无形资产是那些能够提供未来经济利益但没有实物形态的资产。APB No.17 对无形资产的定义、确认、计量和会计处理都做出了比较全面的阐述。无形资产的定义和包含的内容在第 1 段有相关的解释，无形资产的确认和计量也是无形资产会计问题处理中的一个重点。外购的无形资产的计量在第 25 和第 26 段中有比较明确的规定，内部开发的无形资产的确认和计量在 APB No.17 第 6 和第 24 段有说明，无形资产的摊销在第 31 和第 32 段有比较全面的阐述，无形资产应披露的信息 APB No.17 第 30 段、SFAS No.121 第 14 段都有相关说明。而 APB No.17 生效的日期是在 1970 年 10 月 30 日，在此之前持有的资产可以继续按 ARB No.43 而不是 APB No.17 的要求进行核算。

（五）或有事项

或有事项是不确定性会计处理的一个重要内容。SFAS No.5 中关于或有事项的处理给出了明确的阐述。SFAS No.5 第 1 段对或有事项给出了一个明确的定义，或有事项可能产生或有损失和或有利得，第 8 和第 10 段对或有事项所产生的估计损失确定规则给出了一定的依据，第 11 段指出对于在财务报表日后、财务报表发布日前产生的或有损失，应予以披露，以防止财务报表产生误导。或有损失包括坏账准备、资产征用、保单索赔、诉讼和索赔权、未投保风险等。而或有利得应当在财务报表附注中披露，但在披露中应当指出该利得不一定能获得。或有事项的披露在 SFAS No.5、AICPA94-6 和 SFAS No.59 中都做出了要求。

(六) 企业合并

企业合并可以采用多种法律形式,但是无论采用何种形式,各种合并都可以采用购买法或权益集合法核算。1999年9月,FASB发布了题为《企业合并与无形资产》的征求意见稿。这份稿件的第一部分阐述了企业合并,但是特地把非营利组织排除在外,FASB计划就非营利组织的企业合并会计单独发布一份指南。APB No.16对合并核算方法的选择设立了标准,这些标准可分为三大类:合并公司、权益合并和未发生已计划的交易。

(七) 养老金及退休后福利会计

《SFAS No.87——雇主对养老金的会计处理》和《SFAS No.88——雇主对确定收益养老金计划的清算、削减及停止津贴的会计处理》是养老金方面的公认会计准则。在非营利组织中,有时虽然也采用收益计划,但用得最普遍的还是确定缴款计划,这两种计划在 SFAS No.87 第264段有清晰的定义。

SFAS No.87 和 SFAS No.88 的规定涵盖了大部分类型的退休金计划会计,但是它不适用于一个涉及人寿保险或保健福利,或包括这两方面的计划。SFAS No.87 的基本目标是计量与雇员福利有关的补偿成本并确定雇员服务期间的成本,它要求采用应计制会计核算养老金成本,雇员服务期间赚得的福利和确认的成本应按养老金计划的福利计算确定。期间养老金净成本包括六部分:服务成本、预计福利负债的利息费用、计划资产的实际报酬、利得或损失、未确认的前期服务成本的摊销和 SFAS No.87 生效时存在的未确认的净资产或净负债的摊销。SFAS No.88 描述了债务人在全部或部分确认收益养老金计划被清偿或削弱时应遵循的会计处理方法,同时确立了当雇佣合同终止时雇主核算已提供福利的会计程序。《SFAS No.106——雇主对养老金以外的退休后福利的会计处理》提供了对养老金以外的离职后福利会计处理准则和指南,《SFAS No.132——雇主对养老金及其他退休后福利的披露》则是对设立养老金计划和提供其他退休后福利的雇员的披露要求。

(七) 长期负债与不良债务重整

票据和债券是负债最基本最常见的类型。APB No.21 第13和第14段对它们的利率估计方法提供了一般的指南。APB No.26 为提前清偿债务的会计处理提供了指南,此后,SFAS No.76 对 APB No.26 进行了修订,使之适用于所有的债务清偿而不仅仅只适用于那些当期免除的债务。SFAS No.125 是关于债务清偿会计与报告的准则,它实际上消除了因财务状况表中债务的解除而出现债务实质性作废的现象。SFAS No.15 是对不良债务会计处理的一个指南。根据 SFAS No.15 不良债务重整仅指债务条款修订,这种重整的结果不会导致债务账面价值的变动,除非账面价值超过新协议所规定的未来现金支付总额,但是此条款不适应于债务人破产的情况。SFAS No.114 是关于债权人会计的处理,但是后来 SFAS No.118 修订改变了 SFAS No.114 中关于收入确认的规则。SFAS No.15 关于债权人会计处理中规定,与不良债务重整中债权人取得资产的会计处理的规定相似。所不同的是,债权人的损失属于正常项目,而债务人的利得则属于正常项目。当某债务在 SFAS No.114 生效之时修改了债务条款,且重整协议条款未出现减损现象,那么此类不良债务重组应按照 SFAS No.15 的规定进行会计处理。而环境补偿负债一般根据 96-1 号立场公告的规定进行会计处理,这份立场公告着重强调了 FASB 紧急事务工作组在 93-5 号调查报告《环境负债的会计处理》的规定,潜在的赔偿不能冲减估计负债。此外,确认为资产的赔偿款应以公允价值反映,由于环境清理成本是正常发生的,因此在业务活动表中不能列示为非常项目。96-1 号立场公告还要求披露对负债及相关资产确认的会计政策的改进情况。

(八) 会计变更

《APB No.20——会计变更》是关于会计变更的处理指南。会计变更包括会计原则变更、会计估计变更和报告主体变更。APB No.20 要求,大部分会计原则变更都应当采用累计影响法而不需要对前期财务报表进行重新表述。但是有些情况下需要按照追溯影响法,这些情况包括从后进先出法改为另一种存货计价方法,长期合同中会计方法的变更和报告主体的变更。会计估计变更应立即或在当期和未来期间处理。由会计估计变更导致的会计原则变更报告为会计估计变更。关于会计报告主体变更的规定在 APB No.20 第 34 段有说明,而关于会计错误更正的处理发布的会计准则有 APB No.20 和 SFAS No.16。APB No.20 对一些错误的情形做出了区分,并指出它们必须作为前期调整处理,SFAS No.16 重申了会计错误的这个处理规定,并发布了关于对前期调整披露的指南。

(九) 租赁会计

SFAS No.13 是关于租赁会计的公认会计原则,1990 年 1 月 FASB 发布了对 SFAS No.13 重新表述的汇编,是对租赁会计原则的补充。租赁会计的处理一般从两个主体考虑:承租人和出租人。从承租人来看,租赁分为经营租赁和资本租赁两类。

从出租人来看可分为经营租赁、销售型租赁、直接融资租赁和杠杆租赁。这些租赁的会计处理在 FASB 85-3 号技术公报、FASB 88-1 号技术公报、SFAS No. 13 中作出了详细的阐述。

(十) 金融工具

1998 年 6 月,FASB 发布了《SFAS No. 133——衍生工具及套期保值活动的会计处理》,取代 SFAS No. 80、SFAS No. 105 和 SFAS No. 119,并修订其他公告的部分内容,关于衍生工具以及套期活动的会计处理和报告在 SFAS No. 133 中有明确的要求。

(十一) 利息费用资本化

SFAS No. 34 是关于利息资本化的公认会计准则,已发布的其他声明(SFAS No. 42、SFAS No. 58、SFAS No. 62 和 FASB 解释公告第 33 号)主要用于处理特殊情况下利息资本化的问题。所有需要经过一定期间才能达到预定使用用途的资产都应该包含资本化的利息费用,利息费用包括有明确利率的债务利息、与融资租赁有关的利息和应付款项内含的利息。在资本化期间开始之前应满足以下条件时才能将利息费用予以资本化:为实现资产预定用途的必要活动正在进行;符合规定的资产的支出已经发生;利息费用正在发生。在财务报表或相关附注中应披露利息费用的如下信息:本期发生的利息费用和费用化的利息;本期资本化的利息费用总额。

五、非营利组织具体会计问题的基本处理要求

(一) 基金会计

《SFAS No. 117——非营利组织的财务报告》取消了要求非营利组织运用基金会计呈报财务报表的规定。在财务报表中呈报的任何"基金"金额仍然应在这些财务报表中恰当地划分为各类净资产,根据捐赠人是否设置限定划分为非限定性净资产、暂时性限定净资产、永久性限定净资产。

基金会计是非营利组织特有的,基金和资产是不同的术语。基金是组织的组成部分,一些基金是不受法律限制的。基金会计是作为记录资源的一种手段而设立的,这些资源的使用受法律、捐赠人、合同或拨款机构、组织本身的管理委员会或其他的限制。为了确认这些限制,一些非营利组织根据各种不同的用途设立了一系列的基金,每个基金均由一套自我平衡的资产、负债、基金余额账户组成。从报告的需要来看,非

营利组织在过去经常使用以下基金或基金组:非限定性流动基金、委员会设立的基金、限定性流动基金、限定性留本基金、固定资产基金和其他基金类别。从当期支出的可获得性基金可以分为可支用基金和不可支用基金,前者包括当期非限定性流动基金和当期限定性流动基金;后者包括固定资产基金和留本基金。按照资源的用途,主体的基金可划分为三组:营运基金、厂场基金、留本基金。若采用这种形式,所有基金余额都必须清楚地标出它们是非限定或捐赠人限定的情况。

  基金会计的主要优点是对每类基金的业务活动都单独报告。基金会计的主要缺点是,由于没有对所有报表进行仔细检验或可能对报表进行粉饰,很难综合反映主体总的业务活动情况。基金会计是解决主体获得限定目的金额记录问题的一种通用方法。随着基金数目的增加,很多人将无法完全理解各基金之间的关系,从而看不出主体总体的财务状况。正是由于这个原因,在按基金会计保持基金会计记录的情况下,应当按照 SFAS No. 117 的要求认真编制财务报表。

(二) 净资产

  净资产被定义为"一个主体持有的资产减去负债后的剩余权益"(《SFAS No. 6——财务报表要素》),它代表主体的资产与负债之间的差额。净资产有三种类型:非限定性净资产、暂时性限定净资产和永久性限定净资产。各类之间的差别是捐赠人是否设置了限制。净资产在每个财务报表中都需要列报。财务状况表应报告净资产总额及三类净资产中每一类的金额;业务活动情况表应报告每一类净资产变动及净资产总的变动情况;在业务活动情况表中,栏目数只是根据列示三类净资产的需要设计,非限定性净资产被细分为投资基金和营运基金。业务活动情况表的底部有两个重分类项目:第一项重分类是捐赠人对永久性限定留本基金限制的解除;第二项重分类是把非限定普通基金转入非限定性投资基金。

  非营利组织应当披露净资产的以下方面信息:不同类永久性限定和暂时性限定的性质和金额(包括在财务状况表内或财务报表附注中);对非限定性净资产的重大限制,包括在与供应商、债权人或其他人士签订的合同中的限制,来自贷款协议的限制,组织自设的限制,如董事会自愿的决定。

(三) 捐赠、保证及非现金捐赠

  大多数非营利组织依赖的主要资源来自于捐赠,一些捐赠是以保证的形式获得的,它将在一段时期或某个未来日期收到。非营利组织主体的主要会计问题是这种保证是否应在收到前作为资产记录,以及应何时确认为收入。主体还可能收到各种非现金捐赠,如有价证券、建筑物、设备、志愿者捐赠的劳务以及固定资产的使用,所有这些类型的捐赠都给组织带来了许多会计和报告问题。1993年,通过发布《SFAS No. 116——捐赠收入和捐赠支出的会计处理》,关于捐赠的会计处理方法的争议得到解决。1999年6月,FASB发布了《SFAS No. 136——其他组织将募集或持有的捐赠资产转交给非营利组织或慈善信托》,阐明了一个组织为另一个组织募集资金时应将这些捐赠记录为捐赠收入或募捐组织的负债。

捐赠可分为当期可支用的资助和当期不可支用的资助。当期可支用的资助包括非限定性捐赠、当期限定性捐赠、投资证券、实务捐赠品、博物馆收藏品、志愿者的劳务捐赠、设备使用和其他组织提供的服务。当期不可支用的资助包括留本捐赠、保证(给予捐赠承诺)、遗赠。非营利组织主体在财务报表附注中应披露关于捐赠、保证及非现金捐赠的信息。SFAS No. 136第10、第14、16、第24和第25段对披露要求做出了说明。

(四) 投资

1995年11月,FASB发布了《SFAS No. 124——非营利组织投资业务的会计处理》,对非营利组织在财务状况表中报告其投资的计价方法有重大影响。它涉及易于确定公允价值的权益证券投资和所有证券投资,同时还规定了非营利组织大部分的披露要求。它取代了AICPA的某些审计与会计指南,但它并未对权益法下权益证券的处理提供新的准则,也未对合并子公司的投资提供新的准则。1999年6月,FASB发布了《SFAS No. 133——衍生工具和套期保值活动的会计处理》,为衍生金融工具和套期保值活动提供了会计指南,正式生效日期从2000年6月15日开始。SFAS No. 133要求,主体应在财务状况表上将所有衍生金融工具确认为资产或负债,并以公允价值计量,该规定也适用于非营利组织,在非营利组织中衍生金融工具公允价值的变动被确认为当期净资产的变动,但不允许非营利组织用于预测套期保值交易的衍生金融工具进行特殊套期保值的会计处理。

SFAS No. 124提供了关于债权证券、权益证券的定义,并提出了证券符合易于确定公允价值的标准。总的来说,市场价是公允价值最可靠的计量。投资公允价值变动产生了未实现利得和损失,当投资不是账面价值出售时,便产生了已实现利得和损失。债权和权益投资未实现的利得和损失应当在业务活动情况表中作为非限定性净资产的增加或减少报告,除非它们的用途被明确的捐赠条款或法律暂时或永久的限定。已实现和未实现的投资损失可以直接抵消已实现和未实现利得后以净额表示。若限定性条款在报告期内得到满足,并符合以下条件,捐赠者设定限制的利得可以作为非限定性利得报告:组织相似的交易在各个期间报告的一贯性;收到的捐赠采用相同的政策报告;披露会计政策。在业务活动情况表中反映出售投资已实现的利得或损失,不应包括前期已报告的未实现利得或损失,但应予以确认。

在投资问题中经常要对以下内容进行处理:捐赠者限定的留本基金——当捐赠者规定被捐赠资产必须在一定期间或永久地用于投资时,就形成了捐赠者限定的留本基金。投资收益——包括股利、利息、租金、特许使用权和类似的偿付,它们应在赚得时予以确认。根据捐赠条款对收益使用的规定,收益应分别报告为非限定性、暂时性限定或永久性限定净资产的增加。捐赠者可以规定赠品应永久地投资,其产生的收益用于资助某一特定项目,这时赠品应据记录为永久性限定资产,已赚得的投资收益应作为永久性限定报告。若达到对收益的限定,业务活动情况表必须报告将暂时性限定净资产转为非限定性净资产这一重分类事项。投资费用——在业务活动情况表或财务报表附注中披露投资费用时,可以将投资费用直接与业务活动情况表上相关的投资收益、利得或损失相抵减,以净额反映。若非营利组织呈报职能费用表,直接抵减投资收益的投资费用应当按它们的职能进行分类报告。

在非营利组织对营利企业的投资中,若非营利组织拥有对营利企业的财务和经营政策施加重大影响的能力,应当采用权益法会计。权益法在非营利组织和营利组织中的使用完全相同。权益法不宜用于处理一个组织对另一个非营利组织的权益。相反的,当它有能力控制另一个组织,而且它在相关的组织中具有某项经济利益时,应对该投资进行合并。用权益法处理的投资可能导致财务和税务报告中的暂时性差异,非营利组织需要认真考虑权益法对营利企业投资的所得税影响。非营利组织必须披露相关的投资信息的要求在 SFAS No. 124 第 14~16 段、SFAS No. 117 第 24 段、NFP 审计指南第 8 和第 17 段及 APB No. 18 第 20 段做出了明确的要求。

(五) 附属组织

在非营利组织中,一个主体很少对另一个主体拥有真正的"所有权"。更常见的附属组织表现为各种协议关系,但这种协议所体现的控制水平通常远远达不到所有权的程度。非营利组织常见的关系类型有:隶属于"母体"组织的筹资机构;持有资产的附属组织;项目活动的附属组织;共同母体的附属组织。附属组织的报告方面往往需要考虑是否要编制合并报表。合并附属组织财务数据的概念是向财务报表使用者提供能全面描述以一个主体有效运行的主体集团的财务图像的信息。决定是否合并附属组织财务数据的关键是一个主体对另一个主体的控制程度。由于衡量这种控制的正常方法一般不适用于非营利的环境,必须考虑其他因素。关于这种控制的评价的基本规则有:《ARB No. 51——合并财务报表》《APB No. 18——普通股投资的权益法会计》和《SFAS No. 94——对拥有多数股权的子公司的合并》。非营利组织经常与其他组织进行交易或对其投资,它与这些组织是关联的或可以对它们的资金运用实施控制。关联主体的报告主要关注如下 4 个关键方面的影响:关联方披露、对营利性主体投资、非营利组织之间的财务关系和过账赠品。

根据《SFAS No. 57——关联方披露》,财务报表应包括对主要关联方交易的披露,而不是披露补偿协议、费用减免或正常业务中的其他类似项目。一般地说,应包括对关联关系的性质、关联关系的情况、交易数量及交易条件的披露。此外,若一个或更多的组织处于共同控制之下,应披露这种控制关系的性质。而 AICPA 的第 94 - 3 号立场公告为非营利组织对营利组织投资的会计处理提供了指南,同时也为存在财务关系的非营利组织的会计处理和财务报告编制提供了最重要的指南。对于过账赠品,FASB 解释公告第 42 号《授予非营利组织特许权的资产转交的会计处理》中对过账基金的会计处理方法做出了说明。1999 年 6 月,FASB 发布了《SFAS No. 136——其他组织将募集或持有的捐赠资产转交给非营利组织或慈善信托机构》,在 1999 年 12 月 15 日后生效。它主要适用于一个主体通过转交资产给一个非营利组织做出的一项捐赠,该组织接受捐赠的资产和同一代表捐赠者所指定的受益人运用该资产或将这些资产转交给捐赠者指定的受益人的交易,同时它也适用于以类似方式发生但由于资产转交是可取消的、可偿还的或互惠的交易,而不是捐赠的交易。SFAS No. 136 也为特定受益人在何时确认它们对接受组织持有资产的权利提供了指南。根据 SFAS No. 116 关于给予无条件承诺的规定,受益人应将它对受款资助持有资产的权利确认为应收账款和捐赠收入。向接受组织转交的资产不是来自捐赠的,只要满足某些条件时,资源提供者应记录意向资产,接受组织应记录一项负债,这些条件详见 SFAS No. 136。

SFAS No. 136 对一个非营利组织向一个受款组织转交资产并指定自身或其附属组织为受益人时,应该披露如下要求:接受转交资产组织的身份,是否将资产使用的特许权授予接受组织,捐赠数额分配给资源提供者或其附属组织时所依据的条款以及转交的金额等。此外,SFAS No. 136 还要求非营利组织在其财务报表中披露筹资费用对所筹款项的比率,以及披露这个比率是如何计算的。

(六) 利益分割协议

利益分割协议是由于非营利组织和其他信托受益人分享特定资产的法律权利中产生的一种特殊形式的捐赠。它一般有两种基本类型:可撤销和不可撤销。一项可撤销利益分割协议应当作为一项给予意向的处理,在此协议下,非营利组织作为受托人收到的资产,应在收到时按公允价值确认,并视为可退还的预付款。不可撤销利益分割协议是指捐赠人不能撤销的协议,当指定的受托人和财务代理人的不可撤销利益分割协议被要求执行时,非营利组织应当确认捐赠收入和相应的资产与负债。无条件不可撤销协议在初始确认日,在协议期满或协议期间,满足一定的情况下,捐赠应按公允价值计量(NFP 审计指南第 6 章)。利益分割协议中确认的资产和负债应当在财务状况表中或相关附注中与其他资产分开披露,捐赠收入和利益分割协议价值变动也应在业务活动情况表或相关附注中作为单独项目列示。财务报表附注中应包括对相关利益分配协议内容的披露。利益分割协议常见的类型有慈善信托、由第三方持有的永久性信托、慈善性剩余物信托、慈善捐赠年金、集合(终身)收益基金等。财务报表应列报以下利益分割协议信息(NFP 审计指南第 6.15 段):利益分割协议形成的资产与负债应在此财务状况表或相关附注中与其他资产和负债分开披露;按利益分割协议确认的捐赠收入和该协议价值的变动应在业务活动情况表或相关附注中按不同项目分别披露。财务报表附注中应披露以下信息:当期利益分割的一般条款;组织用于确认资产的基础;与计算现值的保险统计假设。

(七) 资金筹集与联合成本

资金筹集费用是指在吸引捐赠者向某一组织捐赠过程中发生的费用,是与吸引潜在捐赠者捐赠资产、服务或时间相关的成本。许多非营利组织通过多种筹资活动向公众募集资金,在筹集过程中往往会发生诸如邮资和其他通讯费用等联合成本,它们与多个职能相关,包括项目业务、资金筹集和其他后勤服务,往往很难区分每一项职能应承担的联合成本。

AICPA 发布的 98-2 号立场公告取代了 87-2 号立场公告《包括筹资计划在内的信息材料联合的会计处理》,改变了各项活动联合成本的会计处理。它论述了何时以及如何将成本分配给所涉及项目、管理、总务活动和筹资活动。此公告建立了目的、读者和内容的标准,这些标准若能达到,将允许把一项联合业务活动的成本直接计入某一可辨认的职能,而联合成本将在筹资、项目和管理与总务职能之间分配。98-2 号立场公告的附录 F 介绍了三种常用的联合成本分配方法:实物单位法、相对直接成本法和单独成本分配法。非营利组织应披露以下与筹资相关的信息:筹资费用总额;若提供的信息材料和包括吸引筹资在内的联合成本已发生,应披露这些成本已分配、当期已分配的总金额,以及各职能费用类别分摊的金额。

(八) 职能报告

SFAS No. 117 要求,非营利组织必须按职能类别在业务活动情况表中分别报告有关费用金额的信息,或在财务报表附注中披露这些费用的金额。这些职能包括项目服务、后勤服务和对附属组织的资助。非营利组织可在业务活动表或在财务报表附注中报告费用职能类别,虽然在财务报表中报告更为常见。非营利组织应披露与职能报告相关的信息内容,具体见于 NFP 审计指南第 13.27、第 13.48 段和 SFAS No.117 第 26 段。

(九)收藏品

非营利组织财务会计的独特领域在于对收藏品的会计核算。SFAS No.116 要求,非营利组织应披露有关收藏品以及这些收藏品是否资本化的详细信息。对收藏品的会计处理取决于该主体所采用的政策,SFAS No.116 不要求组织必须对包括收藏品在内的资本进行资本化,所以对收藏品项目的会计处理取决于组织的选择。对收藏品的会计处理分为三种情况:予以资本化的所有收藏品项目、未予以资本化的收藏品项目和采用 SFAS 后资本化的收藏品。非营利组织应在其财务报表附注中说明有关确认捐赠收藏品的会计政策。对未予资本化的收藏品,或在采用 SFAS No.116 之后予以资本化的收藏品还需要作进一步披露。

六、非营利组织其他会计问题的基本处理要求

(一)其他类型的非营利组织会计

其他类型的非营利组织一般包括:协会及职业团体、教堂、俱乐部、图书馆、博物馆、艺术表演组织、私人基金会、教堂以外的其他宗教组织、科学研究机构和私立中小学等。

1. 协会及职业团体

协会及职业团体出具报告是那些为了除宗教或社会目的以外目的而成立的会员组织。SFAS No.117 要求协会报告必须使用职能报告。许多职业团体建立了不同的部门和分部,这些分部的运作通常或多或少是独立的,这种团体通常是不要求合并的。如果地方性分部是在全国性组织的全权控制下,而且其活动完全依赖于全国性组织的具体指导,同时,其从事的活动为全国性组织授权的一个职能,这种情况下就要求编制合并报表。出于内部预算的目的,协会与职业团体经常采用拨款会计的技术,即在未来期间获得货物或劳务的购买订单签发时记录费用。这种会计处理方法不适合对外财务报告。

2. 教堂

这类宗教组织实际上的收入直接来自会员的捐赠。为了便于记录,大多数教堂以现金制或修正的现金制会计为基础进行会计记录。对教堂来说,由于簿记的复杂性,固定资产及折旧的会计处理是一个较为困难的领域。大多数教堂不将固定资产资本化,采用折旧会计的教堂就更少。但是,固定资产仍应记录为资产,而且 SFAS No. 93 要求采用折旧会计。

3. 俱乐部

俱乐部的会计问题主要在于股份与入会费的处理。

4. 图书馆

图书馆通常遵循与政府主体相同的基金会计准则。

5. 博物馆

博物馆的会计问题处理参照 1976 年科技技术中心协会出版的《博物馆会计指南》。该指南的大部分内容与 SFAS No. 116 一致,但仍有少量的不同。

6. 艺术表演组织

这类组织主要的会计处理问题在于费用、门票收入、固定资产的确认和财务报表的列报方面。

7. 科学研究机构

大多数科学研究机构面临的主要问题是何时记录合同收入,合同收入应在满足合同条款时记录为收入。在大多数情况下,在发生与合同有关的费用时记录合同收入。

8. 私立中小学

SFAS No. 93 明确指出私立学校应采用折旧会计。全国私立学校协会于 1987 年出版的《私立学校事务管理》被广泛认为是私立中小学应该遵循的会计手册,它与 SFAS No. 116 绝大部分一致,但仍存在部分差异。

(二)非营利组织预算的重要性

预算是一个"行动计划",预算的编制必须遵循一些基本步骤,同时必须预算好现金的储备水平。预算一般有月份预算、季度预算和年度预算。编制短期预算的,一般都必须编制中期财务报表以体现预算的价值。

(三)联邦和州主要税收报告及规定

1966 年,国会通过了一项通常被称为"中等处罚"法案,该法案授权国内税收总署裁定对违反国内税收法规的免税组织及其管理人员处以取消免税资格外的惩罚。国内税收法规(IRC)对那些符合具体规定的组织给予免税的待遇[参见第501(c)(7)条款],第501、第521、第526、第527和第528条款还介绍其他免税组织的类型。大部分免税组织属于慈善组织或第501(c)条款规定的组织。1969年的税收改革法案产生了两类第501(c)条款所规定的组织,这两类组织分别是私人基金会和公共慈善组织。私人基金会的归属参照第501(c)条款。私人基金会是慈善机构,但它应遵循具体规则并缴纳各种税款,这些具体规则和税目不适用于公众资助的组织。适用于私人基金会最重要的条款是:对投资收益课征营业税,至少分配最低金额的收益,超额企业股权的处置,避免进行某些禁止性交易,呈报一份综合年度信息申报表。其他与慈善相关的事项包括捐赠披露、捐赠证明、募捐披露、营业税和个人所得税问题。非慈善免税组织包括联谊及娱乐俱乐部和贸易协会等。

主要参考文献

[1] [美]查理德·F·拉金,珂里亚·蒂托玛莎.非营利组织公认会计原则解释与应用[M].李建发,译.北京:中国财政经济出版社,2001.

(初稿执笔人:汤建霞)

ASC/ASB 的《财务报告准则》
(SSAP/FRS)

一、英国财务报告准则概述

早在 19 世纪中叶,英国《公司法》对资产负债表的标准格式已有所要求,但其会计准则发展却较为缓慢,20 世纪 60 年代前,英国还没有正式制定会计准则,只是由英格兰和威尔士特许会计师协会(The Institute of Chartered Accountants in England and Wales,简称 ICAEW)从 1942 年起陆续发表了一些不具备约束力的《会计原则建议书》(Recommendation on Accounting Principles,简称 RAP),作为企业会计实务的指导性规范。1970 年 1 月 1 日,ICAEW 成立了会计准则筹划委员会(The Accounting Standards Steering Committee,简称 ASSC)。从 1970 年到 1976 年,英国另外 5 个会计职业团体陆续加入了 ASSC,ASSC 由此改组。1976 年,英国六大会计职业团体成立了会计团体咨询委员会(The Consultative Committee of Accounting Bodies,简称 CCAB),并将 ASSC 改名为会计准则委员会(The Accounting Standards Committee,简称 ASC)。此后,即由 ASC 制定会计准则草案,提交 CCAB 理事会进行讨论后,方可实施。ASC 从 1976 年成立到 1990 年被新的会计准则制定机构取代为止,共发布了 25 项《标准会计实务公告》(Statements of Standard Accounting Practice,简称 SSAP)。

1987 年,英国会计团体咨询委员会(CCAB)成立了一个名叫德林委员会(The Dearing Committee)的专门机构,对英国会计准则的制定机构设置以及制定程序等进行检讨与评价。德林委员会于 1988 年 11 月发表了《会计准则的制定》(The Making of Accounting Standards)的报告,该报告对后来英国会计准则的发展产生了十分重要的影响。1990 年,在财务报告基金会(Financial Reporting Council,简称 FRC)的授意下成立了会计准则理事会(Accounting Standards Board,简称 ASB),以取代原来的 ASC。ASB 成立后,具体负责会计准则的制定工作。ASB 所颁布的会计准则的文件称为《财务报告准则》(Financial Reporting Standards,简称 FRS),至 2001 年,ASB 先后颁布了 19 项《财务报告准则》。以前由 ASC 发布的 SSAP,只要未被 FRS 取代,就仍然有效。由此可见,英国会计准则的制定机构在最近30年间,经历了由ASSC、改组后ASSC、ASC、改组后ASC到ASB的变迁。

二、《财务报告原则公告》的主要内容

《财务报告原则公告》(Statement of Principles for Financial Reporting)实际上是一份制定会计准则的概念框架,它于1999年正式发布。ASB认为,它不是具体的会计准则,不具有与会计准则相同的地位。但是,它确定了编制和呈报财务报告的若干原则,并且能够完成以下主要目标:帮助会计准则委员会制定和评价会计准则;帮助财务报告的编制者、使用者、审计师和其他人员理解会计准则的制定方法,以及通用财务报告所报告信息的性质和作用;在遇到新问题或紧急问题并缺乏适用会计准则的情况下,帮助财务报告的编制者和使用者对有关问题做出初步分析。总之,原则公告为制定和评价会计准则以及为关心准则制定程序的有关人士提供了一个有用的、内在一致的参考框架。

英国《财务报告原则公告》包括如下内容:财务报告目标;报告主体;财务报告的质量特征;财务报告的要素;财务报告的确认;财务报告的计量;财务报告的呈报;对在其他报告主体中的权益的会计处理。

三、《标准会计实务公告》的主要内容

《SSAP No.1——联营公司会计》(Accounting for Associated Companies)

SSAP No.1于1971年1月发布,1982年4月修订,1997年被FRS No.9取代。

《SSAP No.2——会计政策的披露》(Disclosure of Accounting Policies)

SSAP No.2于1971年11月发布,2000年12月被FRS No.18取代。

《SSAP No.3——每股收益》(Earnings Per Share)

SSAP No.3于1972年2月发布,1998年10月被FRS No.14取代。

《SSAP No.4——政府补助会计》(Accounting for Government Grants)

英国《政府补助会计准则》最早是由改组前的ASC制定,并经过CCAB的批准,于1974年4月以SSAP No.4的名义发布。ASB成立以后,保留了原由ASC制定的SSAP No.4,但分别于1990年7月和1992年10月对SSAP No.4作了两次修改。修订后的SSAP No.4目前仍然有效,至今尚未被任何由ASB发布的FRS所取代。该准则由解释、名词定义、标准会计实务、英国和北爱尔兰的法律要求、爱尔兰共和国的

法律要求、对《IAS No.20——政府补助会计和对政府援助的披露》的遵守等,总共六大部分、合计41段所组成。SSAP No.4的主要内容包括准则的有关定义、对政府补助进行确认、计量、报告和披露等方面的基本要求。

《SSAP No.5——增值税会计》(Accounting for Value Added Tax)

英国于1972年7月27日通过了一项实行增值税制度的法案。1973年4月1日开始实施增值税(Value Added Tax,简称VAT),以取代购买税(Purchase Tax)和特别就业税(Selective Employment Tax)。增值税实施后,为了统一增值税的会计处理和信息披露,英国会计准则委员会(ASC)于1974年4月正式发布了SSAP No.5。SSAP No.5第10段规定:"该公告制定的会计实务应尽快采用,并作为从1974年1月1日或以后开始的会计期间的准则"。

《SSAP No.6——非常项目和前期调整》(Extraordinary Items and Prior Year Adjustments)

SSAP No.6于1974年4月发布,1986年8月进行修订,1992年10月被FRS No.3取代。

《SSAP No.7——货币购买力变动的会计处理》(Accounting for Changes in the Purchasing Power of Money)

SSAP No.7于1974年5月发布,1978年1月被废除。

《SSAP No.8——在公司报表中按估算制征税的会计处理》(The Treatment of Taxation Under the Imputation System in the Accounts of Companies)

SSAP No.8于1974年8月发布,1999年被FRS No.16取代。

《SSAP No.9——存货与长期合同》(Stocks and Long-term Contracts)

存货与长期合同核算在英国会计核算中占有重要地位,为增强会计实务的统一性,ASC在遵守英国《公司法》和北爱尔兰《公司法令》的基础上,遵守国际会计准则《IAS No.2——存货》和《IAS No.11——建造合同》的要求,于1975年3月发布了SSAP No.9,并于1980年8月和1988年9月先后两次对此进行了修订,最后一次修订的SSAP No.9从1988年7月1日起开始生效。ASB于2005年发布的FRED No.28建议以《IAS No.2——存货》和《IAS No.11——建造合同》以及《IAS No.18——收入》的部分篇幅取代SSAP No.9[①]。该准则的基本目的是对历史成本制度下存货的会计处理和长期合同相关的收入与成本的会计处理作出规定。其基本问题有两个:确定被确认为资产、并直到相关的收入确认时所新结转的成本金额;对合同收入与合同成

---

① 参阅:http://www.frc.org.uk/asb, 2011-03-12.

本在工程施工的各个会计期间内作出分配。该准则对一般的报告主体均适用,但应用《小型报告主体财务报告准则》的报告主体,可以豁免遵守该会计准则的要求。

《SSAP No. 10——资金来源与运用表》(Statement of Sources and Application of Funds)

SSAP No. 10 于 1975 年 7 月发布,1991 年 11 月被 FRS No. 1 取代。

《SSAP No. 11——递延税款会计》(Accounting for Deferred Tax)

SSAP No. 11 于 1975 年 8 月发布,1978 年 10 月被 SSAP No. 15 取代。

《SSAP No. 12——折旧会计》(Accounting for Depreciation)

SSAP No. 12 于 1977 年 12 月发布,1999 年 2 月被 FRS No. 15 取代。

《SSAP No. 13——研究与开发会计》(Accounting for Research and Development)

SSAP No. 13 于 1977 年 12 月发布,1989 年 1 月作重新修订,现今仍然有效。该准则规定了不适用该准则的两种例外情况:开采业中为确定和开发石油、天然气和矿产所发生的支出;应作为合同的在建工程进行处理的支出。

《SSAP No. 14——集团报表》(Group Accounts)

SSAP No. 14 于 1978 年 9 月发布,1992 年 2 月被 FRS No. 2 取代。

《SSAP No. 15——递延税款会计》(Accounting for Deferred Tax)

SSAP No. 15 于 1978 年 10 月发布,2000 年 12 月被 FRS No. 19 取代。

《SSAP No. 16——现行成本会计》(Current Cost Accounting)

SSAP No. 16 于 1980 年 3 月发布,1988 年 7 月被废除。

《SSAP No. 17——资产负债表日后事项会计》(Event After the Balance Sheet Date)

为了规范资产负债表日后事项的确认或披露,英国原 ASC 于 1980 年 8 月发布了 SSAP No. 17。该准则自发布起一直沿用至今,期间未经过任何修订。英国新的 ASB 在 1990 年成立并取代原先的 ASC 以后,发布了一系列 FRS 并陆续取代了原由 ASC 发布的 SSAP,但是 SSAP No. 17 至今尚未被任何 FRS 所取代。该准则第 26 段规定,除了当前适用《小型报告主体财务报告准则》的报告主体可豁免遵守本会计准则外,其他报告主体均应遵守该准则;第 27 段规定了该准则的生效日期,"该公告制定的会计实务应尽快采用,并应作为从 1980 年 9 月 1 日或以后开始期间的准则"。

《SSAP No. 18——或有事项会计》(Accounting for Contingencies)

SSAP No. 18 于 1980 年 8 月发布,1998 年 11 月被 FRS No. 12 取代。

《SSAP No. 19——投资性房地产会计》(Accounting for Investment Properties)

英国是最早制定投资性房地产准则的国家。英国会计准则委员会(ASC)于 1981

年 11 月发布了 SSAP No. 19,首次对投资性房地产作出了概念界定,并规定了投资性房地产会计和报告的标准实务。该准则于 1994 年 7 月曾进行过一次修订和补充,完善了有关投资性房地产价值重估方面的内容。

《SSAP No. 20——外币折算》(Foreign currency translation)

ASC 在 1983 年 4 月公布了 SSAP No. 20,该准则要求有关公司从 1983 年 4 月 1 日开始在财务报表中运用该准则,但对于应用《小型报告主体财务报告准则》的企业可以豁免遵守该准则的要求。1999 年 2 月,ASB 针对修改 SSAP No. 20 发布了征求意见稿,于同年 5 月将其收回①。该准则的目的在于使得外币交易和财务报表折算总体上在汇率变化时,产生对公司的现金流量和权益的影响相一致的结果,保证财务报表真实与公允。该准则确定了关于外币折算的标准会计实务,在公告中对外币折算业务应采纳的程序分两个阶段考虑,即单个公司财务报表的编制和合并财务报表的编制。它不涉及一个公司正常货币交易引起的汇兑损益的计算方法,也不涉及可分配利润的确定。该准则适用于按历史成本或现行成本法编制的财务报表,但不必用于非重要项目。

《SSAP No. 21——租赁和租购合同会计》(Accounting for Leases and Hire Purchase Contracts)

ASC 于 1984 年 8 月公布了 SSAP No. 21,在区分经营租赁和融资租赁的基础上,建立起相应的会计实务标准。在英国新的 ASB 成立并取代原先的 ASC 后,ASB 在 1997 年曾对 SSAP No. 21 进行过一次修订,修订后的 SSAP No. 21 至今仍然有效。该准则鼓励公司尽早采用该标准,并要求出租方和融资公司对在 1984 年 7 月 1 日开始或以后签订的,以及在 1984 年 7 月 1 日具有 5 年或 5 年以上实施期的租赁和租购合同的处理应以 SSAP No. 21 作为准则。对于承租方和租用方,则要求在 1987 年 7 月 1 日开始或之后会计期间的财务报表应用 SSAP No. 21 准则。该准则不适用于自然资源开发,比如石油、天然气、木材、铁和其他矿藏开发有关的租赁合同,也不适用于诸如电影、录像、剧本、文稿、专利、版权之类项目的许可适用协议。像所有其他的准则一样,该准则不必应用于非重要项目,因此,它仅仅与公司的大额租赁有关。

《SSAP No. 22——商誉会计》(Accounting for Goodwill)

SSAP No. 22 于 1984 年 12 月发布,1989 年 7 月修订,1997 年 12 月被 FRS No. 10 取代。

---

① 参阅:http://www.frc.org.uk/asb,2011-03-12.

《SSAP No. 23——收购与兼并》(Accounting for Acquisitions and Mergers)

SSAP No. 23 于 1985 年 4 月发布,1994 年 11 月被 FRS No. 6 取代。

《SSAP No. 24——养老金成本会计》(Accounting for Pension Costs)

SSAP No. 24 于 1988 年 5 月发布,1992 年 10 月修订,2000 年 11 月被 FRS No. 17 取代。

《SSAP No. 25——分部报告》(Segmental Reporting)

英国是提出分部报告要求最早的国家之一。1990 年 6 月,英国当时的 ASC 发布了 SSAP No. 25,并从 1990 年 7 月 1 日起生效。这也是 ASC 被新的 ASB 取代前发布的最后一份标准会计实务公告,它至今仍然有效,并未被 ASB 以后发布的任何 FRS 所代替。该准则的目的是为了帮助财务报表使用者:更好地了解企业的财务状况和经营结果,从而对其未来前景作出更好的评估;了解重要业务变化对整个企业业务的影响。所有的公司均应遵守该准则,而对于《公司法》没有作出要求,但准则作出的关于分部之间的营业额、地区分部成果、分部净资产、营业额来源地和联营企业方面的分部信息的披露要求,则适用于以下的报告主体:作为上市公司或有子公司为上市公司的报告主体;银行、保险公司或集团(根据 1985 年《公司法》第七部分定义);超过 1985 年《公司法》第 248 节定义的中等规模公司标准 10 倍的报告主体(中等规模公司标准不时会被法律文件所修订)。适用于《小型报告主体财务报告准则》的报告主体无须遵守该准则。

四、《财务报告准则》的主要内容

截至 2010 年 12 月 31 日,ASB 共发布了 30 号 FRS,其有关准则的内容如下。

《FRS No. 1——现金流量表》(Cash Flow Statements)

早在 1975 年 7 月,就由英国当时的 ASC 发布了《SSAP No. 10——资金来源与应用表》。1990 年 8 月,英国新的 ASB 成立并取代了 ASC 之后,于 1991 年 9 月,ASB 正式发布了 FRS No. 1,以此取代《SSAP No. 10——资金来源与运用表》。该准则的目的是:通过描述现金流量的重要组成部分,报告企业在一定期间内现金的产生和运用,以便对不同企业的现金流量业绩作出比较;提供有助于评价企业的流动能力、清偿能力和财务适应能力等方面的信息。

该准则适用于所有旨在对财务情况和损益(或收入与支出)情况提供真实和公允观点的财务报表,但以下单位的财务报表除外:90% 或以上的投票权被集团所控制的附属企业,但前提是能公开取得包括该附属企业的合并报表;共同人寿保险公司;养老金；符合某些特定条件的开放式投资基金；建筑互助协会，法律规定它需要按照规定的格式编制"资金来源与运用表"；小型报告主体（根据公司立法对小型公司作出的豁免）。

《FRS No. 2——附属企业会计》(Accounting for Subsidiary Undertakings)

1992年，ASB颁布了FRS No. 2，完成了对SSAP No. 14的检查，同时取消了《SSAP No. 14——集团报表》和《临时报表：合并报表》。2004年，根据1985年《公司法》以及国际会计会计准则的修改，ASB对FRS No. 2作了修改，并于2005年1月1日生效。该准则的目的是要求母公司通过编制合并财务报表，提供有关集团经济活动的财务信息，这些合并报表将母公司及其附属企业作为一个经济主体，反映其资产、负债以及经营成果等情况。

该准则适用于所有的母公司，不按《公司法》报告的母公司也应当遵守该准则的要求，除非该公司按《公司法》报告的法规不允许它遵守该准则。

《FRS No. 3——报告财务业绩》(Reporting Financial Performance)

FRS No. 3于1992年10月正式发布，并分别于1993年6月和1999年6月进行过修订，并且于2007年再次对其进行了修改，主要是为了适应IAS No. 21[①]。该准则的目的是规定属于该准则应用范围的所有报告主体披露财务业绩的范围，以便帮助使用者了解报告主体在这一期间取得的业绩，并为他们评价未来的成果和现金流量建立基础。

该准则适用于旨在真实和公允反映报告主体财务情况和一定期间损益（收益或支出）情况的所有财务报表。每一个报告主体均应遵守该准则的要求，除非另有法律框架不允许遵守这些要求。另外，该准则第12A段规定，对于应用当前适用《小型报告主体财务报告准则》的报告主体，可以豁免遵守该准则的要求。

《FRS No. 4——资本工具》(Capital Instruments)

ASB在1991年12月发布了一份《资本工具会计》讨论稿，然后在1992年12月发布了财务报告征求意见稿(Financial Reporting Exposure Draft，简称FRED)《FRED No. 3——资本工具会计》。根据对FRED No. 3中所提建议的讨论以及反馈意见，ASB在1993年12月正式发布FRS No. 4，于1994年6月22日生效。该准则的目的是确保财务报表对资本工具提供一种清晰、连贯并且一致的处理，尤其是关于资本工具在债务、非产权股票或产权股票之间的分类；按照与它们分类一致的方式处理有关工具的成本，并且在公允的基础上将可赎回工具的成本在工具发行以外的会计期间进

---

① 参阅 http://www.frc.org.uk/asb，2011-03-12.

行分配;此外,还要求财务报表提供关于企业的资金来源及相关成本、承诺及潜在承诺的性质和金额等方面的相关信息。

该准则适用于意在真实和公允反映报告主体财务状况和一定期间损益(收益或支出)情况的所有财务报表。小型报告主体可以豁免遵守该准则的要求。

《FRS No. 5——报告交易实质》(Reporting the Substance of Transactions)

1993 年 2 月,ASB 发布了《FRED No. 4——报告交易实质》。之后,ASB 吸纳了有关建议,于 1994 年 4 月正式发布了 FRS No. 5。FRS No. 5 发布后,分别在 1994 年 12 月和 1998 年 9 月进行了两次修订。该准则的目的是确保在报告主体的财务报表中报告其交易的实质,报告主体交易的商业影响以及所导致的任何资产、负债、利得或损失,都应在财务报表中作真实的呈报。

该准则适用于旨在真实与公允反映其财务情况和一定期间损益(或收益和支出)情况的报告主体的所有交易事项,包括单笔交易或协议安排,以及一组或一系列交易事项。但以下交易不属于该准则规范的内容,除非它们是属于该准则规范内容的交易中的一部分:远期合同和期货;外汇交易与利率互换;根据物价或指数的变动收付一笔净额的合同;付款承诺(诸如购买承诺)和订单,直至货物交付或支付现金较早的一个时间发生为止;雇佣合同。

《FRS No. 6——收购与兼并》(Acquisitions and Mergers)

1985 年 4 月,ASC 正式发布了《SSAP No. 23——收购与兼并会计》。由于 1989 年《公司法》提出兼并会计不适用于所有的企业合并事项,ASC 于 1990 年 2 月发布了第 48 号征求意见稿(Exposure Draft,简称 ED),目的在于将兼并会计严格限制在"真正"意义上的兼并活动中。之后,为了对 SSAP No. 23 作出修订,ASB 发布了 FRED No. 6,在此基础上,于 1994 年 9 月正式发布了 FRS No. 6,并以此取代了原由 ASC 发布的《SSAP No. 21——收购与兼并会计》。该准则的目的就是确保将兼并会计只应用于以下的企业合并:这类企业合并本质上不涉及一个报告主体对另一个报告主体的购买,而是形成了一个新的报告主体,并且参与合并的各方实际上处于一种平等的伙伴关系,谁也不是主导者。制定该准则的目的还包括:确保对所有其他形式的企业合并采用购买会计,并使财务报表能够反映有关合并影响的相关信息。

该准则适用于所有旨在真实与公允反映报告主体的财务状况和一定期间的损益情况的财务报表。

《FRS No. 7——购买会计中的公允价值》(Fair Values in Acquisition Accounting)

1978 年,ASC 发布了《SSAP No. 14——集团报表》,该公告没有对公允价值如何确定问题提供任何指导。1984 年,ASC 发布了《SSAP No. 22——商誉会计》,其中对公允价值的确定的指导仍然有限。1988年,ASC发布了一份讨论稿;紧接着,在1990年又发布了《ED No.53——购买会计过程中的公允价值》。ASB于1994年正式发布了FRS No.7,并于1994年12月23日起开始生效。

该准则的目的是保证当一个企业被另一个企业购买时,被购买企业在购买日存在的所有资产和负债均可以按反映它们当日实际状况的公允价值加以记录;并将购买企业取得的资产和负债的所有变化以及由于控制了被购买企业而获得有关所有损益作为购买后财务业绩的一部分予以报告。

《FRS No.8——关联方披露》(Related Party Disclosures)

1989年4月,ASC发布了《ED No.46——关联方交易的披露》。ASC被ASB取代后,在对ED No.46修订的基础上,于1994年3月发布了FRED No.8。在对FRED No.8广泛征求意见的基础上,ASB于1995年10月正式发布了FRS No.8,适用于1995年12月23日或以后日期开始的会计期间的财务报表。2008年,ASB再次对FRS No.8进行修订,对关联方进行了重新定义。该准则的目的是确保财务报表对关联方关系的存在以及它们之间的重要交易作出必要的披露,从而使人们对关联方关系及其交易可能对所报告的财务状况和经营成果产生的影响引起足够的注意。

该准则适用于旨在真实和公允反映财务状况和一定期间的损益(或收益和支出)情况的报告主体的所有财务报表。

《FRS No.9——联营与合营》(Associates and Joint Ventures)

1996年3月,ASB发布了《FRED No.11——联营与合营》,对ASC发布的《SSAP No.1——联营公司会计》作了全面的修订,在此基础上,于1997年11月发布了FRS No.9。作为较小的主体不必编写集团账户,原因是小主体财务报告准则的会计处理是个别主体的财务报表,而不是集团账目。因此,在FRS No.9中没有列入。该准则的目的是反映投资者在联营企业与合营企业中的权益对其财务状况和业绩的影响,对1998年6月23日或以后开始的会计期间的财务报表有效。

《FRS No.10——商誉与无形资产》(Goodwill and Intangible Assets)

1980年,ASC首先发布了一份关于商誉会计的讨论稿。1982年12月,ASC发布了《ED No.30——商誉会计》。1984年12月,ASC发布了《SSAP No.22——商誉会计》。1988年1月,ASC发布了《执行SSAP No.22的评估》,提出制定新的准则并取代SSAP No.22的计划。1990年,ASC发布《ED No.47——商誉会计》和《ED No.52——无形资产会计》,建议应对商誉与无形资产分别予以确认并在它们的估计使用年限内进行摊销。1993年,ASB发布了一份《商誉与无形资产》讨论稿,并于同年12月23日正式发布了FRS No.10,取代了《SSAP No.22——商誉会计》,从1998年12

月 23 日起生效。

该准则的目的,是将已经资本化的商誉与无形资产,在它们耗用期间的损益表中计入费用;在财务报表中充分披露相关信息,以便帮助报表使用者确定商誉与无形资产对报告主体的财务状况和业绩产生的影响。

《FRS No. 11——固定资产和商誉的减值》(Impairment of Fixed Assets and Goodwill)

ASB 在 1997 年 12 月发布了《FRS No. 10——商誉与无形资产》,对商誉和无形资产的可收回金额重新检查等问题进行了规定,然后又发布了一系列有关资产减值会计准则的讨论意见,包括《有形固定资产减值》的讨论稿、《FRED No. 12——固定资产和商誉的减值》等。最后,在有关讨论稿反馈意见的基础上,ASB 于 1998 年 7 月正式发布了 FRS No. 11,对有关固定资产和商誉减值的会计处理作出了规范,并从 1998 年 12 月 23 日起开始生效。

该准则有三个目的:确保固定资产和商誉在资产负债表中按照不高于它们可收回金额的数值加以记录;确保由此产生的任何减值损失能够按一致的基础加以确认和计量;确保在财务报表中披露充分的信息,以便使财务报表使用者能够理解减值对报告主体财务状况和财务业绩的影响。

《FRS No. 12——准备、或有负债和或有资产》(Provisions, Contingent Liabilities and Contingent Assets)

ASB 先在 1995 年 11 月发布了一份关于准备的讨论稿;然后在 1997 年 6 月发布了《FRED No. 14——准备和或有事项》;随后,ASB 又与 IASC 联合研究和开发,制定了《FRS No. 12——准备、或有负债和或有资产》,于 1998 年 9 月正式发布,取代了 SSAP No. 8,并从 1999 年 3 月 23 日起生效。2005 年 7 月,ASB 发布了 FRED No. 39,提出了对 FRS No. 12 的修改建议。

该准则的目的是为了确保对准备、或有负债和或有资产采用恰当的确认标准和计量基础,并在财务报表附录中提供充分的信息,以便使财务报表使用者能够理解它们的性质、时间和金额。

《FRS No. 13——衍生与其他金融工具:披露》(Derivatives and other Financial Instruments: Disclosures)

ASB 在 1996 年 7 月发布了一份宽范围的《衍生金融工具和其他金融工具》讨论稿,在此基础上于 1997 年 4 月发布了《FRED No. 13——衍生工具与其他金融工具:披露》。在对 FRED No. 13 进行了讨论和修改的基础上,ASB 于 1998 年 9 月正式发布了 FRS No. 13,并对 1999 年 3 月 23 日或此日以后结束的会计期间的财务报表有效。

该准则的目的是使财务报表使用者了解企业的风险组合状况以及对风险的管理情况。

《FRS No. 14——每股收益》(Earnings per Share)

ASC 于 1972 年 2 月发布了《SSAP No. 3——每股收益》,以满足对披露每股收益标准会计实务的需要。1974 年为了适应英国税制改革的需要,ASC 对 SSAP No. 3 作了一次修订,随后 ASB 在发布自己的财务报告准则之前,保留了 ASC 于 1974 年修订的 SSAP No. 3。ASB 发布了 FRED No. 16,建议采用与 IAS No. 33 一致的关于每股收益的总体原则、计算方法和披露要求,在 FRED No. 16 的基础上,ASB 于 1998 年 10 月正式发布了 FRS No. 14,并取代了 SSAP No. 3。

该准则的目的是通过规范纳入每股收益和每股其他金额计算中的股数的确定方法,以及通过规范其呈报,提高不同企业在同一期间以及同一企业在不同期间的业绩的可比性。

《FRS No. 15——有形固定资产》(Tangible Fixed Assets)

ASC 发布的《SSAP No. 12——折旧会计》对有形固定资产的折旧作了规定,但是有些仍然需要修改,例如,许多企业在有形固定资产增值或被修理翻新时,采用不计提折旧的会计处理方法。对此,ASB 先发布了一份题为《有形固定资产的计量》讨论稿,然后又发布了《FRED No. 17——有形固定资产的计量》,在对 FRED No. 17 所提建议的基础上,ASB 于 1999 年 2 月正式发布了 FRS No. 15。FRS No. 15 对在 2000 年 3 月 23 日或以后日期结束的会计期间的财务报表有效。2005 年 8 月,对 FRS No. 15 作了新的修改。

该准则的目的在于,确保将一致性原则运用在有形固定资产的初始计量中;当一个企业在选择对有形固定资产进行重估价时,能在一致的基础上进行估价并保持更新,同时将重估价的利得和损失按一致的基础予以确认;将有形固定资产的折旧按一致的方式进行计算,并随资产的经济利益在其经济适用寿命内的逐期消耗而予以确认;在财务报表中充分披露信息,使用户明白企业在有形固定资产的初始计量、估价和折旧等方面所采用的会计政策对其财务状况和经营成果的影响。

《FRS No. 16——本期税款》(Current Tax)

1974 年 8 月,ASC 发布了《SSAP No. 8——在公司报表中按估算制征税的会计处理》。20 世纪 90 年代后,英国对税收制度作了重大变动,这些变动导致了对 SSAP No. 8 的必要修改。1997 年 10 月,ASB 发布了一份征求意见稿,对修订 SSAP No. 8 提出了若干建议,随后于 1999 年 6 月发布了《FRED No. 18——本期税款》。在此基础上,ASB 于 1999 年 12 月正式发布了 FRS No. 16,并以此取代了原由 ASC 发布的 SSAP No. 8。

该准则的目的是确保会计报告主体能够按一贯性原则和明晰性原则确认本期税款。

《FRS No. 17——退休福利》(Retirement Benefits)

在 FRS No. 17 发布前,《SSAP No. 24——养老金成本会计》存在着一些问题,针对这些问题,ASB 于 1995 年 6 月发布了讨论稿《雇主财务报表中的养老金成本》阐述了养老金成本核算的两种对立方法——精算法和市价法。为了与国际会计准则保持一致,ASB 在 1998 年 7 月发布的《养老金的会计处理(讨论稿)》中认为应采用市价法。ASB 于 1999 年 11 月发布了《FRED No. 20——退休福利》,在此基础上于 2000 年 11 月发布了 FRS No. 17,取代 SSAP No. 24。2005 年 7 月,ASB 发布 FRED No. 39,提出对 FRS No. 17 的修改建议,并于 2006 年对其进行了修改。

该准则的目的在于,在财务报表上,按公允价值反映雇主退休福利义务所产生的资产和负债以及所建立的有关基金;在雇员获得退休福利的会计期间,确认向雇员提供该退休福利的营业成本,并在有关财务费用以及资产和负债价值发生变动的会计期间确认其变动;在财务报表上,对提高退休福利的成本及有关的利得、损失、资产和负债作适当的披露。

《FRS No. 18——会计政策》(Accounting Policies)

1971 年 11 月,英国当时的会计准则制定机构——会计准则筹划委员会(ASSC)发布了《SSAP No. 2——会计政策的披露》。1999 年 12 月,ASB 发布了财务会计原则公告,该公告认为 SSAP No. 2 中的一些基本会计概念已经不妥。于是 ASB 在 1999 年 12 月发布了《FRED No. 21——会计政策》,经过多次对 FRED No. 21 征求意见和讨论,ASB 于 2000 年 12 月正式发布了 FRS No. 18,并取代了 SSAP No. 2。

该准则的目的在于,使报告主体采用最适合其特定情况的会计政策,以保证财务报表的真实与公允。

《FRS No. 19——递延税款》(Deferred Tax)

FRS No. 19 是在 1978 年开始实行的《SSAP No. 15——递延税款会计》的基础上发展而来的。1995 年 ASB 决定修改 SSAP No. 15,发布了一份《税务会计》讨论稿,决定采用"全面分摊法"取代由 SSAP No. 15 规定的"部分分摊法"来核算递延税款,但当时这一建议并未获得广泛支持。ASB 又于 1999 年 8 月发布了《FRED No. 19——递延税款》,重申用"全面分摊法"取代"部分分摊法",并建议放弃"流尽法会计处理"和"暂时性差异法",而采用"增加负债法"。在对 FRED No. 19 进行广泛征求意见和充分讨论的基础上,ASB 于 2000 年 12 月正式发布了《FRS No.19——递延税款》,并于 2002 年 1 月 23 日起实施。

该准则有两大目的:确保在财务报表中将过去交易和事项的未来纳税后果确认为负债或资产;确保财务报表披露一切可能影响未来税款费用的其他特殊情况。

《FRS No. 20——以股份为基础的支付》(Share-based Payment)

FRS No. 20 于 2004 年 4 月发布,它要求英国的公司在财务报表中确认以股份为基础支付给雇员、管理者或是服务的提供商的数额。该准则规定英国的上市公司从 2005 年 1 月 1 日起实施,非上市公司则从 2006 年 1 月 1 日起开始执行。

《FRS No. 21——资产负债表日后事项》(Events after the Balance Sheet Date)

FRS NO. 21 于 2004 年 5 月 20 日发布,从 2005 年 1 月 1 日起开始实施。它取代了《SSAP No. 17——资产负债表日后事项会计处理》,对 IAS No. 10 在英国的实施也有影响。

该准则的目的是要求公司根据资产负债表日后事项对报表进行调整,同时对财务报告公布日期及日后事项的发生日期进行披露。准则还要求如果资产负债表日后事项表明公司的持续经营能力出现问题时财务报告不应当在持续经营的基础上进行编制。

《FRS No. 22——每股收益》(Earnings per share)

FRS No. 22 于 2004 年 12 月发布用于代替 FRS No. 14,是英国一般公认会计原则与国际通用会计准则趋同项目的一部分,主要内容与 2003 年修订的 IAS No. 33 相同。

该准则只适用于公开交易或选择披露每股收益的公司。该准则要求持续经营的主体必须在损益表中披露基本每股收益和稀释每股收益,没有持续经营能力的主体可以选择在报表或是附注中进行披露。而 FRS No. 14 只对基本每股收益披露进行了强制要求。

《FRS No. 23——汇率变化的影响》(The Effects of Changes in Foreign Exchange Rates)

FRS No. 23 于 2004 年 12 月发布,取代了原来的 SSAP No. 20,由于 SSAP No. 20 与 IAS No. 21 几乎在同一时间发布,所以两者非常相近。FRS23 从现行的 IAS No. 21 中吸收了很多思想,所以 FRS No. 23 与 SSAP No. 20 相比,没有发生根本的变动,只是细节上有一些变化。该准则只适用于采用了 FRS No. 26 的公司。

《FRS No. 24——剧烈通货膨胀经济中的财务报告》(Financial Reporting in Hyperinflationary Economies）

FRS No. 23 于 2004 年 12 月发布，从 2005 年 1 月 1 日起生效。它与 IAS No. 26 完全相同。

《FRS No. 25——金融工具：披露和列报》（Financial Instruments：Disclosure and Presentation）

FRS No. 25 于 2004 年发布，2010 年 1 月修订，并于 2010 年 2 月起实施。鼓励提前采用。该准则的目的是确定金融工具列报的内容，包括金融工具列示及其披露。

《FRS No. 26——金融工具：确认和计量》（Financial Instruments：Recognition and Measurement）

FRS No. 26 于 2004 年发布，分别在 2005 年 10 月、2006 年 4 月、2008 年 10 月、2008 年 11 月和 2009 年 9 月进行修订，修订后自 2009 年 12 月 31 日起实施，鼓励提前采用。最后一次修订的内容是嵌入式衍生工具。该准则的目的是为金融工具的确认和计量提供原则。

《FRS No. 27——人寿保险》（Life Assurance）

FRS No. 27 于 2004 年发布，并于 2007 年 12 月 23 日起实施。该准则的目的是要求计量并披露与寿险业务相关的资产和负债，并披露有关主体进行寿险业务的财务实力。适用于所有的人寿保险公司，包括人寿再保险业务。

《FRS No. 28——对应金额》（Corresponding Amounts）

FRS No. 28 主要是规范在财务报表和附注中对可比信息的披露，于 2005 年 10 月 10 日发布。要求公司在报表及附注中披露可比期间的信息[①]。

《FRS No. 29——金融工具：披露》（Financial Instruments：Disclosures）

FRS No. 29 于 2005 年 12 月发布，分别于 2008 年 10 月和 2009 年 5 月进行修订，修订后对 2009 年 1 月 1 日起实施。FRS No. 25、FRS No. 26 和 FRS No. 29 这一组准则是在英国实施 IAS No. 32、IAS No. 39 及 IFRS No. 7 的规定。该准则的目的为金融工具的披露提供标准。

《FRS No. 30——文化资产》（Heritage Assets）

FRS No. 30 于 2009 年发布，自 2010 年 4 月 1 日起实施。鼓励提前采用。该准则的目的是应用于主体拥有和持有的所有的文化资产，将这些资产在资产负债表上列报其价值和成本。文化资产具有历史的、科学的、地理的或环境的特征。

---

① FRS No. 28——对应金额（Corresponding Amounts），在 ASB 发布的其他准则中有时也称为"可比数据"（comparative figures）或"可比信息"（comparative information），主要涉及在财务报表或附注中披露的数据，其可比信息的调整问题。

五、《小型报告主体财务报告准则》的主要内容

ASB 于 1997 年 11 月首次正式发布了《小型报告主体财务报告准则》(Financial Reporting Standard for Smaller Entities,简称 FRSSE),并于 1998 年 12 月和 2000 年 3 月对它作了修订。FRSSE 适用于所有旨在真实和公允反映财务状况、经营成果以及现金流量情况的小型报告主体的财务报表。

FRSSE 是为了减轻小型报告主体的负担,简化小型报告主体的会计处理方法而制定的。ASB 从 20 世纪 90 年代中期起就开始研究 FRSSE,并于 1997 年 11 月首次正式发布了 FRSSE。至今 FRSSE 分别于 1998 年、1999 年、2001 年及 2004 年进行过 4 次修订。FRSSE 实际上是英国会计准则的简化版本,它的要求虽然比会计准则的要求低。遵守 FRSSE 的小型报告主体可以豁免遵守英国具体会计准则(即 SSAP 与 FRS)以及《UITF 摘要》的要求。但是 FRSSE 对小型报告主体设立了严格的确定标准,并且明确指出 FRSSE 不适用于以下报告主体:大中型公司、集团和其他报告主体;上市公司;银行、建筑互助协会或保险公司等①。

六、《紧急问题工作小组摘要》

《紧急问题工作小组摘要》(Urgent Issues Task Force Abstracts,简称 UITF Abstracts)是由 ASB 发布的关于紧急问题工作小组对某些特殊问题形成的一致意见摘要。制定和发布《UITF 摘要》的主要目的是:规范当现有的会计准则或有关会计立法对某些重要会计问题的处理存在不尽如人意或矛盾之处时,采用什么样的会计处理方法。截至 2010 年 12 月 31 日,ASB 已陆续发布了 48 项《UITF 摘要》。已发布的《UITF 摘要》只要没有被新的会计准则所取代或被取消,就必须如同遵守 SSAP 与 FRS 那样被遵守。UITF 的主要作用,是协助 ASB 解释不令人满意或相互矛盾的规定内容并制定会计准则或公司法。

主要参考文献

[1] 常勋. 国际会计研究[M]. 北京:中国金融出版社,2005.

---

① 汪祥耀. 英国会计准则的演进与最新发展[J]. 财经论丛,2002(2):58.

［2］汪祥耀,邓川等.英国会计准则研究与比较[M].上海:立信会计出版社,2002.

［3］http://www.frc.org.uk/asb,2011-03-12.

(初稿执笔人:孙清亮)

CICA 的《加拿大特许会计师手册》
(CICA Handbook)

一、《加拿大特许会计师手册》概述

加拿大特许会计师协会(Canadian Institute of Chartered Accounting,简称 CICA/CA)是加拿大全国性影响最大的会计职业团体。CICA 成立于 1902 年,在 20 世纪 30 年代末就建立了研究和负责制定会计准则的机构。1941 年,在原机构基础上成立了会计研究委员会,其重要活动之一就是发布"建议书",这种建议书相当于公认会计准则,最后被汇集在《加拿大特许会计师手册》(CICA Handbook)中,它是指导特许会计师进行会计实务的重要文件。

《加拿大特许会计师手册》最早于 1968 年 12 月发布,发布后即受到加拿大联邦、各省政府以及产业界的支持,加拿大公认会计原则是该手册的主要内容。除此之外,该手册还包括通用实务准则、行业实务准则、会计指南、应急问题委员会的问题摘编、国际会计准则、其他国家的权威性公告、加拿大特许会计师协会的研究论文,以及各种会计教材和杂志简介等。

2005 年 4 月,加拿大会计准则委员会(Accounting Standards Board,简称 AcSB)发布了新的会计准则①,这些准则是关于金融工具、套期和全面收益的确认、计量和披露问题,以及会计手册中的许多重大问题的修改,其对报告期自 2006 年 10 月 1 日或以后开始的中期和年度财务报表生效。2008 年 9 月,加拿大会计准则委员会宣布,《1300——差异性报告》中定义的非公共责任的企业不需要采用新准则,这个例外不适用于非营利组织。会计手册强调的是原则性规则,而不是详细规则。

---

① 因其与英国的 ASB 同名,故用 AcSB(刘峰,葛家澍.《会计理论——关于财务会计概念结构的研究》[M].北京:中国财政经济出版社,2003:77.)。

二、《加拿大特许会计师手册》中会计准则的主要内容

现《加拿大特许会计师手册》中有关会计准则的内容如下(没标明日期的准则是自 1968 年 1 月 1 日或以后日期开始生效)。

(一) 一般会计准则

1000　财务报告概念(Financial Statement Concepts)(2005 年 4 月已修订)

1100　一般公认会计准则(Generally Accepted Accounting Principles)(建立了与公认会计准则相协调的财务报告标准)

1300　差异性报告(Differential Reporting)

1400　编送财务报表的一般准则(General Standards of Financial Statement Presentation)

1500　首次采纳(First-time Adoption)

1501　国际会计准则(International Accounting Standards)(于 2003 年 6 月被撤回)

1505　会计政策的披露(Disclosure of Accounting Policies)

1506　会计变更(Accounting Changes)

1508　不确定性项目计量(Measurement Uncertainty)

1510　流动资产和流动负债(Current Assets and Current Liabilities)

1520　损益表(Income Statement)

1521　资产负债表(Balance Sheet)

1530　全面收益(Comprehensive Income)

1535　资本披露(Capital Disclosures)

1540　现金流量表(Cash Flow Statement)

1582　企业合并(Business Combinations)

1590　子公司(Subsidiaries)

1601　合并财务报表(Consolidated Financial Statements)

1602　少数股东权益(Non-controlling Interests)

1625　资产与负债的全面重估(Comprehensive Revaluation of Assets and Liabilities)

1651　外币折算(Foreign Currency Translation)

1700　分部信息(Segmented Information)(于1997年7月,被第1701章替代)

1701　分部披露(Segmented Disclosures)

1750　对股东的中期报表(Interim Financial Reporting to Shareholders)(于2000年9月,被第1751章替代)

1751　中期财务报告(Interim Financial Reporting to Shareholders)(适用于公共企业,于2001年1月1日执行)

1800　非法人企业(Unincorporated Businesses)

(二) 个别事项会计准则

3000　现金(Cash)

3010　短期投资(Temporary Investments)(于2005年4月被撤回)

3020　应收票据和账款(Accounts and Notes Receivable)(于1979年6月和1995年2月进行了修订)

3025　贷款减值(Impaired Loans)

3031　存货(Inventories)(2007年6月发布,对报告期自2008年1月1日或以后日期开始的中期或年度财务报表适用,2008年1月修订)

3040　预付费用(Prepaid Expenses)

3050　长期投资(Long-term Investments)(于2005年4月,被第3051章替代)

3051　投资(Investments)(于1973年1月、1978年8月、1992年1月、1996年4月、2002年1月、2004年1月和2006年10月修订)

3055　合资企业中的利润(Interests in Joint Ventures)(1995年1月、2002年1月和2006年10月修订)

3060　资本资产(Capital Assets)(于2001年9月,被第3061和第3062章替代)

3061　财产、工厂和设备(Property, Plant and Equipment)(1990年12月修订)

3062　商誉和其他无形资产(Goodwill and Other Intangible Assets)(于2003年4月修订,2008年2月被第3064章替代)

3063　长期资产减值准备(Impairment of Long-lived Assets)

3064　商誉和无形资产(Goodwill and Intangible Assets)(于2002年1月、2003年1月和2008年10月修订)

3065　租赁(Leases)

3070　递延费用(Deferred Charges)

3110　资产处置损失(Asset Retirement Obligations)

3210　长期负债(Long-term Debt)

3240　股本(Share Capital)

3251　权益(Equity)

3260　资本公积(Reserves)

3280　契约债务(Contractual Obligations)

3290　偶发事项(Contingencies)

3400　收入(Revenue)

3450　研究开发费(Research and Development Costs)(于 2008 年 6 月,被第 3064 章替代)

3460　年金费用(Pension Costs and Obligations)(于 1999 年 3 月,被第 3461 章替代)

3461　员工远期收益(Employee Future Benefits)

3465　所得税(Income Taxes)

3470　公司所得税(Corporate Income Taxes)(于 1997 年 12 月,被第 3465 章替代)

3471　公司所得税——追加事项(Corporate Income Taxes Additional Areas)(于 1997 年 12 月,被第 3465 章替代)

3475　长期资产报废和经营终止(Disposal of Long-lived Assets and Discontinued Operations)

3480　非常项目(Extraordinary Items)

3500　每股盈利(Earnings Per Share)

3600　前期损益调整(Prior Period Adjustments)(于 1996 年 3 月被撤回)

3610　资本交易事项(Capital Transactions)

3800　政府补助金会计(Government Assistance)

3805　投资减税(Investment Tax Credits)

3820　期后事项(Subsequent Events)

3831　非货币性交易(Non-monetary Transactions)

3840　关联交易(Related Party Transactions)

3841　经济依赖性(Economic Dependence)

3850　利息资本化(Interest Capitalized)

3855　金融工具:确认和计量(Financial Instruments — Recognition and Measurement)(这一节进行了修订,允许在特定情形下,将一项交易性金融资产或可供出售

金融资产重新分类。这项修订于 2008 年 7 月 1 日执行）

　　3861　金融工具：披露及呈报（Financial Instruments — Disclosure and Presentation）

　　3862　金融工具：披露（Financial Instruments — Disclosures）（这些章节已修订，当一个会计主体在修订后的第 3855 章中所指明的情形下，对交易性或可供出售金融资产进行重新分类，要求建立信息披露制度。这些适用于重分类的要求于 2008 年 7 月 1 日执行）

　　3863　金融工具：呈报（Financial Instruments — Presentation）（这些章节已经修正，允许非营利性组织，特别是合作企业和利率管制的企业采用第 3861 章的金融工具——披露及呈报，替换第 3862 和第 3863 章）

　　3865　套期（Hedges）

　　3870　股票期权（Stock-based Compensation and Other Stock-based Payments）

（三）特殊事项会计准则

　　4000　公司情况综合书面介绍（Prospectuses）（公司注册用，于 1999 年 12 月被撤回）

　　4100　养老金计划（Pension Plans）

　　4210　寿险企业——具体项目（Life Insurance Enterprises—Specific）（于 2005 年 4 月，被第 4211 章替代）

　　4211　寿险企业（Life Insurance Enterprises）

　　4250　以未来为导向的财务信息（Future-oriented Financial Information）

　　4400　非营利组织财务报表的编制（Financial Statement Presentation by Not-for-profit Organizations）

　　4410　捐款收入确定（Contributions — Revenue Recognition）

　　4420　应收捐款（Contributions Receivable）

　　4430　非营利组织持有的有形资本资产（Tangible Capital Assets Held by Not-for-profit Organizations）

　　4431　非营利组织持有的无形资产（Intangible Assets Held by Not-for-profit Organizations）

　　4440　非营利组织控制的集团（Collections Held by Not-for-profit Organizations）

　　4450　被非营利组织控制或与其相关的主体的报告（Reporting Controlled and

Related Entities by Not-for-profit Organizations)

4460 非营利组织关联方交易的披露(Disclosure of Related Party Transactions by Not-for-profit Organizations)

4470 非营利组织费用分配披露(Disclosure of Allocated Expenses by Not-for-profit Organizations)

(四) 补充财务信息

物价变动影响的披露

主要参考文献

[1] 财政部赴加拿大培训考察团.加拿大注册会计师行业管理及会计审计准则的国际协调[J].会计研究,2006(5):80-85.

[2] 温若菲.加拿大会计准则趋同现状[J].财政监督,2007(2):69.

[3] 许家林,龚翔.中国会计准则体系建设:发展·比较·协调[M].上海:立信会计出版社,2006.

[4] 许家林.会计理论[M].北京:中国财政经济出版社,2008.

[5] 张五新,黄旭.风格独特的加拿大会计[J].财会月刊,2001(4):40-41.

[6] CICA Handbook-Accounting Highlight Summary No.52, Devember 2008.

[7] http://www.douglas.bc.ca/library/period/CICA_Handbook.html,2011-10-20.

[8] http://www.cica.ca,2011-03-12.

[9] https://www.knotia.ca/Information,2011-07-20.

(初稿执笔人:龙 娟 熊 黎)

AASB 的《澳大利亚会计准则》
（AASB）

一、澳大利亚会计准则概述

1989年，澳大利亚国会通过了证券委员会法案，该法案决定成立澳大利亚会计准则委员会(Australian Accounting Standards Board，简称 AASB)，对公司主体的会计工作进行指导，制定和发布适用于公司主体的会计准则。AASB 依据证券委员会法案进行准则的制定工作，并受财务报告委员会(Financial Reporting Council，简称 FRC)的监督。

AASB'S 的作用和权威由澳大利亚证券和投资委员会法案(Australian Securities and Investments Commission Act)(2001)227号规定授予，由于澳大利亚《公司法》赋予了会计准则强制性的法律地位，故其不仅具有法律效力，而且具有强制执行力，所有公司主体必须严格遵循。

由于20世纪90年代澳大利亚一直由 AASB 和公共部门会计准则委员会(Public Sector Accounting Standards Board，简称 PSASB)两个机构制定两套准则，因而制定的大部分准则，即公司制企业适用的 AASB 准则和非公司制报告主体适用的澳大利亚会计准则(Australian Accounting Standard，简称 AAS)大都沿用至今，但2000年后新组建的 AASB 发布的准则适用于澳大利亚境内所有类型的报告主体。以前 PSASB 颁布的 AAS 将逐渐被 AASB 的新准则所修订或替代。

澳大利亚法律规定，当 AASB'S 与《公司法》有关会计规定相冲突时，执行《公司法》的规定。现行有效的澳大利亚会计准则，除了没被废止或取代的 AAS 准则外，包括2000年前由原 AASB 发布的以及2000年1月后由新 AASB 发布的 AASB 准则。现在 AASB 颁布的会计准则体系，依据法律效力不同，分为四个层次。

二、正在生效会计准则的主要内容

截至 2010 年 12 月 31 日,已发布和修订的 AASB 准则共有 49 项,它们依次是以下三类。

(一) 对应国际财务报告准则的澳大利亚会计准则

《AASB No. 1——首次采用等效于国际财务报告准则的澳大利亚会计准则》(First-time Adoption of Australian Equivalents to International Financial Reporting Standards)

AASB No. 1 是 AASB 于 2004 年 12 月颁布的,AASB 根据 IASB 对有关准则的修订而修订了该准则。2010 年 10 月,对本准则进行修订,修订后对 2011 年 1 月 1 日或以后日期的会计年度生效。AASB No. 1 是 AASB 准则 1~99 系列的第一个,1~99 系列的 AASB 准则与其他系列的 AASB 准则在体例上有所不同,它由准则正文、应用指南和结论基础组成。

《AASB No. 2——以股份为基础的支付》(Share-based Payment)

AASB No. 2 是 AASB 于 2004 年 7 月颁布的,于 2009 年 7 月修订,对 2010 年 1 月 1 日或以后日期的会计年度生效。AASB 还要求主体在应用该准则时遵照 AASB No. 1031"重要性"的规定。制定该准则的目的是规范主体在发生以股份为基础的支付交易的情况下,如何编制其财务报表。特别是,它要求主体在其损益表和财务状况报表中反映以股份支付为基础的支付交易的影响,包括授予雇员股票期权的相关费用。

《AASB No. 3——企业合并》(Business Combinations)

AASB No. 3 是 AASB 于 2004 年 12 月公布的,于 2010 年 10 月修订,对 2011 年 1 月 1 日或以后日期的会计年度生效。AASB 还要求主体在应用该准则时遵照 AASB No. 1031 于 2005 年 1 月 1 日或以后开始的会计年度生效。该准则以 IFRS No. 3 为基础,结合本国的实际情况加以适当修改,把原来的《AASB No. 1015——资产购置》改为《AASB No. 3——企业合并》。制定该准则的目的是对主体发生企业合并时的财务报告做出规定,规定所有的企业合并都应该运用购买法进行会计处理。

《AASB No. 4——保险合同》(Insurance Contracts)

AASB No. 4 是 AASB 于 2004 年 7 月公布的,于 2010 年 10 月修订,对 2011 年 1

月1日或以后的会计年度生效。该准则与《AASB No. 1023——普通保险合同》和《AASB No. 1038——人寿保险合同》的目的在于在 AASB 和 IASB 完成保险项目的第二阶段之前,规范所有签发保险合同主体(即承保人)对保险合同的财务报告。

《AASB No. 5——持有以备出售的非流动资产和终止经营》(Non-current Assets Held for Sale and Discontinued Operations)

AASB No. 5 是 AASB 于 2004 年 7 月公布的,于 2010 年 10 月修订,对 2011 年 1 月 1 日或以后日期的会计年度生效。于 2005 年 1 月 1 日或以后开始的会计年度生效,以此取代了《AASB No. 1042——终止经营》。制定该准则的目的是对持有以备出售的资产的会计处理,以及对终止经营的列报和披露做出规范。

《AASB No. 6——矿产资源勘探和评价》(Exploration for and Evaluation of Mineral Resources)

AASB No. 6 是应采用国际会计准则的要求而发布的,于 2007 年 12 月修订,对 2009 年 1 月 1 日或以后的会计年度生效。AASB No. 6 将取消 1998 年 10 月 30 日发布的《AASB No. 1022——采掘行业的会计处理》和 1989 年 11 月发布的《AAS No. 7——采掘行业的处理》。但是,AASB No. 1022 和 AAS No. 7 在被 AASB No. 6 取代以前仍可以适用。制定该准则的目的在于规范矿产资源勘探和评价的财务报告。

《AASB No. 7——金融工具:披露》(Financial Instruments:Disclosures)

AASB No. 7 是 AASB 于 2005 年 8 月公布的,于 2010 年 6 月修订,对 2011 年 1 月 1 日或以后的会计年度生效。该准则要求会计主体在财务报告中披露信息以使财务报告使用者评价:金融工具对主体的财务状况及业绩的影响的重要性;在报告期间及报告日,金融工具产生的风险的性质和程度,以及主体如何应对该风险。该准则中的原则与《AASB No. 132——金融工具:列报》和《AASB No. 139——金融工具:确认与计量》中的原则共同构成了金融资产和金融负债的确认、计量和列报的原则。

《AASB No. 8——经营分部》(Operating Segments)

AASB No. 8 是 AASB 于 2007 年 2 月公布的,于 2009 年 12 月修订,对 2011 年 1 月 1 日或以后的会计年度生效。由于 AASB 正在实施采纳 IASB 准则的政策,因此决定发布部门中立的准则(即同时适用于营利性主体和非营利性主体的准则)。但是该准则背离了这一目的,因为该准则中的规定仅适用于已经或正在公开市场上发行债务或权益证券的营利性报告主体。而 AASB No. 114 适用于所有营利性报告主体。

《AASB No. 9——金融工具》(Financial Instruments)

AASB No. 9 是 AASB 于 2010 年 12 月公布的,对 2013 年 1 月 1 日或以后的会计年度生效。

《AASB No. 101——财务报表的列报》(Presentation of Financial Statements)

AASB No. 101 是应采用国际会计准则的要求而发布的,于 2010 年 10 月修订,对 2011 年 1 月 1 日或以后的会计年度生效。该准则生效取代了 AAS No. 6、AAS No. 23、AAS No. 36、AAS No. 37、AASB No. 1001、AASB No. 1004、AASB No. 1034 和 AASB No. 1040。制定该准则的目的是为了规定通用财务报表的编制基础,以确保主体自身的财务报表与前期的财务报表以及与其他主体的财务报表相互可比。

《AASB No. 102——存货》(Inventories)

AASB No. 102 是应采用国际会计准则的要求而发布的,AASB 于 2004 年 7 月正式颁布了一个与《IAS No. 2——存货》趋同的澳大利亚会计准则《AASB No. 102——存货》,于 2009 年 6 月修订,对 2009 年 1 月 1 日或以后的会计年度生效。该准则从 2005 年 1 月 1 日开始取代 AASB No. 1019。《AASB No. 102——存货》从总体上对历史成本制度下存货的处理做出了规定,主要包括存货资产的确认和计量以及对存货成本的结转。

《AASB No. 107——现金流量表》(Cash Flow Statements)

AASB 于 2003 年 12 月的会议上通过了与 IAS No. 7 趋同的待批准准则《AASB No. 107——现金流量表》。2004 年 7 月,AASB 正式颁布了该准则,于 2010 年 10 月修订,对 2011 年 1 月 1 日或以后的会计年度生效。该准则生效后将取代原《AASB No. 1026——现金流量表》和《AAS No. 28——现金流量表》。制定该准则的目的是要求主体通过现金流量表,提供其现金和现金等价物过去变动情况的信息,从而有助于财务报表使用者评价主体产生现金流量和现金等价物的能力,并了解主体是如何使用这些现金和现金等价物的。

《AASB No. 108——会计政策、会计估计变更和差错》(Accounting Policies, Changes in Accounting Estimates and Errors)

AASB No. 108 是应采用国际会计准则的要求而发布的,于 2009 年 12 月修订,对 2011 年 1 月 1 日或以后的会计年度生效,生效后将取代 AAS No. 6 和 AASB No. 1001。制定该准则的目的是对选择和变更会计政策的标准,以及会计政策变更、会计估计变更和差错更正的会计处理和披露做出了规定,以便于加强一个主体财务报表的相关性和可靠性。

《AASB No. 110——资产负债表日后事项》(Events after the Balance Sheet Date)

AASB No. 110 是应采用国际会计准则的要求而发布的,AASB 于 2004 年 7 月正式颁布了一个与《IAS No. 10——资产负债表日后事项》趋同的澳大利亚会计准则《AASB No. 110——资产负债表日后事项》,于 2009 年 12 月修订,对 2011 年 1 月 1 日或以后的会计年度生效,准则生效后取代 AASB No.1002。制定该准则的目的是为了规范主体应在何时就报告日后事项调整其财务报表,以及主体应对财务报表批准日和报告日后事项做出披露。

《AASB No.111——建造合同》(Construction Contracts)

AASB No.111 是应采用国际会计准则的要求而发布的,AASB 于 2004 年 7 月正式颁布了一个与《IAS No.11——建造合同》趋同的澳大利亚会计准则《AASB No.111——建造合同》,于 2009 年 6 月修订,对 2009 年 1 月 1 日或以后的会计年度生效,准则生效后开始取代 AASB No.1009。制定本会计准则的目的在于规范建造承包商建造合同的会计处理以及建造承包商建造合同相关信息的披露。

《AASB No.112——所得税》(Income Taxes)

AASB No.112 是应采用国际会计准则的要求而发布的,AASB 于 2004 年 7 月《澳大利亚会计联邦政府公报》第 S294 号上发布了一项与 IAS No.12 基本趋同的《AASB No.112——所得税》准则,于 2010 年 10 月修订,对 2011 年 1 月 1 日或以后的会计年度生效。该准则生效后取代了 1989 年《澳大利亚会计联邦政府公报》第 S338 号公布的《AASB No.1020——所得税会计》、《AAS No.3——所得税会计》、1999 年《澳大利亚会计联邦政府公报》第 S595 号公布的《AASB No.1020——所得税会计》、2002 年《澳大利亚会计联邦政府公报》第 S436 号公布的 AASB No.1020B"对 AASB No.1020 和 AAS No.3 的修订"、1999 年发布的《AAS No.3——所得税》以及 2002 年《澳大利亚会计联邦政府公报》第 S436 号公布的经修订 AASB No.1020B"对 AASB No.1020 和 AAS No.3 的修订"。制定该准则目的在于规范所得税的会计处理,规范主体应如同核算交易或其他事项一样核算交易或其他事项产生的所得税后果。

《AASB No.114——分部报告》(Segment Reporting)

AASB No.114 是应采用国际会计准则的要求而发布的,AASB 于 2004 年 7 月发布了对应于国际财务报告准则的澳大利亚会计准则《AASB No.114——分部报告》,2007 年 10 月修订,对 2008 年 7 月 1 日或以后的会计年度生效,准则生效后开始取代《AASB No.1005——分部报告》。制定该准则的目的是为按分部报告财务信息制定原则,以帮助财务报表使用者运用信息做出决策。该准则不适用于非营利主体的通用财务报告。

《AASB No.116——不动产、厂房和设备》(Property, Plant and Equipment)

AASB No.116 是应采用国际会计准则的要求而发布的,AASB 于 2004 年 7 月正式颁布了一个与《IAS No.16——不动产、厂房和设备》趋同的澳大利亚会计准则

《AASB No. 116——不动产、厂房和设备》，于 2009 年 6 月修订，对 2009 年 7 月 1 日或以后的会计年度生效，准则生效后取代了 AASB No. 1015、AASB No. 1021、AASB No. 1041、AAS No. 4 和 AAS No. 21。制定该准则的目的是为了规范不动产、厂房和设备的会计处理，以便财务报表使用者获取主体在不动产、厂房和设备方面的投资以及投资变动的信息。

《AASB No. 117——租赁》(Leases)

AASB No. 117 是应采用国际会计准则的要求而发布的，AASB 于 2004 年 7 月正式颁布了一个与《IAS No. 17——租赁》趋同的澳大利亚会计准则《AASB No. 117——租赁》，于 2009 年 6 月修订，对 2010 年 1 月 1 日或以后的会计年度生效，准则生效后开始取代 AASB No. 1008。制定该准则的目的是对承租人和出租人在相关租赁中运用恰当的会计政策和披露做出规定。

《AASB No. 118——收入》(Revenue)

AASB No. 118 是应采用国际会计准则的要求而发布的，AASB 于 2004 年 7 月正式颁布了一个与《IAS No. 18——收入》趋同的澳大利亚会计准则《AASB No. 118——收入》，于 2010 年 10 月修订，对 2011 年 1 月 1 日或以后的会计年度生效，准则生效后开始取代 AASB No. 1004。制定该准则的目的是为规范一定类型交易和事项所形成收入的会计处理，在未来经济利益很可能流入主体且这些利益可以可靠计量时，才应当对收入加以确认。该准则明确了无论何种情况，只要满足这些标准，就可以确认收入。

《AASB No. 119——雇员福利》(Employee Benefits)

AASB No. 119 是应采用国际会计准则的要求而发布的，AASB 于 2004 年 7 月发布了对应于国际财务报告准则的澳大利亚会计准则《AASB No. 114——雇员福利》。由于国际会计准则委员会修订了 IASB No. 19，AASB 也随即对 AASB No. 119 做出了修订，于当年 12 月颁布了修订的 AASB No. 19，于 2010 年 10 月修订，对 2011 年 1 月 1 日或以后的会计年度生效。制定该准则的目的在于规范雇员福利的会计处理和披露，要求在雇员提供了服务以换取将来支付的雇员福利时，确认一项负债，在主体消耗了雇员为换取福利而提供的服务所产生的经济利益时确认为一项费用。该准则不涉及对雇员福利计划的报告。

《AASB No. 120——政府补助会计和政府援助的披露》(Accounting for Government Grants and Disclosure of Government Assistance)

AASB No. 120 是应采用国际会计准则的要求而发布的，AASB No. 120 是对应于《IAS No. 20——政府补助会计和政府援助的披露》的会计准则。AASB No. 120 采纳了 IAS No.20 的绝大部分条款,于 2008 年 7 月修订,对 2009 年 1 月 1 日或以后的会计年度生效。制定该准则的目的为了规范政府补助的会计披露,以及其他形式政府援助的披露。

《AASB No.121——汇率变动的影响》(The Effects of Changes in Foreign Exchange Rates)

AASB No.121 是应采用国际会计准则的要求而发布的,AASB 于 2004 年 7 月发布了对应于国际财务报告准则《IAS No.21——汇率变动的影响》的澳大利亚会计准则《AASB No.121——汇率变动的影响》,于 2010 年 10 月修订,对 2011 年 1 月 1 日或以后的会计年度生效,生效后将取代 AASB No.1012。制定该准则的目的是为了规范外币交易和国外经营会计中决定使用何种汇率以及如何在财务报表中确认汇率变动的财务影响。

《AASB No.123——借款费用》(Borrowing Costs)

AASB No.123 是应采用国际会计准则要求而发布的,AASB 于 2004 年 7 月发布了对应于国际财务报告准则《IAS No.23——借款费用》的澳大利亚会计准则《AASB No.123——借款费用》,于 2009 年 6 月修订,对 2009 年 1 月 1 日或以后的会计年度生效,生效后将取代 AASB No.1036、AAS No.34。该准则制定的目的在于规范借款费用的会计处理。该准则通常规定借款费用应立即费用化,但也允许采用另一种备选处理方法,即直接归属于符合条件的资产的购置、建造或生产的借款费用可予以资本化。

《AASB No.124——关联方披露》(Related Party Disclosures)

AASB No.124 是应采用国际会计准则要求而发布的,AASB 于 2004 年 7 月发布了澳大利亚会计准则《AASB No.124——关联方披露》,于 2009 年 12 月修订,对 2011 年 1 月 1 日或以后的会计年度生效,生效后将取代 AASB No.1017。该准则是在 IAS No.24 的基础上结合澳大利亚环境对原 AASB No.1017 所作的调整。该准则制定的目的要求在财务报告中披露主体的关联方关系、关联方交易的类型、交易的金额和未清偿金额等,以引起报表使用者的注意。

《AASB No.127——合并与单独财务报表》(Consolidated and Separate Financial Statements)

AASB No.127 是应采用国际会计准则要求而发布的,AASB 于 2004 年 7 月发布了澳大利亚会计准则《AASB No.127——合并与单独财务报表》,于 2008 年 7 月修订,对 2009 年 7 月 1 日或以后的会计年度生效。该准则是在 IAS No.25 的基础上结合澳大利亚环境对原 AASB No.1024 所作的调整,把原来的《AASB No.1024——合并报表》改为《AASB No.127——合并与单独财务报表》。该准则生效替代了 1992 年澳大利亚联邦政府公报第 S133 号的《AASB No. 1024——合并报表》和 1992 年发布的《AAS No. 24——合并报表》。该准则适用于母公司控制下的众多主体构成的集团编制和列报的合并财务报表。

《AASB No. 128——对联营企业的投资》(Investments in Associates)

AASB No. 128 是应采用国际会计准则的要求而发布的，AASB 在已改进的 IAS No. 28 的基础上结合澳大利亚环境对原《AASB No. 1016——联营企业的投资会计》所作的调整改为《AASB No. 128——对联营企业的投资》，2010 年 6 月对本准则进行修订，修订后对 2010 年 7 月 1 日或以后的会计年度生效。该准则生效替代了 1998 年澳大利亚联邦政府公报第 S415 号的《AASB No. 1016——联营企业的投资会计》以及 1998 年澳大利亚联邦政府公报第 S502 号的 AASB No. 1016A 对 AASB No. 1016 的修订和 1997 年发布的《AAS No. 14——联营企业的投资会计》。该准则适用于投资者对联营企业投资的核算。

《AASB No. 129——恶性通货膨胀经济中的财务报告》(Financial Reporting in Hyperinflationary Economies)

AASB No. 129 是应采用国际会计准则的要求而发布的，2004 年 4 月 AASB 在 IAS No. 29 的基础上结合澳大利亚环境颁布的《AASB No. 129——恶性通货膨胀经济中的财务报告》，2009 年 6 月修订，对 2009 年 1 月 1 日或以后的会计年度生效。该准则现阶段主要适用于恶性通货膨胀经济中的国外子公司，因为澳大利亚经济目前不属于恶性通货膨胀经济。

《AASB No. 131——合营中的权益》(Interests in Joint Ventures)

AASB No. 131 是应采用国际会计准则的要求而发布的，AASB 以改进的 IAS No. 28 为基础结合澳大利亚环境对原《AASB No. 1006——合营中的权益》所作的调整改为《AASB No. 131——合营中的权益》，即把原来的《AASB No. 100——合营中的权益》改为《AASB No. 131——合营中的权益》，于 2010 年 6 月修订，对 2010 年 7 月 1 日或以后的会计年度生效。该准则生效替代了 1998 年澳大利亚联邦政府公报第 S575 号的《AASB No. 1006——合营中的权益》以及 1998 年发布的《AAS No. 19——合营中的权益》。该准则适用于合营中权益的会计处理，以及在合营者和投资者的财务报表中对合营资产、负债、收入和费用的报告，而不管合营活动是在何种结构或形式下发生的。

《AASB No. 132——金融工具：列报》(Financial Instruments：Presentation)

AASB No. 132 是应采用国际会计准则的要求而发布的，2003 年 12 月 AASB 发布了与《IAS No. 32——金融工具：披露和列报》趋同的待批准准则《AASB No.

132——金融工具:披露与列报》。2004年7月,AASB正式颁布了《AASB No. 132——金融工具:披露和列报》准则,于2010年10月修订,对2011年1月1日或以后的会计年度生效。伴随着对其他准则的修订,AASB也对AASB No. 132进行了修订,修订后的准则为《AASB No. 132——金融工具:列报》,且与修订后的《IAS No. 32——金融工具:列报》是等价的。该准则的目的是为作为负债或权益列报的金融工具以及冲抵金融资产和金融负债提供原则标准。

《AASB No. 133——每股收益》(Earnings per Share)

AASB No. 133是应采用国际会计准则的要求而发布的,2004年1月AASB发布了与《IAS No. 33——每股收益》趋同的待批准准则《AASB No. 133——每股收益》。2004年7月,AASB正式颁布了该准则,于2010年10月修订,对2011年1月1日或以后的会计年度生效。制定该准则的目的是为了规范每股收益的确定和列报原则,以便改进同一期间不同主体之间和同一主体在不同会计期间的业绩比较。

《AASB No. 134——中期财务报告》(Interim Financial Reporting)

AASB No. 134是应采用国际会计准则的要求而发布的,1998年AASB根据与《IAS No. 34——中期财务财务报告》协调的目标,澳大利亚会计准则委员会发布了ED96。2004年7月,正式发布了《AASB No. 134——中期财务报告》,于2010年10月修订,对2011年1月1日或以后开始的会计年度生效。制定该准则的目的是为了规范中期财务报告的最基本内容,并确定完整或简明的中期财务报告中应采用的确认和计量原则。

《AASB No. 136——资产减值》(Impairment of Assets)

AASB No. 136是应采用国际会计准则的要求而发布的,2004年7月AASB发布了《AASB No. 136——资产减值》取代了原AASB No. 1010和AAS No. 10,于2009年6月修订,对2010年1月1日或以后的会计年度生效。制定该准则的目的是规范主体采用确保其资产不超过可回收金额计量的程序,也规定了主体何时应转回资产减值损失,以及减值资产的有关披露内容。

《AASB No. 137——准备、或有负债和或有资产》(Provisions, Contingent Liabilities and Contingent Assets)

AASB No. 137是应采用国际会计准则的要求而发布的,2004年7月AASB根据2001年《公司法》第334节的要求,制定了《AASB No. 137——准备、或有负债和或有资产》,并取代了原AASB No. 1044。该准则对应于同名的IAS No. 37,于2010年10月修订,对2011年1月1日或以后的会计年度生效。制定该准则的目的是确保将适当的确认标准和计量基础运用于准备、或有负债和或有资产,并确保在财务报表的附注中披露充分的信息,以使使用者能够充分理解它们的性质、时间和金额。

《AASB No. 138——无形资产》(Intangible Assets)

AASB No. 138 是应采用国际会计准则的要求而发布的,AASB No. 138 即是对应于《IAS No. 38——无形资产》的会计准则。该准则采用了 IAS No. 38 的绝大部分条款,于 2009 年 6 月修订,对 2009 年 1 月 1 日或以后的会计年度生效。制定该准则的目的是对没有在其他澳大利亚会计准则中特别涉及的无形资产的会计处理进行规范,规范内容包括无形资产的确认条件、账面金额的计量以及无形资产的特定披露要求。

《AASB No. 139——金融工具:确认与计量》(Financial Instruments: Recognition and Measurement)

AASB No. 139 是应采用国际会计准则的要求而发布的,2003 年 12 月,AASB 发布了与《IAS No. 39——金融工具:确认和计量》趋同的待批准准则《AASB No. 139——金融工具:确认与计量》。2004 年 7 月,AASB 正式颁布了该准则,于 2010 年 10 月修订,对 2011 年 1 月 1 日或以后的会计年度生效。制定该准则的目的是为了在主体财务报表中确认和计量金融资产、金融负债以及买卖非金融项目的一些合同建立原则。

《AASB No. 140——投资性房地产》(Investment Property)

AASB No. 140 是应采用国际会计准则的要求而发布的,AASB 在 2003 年 3 月发布的"AASB 在 2005 年采纳 IASB 准则的计划"中声称:在 2003 年 10 月或 11 月,AASB 将发布与 IAS No. 40 趋同的准则。2004 年 7 月,《AASB No. 140——投资性房地产》准则正式颁布,于 2010 年 10 月修订,对 2011 年 1 月 1 日或以后的会计年度生效。制定该准则的目的是为规范投资性房地产的会计处理和相关披露要求。

《AASB No. 141——农业》(Agriculture)

AASB No. 141 是应采用国际会计准则的要求而发布的,AASB 在 2003 年 3 月发布的"AASB 在 2005 年采纳 IASB 准则的计划"中声称:2003 年 12 月或 2004 年 1 月,AASB 将发布与 IAS No. 41 趋同的准则。2003 年 12 月,AASB 如期公布了待批准的《AASB No. 141——农业》,2004 年 7 月,AASB No. 141 正式颁布,于 2009 年 10 月修订,对 2009 年 1 月 1 日或以后的会计年度生效。准则生效后原《AASB No. 1037——自生和再生资产》和《AAS No. 35——自生和再生资产》将被取代。制定该准则的目的是规范农业活动的会计处理、财务报表的列报与披露。

(二)适应澳大利亚环境的辅助性 AASB 准则

《AASB No. 1004——捐赠》(Contributions)

AASB No. 1004 是应采用国际会计准则的要求而发布的,2004 年 7 月 AASB 发布了《AASB No.104——捐赠》,保留了现有的运用到非营利性主体上的捐赠的报告要求。准则于2007年12月修订,对2008年1月1日或以后的会计年度生效,生效后原《AASB No.1004——收入》和《AAS No.15——收入》被取代。

《AASB No.1023——普通保险合同》(General Insurance Contracts)

AASB No.1023是应采用国际会计准则的要求而发布的,2004年7月AASB重新修订了与《IFRS No.4——保险合同》相对应的《AASB No.1023——普通保险合同的财务报告》,这次修订融入了IASB第一阶段的成果。IASB第二阶段的修订也已完成,AASB已发布一个修订的准则取代了该准则、AASB No.1038和AASB No.4。该准则制定是为了规范普通保险合同的处理方法等,于2010年10月修订,对2011年1月1日或以后的会计年度生效。

《AASB No.1031——重要性》(Materiality)

2004年7月,AASB重新发布了AASB No.1031,并于2009年12月修订,对2011年1月1日或以后的会计年度生效。虽然澳大利亚从2005年开始执行财务报告委员会关于采用国际会计准则理事会准则的战略指示,但AASB认为IASB的《编报财务报表的框架》对《AASB No.1031——重要性》只提供了有限的指导,因此决定保留AASB No.1031,但修改了一些格式。该准则对重要性做出了定义,并阐释了重要性原则在编制通用目的的财务报告和决策分析中的作用。

《AASB No.1038——人寿保险合同》(Life Insurance Contracts)

该准则是应采用国际会计准则的要求而发布的,2004年7月AASB重新发布了AASB No.1038,并于2010年10月修订,对2011年1月1日或以后的会计年度生效。该准则与AASB No.4一致,规范了在报告人寿保险合同时使用的会计处理方法以及规范人寿保险合同的某些方面所采用的会计方法等。

《AASB No.1039——简要财务报告》(Concise Financial Reports)

该准则是应采用国际会计准则的要求而发布的,2005年4月AASB重新修订了AASB No.1039,并于2009年6月修订,对2009年1月1日或以后的会计年度生效。制定该准则的目的是规定简要财务报告中的最低内容要求。该准则基本内容主要由编制与列报、财务报表、特别披露、与正规财务报告的关系、可比信息及定义组成。

《AASB No.1048——准则的解释和应用》(Interpretation and Application of Standards)

2004年AASB正式发布了AASB No.1048,并分别于2004年12月、2005年3月、2010年6月进行了修订,对2010年6月30日或以后的会计年度生效。该准则是为了提供一个更新后的UIG解释列表,并确保AASB准则中提及的UIG解释的有效性。该准则主要内容由两部分组成:对应于 IASB 解释的 UIG 解释和其他 UIG 解释。

《AASB No. 1049——政府及一般政府部门财务报告》(Whole of Government and General Government Sector Financial Reporting)

AASB No. 1049 是 AASB 于 2007 年 2 月公布的,于 2008 年 9 月修订,对 2009 年 1 月 1 日或以后的会计年度生效。该准则的发布是 AASB 实施 FRC 的战略的一个部分。该战略的目标是为可审计的、在《公司法》中可比的政府报告制定一个澳大利亚会计准则,并且在该报告中结算情况应当与相应的预算直接可比。

《AASB No. 1050——管制项目》(Administered Items)

AASB No. 1050 是 AASB 于 2007 年 12 月公布的,对 2008 年 7 月 1 日或以后的会计年度生效。由于澳大利亚会计准则 AAS No. 27、AAS No. 29 和 AAS No. 31 分别于 1991 年、1993 年和 1996 年发布,因此受到当时环境的限制,这些准则具有一定的局限性。而《AASB No. 1050——管制项目》是对这些准则的一个综合修订。

《AASB No. 1051——道路之下的土地》(Land Under Roads)

AASB No. 1051 是 AASB 于 2007 年 12 月公布的,对 2008 年 7 月 1 日或以后的会计年度生效。这一准则同样是对澳大利亚会计准则 AAS No. 27、AAS No. 29 和 AAS No. 31 的综合修订。该准则对地方政府、政府部门及全体政府如何确认和计量道路下土地进行了规定。

《AASB No. 1052——单独披露》(Disaggregated Disclosures)

AASB No. 1052 是 AASB 于 2007 年 12 月公布的,对 2008 年 7 月 1 日或以后的会计年度生效。该准则也是对澳大利亚会计准则 AAS No. 27、AAS No. 29 和 AAS No. 31 的综合修订。该准则适用于地方政府和政府部门的通用目的财务报告,要求地方政府按功能或业务披露财务状况,要求政府部门披露有关服务成本和收入的财务状况。

《AASB No. 1053——澳大利亚会计准则层次的运用》(Application of Tiers of Australian Accounting Standards)

AASB No. 1053 是 AASB 于 2010 年 6 月公布的,对 2013 年 7 月 1 日或以后的会计年度生效。

(三)因无对应的国际财务报告准则而暂时保留的澳大利亚会计准则

《AAS No. 25——退休金计划的财务报告》(Financial Reporting by Superannuation Plans)

AAS No. 25 由澳大利亚会计研究基金会(The Australian Accounting Research

Foundation,简称 AARF)下属的公共部门会计准则委员会(PSASB)和澳大利亚会计准则委员会(AASB)共同制定,并由 AARF 代表澳大利亚注册会计师协会(The Australian Society of Certified Practicing Accountants,简称 ASCPA)和澳大利亚特许会计师协会(The Institute of Chartered Accountants in Australia,简称 ICAA)于 1993 年 3 月发布。由于没有对应的国际财务报告准则,因而 AAS No.25 暂时被保留下来。PSASB 和 AASB 共同制定该准则的目的在于规范退休金计划应该说明的特殊交易和事项以及退休金计划财务报告的格式,并对退休金计划财务报告中应披露的信息作出要求。

三、UIG 会议摘要的主要内容

UIG 作为 AASB 处理紧急问题的一个委员会组织,经 UIG 一致同意的观点会在 UIG 会议摘要(Urgent Issues Group Abstract,简称 UIG Abstract)中公布。ASCPA 和 IGAA 的成员在提供通用财务报表时,必须在他们的权娃之内采取合理的措施保证他们所服务的主体遵守 UIG 通过的一致意见。UIG 的一致意见对于澳大利亚国家会计学会(National Institute of Accountants)的成员具有强制力。此外,其他机构或团体,如澳大利亚证券和投资委员会(The Australian Securities and Investment Commission,简称 ASIC)、联邦财政和管理部门等主要政府机构,也给予 UIG 会议摘要一定的权威性。AASB 有权否决 UIG 的意见。当 UIG 达成一致意见之后,被提议的会议摘要会公布在网上。如果被 AASB 否决的话,就会成为无效意见。至今为止,"紧急问题小组"已陆续发布了 50 多项"UIG 摘要"。

四、会计概念和政策公告的主要内容

AASB 的职责之一是发展建立会计的概念框架。概念框架不具有会计准则那样的强制力,根据 CPAA 和 ICAA 发布的联合声明"关于会计准则和 UIG 会议摘要的遵从",澳大利亚会计职业界的会员也不必在财务报告的提供或审计过程中遵从会计原则公告的内容,但它的职能是评价、帮助会计准则的制定。AASB 在制定会计准则时必须考虑由前 AASR 和 PSASB 制定的会计概念公告。政策公告则是对多种关于准则制定程序和国际协调化进程政策的说明。

澳大利亚的概念框架也是世界上较有影响力的会计理论结构之一。迄今为止,发布了 4 份会计概念(Accounting Concepts)公告,然而"会计概念公告"仅是指导性文件,不具有会计准则的管制效力,4份"会计概念公告"分别是:第1号——财务报告主体的定义;第2号——通用目的财务报告的目标;第3号——财务信息的质量特征;第4号——财务报告要素的定义和确认。

AASB的政策公告(Policy Statements)主要是针对制定会计准则的充分程序所涉及的各种问题发表的AASB有关政策,包括AASB对会计协调采取的政策。AASB政策公告有利于改善会计准则的制定程序,推动澳大利亚会计准则向国际趋同的方向发展,但它们本身不会形成会计准则。AASB共发布了6号政策公告(Policy Statement,简称PS),其中第6号被第4号取代:第1号——会计概念公告和会计原则的制定;第2号——AASB咨询团体;第3号——AASB项目咨询小组;第4号——国际趋同和协调政策;第5号——会计概念公告的性质和作用;第6号——国际协调政策。

五、会计指南和公告的主要内容

目前AASB和PSASB颁布了一系列会计指南(Accounting Guidance)和会计解释(Accounting Bulletins),其中有许多直至现在还在运用,其目的是对现行的会计准则的运用提供指导。AASB将来可能会继续颁布会计解释。此外,AARF的成员为前AASB和PSASB提供技术支持,提出了很多会计公告,详细阐述了有关现行会计准则的要求。这些会计公告反映了AARF的成员在准则发布时对准则的观点和意见。

主要参考文献

[1] 会计准则考察团.澳大利亚新西兰会计准则考察报告[J].会计研究,1999(7):48-53.
[2] 李易.中澳会计规范体系之比较[J].财会通讯,2004(4):42-43.
[3] 汪祥耀,邓川等.澳大利亚会计准则及其国际趋同战略研究[M].上海:立信会计出版社,2005.
[4] 肖海明,王晓华.美国、澳大利亚与中国会计规范比较[J].经济研究参考,2005(94):29-31.
[5] http://www.aasb.com.au,2011-07-31.

(初稿执笔人:李 青)

DRSC 的《德国会计准则》
(DRS)

一、德国会计准则概述

在长期的历史发展过程中,西方国家形成了以德国和法国为代表的大陆法系和在英国形成和发展起来的普通法系两大体系。不同的法律体系对会计的影响不同,大陆法系大多是以法律形式来规范会计,而普通法系则多以单独的会计准则来规范会计,这是由不同法系的特点所决定的。德国的会计规范分散在有关的法律条文中,具有高度的政治化倾向,早在 19 世纪,会计规范已经法典化,法律试图规定企业所有经济业务的会计处理。1985 年颁布的《商法》(HGB)就详细规定了簿记、财产清单、会计核算的一般原则、计价规定、会计资料的保管与提交等,并对企业的资产负债表格式与项目、利润表结构与项目、会计报表附注及合并报表等做出了补充规定。目前,德国《商法》对德国企业的会计仍有着强制性的影响。1993 年 3 月,德国戴姆勒-奔驰公司的股票在纽约公开上市,按照美国证券交易委员会的要求,所有外国公司在美国上市都必须按美国的公认会计准则重新编制会计报表。1993 年奔驰公司按照德国会计制度得到的利润为盈利 615 百万马克,按照美国的公认会计准则得到的利润为亏损 1839 百万马克。这迫使希望在境外上市的德国公司,不得不接受外来会计准则对其的影响,企业为了适应国际资本市场的需要必须趋向国际化。

1998 年德国通过了《企业控制和透明法》,这份法律是民间会计准则委员会成立的前提条件。同年 5 月,德国会计准则委员会(German Accounting Standards Committee,简称 GASC,又称为 Deutsches Rechnungslegungs Standards Committee,简称 DRSC)成立,其目的是在司法部门与立法机关认可的情况下,为政府提供单独的建议。DRSC 的主要任务有:制定合并财务报告领域应用的准则;与国际会计准则委员会及其他会计准则制定机构合作;参与国内和国际会计准则立法有关的咨询;代表德国参与国际会计准则制定机构的活动,推进国际协调;促进以上各领域的研究。

DRSC 作为民间准则制定机构,它的成立在德国会计历史上是具有里程碑的象征意义,但是由 DRSC 公布的准则的法律地位并不高。德国会计准则(Deutsches Rechnungslegungs Standards,简称 DRS)需要经联邦司法部(Federal Ministry of Justice,简称 FMJ)的批准才能有效。被批准后的 DRS 仍不具备成文法的权威性,它们被认为只是普通会计的原则。因此如果准则的内容违背了成文法,那么就得不到 FMJ 的认可。这种现象很蹊跷,因为事实上,DRSC 的任务之一就是修订法律,而它们制定的准则只有在与现存规定不冲突的情况下才能被认可。同样的,准则在法庭上是否拥有法律相关性,如果法庭的判决与准则的规定相抵触又该怎么办,这些问题的答案很模糊。这就导致了 DRSC 早期只能颁布澄清已成文的规定的准则,以及不与现行法律相抵触的准则。

二、德国会计准则的主要内容

截至 2010 年 12 月 31 日,DRSC 已颁布了的准则如表 1-1 所示。这些准则使得德国的集团会计与国际准则相接轨。已公布的准则一般由两部分组成:一部分是官方的,包括了必须附上的规定和与现行法律一致的准则;另一部分是附录,包括了对未来法律修订的建议。

表 1-1 DRSC 已颁布的准则

准则	内容	公布日期
DRS1	除合并财务报表编制外均遵循商法第 192 节 a 款,总论	2000-07-22
	合并财务报表编制遵循美国 GAAP:商誉和其他非流动无形资产	2000-06-04
DRS 2	现金流量表	2000-05-31
DRS 2-10	金融机构现金流量表	2000-05-31
DRS 2-20	保险公司现金流量表	2000-05-31
DRS 3	分部报告	2000-05-31
DRS 3-10	金融机构分部报告	2000-05-31
DRS 3-20	保险公司分部报告	2005-05-31
DRS 4	合并财务报表	2000-12-31
DRS 5	风险报告	2001-05-29
DRS 5-10	金融机构风险报告	2000-12-30
DRS 5-20	保险公司风险报告	2001-05-29

(续表)

准则	内容	公布日期
DRS 7	合并报表中权益列报	2001-04-26
DRS 8	联营企业财务报表合并	2001-05-29
DRS 9	合营企业财务报表	2001-12-11
DRS 10	合并财务报表中递延所得税	2002-04-09
DRS 11	关联方交易披露	2002-04-10
DRS 12	无形资产	2002-10-22
DRS 13	一致性原则和错误更正	2002-10-23
DRS 14	货币转换	2004-06-03
DRS 15	地域报告	2005-02-26
DRS 15a	集团管理的法律收购信息及备注	2008-06-05
DRS 16	中期财务报告	2008-05-05
DRS 17	董事会成员薪酬报告	2010-12-13(修订)
DRS 18	递延税款	2010-6-8
DRS 19	企业会计和税的合并范围	2010-12-29

主要参考文献

[1] 陈信元. 德国会计简介[J]. 会计研究,1995(12):38-42.

[2] 寇德广. 德国会计法规[J]. 会计研究,1998(11):38-42.

[3] Peter Walton, Axel Haller, Bernard Raffournier. International accounting (Edition)[M]. London: International Thomson Business Press, 2003.

[4] http://www.standardsetter.de/drsc/news/news_eng.php, 2011-03-12.

(初稿执笔人:王翠婷)

法国的《会计总计划》(PCG)

一、《会计总计划》概述

法国属于成文法系国家。由于重商主义影响,早在1673年和1681年,法国的《科尔波特法典》(Ordnance of Colbert)就规定,企业必须设置账簿,编制财产目录,并对账簿的登记提出一些具体的要求。并特别规定:破产时倘若发现未设置账簿,应视为欺诈破产;欺诈破产者,处以死刑。由法律详细规定会计规则的习惯一直延续下来。1807年《拿破仑法典》中对会计所作的广泛规定,至今在西方国家的会计立法中仍具有相当的影响力并受到广泛的重视。与美国依赖高度发达的资本市场不同的是,家族型的私人工商企业在法国经济结构中占有相当的比重。而且法国投资者更乐于持有政府债券和储蓄存款而不愿投资企业股票的做法,也在一定程度上限制了资本市场的规模,致使银行贷款在经济中发挥着很大的作用。以上情况对法国会计发展和特点形成具有一定的影响。

在第二次世界大战中,法国经济受到了严重破坏,战后法国面临恢复和重建经济的迫切任务。法国政府在经济复兴中强调计划指导,认为向股东、银行家及其他第三方提供更为可比的信息以及更简便地编报全国统计资料,就应该使会计活动在全国范围内规范化、标准化。为了实现这一目的,1945年法国财政经济事务部成立了"会计合理化委员会",负责制定会计总计划,并就实施和运用提出了建议。

1947年9月18日,法国经济部批准和颁布了《会计总计划》(Plan Comptable General,简称PCG),其制定的目的是构建法国会计法规的统一基础,将《商法》和《公司法》中基本原则的具体化。法国《会计总计划》既是企业的会计规范,也是纳税申报的基本要求和会计教材的基础,是法国会计标准化的开端。自1947年以来,《会计总计划》已历经多次修改①。当时,新成立的"高等会计委员会"(Conseil Superior de la

---

① 法国在相当长的时期里没有"会计准则"一词,下面所说的会计准则是就实质内容而言,即那些实质上对会计工作具有约束作用的各项规章、规则、制度等。

Comptable)取代了会计合理化委员会。1957年,对规则重新进行了修订,将适用范围扩展到全部国有及私营企业,随后将负责制定修改并监督总计划施行的机构正式定名为"全国会计委员会"(Conseil National de la Comptable,简称CNC)。该委员会实际上是根据法令建立,从属于财政经济事务部的一个官方机构。全国会计委员会主要由三类成员组成:会计职业者,包括会计师、注册会计师和审计师;私营部门人员,主要是指来自雇主组织、行业工会、商会、银行、公司董事会的领导人员;公共机构人员,主要是指来自有关当局、法院、大学、证券交易委员会、全国统计和经济研究协会的人员。全国会计委员会不仅负责会计总计划的制定和修订,而且负责制定行业的会计制度。全国会计委员会自其成立起即认为会计准则广泛地影响着经济和社会利益,因此其内容必须代表这些利益。基于全国会计委员会这一政策及其作为政府机构所具有的权威性,它从一开始就在构建法国财务会计和报告准则中扮演了主导角色。值得注意的是,当时英语国家尚未建立相应的负责制定会计准则的国家机构。其他的政府机构在涉及与全国会计委员会所开展的工作有关的问题时必须向全国会计委员会咨询,这一点反映了全国会计委员会作为被授权制定会计规章的政府机构,具有至高无上的权威性。此外,全国会计委员会对执行会计总计划提出具体指导和建议,以文稿的形式加以发布,其涉及的内容相当广泛,但这类文告不具备法律强制力,其有效性是通过职业界的自愿遵守实现的。

二、《会计总计划》的主要内容

《会计总计划》是法国会计的一大特色,强调统一性或一致性。法国是西方世界中独树一帜地由政府制定颁布全国统一会计方案的国家,就法国本国的会计实务体系而言,这应该是它区别于其他西方国家会计实务体系的最大特色。会计总计划的基本目标在于促进国家经济计划更加有效地运行,涵盖的内容相当宽泛,包括全国统一会计科目、定义和术语的解释、特殊事项和交易的会计处理、会计计量(评估)的原则、标准财务报表的格式和可接受的成本会计方法等。

《会计总计划》不仅仅是一个分类账户表,而是一个包括诸如会计术语的定义、计量和计量规则以及示范财务报表等十分详细的手册。第一个《会计总计划》是在1947年9月由国家经济与财政部批准颁布的,它深受德国会计思潮的影响。1957年进行了修订;在欧洲经济共同体的第4号指令的影响下,1982年又进一步做了修订;1986年再次扩充,在合并财务报表领域实施欧洲经济共同体第7号指令的要求;自1982年修订的方案开始,它成为对所有工商企业强制执行的方案。最近的修订是在 1999 年,它不像 1982 年方案那样"扩充",而是把有关成本和管理会计的部分及有关合并财务报表的部分排除在外。在其他方面,则是对 1982 年方案的重新编排。

《会计总计划》的内容包括:全国性的统一账户名称表;术语的定义和解释;必要时,对如何记录具体的事项和交易,说明其应做的分录(借记和贷记的账户);会计计量(计价)原则;财务报表的标准格式;可采用的成本计算方法(1999 年方案已删除)。可见,《会计总计划》在运用上是相当灵活的,根据企业的规模来确定其适用范围,例如上市公司使用的是"扩展"方案,大中型企业适用的是"标准"方案,小型企业则适用"策略"方案,并且考虑了行业特点,制订了一些适用于具体行业的会计方案。下面按照时间顺序来讲述法国《会计总计划》的修订及其内容。

三、《会计总计划》的完善

(一) 1986 年《会计总计划》的修订

根据欧洲共同体第 7 号指令,法国于 1986 年修订了其《会计总计划》,修订后的会计总计划除了引言外,共 3 部分 12 章,其具体内容如表 1-2 所示。

表 1-2 《会计总计划》的内容

第一部分 一般要素、术语、会计科目表	第二部分 财务会计	第三部分 管理会计
第一章 一般要素和结构 一、基本会计原则 二、会计标准化计划 A. 会计准则 B. 会计协调 三、对会计组织的要求 A. 会计编码 B. 会计记录 C. 处理会计业务 四、以计算机为基础的系统 第二章 术语 第三章 账户编码 一、编码分类及其分类基础 　编码分类标准 二、企业账户的组织 三、账户一览表	第一章 估价与计量规则 一、估价方法及其应用 A. 一般规则 B. 一般估价规则的应用 C. 汇率变动引起的资产或负债价值评估 二、定期收益的确定 第二章 报表职能——企业财务报表 一、报表的职能 A. 资产负债表(第 1~5 类) B. 经营账户(第 6~7 类) C. 特定账户(第 8 类) 二、财务报表 A. 财务报表编报规则 B. 标准体系 C. 简缩体系	第一章 一般要求 第二章 成本会计制度的范围和结构 第三章 成本会计术语 第四章 成本会计计算基础和方法 第五章 成本会计用于企业管理

(续 表)

第一部分 一般要素、术语、会计科目表	第二部分 财务会计	第三部分 管理会计
	D. 扩展体系 第三章 特别情况的安排 一、特定阶段的安排 A. 正在进行的交易 B. 特殊交易 第四章 合并报表 一、合并方法 二、合并规则 三、合并财务报表	

(二) 1999 年《会计总计划》的修订

到了 1996 年,法国跨国公司的发展推动了法国经济国际化的进程,特别是跨国公司的融资、投资活动必然是面向国际货币市场和资本市场,从而对会计的国际协调产生了比较迫切的要求。这就要对执行和扩展《会计总计划》所需要的会计准则及时作出反应,而全国会计委员会(CNC)所发布的只是"建议",并不具有强制性的法定效力,而且它的机制松散,不能对已发布的会计准则作出及时的修订和解释。在此背景下,法国政府于 1996 年进行了会计改革。1996 年 8 月,法国政府发布了关于会计规范化工作监管改革的法律草案。据此,全国会计委员会调整了它的工作机构,减并为"会计原则与国际关系"、"非营利性单位"和"企业"三个部分,并且增设一个"紧急问题委员会",以便对一些需要快速反应的问题进行处理,其人数也由近 100 人减至 52 人,并聘任了专任主席。与此同时,法国议会于 1996 年立案并于 1998 年完成立法程序,另行组建了会计法规委员会(Comite de la reglementation comptable,简称 CRC),这是一个权力机构,其成员包括政府代表 4 人和全国会计委员会代表 6 人。会计法规委员会的主要职责是根据全国会计委员会提出的建议或意见,制定具有法律效力的条例或法令,由经济与财政部、司法部和预算部批准后发布实施。

1999 年 6 月 22 日,法国经济与财政部发布了《决定》,将法国的会计方案一分为二:一个是只对单一公司适用的《会计总计划》,另一个是适用于公司集团的《合并会计的原则与方法》。《会计总计划》从原来的 400 多页缩减到不足 200 页,内容包括:会计的目标和原则;资产、负债、收入和费用的定义;记录和计量原则;会计账户的设立、结构和运行;会计报表体系。《合并会计的原则与方法》是在《会计总计划》基础上规范企业合并和合并报表编制的更为简短的文本,并规定了:合并的范围与方法;合并的原则;计量和报告的方法;合并报表体系;关于第一年编制合并报表的说明。

四、《会计总计划》的特点

对法国《会计总计划》历次修订的过程进行分析可以发现,历次修订具有以下特点:(1)1979年的修订是按照欧共体第4号指令的协调要求,引进了英国传统的"真实与公允"原则,这实际上是一条总的会计原则,其他如稳健性、真实可靠性、对规则与程序的遵循等一般性原则被视为对"真实与公允"原则起着具体的支撑作用;(2)会计计价原则以历史成本为依据。但在会计报表的注释中可采用一般购买力水平或现行成本的方法表明物价变动产生的影响;(3)财务报表制度按照企业规模的大小(根据销售额、资产总额以及员工总人数的一定标准加以划分)提出了不同的要求。其中的扩展体系是特别建议用于上市公司,标准体系用于大中型企业,简缩型体系用于小型企业。在发展制度中,对会计披露提出了进一步的要求;(4)将修订前计划规定的"经营计算书"与"利润表"合并,按照"损益满计"观点编制单一的"利润表";(5)修订后计划要求在会计报表中列出比以前更多的注释,以便更充分地向报表使用者提供所需的信息。这样就缩小了法国在这方面和英美国家之间的差距;(6)在1986年修订的《会计总计划》中,引入了有关合并会计的内容;(7)1996年修订的《会计总计划》中,包括以迅速便捷的方式进行报表披露,监管规定从指南中分离出来。

主要参考文献

[1] 常勋.国际会计研究[M].北京:中国金融出版社,2005.

[2] 郝振平.国际会计[M].上海:立信会计出版社,2001.

[3] 梁敏.法国会计制度特征及借鉴[J].湘潮(理论版),2009(5):96-127.

[4] 刘华海,李金兰.国际会计[M].北京:经济科学出版社,2004.

[5] 赵晓丹.法国会计国际化改革及其启示[J].财会通讯,2006(9):50-52.

[6] 周红.法国会计制度改革的现状[J].会计研究,1998(3):40-42.

[7] 庄刚琴,唐有瑜.独树一帜的法国会计制度[J].财会月刊,2001(6):133-140.

(初稿执笔人:陈　祺)

日本的会计规范

一、日本会计规范概述

日本受大陆法系国家法规体系的影响。2001年,在包括日本公认会计士协会(The Japanese Institute of Certified Public Accountants,简称JICPA)在内的10个主要民间组织的共同努力下,成立了财务会计准则基金会(the Financial Accounting Standards Foundation,简称FASF),后又成立了日本会计准则委员会(the Accounting Standards Board of Japan,简称ASBJ),负责日本会计准则的制定工作。

目前日本的公认会计原则为三个部分,即由企业会计审议会(Business Accounting Council,简称BAC)发布的《企业会计原则》(Business Accounting Principles)、ASBJ发布的会计准则和JICPA颁布《会计实务指南》三部分构成。此外,还有《商法》(the Commercial Code)、《证券交易法》(the Securities and Exchange Law)和《公司所得税法》(the Corporate Income Tax Law)等三部法律规定了财务会计及报告要求。

二、财务会计及报告的相关法规

(一) 商法

《商法》要求股份制有限公司在独立的基础上编制年度报告,年度报告应向股东大会提供资产负债表、利润表、经营报告以及利润(或亏损)的处理方案等。该法案还要求自2004年4月起,某些大型的公司(根据《商法》确定)还应提供合并财务报告(如合并资产负债表和合并利润表)。

(二) 证券交易法

《证券交易法》要求每个证券发行者应在有价证券的发行市场和流通市场上公开披露年报和中期报告,要求披露的财务报告包括合并利润表、合并未分配利润、合并现金流量表、资产负债表、利润表、利润分配表或亏损处理表以及附属明细。根据《证券交易法》的要求编制的财务报表,更趋向于便于投资者根据报表信息对公司的经营和财务业绩做出分析评价。在日本,凡是证券上市交易或公开发行的公司,都必须按照《商法》和《证券交易法》的要求分别编制财务报表,并分别报送有关部门。

(三) 公司所得税法

《公司所得税法》提供了须纳税的收入的计算方法。日本的《公司所得税法》对公司会计有直接影响,日本的课税所得必须经过股东大会、合伙人大会通过并经各有关方面核准的正式财务报表上的利润为依据,并加以必要的税务调整后得出。

值得注意的是,2005 年 3 月,日本将原来的属于《商法》中的一部分的公司法内容抽出,使得商法与其他相关法律规则重新汇编为《公司法》(The Corporation Law),这也将影响到日本会计实务及相关准则的实施。

三、会计准则的主要内容

(一)《企业会计原则》

《企业会计原则》(Business Accounting Principles)由大藏省于 1947 年 7 月颁布,于 1954 年 7 月、1963 年 11 月、1974 年 8 月分别进行了修订,1982 年又进行了少量订正。《企业会计原则》是企业会计在实际业务中,从会计处理方法和披露方法的惯例中发展而来,并有系统地归纳为一般被公认的公正适当的部分。但是,企业会计原则并不是法令。

《企业会计原则》由一般原则、利润表原则、资产负债表原则这三个部分构成,对这些原则还备有注解,对会计原则的某些内容或表述作出解释,或进行补充说明,具体内容如表 1-3 所示。

表 1-3　企业会计准则内容

一般原则	利润表原则	资产负债表原则
真实性原则	利润表的本质	资产负债表的本质
正规簿记原则	利润表的区分	资产负债表的分类
划分资本交易和损益交易原则	营业利润	资产负债表的排列
明晰性原则	营业外损益	资产负债表项目的排列

(续 表)

一般原则	利润表原则	资产负债表原则
可比性原则	正常利润	资产负债表价额
谨慎性原则	非常损益	
单一性原则	税前本期净利润	
重要性原则	本期净利润	
	本期未处理的利润	

(二) 主要会计准则

截至 2010 年 12 月 31 日,BAC 和 ASBJ 发布及修订的会计准则共 25 号,具体项目如下[①]:

《第 1 号——库存股及储备减少》

2006 年 8 月 11 日,ASBJ 发布了第 1 号准则。

《第 2 号——以股份为基础的支付》

2005 年 12 月 27 日,ASBJ 发布了第 2 号准则。该准则主要规定了企业授予职工作为补偿的本企业的股票期权,以及企业以自己的股票或股票期权作为对价而收取商品或服务的交易。

《第 3 号——退休养老金会计》

1998 年 6 月,BAC 发布了第 3 号准则,2005 年 3 月 16 日、2007 年 5 月 15 日、2008 年 7 月 31 日分别对其进行部分修订。该准则主要规定了退休养老金的基本会计处理、退休养老金的计算及退休养老金费用的计算。

《第 4 号——董事红利》

2005 年 11 月 29 日,ASBJ 发布了第 4 号准则,它是 ASBJ 为适应公司法的颁布而制定的。该准则将被用于中期报告或在《公司法》生效以后的年度报告里。该准则要求企业应将董事红利在红利发生的会计期间作为当期的费用处理。

《第 5 号——资产负债表净资产部分列示》(Accounting Standards for Presentation of Net Assets in the Balance Sheet)

2005 年 12 月 9 日,ASBJ 发布了第 5 号准则,其目的是规定资产负债表净资产部分的列示方法。2009 年 3 月 27 日对其进行了修订。

---

① 因资料关系,表中部分内容尚缺。

《第 6 号——净资产变动表》

2010 年 6 月 30 日,ASBJ 发布了第 6 号准则。

《第 7 号——企业分离》

2008 年 12 月 26 日,ASBJ 发布了第 7 号准则。

《第 8 号——股票期权的会计处理》

2005 年 12 月 27 日,ASBJ 发布了第 8 号准则,并于 2008 年 12 月 26 日进行了修订。

《第 9 号——存货估价》(Accounting Standards for Measurement of Inventories)

2006 年 7 月 5 日,ASBJ 发布了第 9 号准则。本会计准则自 2008 年 4 月 1 日以后开始的营业年度起使用,但也可以自 2008 年 3 月 31 日以前开始的营业年度起使用。2008 年 9 月 26 日对其进行修订。该准则主要规定了存货的估价基准及其会计处理方法。该准则没有涉及有关先进先出法、后进先出法等发出存货的估价方法。

《第 10 号——金融工具财务》

2008 年 3 月 10 日,ASBJ 发布了第 10 号准则。

《第 11 号——关联方披露》

2006 年 10 月 17 日,ASBJ 发布了第 11 号准则,它是日本首次公布关于关联方披露的会计准则。2008 年 12 月 26 日对其进行修订。该准则主要规定了以下内容:适用范围、术语的定义、关联方交易的范围、关联方交易的披露、关联方存在的披露、适用时期。该准则适用于所有公司的合并财务报表或个别财务报表上的关联方的披露。但是,如果合并财务报表已经对关联方进行披露,则个别财务报表无需披露。

《第 12 号——季度财务报告》

2010 年 6 月 30 日,ASBJ 发布了第 12 号准则。

《第 13 号——租赁交易》

1993 年 6 月,BAC 发布了《第 13 号准则》。2007 年 3 月 30 日进行修订。该准则主要规定了租赁交易有融资租赁(finance lease)交易和经营租赁(operating lease)交易二种。融资租赁交易必须作为买卖交易来处理,不能作为单纯租出租入交易处理。经营租赁交易,按一般的租赁交易进行会计处理。

《第 14 号——退休福利》

2007 年 5 月 15 日,ASBJ 发布了第 14 号准则。

《第 15 号——租赁交易》

2007 年 12 月 27 日,ASBJ 发布了第 15 号准则。

《第 16 号——权益法》

2008年12月26日,ASBJ发布了第16号准则。

《第17号——分部信息披露》

2010年6月30日,ASBJ发布了第17号准则。

《第18号——资产减值》(Accounting Standards for Impairment of Assets)

2002年8月,BAC发布了《资产减值会计准则》。该准则从2006年3月的会计年度开始全面实行。该准则主要规定了资产减值的定义、判断标准及其会计处理。该准则以"净资产"概念取代了以前的"资本"概念,在将资产负债表区分为资产、负债和净资产三部分的基础上,对净资产部分所包括的项目重新进行了划分。

《第19号——退休福利会计标准的部分修订》

2008年7月31日,ASBJ发布了第19号准则。

《第20号——房地产、租赁市场、披露》

2008年11月28日,ASBJ发布了第20号准则,2011年3月25日,进行修订。

《第21号——企业合并》(Accounting Standards for Business Combinations)

2005年12月27日,ASBJ发布了第21号会计准则。2008年12月26日对其进行修订。该准则主要规定了企业合并的会计处理有"购买法"和"权益合并法"两种方法,但是规定企业合并原则上应采用购买法,只限于完全对等合并的企业才允许采用权益合并法。少数股权的交易应按照"合并财务报表原则"要求的相关会计处理进行,不属于该准则交易对象的范围。

《第22号——合并财务报表》

2010年6月30日,ASBJ发布了第22号准则。

《第23号——研究开发费用》

1998年,BAC发布了第23号会计准则,2008年12月26日对其进行修订。该准则主要规定了研究试验费用的定义、分类以及如何会计处理。

《第24号——会计变更和差错更正》

2009年12月24日,ASBJ发布了第24号准则。

《第25号——综合收益》

2010年6月30日,ASBJ发布了第25号准则。

(三)主要的会计实务指南

《关于合并财务报表中纳税影响会计的实务指南(中期报告)》

1998年5月12日,JICPA发布《关于合并财务报表中纳税影响会计的实务指南(中期报告)》。该指南由关于纳税影响会计实务指南、结论产生的背景及实例解说构成。在实务指南中主要就时间性差异的类型、个别财务报表中有关时间性差异的会计处理、合并程序中发生的时间性差异的会计处理、递延税款资产或递延税款负债的揭示等内容进行了解释,并辅以具体的实例加以说明。

《关于个别财务报表中纳税影响会计的实务指南》

1998年12月22日,JICPA发布了《关于个别财务报表中纳税影响会计的实务指南》。该指南由关于纳税影响会计实务指南、结论产生的背景及实例解说构成。在实务指南中主要就时间性差异和时间性差异的会计处理、递延税款资产和递延税款负债的揭示、在最初采用年度纳税影响会计的处理等内容进行了解释,并辅以具体的实例加以说明。

《关于合并财务报表中所有者权益合并程序的实务指南》

1998年5月12日,JICPA发布了《关于合并财务报表中所有者权益合并程序的实务指南》。该指南主要由关于所有者权益合并程序的指南、结论产生的背景及实例解说构成。在关于所有者权益合并程序的指南中主要就所有者权益合并程序中的投资与所有者权益、子公司资产及负债的计价、取得控制权时的处理、市价计价的账面价值调整额和计价差额计列后的处理、合并调整项目的摊销、分次取得关联公司股份使其变成为合并子公司情况下的处理、追加投资取得子公司股份情况下的处理、转让子公司股份情况下的处理、子公司按市价发行股份增资引起的母公司拥有权益增减变动情况下的处理、少数股东权益的特殊处理等内容进行了说明,并辅以具体的实例加以解释。

《关于间接持有股份相关的所有者权益合并程序的实务指南》

1999年5月12日,JICPA发布了《关于间接持有股份相关的所有者权益合并程序的实务指南》。该指南主要由关于间接持有股份相关的所有者权益合并程序的实务指南、结论产生的背景及实例解说构成。其中,在关于间接持有股份相关的所有者权益合并程序的实务指南中,主要就间接持有股份情况的所有者权益合并程序、通过合并子公司间接持有情况的处理、通过紧密者间接持有情况的处理、两个以上子公司相互持股情况的处理、间接持有的公司中存在负债超过资产的公司情况的处理进行了解释,并辅以实例加以说明。

《关于权益法会计的实务指南》

1998年7月6日,JICPA发布了《关于权益法会计的实务指南》。该指南主要由关于权益法会计的实务指南、结论产生的背景及实例解说构成。其中,在关于权益法会计的实务指南中,主要就权益法的定义及适用范围、权益法适用公司决算日与合并决算日不一致的情况、权益法适用公司的资产和负债的计价、投资与所有者权益的差额及其摊销、权益法核算下的损益计算、追加取得和转让部分股份、债务超过资产情况下的会计处理、纳税影响会计、国外权益法适用公司外币表示的财务报表的折算和合并方法、合并留存收益表的列示等内容进行了解释,并辅以具体实例加以说明。

《关于研究开发费用及软件的会计处理的实务指南》

1999年3月31日,JICPA发布了《关于研究开发费用及软件的会计处理的实务指南》。该指南主要由关于研究开发费用及软件的会计处理的实务指南、结论产生的背景及实例解说构成。其中,在关于研究开发费用及软件的会计处理的实务指南中主要就研究开发的范围、研究开发费用的会计处理及其劣势、用于特定研究开发项目的机器设备的会计处理、软件的会计处理及其劣势等内容进行了解释,并辅以实例加以说明。

除以上实务指南外,JICPA还发布了以下指南:《关于分部信息公开的会计方法》、《自有股份的会计处理及其披露》、《关于参与贷款的会计处理及其披露》、《关于外币业务会计处理的实务指南》、《关于合并财务报表中租赁业务的会计处理及其披露的实务指南》、《关于合并财务报表中现金流量表的编制的实务指南》、《关于中期财务报表中纳税影响会计的实务指南》、《关于退休金会计的实务指南》、《关于金融商品会计的实务指南(中期报告)》和《关于利用特殊公司使不动产流动有关的转让者的会计处理的实务指南》等实务指南。此后,在ASBJ成立以后,以ASBJ名义发布和修订了多项会计实务指南,包括《金融工具会计实务指南》、《资产减值会计实务指南》、《外币交易会计实务指南》和《软件收入的确认的会计实务指南》等。

主要参考文献

[1] [日]千代田邦夫.日本会计[M].李文忠,译.上海:上海财经大学出版社,2006.

[2] 日本会计制度委员会,日本公认会计士协会.日本会计实务指南[M].财政部会计司编,李玉环选译.北京:中国财政经济出版社,2000.

[3] 李现宗.日本企业合并会计准则[J].会计之友,2005(12A):91-94.

[4] 林立山.日本会计准则理事会(ASBJ)及其准则制定[J].财会通讯(综合版),2006(5):88-89.

[5] 刘明辉,胡波,樊子君.日本的公认会计士行业监管制度[J].中国注册会计师,2004(5)63-66.

[6] 栾甫贵.日本会计制度及其借鉴意义[J].会计之友,2002(12):38-39.

[7] 邵蓝兰.日本会计准则的改革背景与问题分析[J].会计研究,2003(1):52-56.

[8] 石人瑾,[日]根本光明.中日会计审计制度比较——日本的会计与审计制度[M].上海:立信会计出版社,1996.

[9] 田昆儒,[日]昆诚一主编.中日会计模式比较研究[M].经济科学出版社2002.

[10] 吴革. 日本的会计制度及启示[J]. 现代日本经济,2002(2):1-5.
[11] http://www.hp.jicpa.or.jp,2011-03-12.
[12] http://www.asb.or.jp,2011-03-12.

(初稿执笔人:陈 燕)

EU 的《会计指令》

一、欧盟会计指令概述

欧洲联盟(European Union,简称 EU 即欧盟)是目前在地区性会计协调工作中取得最大成就的政府间国际组织。欧盟的目标之一是统一欧洲的金融市场,为了实现这一目标,欧盟委员会颁布了许多指令,并采取一系列行动以形成单一的市场在欧盟范围内筹集资本,对证券和衍生工具市场建立统一的法律框架,对上市公司采用单一会计准则。在会计协调化进程中,欧盟在执行其财务报告公告问题上具有不同于其他政府间国际组织的能力。

根据 1957 年签订的《罗马公约》(the Treaty of Rome)的有关条款,欧盟的管理机构可以发布特定规则,要求各成员国立即执行;也可以发布较为宽松的指令,要求各成员国在既定的期限内纳入国家法律。不及时将指令纳入法律体系的成员国可能会受到欧洲法院的审问并被勒令执行。截止到 2010 年 12 月 31 日,欧盟共起草了 15 份指令,正式公布的指令有 11 份。在这些指令中,与会计和财务报告事项直接有关的指令主要有 3 个,即关于有限责任公司(包括证券公开发行和不公开发行的)年度财务报表和年度报告的第 4 号指令(1978 年经理事会正式通过)①、涉及公司集团合并财务报表的第 7 号指令(1983 年经理事会正式通过)和涉及审计师资格和工作的第 8 号指令(1984 年经理事会正式通过)。

二、欧盟的第 4 号指令及主要内容

(一) 第 4 号指令概述

欧盟第 4 号指令于 1978 年 7 月 25 日颁布,是欧盟框架中最广泛和最全面的会计

---

① 不适用于银行、其他金融机构或保险公司。

规则,所有公共持股公司和私有公司都必须遵循。第4号指令的制定经过了一系列过程:1971年提出草案;1974年提出修正草案;1978年形成正式指令。欧共体成员国根据指令修订国内法的截止期限为1980年8月1日,在成员国内开始适用的时间为1982年2月1日。第4号指令是为了确保企业所披露的财务信息具有可比性和同等性而制定的最低限度的法律文件,欧盟谋求通过这个指令在一定范围内协调成员国不同的会计准则。

第4号指令的内容由"前言","适用公司的法律形态"(第1条),第1章"总则"(第2条),第2章"关于资产负债表和损益表的总则"(第3~7条),第3章"资产负债表的项目分类"(第8~14条),第4章"关于若干资产负债表项目的规定"(第15~21条),第5章"损益表的项目分类"(第22~27条),第6章"关于若干损益表项目的规定"(第28~30条),第7章"计价标准"(第31~42条),第8章"报表注释的内容"(第43~45条),第9章"营业收入报告书的内容"(第46条),第10章"披露"(第47~50条),第11章"审计"(第51条),第12章"附则"(第52~62条)。这些条款囊括了公司会计和报告的全部内容。

(二)第4号指令的主要内容

1. 资产负债表(第9~10条)和损益表(第23~26条)的格式规则

该指令反映了法国和德国对报表格式进行详细法定描述的传统。为满足不同国家监管和实务的需要,指令中包含选择项。

2. 披露要求(第43条)

该指令主要针对欧盟成员国中现存实务差异进行了折中,存在严重冲突时,有选择地执行。

3. 计价规则(第31~42条)

该指令要求以历史成本为基础,也允许使用现行价值。此项指令发布时,英国、爱尔兰以及荷兰的准则制定机构鼓励采用现行成本会计。

4. 真实公允观点(第2条)

该指令在某些情况下优先于特定的规定,这些特殊情况由成员国根据其会计体系自行确定。真实公允的观点不仅适用于财务报表,也同样适用于财务报表的辅助披露。因此,公司还必须作出以下披露:主要的会计政策;持有公司20%或以上股份的关联公司名单;股东权益的变化以及各种流通股份的数量(不需要编制股东权益变动表);长期有担保债务的具体情况;债务和或有事项的详情,包括单独披露的养老金负债;分部信息,包括各产品类型和地区分部的销售收入,如果分部信息对公司业务造成

"严重损害",公司可以不披露;平均雇员数量以及人工总成本,如工资、社会保障以及各类雇员的养老金等;董事报酬、贷款和预付款信息;当期应付所得税和经营活动所应承担金额间的差额,以及特殊所得税激励对经营成果的影响。

(三) 第 4 号指令的执行要求

执行第 4 号指令的财务报表的编制必须遵循历史成本、持续经营、谨慎性、权责发生制以及一致性等原则。第 4 号指令还有以下特定的要求:①不动产、厂房和设备——具有有限经济寿命的固定资产必须系统地计提折旧。如果由于成员国允许特殊的税务激励而导致较高的折旧,则必须披露此项折旧的性质和金额。②公司间投资——对关联公司的投资必须以成本计价。如果成员国允许使用权益法,则必须披露公司间投资账户的所有变化,未实现的收益必须在所有者权益中作为未分配项目披露。③无形资产——商誉、筹备费以及研发费用等无形资产,应该在 5 年内摊销。成员国可以允许在更长的时间内对研发费用和商誉进行摊销,但是摊销时间不能超过其经济寿命。④存货——存货必须按照成本市价孰低法计价。成员国允许使用实际成本法、先进先出法(FIFO)、后进先出法(LIFO)、加权平均法或者其他类似方法,也可以使用上述多种方法。如果在资产负债表日,存货重置成本和账面价值存在重大差异,则应该披露此项差异。⑤流动资产——单个项目应该以成本(购买价格或生产成本)市价孰低法计价。⑥负债——必须预计所有可预见的负债和潜在损失。⑦长期债券——如果长期债券折价发行,则每年必须摊销合理的金额,在债券到期之前,必须全部摊销完毕。⑧开办费——开办费和其他无形资产一样摊销,但适用股利限制原则,即在留存收益至少和未摊销开办费相等之前,不能发放股利。⑨通货膨胀会计——成员国可以允许或者要求其公司编制主要的或补充的通货膨胀调整财务报表,但成员国法律应该详细规定公司应该遵循的具体方法。第 4 号指令列举了以下几种可能的方法:对有形的固定资产(如不动产、厂房和设备)以及金融长期资产(如投资或贷款)进行重估不动产、厂房和设备使用重置成本;所有财务报表项目按照一种方法进行重估,以确定通货膨胀的影响。

(四) 执行第 4 号指令的意义

第 4 号指令是为了确保企业所披露的财务信息具有可比性和同等性而制定的最低限度的法律文件,欧盟谋求通过这个指令在一定范围内协调成员国不同的会计准则,对欧盟会计国际协调具有重大意义。

三、欧盟的第 7 号指令及主要内容

(一) 第 7 号指令概述

第 7 号指令于 1983 年 7 月 13 日颁布,主要涉及合并财务报表问题。由于当时大部分欧盟国家都没有编制合并财务报表的规定。自 1976 年第 7 号指令提出至 1983 年该指令颁布以及以后的很长一段时间,学界对其的争论不断。所以,欧盟也对其成员国在其公司法中贯彻第 7 号指令赋予了很大的自由和选择的权利。各成员国依据指令制定国内法的期限至 1988 年 1 月 1 日,1990 年开始适用。第 7 号指令的制订,意在协调各成员国在企业集团合并财务报表方面的准则,也可以说,它是对第 4 号指令基本内容的补充,第 7 号指令由前言和 6 章 51 条内容组成。

(二) 第 7 号指令的主要内容

第 7 号指令的主要内容有:处理公司合并的不同会计方法;合并财务报表由合并资产负债表、合并损益表和报表注释组成;真实公允的观点应处于最重要的地位;估价标准原则上遵从第 4 号指令的规定;商誉的处理方法;在关联公司内拥有股份时采用权益法;适用的会计原则(如一致性等);合并财务报表的披露;合并财务报表的审计;合并营业报告。

(三) 第 7 号指令具体执行要求

第 7 号指令要求,只要母公司或者子公司是有限责任公司,则必须编制合并报表,而不论其注册地在哪里。是否属于"控制"由法律效力决定,只要存在下列情况,则意味着存在母公司对子公司的控制:母公司拥有大部分的表决权;母公司有权力任命大部分董事会成员;根据控制合同,母公司能够对有限责任公司产生主要影响;根据和其他股东的协议,母公司控制了大部分表决权。根据上述规定,第 7 号指令的合并范围远大于传统的英国、美国所定义的合并范围。另外,第 7 号指令的第 13 款规定,存有下述情况时,子公司可以排除于合并报表之外:企业的业务不重要,不违背真实公允的观点;存在严格的长期限制,例如对国外子公司严格的外汇限制;合并费用过高或合并将延误报表的编制;持有股份是为了以后出售,控制关系是暂时的。

(四) 执行第 7 号指令的意义

在执行第 7 号指令之前,欧盟国家的合并要求和实务也存在着很大的差异。第 7

号指令的出台,使欧盟国家发生了一次根本性的会计变革。许多此前极少或根本不要求企业编制合并财务报表的国家开始要求企业编制合并财务报表。有调查表明,有些欧盟国家更倾向于在合并财务报表中而非单体报表中使用协调的会计政策。以德、法两国为例,由于单体报表以纳税为目的,会计方法在很大程度上受法律和税制的影响,提高财务报表可比性便只能通过合并财务报表的编制,第7号指令的颁布使欧盟会计协调前进了一大步。

四、欧盟第8号指令及主要内容

(一) 第8号指令概述

第4号指令和第7号指令均规定了财务报表必须接受外部审计人员的审计,在这种情况下,审计师的资格问题就提到日程上来了。制定第8号指令的目的在于从审计师的资格方面协调各成员国的准则。第8号指令的制订过程是:1978年提出草案,经过1979年的修订,最后于1984年制订出正式指令。成员国根据指令修改国内法的期限至1987年12月31日,1990年1月1日起适用。在欧盟的指令下,各有关成员国修改国内法的时间大致为:联邦德国和法国均为1985年,西班牙是1986年。1984年4月20日颁布的第8号指令规定了对职业审计师的资格要求(主要是审计师的最低资格要求)。第8号指令不涉及审计师在欧盟各国间的相互认可和职业界组织的自由建立问题。可是,第8号指令的第2条规定了欧盟成员国可以认可在另一个欧盟成员国取得全部和部分资格的审计师,条件是其资格要求相当,并足以证明其对当地法律有足够的了解。每一名审计师必须完成培训计划。按第8号指令要求,欧盟成员国对审计师的独立性有权自行决定,所以欧盟成员国之间审计师独立性要求就有很大不同。

第8号指令由5章共31条组成。第8号指令对审计师的资格条件作了一般原则性的规定。审计师应该未从事与法定审计有抵触的活动而且诚实可信。该指令并规定他们应在取得大学入学资格后,修完大学课程和实习课程,通过大学毕业考试,这个考试应能保证对必要的理论知识水平和实际能力的检验。另外,又对长年从事实际工作的职业专家规定了一些例外措施。第8号指令还规定,职业的审计人员在工作中必须严肃认真,并应保持独立性。

2002年美国制订了萨班斯法案(Sarbanes-Oxley Act of 2002),该法案对美国《证券法(1933)》、《1934年证券交易法》作了不少修订,在注册会计师职业监管、公司治理、证券市场监管等多个方面作出了许多新的规定。由二十五个成员国组成的欧盟也不例外,欧盟于2006年5月17日颁布了新的第8号公司法指令(2006年6月29日生效),用于替代1984年的第8号公司法指令,并要求各成员国在2008年6月29日之前对其有关法规作出调整,做到与该指令协调一致。

在欧盟的第8号公司法指令中,根据欧盟法律的要求对公司年度会计报告或合并会计报告进行的审计被称为法定审计,欧盟成员国有关机构根据第8号公司法指令,批准从事法定审计的人员被称为法定审计师。欧盟近几年出现的财务丑闻彰显了应对新的挑战的迫切性。为此,新的第8号公司法指令增加了许多内容,采取多方面的措施对法定审计进行规范。

(二) 第8号指令的主要内容

1. 关于法定审计师和审计事务所的执业资格

1984年第8号指令(即《公司法指令》)共31条,主要是有关法定审计师和审计事务所执业资格的内容。新的第8号公司法指令在执业资格方面基本上重复了1984年指令的要求,如:对法定审计师学历的要求、理论知识的测试内容、免考条件、实习、继续教育和注册等方面的规定基本相同。当然两者也存在一些小的差别,如:新的指令中,理论知识测试增加了国际会计准则的内容。

2. 关于法定审计的职业道德、独立性、客观性和职业守密等内容

1984年指令中有关这方面的内容很少,只是在第三部分笼统、部分地涉及"职业诚实和独立性",而新的指令则大大增加了具体的、新的内容。

(1) 职业道德。成员国应当确保,所有的法定审计师和审计事务所遵循职业道德,至少要遵守公众利益职能、诚实、客观、职业胜任和谨慎原则。

(2) 独立性和客观性。成员国应当确保,当进行法定审计时法定审计师和审计事务所独立于被审计单位。成员国应当确保,审计事务所的所有者或股东、审计事务所及其分支机构的管理成员和监管机构不以任何方式干预代表该审计事务所从事法定审计的法定审计师的独立性和客观性。

(2) 秘密与职业守密。成员国应当确保,法定审计师或审计事务所在审计时接触到的所有信息和文件,受到充分的机密与职业守密规则的保护。

(4) 审计收费。成员国应确保有充分的规则规范法定审计的收费,即法定审计收费不受提供额外服务的影响,收费不能采取任何不确定的形式。

3. 关于审计标准和审计报告

(1) 审计标准。成员国应当要求法定审计师和审计事务所在执行法定审计时遵循欧盟委员会采用的国际审计准则。在欧盟委员会未采用某一事项的审计准则的情

况下,成员国可以采用该事项的国内审计准则。

(2) 合并会计报告的法定审计。成员国应当确保合并会计报告经法定审计,当对合并财务报告某一部分的审计由没有合作关系的第三国的审计师或审计主体承担时,牵头的审计师负责向公众监督机构提交恰当的有关该项审计的文本材料。

(3) 审计报告。审计事务所从事法定审计,其审计报告至少应当由代表该审计事务所从事该项审计的法定审计师签字。

4. 关于质量保证体系

每一个成员国应当确保所有的法定审计师和审计事务所符合标准的质量保证体系。如果法定审计师或审计事务所不遵循该体系,在适当的情况下,该法定审计师或审计事务所将受到限制或处罚。欧盟委员会可以根据指令的规定,采取措施以促进公众对审计职能的信任,保证上述要点的实施。

5. 关于调查和处罚

(1) 调查和处罚制度。成员国应当确保有效的调查和处罚制度用来侦测、纠正和防止法定审计人员未充分履行职责的发生。

(2) 审计人员的责任。有关当前国家责任的规定对欧盟资本市场以及法定审计师、审计事务所从事法定审计的影响,包括对财务责任限制的客观性分析。

6. 关于公众监督和成员国之间监管安排

(1) 公众监督的原则。成员国应当建立一个对法定审计师和审计事务所有效的公众监督系统。

(2) 欧盟层次公众监督系统之间的合作。成员国应当确保其公众监督系统的监督在欧盟层次就成员国的监督活动进行有效的合作,为此每一个成员国应当有一个机构专门负责确保这种合作的进行。

(3) 成员国之间监督的相互承认。成员国之间的监督应当尊重母国(即法定审计师或审计事务所执业资格的批准国及被审单位的注册国)的相关规则与监督的原则。

(4) 监管机构的设置。成员国应当设置一个或多个机构以完成本指令规定的任务,并将设置情况报告欧盟委员会。

(5) 成员国之间职业守秘和监管合作。负责执业资格的批准、注册、质量保证、检查和约束的成员国监管机构,根据本指令履行职责,必要时,相互之间应当相互协作,提供支持,特别是在交换信息和进行法定审计相关调查时应进行合作。

7. 法定审计师或审计事务所的聘任与解聘

法定审计师或审计事务所应当由股东大会或被审单位成员聘任。成员国应当确保法定审计师或审计事务所只在有正当理由的情况下被解聘,被审单位和法定审计师或审计事务所应通知公众监督机构有关聘任期内法定审计师或审计事务所被解聘或辞聘的事项,并给出充分的理由。

8. 有关公众利益主体法定审计的特殊条款

(1) 透明性报告。成员国应当确保从事公众利益主体法定审计的法定审计师和审计事务所在每一个财务年度终了后的三个月内,在他们的网页上公布年度透明性报告。成员国在特殊的情况下,为了减少对人员安全的重大威胁,在必要的情况下可以不实施上述某项要求。透明性报告应当由法定审计师或审计事务所签名。

(2) 审计委员会。每一公众利益主体应有一个审计委员会,成员国应当决定审计委员会是否由被审单位管理部门非执行官成员和(或)监管机构成员、和(或)被审单位股东大会任命的成员组成,审计委员会至少应有一名成员是独立的并且具备会计和(或)审计知识。审计委员会应当监督财务报告流程的执行,监督公司内部控制、内部审计和风险管理系统的有效性,监督年度报告和合并报告的法定审计,检查和监督法定审计师或审计事务所的独立性,特别是在为被审单位提供额外服务情况下的独立性。

(3) 独立性。除了前文提到的审计独立性要求外,成员国应当确保公众利益主体的法定审计师或审计事务所做到以下几点:每年以书面的形式向审计委员会确认相对被审计的公众利益主体保持独立性;向审计委员会报告年度为被审计主体提供额外服务的情况;与审计委员会探讨对其独立性的威胁及为降低威胁采取的措施。

(4) 质量控制。对公众利益主体法定审计师或审计事务所的质量检查至少每3年进行一次。

上述各项,第一项内容在1984年的第8号公司法指令中有很具体的规定,在新的第8号指令中变动不大;第二项内容,旧指令只是笼统地提到,新指令则有具体规定;其他各项,基本上都是新指令中增加的内容。在2008年6月29日之前,各成员国应当在其法律中采用和颁布必要的条款,与新指令协调一致,并将法律中与新指令相关的条款告知欧盟委员会。随着新指令的逐步实施,被审单位财务报告的质量、法定审计师和审计事务所的执业状况必将会有大的改观。

主要参考文献

[1] 胡胜校(编译). 欧盟会计指令[J]. 审计月刊,2006(12下):5-9.

[2] 李洁慧. 欧盟会计政策与国际会计准则协调的经验及启示[J]. 财会通讯(综合版),2007(10):

96-98.

[3] 许家林. 中国会计准则体系建设：发展、比较、协调[M]. 上海：立信会计出版社，2006.

[4] 邹燕. 浅谈欧盟的会计准则协调化[J]. 中国管理信息化，2006(5)：48-49.

[5] http://ec.europa.eu/internal_market/accounting/officialdocs_en.htm，2011-03-12.

[6] http://www.zh09.com/Article/cwgl/200606/90500_5.html，2011-03-12.

（初稿执笔人：安国祥）

英美的银行会计准则

一、英国银行会计准则概述

支配和影响英国银行财务报表形式和内容的准则及相关规定主要有四个方面的内容:(1)1985年遵照欧盟指令制定的《公司法》(The Company Act,以下简称 CA 1985,后于1989年进行了修订)。它要求银行集团应当与其他企业集团一样,编制集团合并财务报表。(2)《标准会计惯例》(Statement of Standard Accounting Practice,简称 SSAP)和《财务报告准则》(Financial Reporting Standards,简称 FRSs)的会计准则。除了 FRSs 第13号以外,SSAP 或其他部分都没有对银行的业务活动进行专门的规定,并且大多数 SSAP 或 FRSs 与银行的业务没有丝毫联系,尽管它们可能会适用于银行业集团的某些子公司,但是,下面的通用会计准则仍然与银行编制财务报告相关 SSAP 第20号外币折算(不涉及交易活动);第21号租赁及分期付款购买合同业务会计;第25号分部报告;FRSs 第1号现金流量;第2号子公司业务会计;第3号报告财务业绩;第4号资本工具;第5号报告交易业务实质;第8号关联方披露;第12号计提准备、或有负债及或有资产;第13号衍生工具及其他金融工具:披露;第16号当期税金和第18号会计政策。(3)最近由英国银行家协会和爱尔兰银行家联合会以及融资及租赁协会颁布的《惯例推荐声明书》(Statements of Recommended Practice,简称 SORPs)。目前英国银行家协会已经颁布的 SORPs 共有5个,内容涉及银行的有价证券、衍生金融工具、其他表外项目和或有负债、贷款的会计处理以及分部信息的披露。(4)《国际会计准则》(International Accounting Standards,简称 IAS)和《国际财务报告准则》(International Financial Reporting Standards,简称 FRS)。2000年6月,欧盟委员会颁布了一项计划,要求自2005年起,欧盟所有上市公司都必须采用 IAS 而不是本国的公认会计准则来编制合并财务报表。此外,与致力于银行业监管的巴塞尔委员会(The Basel Committee on Banking Supervision)地位相当的一个证券监管组织——证券委员会国际组织(International Organization of Securities Commissions,简称 IOSCO)已经认可了一套核心国际会计准则并推荐给其成员,作为跨国上市公司的标准。目前《IAS》中涉及银行业的主要有以下内容:1990年,国际会计准则委员会(International Accounting Standard Board,简称 IASB)发布的《IAS No.30——银行及类似金融机构财务报表的披露》;1995年6月,IASB 发布的《IAS No.32——金融工具:披露与列报》;1999年3月,IASB 发布的《IAS No.39——金融工具:确认与计量》;由紧急任务工作小组(Urgent Issues Task Force,简称 UITF)发布的摘要。

二、英国银行会计准则的主要内容

(一) 计价基础

1985年《公司法》(CA 1985)第9条要求根据"历史成本原则"对资产和负债进行计价,但是也要考虑某些特殊的"替代会计原则"。银行固定资产和流动资产的定义与其他公司普遍适用的定义相同,只是该原则引入了一个新的定义:"金融固定资产",它包括贷款和垫支款以及作为固定资产持有的证券、参股权益和对集团企业的持股。在历史成本原则下,对固定资产进行计价的基本方法是用成本减去该项资产经济寿命期间的折旧费用;不作为金融固定资产持有的贷款和垫支款、债券或其他固定收益证券、股权份额或其他可变收益证券,以成本和可变现净值孰低法进行计价,而可转让证券的计价则可以使用成本与市价孰低法或重置成本法。CA 1985第9条认可了银行的通常做法,即对证券的交易业务组合和表外工具按照市场价值计价,没有市场价格的,则按照公允价值进行计价。

(二) 收入确认

银行确认收入和费用的基础对其列报的利润、股票价格甚至于管理当局的声誉都有着直接的影响。大多数银行的主要业务是吸收存款为其生息的经营活动筹集资金,并且利用这些资金创造利息收入或持有利得。在提供能够为其带来手续费收入和佣金收入的服务过程中,银行发生着形成资产及管理资产的费用。然而,正如大多数商业企业一样,在收入的取得以及为取得收入所必需的费用的发生之间存在时间差,因此,CA 1985要求损益表中只能包括已经实现的利润。银行会计政策应当保证收入和相关费用的适当配比,且反映收益和相关期间风险的对比情况。但是银行交易业务的特殊性决定了配比原则无论在理论上还是在实务中都很难实施,以前银行可以通过其行为或对会计政策的选择来大幅度改变列报的利润,因此 SORPs 的作用之一就是促进各银行收入确认原则在更大程度上一致。银行在考虑采用何种会计原则时,还应当关注"实质重于形式"的原则,即各会计主体在编制财务报表时,应当报告已经发生的交易业务的实质,而不仅仅反映它们的法律形式。

(三) 资产负债表

CA 1985 第 9 条规定了银行资产负债表的基本格式,银行编制资产负债表使用的科目名称以及各科目的顺序必须严格遵守该规定。另外英国银行家协会已经根据资产负债表的编制规则颁布了一个综合性的指南,为银行财务报表的编制提供有价值的参考。第 9 条中涉及与银行资产负债表及其附注的格式相关的 5 个基本标准是:①流动性:CA 1985 第 9 条规定资产负债表格式应按照资产和负债流动性逐渐减弱的顺序列报;②交易性资产、投资性资产和其他长期资产的区别:财务报表应当能够反映出交易性资产、投资性资产以及其他长期资产的区别,银行对这三类资产进行会计处理的方法不同,因此应当明确地披露这些资产的分类基础和采用的计价方法;③到期日:CA 1985 第 9 条要求对向银行和客户发放的贷款、同业存款、客户账户以及其他已发行的债券性证券就一定到期日时间段进行披露——3 个月内到期的、3 个月~1 年内到期的、1 年~5 年内到期的以及超过 5 年后到期的;④资产和负债的集中:CA 1985 第 9 条要求银行将自身与其他银行发生的交易业务同本银行与非银行机构发生的交易业务在财务报表上分别列示,但仅限于资产负债表;另外英国银行必须遵守 SSAP 的规定,即银行应对不同业务分部或地区分部的营业额、经营成果和净资产进行分析,但这些规定只适用于大型的从事多种业务的银行业集团;⑤抵销:CA 1985 第 9 条禁止银行在资产负债表中将资产与负债相抵销(或在损益表中将收入与费用相抵销)。

银行资产包括流动资产和长期资产。流动资产指容易流通,必要时可随时变现且不会有任何价值损失的资产。银行拥有的流动资产大致包括:现金;在中央银行或其他银行的短期存款(活期存款);在途资金;货币市场的短期存款;定期存单;政府金融工具和其他可随时出售的金融工具;国库券、商业票据和其他票据以及黄金。通常银行对流动资产相关的收入和成本完全采用权责发生制的核算方法。首先,票据的会计处理由交易性质决定;其次,有价证券会计处理原则在 SORPs 中列明,最重要的原则是要区分"投资"证券和"交易"证券,前者遵循固定资产计价原则,后者采用流动资产计价原则。长期资产主要包括贷款和租赁资产等。第一,SORPs 规定在资产负债表上,贷款应以成本减去核销金额和对不能收回金额计提的特殊一般准备后的净额予以记录;第二,租赁的相关处理方法在 SSAP 第 21 号关于风险和收益的原则中涉及;第三,对于银行的贷款、预付款以及租赁资产,可能会产生呆账贷款,通常英国银行都要求针对呆账贷款同时提取专项准备和一般准备。

银行的负债主要包括存款、已发行债券、存单以及或有负债和承诺。首先,在资产负债表上,存款应以名义金额进行反映,而已发行债券以发行净收入反映,对于存单中带息存单的应付利息应按权责发生制计算;其次,根据 SORPs 的分类,银行或有事项和承诺可分为担保及类似或有负债(主要有承兑和背书、担保和其他或有负债)和承诺两类。

银行的权益资本金一般由股本和储备金构成。CA 1985 允许银行同其他公司主体一样,可以购买自己的股本,同时规定"只有在资产负债表日已实现的利润才能计入损益表"。基于此,会计机构咨询委员会的指导说明书规定,银行的可分配利润包括一般性利润和外汇折算产生的利润。

(四) 损益表

CA 1985 第 9 条规定了损益表的基本内容和格式。银行可以选择垂直或水平格式,格式一经选定不得任意变更,英国大多数银行选择使用垂直格式损益表。银行损益表中需要具体披露的项目主要包括:利息收入与支出;股利收入;应收应付手续费和佣金;交易利润或损失;折旧和摊销;准备金;管理费用;其他业务收支;固定资产投资的损失以及 FRSs 第 3 号要求披露的财务业绩。

(五) 平均资产负债表

为了使报表使用者正确地理解银行的经营成果,损益表和资产负债表之间的内在联系必须明确,因此有必要对报告年度内生息资产和付息负债的平均余额进行披露,美国要求银行披露平均资产负债表,但英国尚无此类要求,不过有些银行自愿提供这些信息。

(六) 已确认损益总额表

FRSs 第 3 号要求包括银行在内的所有公司在编制财务报表时,都要编制另外一份基本报表来说明已确认损益总额及其结构。该报表中除了当年的利润以外,还包括通过储备科目直接处理的其他损益。

(七) 现金流量表

FRSs 第 1 号现金流量表要求包括银行在内的多个公司编制现金流量表,该准则的目标是明确公司应当持续地报告它们的现金生成和现金运用情况。准则要求公司在基本的现金流量表中按照下列顺序对现金流量进行分析:经营活动;来源于合资或联营企业的股利;投资和金融服务的回报;税金;资本支出和金融投资;购置和处置;已付股利和筹资活动。

(八) 分部报告

英国银行家协会颁布了一项有关银行分部报告的惯例推荐书,基本要求如下:地区分部的确定是根据发生业务的银行、分支机构或营业处的地理位置,或者是根据客户的地理位置,其中后者被认为更有意义;业务分部应当能够反映银行管理当局为了对外报告财务报表而对银行业务活动进行的部门划分;银行应当披露每个地区分部的总收入、应收和应付利息、股利收入、应收手续费和佣金、交易费用、其他收入或收费;重大的非银行业务地区分部报告和业务分部报告也要求银行予以披露;每个地区和业务分部的税前经营成果、少数股东权益、非常项目以及无法分配的共同成本也应当披露;不同业务分部和地区分部的净资产及总资产都应予以披露;如果年末信息不能反映当年总体情况,那么应当根据平均余额提供额外分析。

(九) 表外披露

银行从事的许多有风险并创造收入的活动,在资产负债表中并未得到反映,而是在"资产负债表外"进行披露,这些活动包括承兑、担保以及其他承诺、证券化以及资本市场业务。

(十) 金融工具的披露

银行应当对包括衍生金融工具在内的各种金融工具在一定会计期间所起的作用进行解释,具体披露内容包括:持有或发行金融工具的目标、政策和策略;利率风险(非交易账户);外汇风险(非交易账户);公允价值披露;交易账户披露;套期保值和额外资源披露。

(十一) 集团财务报表

会计准则要求控股公司按照正常的方法以合并报表的形式生成集团财务报表,但是当集团中既包含银行又包含非银行公司时,就会产生一些现实问题。CA 1985 要求,如果子公司的业务与集团内其他公司的业务不同,以至于如果集团报表中包含该子公司,可能会与真实公允观念相冲突,那么在合并报表中就不应当包含该子公司。另外 CA 1985 和 FRSs 第 2 号都要求在合并财务报表中采用权益法来处理由于业务不相似而不予合并的子公司业务。FRSs 第 2 号还特别规定银行应将由于实施担保而兼并的子公司排除在合并报表以外,假设这类子公司不是集团持续经营业务的一部分。

(十二) 年度报告

所有公司都要向股东提供年度报告,而财务报表和审计报告仅是其中的一部分,对于上市公司,伦敦证券交易所要求其报告的内容除了 CA1985 规定的事项外,还包括:有关当年公司业绩的管理层声明书当年经营和财务状况分析。

三、美国银行会计准则的主要内容

美国财务会计准则委员会(Financial Accounting Standard Board,简称 FASB)自 1973 年成立以来发布了大量准则公告,涉及银行业的相关准则具体包括《SFAS No. 140——金融资产转让和服务以及债务解除的会计处理》、《SFAS No. 134——抵押银行业务企业将为销售持有的抵押贷款证券化后对保留的抵押担保证券的会计处理》、《SFAS No. 118——债权人贷款减值的会计处理——收入确认和披露》、《SFAS No. 115——对某些债务性及权益性证券投资的会计处理》、《SFAS No. 114——债权人贷款减值的会计处理》、《SFAS No. 104——现金流量表——特定现金收支的净值报告及套期交易的现金流量》、《SFAS No. 91——与发生或获得贷款有关的不可收回的费用和成本,以及租赁初期直接费用的会计处理》、《SFAS No. 72——银行或储蓄机构特定的购并活动的会计处理》和《SFAS No. 65——特定抵押银行业务的会计处理》等①。

主要参考文献

[1] 舒新国,余静波,钱亮等.西方银行会计准则(英国银行适用会计准则讲解)[M].北京:企业管理出版社,2003.
[2] 许燕.西方银行会计准则(美国银行特定会计准则全本)[M].北京:企业管理出版社,2003.

(初稿执笔人:龙 娟)

---

① 具体内容详见本书前文《财务会计准则》(SFAS No.1~168)的主要内容,此处略。

附1　KASB的《韩国会计准则》

一、韩国会计准则概述

与日本类似,韩国企业会计规范受商法、证券交易法和税法的影响,1999年以前其会计制度由证券管理委员会下设的会计制度咨询委员会制定。1997年12月韩国爆发了金融危机,金融危机产生的一个重要原因就是韩国财务报告准则和国际公认会计准则不一致、信息披露不充分以及缺乏外部审计的有效监督。为了恢复经济,韩国政府采取了一系列措施,1998年至2000年间对韩国会计体制进行了全面的改革,改革最初参照的是美国模式。鉴于美国的会计原则易于企业钻空子,因而近年来韩国新的企业会计准则的制定改为以欧洲式的"国际会计准则"为参照。1998年9月,韩国政府获得世界银行200亿美元的结构调整贷款,条件之一是韩国政府要保证调整会计准则,以国际会计准则(International Accounting Standards,简称IAS)为参照改善财务报告实务。从1999年4月开始筹备至1999年7月,韩国成立了一个新的独立民间会计准则制定组织——韩国会计研究院(The Korea Accounting Institute,简称KAI),后更名为韩国会计准则院。

韩国会计准则院的目标是成为国际上先进的民间会计准则制定机构。其具体目标是,成为制定会计准则的核心、研究会计审计制度的中心、流通和管理会计相关信息的窗口。韩国会计准则院的主要职能是:制定和修改企业会计准则、解释及回复质疑等;研究会计准则提案等;出版并发布会计准则及相关研究成果;承担关于改善会计制度和外部审计制度的研究业务;承担会计准则的教育和宣传;接受政府委托的其他业务。韩国会计准则院由会员大会、董事会、韩国会计准则委员会(Korea Accounting Standards Board,简称KASB)构成。其会员大会由韩国公认会计师协会、大韩商业工会、全国企业家联合会、中小企业联合合作中央会、韩国上市公司协会、全国银行联合会、韩国证券业协会、金融监管院、韩国会计学会、场外股票交易市场法人协议会等14家会员单位组成。韩国会计准则委员会包括会计准则咨询委员会、回复质疑实务委员会、调研室等。

根据韩国 1980 年 12 月制定并公布的《股份公司外部审计法》(以下称为《外审法》)的规定,金融监督委员会(FSC)被授权作为政府代表,负责制定、修改和解释适用于股份公司的财务会计准则。但实际的工作是由具有公共性质的民间机构——金融监督院来做。2000 年 7 月 27 日开始生效的《总统令》规定,金融监管委员会可以委托或委派职业民间组织制定会计准则。于是,负责实际工作的金融监督院又将会计准则的制定权委托给了 KASB。KASB 的使命是独立地制定、修订及解释会计准则,以提高韩国会计准则的质量并适应韩国的经济环境。所以,目前韩国会计准则由韩国会计准则院下属的会计准则委员会 KASB 制定,以财政经济部与证券交易委员会的法令和法规形式颁布。

由民间机构负责制定会计准则是韩国会计的一大特点。在由民间机构负责的情况下,参加准则制定的企业界、学术界人士都可以很大胆地、毫无保留地表达自己的观点和意愿,所制定的会计准则能够更多地反映出实际业务的需要,也能够更确切、更有深度地反映会计的要求,这是民间机构负责制定准则的优势所在。实际上,韩国目前对会计进行规范的制度体系可以分为两部分:一是与会计制度相关的法律体系,包括《商法》、《外审法》、《证券交易法》等;二是会计准则体系,包括会计概念框架、概念框架下的企业会计准则、准则指南、实施准则案例等。

《商法》是韩国的商业基本法,以规范商业关系为目的。在 1963 年制定《商法》时,规定了财务报表的种类与披露、资产评估方法、无形资产及固定资产、递延资产、资本、资本公积金,以及盈余公积金等。另外,《商法》还确定了公认会计原则的地位,它优先于法律。

《外审法》制定的目的是要求一定规模以上的股份公司应由公认会计师实施审计,克服内部审计的缺陷,提高会计处理的合理性,保护利益相关者的经济利益,促使企业健康发展。其主要内容有:外部审计对象公司范围;外部审计对象财务报表范围;会计师事务所的选定、重选和指定;对外部审计的监督及监督结果的后续措施等。本法要求成立证券期货委员会和金融监管院,以往由证券管理委员会执行的指定会计师事务所、监督公认会计师等业务,交由证券期货委员会来执行;原来由证券管理委员会制定并由财政经济部部长批准的审计准则和会计准则,改为通过证券期货委员会审议后由金融委员会制定。

《证券交易法》的制定目的,是规范有价证券的发行、交易以及其他相关业务,促进有价证券的流通,以保护投资者的利益,为国民经济的发展作出贡献。依据该法制定了《上市公司会计规定》、《上市公司财务报表规则》等。

《证券交易法》规定,设立证券管理委员会,由证券管理委员会制定《上市公司财务管理规定》,并审查通过《上市公司会计规定》和《上市公司财务报表规则》等。

韩国1998年会计改革后,会计准则由企业会计准则、行业准则和指南等构成的体系转换为由准则、指南和准则实施案例等构成的体系。该体系归纳了各会计事项在各准则、行业准则、案例分析中分散的相关内容,为相关会计事项提供总括的准则。指南对准则中没有涉及的具体实施指南、技术问题等结合案例予以解释。准则实施案例是针对准则和指南公布后,针对会计实务中遇到的疑难问题以及解决方法的内容中,会计信息使用者需要的带有普遍性的重要内容发布的。为克服过去以条款形式的会计规定僵硬、抽象等缺点,实现国际趋同及提高实务中的有效性,将准则转换为报告式的文件形式。另外,该准则还拟定好准则模型,提前确定应包含的事项,如目的、范围、术语、主要争论点及会计处理方法等,预先确定标准样式。特别是在运用国际财务报告准则或美国会计准则的相关内容时,应注明参照或依据,并说明制定准则的依据及变迁过程。现行的韩国企业会计准则基本由以下部分构成:该准则制定的目的、适用范围、名词定义、该项目的确认、计量及其他需要说明事项、该项目的披露、该准则开始生效的日期、与旧准则的衔接方法以及附录(包括准则制定的根据、使用指南与举例、重要规定)等。

二、韩国财务报告概念框架

韩国于2003年12月制定的财务报告概念框架原则上以IASB的概念框架为基础,同时考虑韩国财务报告环境的特殊性和财务报告手段,它被誉为面向未来、体现了韩国国情的框架,由7章157条构成。

(一) 绪论

框架的目的是明确企业财务报告的目的和提供财务报告有关的基础概念,用来满足会计准则制定机构、财务报告使用人、财务报告编报人以及注册会计师等的需要;概念框架的内容包括财务报告的目的、会计信息质量属性、财务报表、财务报表基本要素的确认、计量等,不仅适用于企业,也适用于非营利组织的通用目的的财务报告。财务报告概念框架规定财务报告应向企业利益相关者提供关于企业经济资源和义务、经营成果、现金流量、资本变动等方面的财务信息,其主要方式包括财务报表、经营者分析、预测以及书函等。该框架并指出财务报表的编制责任在于经营者,经营者应选择合理的会计方法,进行合理的判断和估计;财务信息的使用者有投资者、债权人、经营者、财务分析专家、信用评价机构以及政府机关等。另外提到IASB中没有涉及的一个方面,就是对财务会计环境的考虑。财务报告的目的和编制方法取决于财务会计环境,当财务会计环境变化时应予以适当地反映。

(二) 财务报告的目的

财务报告的目的是给投资者、债权人提供决策有用的信息,同时用来评价经营者的受托责任。提供投资和信用决策有用的信息,可提高社会资源分配效率,对信息使用者应该是有利的。财务报告应提供判断未来现金流量、时间以及不确定性等方面有用的信息,对评价未来预期股利、投资风险有用的信息,提供对债务评价与信用评价有用的信息。经营者担负着保全企业资源、实现收入、保全受托资源的责任,因而应评价其受托责任的履行情况。IASB 没有要求提供现金流量信息。

(三) 会计信息的质量属性

框架中列举的最重要的质量属性是相关性和可靠性。列举的次重要的属性是可比性。会计信息的质量属性应在费用与效益、重要性的制约条件下考虑,而会计信息的有用性最终由信息使用者作出判断。因此框架认为质量属性必须优先考虑信息使用者的需要。相关性包括预测价值、反馈价值、及时性等,可靠性的具体因素有真实性、可验证性和中立性。会计信息的质量属性可能相互矛盾,但质量属性的选择应以最大限度地实现财务报告目的为出发点。质量属性的相对重要性应在具体情况下予以判断。虽然会计信息应具有不同会计期间的可比性和企业之间的可比性,但它并不意味着统一,不应该影响新的会计准则的引入。会计信息的制约因素是会计信息的社会效益应大于社会费用,项目重要性取决于项目的性质和金额。

(四) 财务报表

框架中在财务报表相关概念的基础上,列举了财务报表的基本假设,即企业主体、持续经营、会计分期等;列举了权责发生制,还介绍了发生和递延的概念;说明了资产负债表、损益表、现金流量表、资本变动表等财务报表是相互联系的,共同构成一个相互联系的体系的观点。框架并在这一基础上区分了合并财务报表和集团公司财务报表,规定应提供附注信息,即财务报表中没有表述的资源、义务等的注释及附表等。框架在财务报表相互关联的前提下说明财务报表的互补关系,详细说明了一种财务报表与其他财务报表同时使用时会增强会计信息有用性。最后该框架指出财务报表应以货币单位计量,反映过去的交易和事项。

（五）财务报表的基本要素

这一部分首先说明区分财务报表的基本要素的目的是为了给信息使用人提供作出经济决策的有用信息，并将基本要素分为资产、负债、资本、所有者投资、对所有者的分配、综合收益、收入、费用、营业活动现金流量、投资活动现金流量以及筹资活动现金流量等。资产负债表的基本要素是资产、负债、所有者权益，资本变动表的基本要素是所有者投资和对所有者的分配。损益表的基本要素是综合收益、收入、费用，要求区分利得、损失，并说明国际上是否有取消上述区分的主张。框架中规定现金流量表的基本要素包括营业活动现金流量、投资活动现金流量以及筹资活动现金流量等，并予以详细论述。目前对这些要素的归属方面存在分歧，虽然调整这些内容的逻辑基础在会计评估理论中得以沿用，但在实务运用中带有局限性。如有些人主张利息费用并不是财务活动费用，是日常经营活动的结果。框架中将损益表的基本项目综合收益定义为立足于货币资本保全概念的投资收益，综合收益是企业在一定期间内除所有者资本变动业务以外的所有经济业务和事项确认的资本变动，并规定综合收益的计量应扣除与所有者的交易，是会计期末的名义货币资本超过期初名义货币资本的金额。

（六）财务报表基本要素的确认

韩国财务报告概念框架将确认定义为经济业务或事项在财务报告中的表示。特定项目如果满足财务报表要素的定义，并且与该项目有关的未来经济利益流入或流出企业的可能性较大且能够可靠地计量时可以确认。在这一原则基础上该框架进一步规定了资产、负债、收入、费用的确认条件。

（七）财务报表基本要素的计量

韩国财务报告概念框架将财务报表基本要素的计量定义为确定会计基本要素的货币金额的过程，并规定计量应选择一定的属性。该框架规定，可用于资产和负债的计量属性有取得成本、历史成本、公允价值、企业特有价值、净值、可变现价值、履行价格等。该框架还说明了计量属性根据资产、负债的特点在多种不同情况下的选择问题。这一问题在 IASB 概念框架中，简要说明了计量基础有历史成本、现时成本、可实现价值、现值等计量属性。为计量未来现金流量的现值，必须同时考虑未来各期间的现金流量、货币时间价值、未来现金流量的不确定性。同时介绍了计量现值的方法，包括名义现金流量折现法、现金流量期望值折现法以及确定的等额现金流量折现法等。这一内容在 IASB 概念框架中并未涉及。

三、韩国企业会计准则的主要内容

截至 2010 年 12 月 31 日,韩国会计准则院制定或修改的会计准则共有 25 项,具体项目如表 1-4 所示。

表 1-4　韩国已制定或修改的会计准则

序号	会计准则名称	实施日期	发布日期
第 1 号	会计变更和差错更正	2001 年 3 月 30 日	2001 年 3 月 30 日
第 2 号	中期财务报告	2007 年 7 月 10 日修改	2007 年 5 月 25 日
第 3 号	无形资产	2001 年 12 月 27 日	2001 年 12 月 27 日
第 4 号	收入的确认(修改)	2002 年 12 月 27 日	2004 年 11 月 19 日
第 5 号	固定资产	2008 年 1 月 4 日修改	2008 年 12 月 30 日
第 6 号	资产负债表期后事项	2002 年 12 月 19 日	2002 年 12 月 19 日
第 7 号	财务费用资本化	2001 年 12 月 27 日	2001 年 12 月 27 日
第 8 号	有价证券	2008 年 12 月 29 日	2008 年 11 月 14 日
第 9 号	可转换证券	2007 年 5 月 25 日修改	2007 年 5 月 25 日
第 10 号	存货	2002 年 8 月 9 日	2002 年 8 月 9 日
第 11 号	持续经营	2005 年 12 月 9 日修改	2005 年 12 月 9 日
第 12 号	建造合同	2003 年 2 月 21 日	2003 年 2 月 21 日
第 13 号	债权债务重组	2003 年 11 月 7 日	2003 年 11 月 7 日
第 14 号	中小企业会计处理特例	2009 年 3 月 18 日修改	2009 年 2 月 13 日
第 15 号	权益法	2008 年 3 月 28 日修改	2008 年 2 月 28 日
第 16 号	企业所得税会计	2007 年 11 月 28 日修改	2007 年 9 月 14 日
第 17 号	准备金负债和或有负债	2004 年 10 月 13 日	2004 年 10 月 13 日
第 18 号	联营投资	2005 年 2 月 3 日	2005 年 2 月 3 日
第 19 号	租赁	2007 年 7 月 10 日修改	2007 年 5 月 25 日
第 20 号	特殊关联方披露	2007 年 7 月 10 日	2007 年 5 月 25 日
第 21 号	财务报表的编制与表示Ⅰ	2008 年 12 月 29 日修改	2008 年 10 月 24 日
第 22 号	以股份支付的支出	2006 年 4 月 14 日	2006 年 4 月 14 日
第 23 号	每股收益	2006 年 9 月 13 日	2004 年 12 月 27 日
第 24 号	财务报表的编制与表示Ⅱ(金融业)	2007 年 11 月 28 日修改	2007 年 10 月 11 日
第 25 号	合并会计准则	2008 年 12 月 29 日修改	2008 年 11 月 28 日

主要参考文献

[1] 卜海涛.韩国会计准则民间定——访韩国会计准则委员会委员长郑基英[N].中国财经报,2005-06-20.

[2] 财政部会计准则委员会代表团.中日韩三国会计准则制定机构会议综述[J].会计研究,2002(4):53-56.

[3] 崔顺姬,岳琴等.韩国现代会计制度与国际化[M].大连:东北财经大学出版社,2008.

[4] 权光男译.韩国证券管理委员会.韩国企业会计基准及准则[M].北京:中国财政经济出版社,1998.

[5] 金香淑,严基昊.韩国会计的发展历程[J].对外经贸财会,2001(8):35-37.

[6] 全昶逸.中韩会计准则的比较[D].北京:对外经济贸易大学,2006.

[7] 全益护.中韩会计准则及国际会计准则比较研究[D].北京:对外经济贸易大学,2007.

[8] 薛清梅.韩国的会计改革及对我们的启示[J].财会通讯,2004(2):29-30.

[9] 赵婧,汪立.韩国会计准则国际趋同情况及其借鉴[J].国际商务财会,2007(6):30-32.

[10] 郑基英,崔顺姬.韩国财务报告概念框架及其改进方向[J].会计研究,2006(3):90-93.

[11] http://eng.kasb.or.kr,2011-03-12.

(初稿执笔人:刘　琳)

附2 HKICPA 的《香港会计准则》(HKAS)

一、香港会计准则概述

香港会计准则的制订模式是民间团体制订,其制订机构是自律性的行业团体——香港会计师公会(Hong Kong Society of Accountants,简称 HKSA,2004 年 9 月 8 日英文名字变更为 Hong Kong Institute of Certified Public Accountants,简称 HKIC-PA)[①],它是根据《执业会计师条例》(香港法律第五十章)于 1973 年 1 月 1 日成立,是香港唯一法定执业会计师注册组织,主要职能是对会计师进行管理和监督,并且负责制定会计准则。香港会计师公会发布的会计准则,是香港公司编制财务报告时要遵循的准则。

1976 年,香港首次颁布《香港标准会计实务公告》(Hong Kong Statements of Standard Accounting Practice,简称 HKSSAP),它是由公会颁布的用于指导会计实践的规范性要求。当时主要是在英国会计准则的基础上制定的,连名称都和英国的一样,叫标准会计实务公告(Statements of Standard Accounting Practice,简称 SSAP)。并且同英国一样,是一种非强制性的专业准则。到 1984 年,仅有 10 个准则项目。从 1984 年开始到 1991 年 12 月,公会先后发布了 15 项会计准则(俗称标准会计实务说明):2.0 标准会计实务说明和会计指导前言;2.101 会计政策的表达;2.102 非常项目和以前年度调整;2.103 存货和在产品;2.104 财务状况变动表;2.105 每股收益;2.106 折旧;2.107 集团报表;2.108 或有事项;2.109 资产负债表期后事项;2.110 联营公司的会计处理;2.111 外币折算;2.112 递延税项;2.113 投资物业;2.114 租赁与分期付款购买合同的会计处理。其后,对这些准则又逐步按香港本地需求作出一些调

---

① 1975 年 4 月香港会计师公会加入 IASC,成为会员;1976 年 9 月,第八届亚洲及太平洋地区会计师大会在香港举行,会上制定和通过了《亚洲及太平洋地区会计师联合会章程》,并成立联合会,香港会计师公会为创会会员之一;1977 年 10 月,国际会计师联合会在慕尼黑成立,香港会计师公会成为会员。

整,使其与本地的会计实务相关联,并有所补充。需要说明的是,香港的会计准则只是针对普通的会计问题而制定的,对于一些国际会计准则的议题,如研究开发会计、物价变动会计、政府补助的会计处理、恶性通货膨胀条件下的财务报告等,由于在香港并不普遍,就没有制定相应的会计准则。对于一些进行标准化的时机尚未成熟的会计问题,公会则以提供"会计指导"的方式,提出一些可选取的会计处理方法,以供会计人员处理业务时权作参考。

随着欧洲经济的一体化,欧盟的最终成立,英国法律为适应欧盟发展的需要作了一定程度的修改,英国的会计准则也相应有所改变。若仍以之作为制定香港会计准则的基础,则很难满足香港本地实务的需要。因此1992年后,香港会计师公会转将国际会计准则作为基础,并且根据IAS制定并颁布了三项准则,另将原有的三项准则改以IAS为基础。截至1994年香港会计师公会修订或颁布的会计实务准则有:会计实务准则第1号——会计政策的披露;会计实务准则第2号——非经常性项目及前期调整;会计实务准则第3号——存货及在产品;会计实务准则第5号——每股盈余;会计实务准则第7号——集团账目;会计实务准则第8号——或有事项的会计处理;会计实务准则第9号——结算日后事项的会计处理;会计实务准则第10号——联营公司的会计处理;会计实务准则第11号——外币折算;会计实务准则第12号——递延税项的会计处理;会计实务准则第13号——投资物业的会计处理;会计实务准则第14号——租赁及租购合约的会计处理;会计实务准则第15号——现金流量表;会计实务准则第16号——研发成本。1995年年底,公会参照国际会计准则委员会的声明而发布的框架说明,表明其正以IAS为基础,发展一套全面以IAS为依据的香港会计准则。

2001年,香港会计师公会理事会作出公开承诺,将重新审阅香港的会计、审计及专业操守准则,以期达到与国际标准一致的目标。在此期间,香港会计师公会主要是参考国际会计准则,逐步对比较重要的标准会计实务公告进行修订,同时参考国际会计准则,发布新的标准实务公告。发布的新准则主要包括:《SSAP No. 28——承诺和或有事项》,参照IAS No. 37;《SSAP No. 29——无形资产》,参照IAS No. 38;《SSAP No. 30——企业合并》,参照IAS No. 22;《SSAP No. 32——合并财务报表》,参照IAS No. 27;《SSAP No. 18——资产负债表期后事项》;《SSAP No. 31——资产减值》,参照IAS No. 36。经过这一系列的调整,香港的标准会计实务公告与国际会计准则在重大方面保持一致。但是还存在一些差异,主要有三个方面:《SSAP No. 13——投资性房地产》与《IAS No. 40——投资性房地产》;《SSAP No. 14——租赁》与《IAS No. 14——租赁》;《SSAP No. 11——外币折算》与《IAS No.

21——汇率变动的影响》。

2001年,IASB取代了IASC后,IASB新发布的准则改称为国际财务报告准则(International Financial Reporting Standards,简称IFRS),此前IASC发布的国际会计准则(IAS)中仍然有效的准则名称在具体使用时仍然沿用原名称和编号。香港会计师公会也决定将基于IFRS的会计准则命名为香港财务报告准则(Hong Kong Financial Reporting Standards,简称HKFRS)。同时,IASB开始了会计准则的改进,发布多项新的国际财务报告准则并对多项国际会计准则作出修订。香港会计师公会针对IASB的改进,根据新发布的国际会计准则修订版对现有的实务公告进行了修订。2002~2003年间,香港会计师公会继续修订会计准则的内容主要有:《SSAP No. 34——雇员福利》;《SSAP No. 1——财务报表的准备与列报框架》;SSAP的前言,承认香港会计师公会的目标是实现HKFRS与IFRS的趋同。

2004年上半年,香港会计师公会公布了12项财务报告准则(HKFRS)。这12项会计准则都是依据IASB的改进项目以及新修订的国际会计准则制定颁布的,无论从编制序号还是准则名称以及具体内容看,都与国际会计准则基本一致。12项准则包括:《HKAS No. 1——财务报告的列报》、《HKAS No. 2——存货》、《HKAS No. 8——会计政策、会计估计的变更和差错》、《HKAS No. 10——资产负债表期后事项》、《HKAS No. 16——不动产、厂房和设备》、《HKAS No. 21——汇率变动的影响》、《HKAS No. 27——合并财务报告和单体财务报告》、《HKAS No. 28——对联营企业的投资》、《HKAS No. 29——恶性通货膨胀经济中的财务报告》、《HKAS No. 32——金融工具:披露和列报》、《HKAS No. 33——每股收益》、《HKAS No. 39——金融工具:确认和计量》。这12项准则从2005年1月1日起执行。

2004年11月,香港会计师公会宣布香港国际化的目标,香港会计准则将于2005年1月起,与国际财务报告准则全面接轨。为了与国际会计准则协调,香港会计师公会对准则体系进行了重构,将香港标准会计实务公告,正式更名为香港会计准则(Hong Kong Accounting Standards,简称HKAS),并且按照国际会计准则的编号排列和命名,包括三个方面:香港会计准则(Hong Kong Accounting Standards,简称HKASs);香港财务报告准则(Hong Kong Financial Reporting Standards,简称HKFRSs);解释公告(Interpretations,简称INTs),针对新出台的准则的应用,进行具体的指导。这一次对香港会计准则体系的重构,使得香港的会计准则从内容到形式在重大方面都与国际会计准则保持一致。截至2010年12月31日,香港会计准则共包括41项,基本上是国际会计准则的"翻版",不仅编号、名称一模一样,内容也相差无几。从香港会计准则的发展过程可以看出,香港会计准则首先是以英国会计准则为蓝本,而后转向以国际会计准则为基础,其间仅针对香港地区的特殊情况做轻微修改。在整个过程中,香港基本上是在享用现有的会计成果,只有在没有相应条文的情况下才自行制定新的准则条文,用来处理特殊行业中的问题,因此依赖性极强。

二、香港会计准则体系的基本结构

香港财务报告准则是以香港会计师公会颁布的《编报财务报表框架》制定的,该框架于1997年6月发布并实施。本框架说明了通用目的财务报表提供的信息中包含的各种概念,并在其附录中介绍了它与IASB颁布的框架之间存在的差异及差异的原因,这种差异是少量的而且微小的。

该框架的目的是:帮助香港会计师公会理事会制定新的并审议现有的会计实务准则和会计指南;帮助财务报表编制者应用会计实务准则和会计指南并处理尚待列入准则、指南的问题;帮助审计师形成财务报表是否符合会计实务准则的意见;帮助使用者理解根据会计实务准则和会计指南编制的财务报表包括的信息;向关心理事会工作的人士提供制定会计实务准则和会计指南的方法的信息。本框架不是会计实务准则或会计指引,因此不对任何特定的计量和列报问题确定标准。本框架的任何内容均不引导特定的会计实务准则或指南。

该框架的内容包括:财务报表的目标——向使用者提供有助于作出经济决策的关于企业财务状况、经营业绩和财务状况变动的一系列信息;决定财务报表信息有用性的质量特征——四项主要的质量特征是可理解性、相关性、可靠性和可比性;构成财务报表要素的定义、确认和计量——资产、负债、权益、收益、费用、利润/业绩、资本保全调整;资本和资本保全概念。

三、香港主要会计准则的内容

《HKAS No.1——财务报表列报》(Presentation of Financial Statements)

2010年1月,HKAS No.1修订了2004年3月批准的《HKAS No.1——财务报表列报》。对报告期自2009年1月1日或以后日期开始的财务报表生效。该准则的目的在于规定通用财务报表编制的基础,以确保企业的财务报表与其前期的财务报表以及与其他企业的财务报表相互可比。为达到该目的,该准则提出了财务报表列报的总体要求,提供了有关财务报表结构的指南,还提出了财务报表列报内容的最低要求。该准则适用于根据香港财务报告准则编报的所有通用财务报表的列报。一套完整的财务报表包括下列组成部分:资产负债表;损益表;反映权益的所有变动或与业主资本交易和对业主分配所引起的权益变动无关的报表;现金流量表;会计政策和注释。

《HKAS No. 2——存货》(Inventories)

2010年1月,HKAS No. 2修订了2008年10月修订的《HKAS No. 2——存货》。该准则修订版对报告期自2005年1月1日或以后日期开始的财务报表生效,鼓励提前采用。如果提前采用,应披露这一事实。本次修订了准则中第20项、第26项和第29项。该准则旨在对存货的会计处理作出规定。存货的会计处理中的基本问题是确定被确认为资产并且相关的收入确认时所结转的成本金额。该准则为成本的确定及随后确认为费用,包括减记至可变现净值,提供了实务指导。该准则也针对成本在各存货间进行分配的方法提供了指南。该准则适用于存货项目的会计处理,但不适用于以下几项:建造合同(包括直接相关的劳务合同)形成的在建工程(参见《HKAS No. 11——建造合同》);金融工具;与农业活动有关的生物资产以及处于收获时点的农业产品(参见《HKAS No. 41——农业》)。

《HKAS No. 7——现金流量表》(Cash Flow Statements)

2010年1月,HKAS No. 7修订了2004年修订的《HKAS No. 7——现金流量表》[①],其修订版对报告期自2010年1月1日或以后日期开始的财务报表有效。本次修订将第19(b)项、第20项、第32项中的损益表改为全面综合收益表,修订了第39项、第40项、第41项、第45项和第50(d)项。HKAS No. 27(2008年修订版)修订了本准则第39~42项,增加了第42A和第42B两项。修订部分在2009年7月1日以后或每一期期初采用。如果一个实体在一个较早的时期应用HKAS No. 27,那么修订版也适用于这个时期。企业现金流量信息有助于财务报表使用者评价企业产生现金和现金等价物的能力,并了解企业是如何使用这些现金和现金等价物的。财务报表使用者在进行经济决策时需要评价企业产生现金和现金等价物的能力以及企业产生现金和现金等价物的时间和确定性。该准则要求企业通过现金流量表提供其现金和现金等价物的历史变动情况的信息,在表中将企业当期的现金流量划分为经营活动、投资活动和筹资活动三个来源。该准则要求所有的企业都编制

---

① 2004年修订的该项目取代了2001年发布的《SSAP No. 15——现金流量表》。

现金流量表。

《HKAS No. 8——会计政策、会计估计变更和会计差错》(Accounting Policies, Changes in Accounting Estimates and Errors)

2008年10月,HKAS No.8修订了2004年修订的《HKAS No.8——会计政策、会计估计变更和差错》,该准则修订版对报告期自2009年1月1日或以后日期开始的财务报表有效。2010年1月对本准则进行再次修订,本次修订了第7、第9、第10、第11(a)和第13项,并将HKFRS标准或解释简化为HKFRS。该准则的主要内容是会计政策选择和变更的标准,以及会计政策变更、会计估计变更和差错更正引起的会计处理与披露的变化。该标准旨在提高财务报表相关性和可靠性,并增强财务报表在时间上和空间上的可比性。该准则适用于会计政策的选择及会计政策变更、会计估计变更和前期重大差错的调整。

《HKAS No. 10——日后事项》(Events after the Date)

2008年12月,HKAS No.10修订了2007年修订的《HKAS No.10——资产负债表日后事项》,该准则修订版对报告期自2009年1月1日或以后日期开始的财务报表有效。2010年1月对本准则进行再次修订,将《HKAS No.10——资产负债表日后事项》改成《HKAS No.10——日后事项》,将准则中"资产负债表日后"改成"报告期后"。该准则是为了规范以下内容:企业应在何时就资产负债表日后事项调整其财务报表;企业应如何披露财务报表批准报出日和资产负债表日后事项。该准则还要求,如果资产负债表日后事项表明持续经营的假设不再适用,企业不应在持续经营的基础上编制财务报表。该准则适用于资产负债表日后事项的会计处理和披露。

《HKAS No. 11——建造合同》(Construction Contracts)

2010年3月,HKAS No.11修订了2004年修订的《HKAS No.11——建造合同》[1],该准则修订版对报告期自2009年1月1日或以后日期开始的财务报表有效。本次修订了准则中第18、第26、第28和第38项,将准则中的"资产负债表"改成"财务状况表",将"资产负债表日"改成"报告期"。该准则的目的在于规定与建造合同相关的收入和成本的会计处理。按建造合同所进行的业务活动开始日期与完成日期通常分属不同的会计期间。因此,建造合同核算的基本问题是合同收入与合同成本在工程实施的各会计期间的分配。该准则使用《财务报表编报框架》中设立的标准,确定合同收入和合同成本何时应确认为收益表中的收入和费用。该准则也提供了运用这些标

---

[1] 2004年修订的该项目取代了2001年发布的《SSAP No.23——建造合同》。

准的实务指导。该准则适用于承包商财务报表中建造合同的会计核算。

《HKAS No. 12——所得税》(Income Taxes)

2010年6月，HKAS No. 12修订了2004年修订的《HKAS No. 12——所得税》，该准则修订版对报告期自2009年1月1日或以后日期开始的财务报表有效。2010年12月，对本准则进行了再次修订，将准则中"资产负债表"改成"财务状况表"，将"资产负债表日"改成"报告期期末"，此外主要修订了第18(a)、第19、第21、第22(a)、第26(c)、第62、第63(b、c)、第66和第67项，删除第61和第68项，增加第61A、第68A、第68B和第68C项。该准则规定了所得税的会计处理。所得税会计的基本问题是如何核算以下事项的当期和未来各期纳税的影响：资产负债表中确认的资产(负债)账面金额的收回(清偿)；财务报表中确认的当期交易和其他事项。资产或负债的确认，意味着企业预期将收回或清偿该项资产或负债的账面金额。如果账面金额的收回或清偿很可能使未来税款支付额大于(小于)没有纳税后果的收回或清偿数额，那么该准则要求，除了少数情况外，企业应确认递延所得税负债(递延所得税资产)。该准则要求企业采用与核算交易和其他事项同样的方法核算其纳税后果。因此，对任何在收益表上确认的交易和其他事项相关的纳税影响也应在收益表上确认，对任何与直接在权益中确认的交易和其他事项相关的纳税影响也直接在权益中确认。类似地，在企业合并中确认递延所得税资产和递延所得税负债会影响企业合并所产生的商誉或负商誉的金额。该准则也涉及未利用可抵扣亏损和未利用税款抵减产生的递延所得税资产的确认、所得税在财务报表中的列报以及与所得税有关的信息披露。该准则适用于所得税会计。

《HKAS No. 14——分部报告》(Segment Reporting)

HKAS No. 14修订了2004年修订的《HKAS No. 14——分部报告》，该准则修订版对报告期自2009年1月1日或以后日期开始的财务报表有效。该准则旨在为分部报告财务信息(关于企业生产不同类型产品和劳务以及企业在不同地区经营的信息)制定原则，以帮助财务报表使用者更好地理解企业以往的业绩、评估企业的风险和回报，并从整体上对企业做出更有根据的判断。许多企业提供不同种类产品和劳务，或在具有不同利润率、发展机会、未来前景和风险的地区经营。企业的不同类型产品和劳务以及在不同地区经营的信息(常称作分部信息)，常被用来评估多元经营或跨国经营企业的风险和回报，但这些信息不可能根据汇总数确定。因此，分部信息被普遍认为对满足财务报表使用者的需要是必要的。该准则适用于遵从香港财务报告准则的整套公布的财务报表。

《HKAS No. 16——不动产、厂场和设备》(Property, Plant and Equipment)

2008年10月，HKAS No.16修订了2004年修订的《HKAS No.16——不动产、厂场和设备》，该准则修订版对报告期自2009年1月1日或以后日期开始的财务报表有效。2010年3月，对本准则进行再次修订，主要修订了第5、第23、第40和第73(iv)项。该准则规定了不动产、厂场和设备的会计处理。在不动产、厂场和设备会计处理中涉及的主要问题包括这些资产确认的时间、账面金额及应确认的相关折旧费用。该准则适用于不动产、厂场和设备的会计处理。如果另一准则要求或者允许采用不同的会计处理，可以从其规定。

《HKAS No.17——租赁》(Leases)

2010年6月，HKAS No.17修订了2009年5月修订的《HKAS No.17——租赁》，该准则修订版对报告期自2009年1月1日或以后日期开始的财务报表有效。本次修订删除了第14和第15项，增加了第15A项，将准则中的"资产负债表"改成"财务状况表"，将"资产负债表日"改成"报告期期末"。该准则对承租人和出租人在融资租赁和经营租赁中应用恰当的会计政策和披露做出规定。该准则适用于所有租赁的会计核算，但不适用于下列项目：开采或使用诸如矿产石油、天然气等自然资源及其他非再生资源的租赁；诸如电影、录像、剧本、文稿、专利和版权等项目的许可使用协议。

《HKAS No.18——收入》(Revenue)

2010年3月，HKAS No.18修订了2004年修订的《HKAS No.18——收入》①，该准则修订版对报告期自2009年1月1日或以后日期开始的财务报表有效。本次修订第32段，将准则中的"资产负债表"改成"财务状况表"，将"资产负债表日"改成"报告期期末"。在《财务报表编制框架》中，收益被定义为会计期间内经济利益的增加，其形式表现为由资产流入、资产增值或是负债减少而引起的权益增加，但不包括与权益参与者出资有关的权益增加。收益包括收入和利得。收入是指企业在正常经营活动中所产生的收益，它包括销售收入、服务费、利息、股利和特许使用费等。该准则的目的是描述一定类型交易和事项所形成的收入的会计处理。在收入会计处理中，主要问题是决定何时确认收入。在未来经济利益很可能流入企业且这些利益能够可靠地计量时，方可对收入加以确认。该准则进一步明确说明了在何种情况下这些标准将被满足，就能确认收入。该准则也提供了应用这些标准的实务指导。该准则适用于由下列交易和事项产生的收入的会计处理：销售商品；提供劳务；提供他人使用本企业能产生利息、特许使用费和股利的资产。

---

① 2004年修订的该项目取代了2001年发布的《SSAP No.18——收入》。

《HKAS No. 19——雇员福利》(Employee Benefits)

2009年11月,HKAS No.19修订了2007年12月修订的《HKAS No.19——雇员福利》,该准则修订版对报告期自2005年1月1日或以后日期开始的财务报表有效。本次修订了准则中第93C、93D、111项,增加第111A、第119、第120A(h,i)、第159D和第161项,将文中的"资产负债表"改成"财务状况表",将"资产负债表日"改成"报告期期末"。该准则的目的是规范雇员福利的会计处理和披露。该准则要求企业:在雇员提供了服务以换取将在未来支付的雇员福利时,确认一项负债;在企业消耗了雇员为换取福利而提供的服务所产生的经济利益时,确认一项费用。该准则适用于雇主对雇员福利的会计核算,但是不适用 HKFRS No.2 规范的以股票为基础的股份支付部分。

《HKAS No. 20——政府补助会计和政府援助的披露》(Accounting for Government Grants and Disclosure of Government Assistance)

2010年3月,HKAS No.20修订了2004年12月修订的《HKAS No.20——政府补助会计和政府援助的披露》,该准则修订版对报告期自2009年1月1日或以后日期开始的财务报表有效。本次修订了准则中第12、第13、第14、第15、第16、第26、第27和第28项,增加了第10A、第29A、第42和第43项,删除了第37项,将准则中的"资产负债表"改成"财务状况表",将"资产负债表日"改成"报告期期末"。该准则的目的是规范政府补助和政府援助的会计处理和披露。

《HKAS No. 21——汇率变动的影响》(The Effects of Changes in Foreign Exchange Rates)

2010年6月,HKAS No.21修订了2004年修订的《HKAS No.21——汇率变动的影响》,该准则修订版对报告期自2010年7月1日或以后日期开始的财务报表有效。本次修订了准则中第41(a)、第48、第49项,增加了第48A、第48B、第48C、第48D、第60A和第60B项,将准则中的"资产负债表"改成"财务状况表",将"资产负债表日"改成"报告期期末"。企业的外币活动可能有两种:外币交易或国外经营。该准则的目的是规范企业的外币交易和对国外经营的财务报表所进行的折算的会计处理和披露。该准则适用于:外币交易的会计核算——《HKAS No.39——金融工具:确认和计量》规定的衍生交易项目除外;对国外经营的财务报表所进行的折算。这些财务报表通过合并、比例合并或通过权益法包括在企业的财务报表中。

《HKAS No. 23——借款费用》(Borrowing Costs)

2010年6月,HKAS No.23修订了2004年修订的《HKAS No.23——借款费用》,该准则修订版对报告期自2009年1月1日或以后日期开始的财务报表有效。

该准则的目的是规范借款费用的会计核算。一般情况下，该准则要求借款费用立即费用化。但是，该准则同时允许那些可直接归属于符合条件的资产的购置、建造或生产的借款费用资本化。该准则适用于借款费用的会计核算。

《HKAS No. 24——关联方披露》(Related Party Disclosures)

2009年11月，HKAS No. 24修订了2004年12月修订的《HKAS No. 24——关联方披露》，该准则修订版对报告期自2011年1月1日或以后日期开始的财务报表有效。本次修订增加了附录B。该准则的目的是确保企业的财务报表中披露须提请注意的事项，这些事项包括公司财务状况和盈亏情况受到有关各方交易和与缔约方未结余额的影响的可能性。该准则适用于对关联方及报告企业与其关联方之间的披露。该准则适用于每个报告企业的财务报表。

《HKAS No. 26——退休福利计划的会计处理和报告》(2004年发布)(Accounting and Reporting by Retirement Benefit Plans)

2009年11月，HKAS No. 26修订了2004年8月发布的《HKAS No. 26——退休福利计划的会计处理与报告》，该准则对报告期自2005年1月1日或以后日期开始的财务报表有效。该准则适用于编报退休福利计划的会计处理，但不取代香港财务报告准则其他适用于报告退休福利计划的项目。

《HKAS No. 27——合并财务报表与单独财务报表》(Consolidated and Separate Financial Statements)

2008年3月，HKAS No. 27修订了于2004年12月批准的《HKAS No. 27——合并与非合并的财务报表》。该准则修订版对报告期自2009年1月1日或以后日期开始的财务报表生效。本次修订了准则中第41(a)、第48、第49段，增加了第48A、第48B、第48C、第48D、第60A和第60B段，将准则中的"资产负债表"改成"财务状况表"，将"资产负债表日"改成"报告期期末"。该准则适用于母公司控制下的企业集团合并财务报表的编制和列报。这一准则也适用于子公司、共同控制公司及联营企业自愿或按地方性法规要求提供单独财务报表的情况。

《HKAS No. 28——在联合企业的投资》(Interests in Joint Ventures)

2010年7月，HKAS No. 28修订了于2004年批准的《HKAS No. 28——在联合企业的投资》。该准则修订版对报告期自2010年7月1日或以后日期开始的财务报表生效。本次修订了准则中第11、第18、第19、第23、第33和第39项，增加了第41A、第41B和第41C项。该准则适用于投资者对联营企业投资的核算，但不适用于以下几项：风险投资机构；在初始确认时被指定为以公允价值计量盈亏的互惠基金、单位信托基金和其他类似主体，包括投资相连保险基金，以及在初始确认时按照《HKAS

No.39——金融工具：确认和计量》归为以交易目的而持有的项目。这些投资按照 HKAS No.39 应该按公允价值确认并将其公允价值变动计入当期损益。

《HKAS No.29——恶性通货膨胀经济中的财务报告》(Financial Reporting in Hyperinflationary Economies)

2010年4月，HKAS No.29 修订了于 2008年10月修订的《HKAS No.29——恶性通货膨胀经济中的财务报告》。该准则修订版对报告期自 2009年1月1日或以后日期开始的财务报表生效。本次修订了准则中第6和第32项，将准则中的"资产负债表"改成"财务状况表"，将"收益表"改成"全面收益表"，将"资产负债表日"改成"报告期期末"。在恶性通货膨胀经济中，只以当地货币报告经营成果和财务状况而不加以重新表述是无用的。货币快速地丧失其购买力使得对在同一会计期间不同时间发生的交易和事项进行金额上的比较会使人误解。该准则适用于存在恶性通货膨胀时企业的基本财务报表，也包括合并财务报表。

《HKAS No.30——银行和类似金融机构财务报表的披露》(Disclosures in the Financial Statements of Banks and Similar Financial Institutions)

2010年4月，HKAS No.30 修订了于 2004年批准的《HKAS No.30——银行和类似金融机构财务报表的披露》。HKFRS No.7 生效后将取代 HKAS No.30。银行和类似的金融机构的经营活动与其他企业不同，因而其会计核算和报告的要求也有所不同。该准则适用于银行和类似金融机构的财务报表。

《HKAS No.31——合营中权益的财务报告》(Financial Reporting Interests in Joint Ventures)

2010年5月，HKAS No.31 修订了于 2008年3月修订的《HKAS No.31——合营中权益的财务报告》。该准则修订版对报告期自 2005年1月1日或以后日期开始的财务报表生效。本次修订了准中第45项，增加了第45A、第45B、第58A、第58B项和附录C，将准则中的"资产负债表"改成"财务状况表"，将"收益表"改成"全面收益表"，将"资产负债表日"改成"报告期期末"。该准则适用于合营中权益的会计处理以及合营者和投资者在财务报表中对合营资产、负债、收益和费用的报告，不论合营活动的结构或形式。但不适用于以下项目的合营企业权益：风险投资机构；在初始确认时被指定为以公允价值计量盈亏的互惠基金、单位信托基金和其他类似主体，包括投资相连保险基金，以及在初始确认时按照 HKAS No.39 金融工具确认和计量归为以交易目的而持有的项目。这些投资按照 HKAS No.39 应该按公允价值确认并将其公允价值变动计入当期损益。

《HKAS No.32——金融工具：披露和列报》(Financial Instruments: Disclosure and

Presentation)

2010年5月,HKAS No.32修订了于2004年批准的《HKAS No.32——金融工具：披露和列报》。该准则修订版对报告期自2005年1月1日或以后日期开始的财务报表生效,第11和第16项对2010年2月1日或以后日期开始的财务报表生效,允许提前采用。如果提前采用,应披露这一事实。本次修订了准则中第4(a)、第11、第16、第17、第18、第19和23项,增加了第16A、第16B、第16C、第16D、第16E、第16F、第22A、第96A、第96B、第96C、第97A、第97B、第97C和第97D项,删除了第4(c)项,将准则中的"资产负债表"改成"财务状况表",将"收益表"改成"全面收益表"。该准则的目的是从发行者角度把金融工具分类为金融资产、金融负债和权益性工具;并对相关利息、股息、损益进行分类并确定在何种情况下金融资产和金融负债应当抵销。

《HKAS No.33——每股收益》(Earnings per Share)

2010年3月,HKAS No.33修订了于2004年3月批准的《HKAS No.33——每股收益》。该准则修订版对报告期自2009年1月1日或以后日期开始的财务报表生效。本次修订了准则中第2、22项,增加了第2(a)、第2(b)、第4A、第67A、第68 A、第73A和第74A项,将准则中的"资产负债表"改成"财务状况表",将"收益表"改成"全面收益表",将"资产负债表日"改成"报告期"。该准则的目的是规范每股收益的确定和列报原则,这些原则将改进同一期间不同企业之间和同一企业在不同会计期间的业绩比较。该准则着重于每股收益计算时分母的确定方法。尽管每股收益数据由于收益确认的会计政策不同而存在局限性,但是,分母的确定保持一致性可能使财务报表得以改进。该准则适用于普通股或潜在普通股公开交易的企业以及正在公开发行普通股或潜在普通股过程中的企业。

《HKAS No.34——中期财务报告》(Interim Financial Reporting)

2010年3月,HKAS No.34修订了于2004年批准的《HKAS No.34——中期财务报告》。该准则修订版对报告期自2009年1月1日或以后日期开始的财务报表生效。该准则的目的是规范中期财务报告的基本内容,并规范完整或简明的中期财务报表应采用的确认和计量的原则。及时可靠的中期财务报告可以帮助投资者、债权人和其他人士了解企业的获利能力、产生现金流量的能力以及其财务状况和流动性。该准则没有强制规定哪些企业应公布中期财务报告、间隔多长时间或在中期期末后多久公布。但是,政府、证券监管机构、证券交易所和会计团体通常要求有债券或权益性证券公开交易的企业公布中期财务报告。如果企业被动或主动依据香港财务会计准则公布中期财务报告应采用该准则。

《HKAS No.36——资产减值》(Impairment of Assets)

2010年3月,HKAS No. 36修订了于2004年批准的《HKAS No. 36——资产减值》①。该准则修订版对报告期自2009年1月1日或以后日期开始的财务报表生效。该准则规范了除下述资产以外的所有资产减值的会计处理和披露:存货(参见《HKAS No. 2——存货》);建造合同形成的资产(参见《HKAS No. 11——建造合同》);递延所得税资产(参见《HKAS No. 12——所得税》);雇员福利形成的资产(参见《HKAS No. 19——雇员福利》);包括在《HKAS No. 32——金融工具:披露和列报》范围内的金融资产;以公允价值计量的投资性房地产(参见《HKAS No. 40——投资性房地产》);以公允价值减估计销售成本计量的与农业活动有关的生物资产(参见《HKAS No. 41——农业》);递延成本、无形资产以及HKFRS No. 4规定的保险合同所产生的保险合同权利;按照HKFRS No. 5分类的、持有待售和停止使用的非流动资产。该准则的目的是规定企业确保其资产以不超过可收回金额进行计量。如果资产的账面金额超过了通过使用或销售而收回的价值,该资产就是按超过其可收回金额计量的。如果是这样,该资产应视为已经减值,该准则要求企业确认资产减值损失。该准则也规定了企业应在何时转回减值损失,并规范了资产减值的有关披露内容。

《HKAS No. 37——准备、或有负债和或有资产》(Provisions, Contingent Liabilities and Contingent Assets)

2010年3月,HKAS No. 37修订了于2004年11月批准的《HKAS No. 37——准备、或有负债和或有资产》。该准则修订版对报告期自2009年1月1日或以后日期开始的财务报表生效。本次修订了准则中第5项,将准则中的"资产负债表"改成"财务状况表",将"收益表"改成"全面收益表",将"资产负债表日"改成"报告期"。该准则的目的是确保将适当的确认标准和计量基础运用于准备、或有负债和或有资产,并确保在财务报表的附注中披露充分的信息以让使用者能够理解它们的性质、时间和金额。该准则适用于除以下各项以外所有企业的准备、或有负债和或有资产的会计处理和披露:待执行合同(亏损性待执行合同除外)形成的准备、或有负债和或有资产;其他由国际会计准则规范的准备、或有负债和或有资产。

《HKAS No. 38——无形资产》(Intangible Assets)

2010年3月,HKAS No. 38修订了于2009年5月修订的《HKAS No. 38——无形资产》②。该准则修订版对报告期自2009年1月1日或以后日期开始的财务报表生效。本次修订了准则中第8、第11、第12、第25、第33、第34、第35、第36、第37、第

---

① 2004年修订的该项目取代了2001年发布的《SSAP No. 31——资产减值》。
② 2004年修订的该项目取代了2001年发布的《SSAP No. 29——无形资产》。

38、第 41、第 68(b)、第 69、第 70、第 85、第 86、第 94、第 98 项,增加了第 69A、第 115A、第 130B、第 130C、第 130D、第 130E 项,删除第 129 项,将准则中的"资产负债表"改成"财务状况表",将"收益表"改成"全面收益表",将"资产负债表日"改成"报告期"。该准则的目的是对没有在其他会计准则中详细说明的无形资产的会计处理进行规范。该准则要求企业仅在满足特定条件时才能确认无形资产。该准则也对无形资产的账面金额的确定作了规定并就无形资产的披露提出了要求。该准则适用于所有企业除以下项目以外的无形资产会计处理和披露:由《HKAS No. 32——金融工具:披露和列报》规范的金融资产;由其他会计准则规范的无形资产。

《HKAS No. 39——金融工具:确认和计量》(Financial Instruments: Recognition and Measurement)

2010 年 5 月,HKAS No. 39 修订了于 2008 年批准的《HKAS No. 39——金融工具:确认和计量》。该准则修订版对报告期自 2010 年 7 月 1 日或以后日期开始的财务报表生效。本次修订了准则中第 2(d、g)、第 12、第 55(b)、第 57、第 67、第 68、第 73、第 92、第 95(a)、第 97、第 98、第 100、第 101 和第 102 项,增加了第 50A、第 50B、第 50C、第 50D、第 50E、第 50F、第 103C~K、第 108C 项,删除第 2(f)项,将准则中的"资产负债表"改成"财务状况表",将"收益表"改成"全面收益表",将"资产负债表日"改成"报告期"。该准则制定了有关金融资产和金融负债的确认、计量和信息披露原则。

《HKAS No. 40——投资性房地产》(Investment Property)

2010 年 6 月,HKAS No. 40 修订了于 2008 年 10 月修订的《HKAS No. 40——投资性房地产》。该准则修订版对报告期自 2009 年 1 月 1 日或以后日期开始的财务报表生效。本次修订了准则中第 31、第 48、第 50、第 53、第 54、第 62(a)项,增加了第 53A、第 53B、第 85A 和第 85B 项,删除第 9(d)、第 22、第 57(e)项,将准则中的"资产负债表"改成"财务状况表",将"资产负债表日"改成"报告期"。该准则的目的是规范投资性房地产的会计处理和相关披露。该准则适用于投资性房地产的确认、计量和披露。

《HKAS No. 41——农业》(Agriculture)

2010 年 6 月,HKAS No. 41 修订了于 2008 年 10 月修订的《HKAS No. 41——农业》。该准则修订版对报告期自 2009 年 1 月 1 日或以后日期开始的财务报表生效。本次修订了准则中第 5、第 12、第 13、第 21、第 26、第 27、第 28、第 31、第 32、第 34、第 35、第 36、第 38、第 48、第 50(a)和第 51 项,增加了第 60 项,删除了第 14 项,将准则中的"资产负债表"改成"财务状况表",将"资产负债表日"改成"报告期"。该准则的目的是规范农业活动的会计处理、财务报表列报和披露。该准则只适用于作为企业生物资产的农产品在收获时的核算。该准则不涉及与农业活动有关的土地和无形资产（参见《HKAS No. 16——不动产、厂场和设备》、《HKAS No. 40——投资性房地产》、《HKAS No. 38——无形资产》）。

《HKFRS No. 1——首次采用香港财务报告准则》(First Time Adoption of HKFRSs)

HKFRS No. 1 是 HKSA（即后来的 HKICPA）理事会正式制定发布的第一项冠以"香港财务报告准则"的香港会计准则，该准则于 2003 年发布，分准则正文、应用指南和结论三个部分，并于 2008 年进行了修订，适用于主体自 2009 年 1 月 1 日或者是以后的首份财务报表。

该准则的目的是确保主体首次按照香港财务报告准则编制财务报表，并确保这些财务报表所涵盖的部分期间的中期财务报告能够提供高质量的信息。该准则要求提供的信息能够达到以下要求：对使用者透明并且在所有列报期间可比；提供合理的按照香港财务报告准则进行会计处理的起点；编制成本不超过带给使用者的收益。该准则在"确认与计量"段，就主体按照香港财务报告准则编制期初资产负债表时，对于会计政策、企业合并、公允价值或重估价值作为认定成本、雇员福利、累计折算差额、衍生金融工具、子公司与联营企业以及合营企业的资产与负债、金融资产和金融负债的终止确认、套期会计和估计等问题的处理原则做了具体规定。该准则在"列报与披露"段，首先明确提出其对其他香港财务报告准则中的列报和披露要求不予豁免，然后就可比信息、调整和中期财务报告等三个问题做了原则性的规定。

该准则的运用范围限于在按照香港财务报告准则编制财务报表时，能够满足下列条件的主体：是其首份按照香港财务报告准则编制的财务报表；其首份按照香港财务报告准则编制的财务报表已经涵盖了部分期间内按照《HKAS No. 34——中期财务报告》编制的中期财务报告；其首份按照国际财务报告准则编制的财务报表确实是第一份采用香港财务报告准则编制的年度报表，并且已经无保留地声明其遵循了香港财务报告准则。该准则中还详细地列出了主体按照香港财务报告准则编制首份财务报表的具体条件。

主要参考文献

［1］蔡丽霞.香港会计准则及其发展过程研究［J］.市场论坛，2006(4)：198-199.

［2］蔡文忠.国际化的香港会计［J］.财会学习，2007(3)：74-76.

［3］陈枫.香港会计国际化进程及其启示［J］.商业会计，2006(6)：19-21.

［4］陈信元,王保平.香港的会计准则简介[J].上海会计,1997(6):13-15.
［5］李玉环.香港会计准则简介[J].商业会计,1994(2):53-54.
［6］香港会计师公会.香港会计准则应用指南(2006修订版)[EB/OL].http://wenku.baidu.com/view/fc258975f46527d3240ce0cf.html,2010-09-11.
［7］许家林.西方会计学名著导读[M].北京:中国财政经济出版社,2004.
［8］许家林.香港会计一瞥[J].中国工会财会,1997(8):39-41.

（初稿执笔人：杨　芬）

附3　澳门的会计规范

一、澳门会计规范概述

现行的澳门会计制度是1984年1月1日开始施行和逐步完善的。它制定的过程严格遵循了立法程序。在听取了澳门政府咨询会的意见后，澳门现行会计制度于1983年6月13日由澳门当时的总督高斯达签署，7月9日以第34/83号法令的形式颁布，具有法律强制性，适用于澳门地区除信用机构和保险机构以外的所有企业。该法令规定：在澳门本土的所有企业须遵照统一的财务会计格式，即《公定会计设计》。"公定会计"产生的主要目的是通过共同的财务会计编制系统促使没有会计部门的企业制定出一个最低限制规则，从而尽量满足会计信息使用者的需求，他们包括政府、股东、债权人、银行、企业、专业会计人员、教育人员及经济员等。"公定会计"包括以下统一格式文件：资产负债表；营业结果演算表；资产负债附件及结果演算附件；会计科目表；会计科目代号；会计科目活动与内容的注解；企业资产的估价。

随着经济的发展，《公定会计设计》的内容已明显不符合现代商业环境对会计实务工作的要求，亦与世界各国和其他地区的会计规范存在很大的差异。因此，对其进行改革既符合澳门商界的利益，也是当局推动澳门经济发展的迫切需要。为了进行改革，委员会制定了完善会计准则的计划，邀请了学术机构和专业团体的专家进行准则的制定和研究工作。听取多方面的意见后，委员会完成了澳门会计准则的征求意见稿，并广泛征询各方意见。委员会对收集的反馈意见进行了整理和深入的分析后，对方案部分内容进行了修订，于2005年12月制定并通过。

2006年为《会计准则》的过渡期，企业可以仍然沿用《公定会计设计》，也可以采用新颁布的《会计准则》，但2007年起企业必须采用第25/2005号行政法规所述的《会计准则》。澳门自无统一的会计模式到公定会计的产生，再到向国际会计准则趋同这一历史发展过程，与全球经济一体化的发展轨迹是相吻合的。

澳门新颁布的《会计准则》包括三个部分：一般财务报告准则、财务报告准则和会计报表。《一般财务报告准则》是一套以国际财务报告准则为基础，并考虑到澳门中小企业的实际情况而制定的一套较简化的会计准则。《财务报告准则》是指核准可以在澳门采用的《国际财务报告准则》，现阶段只采用其中16条准则。《会计报表》是指资产负债表及损益表。

二、澳门会计制度的主要内容

由于长期以来深受葡萄牙政治经济的影响，澳门会计制度是以葡萄牙会计制度为蓝本，结合澳门地区的实际情况而制定的，从而打上了葡萄牙会计的烙印。葡萄牙会计属欧洲大陆会计（立法集中型）模式，会计要符合政府的要求，会计实务须遵循相关法律，并体现高度稳健性。这些特点在澳门会计制度中也有所体现。理论上，澳门回归祖国后，澳门会计制度受我国内地会计制度的影响肯定会加深，但由于基本法规定澳门的基本制度50年保持不变，而且我国内地会计从总体上说也属于立法集中型会计模式，因此澳门会计制度在澳门回归祖国后也没有大的改变。

澳门会计制度共分9个部分：①序言，说明制定会计制度的依据、目的、会计信息需求者的种类等；②技术意见，包括3个方面：资产负债表、损益表和简明会计科目表；③综合资产负债表，相当于资产负债表项目内容的详细说明；④营业结果演算表，相当于损益表项目的详细演算说明；⑤财务说明书，是主要财务报表的附件；⑥详细的会计科目表，统一规定了10类61个会计科目的名称、核算内容和设置要求；⑦会计科目代号；⑧一些特殊会计科目的活动和内容注解；⑨会计假设和会计原则，包括持续经营、一致性、权责发生制、客观性和实质重于形式、谨慎性、外币折算和存货计价等方法。

（一）澳门会计制度有关资产和费用的处理

1. 资产

资产分为流动资产、短期债权、存货、中期及长期债权、资本资产、预付费用。流动资产指现金和活期存款。短期债权是指预计1年之内到期的债权，预计1年以上到期的债权为中期或长期债权。资本资产包括有形资产、无形资产、财务资产和未完成资产。有形资产指存续期在1年以上，供企业经营使用的动产或不动产等实质资产。无形资产包括专利、商标、营业执照、优惠、特许经营、合约等权利和开办费、扩充费等非实质资产。企业在证券方面和在其他企业的各种投资，称为财务资产。未完成资产主要指在建工程。

2. 企业银行存款

企业银行存款分为活期存款（流动资金存款）、通知存款（特定存款）和定期存款三类。活期存款可以透支,如在结算日发生赤字,应将赤字转入"应付短期借款"账户,通知存款和定期存款的收支依照银行法例规定处理。

3. 发出存货的成本计价

本期发出存货的成本计价,可采用先进先出法、后进先出法、加权平均法、个别认定等方法;期末存货的计价,按成本与市价孰低法处理。

4. 生产成本的计算

企业生产成本的计算,采用制造成本法。包括投入生产的材料、人工和费用等消耗。

5. 谨慎性原则的运用

充分考虑谨慎性原则,对资产可能的损失均设置准备账户。设置"坏账准备"账户,对于客户的债权,不论是否发生争执,只要在收取上遇有问题,均应列为坏账损失,冲坏账准备;设置"存货调整"账户,核算不是因为买卖或耗用而发生的存货跌价、溢价等价值变动;设置"存货跌价准备"账户,售出跌价的存货时,其持有存货的跌价部分冲抵存货跌价准备;设置"财务资产准备"账户,对外投资可能发生的损失冲抵该账户;设置"其他风险与负担准备"账户,票据贴现、在讼案件、职业疾病、工作意外等方面可能发生的损失,冲抵该账户。

6. 销售折扣和折让的处理

销售折扣和折让,如发票上注明,采用净价法计算;发票上未注明现金折扣,则作财务费用处理;对于其他文件规定提供的折让和非现金折扣,则冲减销售收入。

(二)澳门会计制度有关往来业务的处理

设置"客户"和"供应商"两个账户,反映应收或应付票据、应收或应付其他有价证券、客户提供的担保或提供给客户的担保、坏账、被拒绝兑现的票据、未验收商品的应付款,客户应退回或应退回客户的包装物、客户预付或预付给供应商的货款等。对债权债务分别设置3个账户:①"贷出款项和借入款项"账户核算贷出款项和借入款项业务。②"股东和联号"账户核算企业与其股东及非股东的联号之间的资金往来业务,但不包括它们之间商品交易引起的应收应付款项、筹资投资活动和固定资产买卖等。所谓"联号"是指本企业持有25%以上资本额的对方企业和持有本企业25%以上资本额的对方企业,本企业与它们之间的贷出和借入款项,有别于与一般企业发生的贷出款项和借入款项业务。③"其他债权人和债务人"账户核算长期应付款、应付工薪、应收认股款、延迟收付的债权债务等。设置"分包"账户,反映企业生产过程中分包给订有合同或协议的协作者的业务。设置"第三方供应的商品和劳务"账户,反映企业不能自行解决而由其他单位提供中介服务而引起的资金往来业务。

(三) 澳门企业的会计报表

1. 财务报表

财务报表即对外提供的会计报表,具体包括资产负债表、损益表(按性质分类的结果演算表)、资金来源与应用表(即财务状况变动表)。资产负债表根据国际通行的会计恒等式"资产＝负债＋所有者权益"的原理编制。资产组成第一部分,负债与所有者权益组成第二部分。资产按其流动性从弱到强予以列示,即长期资产列于前,流动资产列于后。负债则依其支付期顺序排列。损益表中所得与所费的项目对应比较清楚。收入主要包括商品销售收入、提供劳务收入、存货调整(＋或－)、其他收入等,成本费用总额由本期销售和耗用存货成本、分包、第三方供应的商品和劳务、税项、管理费用、财务费用、其他各项费用及负担等内容构成。收入总额与成本费用总额的差额,即为损益净额。

2. 内部报表

内部报表即提供给企业管理当局作分析营业成果、成本费用和产销情况之用的报表,主要有按业务分类的结果演算表、成本构成和管理费用表。

主要参考文献

[1] 李易. 中澳会计规范体系之比较[J]. 财会通讯(综合版),2004(4):42-43.
[2] 尚慧然. 回顾澳门公定会计的产生与发展[J]. 财会月刊(理论版),2006(12):66-67.
[3] 袁振业. 澳门财务会计的未来及其相关问题[J]. 财会通讯(综合版),1999(12):12-14.
[4] 张惠忠. 澳门会计制度简介[J]. 对外经贸财会,2000(11):38-39.
[5] http://www.34law.com/lawfg/law/3550/3572/law_25340909.shtml,2010-10-28.

(初稿执笔人:陈　榜)

附4 ARDF的《台湾财务会计准则》

一、台湾会计准则概述

1971年4月30日,台湾会计咨询组织——会计问题评议委员会制定通过了《一般公认会计原则》,1982年转由台湾会计师公会财务会计委员会公布,后来财团法人(台湾)会计研究发展基金会(Accounting Research and Development Foundation,简称ARDF)下设的财务会计准则委员会又于1984年10月18日对其进行了修订,即《财务会计准则公报第1号——一般公认会计原则汇编》(2006年修订为《财务会计观念架构及财务报表之编制》)。台湾财务会计准则公报第1~5号,由台湾会计师公会财务会计委员会公布,由财团法人台湾会计研究发展基金会财务会计准则委员会修订。台湾财务会计准则公报从第6号起,均由财团法人(台湾)会计研究发展基金会财务会计准则委员会制定公布。截至2010年12月31日,共有41号财务会计准则公报(有6号已作废,现正在生效的财务会计公报共35号)。第一号是基本准则,在整个准则体系中起统驭作用,主要规范会计目标、财务报表的基本假设、财务报表之品质(质量)特性、会计要素的确认、计量、报告等;其余相当于具体准则,主要规范企业的具体交易或事项的会计处理。

二、台湾的财务会计概念框架

早在1971年4月30日台湾地区修正通过了《一般公认会计原则》,共6部分56条①。此后台湾财务会计准则委员会又对前会计评议委员会所发布的《一般公认会计原则》加以增删修订,于1982年7月1日作为财务会计准则公报第1号公布了《一般公认会计原则汇编》,1984年10月18日进行了第一次修订,2002年10月31日进行了第二次修订,2004年12月30日进行了第三次修订,2005年12月22日进行了第四

---

① 朱国璋.近代会计理论之介绍(增订本)[M].台北:台湾中华书局,1971:146-152.

次修订,2006年7月20日进行了第五次修订。

《第1号——一般公认会计原则汇编》自1982年发布后,会计概念框架日益成熟,会计原则不断发展,国际会计处理日益协调一致,并参照国际会计准则委员会发布的概念框架及后续发布的财务会计准则公告,重新审视本公告,将公告名称改为《财务会计概念框架及财务报表之编制》,以与国际公告内容相符。第1号为确定及解释会计原则提供了指导,并帮助各界了解及应用会计原则。

该准则包括六个部分:(1)财务报表的目的,包括报告企业的经济资源、经营绩效、流动性、偿债能力及现金流量以帮助报表使用者投资、授信以及其他经济决策;(2)财务报表的基本假设,包括权责发生制、持续经营;(3)财务报表之品质特性,包括可了解性、相关性、重要性、可靠性、忠实表达、实质重于形式、中立性、审慎性、完整性和可比性。相关性与可靠性相互限制,及时性应注意成本与效益的均衡;(4)财务报表要素的定义、确认与计量,财务状况要素包括资产、负债、业主权益;经营绩效要素包括收益、费用;财务报表要素的确认应考虑产生未来经济效益的可能性、是否能够可靠地计量。财务报表要素的计量方法有历史成本法、现时成本法、变现价值法、现值法;(5)资本与资本维持的观念;(6)财务报表的编制,包括资产负债表、损益表、业主(股东)权变动表、现金流量表。

三、台湾的具体会计准则

《第2号——租赁》

该准则于1982年10月1日发布,自1982年12月31日生效,1984年10月18日进行了修订,2000年11月23日修订附录。该准则的目的是对租赁会计处理做出规定,包括前言、定义、租赁类别(融资租赁与经营租赁)、会计准则和附则五部分。对融资租赁和经营租赁进行了界定,分别对经营租赁和融资租赁中承租人以及出租人的会计处理业务核算举例进行了解释,并对承租人和出租人的解约及修约会计处理进行了说明①。

《第3号——利息资本化》

该准则于1982年12月31日发布,1985年3月21日进行了第一次修订,2001年1月11日进行了第二次修订,作用于2001年12月31日以后的财务报表。第二次修订了前言部分,参考了国际会计准则公告第23号第4、第5段规定,将借款利息及借

---

① 下文中的部分准则缺号是因其已经废除。

款附加成本列入应资本化的成本。正文部分作了以下修订：将"建筑业建造房屋"明确列为应将利息资本化的资产中；配合财务会计准则公告《第 29 号——政府辅助》，将构建资产受有政府捐助的部分，于计算积累支出的平均数时予以减除；参考国际会计准则公告第 23 号第 24 条规定增加说明了停止资本化的情况；参考国际会计准则公告第 23 号第 29(C)条的规定，增加披露资本化的利率，如果财务报表上有一种以上的资本利息资本化的情况，应按照资产类别分别披露；增加第二次修订日期及其生效日。该准则的利息指因借款而发生的相关成本，包括：长、短期借款及银行透支的利息；借款的溢折价的摊销额；因借款而发生附加成本的摊销；融资租赁下租赁款的应计利息费用；外币借款的汇兑损益中性质上属利息的部分。该准则由前言、说明、会计准则和附录四部分组成，附录对利息资本化会计处理举例进行了说明。

《第 5 号——长期股权投资》

该准则于 1984 年 4 月 1 日发布，1985 年 5 月 9 日进行了第一次修订，1998 年 6 月 18 日进行了第二次修订，2004 年 2 月 9 日进行了第三次修订，2005 年 9 月 22 日进行了第四次修订，2005 年 12 月 22 日进行了第五次修订。该准则由前言、说明、会计准则、附则四部分组成。明确规定采用权益法计量的长期股权投资，对权益法取得成本、损益确认、公司间未实现损益的消除、投资成本与股权净值间差额的处理等会计处理举例解释，并对财务报表应披露的事项进行了说明。原准则的第 2、第 8、第 9、第 12、第 16、第 19、第 20、第 21、第 22、第 23、第 24、第 25、第 26、第 27、第 37 和第 57 条被删除。第五次修订第 15、第 39、第 41、第 42、第 43、第 44 和第 56 条并配合财务会计准则公告《第 25 号——企业合并——购买法之会计处理》中商誉的相关规定进行修订；第 33 条配合财务会计准则公告《第 7 号——合并财务报表》第 34 条及第 39 条的规定修改；第 52 条依据国际会计准则第 28 号的相关规定修订。该准则适用于创投事业、共同基金、信托基金及类似的个体所持有的仅具重大影响力但未达到控制能力的长期股权投资，如果初始确认即被指定公允价值变动计入损益，或为交易目的而持有的投资，不适用该准则，而应当按照财务会计准则公告《第 34 号——金融商品之会计处理准则》的规定处理。

《第 6 号——关联交易之披露》

该准则于 1985 年 6 月 15 日发布，对会计年度结束日在 1985 年 12 月 31 日以后的财务报表适用。由前言、说明、披露准则和附则四部分组成。该准则规定了企业财务报表对于关联交易的会计披露。凡企业与其他个体（含机构与个人）之间，若一方对于另一方具有控制能力或在经营、财务政策上具有重大影响力，该双方即互为关联方；受同一个人或企业控制的各企业，也互为关联方。

第一篇 会计准则类

《第 7 号——合并财务报表》

该准则于 1985 年 12 月 31 日发布,2004 年 12 月 9 日进行了第一次修订,2005 年 12 月 22 日修订附录,2006 年 11 月 30 日进行了第二次修订。第二次修订对第 20 段有关待出售子公司的处理,依照财务会计准则公告《第 38 号——待出售非流动资产及停业单位之会计处理准则》规定处理;删除第 21 条。该准则规定了合并财务报表的编制,企业合并及其所产生影响(如商誉)的会计处理,不属于该准则的规定范围。该准则对合并财务报表的范围进行了明确的界定,对待出售的子公司及合并程序的处理进行了详细的说明,对合并资产负债表、合并损益表、合并业主权益变动表、合并现金流量表举例进行了详细的解释,对合并财务报表的表述进行一一说明。

《第 8 号——会计变动及前期损益调整》

该准则于 1986 年 6 月 30 日发布,2006 年 7 月 20 日进行了第一次修订,于 2007 年 1 月 1 日生效。该准则第一次修订是由于财务会计准则《第 1 号——财务会计概念框架及财务报表之编制》第二次修订时已将第 2 条删除,故本次修订同步删除;第 3 条参考国际会计准则第 8 号,删除编制报表主体变动;第 4、第 6 条参考国际会计准则第 8 号修订;第 7、第 16 条参考国际会计准则第 8 号予以删除;第 11 条折旧方法改变不再视为会计原则变动,将举例删除。该准则对会计原则变动以及会计估计变动、前期损益调整进行区分并对其会计处理分别举例说明。

《第 9 号——或有事项及期后事项》

该准则于 1986 年 9 月 15 日发布。明确界定了或有事项及期后事项,并举例对或有事项及期后事项的会计处理进行了解释。下列事项可能形成或有事项,如果性质特殊,不在该准则适用范围之内:人寿保险公司的保险责任;退休金的给付义务;长期租赁合约的承诺;所得税的缴纳义务。

《第 10 号——存货》

该准则于 1987 年 5 月 20 日发布,2007 年 11 月 29 日进行修订。从该准则第一次修订版实施日起,其余各号公告提及财务会计准则公告《第 10 号——存货之评价与表达》字样均改为财务会计准则公告《第 10 号——存货之会计处理准则》,提及"后进先出法"均删除,提及存货之"市价"均改为"净变现价值",并删除财务会计准则公报《第 1 号——财务会计观念及财务报表之编制》第 105 条。该准则主要对存货的定义、计量(初始计量和后续计量)、财务报表应披露的事项进行了说明。存货在多数企业中为重要资产,其计量与披露对企业的财务状况及经营绩效的适当披露影响重大。长期工程合约所产生的在建工程(依照财务会计准则公告《第 11 号——长期工程合约之会计处理准则》处理)、金融商品(依照财务会计准则公告《第 34 号——金融商品之会计处理准则》及《第 36 号——金融商品之表达与揭露》处理)不属于该准则规定的存货范围。

《第 11 号——长期工程合约》

该准则于 1987 年 7 月 20 日发布,对会计年度结束日为 1987 年 12 月 31 日以后的财务报表适用。该准则所称长期工程合约指承建工程工期在 1 年以上的合约,例如房屋、桥梁、水坝、船舶及河川等工程合约。该公告规定了长期工程合约的固定成本合约和成本加成合约的计量、工程成本的内容及处理、工程损益的确认、财务报表应披露的事项。

《第 12 号——所得税抵减》

该准则于 1987 年 12 月 28 日发布,2001 年 11 月 8 日进行了修订。第一次修订第 2 条,为了配合相关法令的变更,增加因购置技术、人才培训或其他符合法令奖励项目等支出,依有关法令规定可抵减所得税;第 6 号增加了企业一旦选择某种会计处理方法,就不能更换的规定,以防止企业因更换会计处理方法而操纵损益;第 8 条配合财务会计公告《第 22 号——所得税之会计处理准则》第 42 条的规定作了适当修改;并明确说明了递延法下的会计处理方式及会计科目;并规定了"递延所得税"在财务报表上的表达方式;赞成递延法者认为设备或技术只能通过使用或出售而获利,不能因购买而获利,故因所得税抵减而获得成本节省值宜分摊于各预期适用期间,故修改了本条"递延所得税抵减"的摊销会计科目,由"所得税费用之减项或其他收入"改为"所得税费用或折旧(摊销)费用之减项";第 9 条配合财务会计公告《第 22 号——所得税之会计处理准则》第 42 条的规定作适当修改;第 11 条增加所得税抵减的法令依据、抵减项目、可抵减总额、尚未抵减余额及最后抵减年度等。该准则所称的"所得税抵减"指企业因购置设备或技术、研究与发展、人才培训、股权投资或其他符合法令奖励项目等支出,依有关法令规定的可抵减所得税。所得税抵减会计处理方法有递延法和当期确认法。

《第 13 号——财务困难债务整理》

该准则于 1988 年 6 月 1 日发布,现已经被 34 号准则所代替。

《第 14 号——外币折算》

该准则于 1988 年 12 月 20 日发布,2005 年 9 月 22 日进行了修订。第一次修订第 3 条因原第(9)、(10)条用语的相关规定已配合财务会计准则公告《第 34 号——金融商品之会计处理准则》予以删除,故也删除该用语,并新增货币性资产或负债的用语定义;第 7 条参考国际会计准则第 21 号修改;第 8、第 9、第 10、第 11、第 16、第 17、第 18、第 19、第 20、第 21、第 22 和第 33 条依财务会计准则公告《第 34 号——金融商品之会计处理准则》规定处理,故予以删除;第 23 条配合财务会计准则公告《第 34 号——金融商品之会计处理准则》修改;第 24 条配合国际会计准则第 21 号以及财务会计准则公告《第 34 号——金融商品之会计处理准则》修改;第 25-1 条配合财务会计准则公告《第 34 号——金融商品之会计处理准则》增加。该准则规定了企业以外币为基础的交易事项,及国外营运机构外币财务报表换算为本国货币财务报表的会计处理。本国货币财务报表换算为外币财务报表者不适用该准则的规定。该准则对非衍生性商品的外币交易、衍生性商品的外币交易、外币财务报表的换算的会计处理以及在财务报表的披露进行了说明。

《第 15 号——会计政策之披露》

该准则于 1989 年 5 月 1 日发布,2005 年 9 月 22 日进行了修订。该准则规定企业编制财务报表的重要会计政策的披露准则。第一次修订第 2 条被删除;第 3、第 8 和第 9 条依据财务会计准则公告第 1 号《财务会计概念框架及会计报表之编制》作了适当的文字修改;第 6 和第 13 条配合财务会计准则公告《第 34 号——金融商品之会计处理准则》进行了修改。

《第 16 号——财务预测编制要点》

该准则于 1989 年 2 月 28 日发布,对 1990 年 7 月 1 日以后的财务报表适用。该准则规定了企业进行财务预测时应遵循的基本原则(诚信原则、合适人员、适当的会计原则、最佳资讯、与计量一致、关键因素、适当假设敏感度分析、书面文件、定期比较、复核与核准)以及披露准则。

《第 17 号——现金流量表》

该准则于 1989 年 12 月 28 日发布,1999 年 12 月 9 日进行了第一次修订,2005 年 9 月 22 日进行了第二次修订。该准则规定了现金流量表的编制,对现金流量表各个项目的编制以及编制方法进行了说明。第二次修订第 3 条增加定期存款及定期存单须符合特定条件才能为现金;第 8 和第 28 条配合财务会计准则公告《第 34 号——金融商品之会计处理准则》进行了修改。

《第 18 号——退休金》

该准则于 1991 年 12 月 19 日发布,2001 年 2 月 22 日进行了第一次修订,2005 年 9 月 22 日进行了第二次修订。第二次修订第 24 条参考国际会计准则第 19 号有关公允价值的规定修改;第 40 条配合财务会计准则公告《第 34 号——金融商品之会计处理准则》修改。该准则规定了企业员工退休金的会计处理,确定了提前退休办法以及给付退休办法,详细说明了给付退休办法的净退休成本、资产及负债的确认、披露、企业合并的会计处理、过渡期间的会计处理等。该准则不适用于仅提供人寿保险及健康保险的退休办法,也不适用于通过退休办法所提供的健康医疗。

《第 19 号——创业期间之会计处理准则》

该准则于 1992 年 6 月 11 日发布,2002 年 3 月 21 日进行了修订。该准则对企业创业期间的开办费用、所发生交易的会计处理以及应提供的会计报表及补充资料进行了说明。该准则修订第 2 条参考美国会计准则第 7 号第 8 条与(87)基秘字第 196 号函修改了创业期间的定义;第 3 条纳入(89)基秘字第 235 号函的规定增列期间费用支出非属开办费,股份招募与承销费用的会计处理并不仅限于作为当期费用故予以删除;第 5 和第 8 条参考国际会计准则公告第 38 号第 57 条规定,开办费应列为期间费用;第 6 条被删除;第 9 条原文件后半段已于财务会计准则公告《第 32 号——收入确认之会计处理准则》规定,予以删除;第 10 条配合财务会计准则公告《第 17 号——现金流量表》的修订将理财活动改为融资活动;第 16 条配合财务会计准则公告《第 1 号——一般公认会计原则汇编》的修改而被删除;第 17 条增加修订日期及生效日。若开办费金额不大,应作为当期费用,若金额重大,应视为会计原则变动累计影响。

《第 20 号——部门别财务资讯之披露》

该准则于 1992 年 6 月 25 日发布,现已经被 31 号准则所代替。

《第 21 号——转换公司债》

该准则于 1993 年 4 月 15 日发布,现已经被 34 号准则所代替。

《第 22 号——所得税之会计处理》

该准则于 1994 年 6 月 30 日发布,1999 年 11 月 11 日进行了第一次修订,2005 年 9 月 22 日进行了第二次修订。第二次修订第 9、第 11 和第 43 条配合财务会计准则公告《第 34 号——金融商品之会计处理准则》第一次修订文进行修订;第 9 条依修订的财务会计准则公告《第 19 号——创业期间会计处理准则》的规定,开办费于发生时确认为当期费用,然而依税法的规定开办费应分年摊销,因而会产生未来可减除金额;第 11、第 32 和第 41 条依财务会计准则公告《第 1 号——财务会计概念框架及财务报表的编制》的修订而修改。该准则规定了企业跨期间所得税分摊以及同期间所得税分摊的会计处理,还确定了所得税在财务报表中的披露。

《第 23 号——中期财务报表披露》

该准则于 1995 年 2 月 23 日发布,1999 年 7 月 29 日进行了第一次修订。第一次修订第 2 条参考国际会计准则公告第 34 号第 4 条增列财务报表的定义应依照财务会计准则公告第 1 号第 12 条的规定办理;第 5 条参考国际会计准则公告第 34 号第 41 条阐明编制中期财务报告较编制年报时更常使用估计;第 14 条采用资产负债表法以符合财务会计准则公告第 22 号的精神;第 15、第 16 和第 17 条配合第 14 条被删除;第 23d 条依据财务会计准则《第 8 号——会计变动及前期损益调整之处理准则》的规定而修改;第 25 条参考国际会计准则公报第 34 条修改;第 26 条因所得税会计准则的变动而修改。该准则规定企业中期财务报表中收入、成本费用、季节性收入、成本或费用、所得税、非常损益项目及或有事项、会计变动及前期损益调整、各季节单独披露的中期财务报表的会计处理。

《第 24 号——每股盈余》

该准则于 1995 年 7 月 27 日发布,2001 年 11 月 1 日进行第一次修订。第一次修订第 6、第 9、第 10、第 13、第 15、第 16、第 20、第 21、第 23、第 30、第 31 和第 40 条等参考国际会计准则公告第 33 号修订;第 32 和第 33 条等参考美国会计准则第 128 号第 24 条修改。该准则规定公开发行股票公司每股盈余的计算及披露的处理,对资本结构的种类、稀释作用、库藏股、普通股加权平均流通在外股数等进行了说明,举例说明了基本每股盈余以及稀释每股盈余的计算。

《第 25 号——企业合并——购买法会计处理》

该准则于 1996 年 3 月 7 日发布,2005 年 12 月 22 日进行第一次修订,2006 年 11 月 30 日进行第二次修订。第二次修订第 17、第 18 和第 25 条配合财务会计准则公告《第 38 号——待出售非流动资产及停业单位之会计处理准则》而修改。该准则规定了企业合并购买法中的历史成本原则,净资产的取得方式及收购成本的衡量基础、少数股东的损益的计量、或有资金的处理、取得资产与承担负债的会计处理、商誉的绩后评价以及财务报表附注应披露的事项等。从少数股东取得的一部分或全部股份的行为不属于该准则所称的企业合并,由一家公司移转其全部资产及负债给该公司新设立的子公司及附属公司,资产及负债的转移或股份的交换都不适用该准则。

《第 28 号——银行财务报表之披露》

该准则于 1999 年 3 月 31 日发布,2005 年 9 月 22 日进行第一次修订。第一次修订第 28、第 30、第 32、第 35、第 38 和第 50 条等配合财务会计准则公告《第 34 号——金融商品之会计处理准则》的修订而修改;第 9、第 31 和第 36 条等依据财务会计准则公告《第 36 号——金融商品之披露》取代原第 27 号的有关部分的修订而修改。该准则规定了银行财务报表的会计处理政策,银行损益表、资产负债表的编制,银行或有事项、资产负债的到期分析、放贷及垫款的损失、一般风险、信托业务以及关联方交易等的会计处理方法。该准则适用于银行个别财务报表及合并财务报表。

《第 29 号——政府辅助之会计处理》

该准则于 1999 年 6 月 24 日发布。该准则规定了政府辅助中政府捐赠和其他形式的政府辅助的会计处理方法,明确了应为财务报表辅助披露的事项。该准则适用于政府对企业的各种辅助,但不适用于:(1)政府以租税优惠方式所提供的奖励,如租税减免、所得税抵减等;(2)政府对企业的投资。

《第30号——库藏股票会计处理》

该准则于2000年7月7日发布,2001年7月5日修订附录,2006年6月22日进行第一次修订。该准则所称的库藏股是指公司发行后予以收回且尚未注销的股票。该准则主要规定了库藏股收回、处理以及注销的会计处理,明确了库藏股账面价值的确定方法以及财务报表应披露的信息。第一次修订第12和第20条配合第21号公告废除而作修改。

《第31号——合资投资》

该准则于2000年9月7日发布,2005年9月22日进行修订。第一次修订第1和第27条参考国际会计准则公告第31号及财务会计准则公告《第34号——金融商品之会计处理准则》的第一次修订而修改;第28和第34条配合财务会计准则公告《第34号——金融商品之会计处理准则》的第一次修订而修改。该准则先界定了合资类型、契约协定、联合控制经营、联合控制资产以及联合控制个体,然后规定了联合控制经营、联合控制资产和联合控制个体(权益法、比例合并法、例外情况)的会计处理方法。

《第32号——收入确认》

该准则于2002年6月13日发布,2005年9月22日进行修订。第一次修订第33条因财务会计准则公告第1号《财务会计概念框架及财务报表的编制》的修订以及《第5号——长期股权投资会计处理准则》的修订而作相应修订;第37条配合财务会计准则公告《第34号——金融商品之会计处理准则》的第一次修订而修改。该准则规定了企业因销售商品、提供劳务以及将资产提供给他人使用而产生的利息、股金及权利金收入的处理;而租赁合约、权益法处理的投资所产生的股利、工程合约、保险公司的保险契约、金融资产及金融负债的公允价值变动、其他流动资产的价值变动等不属于本公告所规定的范围。该准则对销售商品、提供劳务以及将资产提供给他人使用而产生的利息、股金及权利金取得收入的会计处理方法进行了说明。

《第33号——金融资产转移及负债清偿》

该准则于2003年5月22日发布。该准则规定了金融资产的转移、服务资产与服务负债的确认与计量,及金融负债清偿的会计处理。金融资产的证券化,适用该准则的规定,非金融资产的证券化则不属于该准则规定的范围。

《第34号——金融商品》

该准则于2003年12月25日发布,2005年9月22日进行修订。第一次修订内容很多,主要是参考国际会计准则公告第39号和财务会计准则公告第36号而作相应的修改。该准则规定金融商品(含衍生性商品)的确认、计量、重分类、利益及损失等会计处理。金融商品的披露除依照该准则规定外,还应依照财务会计准则公告《第36号——金融商品之披露》的规定处理。采用权益法的长期股权投资、租赁产生的权利与义务、企业执行退休计划而产生的权利与义务、保险合同产生的权利与义务、企业发行的权益商品等不属于该准则规定的范围。

《第35号——资产减值》

该准则于2004年7月1日发布,2005年12月22日修订附录,2006年7月20日第一次修订,2006年11月30日第二次修订。第二次修订第2条是配合财务会计准则公告《第38号——待出售非流动资产及停业单位的会计处理》的制订以及国际会计准则第36号公告而作修订。该准则规定了企业辨认资产可能发生减值的依据,衡量资产可收回金额的方法、资产减值的确认和商誉减值的会计处理。存货、工程合约所产生的资产、递延所得税资产、退休办法下的资产、放款及应收款等不属于该准则规定的范围。

《第36号——金融商品之披露》

该准则于2005年6月23日发布。该准则规定了金融商品(含衍生性商品)的披露,以促使财务报表使用者更好地了解资产负债表内(已列报)以及表外(未列报)的金融商品对企业财务状况、经营绩效与现金流量的影响;主要规定了资产、负债及权益,复合金融商品,利息、股利、利得及损失,金融资产及金融负债的相互抵消的披露;利率风险、信用风险、公允价值等的披露。

《第37号——无形资产》

该准则于2006年7月20日发布。该准则规定无形资产的确认、认定计量、后续计量以及应披露的内容。企业在正常营运过程中为出售而持有的无形资产、递延所得税资产、租赁合约、企业合并采用购买法而取得的商誉、待出售的非流动无形资产等不属于该准则所规定的范围。

《第38号——待出售非流动资产及停业单位》

该准则于2006年11月30日发布。该准则规定了待出售非流动资产及待出售处分资产群的计量、减值损失之认定与转回、出售计划变更等会计处理方法,并规范了停业单位的披露。递延所得税资产、退休办法下的资产、保险合约之合约权利等不属于该准则对规定的范围。

《第39号——股份基础给付》

该准则于2007年8月23日发布。该准则规定了股份基础给付的认定,以权益交割的股份基础给付交易、以现金交割的股份基础给付交易、以选择权益或现金交割的股份基础给付交易的会计处理方法,以及股份基础给付的表达与披露。

《第 40 号——保险合约》

该准则于 2008 年 12 月 4 日发布。该准则规定了企业所签订的保险合约(含再保险合约)、企业所持有的再保险合约以及企业发行具备裁量参与特征的金融商品的会计处理办法。

《第 41 号——营运部门资讯之披露》

该准则于 2009 年 4 月 9 日发布。该准则描述了营运部门的特征,并规定了企业辨认报道营运部门的判断标准、企业编制各期损益表时应披露的内容、营运部门报道内容的作用以及适用本公告的企业必须披露企业整体资讯的具体内容。

主要参考文献

[1] 林婵娟. 台湾会计资讯披露之回顾与展望[J]. 经济科学,1995(2):55-61.

[2] http://doc.mbalib.com/view/2e56059eb2c8a76d06857cda22883e3f.html,2011-03-13.

[3] http://www.ardf.org.tw/html/opinion/ac041.pdf,2011-03-13.

[4] http://www.ardf.org.tw/html/center2.htm,2011-03-13.

(初稿执笔人:游婷婷)

第二篇 审计准则类

IFAC 的《国际审计准则》(ISA)

一、国际审计准则概述

国际审计准则(International Standards on Auditing,简称 ISA)由国际会计师联合会(International Federation of Accountants,简称 IFAC)下设的相关委员会发布的基本审计规范。它由两个部分所组成:一部分是由国际审计实务委员会(International Auditing Practices Committee,简称 IAPC)于 1979 年颁布的国际审计准则(ISA);另外一部分则是国际审计与鉴证准则理事会(International Auditing and Assurance Standards Board,简称 IAASB)发布的准则。

2002 年,IAPC 被改组为国际审计与鉴证准则理事会(IAASB)后,于 2003 年开始重新审视其准则起草体例,以便找出提高准则明晰度来确保准则一致运用的方法。现在,每个国际审计准则包括引言、目标、要求和相关指南(应用和其他解释性材料)几个部分。"应用和其他解释性材料"在"要求"的后面,为"要求"提供进一步解释和说明,是准则不可分割的一个部分。在需要时,引言可能包括:准则的目的和适用范围、该准则的关注对象、对审计师的具体期望和制定准则的背景等。

目前,IAASB(IAPC)因其颁布的审计准则的高质量及其准则制定过程中的高可信度得到越来越多的国家认可。2009 年 3 月,IAASB 宣告完成了长达 18 个月的明晰化项目并发布了新的明晰化准则,并于 2009 年 12 月 15 日生效。截至 2010 年 12 月 31 日,相关准则由《国际质量控制准则》(International Standards on Quality Control,简称 ISQC1)和 36 个国际审计准则(ISA)构成[①]。以下是 ISQC1 和 IASs 内容概要[②]。

---

① http://web.ifac.org/clarity-center/the-clarified-standards,2011-01-29.
② 资料来源:the International Auditing and Assurance Standards Board. International Standards on Auditing[EB/OL]. http://en.wikipedia.org/wiki/International_Standards_on_Auditing,2011-01-29. 邓川,郭志英,聂曼曼. 国际审计准则——阐释与应用[M]. 上海:立信会计出版社,2009.

二、《国际质量控制准则》的主要内容

《国际质量控制准则》要求会计师事务所对财务报表审计和审阅、其他鉴证业务和相关服务建立质量控制制度。其目标在于为会计师事务所建立和维持质量控制制度,以合理保证:会计师事务所及其员工遵守职业准则和法律法规的要求;会计师事务所或项目合伙人根据具体情况出具的审计报告应当恰当。

本准则对报告日、项目工作底稿、项目合伙人等 19 个审计中的关键术语进行了定义。

本准则主要内容包括:运用和遵守相关的要求;质量控制制度的要素,主要包括领导对业务质量的责任、相关的职业道德规范、客户关系和具体业务的接受和保持、人力资源、业务执行、监控等六大要素。领导对业务质量的责任,会计师事务所应当制定政策和程序,培养以质量为导向的内部文化;相关的职业道德规范,应合理保证会计师事务所及其人员遵守职业道德规范;客户关系和具体业务的接受和保持,会计师事务所应当制定有关客户关系和具体业务接受与保持的政策和程序,在一定情况下才能接受或保持客户关系和具体业务;人力资源,会计师事务所应当制定政策和程序,合理保证拥有足够的具有必要的专业素质和胜任能力并遵守道德职业规范的人员;业务执行,对咨询、项目质量复核、意见分歧、业务记录等环节进行了规范;监控,主要包括对会计师事务所质量控制政策和程序的监控、评价沟通和弥补已识别的缺陷、投诉和指挥三个方面。准则"应用和其他解释性材料"部分根据以上要求内容,进行了更详细的解释和说明,以助于对本准则的理解。

本准则于 2009 年 3 月由 IAASB 修改后发布,遵循本准则的质量控制制度应当在 2009 年 12 月 15 日前建立。

三、现行国际审计准则的主要内容

《ISA 200——独立审计师的总体目标及行为规范》(Overall Objectives of the Independent Auditor and the Conduct of an Audit in Accordance with International Standards on Auditing)

ISA 200 确定了独立审计师按照国际审计准则执行审计业务时的总体责任。准则对适用的财务会计报告框架、审计风险、检查风险和重大错报风险等财务报表审计中的关键术语进行了定义。准则要求独立审计师遵循与财务报表审计业务约定相关

的职业道德要求，包括遵循独立性的要求。在计划和执行审计业务时，应该持有职业怀疑的态度来识别可能会产生重大错报风险的环境。为了得到合理的保证，应该取得适当的审计证据。审计师应当遵循所有与审计相关的审计准则来执行审计业务，在遵循和理解这些准则时应当运用职业判断。准则"应用和其他解释性材料"部分，根据以上内容要求，进行了更详细的解释和说明，以助于对本准则的理解。该准则于2009年3月由IAASB修改后发布，并于2009年12月15日生效。准则不仅适用于独立审计师对财务报表的审计业务，而且也适用于对其他历史财务信息的审计业务。

《ISA 210——商定审计业务约定书》(Agreeing the Terms of Audit Engagements)

ISA 210确定了独立审计师在商定审计业务时约定书的要求。准则对审计业务约定书进行了定义并作了说明。准则要求为了确定已具备必要的审计条件，审计师应当考虑的内容包括：被审计单位编制和列报财务报告所依据的财务报告框架是否可以接受；获取被审计单位管理层或治理层认可和理解会计责任的声明。准则同时也要求承接业务前，应考虑被审计单位管理层或治理层对审计范围的限制。如果不具备审计工作的先决条件、财务报告框架不可接受、被审单位管理层或治理层拒绝提供责任声明，审计师可以拒绝接受业务约定。审计业务约定书条款一般考虑以下几个内容：一般要求条款；审计业务约定书可能包括的其他内容提要；法律或法规对管理层或治理层责任的规定；对公共部门审计的特殊考虑；组成部分的审计。进行连续审计时，准则要求审计师应当考虑是否需要修改业务约定条款。在没有合理的变更条件时，审计师不应同意审计业务约定条款的变更，如果变更双方就新条款达成一致则应以书面形式记录约定事项的变更。此外，审计师在业务承接时还应考虑审计意见的措辞、法律法规对财务报告准则的补充规定与准则本身存在的冲突以及法律法规规定的财务会计框架不可接受的情况。在"应用和其他解释性材料"部分根据以上要求内容，进行了更详细的解释和说明。该准则于2009年3月由IAASB修改后发布，对2009年12月15日或以后开始的会计期间的财务报表审计有效。

《ISA 220——财务报表审计的质量控制》(Quality Control for an Audit of Financial Statements)

ISA 220是用于规范审计师对财务报表的审计质量控制程序，也规范项目质量控制复核人的责任。准则对项目合伙人、项目质量控制复核人等概念进行了定义。准则要求项目合伙人应当对会计师事务所分派的每项审计业务的总体质量负责。在整个审计过程，合伙人应当通过观察和询问，对项目成员违反职业道德迹象保持警觉，确信有关客户关系和具体审计业务的接受与保持的质量控制已得到恰当的遵守，项目组及会计师事务所中非项目组成员的专家具有适当的素质和能力，并根据具体情况出具恰当的审计报告。合伙人通过以下环节加强对审计质量的控制：指导、监督和执行；复核；咨询；项目质量复核；意见分歧处理。准则还对监控和记录等相关方式和内容进行了规定。在"应用和其他解释性材料"部分根据以上内容要求，进行了更详细的解释和说明。该准则于 2008 年 12 月由 IAASB 发布，对 2009 年 12 月 15 日或以后开始的会计期间的财务报表审计有效。

《ISA 230——审计工作底稿》(Audit Documentation)

ISA 230 对审计师在财务报表审计中编制审计工作底稿进行了规范。当将其用于其他历史财务信息的审计时，审计师应作相应的调整。准则对审计工作底稿、审计档案、有经验的审计师概念进行了定义。准则要求审计师应当及时编制工作底稿以提高审计质量，以便出具审计报告前对审计证据和结论进行复核和评价。审计师编制的工作底稿，应该足以让以前未接触该项审计的有经验的审计师了解相关审计情况。准则规定了审计工作底稿记录所执行审计程序性质、时间和范围的具体内容。工作底稿应记录审计师与管理层、治理层及其他人员就重大事项的讨论。确定审计工作底稿格式、内容和范围时，审计师应考虑相关因素。审计工作底稿可以以纸质、电子或其他介质形式存在。如果为了实现总体审计目标，有必要偏离某一国际审计准则的有关要求，审计师应记录替代程序是如何实现该目的的，并说明原因。对审计报告日后发生的事项，准则也规定了具体的记录方式。在审计报告日后，审计师应当将审计工作底稿归档，并按要求进行管理。在"应用和其他解释性材料"部分，根据以上内容要求，进行了更详细的解释和说明，并提供了相关审计工作底稿的规范格式及其编制举例。该准则于 2007 年 12 月由 IAASB 发布，对 2009 年 12 月 15 日或以后开始的会计期间的财务报表审计有效。

《ISA 240——审计师在财务报表审计中对舞弊的责任》(The Auditor's Responsibility to Consider Fraud in an Audit of Financial Statements)

ISA 240 适用于审计师执行财务报表舞弊审计业务，据以明确审计师在财务报表审计中与发现舞弊相关的责任。准则对舞弊和舞弊风险进行了定义。准则描述了舞弊的特征，从治理层和管理层两个方面说明了防止和发现舞弊的责任。审计师的责任是按照国际审计准则的规定实施审计工作，以合理保证财务报表不存在重大错报，而不论错报是由于舞弊还是错误导致。准则要求审计师在整个审计过程中以职业怀疑态度计划和实施审计工作，充分考虑由于舞弊导致财务报表发生重大错报的可能性。项目组成员之间应进行讨论，并侧重讨论因舞弊导致重大错报的财务报表。审计师通过以下方式获取识别舞弊导致的财务报表重大错报风险所需要的信息：对管理层及相关人员的询问；对治理层的询问；异常关系或偏离异常关系的考虑；其他因素的考虑；

舞弊风险因素的评价。审计师从三个不同层次应对舞弊导致的重大错报风险:总体应对措施;针对舞弊导致的认定层次的重大错报风险实施的审计程序;针对管理层凌驾于控制之上的风险实施的审计程序。审计师应从舞弊的角度评价审计证据,如果因舞弊无法执行审计业务可考虑解除审计业务约定并征询法律意见。在审计过程中,审计师应取得管理层的书面声明,发现可能存在舞弊时与管理层、治理层或监管部门进行沟通,在审计工作底稿中也应对涉及舞弊事项进行记录。在"应用和其他解释性材料"部分,根据以上要求内容,进行了更详细的解释说明。该准则于2006年12月由IAASB发布,对2009年12月15日或以后开始的会计期间的财务报表审计有效。

《ISA 250——财务报表审计中对法律法规的考虑》(Consideration of Laws and Regulations in an Audit of Financial Statements)

ISA 250用于规范审计师在财务报表审计中对法律法规的考虑,明确执业责任。不适用于审计师接受委托审计并报告被审计单位遵守特定法律法规的业务。准则要求审计师为了获得对被审计单位及其环境了解的一部分,应对以下情况进行一般性的了解:被审计单位及其所在行业或被审计单位经营的各部门所适用的法律法规;被审计单位遵守法律法规的情况。审计师应向被审计单位获取管理层或治理层相关声明书。如果存在违反法规的行为时,审计师应实施如下程序:对行为的发生及其发生环境进行了解;进一步获取其他信息,以评价对其财务报表可能产生的影响。针对不同违反法规的行为,准则规定了报告或发表审计意见的方式,并规定审计师应考虑是否有责任向监管机构报告。审计师应记录存在或可能存在的违反法规行为,以及与管理层、治理层及监管机构讨论的结果。在"应用和其他解释性材料"部分,根据以上要求内容,进行了更详细的解释和说明。该准则于2008年7月由IAASB颁布,对2009年12月15日或以后开始的会计期间的财务报表审计有效。

《ISA 260——与治理层的沟通》(Communication with Those Charged with Governance)

ISA 260为审计师和治理层的沟通和沟通中识别具体事项提供了一个框架。本准则并不禁止审计师就任何其他事项进行沟通。准则主要适用于审计师执行财务报表审计,还包括其他历史财务信息审计。准则对治理层、管理层进行了定义,明确了双向沟通的作用。准则要求审计师应当与企业的适当人员进行沟通。与治理层沟通事项主要包括:审计师应当向治理层说明在财务报表审计中双方的责任;计划审计的范围和时间;审计中发现的重大事项;审计师遵循的独立性和其他道德要求。沟通过程中,审计师应就沟通的形式、时间和总体情况进行沟通,当审计师认为审计中的重大发现不适合口头沟通时,应进行书面沟通。审计师应就独立性的要求与治理层进行沟通。沟通过程中,审计师应有时间规划。审计师应当评价双向沟通是否恰当。本准则要求口头沟通的事项,审计师应在工作底稿中记录;书面沟通事项应在工作底稿中保留一份沟通副本。在"应用和其他解释性材料"部分,根据以上要求内容,进行了更详细的解释和说明,并列举了ISQC1和其他ISAs在沟通方面的相关要求。该准则于2008年7月由IAASB颁布,对2009年12月15日或以后开始的会计期间的财务报表审计有效。

《ISA 265——内部控制缺陷的沟通》(Communicating Deficiencies in Internal Control to Those Charged with Governance and Management)

ISA 265用于规范审计师与管理层和治理层恰当沟通在财务报表审计中识别的内部控制缺陷。本准则不涉及潜在影响明显不足道的内部控制缺陷。准则对内部控制缺陷和重要缺陷进行了定义。准则要求审计师应当确定是否识别出一个或多个内部控制缺陷。如果识别出内部控制缺陷,应当确定它们单独或组合在一起是否构成重要缺陷。审计师应当向适当层级的管理层沟通审计中识别的内部控制缺陷,除非该缺陷是明显微不足道。审计师应以书面形式向治理层沟通审计中识别的重要缺陷。在"应用和其他解释性材料"部分,根据以上要求内容,进行了更详细的解释和说明,并对重要缺陷的迹象进行了描述。该准则于2009年3月由IAASB颁布,对2009年12月15日或以后开始的会计期间的财务报表审计有效。

《ISA 300——财务报表审计计划》(Planning an Audit of Financial Statements)

ISA 300主要用于明确审计师制定财务报表审计计划的责任。本准则总体上按照连续审计环境制定,首次接受审计时需要额外考虑的事项不在本准则中规范。准则要求审计项目合伙人和其他关键人员应当参与审计计划工作。审计师在开始审计工作前,应根据ISA 220的要求完成以下活动:针对客户关系和具体审计业务,实施适当的程序;评价遵守职业道德规范的情况;与被审计单位就审计业务条款达成一致意见。准则要求在制定总体审计策略时,审计师应当:确定审计业务特征以界定审计范围;明确审计业务的报告目标,计划审计所需时间安排;考虑影响审计业务的重要因素,以确定项目组工作方向;考虑初步业务活动的结果,以及审计项目合伙人在其他项目中获得的被审计单位的相关知识;确定执行审计工作所需资源、时间、性质和范围。同时,准则对具体审计计划的制订和审计过程中对计划的变更也进行了规范。准则要求审计师对审计计划应当记录:总体审计策略;具体审计计划;审计工作过程中对总体审计策略或具体审计计划作出的重大变更及其原因。在首次开始审计业务之前,准则要求审计师进行以下活动:根据ISA 220的要求,针对建立客户关系和承接具体业务实施相应的质量控制程序;如果发生了审计师变更,按照相应职业道德规范的要求与前任审计师沟通。在"应用和其他解释性材料"部分,根据以上要求内容,进行了更详细的解释和说明。该准则于2006年12月由IAASB颁布,对2009年12月15日或以后开始的会计期间的财务报表审计有效。

《ISA 315——了解被审计单位及其环境以识别和评估重大错报风险》(Identifying and Assessing the Risks of Material Misstatement through Understanding the Entity and Its Environment)

ISA 315主要用于规范审计师通过了解被审计单位及其环境(包括内部控制),识别和评估重大错报风险的责任。准则定义了认定、经营风险、内部控制、风险评估程序和特别风险5个概念。准则要求审计师应当执行风险评估程序,以便为识别和评估财务报表和认定层次的重大错报风险提供依据。审计师应当从六个方面了解被审计单位及其环境,具体包括:行业状况、法律环境与监管环境以及其他外部因素;被审计单位的性质;被审计单位对会计政策的选择和运用;被审计单位的目标、战略及相关经营风险;被审计单位财务业绩的衡量和评价;被审计单位的内部控制。审计师应当了解与审计相关的内部控制,判断某项控制是否单独或者与其他控制一起与审计相关。在了解与审计相关的控制时,审计师应当评价那些控制的设计,并通过询问被审计单位人员和其他程序去确定它们是否已被告之于执行。准则指出了内部控制的要素。审计师应当识别和评估财务报表层次以及各类交易、账户余额、列报认定层次的重大错报风险,以便为设计和执行进一步程序奠定基础。审计师还应运用职业判断,确定识别的风险哪些是需要特别考虑的重大错报风险。对认定层次重大错报风险的评估应以获取的审计证据为基础,并可能随着不断获取的审计证据而作出相应的变化。在审计过程中,审计师应当根据情况修正风险评估结果,并相应修改原计划实施的进一步审计程序。根据执行的审计工作,审计师应当评价是否已在内部控制的设计、执行或维护上识别出重大缺陷,并将缺陷告知适当层次的管理层或治理层。审计准则还规定了审计师应就四个方面形成审计工作记录。在"应用和其他解释性材料"部分,根据以上要求内容,进行了更详细的解释和说明。该准则于2006年12月由IAASB颁布,对2009年12月15日或以后开始的会计期间的财务报表审计有效。

《ISA 320——计划和执行审计中的重要性》(Materiality in Planning and Performing an Audit)

ISA 320主要用于规范审计师在执行财务报表审计中恰当地运用重要性概念。ISA 450解释了在评价已识别的错报对审计的影响以及未纠正的错报对财务报表的影响时,审计师如何运用重要性。准则定义了重要性、执行审计的重要性两个概念。准则要求建立总体审计策略时,审计师应当确定财务报表整体的重要性。对于特定情况的被审计单位,如果一个或多个交易类型、账户余额或披露中低于报表整体重要性的错报金额可能影响使用者的经济决策时,审计师应当确定这些交易类型、账户余额或披露的重要性水平。确定财务报表层次的重要性水平是审计师的职业判断。审计师一般在恰当确定一个基准后,根据职业判断合理选择百分比,据以确定重要性水平。审计师也应确定交易类型、账户余额或披露层次的重要性水平,以及执行审计时的重要性水平。确定审计时的重要性水平不是一个简单的计算问题,也涉及审计师的职业判断。在审计过程中,审计师应随着审计的进行修订重要性水平。重要性水平相关审计工作底稿应记录以下内容:财务报表整体的重要性水平;特定交易类型、账户余额或披露的重要性水平;执行审计的重要性水平;随着审计的进行对重要性水平作出的修订。在"应用和其他解释性材料"部分,根据以上要求内容,进行了更详细的解释和说明。该准则于 2008 年 10 月由 IAASB 颁布,对 2009 年 12 月 15 日或以后开始的会计期间的财务报表审计有效。

《ISA 330——审计师对已评估风险的应对》(The Auditor's Responses to Assessed Risks)

ISA 330 主要用于规范审计师针对财务报表审计中识别和评估的重大错报风险设计和执行恰当的应对措施。准则要求审计师应当针对财务报表层次重大错报风险确定总体应对措施。审计师对控制环境的了解影响其对财务报表层次重大错报风险的评估,从而影响审计师的总体应对措施。审计师应当针对评估的认定层次重大错报风险设计和实施进一步审计程序,包括审计程序的性质、时间和范围。进一步审计的性质包含目的和类型两个方面,进一步审计的时间是指审计师何时实施进一步审计程序,进一步审计程序的范围是指实施进一步审计程序的数量。准则要求,当审计师在认定水平上的风险评估结果包含了控制正在有效运行的预期时,或者实质性程序不能提供充分适当的审计证据时,审计师应当执行控制测试,并评价控制运行的有效性。不管评估的重大错报风险的高低如何,审计师都是应对每一类重大交易种类、账户余额和列报,设计和执行实质性程序。准则规定了控制测试和实质性程序的性质、时间和范围。准则规定,审计师应当执行审计程序以评价财务报表的总体列报是否符合适用的财务报表框架,并评价所取得审计证据的充分性和适当性。审计工作底稿应记录的内容包括:对评估的财务报表层次重大错报风险采取的总体应对措施,以及实施进一步审计程序的性质、时间和范围;实施进一步审计程序与评估的认定层次重大错报风险的联系;实施进一步审计程序的结果。在"应用和其他解释性材料"部分,根据以上要求内容,进行了更详细的解释和说明。该准则于 2006 年 12 月由 IAASB 颁布,对 2009 年 12 月 15 日或以后开始的会计期间的财务报表审计有效。

《ISA 402——对被审计单位使用第三方服务机构的考虑》(Audit Considerations Relating to an Entity Using a Service Organization)

ISA 402 主要用于规范审计师在被审计单位使用一个或多个第三方服务机构时如何获取适当充分的审计证据,它对审计师如何运用 ISA 315 中的识别和评估重大错报风险和 ISA 330 中的设计和执行进一步的审计程序进行了扩展。准则要求审计师根据 ISA 315 了解被审计单位时,应从以下几个方面了解被审计单位如何使用服务机构:服务机构提供服务的性质;服务机构所处理交易的性质和重要性;服务机构与被服务单位之间活动的相互影响程度;被审计单位与服务机构之间的关系;服务机构对所提供服务的控制。在此基础上评价内部控制的充分性,从而为识别和评估重大错报风险奠定基础。准则描述了使用服务机构审计师第一类报告和第二类报告的作用,要求审计师按规范使用这些报告。审计师需要向适当管理层沟通在审计中发现的内部控制缺陷,并向治理层沟通所有重大缺陷。当将第一类或第二类报告作为支持审计意见的审计证据,确定其充分性和适当性时,应确保审计师的职业声誉、专业胜任能力和独立性。被审计单位使用服务机构不改变审计师获取适当审计证据以支持审计意见的责任。因此,审计师在判断是否已获得充分适当审计证据,以及是否需要执行进一步的实质性程序时,将会考虑服务机构审计师执行实质性审计程序的情况以及审计师自己对服务机构审计师的指导监督情况。审计师应该考虑可能要求服务机构向其客户披露可能导致客户舞弊、违反法规和未纠正的错报的合同条款,并增加相应的审计程序。在"应用和其他解释性材料"部分,根据以上要求内容,进行了更详细的解释和说明。该准则于 2009 年 3 月由 IAASB 颁布,对 2009 年 12 月 15 日或以后开始的会计期间的财务报表审计有效。

《ISA 450——评价在审计中识别的错报》(Evaluation of Misstatements Identified during the Audit)

ISA 450 主要用于规范审计师评价在审计中已识别的错报和未纠正错报(如果有)对财务报表的影响。准则定义了错报、未纠正错报两个概念。准则要求审计师在审计过程中归集已识别出的错报,除非该错报是明显微不足道的。为了帮助审计师评价审计中归集的错报的影响,向管理层和治理层沟通错报,有必要区分事实上的错报、涉及主观决策的错报、推定错报。在审计进行过程中应考虑已识别出的错报。审计师应当及时地与适当层次的管理层沟通所有审计中归集的错报,以及它们单独或与其他错报一起对审计意见的影响,除非法律法规禁止。在评价未纠正错报的影响之前,审计师应当再次评价之前确定的重要性水平,以确定它在被审计单位实际财务成果下是否仍然适用。审计师应当向管理层和治理层取得他们相信未纠正错报单独和与其他错报一起对财务报表整体不重要的书面证明。审计工作底稿应当记录的内容包括:错报将是明显微不足道的金额;在审计中归集的所有错报以及其是否被纠正;审计师对未纠正错报单独或与其他错报一起是否重要的结论及形成结论的依据。在"应用和其他解释性材料"部分,根据以上要求内容,进行了更详细的解释和说明。该准则于2008年10月由IAASB颁布,对2009年12月15日或以后开始的会计期间的财务报表审计有效。

《ISA 500——审计证据》(Audit Evidence)

ISA 500主要用于规范审计师执行财务报表审计业务所获取的所有审计证据,评价在审计中已识别的错报和未纠正错报(如果有)对财务报表的影响。准则定义了审计证据、充分性和适当性三个概念。准则阐述了在财务报表审计中审计证据的组成,认为通过设计和执行审计程序来获得充分适当的审计证据是审计师的责任。不同来源或不同性质的审计证据具有不同的保证程度。获取审计证据的方法主要有检查、观察、询问、函证、重新计算、重新执行和分析程序等。审计证据的充分性与适当性密切相关。审计师应该运用职业判断,评价审计证据的充分性与适当性,将重大错报风险降低到可接受水平,在此基础上得出合理的审计结论,形成合理的审计意见。审计师在设计审计程序时,应当考虑能够作为审计证据信息的相关性和可靠性。为了实现审计程序员的目标,审计师在设计控制测试和细节测试时,应当考虑相关测试项目的收集方式。如果从不同来源获取的审计证据或获取不同性质的证据不一致,可能表明某项审计证据不可靠,审计师应追加必要的审计程序,以确保审计结论的客观公正。在"应用和其他解释性材料"部分,根据以上要求内容,进行了更详细的解释和说明。该准则于2008年12月由IAASB颁布,对2009年12月15日或以后开始的会计期间的财务报表审计有效。

《ISA 501——审计证据:对选择项目的特殊考虑》(Audit Evidence-Specific Considerations for Selected Items)

ISA 501主要用于规范审计师执行财务报表审计业务时对存货、涉及被审计单位的诉讼和索赔、分部信息的某些方面获取充分适当的审计证据时的特殊考虑。准则定义了审计证据、充分性和适当性三个概念。为了取得充分适当的审计证据,准则要求审计师考虑以下事项:存货的存在性及其现状;被审计单位已经完成的诉讼和索赔;与适用财务报告框架相一致的分部信息的列报和披露。在条件可行时,审计师应该参与被审计单位的存货盘点,以获取关于存货存在性及其状态的充分适当证据。准则还对非财务报表日的存货盘点、不能参与被审计单位的实际盘点、被审计单位的存货受第三方保管和控制的情况进行了规范。诉讼和索赔可能会提高重大错报风险水平,为了更加重视被审计单位的诉讼和索赔,审计师应当设计和执行相关审计程序。审计师应与法律顾问沟通和讨论,并要求管理层提供关于诉讼和索赔的书面陈述。分部信息的表达与披露要遵循适用的财务报告框架。通过执行分析程序,审计师应当获取关于分部信息充分适当的审计证据。在"应用和其他解释性材料"部分,根据以上要求内容,进行了更详细的解释和说明。该准则于 2008 年 12 月由 IAASB 颁布,对 2009 年 12 月 15 日或以后开始的会计期间的财务报表审计有效。

《ISA 505——外部函证》(External Confirmations)

ISA 505 是针对审计师根据 ISA 330 和 ISA 500 的要求,通过外部函证程序来获取审计证据的指南。本准则不讨论有关法律和诉讼的质询,ISA 501 是针对从这些质询中获取充分适当的审计证据的规范。准则定义了外部函证、积极式询证函、消极式询证函、无回函、特殊情况等概念。准则要求审计师使用外部函证时,应保持对询证函的控制。如果管理层拒绝审计师发放询证函,审计师应该进行评估或采取其他的替代措施。如果审计师认为拒绝发放询证函是不合理的,或无法采用替代措施,审计师应根据 ISA 260 与管理层进行沟通。审计师应排除对回函可靠性的怀疑或评价其影响。在无回函的情况下,审计师应运用替代程序获得相关可靠的审计证据。如果审计师已经从积极式函证的回函获得充分和适当的审计证据,替代程序将不会提供审计师所需要的审计证据。消极式函证提供的审计证据少于积极式函证,审计师一般不能使用消极式函证作为唯一的实质性程序来评估在确定水平上的重大风险。审计师需要评估外部函证程序是否提供了相关和可靠的审计证据,或者是否需要追加的审计程序。在"应用和其他解释性材料"部分,根据以上要求内容,进行了更详细的解释和说明。该准则于 2008 年 12 月由 IAASB 颁布,对 2009 年 12 月 15 日或以后开始的会计期间的财务报表审计有效。

《ISA 510——首次审计业务:期初余额》(Initial Audit Engagements-Opening Balances)

ISA 510 是规范审计师首次接受审计委托时对期初余额的审计责任。除了财务报表金额外,期初余额还包括在期初存在并要求披露的其他事项。准则定义了首次接受审计、期初余额和前任审计师等概念。准则规定了期初余额的审计程序,要求审计师阅读所有被审计单位近期的财务报表及前任审计师出具的审计报告,以获取被审计单位期初余额披露的相关审计证据。规定了审计师对证实期初余额对财务报表不存在重大影响错报或漏报的影响因素。如果审计师已经获得相关的审计证据证明期初余额对本期财务报表有重大影响的错报或漏报,审计师应追加额外的审计程序以判定其对财务报表的影响。准则还要求审计师收集恰当的审计证据以证明期初余额是否运用了恰当的会计政策,以及那些政策是否被一贯地运用到当期财务报表之中。如果被审计单位的会计报表是由前任审计师审计的,审计报告意见类型为非标准审计意见,审计师应评估相关事项是否导致本期财务报表存在重大漏报和错报的风险。如果审计师无法获取有关期初余额的充分、适当的审计证据或如果与期初余额相关的会计政策未能在本期得到一贯运用且变更没有得到恰当披露,审计师应当根据 ISA 705 出具保留意见或否定意见审计报告。如果前任审计师对上期财务报表出具了非标准意见报告,审计师应考虑对本期财务报表的影响。如果出具的非标准意见的事项对本期财务报表仍然相关或影响重大,审计师应当对本期财务报表出具非标准审计报告。在"应用和其他解释性材料"部分,根据以上要求内容,进行了更详细的解释和说明。该准则于 2008 年 7 月由 IAASB 颁布,对 2009 年 12 月 15 日或以后开始的会计期间的财务报表审计有效。

《ISA 520——分析程序》(Analytical Procedures)

ISA 520 是针对审计师使用分析程序作为实质性程序,以及在临近结束时帮助审计师对财务报表形成总体结论的程序。准则定义了分析程序这一概念。准则规定在执行分析程序时,应将被审计单位财务信息与相关信息及各种信息关系进行比较。审计师实施分析程序可以使用不同的方法,如从简单的比较到高级统计技术的复杂分析方法。准则要求作为实质性测试单独使用或结合细节测试使用分析程序时,审计师应当注意的内容包括:在考虑了对某认定所评估的重大错报风险以及针对这些认定进行了细节测试之后,确定实质性分析程序对特定认定的适用性;在考虑了所获取信息的来源、可比性、性质和相关性以及编制过程的控制之后,评价审计师对已记录的金额或比率形成预期时所依据数据的可靠性;对已记录的金额或比率形成预期,评价预期值的准确程度是否足以识别某一错报,而该错报与其他错报一起将导致财务报表整体出现重大错报;确定已记录金额与预期值之间可接受的差异额,该差异额将是否需要进一步调查。准则要求在临近审计结束时设计和执行分析性程序,以帮助审计师对财务报表是否与对被审计单位的了解一致形成总体结论。当通过本准则执行的分析程序识别出与其他信息不一致或者偏离预期数据的重大波动时,审计师应当通过以下方法调查这些差异:询问管理层并对其答复取得适当的审计证据;在必要时执行其他的审计程序。在"应用和其他解释性材料"部分,根据以上要求内容,进行了更详细的解释和说明。该准则于 2009 年 3 月由 IAASB 颁布,对 2009 年 12 月 15 日或以后开始的会计期间的财务报表审计有效。

《ISA 530——审计抽样》(Audit Sampling)

ISA 530 规范了审计师在设计和执行控制测试和细节测试过程中审计抽样的方

法,特别是对 ISA 500 中如何获取及评估审计证据的充分性和适当性的要求提供了进一步的补充说明。准则定义了审计抽样、抽样总体和抽样风险等 12 个概念。准则规定,根据 ISA 500 的要求,审计师应当实施风险评估程序、控制测试及实质性程序,获取充分适当的审计证据,得出合理的审计结论,作为形成审计意见的基础。审计师拟实施的审计程序将对运用审计抽样产生重大影响。有些审计程序可以运用审计抽样,有些则不宜使用审计抽样。在获取审计证据时,审计师应当运用职业判断,评估重大错报风险,并设计进一步审计程序,以确保将审计风险降低至可接受水平。审计师可采用检查、观察、询问、函证、重新计算、重新执行和分析性程序等审计程序获取审计证据。在设计特定审计程序时,审计师应当确定选取特定测试项目的适当方法,包括选取全部项目、选取特定项目和审计抽样。抽样方法可以采用统计抽样和非统计抽样的方法。审计师确定样本时,应当考虑审计程序的目标和抽样总体的属性。确保总体的适当性和完整性,对总体进行适当的分层,实施细节测试时将第一货币单位作为抽样单位通常效率较高。确定样本规模时,审计师应考虑能否将抽样风险降低至可接受水平,审计师运用统计学公式或运用职业判断确定样本规模。选取样本时,审计师应使总体中的所有抽样单元均有被选取的机会,选样的基本方法包括使用随机数表法、系统抽样法和随意选样法等。审计师应当针对选取的每个项目,实施适合于具体审计目标的审计程序。审计师应当考虑样本的结果、已识别所有误差的性质和原因,及其对具体审计目标和审计的其他方面可能产生的影响。根据样本误差,可采用适当的方法推断总体误差。审计师应当评价样本结果,以确定对总体相关特征的评估是否得到证实或需要修正。在推断总体误差后,将总体误差与可容忍误差进行对比,并将抽样结果同从其他审计程序中所得的证据相比较。审计师应根据抽样结果的评价,确定审计证据是否足以证实某一总体特征,从而得出审计结论。在"应用和其他解释性材料"部分,根据以上要求内容,进行了更详细的解释和说明。该准则于 2008 年 10 月由 IAASB 颁布,对 2009 年 12 月 15 日或以后开始的会计期间的财务报表审计有效。

《ISA 540——审计会计估计和相关披露》(Auditing Accounting Estimates, Including Fair Value Accounting Estimates, and Related Disclosures)

ISA 540 确定了审计师对财务报表审计中对会计估计(包括公允价值会计估计)和相关披露的责任。准则特别对 ISA 315、ISA 330 及其他要求如何运用到会计中进行了规范。准则定义了会计估计、审计师的点估计或区间和估计的不确定性等 6 个概念。准则规定了需要作出会计估计和公允价值会计估计的情况。说明会计估计的计量目标取决于适用财务报表框架和被报告的财务项目,一些会计估计的计量目标是预测一个或多个导致需要进行会计估计的交易、事项或者情况的结果。风险评估程序和相关活动有助于审计师对会计估计的性质和类型形成预期。审计师主要关注对被审计单位的了解是否足以识别和评估与会计估计相关的重大错报风险,从而计划进一步审计程序的性质、时间和范围。在按 ISA 315 识别和评估重大错报风险时,审计师应当评估与会计估计相关的不确定性程度。根据评估的重大错报风险,审计师应当确定如下内容:管理层是否恰当地运用适用财务报表框架中与会计估计相关的要求;作出会计估计的方法是否适当和一贯地运用,如果会计估计或作出会计估计的方法发生变更,该变更在具体情况下是否适当。在针对审计产生特别风险的会计估计时,审计师应采用特别的程序审查会计估计的不确定性,审计师应当对以下事项是否符合适用财务报表框架的要求获取充分适当的审计证据:管理层确认或不确认财务报表中的会计估计的决策;会计估计选定的计量基础。准则要求,审计师应当根据审计证据评价财务报表中的会计估计是否合理,是否存在错报。应当对财务报表中与会计估计相关的披露是否符合适用财务报告框架的要求获取充分适当的审计证据,应当复核管理层在作出会计估计时作出的判断和决策,以便识别是否存在管理层偏向的迹象。同时,审计准则也要求审计师应当要求管理层获取他们在作出会计估计时使用的重要假设是否合理的书面证明。相关审计工作底稿记录内容包括:审计师对产生特别风险的会计估计及其披露得出的结论;可能管理层存在偏向的迹象。在"应用和其他解释性材料"部分,根据以上要求内容,进行了更详细的解释和说明。该准则于 2008 年 2 月由 IAASB 颁布,对 2009 年 12 月 15 日或以后开始的会计期间的财务报表审计有效。

《ISA 550——关联方》(Related Parties)

ISA 550 规范了审计师在审计财务报表时对与关联方关系和交易相关的责任,ISA 550 的目的是帮助审计师识别和评估与关联方关系和交易有关的重大错报风险,并设计程序以应对这些风险。准则定义了公平交易和关联方两个概念。准则明确了关联方关系和交易的性质,以及审计师的责任。准则规定审计师的目标是:识别和评估由于舞弊导致的重大错报风险相关的关联方关系和交易引起的舞弊风险因素,以便能够判断财务报表的公允表达是否受到影响;对管理层是否按照适用的财务报表框架的要求对关联方关系和交易进行恰当的识别、会计处理和披露取得充分适当的审计证据。准则要求,在风险评估程序和相关活动中审计师应执行以下程序:了解主体的关联关系和交易;执行审计程序时对关联方保持警惕;与业务小组共享关联方信息。在作出判断时,审计师应当将已识别的正常交易程序以外的重大关联方关系视为引起重大风险的情况,设计和执行进一步审计程序以获取充分适当的、与关联方关系和交易有关的已评估重大错报风险的证据。在根据 ISA 700 要求发表审计意见时,审计师应评价已识别的关联方关系和交易是否按适用的财务报表框架要求进行了会计处理和披露,以及关联方关系和交易是否使财务报表不能实现公允表达或是否导致财务报表具有误导性。审计师应取得管理层的书面声明,与治理层就审计中出现的、与主体有关的关联方重大事项进行沟通。审计师在审计工作底稿中记录包括已识别关联方的名称和关联方关系的性质等内容。在"应用和其他解释性材料"部分,根据以上要求内容,进行了更详细的解释和说明。该准则于 2008 年 7 月由 IAASB 颁布,对 2009 年 12 月 15 日或以后开始的会计期间的财务报表审计有效。

《ISA 560——期后事项》(Subsequent Events)

ISA 560 规范了审计师在财务报表审计中如何审计期后事项。准则定义了期后事项和资产负债表日等 6 个概念。准则根据截至审计报告日发生的事项、审计报告日后至财务报表报出日前发现的事实、财务报表日后发生的事实 3 种情况对审计师的责任及其关注内容以及应当实施的审计程序分别作出了相应的规范。准则特别要求,被审计单位公开发行证券时,审计师应当考虑有关证券发行的法律法规对期后事项的特殊规定。在"应用和其他解释性材料"部分,根据以上要求内容,进行了更详细的解释和说明。该准则于 2008 年 4 月由 IAASB 颁布,对 2009 年 12 月 15 日或以后开始的会计期间的财务报表审计有效。

《ISA 570——持续经营》(Going Concern)

ISA 570 规范了审计师在财务报表审计中对管理层编制财务报表时使用持续经营假设的审计责任。准则定义了"持续经营"这一关键概念。明确了管理层和审计师的责任,并规定了风险评估程序和相关事项,要求审计师在整个审计中可能对被审计单位持续经营能力产生重大疑问的事项或情况保持警惕。准则要求审计师评价管理层对被审计单位持续经营能力的评估,在管理层评估结果之外的期间,对相关事项进行了解。当识别出可能使被审计单位持续经营能力产生重大疑问的审计事项或情况时,审计师应执行额外的审计程序,并将最近前几期的预期财务信息与历史结果进行比较,将当期的预期财务信息与已实现的结果进行比较。根据所取得的审计证据,审计师应当根据判断确定,单独或汇总在一起使被审计单位的持续经营能力产生重大疑问的事项或情况有关的重大不确定性是否存在。审计师应根据情况发表相应意见类型的审计报告。如果持续经营假设不当,审计师也应发表相应意见类型的审计报告。如果审计师要求管理层作出评估或延伸其评估,而管理层不愿这样做,审计师应考虑是否因其工作范围的限制而修订审计报告。但在一些情况下,缺乏管理层的分析不能阻碍审计师信任被审计单位的持续经营能力。在资产负债表日后出现管理层在财务报表上签署或批准上的重大延误时,审计师应当考虑延误的原因。如果与持续经营评估方面的事项或情况有关,审计师应考虑执行额外的审计程序以确定重大不确定性存在与否的结论。在"应用和其他解释性材料"部分,根据以上要求内容,进行了更详细的解释和说明。该准则于 2008 年 7 月由 IAASB 颁布,对 2009 年 12 月 15 日或以后开始的会计期间的财务报表审计有效。本准则适用于任何类型企业实体的审计,也包括营利组织和非营利组织。

《ISA 580——书面声明》(Written Representations)

ISA 580 适用于审计师在执行财务报表审计业务时,对审计师获取和使用管理层书面声明的适当性方面提供指导。本准则为审计师获取和使用管理层书面声明的适当性等方面提供了指导,指导审计师正确对待管理层书面声明。准则定义了管理层和管理层书面声明两个概念。明确了书面声明中的管理层责任及其形式,以及书面声明书的其他形式。准则要求书面声明书标明的日期通常与审计报告一致,不能迟于审计报告日。准则规范了当审计师对书面声明书中管理层责任产生怀疑或管理层拒绝提供声明书时,审计师的具体审计策略及其他处理方式。准则要求将管理层声明书作为审计证据。当管理层书面声明的事项对财务报表具有重大影响时,审计师应实施一定审计程序以收集审计证据来支持管理层书面声明。准则强调书面声明不能替代其他审计证据。如果不能取得对财务报表具有或者可能具有重大影响事项的充分、适当的审计证据,即使已收到管理层就这些事项的书面声明,审计师的审计范围仍受到限制。在"应用和其他解释性材料"部分,根据以上要求内容,进行了更详细的解释和说明。该准则于 2008 年 4 月由 IAASB 颁布,对 2009 年 12 月 15 日或以后开始的会计期间的财务报表审计有效。

《ISA 600——对集团财务报表审计的特殊考虑(包括组成部分审计师的工作)》(Special Considerations—Audits of Group Financial Statements (Including the Work of Component Auditors)

ISA 600 处理集团审计中的特殊问题,尤其是涉及组成部分审计师的特别考虑,本准则也为审计师在非集团财务报表审计中与其他审计师打交道提供了依据。准则定义了组成部分和组成部分审计师等 8 个概念。准则规定集团业务合伙人应当按照专业准则和法律法规的要求,对集团审计的指导、执行负责。ISA 600 规范了集团审计业务的承接与保持。准则要求在集团审计中,审计小组应当了解集团、组成部分及其环境,了解组成部分审计师及其审计的性质、时间和范围。对于集团审计中的重要性水平,审计小组应当确定集团财务报表总体的重要性水平,以确定集团总体审计策略。审计小组应当确定由自己或者组成部分审计师代表自己对组成部分财务信息执行审计工作的类型,确定自己参与到组成部分审计工作的性质、时间和范围。审计小组还应保持与组成部分审计师的沟通,及时将其要求告诉组成部分审计师。沟通应指出应当执行的工作,对该工作的利用以及组成部分审计师与审计小组沟通的形式与内容。审计小组应当评价组成部分审计师与审计小组的沟通情况,评价对合并过程执行审计程序所取得的审计证据,以及审计小组和组成部分财务信息获取的审计证据是否充分恰当。在审计过程中,审计小组应与集团管理层和治理层就相关内容进行沟通。在"应用和其他解释性材料"部分,根据以上要求内容,进行了更详细的解释和说明。该准则于2007年10月由IAASB颁布,对2009年12月15日或以后开始的会计期间的财务报表审计有效。

《ISA 610——利用内部审计师的工作》(Using the Work of Internal Auditors)

ISA 610规范当外部审计师认为内部审计可能与其审计相关时,外部审计师对内部审计师工作的责任。本准则不涉及单个内部审计师在外部审计师执行审计程序时直接提供帮助的情况。准则描述了内部审计的范围和目标以及内部审计与外部审计的关系,要求外部审计师充分了解内部审计活动以识别和评估财务报表重大错报风险并设计进一步审计程序。当计划采纳内部审计时,外部审计师应考虑当期内部审计计划并对计划进行讨论,外部审计师应与内部审计进行沟通。外部审计师准备采纳内部审计成果时,外部审计应进行评估并实施审计程序以确定其符合充分性的要求。外部审计师应记录已被告知评估的内部审计工作结果以及对内部审计工作所执行的审计程序。在"应用和其他解释性材料"部分,根据以上要求内容,进行了更详细的解释和说明。该准则于2008年10月由IAASB颁布,对2009年12月15日或以后开始的会计期间的财务报表审计有效。

《ISA 620——利用审计专家的工作》(Using the Work of an Auditor's Expert)

ISA 620适用于审计师在执行审计和鉴证业务时,为获取充分适当的审计证据而利用、审计师以外的其他个人或职业团体的工作而产生的责任。准则定义了审计专家和管理层的专家两个概念。明确了审计专家可能帮助审计师的领域及其需要考虑的相关事项。准则规范了利用审计专家审计程序的性质、时间、范围及信任授权的相关内容,同时说明,信任授权并不能减轻审计师遵守国际审计准则有关规定的责任。当计划利用审计专家的工作时,审计师应当评价专家的胜任能力及其客观性,当拟聘请的专家来自会计师事务所以外时,理应关注经济利益、关联关系等影响专家客观性的情况。审计师需要充分了解专家的工作领域,以确信专家工作的性质、范围和客观性符合审计工作的要求,并进一步评价专家工作的充分性。无论专家是内部的还是外部的,为了明确各自的责任和义务、双方沟通的性质、时间和范围,审计师应就相关内容与专家签订协议。审计师应对专家工作的充分性进行评价,如果认为专家工作不能充分满足审计工作需要,则应追加额外的审计程序或发表非标准意见审计报告。审计师是审计报告唯一责任者,利用专家工作不能减轻审计师的审计责任。但如果审计师利用了专家的工作,并遵照本准则推断专家工作符合审计工作目标,则可将专家的结论或建议作为审计意见的一部分。在"应用和其他解释性材料"部分,根据以上要求内容,进行了更详细的解释和说明。该准则于 2008 年 12 月由 IAASB 颁布,对 2009 年 12 月 15 日或以后开始的会计期间的财务报表审计有效。

《ISA 700——对财务报表形成审计意见和出具审计报告》(The Independent Auditor's Report on a Complete Set of General Purpose Financial Statements)

ISA 700 规范审计师对财务报表形成审计意见,同时也规范作为财务报表审计结果的审计报告格式和内容。本准则只针对无保留审计意见,对象也只适用通用目的的一整套财务报表。准则要求审计师对财务报表是否在所有重大方面按照适用的财务报告框架编制形成意见。为此,审计师应当评价是否已对财务报表整体不存在重大错报获取证据,该评价应当考虑以下内容:审计师是否已取得充分适当的审计证据;未纠正错报单个或与其他错报一起是否重要;准则第 12~15 项的评价情况。当认为财务报表在所有重大方面按照适用的财务报告框架编制时,审计师应当发表无保留意见。如果审计师根据获取的审计证据认为财务报表整体存在重大错报时,或者不能取得充分、适当的审计证据以判断财务报表整体不存在重大错报时,审计师应当根据 ISA 705 修改审计意见。准则规定,审计报告应当采用书面形式,并分别从"根据国际审计准则进行审计的审计报告"和"法律法规规范的审计报告"两个方面进行了规范,具体规定审计报告的要素及其内容。如果审计师被要求按照特定国家审计准则执行审计,同时也在审计中遵循了国际审计准则,此时在一定条件下审计报告在提及国家审计准则的同时也应提及国际审计准则。对于财务报表不要求的补充信息,准则要求审计师根据补充信息是否与已审信息明显不同分别进行处理。在"应用和其他解释性材料"部分,根据以上要求内容,进行了更详细的解释和说明。该准则于 2009 年 3 月由 IAASB 颁布,对 2009 年 12 月 15 日或以后开始的会计期间的财务报表审计有效。

《ISA 705——对独立审计报告意见的修改》(Modifications to the Opinion in the Independent Auditor's Report)

当审计师根据 ISA 700 形成审计意见,如果认为需要修改审计意见时,ISA 705 规范审计师在具体情况下出具一个适当的审计报告。本准则明确与之对应的审计意见有保留意见、否定意见和无法表示意见 3 种。准则定义了广泛和修改后的意见两个概念。准则要求审计师在以下情况下应当修改审计意见:根据取得的审计证据,审计师认为财务报表整体存在重大错报;审计师不能取得充分、适当的审计证据以确定财务报表不存在重大错报。同时也规定了对应的几种情形。审计师发表的修改的审计意见主要有保留意见、否定意见和无法表示意见3种类型,准则规范了发表这3种意见时的对应情况。准则针对审计师因为管理层施加压力而不能取得充分、适当的审计证据的情况,要求审计师与管理层沟通或执行替代程序直至出具修改意见审计报告。准则还要求,审计师出具否定意见或无法表示意见时,审计报告中不应包含对同一个财务报告框架下的单个财务报表或特定要素、项目或账户出具的无保留意见。修改审计意见时的审计报告包括修改意见的依据段、意见段和修改意见时对审计师责任的描述三个部分。当预期将在审计报告中修改审计意见时,审计师应当与治理层沟通导致修改意见的情况以及计划的修改意见措辞。在"应用和其他解释性材料"部分,根据以上要求内容,进行了更详细的解释和说明。该准则于2008年10月由IAASB颁布,对2009年12月15日或以后开始的会计期间的财务报表审计有效。

《ISA 706——独立审计报告中的强调事项段和其他事项段》(Emphasis of Matter Paragraphs and Other Matter Paragraphs in the Independent Auditor's Report)

ISA 706规范审计师在审计报告中的额外沟通情况:已在财务报表中列报或披露的一个或多个事项,该事项对于使用者理解财务报表十分重要;已在财务报表中列报或披露的其他事项,该事项与使用者理解审计师、审计师责任或者审计报告相关。准则定义了强调事项段和其他事项段两个概念。准则规定,对于一个已在财务报表中列报或披露但对使用者理解财务报表十分重要的事项,如果审计师认为有必要提请使用者关注该事项,并且已获得充分、适当的审计证据证明该事项在财务报表中不存在重大错报,审计师应当在审计报告中增加一个强调事项段。该段只应提及财务报表中列报的信息。准则也明确了强调事项段的格式和位置。准则还规定,当认为有必要对财务报表列报或披露信息之外的、有助于使用者理解审计相关的事项进行沟通,并且法律规定没有禁止时,审计师应当在意见段和强调事项段之后增加一个其他事项段,使用"其他事项"或其他适当的标题。当其他事项段内容与其他报告部分相关时,其他事项段也可放在审计报告的其他位置。准则规定,若决定在审计报告中增加一个强调事项段或其他事项段时,审计师应就此意图以及该段拟定的措辞与治理层进行沟通,以让治理层意识到审计师决定在审计报告中强调的特殊事项。在"应用和其他解释性材料"部分,根据以上要求内容,进行了更详细的解释和说明。该准则于2008年10月由IAASB颁布,对2009年12月15日或以后开始的会计期间的财务报表审计有效。

《ISA 710——比较信息:对应数和可比财务报表》(Comparative Information-Corresponding Figures and Comparative Financial Statements）

ISA 710 主要用于规范审计师对财务报表审计中比较信息的责任，当上期财务报表由前任审计师审计或未经审计时，ISA 510 对期初余额的要求和指南也适用。准则定义了比较信息、对应数和可比财务报表三个概念。准则要求审计师应当确定财务报表是否包含了适用财务报告框架的比较信息，以及这些信息是否被恰当的分类。在实施审计程序时，如果注意到比较信息可能存在重大错报，审计师应当根据实际情况实施追加的审计程序，获取充分、适当的审计证据以确定重大错报是否存在。当列报对应数时，除 3 种情况外，审计意见一般不应提及对应数，因为审计意见是针对包括对应数在内的本期财务报表发表的。准则说明了应列明对应数的 3 种情况。如果列报可比财务报表，准则要求审计意见应当提及所列财务报表的每一期间，以及审计师对每一期间发表的审计意见。上期财务报表已经前任审计师审计，除对当期财务报表发表意见之外，审计师应在审计报告的其他事项段指出上期财务报表由前任审计师审计、前任审计师发表意见类型及原因、前任审计师的审计报告日期等。如上期财务报表未经审计，审计师应当在审计报告的其他事项段予以说明，审计师仍应对本期期初余额不包含对当期财务报表产生重大影响的错报获取充分、适当的审计证据，这种说明并不减轻审计师的责任。在"应用和其他解释性材料"部分，根据以上要求内容，进行了更详细的解释和说明。该准则于 2008 年 12 月由 IAASB 颁布，对 2009 年 12 月 15 日或以后开始的会计期间的财务报表审计有效。

《ISA 720——审计师对含有已审财务报表的文件中其他信息的责任》（The Auditor's Responsibility in Relation to Other Information in Documents Containing Audited Financial Statements）

ISA 720 主要用于规范含有已审计财务报表和审计报告等其他信息的文件中有关审计师的责任。本准则在某些情况下也同样适用于其他的含有已审计财务报表的文件，如在证券发行中的文件。本准则的目标是，规范审计师应对已审财务报表和审计报告文件中的其他信息可能损害这些财务报表和审计报告的可信赖程度时，所应作出的适当反应。准则定义了其他信息、不一致和事实错报三个概念。准则要求审计师应当阅读其他信息以识别其他信息与已审财务报表存在的重大不一致。审计师应当提请被审计单位管理层和治理层作适当安排，以便在审计报告日前获取其他信息。如果在审计报告日前无法获取所有其他信息，审计师应当尽快采取措施阅读其他信息。在阅读其他信息时发现重大不一致，审计师应当确定已审计财务报表及其他信息是否需要修改。在阅读其他信息以发现重大不一致时，审计师可能会注意到明显的对事实的重大错报，审计师应与管理层讨论该事项，并根据具体情况采取相应的审计措施。

在"应用和其他解释性材料"部分,根据以上要求内容,进行了更详细的解释和说明。该准则于 2007 年 9 月由 IAASB 颁布,对 2009 年 12 月 15 日或以后开始的会计期间的财务报表审计有效。

《ISA 800——对按照特殊目的框架编制的财务报表审计的特殊考虑》(Special Considerations-Audits of Financial Statements Prepared in Accordance with Special Purpose Frameworks)

ISA 800 主要用于规范将国际审计准则运用到按照特殊目的框架编制的财务报表审计时的特殊考虑。准则定义了特殊目的财务报表和特殊目的框架等 6 个概念。准则要求在接受企业按特殊目的框架编制财务报表审计业务时,审计师应充分理解以下事项:财务报表编制的特殊目的;财务报表的使用者;管理层判定其财务报表编制框架在特殊环境下是否接受所采取的措施。审计师应当判断按照特殊目的编制的财务报表,是否仅仅为企业按照特殊目的的基础编制的,不能适用于其他目的。根据本准则,在审计计划和审计业务执行时,审计师应当判断国际审计准则的使用是否需要特殊的考虑。在形成审计意见时,如果被审计单位的财务报表是依据合同条款要求编制,审计师应当评估被审计单位财务报表是否充分描述管理层编制财务报表的合同的重要条款。准则也规定了按照特殊目的框架编制财务报表进行审计时,审计报告的格式及内容。按照特殊目的框架编制的财务报表的审计报告内容应当包括强调事项段,用以提醒审计报告的使用者被审计单位财务报表是按特殊目的框架编制的,不适用其他目的。如果委托人指定格式报告实质及措辞与本准则不一致,审计师应修改指定格式报告措辞,以使其符合本准则的规定,或者在指定格式报告之外,另附一份按照本审计准则要求编制的审计报告。审计师应当考虑对合同作出的重要解释是否已在财务信息中得到清晰的披露,并考虑是否有必要在审计报告中提醒信息使用者注意财务信息附注中对这些解释的描述。在"应用和其他解释性材料"部分,根据以上要求内容,进行了更详细的解释和说明。该准则于 2009 年 3 月由 IAASB 颁布,对 2009 年 12 月 15 日或以后开始的会计期间的财务报表审计有效。

《ISA 805——对单个财务报表和财务报表的特定要素、账户或项目审计的特殊考虑》(Special Considerations-Audits of Single Financial Statements and Specific Elements, Accounts or Items of a Financial Statement)

ISA 805 主要用于规范将准则运用到对单个财务报表和财务报表的特定要素、账户或项目审计时的特殊考虑。准则定义了财务报表要素和国际财务报告准则两个概念。在接受企业单个财务报表和财务报表的特定要素、账户或项目的审计业务时,准则要求审计师判定被审计单位财务报表框架的使用及其相关信息的充分披露是否有利于财务报表的使用者更好地理解企业财务报表中特定报表、特定要素或特定要素所包含的信息。审计师也应判定其发表的审计意见所采用的格式是否符合相关规定。相关审计准则也应随着审计环境的变化而相应地修正。审计师发表审计意见及报告时,应当遵守 ISA 700 的要求。审计意见如为保留意见,审计报告包含强调事项或其他说明段,审计师应当判断其对企业单个财务报表和财务报表的特定要素、账户或项目审计业务的影响。如果合理,审计师应当对企业单个财务报表和财务报表的特定要素、账户或项目出具保留意见。如果出具否定意见或无法表示意见,除特殊情况外,ISA 705 禁止审计师对企业单个财务报表和财务报表的特定要素、账户或项目出具标准的审计意见。在"应用和其他解释性材料"部分,根据以上要求内容,进行了更详细的解释和说明。该准则于 2009 年 3 月由 IAASB 颁布,对 2009 年 12 月 15 日或以后开始的会计期间的财务报表审计有效。

《ISA 810——对简要财务报表出具报告》(Engagements to Report on Summary Financial Statements)

ISA 810 主要用于规范审计师对简要财务报表出具报告的业务。准则定义了适用标准、已审计的财务报表和简要财务报表三个概念。准则要求只有对简要财务报表所依据的财务报表发表了审计意见,审计师才可对简要财务报表出具审计报告。在执行特殊目的审计业务时,审计师实施的程序的性质、时间和范围因业务具体情况的不同而存在差异。如果审计师对财务报表相关内容了解的要求没有得到管理层的同意,审计师应当考虑拒绝接受简要财务报表审计业务。对于法律或监管当局强制执行的相关简要财务报表审计业务,审计师可以不按照本准则进行。准则规定了简要财务报表的审计程序、审计意见类型及表述方式。简要财务报表的审计报告日期不应早于审计师获取充分、适当的审计证据,并在此基础上形成审计意见的日期,也不应早于其依据的已审计财务报表的审计报告日期。审计师应评价期后事项对简要财务报表的影响后,才能对简要财务报表出具相应的意见。准则还规定了简要财务报表审计报告要素、保留意见及强调事项段的表述方式及内容。当简要财务报表的信息在所有重大方面与其所依据的已审财务报表不一致或被审计单位并未根据公允相关准则公允地简要地编制已审计财务报表,且被审计单位拒绝更正时,审计师应当对简要报表发表否定意见。如果财务报表的审计报告发表或使用受到限制或提醒,那么简要报告也应受到同样的限制或提醒。审计师应当评价简要财务报表中未审计的补充信息是否与简要报表其他信息清晰区分,并根据不同情况进行了处理。在"应用和其他解释性材料"部分,根据以上要求内容,进行了更详细的解释和说明。该准则于 2009 年 3 月由 IAASB 颁布,对 2009 年 12 月 15 日或以后开始的会计期间的财务报表审计有效。

四、IAPC 原发布国际审计准则(1979—1981)的主要内容

(一) 国际会计师联合会的《国际审计准则序言》

1979 年 7 月 1 日,国际会计师联合会(IFAC)发布的这篇《国际审计准则序言》,是为了有助于理解国际审计实务委员会的目标和工作程序以及该委员会所发布的准则的范围和权威性而编写的。《国际审计准则序言》具体规定了以下内容:

1. 准则目标

联合会的总目标是用统一的标准来发展和加强全球协作的会计事业。为达此目的,联合会设置了国际审计实务委员会,代表联合会制订和发布关于公认审计实务的准则和关于审计报告的内容的准则。委员会认为:这些准则的发布将有助于提高全世界审计实务的一致程度。为了协助会员团体贯彻国际审计准则,委员会将在联合会的支持下促使它们自觉遵守。

2. 国际审计准则性质

在每一国家中,各地的条例在不同程度上对财务报表进行审计时所应遵循的实务作了规定。这些条例或是法令性质,或是由有关国家制定规章的团体或职业团体以公文形式发布,或是二者兼而有之。许多国家已发行的有关审计文件,在形式上和内容上都不相同。委员会注意到这些文件及其分歧,并在考虑这些情况的基础上发布了国际审计准则,以期取得国际上的承认。

3. 准则应有的权威性

委员会所发布的国际审计准则并不取代这些条例。如果国际审计准则与当地条例在某一特定问题上是一致的,则在此国家内按照当地条例审核财务信息,即自动地遵守了国际审计准则。如果当地条例与国际审计准则在某一特定问题上不一致或有矛盾,则会员团体应按照联合会章程,以尽可能贯彻委员会发布准则的工作方向。

4. 准则的范围

国际审计准则任何时候都可应用于独立的审计进程中,这就是指任何单位不论是否以营利为目的,不论规模大小,也不论其法定组织形式,凡独立的财务检查是以发表意见为目的,均适用该准则。审计准则如适合审计人员的其他有关活动,也可应用。对每一条具体的国际审计准则在应用上的一切限制,已在准则的引言一节中作了说明。

5. 工作程序——征求意见稿和准则

委员会的工作程序是选定各项专题，交给为此目的而设置的小组详细讨论。委员会责成该小组初步准备和起草审计准则。该小组研究的基础资料，是会员团体、地区性组织或其他团体所发布的文件、建议、论文或标准。根据研究结果，草拟征求意见稿，送委员会讨论。如委员会以总表决权的四分之三以上票数通过，则将该征求意见稿广泛地发给联合会的会员团体进行讨论，同时也可发给委员会指定的国际机构。凡发给有关人员或组织讨论时，必须容许有适当的考虑时间。经过讨论后收到的评论和建议，由委员会进行收集，并适当地进行修改。如修改稿由委员会以总表决权的四分之三以上票数通过，则作为正式的国际审计准则发布，并自规定日期起开始生效。在按上述条件表决时，委员会中每个有代表的国家有一票表决权。

6. 文字

征求意见稿和准则的核准本均由委员会以英文刊行。联合会的会员团体认为合适时，有权将征求意见稿和准则以本国文字自行翻译发布。译文必须注明从事翻译的会计工作团体，并注明是核准本的译文。

7. 其他

国际审计准则序言指出：某一特定国家内的财务信息审计，由该国国内的条例和说明规定。国际审计准则的条款，如应用于美国的审计工作，就要由审计标准委员会专门通过。就这点而论，凡在国际审计准则制订时，应与美国公认审计标准相对比，研究其是否存在重大分歧。如无重大分歧，则按照美国公认审计标准审核财务信息，即已自动遵守国际审计准则。如有重大分歧，则审计标准委员会应及早加以考虑，以期取得协调。

（二）财务报表审计的目的和范围

该准则叙述独立审计人员审核一个单位财务报表的总的目的和范围。根据国际会计标准委员会所下定义，"财务报表"一词，包括资产负债表、收益表或损益报告书、财务状况变动表和被认为财务报表组成部分的注释，其他报表和说明材料。

1. 审计目的

财务报表审计的目的，就是要使审计人员对该项报表能发表意见，该项财务报表，明确其系根据公认会计政策的规定编制。审计人员的意见，有助于提高财务报表的可信程度。然而，使用者不应认为审计人员的意见，就是该单位今后生存和发展的保证；也不能认为该项意见，就是对该单位管理层经营事业的效率和效果的保证。审计人员负责构思和发表对财务报表的意见，编制报表的责任应属于该单位的管理层。管理层的责任包括作出适宜的会计记录和内部控制,选择和应用会计政策,以及保护该单位资产的安全。对财务报表的审计,并不解除管理层的这些责任。

2. 审计的范围

审计人员一般应根据法令、条例和职业团体的要求,确定审计范围。单位的一切方面,凡与被审核的财务报表有关者,必须恰当地组织在审计范围之内。为了对财务报表发表意见,审计人员必须充分地明确基础性的会计记录和其他来源的资料中所包含的信息是否可靠、是否足以成为编制财务报表的基础。在发表意见时,审计人员还必须断定有关信息是否在财务报表中恰当地反映。审计人员的整个工作过程自始至终都要通过判断。而且审计人员所能得到的证据很多是说服性的,而不是结论性的。因此,审计难以做到绝对的肯定。审计人员对财务报表作出评语时所应用的程序,要做到合理地保证财务报表在所有重大方面都能恰当表述。由于审计工作的测试性质和其他固有的局限性,以及任何一种内部控制制度的固有的局限性,甚至有些重要的反映失实,可能不能发现,所以风险总是免不了的。但是当发现有任何迹象表明错误和弊端可能已经发生,并会导致重要的反映失实时,审计人员必须扩大审计范围,以证实问题或排除疑点。财务报表审计范围受到限制,以致影响审计人员对这些财务报表发表无保留的意见时,这些情况必须在报告中加以说明,并根据情况作有保留意见或无法表示意见。

(三) 审计业务约定书

1980年6月,国际会计师联合会(IFAC)公布了审计业务约定书的有关详细规定,指出审计人员致当事人的约定函是记录和确认任务的接受、审计的目的和范围、对当事人应负责任的限度以及各种报告形式的文件。该准则旨在帮助审计人员编写关于财务信息的约定书。

审计业务约定书,可因被审计单位而异,但一般应包括下列各项:财务信息审计的目的;管理层对财务信息的责任;审计的范围,包括适用的法令、条例和职业团体的通告,这些都是审计人员所必须遵照执行的;任务结束后的各种报告书或其他函件的形式;由于审计工作的测试性质和其他固有的局限性,以及任何一种内部控制制度的固有的局限性,甚至有些重要的反映失实,可能未曾发现,所以风险总是免不了的;请求查阅任何与审计有关的记录、文件和其他信息。

审计人员也可能要在约定书中包括如下各项:审计计划的安排;期望收到当事人的书面文件,以证实有关审计的代表权;请当事人出给约定书的回单,据以证实约定的条款已被接受;审计人员预期将来要提交当事人任何其他函件或报告的说明;计算服务费的根据和开列账单的安排。

下列各项如认为恰当,也可列入约定书内:在审计的某些方面,安排与其他审计人员或专家的联系;安排与内部审计人员和当事人其他职员的联系;如属初次审计,而且另有前任审计人员的,要安排与前任审计人员的联系;对审计人员的责任如有限制的可能性存在时,应加以说明;列出审计人员和当事人之间的所有进一步的协议。

(四) 指导审计工作的基本原则

该准则的基本原则,规定了审计人员执行审计业务时的职业责任。审计是指对任何单位的财务信息的独立审查,凡审查后需要发表意见的,均适用该准则。其他各节的国际审计准则,将对本节所制定的原则作进一步阐述,以指导审计方法和报告书编制的实务。贯彻执行这一原则时,需要按照具体情况实施审计程序并提交审计报告书。

1. 审计的正直、客观和独立性

审计人员在执行业务工作中,必须坦白、诚实和恳切。审计必须公正,决不容许偏袒和偏见凌驾于客观性之上。审计人员必须保持公正的态度,在实质和形式上都不能有任何牵连,这种牵连可以被人认为与正直和客观不能相容(不论其实际影响如何)。

2. 保密

审计人员对工作过程中所获得的信息,必须遵守保密原则。如未经特定的授权,并在法律上或职业上无反映责任的,不得将该项信息透露给第三方。

3. 技术和能力

执行审计业务和编拟报告书的人员,必须经过审计方面的适当训练,并具有经验和能力,以职业的认真态度进行该项工作。审计人员要求有专业技术和能力。这些技术和能力的获得的方式包括:接受普通教育,经过正规课程的学习和通过考试而获得专业知识,并在合适的指导下取得实际经验等各项条件的综合。此外,审计人员必须经常关注实务的发展,包括国际和国内有关会计和审计事项的文件,以及有关的法令和条例的规定。

4. 利用他人所做的工作

凡审计人员将工作委派给助理人员,或利用其他审计人员或专家所做的工作时,审计人员对财务报表所发表的意见仍应负责。审计人员将工作委派给助理人员时,应作认真的指导、监督和检查。审计人员应确定其他审计人员或专家所做的工作,是否确实适合其用途。

5. 记录

对于证明审计工作是按照基本原则进行的重要事项应形成记录。

6. 计划

审计人员应对他的工作制订计划,以便有效率地及时地进行有效果的审计工作。审计人员应在了解当事人业务的基础上制订计划。计划的内容应包括:了解当事人的会计制度、会计政策和内部控制程序;确定内部控制的预期可靠程度;确定和规划所要进行的审计程序的性质、时间和范围;协调所要执行的工作。在审计过程中,必要时应进一步扩展和修订计划。

7. 审计证据

审计人员通过控制测试程序和实质性测试程序,取得合适的审计证据,从而作出合理的结论,并以此作为发表财务信息意见的根据。内部控制是审计赖以进行的基础,为了要合理地证实内部控制的实行情况而进行的测试,称为控制测试程序。为了确定会计体系中所作成的记录的完整性、正确性和合法性而进行的审计,称为实质性测试程序。该项程序包括下列两种类型:测试会计事项和账面余额的详细情况;分析重要的比率和趋势,包括随后对不正常波动和不正常项目所做的检查。

8. 会计制度和内部控制

管理层负责执行合适的会计制度,建立适合企业规模和性质的各种内部控制。对于会计制度的适用性,对于应入账的交易或事项是否确已入账,审计人员必须获得合理的证据。一般来说,内部控制有助于这种证实。审计人员对于会计制度和有关内部控制应有所了解;对于有些内部控制,审计人员要据以确定其他审计程序的性质、时间和范围的,必须进行研究和评价。审计人员断定某些内部控制可以信赖时,则主体审计程序的范围一般可以较小,其程序的性质和时间也可以不同(与无此判断所要求的程序相比而论)。

9. 审计结论和报告的编制

审计人员从取得的审计证据中归纳出各种结论,应予以检查和评价。通过这种检查和评价,形成下列各项全面性的结论:财务信息是否按照公认会计政策编制,是否得到一贯地应用;财务信息是否符合有关的法令和条例的要求;财务信息所表达出来的观念,是否与审计人员所了解到的该单位的业务情况相符;有关恰当反映财务信息的重要事项,是否已全部作了适当的披露。审计报告应包括对财务信息清晰明了地发表意见。无保留的意见是指审计人员对上述事项在所有重大方面都表示满意。当作出有保留的意见、否定意见或无法表示意见时,在报告书中应清晰明了地、详尽地说明理由。

(五) 关于计划环节的详细说明

国际审计准则第3号(8003节)"关于审计的基本原则"指出:"审计人员应对他的工作制订计划,以便有效率地及时地进行有效果的审计工作。审计人员应在了解被审计单位业务的基础上制订计划。"对于上述关于计划的基本原则,该准则的目的是将上列基本原则作详细说明。

1. 对被审计单位业务的了解

审计人员必须对被审计单位的业务和对这一行业有一定程度的了解,这样才能判断确定哪些事实、交易和业务可能对财务信息有重大影响。审计人员可从下列各方面进行了解:被审计单位送交股东的年度报告;股东大会、董事会和重要的委员会的会议记录;本期和前期的内部财务报告;以前年度的审计工作底稿和其他有关档案;公司中从事与审计工作无关的、向被审计单位负责的人员中,可能提供对审计有影响的信息;与被审计单位的经理和职员讨论;被审计单位的政策和程序的手册;行业的刊物和杂志;研究经济形势及其对被审计单位业务的影响;对被审计单位的办公处和工厂设施的观察。对以前年度工作底稿和其他有关档案,审计人员应重点注意需要考虑的特殊事项,并应判断是否影响本年度将要进行的工作。

与被审计单位的管理层和职员的讨论,包括下列专题:被审计单位的经理人员、组织机构和业务活动的变化;与被审计单位有关的现行的政府条例;与被审计单位有关的当前的工商业发展;当前或即将发生的财务困难或会计问题;存在着的有利害关系的各个方面;新建或关闭的办公处和工厂设施;最近的或即将发生变化的技术、产品或服务的类型,生产和分配的方法;会计制度和内部控制制度的变化。

对于被审计单位业务的了解,不仅对制订全面审计计划有重要意义,还有助于审计人员明确需要考虑的特殊问题,有助于评价会计计量和管理层评价的合理性,还有助于判断会计政策和反映的恰当性。

2. 全面计划的编制

审计人员按照预期的审计范围和实务制定全面计划时,必须考虑下列事项:目标和法律责任;按任务的要求,预计递交被审计单位的审计报告书和其他信件的性质和时间;被审计单位采用的会计政策及其变更情况;新颁布的会计或审计条文对审计工作的影响;确定审计的重要方面;为审计目的而设定重要性水平的标准;需要特别注意的情况,如有重大舞弊或错误的可能性,或牵涉到有关方面的可能性;审计人员预计对会计制度和内部控制的可信赖程度;审计重点可能的改变;需要取得的审计证据的性质和范围;内部审计人员的工作及与审计的关联程度(如有关联之处);在审核被审计单位附属机构和分支机构时,与其他审计人员的关系;与专家的关系。审计人员应将全面计划形成记录,记录的形式和范围,将因审计的规模和复杂程度而异。按各审计程序预定的工作时数,制订时间预算,可以成为一种有效的计划工具。

3. 审计提纲的编制

审计人员应编制书面审计提纲,说明为贯彻审计计划所需要的各项程序,提纲可包括每一部分的审计目的,并应有详细说明,以便作为对参与审计的助理人员进行指导,同时也便于正确控制执行工作。由于审计人员已经了解会计制度和有关的内部控制,在制订提纲时,可能要以某些内部控制为基础,据以确定将要进行的程序的性质、时间和范围。审计人员可能作出结论,认为以某些内部控制为基础,是进行审计工作有效率和有效果的方法。但是,当审计人员有其他更有效的办法可以取得充分恰当的审计证据时,则可以无需以内部控制为依据。审计人员也应该考虑审计程序的时间,协调从被审计单位处可以得到的帮助,助理人员的使用,以及与其他审计人员或专家的联系。

关于何时执行审计程序,审计人员在作出决定时一般弹性较小,因为非在某一限定时间内进行的,为数很少。例如,会计业务的审计程序尽可能在该业务记录以后任何时间内进行。相反的事例是:对于监督被审计单位职工盘点存货,审计人员在时间上可能无选择的余地。审计计划和有关的审计提纲,在审计进行过程中,必须重复加以考虑。这些考虑必须以对内部控制的检查及其初步评价,以及进行控制测试和实质性程序所取得的结果为根据。

主要参考文献

[1] 邓川,郭志英,聂曼曼.国际审计准则——阐释与应用[M].上海:立信会计出版社,2009.

[2] http://blog.sina.com.cn/s/blog_4ba4e5370100c274.html,2009-02-28.

[3] http://news.xinhuanet.com/report/2005-07-21/content_3247369.htm,2005-07-21.

[4] http://www.chinaacc.com/new/2004_2/4021208455372.htm,2010-10-28.

[5] http://www.chinaacc.com/new/2004_8/4081210072472.htm,2010-10-28.

[6] http://www.chinaacc.com/new/287/289/307/2006/1/ad1993141635171600240 04.htm,2010-10-28.

[7] http://www.chinaacc.com/new/287_289_/2009_3_4_ch942623020143900215136.shtml,2009-03-04.

[8] http://www.p5w.net/news/gjcj/200606/t352292.htm,2006-06-07.

[9] The International Auditing and Assurance Standards Board. International Standards on Quality

Control[EB/OL]. http：//www.ifac.org/sites/default/files/downloads/a007-2010-iaasb-handbook-isqc-1.pdf,2011-01-29.

[10] The International Auditing and Assurance Standards Board. International Standards on Auditing[EB/OL]. http:// en. wikipedia. org/wiki/International_Standards_on_Auditing，2011-01-29.

（初稿执笔人：张华林　梁　飞）

IIA 的《内部审计准则》(IIAS)

一、内部审计准则概述

(一) 内部审计准则的颁布

国际内部审计师协会(Institute of Internal Auditors,简称 IIA)是由内部审计人员组成的国际性审计职业团体,其成立于 1941 年,前身是美国内部审计师协会。国际内部审计师协会由国家分会、各国的一般分会、审计俱乐部和个人会员组成。国际内部审计协会的组织机构主要有理事会、执行委员会、国际委员会和总部。我国内部审计学会于 1987 年加入该组织。国际内部审计师协会成立以来,为在全球范围内推动内部审计事业的发展做出了卓有成效的工作。协会自成立以来,先后发布过四个内部审计准则。它们的颁布为内部审计这一特殊职业制定了职业规范和判断标准,对外树立了一定的质量标准和可信性,对内要求内部审计机构和人员承担一定的责任,提高自己的可信性。这为人们承认它是一种职业创造了条件,因为一种职业没有一套被公认的标准是不能自立的。

(二) 内部审计准则的演变

国际内部审计准则(International Internal Auditing Standards,简称 IIAS)第一次发布于 1978 年,在实行 15 年之后,于 1993 年进行修订,随后于 2001 年再次修订并发布。现在实行的准则是 2004 年修订并发布的。国际内部审计师协会在修订前先在 2003 年 1 月发出征求意见稿,同年 12 月根据反馈的意见写出修订稿,经内部审计准则委员会批准,于 2004 年 1 月开始执行。本次修订主要是针对保证性服务准则,以适应当前风险管理的需要。修订也为咨询性服务提供机会,以及为公司对外披露审计工作结果提供指导。此次修订的主要内容有以下几方面。

1. 确认内部审计准则的适应范围

修改后准则在引言中确认,内部审计准则可应用于不同的法律和文化环境。可应用在经营目标、经营规模、复杂性和结构多变的企业中。确认内部审计工作可由公司内部或外部人员来执行。

2. 设定内部审计准则有一个假定前提

鉴于内部审计准则执行环境的多样性,而执行人员的水平又参差不齐,那么内部审计准则应当定在什么水平上?在修订时要有一个假定,即首席执行官和审计师在应用准则时,对内部审计的概念应具有良好的判断能力,也就是说能理解内部审计准则的规定。

3. 强调执行内部审计准则是法定义务

修订后的内部审计准则规定:不论任何单位,也不论内部审计工作由谁来执行,都必须执行内部审计准则。此外,新准则还规定:"内部审计师如果由于法律、法规的原因不能遵循准则的某些部分时,他们也应该遵循准则的其他部分,并对这种情况做出适当的披露。"

4. 对保证性服务作了新的解释

新准则对保证性服务的定义作了修改。原来的定义是:"保证性服务是一种为了对机构风险管理、控制或治理过程进行独立评价而客观地审查证据的行为。"新准则规定:"保证性服务工作的性质和范围由内部审计师决定,而不是由委托方决定,以确保保证性服务的独立性和客观性"。它指出了保证性服务和咨询性服务的重大区别。新准则还指出,保证性服务有三方:委托方、受托方(审计师)和评估结果的使用者(第三方)。保证性服务要对第三方负责,而且第三方是谁并不明确,它不参与审计业务约定,但他的利益必须得到保护;而咨询服务只有两方没有第三方。

5. 对咨询性服务作了新的解释

咨询性服务原来的定义是:"提供建议以及相关的服务活动,这种服务的性质和范围与客户协商确定,它的目的是增加价值并提高组织的运作效率。"新准则规定:"咨询性服务是指顾问和其他为客户服务的活动,服务的种类和范围与客户协商确定,其目的是增加价值、改善公司治理、风险管理和可以免除内部审计师管理责任的控制程序。"这个定义表明:咨询性服务的性质是提供建议;咨询性服务的内容按客户的特定需求进行;咨询性服务的性质和范围由客户自行决定;咨询性服务只有受托方和委托方,没有第三方;最重要的一点是内部审计师从事咨询性服务不承担管理责任,它要求审计师保持客观性,以免破坏其执行保证性服务的能力和承担的管理责任。

6. 评价公司治理过程并提出建议

此次修改前在准则2130规定:"内部审计活动应该评价并改进组织的治理过程,为组织的治理作贡献。"这条规定表明内部审计机构应承担与公司治理相关的审计工作。本次修改在上述基础上进一步规定:"内部审计活动应评估公司治理过程,并对公司治理过程做出恰当的建议,从而推动组织道德和价值观的良性发展。评价必须包括内部控制设计和执行情况,以及与内部控制相关的目标、项目活动是否有效体现组织道德和价值观。"修订后的内部审计准则进一步要求,内部审计要建立在确保实现组织目标和维护组织道德观和价值观的基础上,对其设计和执行进行关注,并在组织内部树立风险与控制观念。此外,还要保证公司治理的四个因素即董事会、管理层、外部审计和内部审计得到适当的协调。

7. 对内部审计师的业务素质提出新的要求

与新准则的要求相适应,IIAS在熟练性与职业谨慎中增加了两个新的内容:1210.A3增加了"内部审计人员应当熟练地应用与特定审计工作有关的主要信息技术,熟悉相关的风险和控制方法,以及建立在技术基础上的审计策略。"但并不要求所有的内部审计师都必须像信息技术审计师那样具有同样的专长。1220.A2增加了"为了保持应有的职业谨慎,内部审计师应当考虑应用计算机辅助审计技术和其他数据分析技术。"

8. 加强质量管理

新准则规定质量保证与改进项目应包括内审机构的内部监督和外部定期质量评估。质量保证与改进项目应有助于内部审计活动增加价值,改善组织的经营状况,并确保内部审计活动遵循准则和职业道德规范。

9. 给外部利益相关者的报告

新准则对给外部利益相关者的报告作了规定,指出当内部审计师向组织外部第三方发布审计结果时,应同时告知使用审计结果的限制条款。

10. 有关审计结果的沟通

新准则规定,审计结束前应将审计工作的结果与客户进行沟通。沟通"应包含内部审计师的总体审计意见或结论,内部审计师应将绩效良好的人员和部门的相关信息告知管理层"。

(三)内部审计准则的基本结构

内部审计活动处于各种不同的法律和文化环境中,设立在各个目的、范围和结构不同的组织之内,由组织内部或外部的人员来执行。在这千差万别的环境中,要完成内部审计师的职责,应有一个统一的标准来规范,才能保证内部审计有一致的高质量的内审工作。因此,内部审计准则的颁布进一步规范了内部审计工作的职业范围和判断标准。

国际内部审计师协会(IIA)发布的最新内部审计职业实务准则(SPPIA)可分为五个部分:第一部分为导言。主要提出内部审计的定义,准则的适用范围和准则制订的目的,并简要介绍了准则的三个组成部分:属性准则、工作准则和实施准则。此外,导言中还提到了准则的制订机构是IIA的内部审计准则委员会,该委员会制定准则的简要过程及做出的努力等。第二部分是属性准则。确定了内部审计机构和内部审计人员实施内部审计所要具备的特征,覆盖了5个主题:宗旨、权力和职责;独立性与客观性;熟练性与应有的职业审慎;舞弊审计;质量保证与改进项目。第三部分是工作准则。它为内部审计工作提供了指南,并提供了衡量业绩的质量标准,可划分为6个主题:管理内部审计工作;内部审计工作的性质和范围;审计业务计划;开展审计业务;报告审计结果;监测进程。第四部分是执行准则。是为某项特定的属性准则或工作准则的应用提供具体指南,涵盖内部审计的保证与咨询服务。第五部分为术语。对该准则中使用的若干词汇进行定义和说明。

二、内部审计准则的主要内容

从内部审计准则的基本框架可以看出,IIA颁布的内部审计准则的主要内容为属性准则、工作准则和执行准则。由于属性准则和工作准则应用于一般的内部审计服务,而执行准则是针对特殊的审计业务或项目,因此以下重点介绍其属性准则和执行准则两部分内容。

(一) 属性准则

属性准则,又称为特征准则,它确定了内部审计机构和内部审计人员实施内部审计所要具备的特征,主要包括:宗旨、权力和职责;独立性与客观性;熟练性与应有的职业审慎;舞弊审计;质量保证与改进项目这五个方面。

1. 宗旨、权力和职责

宗旨、权力和职责是指内部审计工作的目的和责任,以及为达到目的、完成职责所需的权力和条件。明确内部审计的宗旨、权力和职责是内部审计工作最重要的问题之一,也是国际内部审计师协会首先解决的一个问题。协会在1947年首先发布了《内部审计工作职责说明》,以简要的方式说明内部审计的目的、职责、权限、工作范围和条件。在 1993 年修订的《内部审计实务标准》中,以"510 宗旨、权力和职责"列示,位置靠后,而在 2001 年修订本中将"宗旨、权力和职责"列为准则的第一条,从而恢复了它的原貌。这可以说是对其在准则内部结构中的地位和重要性的再认识。

准则 1000 对内部审计活动的宗旨、权力和职责提出以下要求:内部审计活动的宗旨、权力和职责应在章程中正式界定,要与《内部审计实务标准》保持一致,并经董事会通过。章程中应明确向机构和第三方提供的保证服务的性质,对咨询服务的性质加以定义。内部审计机构的宗旨,是通过开展独立、客观的保证性与咨询性活动,运用系统化和规范化的方法,对风险管理、控制和治理过程进行评价,以增加价值,提高运作效率并帮助组织实现其目标。内部审计机构的权力,是在批准的章程范围内,内部审计机构有权审计所有的工作,有权接触所有记录、人员和与实施审计工作的有关部门。在提供保证性和咨询服务中有权与管理层交换意见,有权根据管理层的要求,灵活安排审计项目的范围、深度和时间,对发现的重大风险,有权向高级管理层和审计委员会报告。内部审计机构和人员的职责,是按照《道德准则》和《内部审计实务标准》的要求,通过实施一系列审查和评价活动,向管理层和审计委员会提供分析、评价、建议、忠告和资料,帮助组织改善风险管理、控制和治理过程,为实现组织的目标服务。

2. 独立性与客观性

独立性是内部审计活动的必要条件,内部审计活动只有具备应有的独立性,才能做出公正的、不偏不倚的鉴定和评价。内部审计的独立性取决于客观和主观两个条件。在客观上,内部审计部门要有一个良好的工作环境;在主观上,内部审计师应当保持独立的精神状态。因此,《内部审计实务标准》分别用 1110 机构独立性和 1120 个人的客观性两条来分别加以说明。

(1) 机构独立性和个人客观性。为保持内部审计机构的独立性,使它能够圆满地完成审计职责,要有一定的条件。这些条件一方面要由内部审计机构去创造,另一方面要有组织的支持。因此准则 1110 指出:"内部审计师必须取得高级管理层和董事会的支持,这样他们才能得到被审计者的合作,并不受干扰地进行工作。"准则 1120 表明,审计师个人的客观性是指内部审计师在工作中应当保持的一种独立的精神状态。具体来说,内部审计师在工作中要保持公正、不偏不倚的态度,对审计事项的判断不能服从于他人的意向,对审计结果不能作重要的质量妥协。

(2) 对独立性和客观性的损害。《内部审计实务标准》中对独立性和客观性的损害也做出了相应的规定。准则 1130 指出:当独立性和客观性受到损害时,应将损害的具体情况向有关方面披露。一般认为下列各种事项会对内部审计的独立性和客观性造成损害:内部审计主管评价自己负责的工作,这种评价应由独立于内部审计活动之外的人员来做。如果由内部审计主管去评价自己负责的工作，就是对独立性和客观性的损害；内部审计师和借调或临时聘到内审机构工作的人员，在离开原岗位不到一年，就去评价自己原来负责的工作，就是对独立性和客观性的损害，但审计师可以为自己过去负责的运营工作提供咨询服务。内部审计主管委派的工作存在利益冲突和偏见的，审计师应向审计主管报告，另行委派其他审计师，否则就是对独立性和客观性的损害；审计范围受到限制也使独立性和客观性受到损害。在独立性和客观性受到损害的情况下，审计主管应报告董事会、审计委员会和高级管理层，说明这些是非保证性审计活动，不能得出与审计有关的结论。如果是提供咨询服务则应在开始工作前，向客户说明独立性和客观性受到损害的情况。

3. 熟练性与应有的职业审慎

(1) 专业熟练性。内部审计师的专业熟练性主要是指两个方面：一是内部审计师的职业道德，二是内部审计师的专业知识水平。在职业道德方面，内部审计师必须高标准地遵守职业道德规范，做到诚实、客观、勤奋和忠诚。在专业知识方面，内部审计师必须具备履行职责所必需的知识、技能和能力。内部审计师应能够熟练地应用内部审计实务标准、程序和技术，了解和熟悉管理原则，懂得相关学科的基本知识。但是，专业熟练性不仅要求内部审计师具备这些书本知识，更重要的是要求内部审计师有运用这些知识去识别问题、研究问题、处理问题、确定下一步行动，以及决定是否需要外援的能力。

(2) 利用外部专家的服务。内部审计机构应拥有各种专业人员，但由于受到编制、预算、审计成本的限制，不能是无所不包的、万能的。在缺乏开展全部或部分审计业务所需的知识、技能或其他能力的情况下，执行主管可以利用外部专家的服务，以获得相关的建议和协助。最常见的是聘请外部专家，寻求对法律、技术和各种规定要求的解释，如：对已完和未完工程量的计算，对土地价值的评估，对信息技术的需求，对舞弊的侦查，以及公司合并和购买等。外部专家可以由董事会、高级管理层或内审机构执行主管来聘任。内部审计执行主管应对外聘专家的能力、独立性和客观性进行评估，评估的结果应向高级管理层汇报。对外聘专家能力的评估包括：是否持有专业证书和执照，是否有相关学科的学历和资历以及职业道德和声誉是否良好。内部审计执行主管应评估外聘专家与组织和内审机构的关系，以保证外聘专家在审计过程中的独立性和客观性。评估的内容包括：外部专家与组织有无经济利益关系，与董事会成员和高级管理层有无私人关系或专业关系，与被审活动有无关系，他是否正在为组织提供其他方面的服务，以及他是否是本组织的外部审计师，有没有赔偿条款或优惠条件。如果外聘专家是本组织的外部审计师，那么应注意维护外部审计师的独立性。当聘用服务的性质超出外部审计师服务的范围,外部审计师以本组织雇员或类似雇员的身份开展工作时,外部审计师的独立性就会受到损害。

(3)职业审慎性。职业审慎是内部审计师应当具备的素质,作为一个内部审计师应保持应有的职业审慎。准则1220中指出,内部审计师应在工作中应用人们期望的谨慎和有能力的内部审计师所应具备的审慎与技能,但应有的职业审慎性并不意味着永不出错。职业审慎要求:内部审计师能根据审计目标确定审计范围,拟定审计程序;对需要提供保证性服务事项的复杂性、重大性和重要性有充分的认识;对风险管理、控制和治理过程的充分性和有效性做出判断和建议;对不正当行为保持警惕;对所采取措施的成本效益做出评定。此外,内部审计师应当评价现行经营准则是否健全,并对不完善之处提出改进建议。在运用应有的职业谨慎时,内部审计师应该考虑使用计算机辅助审计工具和其他数据分析技术。内部审计师应警惕可能影响目标、运营或资源的重大风险。但是,即使是以应有的职业审慎性开展工作,只依靠保证程序本身并不能保证发现所有的重大风险。在开展咨询业务时,内部审计师应考虑到以下各因素,以应有的职业审慎性开展工作:客户的需求与期望,包括咨询结果的性质、时间选择与报告;为实现咨询目标而需要开展的工作的相对复杂性与工作范围;与潜在利益相对的开展咨询业务的成本。

4. 舞弊审计

职业审慎性要求内部审计师识别出各种损害组织利益的行为。准则1210指出:"内部审计人员应拥有充分的知识,发现舞弊迹象。"内部审计师接受委托进行舞弊审计时,必须有能力识别舞弊的特征和手法,以及被审事项惯用的舞弊伎俩,要警惕那些可能隐藏舞弊的征兆,如控制弱点。一旦发现控制重点不健全,就应检查相关方面是否存在不正常,如:未经批准的业务,越权的行为,大额报损等等。如果同一事项发现两个疑点,那么出现舞弊行为的可能性就较大。这时审计师就应判断是否已经出现了舞弊,是否要提出采取进一步调查的建议。如果认为必要,就应向有关权力机构报告,并建议进行必要的调查。

5. 质量保证与改进项目

质量保证与改进项目,亦译为质量保证与改进程序。准则1300指出:"审计执行主管应制定并坚持开展质量保证与改进项目,该项目应涵盖内部审计活动的各个方面,并不断监督内部审计活动的效果。设计该项目要有助于内部审计活动增加价值,改善组织的经营状况,并确保内部审计活动遵循《内部审计实务标准》与《职业道德规范》"。

质量保证与改进程序包括三个组成部分:日常监督、定期评价和外部评价。其中日常监督和定期评价两项属于内部评价。日常监督是保证审计质量的基础,也是进行内部评价和外部评价的基础。内部审计主管应对所有内部审计活动负完全责任,对每一项审计委托要从制订计划到出具最终报告的全过程进行持续的监督,以保证审计活动能够符合《内部审计实务标准》和《职业道德规范》的要求。定期评价是内部审计主管为了检查内部审计工作的质量,而定期进行的一种自我评价活动。检查的结果主要是为内部审计主管的需要服务的,但也可以为高级管理层和董事会评价内审机构工作提供资料,还可以为外部评价做准备。

检查工作通常由内部审计主管指定的小组来执行。小组成员应具备一定的资格,并有真正的独立性。检查之后应明确指出,审计人员的工作与《内部审计实务标准》的符合程度,审计工作的有效性,以及审计工作与组织和部门的政策、准则的符合程度。此外,检查之后应提出改进审计工作的建议。

外部评价的目的是评价内部审计机构遵守《内部审计实务标准》的情况。内部审计机构主管可与管理层和董事会讨论外部检查的性质,并参与选择外部检查人员。检查之后检查组应提出一个正式的报告,说明该内部审计机构遵守《内部审计实务标准》和章程的情况,并提出改进建议。

(二) 工作准则

工作准则说明内部审计活动的工作性质和评价标准。工作准则只有一套,主要包括管理内部审计活动、内部审计工作的性质和范围、审计业务计划、开展审计业务、报告审计结果和监测进程。

1. 管理内部审计活动

准则 2000 指出,内部审计机构主管应有效地管理内部审计机构,确保内部审计活动为机构增加价值。管理内部审计活动的主要依据是由高级管理层批准、董事会认可的内部审计章程。内部审计活动的管理包括从计划到报告的整个过程:

(1) 制定内部审计机构工作计划。内部审计机构的工作计划,要与内部审计章程和组织的目标一致。审计执行主管应根据风险制订计划,来确定符合机构目标的内部审计的工作重点。主要包括:确定内部审计机构的目标;制定审计工作日程表;拟定人员计划和财务预算;计划的报告和审批。

(2) 制定内部管理的政策和程序。大的内部审计机构应制定一本适合本单位的内部审计手册,以指导审计人员遵守《内部审计实务标准》。至于一些小的内部审计机构,可以通过日常的工作指导和备忘录来指导。

(3) 内审人员和外审人员的协调。审计执行主管应与提供相关保证与咨询服务的其他内外部人员分享信息、相互协调,以确保工作的全面性,最大限度地减少重复工作。

(4) 定期向董事会和高级管理层报告。内部审计主管应定期向董事会和高级管理层报告工作,报告至少每年进行一次。报告的内容包括:重要的审计发现和建议,审计工作计划、人员计划和财务预算在执行中出现的重要偏差及其原因。

2. 内部审计工作的性质和范围

准则2100有三条具体准则,涉及10个公告。内部审计工作的性质是要应用系统化、规范化的方法,来评价和改进风险管理、控制和治理过程的充分性、有效性和履行职责的质量,以达到合理保证这些程序按计划进行,改善组织的经营状况,以实现组织的目标。从内部审计工作性质可知,内部审计的工作范围主要包括两项:检查、评价风险管理、控制和治理过程的充分性和有效性;检查、评价完成指派职责的质量。

(1) 对风险管理过程的检查和评价。准则2110指出,内部审计活动应帮助机构发现并评价重要的风险因素、帮助改进风险管理与控制体系。内部审计部门应监督、评价机构风险管理体系的有效性。内部审计部门应评价机构的治理、运营及信息系统方面的风险因素,包括财务与运营信息的可靠性与完整性;运营的效果与效率;资产的保护;法律、法规及合同的遵守情况。在开展咨询业务时,内部审计师应对业务目标解决风险方面的问题和其他的严重风险保持警惕,并结合开展咨询服务时了解到的风险情况,查找、评价机构的重大风险因素。

(2) 对控制过程的检查和评价。准则2120指出,内部审计活动应该评价控制的效率与效果、促进控制的不断改善,以此来帮助机构保持有效的控制。内部审计师应在风险评估结果的基础上,评价控制的充分性与有效性,范围包括机构的治理、运营及信息系统。此类评价的主要内容应当包括:财务与运营资料的可靠性与完整性;运营的效果与效率;遵守法律、法规与合同的情况;资产的保护情况。内部审计师应检查运营与项目目标的确定程度、检查它们与机构目标的一致程度,并对运营与项目进行评价,检查其结果与既定目标的一致程度,判断这些运营和项目是否按计划得到执行或操作。评价控制过程还需要遵循适当的标准。内部审计师应检查管理层已制定的、用于判断目标是否实现的标准的适当性。如果此标准适当,内部审计师应在评价中加以应用。如果不适当,内部审计师应与管理层合作,制定适当的评价标准。

(3) 治理过程的检查和评价。《内部审计实务标准》在词汇表中对"治理过程"定义为:"组织的投资人代表如股东等所遵循的程序,旨在对管理层执行的风险和控制过程加以监督"。准则2130指出,内部审计活动应该评价并为改进机构的治理程序提出适当的建议。内部审计师应评价与道德相关的组织目标、计划和行动的设计、实施和效果。咨询业务的目标应与机构的整体价值和目标相一致：促进组织形成恰当的道德和文化；保证有效的组织绩效管理和相应责任；向组织内适当的阶层有效地沟通风险和控制信息；有效地协调董事会、外部审计师、内部审计师和管理层之间的信息交流。

3. 审计业务计划

准则2200指出，内部审计师在开展每项审计业务时都应制定并记录审计计划。在制定审计业务计划时，内部审计师应考虑到以下方面：被评估活动的目标及对活动实施进行控制的方式；被评估活动存在的风险、目标、资源与运营以及将风险的潜在影响控制在可接受水平的方式；与相关的控制框架或模式相比较，该活动的风险管理与控制系统的充分性与有效性；对该活动的风险管理与控制系统进行重大改进的机会。内部审计业务计划的制订应遵循以下8个步骤：确定审计目标和范围；收集被审事项的背景资料；配备审计人员；召开见面会；现场调查；编制审计方案；报告审计结果；取得对审计业务计划的批准。

4. 开展审计业务

准则2300指出，内部审计师应收集、分析、评价并记录足够的信息，以实现审计业务目标。内部审计师应收集充分、可靠、相关、有用的信息，在适当的分析和评价的基础上得出审计结论和审计结果。此外，准则还指出，内部审计师应记录相关的信息，以支持审计结论和审计结果。内部审计主管则应保证对内部审计工作进行适当的监督。监督是一个持续的过程，从制定审计计划开始，贯穿于检查、评价、报告和后续审计的各个阶段。不管该项审计工作是否由内部审计机构来实施，都要由内审主管负责，以确保实现审计目标，保证审计质量，提高审计人员的素质。

5. 报告审计结果

准则2400指出，内部审计师应及时报告审计结果。报告内容包括审计的目标、审计范围及适用的审计结论、建议和行动计划。报告的质量要做到精确、客观、清晰、简洁、完整、及时和富有建设性。审计执行主管应将审计结果报告给那些能保证对审计结果进行应有考虑的人员，如果最后报告中有重大错误和遗漏，审计执行主管应把更正后的信息传达给所有接到最初报告的人员。如果审计约定未能完全遵守《内部审计实务标准》的规定时，应在最终审计报告中披露没有遵守的条文和原因以及造成的影响。

另外，审计执行主管负责向客户发布咨询业务的最终结果。在开展咨询业务时，可能会发现风险管理控制及治理方面的问题，只要这些问题对机构是至关重要的，就应将其报告给高级管理层和委员会。

6. 监测进程

准则2500和2600主要规范了后续审计和管理层对风险的接受。

准则 2500 指出，审计执行主管应设立并维持一个体系，对报告给管理层的审计结果的处理情况进行监测。后续审计是审计师确认被审者对审计报告中提出的审计结果是否采取了适当的、有效的、及时的改正措施的审计过程。审计执行主管应规定后续审计过程，以监督、保证管理行为能够得到有效落实，或高级管理层已接受了不采取行动所带来的风险。

在审计执行主管认为高级管理层接受的剩余风险水平对于机构来说是无法接受的情况下，审计执行主管应就此与高级管理层进行讨论。如果无法决定剩余风险问题，审计执行主管与高级管理层应将此事报告董事会加以解决。

四、重要的相关术语

增加价值——通过保证和咨询服务来增强组织目标达成的机会，识别运营过程的改善方面，降低风险水平。

充分的控制——如果管理层做出的计划、进行的机构设计能够合理保证机构的风险得到有效管理，目标和任务得到经济有效地完成，那么就可以说存在充分的控制。

保证服务——一种为了对机构的风险管理、控制或治理过程进行独立评价而客观地审查证据的行为。例如，对财务、绩效、合规性、系统安全和应尽责任的审查等。

章程——内部审计部门的章程是用以确定审计部门的宗旨、权限和职责的正式书面文件。该章程应该规定内部审计部门在该机构中的地位；授权可以接触与执行审计工作有关的资料、人员和实物资产；确定内部审计活动的范围。

审计执行主管——是指机构内负责内部审计活动的最高职位。在传统的内部审计活动中就是指内部审计主任。在内部审计活动由外部服务提供者开展的情况下，审计执行主管就指负责监督审计活动的服务合同及活动的整体质量保证、向高级管理层和董事会报告有关内部审计活动的情况、对审计结果进行后续跟踪的人员。

职业道德规范——国际内部审计师协会(IIA)《职业道德规范》是关于内部审计职业和实践的原则，行为规范表明期望的内部审计师的行为。

咨询服务——提供建议以及相关的客户服务活动，这种服务的性质与范围通过与客户协商确定，它的目的是增加价值并提高机构的治理、风险管理和控制程序。该活动是管理层的责任，包括顾问服务、建议、协调和培训等。

控制——指管理层、委员会及其他各方进行的、旨在加强风险管理、增大实现既定目标的可能性的行为。管理层计划、组织并指导诸多方案的实施，以合理地保证目标得以实现。

控制环境——机构内董事会和管理层对控制的重要性所持的态度及所采取的行动。控制环境为实现内部控制系统的基本目标提供了规范和框架,主要包括以下要素:诚实性和道德价值观;经营管理理念和经营风格;机构结构;权力的分配和责任的划分;人力资源政策和惯例;人员的能力。

控制过程——即控制框架的组成部分,包括政策、程序及控制活动,控制过程的设计旨在保证把风险控制在风险管理过程规定的风险容忍度之内。

审计业务工作方案——指一份说明开展审计业务时所应遵循的步骤的文件。设计审计业务工作方案的目的是完成审计业务计划。

外部服务提供者——独立于内审部门所在机构且在某一特定学科领域内有专门的知识、技术与经验的个人或公司。

客观性——是一种公正的、不偏不倚的态度。它要求内部审计师在执行审计工作时,对他们的工作成果抱有诚实的信条,不会与任何方面达成重大的质量妥协。客观性要求内部审计师不能把对其他事务的判断凌驾于对审计事务的判断之上。

主要参考文献

[1] 国际内部审计师协会发布新内部审计准则(2004年)[EB/OL]. http://www.100test.com/html/168/s_168131_16.htm,2007-03-27.

(初稿执笔人:邱明珠)

GAO的《美国政府审计准则》(GAS)

一、美国政府审计准则概述

美国自1972年首次颁布政府审计准则（Government Auditing Standards,简称GAS）以来,已经对GAS进行了多次修订。2003年对整个审计准则进行了第四次修订,2007年由David M. Walker主持对其进行第五次修订,2010年又由Jeanette M. franzel主持了第六次修订工作,并于当年8月公布了修订的征求意见稿,征求意见稿的截止期限是2010年11月22日。

1994年以来修订的审计准则,主要有以下三方面的变化:(1)重新定义了审计所涵盖的审计和服务类型,其中包括对绩效审计定义进行了扩展,增加了预测分析和其他研究的内容,同时将鉴证业务作为一种单独的审计类型;(2)保持了准则确定的所有审计类型的现场工作和报告要求方面的一致性;(3)强化了准则,并明确了准则本身的用语及含义,无须对准则进行单独修正。

这些准则包括有关审计师报告内部控制的要求,但并未要求审计师表达对内部控制的意见。尽管如此,还是鼓励审计师要对他们报告的内部控制情况进行评价,以便根据有关风险分析确定对内部控制提出意见:是否有价值,是否成本有效。《2002年公众公司会计改革和投资者保护法案》(即《2002年萨班斯-奥克斯利法案》,Public Company Accounting and Investor Protection Act of 2002, Sarbanes-Oxley Act of 2002,简称SOX法案)要求,私营部门审计师需要对每家上市公司管理部门所做的有关财务报告过程中内部控制有效性的评估进行鉴证和报告。美国审计总署(U. S. Government Accountability Office,简称U. S. GAO)坚信,审计师对内部控制的报告是监督一个组织风险管理的有效性和责任制的关键。审计师能够向他们的客户和其他财务报表使用者提供更好的服务。同时,通过对内部控制在防止虚假财务报告、保护资产、对面临的问题提早预警方面的有效性提供保证,发挥更大的作用,以便更好地保护公众的利益。我们相信,对于上市公司和大多数公共单位来说,审计师对内部控制进行报告是适当和必要的。我们也相信,这种报告也适合于管理评估和审计检查等其他一些情况,而且这种对内部控制有效性的报告可以增加价值,并能以有效的方式降低风险。就这一点来说,美国审计总署试图制定有关联邦政府机构、项目和接受巨额联邦资金的单位内部控制的审计报告范例。

这次对准则的修订,吸收和借鉴了美国注册会计师协会(American Institute of Certified Public Accountants,简称AICPA)发布的现场工作和报告准则。"萨班斯-奥克斯莱法案"(Sabanes-Oxley Act)授权上市公司会计监督委员会(The Public Company Accounting Oversight Board,简称PCAOB)制定和颁布注册会计师事务所审计上市公司在编制和分发审计报告方面使用的准则。鉴于上市公司会计监督委员会颁布审计上市公司的审计准则,美国国家审计总署(Government Accountability Office,简称GAO)将继续密切关注AICPA和PCAOB两个制订准则的机构的工作,并在必要时对其未来审计准则的制订提出一些明确的指导。

美国现行政府审计和鉴证业务的范围主要包括4个方面:(1)财务审计。财务审计主要是审查被审计单位的财务报表是否遵循了一般公认会计原则(Generally Accepted Accounting Principles,简称GAAP),或一般公认会计原则之外的综合会计原则,并在所有重大方面公允表达提供合理的保证,提供不同程度的保证和承担不同的工作范围的财务审计的其他目标。财务审计要遵循美国注册公共会计师协会(AICPA)有关现场工作与报告的一般公认审计准则及有关的审计准则说明。(2)鉴证业务。鉴证业务主要是对被鉴证事项或者与被鉴证事项有关的陈述进行检查、审核或执行商定程序并报告其结果。鉴证业务要遵循AICPA颁布的鉴证业务准则及相关的AICPA鉴证业务准则说明(AASE)。(3)绩效审计。绩效审计是指对照客观标准,客观地、系统地收集和评价证据,对项目的绩效和管理进行独立的评价,对前瞻性的问题进行评估或对有关最佳实务的综合信息或某一深层次问题进行的评估。项目效果性和结果审计的目标强调的是确定项目的效果并对该项目实现其目标的程度进行常规的评价。内部控制审计的目标与管理部门已完成其任务、达到目的和目标的计划、方法和程序有关。合规性审计的目标与法律、规章、合同条款、拨款协议和其他有关规定确立的标准遵循情况有关。(4)审计组织提供的非审计服务。审计组织还可以提供美国政府审计准则(Generally Accepted Government Auditing Standards,简称GAGAS)没有涵盖的非审计服务,之所以其没有涵盖非审计服务,因为这种服务既不是审计业务,也不是鉴证业务。

二、一般准则的主要内容

(一) 独立性

与独立性有关的一般准则：在与审计工作有关的所有方面、无论是政府还是民间的审计组织和审计师个人，事实上和形式上的独立性都应该不受个人、外界和组织的干扰。审计师和审计组织有责任保持独立性，从而使意见、结论、判断和建议都是公正的，而且也让了解情况的第三方认为是公正的。审计师需要考虑三种使一般类别的独立性受到损害的因素：个人的、外部的和组织的。审计组织应该有一个内部质量控制系统，帮助判断审计师是否存在可能影响他们的形式上或实质上公正的个人独立性损害因素。

1. 个人损害

主要内容包括：审计组织和审计师会遇到可能引起个人独立性损害的多种不同情况或几种情况并存的状况；提供其他专业服务（非审计服务）的审计组织应该考虑提供这些服务是否在形式上或实质上对执行审计业务的独立性造成不利影响的个人损害；审计组织不应该履行管理职责或做出管理决策；审计组织不应审计他们自身的工作，也不应提供对被审计事项具有重要或重大影响的非审计服务。

2. 外部损害

来自审计组织外部的因素有可能限制审计或影响审计师形成独立客观的意见和结论的能力。

3. 组织损害

除了个人和外部损害，政府审计组织公正地完成工作和报告结果的能力会受到其在政府内的地位和被要求进行审计的政府单位的结构的影响。当政府审计师向外部的第三方报告时，如果他们的审计组织从结构上是独立于被审计单位的，审计师则没有受到独立性的损害。向外部管理当局报告时对组织损害的考虑包括(1)审计组织应有效地避免受政治压力的影响，以确保它们能够客观地进行审计并报告审计结果、意见和结论；(2)当审计组织直接向它们内部独立的审计委员会或有关的政府监督机构报告工作时，它们的独立性能够得到增强。

(二) 专业判断

与专业判断有关的一般准则包括：在计划与实施审计和鉴证业务及报告结果时应

该运用专业判断。专业判断要求审计师持有一种专业的怀疑态度,这种态度包括疑问的方式和对证据的严格评价。

审计师不应该假定管理层是不诚信的,也不应该假定他们具有无可怀疑的诚信。审计师运用专业判断使审计师获得合理的保证,如果资料中存在重大错报或严重不实,审计师就能够发现。

(三) 胜任能力

与胜任能力有关的一般准则包括:从事审计和鉴证业务的人员应该从整体上具备完成任务所需的足够专业胜任能力。这项准则要求审计组织承担责任,保证每一项审计和鉴证业务从整体上具备完成这项工作所必需的技术知识和胜任能力。审计组织应保证,完成每一项按照 GAGAS 进行的审计和鉴证业务的审计组成员在工作开始前从整体上具备完成这项工作所必需的技术知识、技能和经验。

财务审计和鉴证业务的附加资格要求为:从事财务审计的审计师应了解一般公认会计准则(GAAP),和 AICPA 关于现场工作和报告的一般公认审计准则(GAAS)及相关的审计准则说明(SAS);从事财务审计或鉴证业务的审计师应该是执业注册会计师,或供职于注册会计师事务所或是政府审计组织人员。

继续职业教育,是指设计组织应该负责保证审计师达到继续教育的要求并应该对继续职业教育的完成情况作出记录。

(四) 质量控制和保证

与质量控制和保证相关的一般准则:每一个按照 GAGAS 执行审计或鉴证业务的审计组织应该建立适当的内部质量控制系统并接受外部同业复核。审计组织的内部质量控制系统包括审计组织的结构、采用的政策和为遵循相应的审计和鉴证业务准则提供合理保证而建立的程序。按照 GAGAS 执行审计和鉴证业务的审计组织应该至少每三年接受一次由一个独立于被检查组织的检查者对审计和鉴证业务进行的外部同业复核。

三、财务审计现场工作准则的主要内容

(一) AICPA 现场工作准则

审计师应该运用专业判断,并在应用 AICPA 的准则和政府、单位或接受政府援

助的单位的相关审计指南的同时考虑使用者的需求。

(二) 附加的 GAGAS

GAGAS 说明了 AICPA 审计准则说明中不包括的附加审计准则。

(三) 审计师的沟通

有关按照 GAGAS 进行的财务审计中审计师的沟通准则如下：审计师应该就计划进行的测试和报告的性质、时间和范围，以及能够与被审计单位官员和签约审计或要求审计的人员提供的保证程度等信息进行沟通。

在财务报表审计中，对财务报告的内部控制和对法律、规章、合同条款及拨款协议的遵循情况的测试，为对财务报表发表意见或作出其他关于财务资料的结论提供的证据支持。

(四) 考虑以往审计和鉴证业务的结果

有关按照 GAGAS 进行的财务审计中考虑以往审计和鉴证业务结果的准则如下：审计师应该考虑以往审计和鉴证业务结果，并且对于与现行审计项目直接相关的已知重大发现和建议进行跟踪。对重要的审计结果和建议持续地加以关注，以确保实现审计师工作价值。

(五) 检查由于违反合同条款或拨款协议及滥用造成的重大错报

有关按照 GAGAS 进行的财务审计中有关违反合同条款或拨款协议及滥用的准则如下：(1)审计师应该对审计工作加以规划，以便提供合理保证，查出因违反合同条款或拨款协议造成的重大错报，这些错报对确定财务报表的数额或其他审计目标关系重大的财务数据有直接重大影响；(2)审计师应当对有滥用迹象及交易事项保持警惕，如果滥用迹象存在，而且有可能对财务报表数额或其他财务数据产生重大影响，审计师应该应用能够直接查明滥用活动是否已发生，及其对财务报表数额及其他财务数据所产生的影响的审计程序。

(六) 确定审计结果要素

审计结果，例如内部控制的缺陷、舞弊、违法行为、违反合同条款或拨款协议、滥用，常常被认为包括标准、情况、效果等要素，如果发现了问题，还要再加上原因要素。

（七）审计记录

有关按照 GAGAS 开展的财务审计的审计记录准则如下：有关审计的计划、实施和报告的审计记录应该包含足够的信息，使得此前与该审计活动毫无接触的有经验的审计师可以通过审计记录来确认支持审计师的重大判断和结论的证据。审计组织需要充分保护与特定鉴证相关的审计记录的安全。

四、财务审计报告准则的主要内容

（一）AICPA 的报告准则

报告应说明财务报表的编制是否符合一般公认会计原则（GAAP）。报告应明确说明本期遵循的会计原则与上一期不一致的情况。除非报告中说明，财务报表中信息的披露将被视为合理充分的。报告应该对财务报表总体发表意见或者不能发表意见的声明，当不能发表整体意见时，应该说明理由。

（二）附加的 GAGAS 财务审计报告准则

GAGAS 说明了在 AICPA 的审计准则说明之外的附加财务审计报告准则。

（三）报告审计师遵循 GAGAS 的情况

有关按照 GAGAS 开展的财务审计对审计师遵循 GAGAS 的情况进行报告的准则是：审计报告应该说明审计是按照 GAGAS 实施的。

（四）报告内部控制对法律、规章、合同条款或拨款协议的遵循情况

当审计师对财务报表发表意见或拒绝表示意见的时候，应该在对财务报表的报告中包括：审计师对与财务报告有关的内部控制和法律、规章、合同条款或拨款协议的遵循情况进行测试的范围。如果工作做得充分，还应该说明测试的结果或意见，提及包含这些信息的单独的报告。

（五）报告内部控制缺陷、舞弊、违法行为、违反合同条款或拨款协议和滥用行为

对于财务审计，包括出具意见或拒绝表示意见的财务报表审计，根据审计目标，审计师应指出：AICPA 准则被认可予以报告的内部控制缺陷；所有的舞弊和违法行为

的情况,除非其明显不重要:重大的违反合同条款或拨款协议以及滥用行为。

(六) 报告负责官员的看法

如果审计报告中披露内部控制的缺陷、舞弊、违法行为、违反合同条款或拨款协议或滥用行为,审计师应该取得和报告负责官员对审计结果、结论和建议,以及计划的纠正措施的看法。

(七) 对特别规定和保密信息的报告

如果禁止披露某些相关信息,审计报告应该说明未披露信息的性质和要求不披露这些信息的规定。

(八) 报告的出具和分发

政府审计师应该向被审计单位适当官员或者要求或安排审计的组织的官员提交审计报告,包括外部资助组织,如立法机构,除非有法律规定不允许报送。如果一项审计在完成之前被终止,而审计师没出具审计报告,审计师应该写一份备忘录,记录截止到终止审计那天的工作结果的概况和终止审计的理由。

五、鉴证业务一般准则、现场工作准则及报告准则的主要内容

(一) AICPA 鉴证业务的一般准则和现场工作准则

只有职业审计师有理由相信,被鉴证事项对使用者来说是适当的或可行的且能够进行评价时,他才可以执行该鉴证业务。

(二) 附加的 GAGAS 鉴证业务现场工作准则

GAGAS 说明了在 AICPA 的 SSAEs 的要求之外附加的鉴证业务现场工作准则,当审计师在他们的鉴证业务报告中引用 GAGAS 时,他们必须遵循这些附加准则。

(三) 审计师的沟通

审计师应该与被审计单位的官员和签订鉴定业务合同、或要求鉴证业务的人员,就对于被鉴证事项和有关被鉴证事项的陈述计划进行的测试的性质、时间和范围以及报告(包括提供的保证水平)等进行沟通。

（四）考虑以往审计和鉴证业务的结果

审计师应该考虑以往审计和鉴证业务的结果,追踪与正在执行的鉴证业务的被鉴证事项或陈述直接有关的已知重要审计结果和建议。

（五）内部控制

在计划检查层次的鉴证业务时,审计师应该充分了解对被鉴证事项或陈述关系重大的内部控制,再计划鉴证业务和审计程序,从而达到鉴证目标。在计划检查层次鉴证业务时,审计师应该了解与审计师鉴证或陈述有关的内部控制。

（六）确定鉴定业务结果要素

鉴证结果,如内部控制缺陷、违法行为、违反合同条款或拨款协议或滥用行为,通常应该包括标准、情况、效果要素,如果发现了问题,还应该加上原因要素。

（七）鉴证记录

与鉴证业务计划、执行和报告有关的鉴证记录应该包含充分的信息,以使以前从未接触过该项鉴证业务的有经验的审计师从鉴证记录中能够确认支持审计师重要判断和结论的证据。

AICPA 准则和 GAGAS 要求审计师编制和保存鉴证记录。审计组织要充分地保护与任何具体鉴证业务有关的记录。

（八）AICPA 鉴证业务报告准则

报告应该确认被审计事项或陈述,同时说明鉴证的性质。报告应该说明执业者对照评价被鉴证事项的标准,有关被鉴证事项或陈述的结论。报告将说明执业者对鉴证业务、被鉴证事项,适当时还包括有关陈述的所有重要保留意见。

（九）附加的 GAGAS 鉴证业务报告准则

GAGAS 说明了在 AICPA 的 SSAEs 要求之外附加的鉴证业务报告准则。

（十）报告审计师遵循 GAGAS 的情况

鉴证业务报告应该说明鉴证业务遵循了 GAGAS。当鉴证业务按照法律、规章或合同的要求提交报告,或自愿遵循 GAGAS 时,报告应该特别引用 GAGAS,当然也可以引用 AICPA 准则。

六、绩效审计现场工作准则的主要内容

（一）计划

工作应该充分计划。在做计划时，审计师应该确定审计目标、范围以及为实现目标而采用的方法。审计目标是审计工作要实现的目的。

（二）督导

督导是指对审计组成员工作进行指导，以保证实现审计目标。

（三）证据

收集充分、可靠和相关的证据，以便为审计结果和结论提供合理的基础。

（四）审计记录

审计师应该编制和保存审计记录。与审计计划、实施和报告有关的审计记录应该包括足够的信息，以使与本次审计无关的有经验的审计师能够从审计记录中得知支持重要审计判断结论的证据。

七、绩效审计报告准则的主要内容

（一）形式

审计师应该编审计报告，以传递每一项审计的结果。

（二）报告内容

审计报告应该包括：目标、范围和方法；审计结果，包括审计结果、结论和适当的建议。在可能的范围内，审计师在表达结果过程中，应该申明标准、情况、原因和效果等因素。其中包括：(1)内部控制缺陷。在绩效审计中，审计师可以把内部控制的重大缺陷认为缺乏绩效的原因。(2)结论。在审计目标和审计结果有要求的情况下，审计师应该对结论进行报告。对于 GAGAS 遵循情况的说明，应该报告审计是按照 GAGAS

进行的。对特别规定的或保密信息的报告,如果某一相关信息禁止公开披露,必要时审计报告中应该说明未披露信息的性质以及不允许披露的要求。

(三) 报告的质量要素

按照 GAGAS 开展的绩效审计与报告质量有关的报告准则是:报告应该及时、完整、准确、客观、有说服力、清晰并且尽可能简练。

(四) 报告的出具和分发

除非有法律限制,政府审计师应该向被审计单位的有关官员和要求或安排审计的组织的有关官员,包括外部资助组织——如法律机构,提交审计报告。当非政府审计师被聘用按照 GAGAS 实施审计时,他们应该明确聘用组织报告分发的责任。内部审计师应该按照所在单位自己的规定和法定要求进行分发。

主要参考文献

[1] 审计署科研所(译). 美国政府审计准则(2003 年修订版)[M]. 北京:中国财政经济出版社,2004.
[2] http://www.gao.gov/yellowbook,2011-03-13.

(初稿执笔人:付文娟)

ASB/PCAOB 的《审计准则公告》(SAS/AS)

一、美国审计准则概述

2002年前,美国注册会计师的独立审计准则,由美国注册会计师协会(American Institute of Certified Public Accountants 简称 AICPA)下设的审计准则委员会(Auditing Standards Board,简称 ASB)发布并推动实施。美国有三种审计人员,即独立的职业会计师、国家审计人员和内部审计人员。ASB 按三种不同的审计人员制定了三种审计准则,即一般公认审计准则、美国审计总局的审计准则和内部审计人员的审计准则。在美国,初期审计准则的形成和发展可追溯到1938年发生的麦克逊·罗宾公司事件,它的发生暴露了在审计程序等方面存在的严重缺陷。为了总结这一事件的教训,美国会计师协会(American Institute of Accountants,简称 AIA)于1939年发表了《审计程序的扩展》的文件,1947年又发表了《审计准则试行方案》,并在该方案中明确指出了审计准则与审计程序的区别。审计程序是必须实施的行为,而审计准则是关于实施行为质量的衡量尺度,以及运用审计程序必须达到的目标。这个准则自1948年发布实施后,在1954年又作了修订补充,形成了三部分共10条。这10条一般公认审计准则一直沿用至今。

由于10条公认准则过于抽象以致不能给审计师提供实质性的指导,为此美国注册会计师协会(AICPA)所属的审计准则委员会(ASB)发布了《审计准则公告》(Statement on Auditing Standards,简称 SAS),审计师从这些公告中得到具体的指导,《审计准则公告》解释了10条公认审计准则,是适用于审计师的最权威的指南。尽管这些公告不属于10条公认审计准则,但与公认准则具有同等的地位,故常常将之称做《审计准则公告》(SAS)或《审计准则》。自1972年开始至2002年11月,审计准则委员会(ASB)共发布了100号《审计准则公告》(SAS)。

安然事件之后,美国出台了《2002年公众公司会计改革和投资者保护法案》(即

《2002年萨班斯-奥克斯利法案》,Public Company Accounting and Investor Protection Act of 2002,Sarbanes-Oxley Act of 2002,简称 SOX 法案),并根据该法案成立了公众公司会计监督委员会(Public Company Accounting Oversight Board,简称 PCAOB)。该委员会是负责在编制具有信息性、公允性、独立性的审计报告方面,保护投资者和社会公众的利益,对公众公司审计师进行监督的私营部门和非营利机构,接受美国证券交易委员会(Securities and Exchange Committee,简称 SEC)的监督。SEC 负责任命委员会成员,批准年度预算和规则,以及审理有关上诉案件等。公众公司会计监督委员会包括5名成员(含主席),其中 2 名成员应当是或曾经是注册会计师。所有成员均为全职,其薪酬与美国财务会计准则委员会(Financial Accounting Standards Board,简称 FASB)的主席和委员相同。该委员会在成员组成和资金来源上均应独立于会计行业。根据萨班斯法案规定,PCAOB 拥有注册、检查、调查和处罚权限,保持独立运作,自主制定预算和进行人员管理,不应作为美国政府的部门或机构,遵从哥伦比亚非营利公司法,其成员、雇员及所属机构不应被视为联邦政府的官员、职员或机构。要求执行或参与公众公司审计的会计师事务所须向 PCAOB 注册登记。PCAOB 采用公开的准则制定程序,与一般的监管规则的制定过程相似。准则的制定程序包括:委员会批准发布准则征求意见稿;征求意见并由职员进行分析汇总;委员会批准修改后的准则,并将修改后的准则提交 SEC;SEC 发布准则草案并征求意见;批准后的准则发布施行,不批准的将退回委员会重新修订。目前,委员会自行制定并已经颁布六项准则。在颁布自行制定的审计准则的同时,委员会还将对先前已经接受的过渡期准则进行相应的修订,以便保持准则之间的一致性。此外,委员会还颁布了一些有关独立性和税务服务方面的规则。在审计准则的国际趋同方面,委员会正在关注国际审计准则的趋同进程,但尚未与任何国家或组织洽谈准则趋同事宜。同时以观察员身份列席 IAASB 会议,参与国际审计准则的制定过程。2010 年 10 月 21 日,美国上市公司会计监督委员会(PCAOB)投票决定公布七项新的审计准则(Auditing Standard,简称 AS)。

二、ASB 发布审计准则的主要内容

所发布的《审计准则公告》(SAS)都有两类编号,即 SAS 和 AU 编号。例如,《审计准则公告——公认审计准则和质量控制准则的关系》的编号分别为 SAS 25 和 AU 161。SAS 编号表明该公告发布的顺序号,AU 编号则表明该公告在美国注册会计师协会的《审计准则公告汇编》中的位置。在 AU 中,以"2"开头的是对一般准则的

解释,以"3"开头的则与外勤准则有关,以"4"、"5"和"6"开头的则与报告准则有关。基本结构如下:AU 100——引言,下设 3 个具体项目;AU 200——一般准则,下设 5 个具体项目;AU 300——外勤准则,下设 29 个具体项目;AU 400——第一、第二、第三类报告准则,下设 5 个具体项目;AU 500——第四类报告准则,下设 13 个具体项目;AU 600——其他报告类型,下设 3 个具体项目;AU 700——特殊领域,下设 3 个具体项目;AU 800——合规性审计,下设 1 个具体项目;AU 900——委员会对审计程序的特殊报告,下设 3 个具体项目[①]。

(一) AU 100——引言

《AU 110——独立审计师的职责和作用》(Responsibilities and Functions of the Independent Auditor)

AU 110 的主要内容包括:独立审计师对财务报表的一般审计目标,是对财务报表是否遵守公认会计原则,在所有重要方面公允反映其财务状况、经营成果以及现金流量发表意见。采用合理的会计政策,保持适当的内部控制,在财务报表中做出公允反映,是管理当局的责任,而不是审计师的责任。审计师有责任计划和执行审计,以便为财务报表中是否不存在因错误或舞弊而引起的重要错报获得合理保证。由于受审计证据性质和舞弊特性的影响,审计师只能为发现重要错报获得合理的而不是绝对的保证。审计师没有责任计划和执行审计,为发现因错误或舞弊而引起的、对财务报表来说不重要的错报获得合理保证。

《AU 150——公认审计准则》(Generally Accepted Auditing Standards)

AU 150 主要内容包括:审计师应计划、指导并报告财务报表遵守公认审计准则的结果。审计准则是帮助审计师履行财务报表审计职责的一般指南,它包括对诸如胜任能力、独立性、报告要求和证据的规定。公认审计准则由美国注册会计师协会制定,主要包括三部分,即一般准则、外勤准则和报告准则。一般准则强调审计师应该具备的个人能力,外勤准则则与证据的搜集和审计实际执行过程中的其他活动有关,报告准则要求审计师对包括信息披露在内的财务报表出具报告。而后美国注册会计师协会审计准则委员会又发布了审计准则公告,审计师可以从这些公告中得到具体的指导。

《AU 161——公认审计准则和质量控制准则的关系》(The Relationship of Generally Accepted Auditing)

---

① 其使用时间为 2002 年前。

AU 161 主要内容包括:事务所应该制定质量控制政策和措施,质量控制系统对遵守公认审计准则只提供合理保证,而不是绝对保证。质量控制与公认审计准则二者之间既有密切联系,又有一定区别。会计事务所必须保证每次审计都遵守公认审计准则,而质量控制则是事务所为确保其审计工作符合公认审计准则而建立的所有程序。

(二) AU 200——一般准则

《AU 201——一般准则的性质》(Nature of the General Standards)

AU 201 主要内容包括:一般准则在性质上是独立的,在内容上强调审计师应该具备的个人素质,并根据外勤准则和报告准则判断审计师的工作质量。

《AU 210——独立审计师的技术培训和精通业务》(Training and Proficiency of the Independent Auditor)

AU 210 主要内容包括:审计师需要经过正规的审计与会计教育,对所做的工作具备相当的工作经验,并要接受职业后续教育。在任何情况下,如果审计师或其助理人员不具备承担工作的能力,职业责任要求他们获取必要的知识和技能,或推荐其他具备资格的注册会计师来承担此项工作,或拒绝聘请。

《AU 220——独立性》(Independence)

AU 220 主要内容包括:会计事务所应采取一定措施来增强所有职员的独立性。例如,应有一套既定的程序用来解决大型审计业务中管理当局与审计师之间的分歧。

《AU 230——应有的职业谨慎》(Due Professional Care in the Performance of Work)

AU 230 主要内容包括:审计师在实施审计工作的各个方面应保持应有的职业谨慎。简单地说,这意味着审计师有责任勤勉、细心地履行其工作。举例来说,应有的谨慎包括对工作底稿的完整性、审计证据的充分性以及审计报告的适当性等问题的考虑。作为一名职业人员,审计师应尽量避免过失和不诚实,但也不能期望审计师在任何时候都能作出十全十美的判断。

(三) AU 300——外勤准则

《AU 310——独立审计师的委托》(Appointment of the Independent Auditor)

AU 310 主要内容包括:外勤准则指出独立审计师早期接受委托同时有利于审计师和客户,尽管如此,审计师更倾向于在接近报告年度或报告年度之后接受委托。在接受委托之前,审计师应充分了解客户的业务,作出是否接受客户的决策并作出初步审计计划。审计师应深入了解客户的行业和业务情况并熟悉公司经营情况,客户的业务和行业的性质可能会影响客户的经营风险和财务报表中存在的重大错报风险,审计师运用对这些风险的了解以确定恰当的审计证据的范围。

《AU 311——计划和督导》(Planning and Supervision)

AU 311 主要内容包括:审计计划包括制定总体的审计策略和审计范围。审计计划的性质、时间、范围根据被审计单位的规模、复杂性,以及对其的了解而变化。审计师应该了解被审计单位的业务情况、行业和外部环境、经营业务和流程、管理当局和公司治理、目标和战略、计量和业绩。审计师应对业务进行充分计划以保证审计工作的充分性并对助理人员予以适当的督导。在审计中,督导是必需的,因为相当一部分外勤工作是由经验不足的助理人员完成的。

《AU 312——审计风险和重要性》(Audit Risk and Materiality in Conducting an Audit)

AU 312 主要内容包括:本节为审计师根据公认审计准则制订计划和实施审计程序提供指导。重要性和审计风险影响公认审计准则的运用,尤其是外勤准则和报告准则。审计师在制定审计计划和审计程序,并评价被审计单位财务报表是否遵守公认会计原则,在所有重要方面公允反映其财务状况、经营成果以及现金流量时,要综合考虑审计风险和重要性。

《AU 313——资产负债表日前实施的实质性测试》(Substantive Tests Prior to the Balance Sheet Date)

AU 313 主要为以下审计程序提供指导:资产负债表日前将实质性测试运用于特定的资产和负债账户应考虑的因素;主要的实质性测试应合理的保证延长期中测试至期末(剩余期间)并发表正确的审计意见;确定审计程序的时间。

《AU 315——前后任审计师的沟通》(Communications Between Predecessor and Successor Auditors)

AU 315 主要内容包括:在接受新客户之前,后任审计师应与前任审计师沟通。此规定的目的在于帮助后任审计师评价是否接受该项审计业务。提出沟通是后任审计师的责任,前任审计师被要求对后任审计师提出的信息需要给予答复,但是保密准则要求前后任审计师之间的沟通必须征得客户同意。即使在目标客户以前曾由另一家会计事务所审计过的情况下,通常也要进行其他调查,信息来源包括当地的律师、其他注册会计师、银行和其他企业等。如果目标客户以前没有审计师,或者前任审计师没有提供所需要的信息,或是在沟通过程中发现存在问题的迹象,则应进行更广泛的调查。

《AU 316——对舞弊的考虑》(Consideration of Fraud in a Financial Statement Audit)

AU 316 主要内容包括:AU 110 中曾经讨论了审计师的责任,审计师应评价欺诈性财务报告引起的舞弊和资产侵占的风险。为了评价舞弊风险,审计师应搜集信息确定舞弊条件存在的程度。当因舞弊引起的错报发生时,一般存在三个条件:动机和压力、机会、态度。审计师应搜集信息识别因舞弊引起的重大错报的风险,包括识别影响财务报表和认定层次的风险。如果识别了舞弊风险,审计师应该首先与管理当局交流这些发现结果,并应对已识别的舞弊风险进行评估。在审计完成时,审计师应评价审计程序所得结果是否影响在审计初期对因舞弊引起的重大错报风险的评估。

《AU 317——客户的违法行为》(Illegal Acts by Clients)

AU 317 主要内容包括:违法行为被定义为除了舞弊之外的其他违反法律或政府法规的行为。一些违反法律或法规的行为会对财务报表的特定账户和余额产生直接财务影响,审计师对这些有直接影响的违法行为应承担的责任,与对错误和舞弊承担的责任相同,因此在每一次审计中,审计师通常要评价是否有证据表明存在违法行为。绝大多数违法行为只间接影响财务报表,审计师对发现有间接影响的违法行为不提供任何保证。审计师应该对有理由认为可能存在有直接影响和间接影响的违法行为搜集证据并制定应对措施,并与审计委员会或其他具有同等权力的部门进行沟通。

《AU 319——财务报表审计中对内部控制的考虑》(Consideration of Internal Control in a Financial Statement Audit)

AU 319 主要内容包括:审计准则要求审计师在每次审计中必须了解内部控制,并通过对内部控制的了解来关注内部控制,并以所了解的情况对控制风险进行初步评价。当审计师对控制风险的评价低于最大值时,审计师就要进行控制测试。控制测试结束后,审计师应考虑这些测试结果对计划审计风险和实质性测试的影响。

《AU 322——财务报表审计中对内部审计的考虑》(The Auditor's Consideration of the Internal Audit Function in an Audit of Financial Statements)

AU 322 主要内容包括:内部审计师的职责因雇主的要求不同而不同,主要包括合规性审计、经营审计和计算机系统评价等。内部审计师鉴于雇佣关系的存在,其真正意义上的独立难以保证。由于内部审计师缺乏独立性,企业外部的信息使用者不愿信赖只被内部审计师验证过的信息,因此缺乏独立性是内部审计师和会计事务所的主要区别所在。

《AU 324——服务机构》(Service Organizations)

AU 324 主要内容包括:本节为对服务机构的内部控制出具报告的审计师(服务审计师)和服务接受机构审计师(用户审计师)提供指南,其内容涉及对服务审计师报告的信赖。

《AU 325——内部控制有关事项的沟通》(Communications About Control Deficiencies in an Audit of Financial Statements)

AU 325 主要内容包括:在了解内部控制和评价控制风险的过程中,审计师应该与被审计单位审计委员会进行沟通,获取与审计委员会履行其责任相关的信息。一般来说,这些信息与内部控制设计或运行中的重大缺陷相关。这些事项称为可报告情况,可报告情况应该作为每次审计工作的组成部分并向审计委员会通报。如果客户没有审计委员会,应向企业内部对内部控制承担全部责任的人员通报。

《AU 326——证据》(Evidential Matter)

AU 326 主要内容包括:审计证据是审计师用来确定所审信息是否按照既定标准表述的任何资料。审计师应搜集充分适当的审计证据以支持所发表的审计意见。证据说服力的两个决定因素是充分性和适当性,只有在综合考虑了证据的适当性和充分性以及对之发生影响的各种因素的实际影响之后,才能对证据的说服力作出评价。

《AU 328——审计公允价值计量以及披露》(Auditing Fair Value Measurements and Disclosures)

AU 328 主要内容包括:规定了对资产、负债、所有者权益的计量和披露的审计;审计师应该了解被审计单位对确认公允价值计量和披露的处理,以及相关控制,从而制定有效的审计程序;根据评估的重大错报风险,审计师应该测试被审计单位的公允价值计量和披露,并评价被审计单位公允价值计量以及披露是否符合审计准则的规定。

《AU 329——分析程序》(Substantive Analytical Procedures)

AU 329 主要内容包括:分析程序是指通过研究财务信息与非财务信息之间可能存在的关系而作出的对财务信息的评估;分析性程序在审计业务的三个阶段都可以执行,某些分析性程序需要在计划阶段执行,以帮助审计师确定将要进行的审计工作的性质、时间和范围;在审计测试阶段,分析性程序常常和其他审计程序一并执行;在完成审计阶段,也要求执行分析性程序。

《AU 330——确认程序》(The Confirmation Process)

AU 330 主要内容包括:判断是获取并评价从第三方得到的有关影响财务报表认定的特定项目的信息的一个过程;审计师根据评估的固有风险和控制风险,确定可接受的检查风险水平,并设计进一步审计程序从而使审计风险控制在适当的低水平。

《AU 331——存货》(Inventories)

AU 331 主要内容包括:独立审计师应该在盘点时亲临现场;通过适当的观察、测试、询问、检查存货盘点方法的有效性,以此评价客户对存货数量及实物情况方面所声明的可信赖程度。

《AU 332——审计衍生工具、套期活动和有价证券投资》(Auditing Derivative Instruments, Hedging Activities, and Investments in Securities)

AU 332 主要内容包括:为了计划和执行关于具体认定的审计程序,审计师需要具备专门的技能和知识,在计划和执行财务报表审计时,必须遵守公认审计准则,这就要求审计师考虑审计风险和重要性。在财务报表审计时,审计师需要考虑固有风险和控制风险,审计师应该运用关于衍生工具和有价证券具体认定所评估的固有风险和控制风险的水平,来决定旨在检查财务报表层次重大错报所需执行的实质性程序的性质、时间和范围。

《AU 333——管理层声明》(Management Representations)

AU 333 主要内容包括:管理层声明是审计师通过实施其他审计程序获得审计证据的补充。审计师获得书面的管理层声明依赖于业务的环境和财务报表的性质与基础。如果管理层拒绝提供书面管理层声明,审计师应当将其视为审计范围受到限制,而不能发表标准审计意见。

《AU 334——关联方》(Related Parties)

AU 334 主要内容包括:注册会计师应当实施审计程序,就管理层是否按照适用的会计准则和相关会计制度的规定识别、披露关联方交易,获取充分、适当的审计证据。在执行审计时,不能保证所有的关联方交易都被发现。但是,审计师在执行审计时,应当判断关联方的存在、识别关联方交易、检查已识别的关联方交易和披露关联方及关联方交易。

《AU 336——利用专家的工作》(Using the Work of a Specialist)

AU 336 主要内容包括:审计师的知识和经验可以使他具有审计所涉及大部分的商业事项的专业知识,但是审计师在遇到其他专业领域时,就可能不具有相关的专业知识和技能,此时应该利用专家的工作。在计划利用专家的工作时,审计师应当评价专家的专业胜任能力和专家与客户的关系。审计师应当评价专家工作的适当性,并考虑下列因素:专家使用的假设和方法;专家使用的数据;评价专家工作结果是否在财务报表中支持相关认定。审计师应当考虑专家工作的结果与审计师对被审计单位的了解和实施其他审计程序得出结果是否相符。

《AU 337——涉及诉讼、要求权和估价时询问客户的律师》(Inquiry of a Client's Lawyer Concerning Litigation, Claims, and Assessments)

AU 337 主要内容包括:在编制财务报表时,管理层应当对识别、评估及解释诉讼、要求权和评估的政策和程序负责。关于诉讼、要求权和估价，审计师应当获得与下列因素相关的审计证据：由于诉讼、要求权和估价导致客户发生可能损失不确定的情况；法律事项发生的潜在原因的时间；不利结果发生的程度；潜在损失的数量和范围。审计师应当设计合理的审计程序，通过询问客户的律师等来识别和评价诉讼、要求权和估价。

《AU 339——审计工作底稿》(Audit Documentation)

AU 339 主要内容包括：审计工作底稿是指审计师对实施的审计程序、获取的审计证据，以及得出的审计结论的记录。审计工作底稿的数量、类型和内容需要审计师进行职业判断。审计工作底稿应该使项目组成员了解所执行审计程序的性质、时间、范围和结果；指示项目组成员复核工作；会计记录与财务报表和其他报告的信息一致。会计师事务所拥有审计工作底稿的所有权，审计师应该具备职业道德，对客户的信息保密并采取合理的程序防止未经授权的人员接触工作底稿。

《AU 341——审计师对客户持续经营能力的考虑》(The Auditor's Consideration of an Entity's Ability to Continue as a Going Concern)

AU 341 主要内容包括：在执行财务报表审计时，审计师应当考虑是否存在可能对持续经营能力产生重大疑虑的情况或事项。审计师没有必要单独设计审计程序来识别可能导致对持续经营能力产生重大疑虑的情况或事项，但审计师可以设计和实施旨在获得其他审计目标的程序来实现上述目标。当审计师发现导致对持续经营能力产生重大疑虑的情况或事项时，他应该考虑管理层计划如何应对这些情况或事项的负面作用以及考虑对财务报表的影响和相关的披露。审计师在出具审计报告时应该增加解释说明段。

《AU 342——会计估计的审计》(Auditing Accounting Estimates)

AU 342 主要内容包括：在财务报表审计时，审计师应当获得充分、适当的审计证据来支持重要的会计估计。管理层应该建立一套程序来进行会计估计，会计估计重大错报会随着过程的复杂性和主观性、相关数据的可获得性和可靠性、假设的数量和重要性以及与假设有关的不确定性程度而不同。一个企业良好的内部控制就会降低会计估计重大错报的可能性。当评价会计估计时，审计师的目标就是获得充分适当的证据来提供合理的保证：所有严重影响财务报表的会计估计得到了应对；这些会计估计在相应的环境下是合理；会计估计符合相关的会计制度并合理地披露。

《AU 350——审计抽样》(Audit Sampling)

AU 350 主要内容包括：审计抽样是指审计师为了评价某类交易或账户余额的特征而对其低于百分之百的项目实施审计程序。在获取审计证据过程中存在着抽样风险和非抽样风险。在实施实质性测试时,审计师要关注的两类抽样风险是误受风险和误拒风险;在实施控制测试时,审计师也要关注的两类抽样风险是信赖过度风险和信赖不足风险。在实施实质性测试时对审计抽样的考虑包括:样本与相关审计目标的关系;重要性水平的预判;审计师可接受的误受风险;某类交易和账户余额项目的特征。在实施控制测试对审计抽样的考虑:样本与相关审计目标的关系;与支持审计师评估控制风险所规定的控制偏离的最大比率;审计师可接受的信赖过度风险;某类交易和账户余额项目的特征。在具体环境下,审计师有可能设计一种抽样方法——双重目的抽样,即可评估控制风险又可以测试记录交易的金额是否正确。

《AU 380——与审计委员会的沟通》(Communication With Audit Committees)

AU 380 主要内容包括:审计师在决定特定事项时,应当与客户的审计委员会或类似审计委员会的机构沟通。这种沟通可以是书面也可以是口头上的,管理层也可以就该部分所指定的事项与审计委员会沟通。审计师与客户审计委员会沟通的事项包括:在公认审计准则下审计师的责任;重要的会计政策;管理层的判断和会计估计;审计判断;审计师关于客户应用相应会计制度质量的判断;记录在被审计的财务报表的其他信息;与管理层不一致的事项;咨询其他的会计人员;在初次或连续审计时与管理层的主要争论点;执行审计时所面临的困难。

《AU 390——对审计报告日期后忽略的审计程序的考虑》(Consideration of Omitted Procedures After the Report Date)

AU 390 主要内容包括:在审计报告日期后,审计师发现在财务报表审计过程中忽略的必需的审计程序;审计师应该评估忽略的程序对已发表的审计意见的重要性。如果审计师断定忽略的程序严重削弱已发表的审计意见,他应该采取忽略的程序或选择其他的程序来支持其意见。如果审计师不能应用以前忽略的程序和选择其他的程序时,他应该咨询其律师来决定下一步行动。

(四) AU 400——第一、第二、第三类报告准则

《AU 410——遵守公认会计准则》(Adherence to Generally Accepted Accounting Principles)

AU 410 主要内容包括:审计报告应当说明客户的财务报表按照适用的会计准则和相关的会计制度编制。如果审计范围受限,使审计师无法对客户的财务报表是否按照适用的会计准则和相关的会计制度编制,审计师则应该发表保留意见。

《AU 411——在遵守公认会计准则下,公允表达的含义》(The Meaning of Present

Fairly in Conformity With Generally Accepted Accounting Principles)

AU 411 主要内容包括:独立审计师报告应当表明客户的财务报表是否按照公认会计准则在所有重大方面公允表达客户的财务状况、经营成果和现金流量。公认会计准则结构由非政府的机构、州以及地方政府和联邦政府发布的声明、公告及解释构成。

《AU 420——公认会计准则应用的一贯性》(Consistency of Application of Generally Accepted Accounting Principles)

AU 420 主要内容包括:一贯性准则的目标确保不同期间财务报表由于会计准则变化而未受到重大影响,具有可比性。一贯性准则合理应用需要了解一贯性与可比性的关系,尽管缺乏一贯性可能导致缺乏可比性,但是与一贯性不相关的其他因素也可能导致缺乏可比性。会计准则的变化、报告客户的变化、会计准则应用错误的更正、由于估计的变化导致准则的变化及现金流的变化等会计变化都会影响一贯性。但是,当期财务报表中的分类和重分类、不涉及会计准则应用错误的更正、财务状况变化表达的不同、大量与以前发生不同的交易或事项、预期影响未来结果的变化等不会影响一贯性。当审计师仅仅报告当期时,他应该获取充分、适当的审计证据来了解会计准则应用的一贯性,不用考虑以前的会计期间。但当审计师报告两年或更多年度时,他应该提及报告年度会计准则应用的一贯性以及以前年度会计准则应用的一贯性。

《AU 431——财务报表信息披露的充分性》(Adequacy of Disclosure in Financial Statements)

431 主要内容包括:财务报表的信息披露应该是合理充分的。独立审计师应当依据不同环境和事实来考虑具体事项是否应该披露。

《AU 435——分部信息》(Segment Information)

AU 435 主要内容包括:由于 SAS No.21 不适合财务报表审计,审计准则委员(ASB)已经废除了 SAS No.21,财务会计准则委员会(FASB)发布的《SFAS No.131——企业分部和相关信息的披露》取代了 SAS No.21 的功能。

(五) AU 500——第四类报告准则

《AU 504——与财务报表的关联》(Association With Financial Statements)

AU 504 主要内容包括:在任何情况下,审计师与财务报表有关联时,审计报告就应该明确说明审计师工作的特征,如果可能的话,还可以包括审计师所承担责任的程度。如果审计师与公众客户的财务报表有关联,但并没有审计或复核该报表,可以不发表意见。在任何情况下,审计师必须保持独立性,如果不具备独立性,他应该拒绝对该报表发表审计意见。

《AU 508——已审计的财务报表的报告》(Reports on Audited Financial Statements)

AU 508 主要内容包括:审计师的报告应当指出客户的财务报表是否在所有重大方面公允反映其财务状况、经营成果和现金流量。有些并不影响审计师发表无保留意见的特定环境可能需要审计师对标准审计报告增加解释说明段,这些环境主要有:审计师的意见在一定程度上依靠其他审计师的报告;与已颁布会计准则的偏离;缺乏一贯性;强调事项(即一定的环境可能使审计师发表保留意见、否定意见和无法表示意见,连续审计的审计师应该更新审计报告使其与以前期间的报告具有可比性)。

《AU 530——独立审计师报告的发布日期》(Dating of the Independent Auditor's Report)

AU 530 主要内容包括:一般来说,审计外勤工作的完成日期就是独立审计师报告的发布日期。但是,审计师应该采取适当的审计程序应对在外勤工作结束后而在财务报表上披露的事项。在一定环境下,审计师需要重新发布审计报告。

《AU 532——审计报告使用的限制》(Restricting the Use of an Auditor's Report)

AU 532 主要内容包括:该准则为审计师在限制使用审计报告方面提供了指南。这部分主要包括:定义了"通用"和"限制使用"这两个术语;描述何种情况下审计报告的使用受到限制;指定审计报告应使用的语言。

《AU 534——为其他国家使用者所编制的财务报表审计报告》(Reporting on Financial Statements Prepared for Use in Other Countries)

AU 534 主要内容包括:客户在编制财务报表时,不仅要供本国的使用者使用,有可能也供其他国家的使用者所使用。在审计按照公认会计准则供他国使用者使用的财务报表时,审计师执行的程序应当按照美国公认审计准则的一般准则和外勤准则编制审计报告。在一定环境下,审计师必须应用他国的审计准则,此时,审计师则应该按照他国的审计准则和美国的审计准则编制审计报告。

《AU 543——其他独立审计师执行的审计》(Part of Audit Performed by Other Independent Auditors)

AU 543 主要内容包括:该部分规定审计师运用职业判断决定,是否可以作为审计师以及使用其他独立审计师的工作和报告,这些其他的独立审计师审计了财务报表的次要部分;主要审计师报告的格式和内容。如果其他审计师的报告不是标准报告,主要审计师应该决定偏离的原因相对于主要审计师的报告在性质上是否重要。

《AU 544——没有遵循公认会计原则》(Lack of Conformity With Generally Accepted Accounting Principles)

AU 544 主要内容包括:当审计师知道财务报表没有按照公认会计原则编制而可能产生误导,客户不能或不愿意更正这一错报时,就必须依据存在问题的项目的重要性水平,发表保留意见或否定意见。

《AU 550——年度报告中的其他信息》(Other Information in Documents Containing Audited Financial Statements)

AU 550 主要内容包括:被审计单位应该公布包含信息(其他信息)的文件,包括一整套财务报表和独立审计师的审计报告。审计师应审阅年度报告中的其他直接与财务报表相关的信息,通常审计师要证实这些非财务信息与财务报表的一致性。如果审计师认为这些信息之间存在重大冲突,应要求管理当局更正有关信息。

《AU 551——财务报表附属信息》(Reporting on Information Accompanying the Basic Financial Statements in Auditor-Submitted Documents)

AU 551 主要内容包括:客户通常要求审计人员在为管理者或财务报表的外部使用者提供的资料中包括除基本财务报表信息以外的额外信息,这种额外信息称为财务报表附属信息。

《AU 552——对简明财务报告和可供选择的财务数据的报告》(Reporting on Condensed Financial Statements and Selected Financial Data)

AU 552 主要内容包括:简明财务报表比根据公认会计原则编制的反映财务状况、经营成果、现金流量的完全财务报表的列报简单,因此简明财务报表要和最近的包括所有披露的完全财务报表一起阅读。审计师应该报告客户编制的文件中包含的可供选择的财务数据,可供选择的数据并不是基本财务报表中的必要资料,管理当局有责任确定具体的可供选择数据。

《AU 558——必要的补充信息》(Required Supplementary Information)

AU 558 主要内容包括:本节为独立审计师制定补充信息的程序性质提供指导,这些补充信息是美国财务会计准则委员会和政府会计准则委员会所规定的,并描述了审计师在什么情况下应该报告这些信息。因为补充信息没有经过审计,也不是基本财务报表的必要组成部分。因此,除了某些特定情况审计师并不必须要在审计报告中增加解释段落提及补充信息。

《AU 560——期后事项》(Subsequent Events)

AU 560 主要内容包括:审计师应对期后交易和事项进行复核,一般仅限于资产负债表日至审计报告日期间的交易和事项。直接影响资产负债表并需要调整报表数据的事项,为管理当局确定资产负债表日各账户余额是否公允表达以及审计师验证其余额提供了额外的信息。

《AU 561——期后发现资产负债表日已经存在的事实》(Subsequent Discovery of Facts Existing at the Date of the Auditor's Report)

AU 561 主要内容包括：在财务报表报出后，如果知悉在审计报告日已存在的、可能导致修改审计报告的事实，审计师应该考虑是否需要修改财务报表，并与管理层进行讨论。

（六）AU 600——其他报告类型

《AU 622——对财务报表特定项目、账户或特定账户的特定内容执行商定程序》(Engagements to Apply Agreed-Upon Procedures to Specified Elements, Accounts, or Items of a Financial Statement)

AU 622 主要内容包括：审计准则委员会撤销 SAS No.75，对于财务报表特定项目账户或特定账户的特定内容应参阅 AT 201 部分——商定程序。

《AU 623——特殊报告》(Special Reports)

AU 623 主要内容包括：审计师接受特殊目的审计业务委托，对下列财务信息进行审计并出具审计报告的业务：按照公认会计原则以外的其他基础编制的财务报表；财务报表特定项目、账户或特定项目的特定内容；已审计的财务报表对合同协议和有关法规的遵守情况；财务列报对合同协议和有关法规的遵守情况；需要附带指定格式审计报告的指定格式或报表形式列报的财务信息。

《AU 625——对会计准则运用的报告》(Reports on the Application of Accounting Principles)

AU 625 主要内容包括：管理当局应该和会计人员讨论会计准则对新的交易的适用性，或增加对特殊财务报告事项的了解，因为这样的讨论能够提供相关信息和见解。

《AU 634——致担保方和其他要求方的信函》(Letters for Underwriters and Certain Other Requesting Parties)

AU 634 主要内容包括：本节主要为会计人员致送担保方和其他要求方实施和报告业务状况提供指导，同时会计人员也应提供以上情况给除了担保方和其他要求方之外的特定要求方。

（七）AU 700——特殊领域

《AU 711——根据联邦证券章程整理的档案》(Filings Under Federal Securities Statutes)

AU 711 主要内容包括:对于特殊目的的财务报表,管理当局对根据联邦证券章程编制的财务列报负有责任;如果按照联邦章程编制的注册报表、代理报表、定期报告中包含有独立会计师的报告,会计师的责任并没有和其他类型报告的责任有很大差异,然而具体责任根据相关法律法规的具体章程细节而定。

《AU 722——中期财务信息》(Interim Financial Information)

AU 722 主要内容包括:中期财务信息复核是为了帮助上市公司管理当局履行其对政府监管部门的报告责任。证券交易委员会要求上市公司提供季度财务信息作为报告的一部分,这些报告不要求强制审计,但证券交易委员会要求上市公司在向其报送报告表格之前,必须由公司外部审计师对这些报告进行复核。

(八) AU 800——合规性审计

《AU 801——政府部门和其他接受政府财政资助单位的合规性审计》(Compliance Auditing Considerations in Audits of Governmental Entities and Recipients of Governmental Financial Assistance)

AU 801 主要内容包括:合规性审计的目标是确定被审计单位是否遵循了由上级主管部门制定的特殊程序、规则或条例。在政府组织的审计中,因为上级政府主管部门制定的规则范围相当广泛,相应的也存在大量的合规性审计,几乎在每一个非上市公司和非营利组织中,都有一些作为合规性审计依据的既定政策、合同协议和法律要求。合规性审计的结果一般只向被审计单位组织内部报告,而不是大范围披露。

(九) AU 900——委员会对审计程序的特殊报告

《AU 901——公共仓库——对货物所有权的控制和审计程序》(Public Warehouses—Controls and Auditing Procedures for Goods Held)

AU 901 主要内容包括:审计师对于仓库中货物保管的程序,以及对仓库中货物所有权实施的审计程序;管理当局有责任将交易合理记录于账簿,以确保资产的维护和财务报表实质上的准确性和充分性。

(十) ASB 发布的审计准则目录表

ASB 发布的审计准则目录如表 2-1 所示[①]。

[①] http://www.aicpa.org/Research/Standards/AuditAttest/Pages/SAS.aspx,2011-07-20;
http://en.wikipedia.org/wiki/Statements_on_Auditing_Standards_(USA),2011-07-20.

第二篇 审计准则类

表 2-1 ASB 审计准则目录表

编号	发布日期	标　　题
SAS No. 1	1972.11	审计准则和程序的编纂(Codification of Auditing Standards and Procedures)
SAS No. 2	1974.10	对已审财务报表的报告(Reports on Audited Financial Statements)(被 SAS No. 58 取代)
SAS No. 3	1974.11	电子商务对审计师关于内部控制的研究和评价的影响(The Effects of EDP on the Auditor's Study and Evaluation of Internal Control)(被 SAS No. 48 取代)
SAS No. 4	1974.12	独立事务所的质量控制准则(Quality Control Considerations for a Firm of Independent Auditors)(被 SAS No. 25 取代)
SAS No. 5	1975.7	独立审计报告中"依据公认会计原则公允表达"的含义(The Meaning of "Present Fairly in Conformity With Generally Accepted Accounting Principles" in the Independent Auditor's Report)(被 SAS No. 69 取代)
SAS No. 6	1975.7	关联方交易(Related Party Transactions)(被 SAS No. 45 取代)
SAS No. 7	1975.10	前后任审计师的沟通(Communications Between the Predecessor and Successor Auditors)(被 SAS No. 84 取代)
SAS No. 8	1975.12	年度报告中的其他信息(Other Information in Documents Containing Audited Financial Statements)
SAS No. 9	1975.12	内部审计职能对独立审计师审核范围的影响(The Effect of an Internal Audit Function on the Scope of the Independent Auditor's Examination)(被 SAS No. 65 取代)
SAS No. 10	1975.12	中期财务信息的复核(Limited Review of Interim Financial Information)(被 SAS No. 24 取代)
SAS No. 11	1975.11	利用专家的工作(Using the Work of a Specialist)(被 SAS No. 73 取代)
SAS No. 12	1976.1	询问客户的律师关于诉讼、声明、评估事项(Inquiry of a Client's Lawyer Concerning Litigation, Claims, and Assessments)
SAS No. 13	1976.5	对复核中期财务信息的报告(Reports on a Limited Review of Interim Financial Information)(被 SAS No. 24 取代)
SAS No. 14	1976.12	特殊报告(Special Reports)(被 SAS No. 62 取代)
SAS No. 15	1976.12	对比较财务报告的报告(Reports on Comparative Financial Statements)(被 SAS No. 58 取代)
SAS No. 16	1977.1	独立审计师对检查错误或违规行为的责任(The Independent Auditor's Responsibility)(被 SAS No. 53 取代)
SAS No. 17	1977.1	客户的不合法行为(Illegal Acts by Clients)(被 SAS No. 54 取代)
SAS No. 18	1977.5	未经审计的重置成本信息(Unaudited Replacement Cost-Information)(被审计准则委员会撤回)
SAS No. 19	1977.6	客户责任(Client Representations)(被 SAS No. 85 取代)
SAS No. 20	1977.8	必要的关于内部会计控制重大缺陷的沟通(Required Communication of Material Weaknesses in Internal Accounting Control)(被 SAS No. 60 取代)
SAS No. 21	1977.12	分部信息(Segment Information)(被审计准则委员会撤销)
SAS No. 22	1978.3	计划和监督(Planning and Supervision)

(续 表)

编号	发布日期	标 题
SAS No. 23	1978.10	分析性复核程序(Analytical Review Procedures)(被 SAS No. 56 取代)
SAS No. 24	1979.3	复核中期财务信息(Review of Interim Financial Information)(被 SAS No. 36 取代)
SAS No. 25	1979.11	公认审计准则和质量控制准则的关系(The Relationship of Generally Accepted Auditing Standards to Quality Control Standards)
SAS No. 26	1979.11	财务报表认定(Association With Financial Statements)
SAS No. 27	1979.12	财务会计准则委员会要求的其他信息(Supplementary Information Required by the Financial Accounting Standards Board)(被 SAS No. 52 取代)
SAS No. 28	1980.6	关于改变定价的影响的补充信息(Supplementary Information on the Effects of Changing Prices)(被 SAS No. 52 取代)
SAS No. 29	1980.7	对审计师提交的文件中基本财务报表一致情况的报告(Reporting on Information Accompanying the Basic Financial Statements in Auditor-Submitted Documents)
SAS No. 30	1980.7	对内部会计控制的报告(Reporting on Internal Accounting Control)(被 SSAE No. 2 取代)
SAS No. 31	1980.8	证据(Evidential Matter)
SAS No. 32	1980.10	财务报表披露的充分性(Adequacy of Disclosure in Financial Statements)
SAS No. 33	1980.10	附属的石油和天然气的储备声明(Supplementary Oil and Gas Reserve Information)(被 SAS No. 45 取代)
SAS No. 34	1981.3	审计师对被审计单位可持续经营问题的考虑(The Auditor's Considerations When a Question Arises About and Entity's Continued Existence)(被 SAS No. 59 取代)
SAS No. 35	1981.4	特殊报告——对财务报表特定项目、账户或特定账户的特定内容执行商定程序(Special Reports-Applying Agreed-Upon Procedures to Specified Elements, Accounts, or Items of a Financial Statement)(被 SAS No. 75 取代)
SAS No. 36	1981.4	复核中期财务信息(Review of Interim Financial Information)(被 SAS No. 71 取代)
SAS No. 37	1981.4	根据联邦证券章程整理的档案(Filings Under Federal Securities Statutes)
SAS No. 38	1981.4	致担保方的信函(Letters for Underwriters)(被 SAS No. 49 取代)
SAS No. 39	1981.6	审计抽样(Audit Sampling)
SAS No. 40	1982.2	附属的矿产储备信息(Supplementary Mineral Reserve Information)(被 SAS No. 52 取代)
SAS No. 41	1982.4	工作底稿(Working Papers)(被 SAS No. 96 替代)
SAS No. 42	1982.8	简明财务报表和可供选择的财务数据(Reporting on Condensed Financial Statements and Selected Financial Data)
SAS No. 43	1982.8	审计准则的综合声明(Omnibus Statement on Auditing Standards)
SAS No. 44	1983.8	对服务机构的内部会计控制的特殊目的报告(Special-Purpose Reports on Internal Accounting Control at Service Organizations)(被 SAS No. 70 取代)
SAS No. 45	1983.8	审计准则的综合声明——1983(Omnibus Statement on Auditing Standards——1983)
SAS No. 46	1983.9	对报告期后省略程序的考虑(Consideration of Omitted Procedures After the Report Date)

(续 表)

编号	发布日期	标　　题
SAS No. 47	1983.12	审计过程中的审计风险和重要性(Audit Risk and Materiality in Conducting an Audit)
SAS No. 48	1984.7	财务报表审计中计算机程序的影响(The Effects of Computer Processing on the Audit of Financial Statements)
SAS No. 49	1984.9	致担保方的信函(Letters for Underwriters)(被 SAS No. 72 取代)
SAS No. 50	1986.7	对会计准则运用的报告(Reports on the Application of Accounting Principles)
SAS No. 51	1986.7	对其他地区财务报表的报告(Reporting on Financial Statements Prepared for Use in Other Countries)
SAS No. 52	1988.4	审计准则的综合声明—1987(Omnibus Statement on Auditing Standards—1987)
SAS No. 53	1988.4	审计师对检查和报告错误和违规行为的责任(The Auditor's Responsibility to Detect and Report Errors and Irregularities)(被 SAS No. 82 取代)
SAS No. 54	1988.4	客户的不合法行为(Illegal Acts by Clients)
SAS No. 55	1988.4	财务报告审计中对内部控制的考虑(Consideration of Internal Control in a Financial Statement Audit)(被 SAS No. 109 取代)
SAS No. 56	1988.4	分析程序(Analytical Procedures)
SAS No. 57	1988.4	审计会计评估(Auditing Accounting Estimates)
SAS No. 58	1988.4	对已审财务报告的报告(Reports on Audited Financial Statements)
SAS No. 59	1988.4	审计师对被审计单位可持续能力的考虑(The Auditor's Consideration of an Entity's Ability to Continue as a Going Concern)
SAS No. 60	1988.4	审计过程中对内部控制相关事项的沟通(Communication of Internal Control Related Matters Noted in an Audit)(被 SAS No. 112 取代)
SAS No. 61	1988.4	与审计委员会的沟通(Communication With Audit Committees)(被 SAS No. 114 取代)
SAS No. 62	1989.4	特殊报告(Special Reports)
SAS No. 63	1989.4	政府部门和其他接受政府财政资助单位的合规性审计(Compliance Auditing Applicable to Governmental Entities and Other Recipients of Governmental Financial Assistance)(被 SAS No. 68 取代)
SAS No. 64	1990.12	审计准则的综合声明—1990(Omnibus Statement on Auditing Standards—1990)
SAS No. 65	1991.4	财务报表审计中对内部审计职能的考虑(The Auditor's Consideration of the Internal Audit Function in an Audit of Financial Statements)
SAS No. 66	1991.6	对已提交或待提交给指定监管机构的中期财务信息事项的沟通(Communication of Matters About Interim Financial Information Filed or to Be Filed with Special Regulatory Agencies)(被 SAS No. 71 取代)
SAS No. 67	1991.11	确认过程(The Confirmation Process)
SAS No. 68	1991.12	政府部门和其他接受政府财政资助单位的合规性审计(Compliance Auditing Considerations in Audits of Governmental Financial Assistance)(被 SAS No. 74 取代)
SAS No. 69	1992.1	公认会计原则中公允表达的含义(The Meaning of Present Fairly in Conformity With Generally Accepted Accounting Principles)
SAS No. 70	1992.4	服务机构(Service Organizations)

(续表)

编号	发布日期	标题
SAS No. 71	1992.5	中期财务信息(Interim Financial Information)(被 SAS No. 100 取代)
SAS No. 72	1993.2	致担保方和其他要求方的信函(Letters for Underwriters and Certain Other Requesting Parties)
SAS No. 73	1994.7	利用专家的工作(Using the Work of a Specialist)
SAS No. 74	1995.2	政府部门和其他接受政府财政助单位审计中的合规性审计考虑(Compliance Auditing Considerations in Audits of Governmental Financial Assistance)
SAS No. 75	1995.9	对财务报表特定项目、账户或特定账户的特定内容执行商定程序(Engagements to Apply Agreed-Upon Procedures to Specified Elements, Accounts, or Items of a Financial Statement)(被 SAS No. 93 取代)
SAS No. 76	1995.9	修订审计准则 SAS No. 72 的声明(Amendments to Statement on Auditing Standards No. 72)
SAS No. 77	1995.11	修订审计准则 SAS No. 22 的声明(Amendments to Statements on Auditing Standards No. 22)
SAS No. 78	1995.12	财务报表审计中对内部控制的考虑:修订审计准则 SAS No. 55 的声明(Consideration of Internal Control in a Financial Statement Audit:An Amendment to Statement on Auditing Standards No. 55)
SAS No. 79	1995.12	修订审计准则 SAS No. 58 的声明(Amendment to Statement on Auditing Standards No. 58)
SAS No. 80	1996.12	修订审计准则 SAS No. 31 的声明(Amendment to Statement on Auditing Standards No. 31)
SAS No. 81	1996.12	对投资的审计(Auditing Investments)(被 SAS No. 92 取代)
SAS No. 82	1997.2	财务报告审计中对舞弊的考虑(Consideration of Fraud in a Financial Statement Audit)(被 SAS No. 99 取代)
SAS No. 83	1997.10	建立对客户的了解(Establishing an Understanding With the Client)
SAS No. 84	1997.10	前后任审计师的沟通(Communications Between Predecessor and Successor Auditors)
SAS No. 85	1997.11	管理层声明(Management Representations)
SAS No. 86	1998.3	修订审计准则 SAS No. 72 的声明(Amendment to Statement on Auditing Standards No. 72)
SAS No. 87	1998.9	审计师报告的使用限制(Restricting the Use of an Auditor's Report)
SAS No. 88	1999.12	服务机构和对一致性的报告(Service Organizations and Reporting on Consistency)
SAS No. 89	1999.12	审计判断(Audit Adjustments)
SAS No. 90	1999.12	审计委员会的沟通(Audit Committee Communications)
SAS No. 91	2000.4	联邦会计准则体系(Federal GAAP Hierarchy)
SAS No. 92	2000.9	审计衍生工具、规避风险的活动和证券投资(Auditing Derivative Instruments, Hedging Activities, and Investments in Securities)
SAS No. 93	2000.10	审计准则的综合声明—2000(Omnibus Statement on Auditing Standards—2000)
SAS No. 94	2001.5	财务报表审计中信息技术对内部控制的影响(The Effect of Information Technology on the Auditor's Consideration of Internal Control in a Financial Statement Audit)

(续 表)

编号	发布日期	标题
SAS No. 95	2001.12	公认审计准则(Generally Accepted Auditing Standards)
SAS No. 96	2002.1	审计文件(Audit Documentation)(被 SAS No. 103 取代)
SAS No. 97	2002.6	修订审计准则 SAS No. 50 的声明(Amendment to Statement on Auditing Standards No. 50)
SAS No. 98	2002.9	审计准则的综合声明—2002(Omnibus Statement on Auditing Standards—2002)
SAS No. 99	2002.10	财务报告审计中对舞弊的考虑(Consideration of Fraud in a Financial Statement Audit)
SAS No. 100	2002.11	中期财务信息(Interim Financial Information)
SAS No. 101	2003.1	公允价值计量与披露审计(Auditing Fair Value Measurements and Disclosures)
SAS No. 102	2005.12	审计准则声明中专业需求的定义(Defining Professional Requirements in Statements on Auditing Standards)
SAS No. 103	2005.12	审计文件(Audit Documentation)
SAS No. 104	2006.2	修订审计准则 SAS No. 1 的声明(Amendment to Statement on Auditing Standards No. 1)
SAS No. 105	2006.2	修订审计准则 SAS No. 95 的声明(Amendment to Statement on Auditing Standards No. 95)
SAS No. 106	2006.2	审计证据(Audit Evidence)
SAS No. 107	2006.2	审计过程中审计风险和重要性(Audit Risk and Materiality in Conducting an Audit)
SAS No. 108	2006.2	计划与监督(Planning and Supervision)
SAS No. 109	2006.2	了解被审计单位及其环境并评估重大错报风险(Understanding the Entity and its Environment and Assessing the Risks of Material Misstatements)
SAS No. 110	2006.2	为评估风险和评价审计证据所执行的审计程序(Performing Audit Procedures in Response to Assessed Risks and Evaluating the Audit Evidence Obtained)
SAS No. 111	2006.2	修订审计准则 SAS No. 39 的声明(Amendment to Statement on Auditing Standards No. 39)
SAS No. 112	2006.5	审计过程中对内部控制相关事项的沟通(Communicating Internal Control Related Matters Identified in an Audit)(被 SAS No. 115 取代)
SAS No. 113	2006.11	综合—2006(Omnibus 2006)
SAS No. 114	2006.12	审计师处理与治理相关的被控时的沟通(The Auditor's Communication With Those Charged With Governance)
SAS No. 115	2008.10	审计过程中对内部控制相关事项的沟通(Communicating Internal Control Related Matters Identified in an Audit)
SAS No. 116	2009.2	中期财务信息(Interim Financial Information)
SAS No. 117	2009.12	合规性审计(Compliance Audits)
SAS No. 118	2010.12	被审计财务报表所在文件中的其他信息(Other Information in Documents Containing Audited Financial Statements)
SAS No. 119	2010.12	与财务报表作为同一整体的补充信息(Supplementary Information in Relation to the Financial Statements as a Whole)
SAS No. 120	2010.12	所需的补充信息(Required Supplementary Information)

三、PCAOB 发布审计准则的主要内容

《AS No.1——在审计报告中援引公众公司会计监管委员会的准则》(References in Auditors' Reports to the Standards of the Public Company Accounting Oversight Board)

AS No.1 于 2004 年 5 月 14 日被证券交易管理委员会通过,于 2004 年 5 月 24 日开始生效,其主要内容包括:审计准则在被证券交易委员通过后的第十天或十天后开始生效;在准则的有效日之前出具的审计报告要求声明支持这些报告的审计工作是按照一般公认审计准则的要求执行的;PCAOB 采用 2003 年 4 月 16 日存在的一般公认审计准则作为过渡准则。

《AS No.2——对与财务报表审计相关联的财务报告内部控制制度进行审计的准则》(An Audit of Internal Control Over Financial Reporting Performed in Conjunction With an Audit of Financial Statements)

AS No.2 于 2004 年 6 月 17 日被证券交易管理委员会通过。2007 年 5 月 24 日,美国公众公司会计监督委员会(PCAOB)一致投票通过了审计准则第 5 号以替代此项有争议的内部控制审计准则第 2 号。第 2 号准则的主要内容包括:为审计师审计公司的财务报表和管理层对于财务报告内部控制有效性评估制订要求和提供指引,提出财务报告内部控制审计的目标是对管理层就企业财务报告内部控制有效性的评估发表意见;要求审计人员评价管理层应用于评估内部控制的程序方法的可靠性;复核和使用一些管理层、内部审计人员和其他人的评价过程中取得的测试结果;或自己进行测试,以形成独立意见。明确了管理层的责任有:识别评估对象,识别评估范畴,评估控制的失效风险,评估控制结果,评估缺陷的严重性,就主要发现与相关方面进行沟通,评估主要发现是否和评估结果相一致。明确了管理层在内部控制审计中应承担的责任:对内部控制的效果负责,应使用适当的标准(COSO)来评估公司内部控制的效果,应取得并保留充分的证据(包括文本记录)作为其对内控评估的依据,应从 2005 年 12 月 31 日起,在公司年报中发表对于财务报告内部控制效果的书面评估意见。审计师的责任有:了解交易流程,包括交易是如何初始、授权、记录、处理和报告的,确定流程中可能产生相关财务报表认定错报的环节(包括由于舞弊产生的错报),明确管理层为防止潜在错报而实施的内控,明确管理层针对防止或及时发现未授权取得、使用或处置公司资产而实施的内控。

《AS No.3——审计文档》(Audit Documentation)

AS No.3 于 2004 年 8 月 25 日被证券交易管理委员会通过,于 2004 年 11 月 15 日开始生效。其主要内容包括:审计工作底稿的目标,即审计工作底稿是审计师的结论的书面记录,为审计师的声明提供证据;审计工作底稿有助于审计业务的计划、实施和监督,是审计工作质量复核的基础,因为它为审计师的重大结论提供了书面证明。审计工作底稿包括审计工作计划、实施的记录、已实施的程序、获得的证据以及审计师已形成的结论。审计工作底稿可能由实施审计工作的项目组成员复核,也可能由其他成员复核。审计工作底稿要求表明审计工作遵循了 PCAOB 的准则的要求,支持审计结论,表明会计记录与财务报告相吻合;审计工作底稿应包含足够的信息,以实现其设计的目的。审计工作底稿可以以纸质、电子文档或其他形式保存。审计工作底稿应提供充分的信息,使未曾接触该项业务的有经验的审计师了解已实施的审计程序,获得的审计证据,形成的审计结论的性质、时间和内容,了解执行审计工作的人员和日期以及复核的人员和日期;审计工作底稿还应包括审计师已识别的与最终结论不一致或相矛盾的重大发现;审计师从被授权使用与公司财务报告有关的审计报告之日起,应对审计工作底稿保管一定的年限,除非法律要求更长的期间。如果一项报告与业务无关,审计工作底稿应从外勤工作完成之日起保存若干年。如果审计师没有完成该项业务,审计工作底稿应从业务取消之日起保存若干年。审计师的口头解释不能为他们已实施的审计程序和已得出的审计结论提供充足的证据。但口头解释可以用来支持在审计记录中包含的信息。在审计工作底稿完成后,审计记录可能被删除或废弃。然而,审计记录也可能会增加,任何增加的记录都必须说明信息增加的日期,编制额外信息的人员以及增加信息的原因。

《AS No. 4——对以前报告的重大缺陷是否依然存在进行报告》(Reporting on Whether a Previously Reported Material Weakness Continues to Exist)

AS No. 4 于 2006 年 2 月 6 日被证券交易管理委员会通过,并于同日起开始生效。其主要内容包括审计师在以下情形下需要执行业务来报告先前报告的重大缺陷是否仍存在:在公司最近的内部报告评估结果日审计师已按 AS No. 2 的要求审计了公司的财务报告和内部控制;审计师在当前年度按照 AS No. 2 的要求完成了财务报告和内部控制的审计工作,并有充足的条件来完成这项工作。审计师可能将报告先前已报告的重大缺陷作为一个单项业务的一部分,审计师报告先前已报告的重大缺陷是否仍存在的目的是为了在管理层指出的具体日期为先前报告的重大缺陷是否存在提供合理的保证并出具意见。为了获得合理的保证,审计师应获得评价证据,以确定具体的控制在管理层指出的具体日期是否被有效的设计和运行,并且这些控制是否满足了公司的控制目标。在以下情形下,审计师应报告先前报告的重大缺陷是否仍存在:管理层承担与财务报告有关的内部控制的效率的责任;管理层评价内部控制的效率,并确定管理层运用内部控制的最新年度评估报告中的同样的控制标准来评价重大缺陷;管理层声明在达到控制目标时识别的具体控制是有效的;管理层有足够的证据和记录支持其结论。

《AS No. 5——与财务报告审计相结合的内部控制审计》(An Audit of Internal Control Over Financial Reporting That Is Integrated with An Audit of Financial Statements)

AS No.5 于 2007 年 6 月被美国证券交易委员会(SEC)批准。这项新准则将取代 PCAOB 此前所制定的内控审计准则——审计准则第 2 号。其主要内容包括:使用由上而下的方法来评价内部控制,对主体层面控制分为三个层次:对财务报告要素有直接影响的主体层面控制(direct);对财务报告要素有间接影响的主体层面控制(indirect);用来监控其他控制有效性而设计的控制(monitor)。检验主体层面的控制,首先要保证内部控制的评价按照最普遍和最重要的顺序排序和检验,然后再到最细节和详细划分的地方。充分利用风险导向的方法,风险评估不仅局限于辨别数量上重要的账户,也可以评价所有和财务报告相关的控制。可以定量的风险需要和账户、过程和控制相关联,来评价相应的舞弊风险、IT 独立性、对管理人员越权(managementoverride)的敏感性。这个评估的结果会使关注点集中在合规项目和相关高风险领域的测试,同时显著地减少测试工作和控制失败的机会。准则鼓励审计师使用公司员工和内部审计师的工作成果,使用其他人工作的范围包括分享管理当局、内部审计师和外部审计师所掌握的情况。外部审计师在确定是否依赖其他人工作的时候要考虑三个因素:被测试事项的性质;执行测试人员的专业胜任能力;执行测试人员的客观性。该准则还统一了 PCAOB 的审计准则和 SEC 的管理层解释指南中的术语,使两个文件在关于 ICFR 的评估和判断过程相一致。例如:实质性薄弱环节(material weakness)和重大缺陷(significant deficiency),用主体层面控制(entity-level controls)取代公司层面控制(company-level controls)等。该准则要求审计师更加关注穿行测试的目标,而不是程序本身,强调审计师的职业判断,允许审计师根据公司的实际情况安排审计的性质、时间和程序。

《AS No. 6——评价财务报告的一致性》(Evaluating Consistency of Financial Statements)

AS No.6 于 2008 年 9 月 16 日被证券交易委员会通过,并于 2008 年 11 月 15 日生效。其主要内容包括:这项准则为审计师评价财务报告的一致性提供指引,包括先前已发表的财务报告的改动,评价审计报告的影响。审计师评价一致性的期间取决于审计报告的期间,当审计报告只针对当期时,审计师应评价当期的财务报告是否与先前期间一致；当审计报告覆盖两个或多个期间时，审计师应评价这些期间以及这些期间与前期的一致性。如果这些事情对财务报告有重大影响，审计师应确认与财务报告一致性有关的以下事项：会计准则的改变；对先前已出具的财务报告的修正的调整。当出现以下情况可以出现准则的转变：有两个或更多一般公认会计原则可以应用；先前运用的会计原则不再被认可。应用一项会计原则时方法的改变也被认为是会计原则改变。审计师应评价会计原则改变所带来的影响。审计师应评价会计原则的改变是否满足如下要求：新采用的会计原则是一般公认会计准则；与会计改变相关的披露是充分的；公司评判替代的会计原则更好。

《AS No. 7——参与质量评审》(Engagement Quality Review)

AS No. 7 于 2009 年 7 月 28 日被证券交易委员会通过，并于 2009 年 12 月 15 日生效。其主要内容包括：适用的标准、参与质量评审人员的要求、审计质量评审的过程、评估以及与现行发行准则的一致性、中期财务信息质量评审、质量评审文件包括的内容。

《AS No. 8——审计风险》(Audit Risk)

AS No. 8 于 2009 年 7 月 28 日被证券交易委员会通过，并于 2010 年 12 月 15 日生效。该准则明确了审计师在财务报表审计中考虑的审计风险，其主要内容：审计风险的定义和组成要素（重大错报风险和检查风险）。

《AS No. 9 ——审计计划》(Audit Planning)

AS No. 9 于 2010 年 8 月 5 日被证券交易委员会通过，并于 2010 年 12 月 15 日生效。该准则规定了审计师的审计计划要求，以帮助审计师有效的审计，主要内容包括：参与编制审计计划的责任；计划一项审计活动；前期管理活动；计划活动；审计策略；审计活动变更；需要的特殊知识和技能；初始审计之外的考虑等内容。

《AS No. 10——审计业务监督》(Supervision of the Audit Engagement)

AS No. 10 于 2010 年 8 月 5 日被证券交易委员会通过，并于 2010 年 12 月 15 日生效。该准则规定了包括监督小组成员参与的有关工作要求的审计业务监督，主要内容包括：合伙人参与的监督；团队成员参与的监督。

《AS No. 11——审计计划和实施重要性的考虑》(Consideration of Materiality in Planning and Performing an Audit)

AS No. 11 于 2010 年 8 月 5 日被证券交易委员会通过，并于 2010 年 12 月 15 日生效。该准则建立了审计计划和实施重要性的考虑，界定了审计语境中的"重要性"内涵，其主要内容包括：财务报表层次的审计重要性水平；账户和披露层次的重要性水平；确定可容忍的错报水平；审计过程中的注意事项。

《AS No. 12——确定和评估重大错报风险》(Identifying and Assessing Risks of Material Misstatement)

AS No. 12 于 2010 年 8 月 5 日被证券交易委员会通过,并于 2010 年 12 月 15 日生效。该准则明确审计师在确定和评估财务报表重大错报风险的程序,主要内容包括:执行评估风险程序;获得对本公司及其环境的了解;行业管制和其他外部因素;公司性质、选择和运用会计原则;策略及相关业务风险;公司的绩效指标获取;对财务报告内部控制的认识。

《AS No. 13——审计师对重大错报风险的响应》(The Auditor's Responses to the Risks of Material Misstatement)

AS No. 13 于 2010 年 8 月 5 日被证券交易委员会通过,并于 2010 年 12 月 15 日生效。该准则对建立了重大错报风险的制定和执行方面的要求做了规定,主要内容包括:对重大错报风险的响应;涉及的响应性质、时间和审计程序的范围;检查和控制;实质性程序。

《AS No. 14——评价审计结论》(Evaluating Audit Results)

AS No. 14 于 2010 年 8 月 5 日被证券交易委员会通过,并于 2010 年 12 月 15 日生效。该准则规定了审计师关于审计结论的评价以及他(或她)是否获得了充分的、适当的审计证据的测定,主要内容包括:评价财务报表的审计结论;评估对该财务报告内部控制审计的结论。

《AS No. 15——审计证据》(Audit Evidence)

AS No. 15 于 2010 年 8 月 5 日被证券交易委员会通过,并于 2010 年 12 月 15 日生效。该准则说明构成审计证据的要求,建立设计和执行审计程序,以获取充分适当的审计证据,主要内容包括:充分适当的审计证据;财务报表声明;为获得审计证据的审计程序;选择项目进行测试,以获取审计证据。

主要参考文献

[1] http://www.aicpa.org/Professional＋Resources/Accounting＋and＋Auditing/Audit＋and＋Attest＋Standards/Auditing＋Standards＋Board, 2011-03-12.

[2] http://www.pcaobus.org, 2011-03-12.

[3] http://www.aicpa.org, 2011-03-12.

(初稿执笔人:杜盼盼　宁晋豫　郭　璐)

第三篇　职业行为规范类

IFAC的《会计师职业道德守则》

一、《会计师职业道德守则》概述

国际会计师联合会(International Federation of Accountants,简称 IFAC)是一个由不同国家职业会计师组织组成的非营利性、非政府性和非政治性的机构,在瑞士日内瓦注册,总部设在美国的纽约,它代表着受雇从事公共业务(Public Practice)和在工商业、公共部门和教育部门任职的会计师。IFAC 的前身是一个国际性的协调机构,称为协调委员会。在 1972 年召开的第 10 届世界会计师大会上,与会的主要会计职业团体倡议成立国际会计准则委员会(International Accounting Standards Committee,简称 IASC)和 IFAC。随后,IASC 于 1973 年在英国伦敦正式成立(2001 年 1 月 IASC 改组为 IASB),IFAC 于 1977 年在德国慕尼黑召开的第 11 届世界会计师大会上宣告成立。虽然各国文化、语言、法律和社会结构不同,但是会计职业的特征很大程度上体现在追求共同目标上,以及为达到此目标而对某些基本原则的遵守上。考虑到自己的角色应是提供指南、提倡连续性和提高协调性,IFAC 认为应当建立会计师职业道德守则,作为对各国职业会计师职业道德要求的基础。1998 年,IFAC 发布《会计师职业道德守则手册》(Handbook of International Auditing, Assurance, and Ethics Pronouncements)后,分别于 2001 年、2005 年和 2009 年进行修订。IFAC 的《会计师职业道德守则手册》为各国的职业道德指南提供了一个范例,为职业会计师建立了行为准则,并阐述了为实现共同目标,职业会计师应遵守的一些基本原则。

二、《会计师职业道德守则》的基本框架

《会计师职业道德守则》认为,执业会计师的责任并不是专为满足个别客户或雇主的需要,而是对公众承担一定的责任。会计职业的公众包括客户、信用提供者、政府部门、雇主、雇员、投资者、企业和金融界,以及其他依赖职业会计师的客观、公正来维持正常商务秩序的部门。投资者、贷款人、雇主和其他商业界,甚至政府部门和社会公

众,都普遍依赖职业会计师进行高质量的会计报告工作和高效的财务管理工作,以及他们对各种经营和税务问题提出建设性建议。这种依赖赋予会计职业一种公众利益责任。公众利益指职业会计师为之服务的人和机构的整体福利。职业会计师在提供这些服务过程中的态度和行为对他们的行业和国家经济的健康运行有着重大影响。只有不断地提供独特服务,在公众心目中建立牢固的信任,职业会计师才能保持自己的优势地位。

因此,会计职业的目标是达到最高的职业标准,以实现最高的执业水平并最大限度地满足前述公众利益的要求。这些目标应满足以下四个基本需要:可靠性,即整个社会需要信息和信息系统具有可靠性;专业化,是指会计领域需要一些被客户、雇主和其他利益方认可的专业人士;服务质量,这是因为人们需要职业会计师保证提供的所有服务能达到最高的实施标准;信任度,这是为了让服务对象相信存在着一个职业道德体系对职业会计师的服务行为进行约束。

为实现会计职业的目标,职业会计师必须遵守一系列基本原则。这些基本原则包括:(1)公正性原则,职业会计师在提供专业服务时应该坦率、诚实;(2)客观性原则,职业会计师应力求公平,不得因偏见、利益冲突和他人影响而损害客观性;(3)专业胜任能力和谨慎原则,职业会计师提供专业服务时应保持应有的职业谨慎、专业胜任能力和勤勉作风。并且,随着业务、法规和技术的最新发展,职业会计师应使自己的专业知识和技能维持在较高水平上,以保证客户或雇主能够享受合格的专业服务;(4)保密原则,职业会计师应对在执业过程中获知的信息保密,除非有法定的或专业的披露权力及义务,否则在未经正当或特别授权的情况下,职业会计师不得使用或披露任何类似信息;(5)职业行为原则,职业会计师有义务维护本职业的良好声誉,不得有任何损害职业形象的行为,这一义务要求国际会计师联合会的成员组织在制定道德要求时应考虑职业会计师对客户、第三方、其他会计专业人员、员工、雇主和公众的责任;(6)技术准则原则,职业会计师应遵照相关技术和专业准则提供专业服务。职业会计师也有义务保持应有的谨慎和技能,执行客户和雇主的指令,遵守客观、公正的要求,执行公共业务时还应遵守独立性要求。而且,他们应该遵守由国际会计师联合会、国际会计准则委员会、各成员组织的专业机构或其他管理机构、相关法律机构制定的技术及专业准则。

《会计师职业道德守则》有1998年版、2001年版、2005年版和2009年版4个版本。新版(2009年版)分为三个部分:第一部分,从第一章至第七章,适用于所有职业会计师(职业会计师是指国际会计师联合会的成员组织的会员,不论其是否执行公共业务,还是在工业部门、商业部门、政府部门或教育部门工作),有特别说明的除外;第二部分,从第八章至第十四章,仅适用于执行公共业务的会计师(执行公共业务的职业会计师是指向客户提供各种审计、税务或咨询等专业服务的合伙人、相似职位的人或事务所的雇员,以及在执业过程中负有管理职责的职业会计师);第三部分,从第十五章至第十八章,适用于受雇职业会计师(受雇职业会计师是指受雇于工业部门、商业部门、政府部门或教育部门的职业会计师),适当时,也可适用于执行公共业务的会计师。下面是本守则的内容概要。

三、适用于所有职业会计师的职业道德要求要点

(一)公正性和客观性

公正性指公平和真实,而不仅仅指诚实。客观性原则使得职业会计师有责任做到公平、理智地诚实和超脱于利益冲突,以不同身份提供服务的职业会计师应证明自己在不同情况下的客观性。执行公共业务的职业会计师从事报告工作,并提供税务及其他管理咨询服务。其他职业会计师在工业部门、商业部门、政府部门或教育部门工作,有的作为下属职员编制会计报表,有的从事内部审计工作,有的则担任财务管理职务。他们也对那些希望进入会计行业的人进行培训。无论提供何种服务、担任何种职务,职业会计师都应维护其专业服务的公正性,并在判断中保持客观性。在辨别哪些情况和业务应满足关于客观性的职业道德要求时,应充分考虑以下因素:职业会计师处在一个可能受到压力的环境中(这些压力可能影响他们的客观性);列举和描述各种可能存在压力的情况是不现实的;应回避那些易导致偏见和受别人影响而损害客观性的关系;职业会计师有义务保证从事专业服务的全体人员遵守客观性原则;职业会计师既不得接受也不得提供礼品或招待,因为这些会被推定为对他们的专业判断或他们接触的人有重大不恰当影响。

(二)道德冲突的解决

职业会计师经常会面对产生利益冲突的情况。这种冲突可能以各种不同的方式产生,范围从相对轻微的两难境地到较严重的舞弊和其他类似的非法行为,而试图为可能产生利益冲突的潜在事例列出一张综合查询表是不可能的。职业会计师应始终保持关注并警觉可能产生利益冲突的因素:可能会有来自专横的董事、监事、经理或合伙人的压力,或者可能产生压力的家庭或个人关系对职业会计师产生干扰;职业会计师可能会被要求做出违背技术和专业准则的行为;在对忠诚的权衡过程中,可能会产

生问题(如在职业会计师的上级和所需遵循的专业行为准则之间);当有利于雇主或客户的误导性信息被公布,并且公布的结果不一定使职业会计师受益时,可能会出现冲突。

在运用道德守则确认不道德行为或解决道德冲突时,职业会计师可能遇到问题。当面对重大道德问题时,职业会计师应遵循所在单位已有政策,以寻求解决这些冲突的办法。如果这些政策仍不能解决道德冲突,应考虑以下做法:向直接上级阐明这一冲突问题。如果直接上级仍不能解决问题,且职业会计师决定求助于更高管理层时,应将这一决定通知其直接上级。如果这一直接上级明显已卷入冲突问题,职业会计师应将这一事件提交给更高一级的管理层。当直接上级是首席执行官(或相当职位的人)时,那么下一更高复议层可能是行政委员会、董事会、非执行董事、理事会、合伙人会议或股东;私下向独立顾问或适宜的职业会计师团体寻求咨询和建议,以获取对可能的法律程序的理解;在经过所有内部复议程序之后,如果道德冲突仍然存在,在一些重大事件上(如舞弊),职业会计师没有其他选择,作为最后手段,只能诉诸辞职,并向公司的适当代表提交信息备忘录。

此外,一些国家的地方法律、规章或专业准则可能要求将某些严重事件向诸如执法和监督机构等外部机构报告。较高职位的职业会计师应促进所在组织建立解决利益冲突的政策。成员组织有义务确保面临道德冲突的会员可以寻求到私下的咨询和建议。

(三) 专业胜任能力

专业胜任能力可分为两个相互独立的层次:专业胜任能力的获取——获取专业用途能力首先需要高标准的普通教育,继而需要进行相关专业学科的专门教育、培训和考试,无论明确与否,一般都要求有一定的工作经历,这是职业会计师成长的一般模式;专业胜任能力的保持——保持专业胜任能力需要不断了解会计职业的发展,包括有关国家和国际组织在会计、审计方面的最新声明,以及其他相关规定和法定要求。为保证专业服务的实施符合适当国家和国际的声明,职业会计师应引入质量控制程序。此外,职业会计师不能宣称拥有本不具备的专长或经验。

(四) 保密

职业会计师可以接触许多关于客户或雇主事务的本不欲向公众披露的信息。因此,职业会计师有义务对在专业服务过程中获得的有关客户或雇主事务的信息进行保密。保密不只是信息披露中需要注意的问题,而且还要求职业会计师不能因个人或第三方的利益而实际或形式上使用在执业过程中获得的信息。这一保密责任在职业会计师与客户或雇主的关系终止后仍应持续,而且职业会计师有义务保证下属员工以及提供建议和协助的人员也遵守保密原则。制定关于保密原则的专业准则,为保密职责的性质和范围提供指南,以及就允许或要求披露在专业服务过程中所获信息的情况提供指南,是符合公众和职业利益的,其详细要求取决于每一成员组织所在国家的法律法规。

职业会计师应始终遵守保密原则,除非以下情形:披露已获授权时——当客户或雇主授权披露时,职业会计师应考虑所有各方的利益,包括利益可能受到影响的第三方的利益;法律要求披露时——比如,为法律诉讼程序准备文件和提供证据,或者向适当的公共管理机构披露所发现的违法行为;有专业披露责任或权力时——遵守技术准则和道德要求,在法律诉讼程序中保护职业会计师的职业利益,接受成员组织或职业组织的质量复核(或同业互查),答复成员组织或管理机构的调查或询问。

当职业会计师决定披露秘密信息时,在所有这些情况下,应考虑是否需要向有关法律机构和(或)职业组织进行咨询;是否已在尽量可行的程度上了解和证实了所有相关情况;如果存在未证实的情况或意见,在决定做何种类型披露时应运用专业判断;以何种方式进行传达,对方是谁;特别地,职业会计师应确知对方是合适的接受者并有责任执行;职业会计师是否会因作此传达而招致法律责任,其后果会是什么。

(五) 税务服务业务

提供专业税收服务的职业会计师有责任维护客户或雇主的最优地位,提供服务必须具有专业胜任能力,不能损害客观性和公正性,且职业会计师应遵守法律。这样,只要能合理保证这一最优地位,一些疑难问题就会以有利于客户或雇主的方式解决。职业会计师不得向客户或雇主保证所编制的纳税申报表和提供的税务建议无可挑剔。相反,职业会计师应保证客户或雇主知悉税务建议和服务的固有局限,以便他们不会误解针对某一事实的意思表示。执行或协助纳税申报表编制工作的职业会计师应告知客户或雇主,为申报表的内容负主要责任的应是客户或雇主。职业会计师应采取必要措施保证申报表在所获信息的基础上正确编制。向客户或雇主提供的税务建议或对重大结论的意见,应以信件或文件备忘录的形式予以记录。

如果执业会计师有理由相信存在以下问题,那么他不得参与申报表的编制或传播:有错误陈述或误导性陈述;包含有不负责任的粉饰性声明或信息,或没有任何资料证明其正确与否;遗漏或模糊表述了必须包含的信息,而这种遗漏或模糊表述会误导税务机关。如果估计数据被普遍接受或在获取精确数据不现实的情况下,职业会计师可能编制含有估计数据的纳税申报表。如果使用了估计数据,则应明确指出,以免这些数据被认为比实际数据更精确。职业会计师也应确信在这种情况下估计数据是合理的。编制纳税申报表时,职业会计师通常依据客户或雇主粉饰过的看似合理的信息,虽然不要求对支持这些信息的文件和其他证据进行检查或复核,但适当时职业会计师应鼓励客户或雇主提供这些支持数据。除此之外还有如下要求:若有可能,职业会计师应参考客户或雇主以前年度的申报表;当提供的信息看似不正确或不完整时,职业会计师必须进行合理调查;职业会计师应参阅企业经营账簿和记录。

当职业会计师了解到以前年度的纳税申报表中有重大错误或遗漏(该职业会计师可能已经或没有与这些错误或遗漏有牵连),或未能提交所要求的纳税申报表,则职业会计师有以下责任:立即将错误或遗漏通知客户或雇主,并建议向税务机关披露。正常情况下,职业会计师没有义务也不得在未经允许的情况下向税务机关报告;如果客户或雇主不改正错误,职业会计师应告知客户或雇主,在关于该申报表或提交给管理机关的其他相关信息方面,将不再代表客户或雇主,或考虑在任何职位与客户继续合作是否符合专业职责的要求;如果职业会计师认为与客户或雇主的职业关系仍可继续,则应采取一切可能的措施保证在以后的纳税申报表中不会再次出现相同错误;一些国家的专业规定或法律规定可能要求职业会计师必须通知税务机关,他们不再与该申报表或其他信息有任何联系,也不再代表客户或雇主进行工作。这种情况下,职业会计师应在通知税务机关之前将这一情况通知客户或雇主,并且未经客户或雇主同意,不得向税务机关提供其他信息,除非法律规定必须提供。

(六)跨国业务

在跨国业务中考虑运用职业道德条款时,会遇到很多问题。无论职业会计师仅是一个国家的职业会员,还是同时也是业务执行地国家的职业会员,他处理每一问题的态度不得受影响。

在某个国家取得资格的职业会计师可能居住在另一国家或临时到另一国家提供专业服务。无论怎样,职业会计师提供专业服务时应遵循有关技术准则和道德要求。当职业会计师在母国以外的国家执业,并且两国的职业道德要求在具体问题上有差异时,适用以下要求:如果执业地国家的职业道德要求不比 IFAC 准则严格,应运用 IFAC准则;如果执业地国家的职业道德要求比 IFAC 准则严格,应运用执业地准则;如果母国的职业道德要求对国外执业是强制适用的,且比以上两款列示的准则严格,那么应运用母国的职业道德要求。

（七）宣传

在将自己和自己的工作在市场上进行宣传和促销时，职业会计师准则要求不使用有损职业形象的方式；不对自己可能提供的服务、拥有的能力和具备的经验进行夸大性陈述；不贬低其他会计师的工作。

四、适用于执行公共业务职业会计师的职业道德要求要点

（一）独立性

执行公共业务的职业会计师从事报告任务时，应在实质上和形式上没有任何会影响独立、客观、公正的利益，无论这种利益的实际影响会怎样。当以下一些情况与客户或客户的事务有经济牵连时，理性观察者有理由对执行公共业务的职业会计师的独立性产生怀疑：在客户中有直接经济利益；在客户中有非直接重大经济利益，如职业会计师是某托管财产的托管人或某不动产的执行官或管理者，而该托管财产或不动产在客户的公司里有经济利益；向客户或客户公司的经理、董事或主要股东借出或借入款项；在客户或客户的雇员创办的合资企业中有经济利益；在非客户公司中拥有经济利益，而该公司是客户的投资者或被投资者。

如果执行公共业务的职业会计师在被审核会计期间或曾在接受业务委托前的一段时间内作为某公司董事会成员、经理、雇员或某公司董事会成员、经理或雇员的合伙人，那么，他们在对该公司执行报告任务时，会被认为拥有削弱独立性的利益。在从事审计或其他报告任务之外，如果执行公共业务的职业会计师向客户提供其他服务，应注意不要行使管理职能和作出管理决策，因为这些工作应是董事会和管理当局的职责。个人及家庭关系可以影响独立性，所以应特别注意保证任何独立的工作步骤不受个人及家庭关系的影响。

如果从一个客户处或相互关联的客户集团处多次收取的费用占执行公共业务的职业会计师或事务所总收费的比例很大，则必须详细分析对这一客户或客户集团的依赖，这种依赖可能引发对独立性的怀疑。在法律和成员组织都允许或有收费的国家，或有收费应仅限于对独立性不作要求的业务。因此，不能在业务约定中将获得某种具体服务成果作为收费前提，或按服务成果的大小收费。不能根据这样的业务约定向客户提供服务。接受客户的物品和服务可能会危及独立性，同时，接受不适当的招待也可能产生类似损害。

理想的情况下,事务所的资本应全部由执行公共业务的职业会计师拥有。不过,如果资本所有权和表决权的大多数由执行公共业务的职业会计师控制,那么也允许其他人对资本拥有所有权。事务所的合伙人可能因辞职、退伙、退休或事务所的出售等原因离开事务所,这样的合伙人可能会接受事务所的客户的聘任。当该客户正在委托该事务所进行审计或执行其他报告任务时,在以下情况中,事务所的独立性将不受损害:因前合伙人在事务所中的利益而对其进行的支付,和根据已确定了付款期和付款金额的支付计划对前合伙人支付未设基金的退休金。另外,对前合伙人的应付金额应不会导致对事务所持续经营能力的重大怀疑。无论是否有报酬,前合伙人都不能参与或被认为参与了事务所的运作或专业活动。这里的参与包括事务所向前合伙人提供办公场所和相关福利。

执行公共业务的职业会计师和客户之间的诉讼可能使人们认为执行公共业务的职业会计师与客户的正常关系达到了损害职业会计师独立性和客观性的程度。由同一个高级职员执行时限较长的业务约定可能会对独立性构成威胁,执行公共业务的职业会计师应采取措施确保在该业务约定中的客观性和独立性。

(二) 专业胜任能力以及与使用非会计师有关的责任

执行公共业务的职业会计师应避免提供其不胜任的专业服务,除非能获得使他们成功实施这些服务的足够的建议和帮助。如果职业会计师没有能力从事专业服务的某些特定部分,他们可向诸如其他职业会计师、律师、精算师、工程师、地质学家和估价师等专家寻求技术建议。这种情况下,虽然职业会计师依赖了专家的技术能力,但不能因此假定他遵守了道德要求。即使职业会计师对专业服务负完全责任,他也应保证遵守了道德行为规定。

当利用职业会计师以外的专家的服务时,职业会计师必须采取措施保证这些专家了解道德要求,关注前述6项基本原则,因为这些原则适用于有专家参与的任何任务。此外,所需监督和指导的程度取决于所涉及的个人和业务约定的性质,包括:要求个人阅读适当的道德守则;索取已理解道德规定的书面确认;在存在潜在冲突时提供咨询。

职业会计师也应对业务约定中的特定独立性规定或其他风险保持特别关注和指导(监督),以保证符合道德规定的要求。如果职业会计师在任何时候都无法保证遵守适当的道德行为要求,那么业务约定不能接受。如果业务约定已开始执行,则应终止。

(三) 收费和佣金

为客户提供专业服务的执行公共业务的职业会计师有责任在提供这些服务时保

持客观、公正,并遵守适当技术准则的要求。这一责任要求执行公共业务的职业会计师把在培训和执业中所获得的专业技能和知识加以运用。对于所提供的服务,执行公共业务的职业会计师有权获得报酬。

专业收费应公平反映为客户提供的专业服务的价值。具体应考虑以下因素:各类专业服务所需的技能和知识;提供专业服务所需人员的专业水平和经验;提供专业服务的人员所必需的时间;实施专业服务所需承担的责任。专业收费通常应以各专业服务人员的适当小时费用率或日费用率计算得出。这种费用率的基本前提是,执行公共业务的职业会计师的组织和行为以及为客户提供的服务应经过良好的计划、控制和管理。这些费用率的制定除了应考虑上述所列 4 个因素,还受各国法律、社会和经济条件的影响,应为各执行公共业务的职业会计师确定各自适当的费用率。在收费标准有可能大幅度提高而潜在客户对此种可能性无法知晓时,执行公共业务的职业会计师不得在某项声明中,为当前或将来一段时间内的特定专业服务设定固定的或估计的收费标准,或设定费用的上下限。当为客户提供专业服务时,预先商定收费标准可能是必要或有利的。执行公共业务的职业会计师需要根据上述所列 4 个因素以及所列的方法对收费进行估计。如果某项收费标准是根据上述 4 个因素以及所列的方法计算得出,那么向某客户收取低于以前类似服务的费用是不适当的。执行公共业务的职业会计师也不能在业务约定中将获得某种具体服务成果作为收费前提,或按服务成果的大小收费。为了避免在收费方面的误解,职业会计师最好在实施审计约定之前以书面形式明确收费的计算基础和支付方式,这符合客户和执行公共业务的职业会计师双方的最大利益。

执行公共业务的职业会计师支付或收取佣金将会损害其客观性和独立性。执行公共业务的职业会计师不得为得到某一客户而支付佣金,不能因向第三方推荐客户而收取佣金,也不能因宣传他人的产品或服务而接受佣金。执行公共业务的职业会计师之间支付或接受推荐费用,当在推荐方并未提供任何服务时,该费用会被认为是具有损害职业会计师客观性和独立性的佣金。但是,执行公共业务的职业会计师可能会签订整体或部分购买会计师事务所的协议,这种协议可能需向以前曾在该事务所执业的人员支付款项,或向他们的继承人或物业支付款项。这种支付不是具有损害职业会计师客观性和独立性的佣金。在法律或成员组织允许支付和收取佣金的国家,所涉及的业务约定仅限于对独立性没有要求的约定,且执行公共业务的职业会计师应将有关情况告知客户。

(四) 与公共会计工作不相容的工作

执行公共业务的职业会计师不得同时从事与提供专业服务不相容的、有损或可能损害公正性、客观性、独立性或职业的良好声誉的业务、职业或活动。但是,同时提供两种或多种类型专业服务并不损害公正性、客观性或独立性的除外。如果执行公共业务的职业会计师同时从事与专业服务不相关的其他业务、职业或活动的业务约定,使得执行公共业务的职业会计师无法按照会计职业基本道德原则适当实施专业服务,那么该业务约定应被认为与公共会计工作相冲突。

(五) 客户的资金

一些国家的法律不允许执行公共业务的职业会计师持有客户的资金。在其他一些国家,持有客户资金的执行公共业务的职业会计师应承担法定义务。如果有理由相信这些资金来自或将运用于非法活动,那么执行公共业务的职业会计师不得持有这些资金。执行公共业务的职业会计师受托持有他人资金时,应按照下列要求处理:将这些资金与个人或事务所的资金分离保管;以原设定的目的使用这些资金;应随时准备向资金的所有者报告有关情况。

执行公共业务的职业会计师应为客户资金开立一个或多个银行账户。在这些银行账户中可单设一个客户总账,记录多个客户的资金。收到的客户资金、现金票据或其他可转换为现金的票据,应立即贷记客户账户,以防违规使用。这些资金只能依客户指示从客户账户中提取。对客户的应收费用可从客户资金中支取,但客户在得知收费金额后应同意这种支付方式。通过客户账户支付的款项,不能超过该客户账户中的贷方余额。如果客户的资金可能会在较长的时间内保留在客户账户中,那么执行公共业务的职业会计师应在征得客户同意后,将这些资金存入适当期限的生息账户,所生成的利息应贷记客户账户。执行公共业务的职业会计师应建立清楚反映客户资金总体处理情况和不同客户资金具体处理情况的会计记录,至少每年向客户报送一次会计报表。

(六) 与其他执行公共业务的职业会计师的关系

在一些特殊服务领域或特殊任务领域,可能会出现推荐业务情况。执行公共业务的职业会计师可提供的服务范围在不断扩展,且为公众提供服务所需知识的深度通常要求特殊技能。由于掌握所有会计领域的特殊专业知识或经验对任何执行公共业务的职业会计师来说都是不现实的,所以一些执行公共业务的职业会计师认为,事务所具有全部所需的特殊技能是不适当的,他们也不希望这样做。

执行公共业务的职业会计师应只提供他们认为可凭借其专业胜任能力完成的服务。对整个职业来说,为维护客户利益,执行公共业务的职业会计师在适当时积极向胜任者获取建议是非常重要的。但是，不具备特殊技能的现任会计师可能不愿将客户介绍给另一具有此项技能的执行公共业务的职业会计师，因为担心现有业务会转至该职业会计师。因此，客户可能被剥夺他们本该从这些建议中获取的利益。无论是否涉及特殊技能，在选择专业咨询者时，职业会计师应首要考虑客户的愿望。因此，执行公共业务的职业会计师不得以任何方式限制客户在获取特殊建议方面的选择自由，而且应在适当时鼓励客户获取特殊建议。客户可通过与现任会计师讨论或向现任会计师咨询之后，在现任会计师的特殊要求或提议下以及不通知现任会计师等方式获得具有特殊技能的执行公共业务的职业会计师所提供的服务或建议。现任会计师在应尽的保密职责下，可以直接获得该服务或建议。

由于经营活动的扩展，企业通常会在现任会计师执业范围以外的其他地区设立分支机构或子公司。这种情况下，为完成审计工作业务，客户或与客户磋商后的现任会计师，可以聘请"援助会计师"（援助会计师是指执行公共业务的职业会计师，现任会计师或现任会计师的客户向其推荐审计、会计、税务、咨询等业务，或为满足客户要求向其征求意见）在这些地区提供必要的专业服务。当执行公共业务的职业会计师接到提供服务或建议的请求时，应调查该潜在客户是否聘有现任会计师。如果现任会计师继续提供专业服务，则应遵守以下程序：援助会计师应将所提供的服务限定在现任会计师或客户要求的特定任务之内，除非客户另有要求；援助会计师也有责任采取合理措施维护现任会计师与客户的现有关系，并且不得在现任会计师未能提供相关信息的情况下对现任会计师的专业服务表示任何批评。

如果客户要求其从事明显不同于现任会计师所从事的任务，或被要求从事明显与现任会计师或客户的最初要求不同的任务，援助会计师应将这一任务看作提供服务或建议的单独要求。在接受这种性质的委托前，援助会计师应向客户说明与现任会计师进行沟通的专业义务，并最好立即以书面形式向现任会计师了解客户应采取的措施，客户所提要求的一般性质，以及实施这一任务所必需的相关信息。当客户坚持不通知现任会计师时，可能会引起某些问题。这时，援助会计师应判断客户的理由是否充分。在缺乏特殊条件时，仅由客户决定不与现任会计师沟通的理由是不充分的。援助会计师应在与相关法律要求或其他要求不相冲突的前提下，遵守客户或现任会计师的指示，在尽量可行的前提下，保证现任会计师知晓所实施的专业服务的一般性质。当有两个或多个执行公共业务的职业会计师为所涉及的客户提供专业服务时，可仅通知与所提供的专业服务有关的职业会计师。除提供所推荐业务的有关说明外，现任会计师适当时应与援助会计师保持联系，并在援助会计师提出协助要求时与其进行合作。

根据会计、审计准则或其他准则或原则，对于特定情况或特定业务，如果需要现任会计师以外的其他职业会计师的意见,该职业会计师应特别注意其意见给现任会计师的专业判断和客观性带来过分压力的可能性。如果意见没有充分、适当的事实依据,那么在该意见受到质询或援助会计师随后被公司聘任时,将会给援助会计师带来麻烦。因此,职业会计师应确保自己接触到了所有相关信息,以便将提供不适当指南的风险降至最小。在根据以上情况被要求出具意见时,应与现任会计师进行沟通。在客户允许的情况下,现任会计师应向援助会计师提供其所需的所有关于客户的信息。在获得客户允许后,援助会计师也应向现任会计师提供一份最终成果报告。如果客户不同意进行上述沟通,通常不得执行这一业务约定。如果该委托导致另一执行公共业务的职业会计师被取代,则不遵循上述程序,而应遵守以下程序:企业所有者有权选择他们的专业顾问,并可随意更换。保护所有者合法权益固然重要,但对于新任的执行公共业务的职业会计师来说,有机会查清是否存在任何不得接受该项业务委托的专业原因,是同样重要的。这只有在与现任会计师进行直接沟通后才能很好地实现。在没有特定要求的情况下,现任会计师不得主动提供关于客户事务的信息。

沟通可使执行公共业务的职业会计师确定,在导致变更业务委托的各种情况下,能否接受委托,是否愿意执行这一业务约定。另外,这种沟通有助于所有执行公共业务的职业会计师之间保持应有的协调关系。这种关系也是客户赖以获取专业建议和协助的基础。各有关方面的沟通具有如下作用:防止执行公共业务的职业会计师在所有相关事实仍未知晓的情况下接受委托;保护无法全面了解情况的少数股东;在现任会计师未尽到独立职业责任而谨慎执业引起变更委托时,或变更委托的目的是企图影响这种谨慎执业时,保护现任会计师的利益。

现任会计师与拟聘用的执行公共业务的职业会计师就客户事务进行讨论的范围取决于是否已经客户同意以及各国与披露相关的不同法律和道德要求。拟聘用的执行公共业务的职业会计师应严守秘密,并应对现任会计师提供的信息给予应有的重视。现任会计师提供的信息可能会表明,客户更换会计师的公开理由与事实不符。这些信息也可能表明,更换执行公共业务的职业会计师的建议是因为现任会计师坚持原则,并且在与客户之间存在重要原则差异或实务差异时,其适当地履行了作为执行公共业务的职业会计师应尽的职责,而没有顾及客户的反对或回避请求。

在接受曾由其他执行公共业务的职业会计师多次执行过的业务委托之前,拟接受聘任的执行公共业务的职业会计师应查清该未来客户是否已将拟变更委托情况通知现任会计师,且最好已书面允许现任会计师充分、自由地与拟聘任的职业会计师讨论客户事务;当对未来客户的回答满意时,应要求客户允许其与现任会计师沟通;在获得允许后,最好书面要求现任会计师出于专业原因提供必要的信息,以决定是否接受委托或要求现任会计师在影响接受委托的事项存在时,提供作出决定所需的必要详情。

现任会计师在接到沟通请求时,应按照下述要求处理:回复最好以书面形式并指出拟聘的执行公共业务的职业会计师不接受委托的专业原因是否存在;如果存在这种原因或其他应披露的事项,应争取客户的同意,以便向拟聘执行公共业务的职业会计师提供这些信息的详细情况,如果未获得允许,现任会计师应将这一事实报告拟聘执行公共业务的职业会计师;在获得客户允许时,向拟聘执行公共业务的职业会计师披露其需要的所有信息,以便其作出是否接受此项委托的决定,并与拟聘执行公共业务的职业会计师充分讨论其应知悉的与委托有关的事项。如果拟聘执行公共业务的职业会计师未在合理的时间内获得现任会计师的回复,且没有理由相信可引起变更委托的特别情况存在,拟聘执行公共业务的职业会计师应设法以其他方式与现任会计师沟通。如果仍不能获得满意的结果,那么拟聘执行公共业务的职业会计师应再次致函现任会计师,告之已假定不存在拒绝接受委托的专业原因,并打算接受这一委托。存在未支付给现任会计师的费用的事实,并不能作为另一执行公共业务的职业会计师不接受委托的专业原因。

现任会计师应在变更委托的决定作出之后,立即将客户所有应保存或可能需要保存的记录和底稿转交给新的执行公共业务的职业会计师,并应将这一行为通知客户,除非执行公共业务的职业会计师有法定权力持有这些记录和底稿。根据法律或其他要求,某些组织要求对执行公共业务的职业会计师提供的专业服务进行申报和报价,如竞标。在对公共广告或不定向要求作出回应性申报和报价时,如果接受委托意味着取代其他执行公共业务的职业会计师的工作,执行公共业务的职业会计师应在申报和报价中声明,为了了解是否存在不接受此项委托的专业原因,在接受委托前需与被取代的执行公共业务的职业会计师联系。如果申报或报价成功,应立即与现任会计师联系。

(七) 广告和推销

禁止各种以强迫或骚扰方式进行推销。是否允许执行公共业务的职业会计师个人进行广告和推销,由成员组织根据各国法律、社会和经济条件决定。如果允许这种广告和推销,应以一种客观的方式向公众传达信息,并应是严肃、诚实、真实和高品位的。不符合上述标准的行为包括:激起对诱人结果的错误、虚假或不切实际的期望;暗示有能力影响法院、法庭、管理机构等类似机构或官员;含有自我标榜的声明,而这些声明并不基于可证实的事实;与其他执行公共业务的职业会计师作比较;包括表扬信或推荐书;包含其他可能导致理性个人误解或被欺骗的声明;不切实际地声明自己是某一特殊会计领域的专家或权威。允许做广告的国家的执行公共业务的职业会计师，不得寻求在不允许做广告的国家通过在出版或散发的报纸或杂志上做广告而获得优势。同样，不允许做广告的国家的执行公共业务的职业会计师也不得在允许做广告的国家通过出版的报纸或杂志做广告。当执行公共业务的职业会计师在跨境业务中违反了本要求，违规行为发生地的成员组织应与执行公共业务的职业会计师母国的成员组织联系，以保证母国的成员组织了解违规情况。

此外，还应让公众了解职业会计师的服务范围。因此，不反对成员组织以行业协会，即成员组织名义向公众传达这些信息。当不允许做广告时，执行公共业务的职业会计师个人的宣传如果符合下列情况，则是可接受的：把向公众或向有关公众部门传递事实作为广告的目标，且这种传递不是以错误、误导或虚假的方式；是高品位的；保持职业严肃性；避免过多或不恰当地突出执行公共业务的职业会计师的姓名。当允许做广告时，应考虑的内容包括：任命和奖励；职业会计师谋职或寻找业务；名录；在书籍、文章、面试、演讲、广播和电视中出现；培训课程、研讨会；含有技术信息的手册和文件；员工招聘；代表客户进行宣传；手册和事务所简介；文具和名片；报纸声明等。

三、适用于受雇职业会计师的职业道德要求要点

（一）忠诚方面的冲突

就像应对职业保持忠诚一样，受雇的职业会计师有义务对他们的雇主保持忠诚，但有时这两方面会发生冲突。雇员的首要责任是支持其组织中合法的和符合道德要求的目标，以及用以实现这些目标的规定和程序，然而不能要求雇员有以下行为：违反法律；违反职业规定和准则；向作为雇主的审计师说谎或对审计师进行误导（包括通过保持沉默进行误导）；在严重歪曲事实的声明上签名或与这种声明有牵连。在正确判断会计或道德问题方面的观点分歧，通常应在雇员的组织内部提出并解决。首先应与雇员的直接上级讨论，如果在重大道德问题方面仍然存在不一致，则应与更高一层的管理当局或非执行董事讨论。

如果受雇会计师不能解决在雇主和职业要求之间的重大冲突，在作出所有其他努力之后，他们别无选择，只能考虑辞职。雇员应向雇主说明辞职的理由，不过，他们应负的保密责任通常使他们不得与外界谈论这些问题（除非法律或专业上有要求）。有关这一考虑的进一步指南请见《道德冲突的解决》。

(二) 支持业内同行

职业会计师,特别是有权管理他人的会计师,应充分重视他人在会计事务方面建立并保持自己判断的需要,并应以专业方式处理意见的分歧。

(三) 专业胜任能力

在工业部门、商业部门、政府部门或教育部门工作的职业会计师,可能会在他(或她)未经足够的特定培训或不具备所需工作经验的情况下,被要求从事某些重要工作。在从事这些工作时,职业会计师不得在其专业技能或经历方面误导雇主,也不得在寻求适当专家的建议和协助时误导雇主。

(四) 信息的编制

职业会计师应完整、诚实、专业地编制财务信息,以便这些信息的内容容易理解。财务信息和非财务信息应始终清楚地反映经济业务、资产或负债的真实情况,并应及时、适当地对分录进行分类和记录。职业会计师应在职责范围内尽一切可能实现这一目的。

主要参考文献

[1] 财政部注册会计师考试委员会办公室编.审计[M].北京:中国财政经济出版社,2010.
[2] http://www.ifac.org,2011-03-12.

(初稿执笔人:江金锁)

IIA 的《国际内部审计师道德守则》

一、《国际内部审计师道德守则》概述

内部审计师协会(The Institute of Internal Auditors,简称 IIA)是一个国际职业协会,成立于 1941 年,其全球总部设在美国佛罗里达州的阿尔塔蒙特斯普林斯。IIA 代表内部审计职业的全球话语权,是被公认的权威、领导者、主要的倡导者和主要的教育者。其成员的工作包括内部审计、风险管理、治理、内部控制、信息技术审计、教育和证券投资。IIA 的使命在于为全球专业内部审计提供有力的指导。内部审计是一项独立客观的保证和咨询活动,它旨在增加企业价值和改善组织经营活动。通过系统严密的方法对企业风险管理、控制和治理过程进行评价和改进,以帮助企业实现其目标。内部审计人员是指 IIA 成员、IIA 专业认证证书获得者或者此认证已确定的候选人,另外还包括在内部审计定义范围内提供内部审计服务的人员。IIA 发布的国际内部审计师道德守则的主要内容为国际专业实务框架和道德准则两个方面。

二、国际专业实务框架的主要内容

国际专业实务框架(The International Professional Practices Framework,简称 IPPF)是一个由内部审计师协会(IIA)颁布的为内部审计提供权威指导的概念框架。IPPF 的指导具体包括:强制性指导意见(内部审计定义、道德准则、标准)和强烈建议指导意见(定位报告、实务咨询、实践指南)。

三、道德准则的主要内容

道德准则由 IIA 理事会于 2000 年 6 月通过并颁布,是个人和组织从事内部审计管理活动的原则和期望。它所描述的是行为的最低要求以及行为期望,而非具体审计活动。其目的在于改善内部审计职业的道德环境。道德准则对于内部审计职业来说

是必须和恰当的,因为它是建立在信任内部审计能够对治理、风险管理和控制提供客观保证的基础上的。道德准则包括与内部审计职业和实务相关的一般准则和描述内部审计人员预期行为标准的行为准则两个部分。

(一) 一般准则

第一,诚实。诚实是内部审计师建立信任,使公众信赖他们判断的基础。

第二,客观。内部审计师在收集、评价和报告所检查的活动或过程的有关信息时,应坚持高度的职业客观性。内部审计师应对全部相关事实做出客观评价,而不受他们个人利益或其他方面不正当的影响。

第三,保密。内部审计师应尊重信息的价值和所有权。在没有适当授权情况下,除非出于法律或职业责任要求,否则不能泄露他们所获取的信息。

第四,胜任。内部审计师拥有执行内部审计服务所需要的知识、技能和经验。

(二) 行为准则

第一,诚实。内部审计师应当做到:诚实、勤奋和富有责任感地执行他们的工作;遵守法律并依据法律和职业要求进行披露;不在知情情况下参与任何非法活动;不从事有损内部审计职业或其组织声誉的活动;尊重该组织的法律和道德目标并对其做出贡献。

第二,客观。内部审计师应当做到:不参与那些会损害或推定会损害他们公正评价的任何活动或关系(是指那些与该组织利益有冲突的活动或关系);不接受会损害或推定会损害他们职业判断的任何物品;披露他们了解到的,如果不披露,可能导致对被查活动报告产生误解的全部重要事实。

第三,保密。内部审计师应当做到:慎重使用和保护内部审计人员在执行审计过程中所获取的信息;不利用信息谋取任何私利,也不以任何违法或有悖于组织法律与道德目标的方式利用信息。

第四,胜任。内部审计师应当做到:只能提供那些自身具备相应知识、技能和经验的服务;依照《内部审计职业实务国际标准》开展内部审计服务;不断努力提高专业熟练程度,改进服务质量和效果。

该道德准则适用于提供内部审计服务的所有单位和个人。对内部审计人员中道德准则违背者将依据IIA的章程和行政指令接受评估和执行。在行为准则中没有提到的某些特定行为并不意味着都是可以接受的和不耻辱的,因此,内部审计人员应对其违规行为负责。

主要参考文献

[1] 陈宇. 国际内部审计准则理念的发展及启示[J]. 审计与经济研究, 2004(5):15-18.

[2] 国际内部审计师协会(IIA). 道德准则[EB/OL]. http://www.51kj.com.cn/news/20050928/n32533.shtml, 2005-09-28.

[3] 刘蔚莉, 叶艳芬, 李学柔译. 国际内部审计师协会发布新内部审计准则[J]. 广东审计, 2005(3):21-23.

[4] 王光远, 严晖. 中国内部审计准则与国际内部审计准则的比较与借鉴[J]. 审计研究, 2010(3):37-41.

[5] http://www.theiia.org, 2011-03-12.

(初稿执笔人:龙 娟)

AICPA 的《职业道德规范》

一、《职业道德规范》概述

美国注册会计师的《职业道德规范》，由美国注册会计师协会（American Institute of Certified Public Accountants，简称 AICPA）下属的职业道德执行委员会发布并组织实施。美国注册会计师协会职业道德规范的宗旨是代表会员的行为，并为其会员能够从公众的利益出发，提供合格的专业服务做出必要的保证。为了完成这项宗旨，美国注册会计师协会对最有效体现公众信赖的会计师职业技能部分予以高度重视。为了达到这项宗旨，AICPA 做了如下要求：提高职业会计师的统一鉴定和持证标准，寻求尽可能高级别的统一认证和授权标准，促进和保护注册会计师；规定职业会计师协会的会员保持职业水平；协助会员应不断提高专业技术标准，并鼓励高度合格的个人成为注册会计师，并支持发展优秀的学术课程；提供职业行为规范和业务服务准则；监控职业服务是否按职业标准执行；提升公众对美国注册会计师协会会员的职业道德、提供的服务、公正性、客观性和能力的信心；鼓励适当的人选成为注册会计师并且为他们提供培训计划；联合执行公共业务、工业部门、教育部门或行政部门的职业会计师，努力为公众的利益服务；代表政府、行政管理机构和其他组织的全国性职业会计师组织保护和促进成员的利益。

AICPA 发布的《职业道德准则》（Statement of Professional Ethics），实际上是在法律与医师行业影响下逐步建立并完善起来的。1887 年，美国有 11 个州的法律工作者协会（American Bar Association）建立了职业道德。1903 年，美国医学协会（American Medical Association）也颁布了职业道德。1906 年，在当时美国公共会计师协会（American Association of Public Accountants，简称 AAPA）章程的"其他"章节中，有两项关于职业道德的规定。1917 年 4 月，AICPA 的前身 AAPA 又通过了职业道德"八项准则"。1937 年，AICPA 的前身美国会计师协会（American Institute of Accountants，简称 AIA）已建立起 12 项职业道德准则。AICPA《职业道德准则》的现行范式始于 1973 年，由三部分内容组成，即：职业道德概念（Unenforceable Concepts），系主要确立一些基本的职业道德理念,不具有强制实施的效力;行为准则(Rules of Conduct),是 CPA 必须遵守的具体道德规范;行为准则释义(Interpretations of Rules),是对行为准则作补充说明。后来又增加了职业道德裁决(Ethics Rulings),为一些具体的行为准则提供实施范例。美国注册会计师职业行为规范在 1998 年通过之后,陆续对有关解释细则进行了修订与补充。

现行 AICPA 的《职业道德规范》是 2008 年 12 月修订的,于 2011 年又进行了修订,其主要内容由四个部分所组成,即职业道德原则、行为守则和行为守则解释、独立正直与客观和道德裁决。道德裁决是美国注册会计师协会职业道德部执行委员会根据一些具体的实际情况做出的解释,也是行为规则及其解释在具体情况和案件中的应用。同行为规则解释一样,道德裁决不具有强制性,但要求会员说明任何背离的理由。职业道德规范被所有会员接受并为所有会员在履行其职业责任过程中提供指导,包括在执行公共业务、工业部门、政府及教育部门中的从业者。对职业道德规范的遵守,就像在一个开放的社会中所有标准一样,主要取决于其成员对它的理解和自觉行为,其次取决于同行和公共的监督,最后取决于必要时对不遵守规章的成员所采取的惩戒性行为。以下仅就职业道德原则和行为守则作简要介绍。

二、职业道德原则的主要内容

职业道德原则是对注册会计师应当具备的品质作出的一般性规定,包括责任、公众利益、正直、客观和独立、应有的谨慎、服务的范围和性质。职业道德原则表明了注册会计师承担的责任,也反映了职业道德的基本信条。这些原则要求,即使牺牲个人利益也要履行职业责任,坚持正确的行为。道德原则为行为规则提供框架,而行为守则制约成员的职业行为。美国注册会计师委员会被授权指定机构来颁布行为守则的技术标准,其细则要与相应行为守则保持一致。加入美国注册会计师协会是自愿行为,成为会员之后职业会计师除了承担法律和行为守则要求之外,还要承担自律的义务。美国注册会计师职业道德行为规范的原则表明对公众、对客户及对同行所负有责任的认同。这些原则指导会员履行职业责任,并阐明道德和职业行为的基本原则。这些原则要求职业会计师的行为要始终诚实,甚至以牺牲个人利益为代价。

(一) 责任原则

作为专业人员在行使职责的过程中,会员要不断对专业和道德上的各种行为进行判断。作为专业人员,职业会计师在社会中扮演着重要的角色。与该角色一致的是,美国职业会计师协会的成员对所有服务对象负有责任。成员们对提高会计科学的相互合作,维护公众的信心,以及实施职业特有的自我监督有持续性责任。为了维护和加强职业的形象需要所有成员的集体努力。

(二) 公众利益的原则

会员有义务为公众利益服务,增强公众的信任,并且证明对该职业的责任义务。职业会计师的一个显著特征是对公众承担一定的责任。会计职业的公众包括客户、信用提供者、政府部门、雇主、投资者、企业和金融界,以及其他依赖职业会计师的客观、公正来维持正常商务秩序的机构或个人。这种依赖赋予会计职业一种公众利益责任。公众利益指职业会计师为之服务的人和机构的整体福利。没有履行职业责任,会员可能面临来自会员之间的冲突。在解决这些冲突时,会员们应以诚相待,指导思想是当会员们履行公共的责任,职员、雇主的利益能最好地得到满足。依赖注册会计师的人们期望他们能以正直、诚实、公正来执行他们的责任,并富有职业性的信心和服务公众的真正兴趣,他们希望会计师们能够提供高质量的服务,形成费用的合理统筹安排,并且在礼仪方面呈现一系列全方位的服务来证明与这些职业行为章程和准则相一致的职业特性、职业作用的表现水平。所有会员应以公众对其的信任为荣,为了回报这种公众的信任,会员们应该不断努力,证明他们对职业的贡献。

(三) 公正性原则

为了保持和增加公众的依赖,会员们应以最高的公正性去履行他们职业的责任。公正性原则是职业认证的基本特征因素,是公众信赖的服务质量根源,也是会计师验证所有决定的基准。在会计师执业过程中,公正性原则要求成员在对委托人保密原则的约束下保持正直、坦白。提供的服务和赢得公众的信任不应该从私人利益出发。公正性可以承受不经意的小错误和在正直的观点上的差别,但不能容忍任何欺骗行为和出卖原则的行为。公正性以正确的和公正的标准加以衡量。在没有确切、具体的规定、标准或指引方针之前,或在面对有冲突性的意见时,会员应该自问:"我是否正在做一个公正的人应该做的事?我是否保持了我的公正性和可信度?"以此验证自己决定和行为的对错。公正性原则还要求职业会员客观地、独立地、全身心地遵守道德原则。

(四) 客观性与独立性

一个会员在履行职业责任时应该避免利益的冲突,保持客观性。在公共事件中的一个会员在提供审计和其他鉴证服务时应对本质和现象保持独立性。客观性是一种心理状态,是衡量一个成员服务价值的标准,也是一种明显的职业特征。客观性的原则是使业务公正、诚实并避免利益冲突。缺乏独立性在提供鉴证服务时可能会损害与会员客观性的关系。会员们经常在许多不同能力中拂去多种利益并在不同环境中展示他们的客观性。会员在执行公共业务的同时,提供鉴证税收和管理顾问服务。其他会员在雇佣中准备财务报告,完成内部审计服务,并且为工业、教育和政府的财政和管理提供服务。他们也教育和训练渴望进入职业界的人们。除了对服务或能力的要求,会员们应该保护他们工作的整体性,保持客观性,并且避免对任何判断的盲目服从。作为公共业务的一员,为了维持客观性和独立性,需要对客户关系和公共责任进行连续的评价。这种提供审计和其他证明服务的会员在事实上和表现上都应该是独立的。在提供所有其他服务的方面,会员应该维持客观性并且避免利益冲突。尽管在执行公共业务时的会员表面上不能维持独立,但是他们仍然有责任在提供专业服务方面保持客观性。被其他人雇佣来准备财务报告书或执行审计和税收或咨询服务的会员,应该承担与执行公共业务会员同样的客观责任,并且他们必须在公认会计原则应用中保持谨慎,在与执行公共业务会员的所有交易中保持公正。

(五) 充分关注

会员需要遵守职业和道德准则,不断地努力提高服务的能力和质量,履行职业责任以体现最好的会员能力。充分关注的精髓就是追求优秀。充分关注要求成员以技能和勤奋来履行职业责任。为了履行职业服务,成员有义务以最好的才能来考虑服务对象的最大利益并且与公共职能相一致。能力来源于教育与实践的综合,这就需要职业会计师掌握常用知识。能力的维持要求会员在其职业一生中必须持续学习和专业进步,这也是会员的个人职责。在全部任务和全部责任中,每一个会员都应该保证达到一定水平的能力,以此确保会员服务的质量达到这些准则要求的高职业水准。能力代表了一定的理解力和知识水平程度,在这个水平下会员可以熟练和敏锐地提供服务。这也建立了一种会员能力上的限制,规定当职业约定超出会员或会员公司的个人能力时,咨询或参考是必需的。每个会员都有责任对自己的能力作出评定,其教育、经验和判断力是否与设想的职责相匹配。会员应该努力地对客户、雇主和公众承担责任。勤奋增加了下列职责:迅捷地、谨慎地且彻底地提供服务,并且遵守应用技能和道德准则。要求会员有充分的计划同时监督任何其负责的职业活动。

(六) 服务的范围和特性

执行公共业务的会员在决定提供服务的范围和种类时应该遵守职业行为范围的

原则。职业会计师服务的公共利益方面要求此种服务与职业会计师容许的职业行为是一致的。公正性要求服务与公众不隶属于个人的成果和利益。客观性和独立性要求会员在履行职责时免于利益冲突。充分关注则要求以能力和勤奋来提供服务。当成员决定是否在个别情况下提供特殊服务时,应该考虑这些准则中的每一条。在某些情况下,它们可能代表了一种在针对特殊客户的非审计服务中的全面约束。强硬的和快速的规则是不可能被提出来以帮助成员达到这些判断的,但是在这点上它们必须满足原则的精神。会员应该在会计师事务所里实行适当的内部质量控制程序,以确保服务被适当地提供和被充分地监督。会员经常以他们自己的判断力决定提供给审计客户的其他服务的范围和种类,是否与审计业务相冲突。以他们自己的判断力来评估一个活动是否与他们职业者的角色相一致,例如有会员或其他专业人士提供现有的服务是具有合理的扩展或变化的行为。

三、行为守则的主要内容

美国注册会计师协会的章程要求,会员应当遵守《职业道德守则》中的规则,并对偏离规则的行为做出合理的解释。如果说职业道德原则是注册会计师的理想行为,那么行为规则就是注册会计师行为的最低标准,具有强制性。美国职业会计师协会的行为守则要求会员坚持职业行为规范的行为守则,会员要随时接受违反规定的调查。

(一) 独立、公正和客观方面的守则

1. 独立性守则

理事会指定机构所发布的标准要求会员在进行专业性服务时应是独立的,其主要要求有:

(1) 对独立性的解释①。如果会员有以下任何交易、利益或关系,都可认为独立性遭到了损害。(1)一个会员或该会员公司在从事专业性活动期间有如下行为:与该企业的经济利益有直接或间接的联系;是任何信托财产的受托人或任何不动产的被指定遗嘱运行者或管理人,如果该信托财产或不动产与该企业的经济利益有直接或间接的联系;与该企业有过投资关系,并且投资对该会员来说是重要的;与该企业或企业的任何官员、主任或主要股东有过任何借贷关系,或者持有该企业10%或更多的股权或所有权利益。该规定不适用于以下在正常程序和要求下向财政机构申请的贷款。(2)

---

① 1988年1月12日加入职业行为规范,之后职业道德执行委员会进行了6次修订,分别是1991年11月、1998年2月28日、2001年11月、2002年7月31日、2003年3月31日和2006年4月。

从事专业性活动期间,该公司合伙人或者专业雇员,以及他的直系亲属或联合持有5%以上股权或所有者权益的组织。(3)一个会员或该会员公司在进行财务报告期间,在从事专业性活动期间,或在表达观点之时兼具下面的身份:作为促销者、保险业者或受托人;董事、高级职员或者雇员,或相当于管理人员的任何身份;是该企业任何退休金或股份制信托财产的受信托人。(4)会员受聘于一个客户或在客户公司担任经理、主任,承销商、参加表决的受托人,或退休金的受托人或利润共享的信托人。(5)在客户中担任关键职务和与客户有重要经济利益关系的鉴定小组成员。(6)鉴证小组成员的近亲在客户中担任重要职位,或者有近亲与客户有重要的利益关系;能够影响鉴证小组的会员或任何合伙人的近亲在客户中担任重要职务,或者有近亲与客户有重要的利益关系。(7)根据本解释和2001年11月修行的内容,会员的直系亲属或者近亲与客户存在雇佣关系会损害执业的独立性,如果雇佣关系在现行规范、解释和裁决中被允许的话,将不被视为损害独立性。

(2)与鉴定客户的雇佣关系或其他联系①。如果合作伙伴或专业雇员离开该公司,并随后被雇佣或被提供一个关键岗位,在满足一定条件下才认为该客户的独立性受到损害。

(3)非鉴证服务②。为鉴证客户提供非鉴证服务时,该会员应确定要求中所描述的这一解释已得到满足。如果在专业服务期间或者所涵盖的财务报表期间该要求没得到满足,该成员的独立性将受到损害。

(4)非营利组织的名誉董事和受托人③。合作伙伴或专业雇员的公司(个人)可能会被要求向限制活动的非营利组织提供他们的名字作为声望,比如慈善、宗教、公民或类似性质的组织,被任命为董事或受托人。经过个人准许的这种方式将不被视为损害独立性,这被看成是一项荣誉,但个人不能投票或以其他方式参与董事会或管理职能。如果以个人名义的署名和向外部分发材料,个人必须确定为名誉主任或名誉理事。

2. 公正和客观性守则

在进行任何职业性服务之时,会员应保持客观、诚实,避免利益冲突,并且不得故意歪曲事实,或一味遵照他人的判断。

---

① 取代以前的解释101-2合作伙伴与企业独立。1998年12月31日由职业道德执行委员会修订,1989年8月31日生效。之后又经过两次修订,分别是2002年7月和2003年4月。

② 职业道德执行委员会在1999年5月31日修订后,又经过几次修订,分别是2000年4月30日、2002年7月、2003年12月31日、2004年10月31日、2005年1月27日、2007年2月28日和2007年7月31日。

③ 2002年7月进行修订。

(二) 关于准则方面的守则

1. 一般准则的守则

会员应遵从以下标准和理事会指定机构的任何说明：专业技能——只能承担会员或会员公司凭借其专业技能完成的专业性服务；充分的专业护理——在进行专业性服务期间应实行充分的专业性护理；计划与监督——对专业性服务做好充分的计划与监督；充足的相关资料——为了使得与专业性服务相关的结论或建议有理由、有依据，要收集大量相关的资料。

2. 遵守审计准则的守则

从事审计、编译、管理方面的顾问，以及税收或其他专业性服务的人员应遵照理事会指定机构颁布的标准。

3. 会计原则的守则

主要包括：不能十分肯定地声明某个实体的财务报告或其他财务方面的数据与人们公认的会计准则相符；某些财务发布数据与制定规则的委员会颁布的准则相违背时，不能说自己没有意识到报告或数据中的一些修改之处，而这些修改正是为了使财务报告或数据与人们公认的会计准则相符才进行的。然而，如果报告或数据真的违背了准则，而专业性服务人员能够证明这是由于非同寻常的情况造成的，否则财务报告或数据就会对人产生误导。这种情况下，专业性人员可以这样做：把与准则不符的情况具体描述一番，同时阐明与准则不符时可能导致的后果，如果条件具备，还要说明若与准则相符反而会产生误导人的后果的原则。

(三) 关于客户责任方面的守则

1. 对客户保守秘密的守则

服务人员在服务过程中未经客户同意，不得擅自泄露客户的机密信息。此守则不应理解为：减轻守则202（审计准则）和守则203（会计准则）中对专业人员职责的规定；影响审计师遵守按正当方式发布信息或依法要求提供信息的职能；禁止美国注册会计师协会或州立注册会计师许可团体对会员的专业业务评审；阻止会员对公认调查机构或纪检机构所有的调查进行起诉或答复。公认调查机构或纪检机构的成员以及执业的专业评审员不可以为了自身利益使用或向外界披露在执行公务中所获得的客户的机密信息。但是，禁令不对公认调查机构或纪检机构内部的信息交流进行限制，也不对以遵循正当方式发布信息或依法传唤提供信息的行为进行限制。

2. 或有审计费用的守则

审计师可以不为有以下要求的机构提供服务,这些要求包括:提出除非有特定的发现或特定的结果否则不付费用;按照审计的发现或结果的程度规定是否应付酬金。但是,审计师的收费标准可以根据工作的难易程度进行调整。如果费用是由法庭或其他公共权威机构所规定,或者费用的决定是建立在司法诉讼程序的结果或政府机关的研究成果的基础上,则该费用不被视为或有审计费用。

(四) 其他责任和守则

1. 损害信誉的行为的守则

成员不应有任何有损于专业信誉的行为。

2. 广告和其他形式的招揽行为的守则

会员不能试图以错误、误导或具有欺骗性的广告或其他形式招揽客户。禁止使用强迫、诈骗或骚扰等不正当行为。

3. 佣金和介绍费的守则

(1) 禁止范围。禁止会员在公共活动中就产品介绍或其他服务向以下客户收取佣金:会员为该客户财务报告提供审计或审阅服务;会员为该客户代编财务报告,并且预期或者能够合理预期第三方会使用财务报告却在财务报告中没有披露其本身缺乏独立性的事实;会员为该公司提供预期财务信息的审核服务。当会员在提供以上服务期间以及为历史财务报告提供以上服务所涵盖的期间时,必须遵循该项守则。

(2) 佣金的披露。在守则未禁止的范围内提供服务或接受委托时收到或预计将收到的佣金,会员应向有关方面披露该事实。

(3) 介绍费。向其他个人或公司介绍业务而收取介绍费或者第三方介绍客户而向其支付介绍费,会员应向客户披露该费用。

(五) 组织方式和名称的守则

组建一家事务所和给事务所取名,公司只能是个人所有、合伙或符合理事会决议的专业公司的方式从事会计工作。

会员不能以具有误导性的事务所名称进行会计工作。一个或更多原合伙人或股东的名字可以被包含于合伙人继承人的公司名称中。同时,若其他所有合伙人或股东死亡或退股,该合伙人或股东可在独立营业前两年内继续使用包含原合伙人或股东名字的公司名称。

会计师事务所不能自称为"American Institute of Certified Public Accountants"

(美国注册会计师协会)成员公司,除非公司所有合伙人或股东都是该机构会员。

主要参考文献

[1] 陈长寿.会计人员职业道德与自律机制[M].北京:民主与建设出版社,2002.
[2] AICPA. AICPA professional standards: code of professional conduct and bylaws 2008[EB/OL]. http:// www. aicpa. org/Research/Standards/CodeofConduct/DownloadableDocuments/2008CodeofProfessionalConduct. pdf,2011-03-11.

(初稿执笔人:付　敏)

ICAEW 的《职业道德指南》

一、《职业道德指南》概述

英格兰及威尔士特许会计师协会(The Institute of Chartered Accountants in England and Wales,简称 ICAEW)是 1880 年由包括伦敦、利物浦、曼彻斯特和谢菲尔德等六个地区的地方性会计师组织依据皇家特许合并成立的,是英国和欧洲最大的会计行业组织。由于 ICAEW 是一个依据皇家宪章设立的机构,因此英格兰及威尔士特许会计师协会主要宗旨是为公共利益服务。

作为欧洲乃至世界最大的会计职业团体之一,ICAEW 在会计、审计和公司监管领域的技术指导和监督管理方面发挥了极其重要的指导作用。ICAEW 的职业道德准则及独立审计准则已被欧盟及国际会计联合会(IFAC)广泛采用。早在其 1882 年的章程中,它就指出"要保证会员达到较高的专业水准,高质量地遵守职业道德,及时清除违背章程的人"。1989 年,ICAEW 撰写的第一部《会计师法案》(The Accounting Bills)也提及职业道德问题,虽然并没有获得通过,但法案中明确禁止非合格人员使用"会计师"称号。

20 世纪 80 年代末期至 90 年代初期,英国发生了一系列财务舞弊和审计合谋案。为此,ICAEW 于 1996 年开始按照概念框架法(conceptual framework approach)修订和应用职业行为准则。ICAEW 认为,决定什么是正确的行为是一件困难的事情,所有人都面临各种来自个人、社会和组织的压力,这些压力影响人们的决定和行为。有时候,人们很容易将遵纪守法、照章办事等同于做正确的事。实际上,在决定正确行为的过程中只满足于遵守规章制度是无法应付所有情况和所有可能发生的事件的。即便有些规章制度是针对某些特定情况而制定的,按照规定办事也往往会趋向于按照规定的字面而非精髓办事。人们需要的是以原则为基础的决策方法,这可鼓励人们深思熟虑、客观判断和承担责任。因此,ICAEW 认为以概念框架方法为基础来制定和实施职业行为准则更有效,这种思想强调注册会计师要按照概念框架法对基本原则加以应用,而不是以 AICPA 为典型代表的规则导向法下对具体规则的机械遵循。

ICAEW认为概念框架法的主要优点在于：在有合乎逻辑的指南的支持下，可以避免对没有特定禁止行为方式的争议；基本原则可以更好地适应商业环境和组织结构的变化；基本原则简单易懂，适用性较广，可以避免由规则导向所引致的刚性过渡问题；审计师可以通过对基本原则的遵循，将威胁降低到不重要的水平；所制定的指南必须具有前瞻性，审计师必须明确一点，即在遵循准则的同时要对潜在的风险及时地发现和确认；另外还必须明确，制定基本原则可以帮助避免重大威胁，但免于重大威胁不是最终目的，最终目的是在免于重大威胁的基础上提供高质量的专业服务。1998年，ICAEW公布了核心（基本）原则。2001年8月，在修订的《职业道德指南》（Professional Ethics Manual）中，ICAEW提出了5项基本原则，即诚信、客观、能力、履行和谦恭。2006年9月1日，ICAEW在国际会计师联合会职业道德准则（2005）的基础上，制定并发布了职业道德准则（2006），以替代先前的职业道德指南。新发布的职业道德准则在坚持概念框架法的基础上对原有原则进行了修订，具体包括：诚信、客观、职业能力和应有的谨慎、保密、职业行为。从总体来看，新的职业道德准则与国际会计师联合会职业道德准则（2005）实现了趋同。

二、《职业道德指南》的主要内容

在ICAEW的职业道德准则综述中，它指出，作为世界领先的职业团体之一的成员，职业会计师被期望表现出高标准的职业行为。职业道德准则的目的是通过向成员提供职业道德准则以帮助他们更好地履行自己的职责。2006年9月1日发布并生效的职业道德准则替代了先前的职业道德指南，适用于所有成员（包括学员）、工作人员、成员企业的雇员以及成员企业的所有职业和商业活动，无论这些职业和商业活动是必须的还是自愿性质的。指南中所指的是职业会计师。指南是建立在国际会计师联合会在2005年颁布的职业道德准则的基础上，而国际会计师联合会的职业道德准则是以原则导向（即概念框架法）为基础建立的。

（一）职业道德准则框架

2006年9月1日发布并生效的职业道德准则设定了5项必须遵守的基本原则。它要求成员考虑他们的行动或关系是否可能对遵从这些原则构成威胁，以及这些威胁在哪些方面是重大的并需要防护措施来进行弥补。指南包含了一系列的组成部分，并涵盖了成员可能遇到的所有环境下的案例研究以及建议在某些情况下要求采取的行动的特殊依据。这些内容被划分为三个层次：第一层是适用于所有成员的基本原则；

第二层是职业会计师所面临的道德事项;第三层是分别对公共事务中职业会计师和商业活动中的职业会计师所做的具体规定。

(二) 基本原则

基本原则主要包括以下5个方面:(1)诚信。职业会计师在所有职业和商业活动中应该是正直和诚实的。(2)客观。职业会计师不允许由于偏见、利益冲突以及其他潜在的影响干扰职业或商业判断。(3)职业胜任能力和应有的谨慎。职业会计师的一项持续性的责任就是保证他们的专业知识和技能达到要求的水平,目的是保证客户或雇主可以获得在实务、法律和技术等现存发展基础上合格的专业服务。职业会计师在开展专业服务时应谨慎行动并遵循适用的技术和职业准则。(4)保密性。职业会计师应该考虑由于职业或商业活动所获取的信息的保密性,而且不能在没有恰当或特定的权利下将这些信息披露给第三方,除非由于法律或者职业的责任而必须这样做。由于职业或商业活动所获取的保密性信息不能被用于职业会计师或第三方谋取个人利益。(5)职业行为。职业会计师应遵从相关的法律和规则并避免任何可能和职业信誉相违背的行为。

(三) 威胁和防护性措施

对基本原则的遵循可能会面对较广范围内的环境的潜在威胁。许多威胁可以归为以下几类:(1)自身利益威胁。自身利益威胁可能会由于职业会计师或者其直系以及关系较近的家庭成员的财务或其他利益而产生。(2)自我观点威胁。当一个先前的判断需要由负责这项判断的职业会计师做出重新估计时,自我观点威胁可能会发生。(3)辩护威胁。当职业会计师所提议的一种立场和观点对随后的目标可能造成损害时,辩护威胁就会发生。(4)家庭威胁。当由于一种亲近的关系,职业会计师对其他人的利益变得同情时,家庭威胁可能会发生。(5)恐吓性威胁。当职业会计师由于实质上或意识中的威胁阻碍其实现活动目标时会发生恐吓性威胁。当威胁不是很明显时,执业会计师仍需采取防护性措施或者不开展相应问题中的活动和关系。此外,职业道德准则还讨论了可能适用的保障性举措。由于适用的防护性举措的属性随着环境的变化而变化,因此在开展职业判断时,职业会计师应该考虑到一个理性和熟悉状况的第三方可能会认为这个职业判断是不可接受的,其中这个第三方拥有所有相关信息的知识,包括威胁的显著性和适用的防护性举措。一些防护性举措具有一般性,它们创立于职业界、法律或者监管制度,其他的由组织和个人在工作环境中创立。

(四) 道德冲突的解决办法

在考虑遵从基本原则的职业会计师有时可能会要求解决基本原则适用中的一些冲突。在解决这些冲突时,职业会计师应将下列六个方面作为处理程序的组成部分:相关事实;相关方;涉及的道德问题;和问题的根源相关的基本原则;已有的内部程序;替代的行动依据。在考虑了这些问题后,职业会计师应该确定恰当的行动依据。这个行动依据应和相关的基本原则相一致。此外,执业会计师还应该权衡各种行动依据会造成的结果。如果事情依然无法解决,职业会计师应该向其他合适的人咨询以获取帮助来解决问题。

对职业会计师来说,一个有益的行动就是整理各种证据,这些证据包括和问题有关的材料、任何讨论以及做出的决定的详情等。如果一个重大的冲突未能得到解决,职业会计师可以从协会或法律咨询者那里获取专业化的建议,从而获取解决道德问题的指引而不用违犯保密原则。假如采取了所有可能的办法后,道德冲突仍然无法解决,在可能的情况下,职业会计师应考虑和产生冲突的事件脱离关系。在相应的环境下,职业会计师可以考虑退出开展业务的团队或解除特定的合约,或者干脆从相应的公司或雇佣组织中辞职。

(五) 职业道德准则基本内容

出于便于执行的考虑,准则的基本内容被分成四部分:第一部分一般适用于所有成员,即五项基本原则,其他的三部分主要处理成员在商业活动和承担棘手任务的实务中可能遇到的情况;第二部分主要是针对公共事务中的职业会计师;第三部分主要针对商业活动中的职业会计师;最后一部分是针对执行破产清算这一特殊业务的职业会计师。具体的内容框架如下:

1. 指南的总体适用性

《100——引言和基本原则》。本准则的代码与 IFAC 公布的代码是一致的,但是在表述上还是有细微的差别。本准则的意义就在于对于 IFAC 任何一个附属机构的会计师,都要有相同的职业道德原则。

《110——诚信》。诚信就是真实、坦白和真诚地对待周围的人和事情。它排除作出误导或虚假陈述,无论是疏忽或是有意地忽略某些资料。

《120——客观》。不管是因为个人利益还是来自别人的压力,避免偏见,并且要密切关注独立性。

《130——职业能力和应有的谨慎》。这是获得和保持适当的技能和其他相关技能,以胜任工作。及时、有效的让客户确认我们结论的背景及其局限性。这也就是为什么 IFAC 也要求所有的成员强制性的遵循 CPD 的原因。

《140——保密》。无论是工作场合或非工作场合,还是对没有合法授权的个人,尤其不能为了确保个人优势,对在执业过程中对获得的关于机构的任何信息都要求保密。

《150——职业行为》。这是关于遵守准则和法律的规定,避免采取可能使专业声誉受损的行为,例如批评他的同行或夸大自己的经验。

2. 公共事务中的职业会计师

《200——引言》。本部分描述了应用于公共事务的职业会计师的概念框架,具体内容包括:基本原则;威胁和保障。

《210——职业约定》。本部分内容包括:客户接受;约定接受;执业任命的改变;转让的记录。

《220——利益冲突》。本部分描述了执行公共事务的职业会计师可能遇到的利益冲突,及其解决措施。

《221——企业融资咨询》。本部分具体内容包括:企业融资活动分类;应用于执行公共事务的职业会计师的一般原则;寻求收购;股东和所有者的利益;海外交易等。

《230——第二观点》。执行公共事务的职业会计师要求对应用于特殊情况的交易或代表一个公司或主体并不存在的威胁其基本准则应用的会计、审计、报告或其他准则或标准提供第二种观点。

《240——收益和其他种类的酬劳》。执行公共事务的职业会计师要求提供的服务对其职业行为而言是恰当的。一个执行公共事务的职业会计师可能要求低于另一个执行公共事务的职业会计师的收费,那么这本身是不道德的。此外,还包括费用信息和争论、转介及佣金两部分内容。

《241——代理机构和推荐人》。本部分包括:应用的谨慎;机构建立;投资业务;机构介绍。

《250——市场化职业服务》。当执行公共事务的执业会计师如果通过广告或其他的市场化的形式获得业务,那么可能会威胁其基本原则的应用。

《260——礼品和友好款待》。执行公共事务的职业会计师或关系密切的家庭成员可能会收到客户的礼品或友好款待。如果接受客户的礼品,这可能会威胁基本原则的应用,威胁公共事务的客观性。

《270——客户资产的保管》。执业的专业会计师不得担任客户款项或其他资产的保管,除非法律允许这样做或任何其他关于公共事务会计师持有这些资产的法律责任的规定。

《280——客观性-所有的服务》。执行公共事务的职业会计师应该确定是否存在威胁客观性基本原则应用的利益冲突,不管是来自我关系,还是来自客户或董事、其他职员的。

《290——独立性-保证合约》。本部分陈述了审计业务约定和审查的独立性规定,具体内容包括:独立性的概念框架;网络和网络公司;公共利益主体;关联方等内容。

3. 商业活动中的职业会计师

《300——引言》。本部分描述了商业活动中的职业会计师的概念框架,其基本原则包括:完整;客观;职业胜任能力和应有的谨慎;保密;职业行为。

《310——潜在的冲突》。商业活动中的职业会计师可能遇到的潜在的冲突及其来源。

《320——准备和信息报告》。商业活动中的职业会计师要经常参与准备或编制他人公开或使用内部或外部雇佣组织的信息报告。

《330——用充分专业知识开展行动》。专业胜任能力和职业谨慎要求商业活动中的执业会计师承担商业活动中的重要任务或可以获得足够的特殊职业培训。本部分内容包括:商业活动中的执业会计师可能遇到的威胁其职业能力和应有谨慎的情况,以及这些情况的影响因素。

《340——财务收益》。商业活动中的职业会计师可能获得财务收益或者知晓其关系密切的家庭成员获得财务收益,将会威胁基本原则的应用。此外,还包括产生这些威胁的原因以及防范措施。

《350——动机》。商业活动中的执业会计师可能受到来自一个临时或者关系密切家庭成员的诱导,致使其威胁基本原则。任何威胁的存在和重要性取决于它的性质、价值和提供者的意图。

4. 破产清算者

《400——破产清算实务》。本部分内容描述了应用于破产清算实务的基本原则(完整性、客观性、职业胜任能力和应有的谨慎、保密和执业行为)、鉴定基本原则的威胁、评价威胁和可能的防范措施。

《定义和索引》。关于以上三部分内容涉及的定义,例如:可接受水平、广告、审计客户和审计约定等。

主要参考文献

[1] 陈汉文.企业伦理与会计职业道德[M].北京:经济科学出版社,2005.

[2] 陈长寿.会计人员职业道德与自律机制[M].北京:民主与建设出版社,2002.
[3] http://www.icaew.com,2011-03-12.
[4] http://www.icaew-china.com,2011-03-12.

(初稿执笔人:李瑞良)

CGA 的《职业道德原则和行为准则》

一、《职业道德原则和行为准则》概述

加拿大注册会计师协会(Certified General Accountants Association of Canada,简称 CGA-Canada),始创于 1908 年,1913 年根据加拿大国会条例,经联邦政府特许成立,在加拿大 10 个省两个地区设分会,每个分会都经省议会特别批准成立。它也是国际会计准则理事会(International Accounting Standards Board,简称 IASB)、亚太地区会计师联合会(Confederation of Asian and Pacific Accountants,简称 CAPA)和国际会计师联合会(International Federation of Accountants,简称 IFAC)等多个国际性会计师组织的活跃成员。加拿大注册会计师(Certified General Accountants,简称 CGA)享有极高的国际公信力,协会会员可在加拿大执业,独立签署审计报告;或在世界各地从事高级财务及企业管理等工作。自 1951 年开始,CGA-Canada 即自行发展并拥有其独特的会计专业培训课程,专门配备的教材和结合国际最新电脑技术设计的课程,不仅注重会计及财务管理知识培训,使学员会计专业达到国际一流水准,更在整体培训过程中贯穿计算机信息技术、应用分析能力、综合管理能力、领导能力,特别是道德操守和行为准则的专业教育。2009 年 1 月,CGA 制定并发布了新的《职业道德原则和行为准则》(Code of Ethical Principles and Rules of Conduct, Version 2.10),并于 2010 年进行了修订。准则针对注册会计师如何履行自身职责做了指导,适用于全体加拿大注册会计师协会会员。全文主要包括两大部分,职业道德原则和行为准则。职业道德原则列举了六个基本原则,是基本准则,说明了会计人员在作出职业判断时应该遵守的道德标准。行为准则详细解释了最低职业行为标准,对特定情况下道德问题进行了更清晰的说明,但没有详尽规定一切可能的道德标准。行为准则根据六大道德原则编写,是在六大道德原则的基础上详细阐述了在特定情况下会计人员必须和禁止做的事情。

二、职业道德原则与行为准则的主要内容

（一）社会责任

社会责任原则是指会员们有保护和促进社会公共利益的基本责任，要求会员具有可靠、正直和客观的品质。这不仅是对会员行为的约束，同时也是同业人士的行为、协会和行业标准的指导原则。

社会责任行为准则中列举了7条具体的行为，包括信誉败坏、不法行为、歧视行为、违反条约、举报同僚、报告对行业不利的行为以及兼容职业等。规定会员不能允许会员所在公司的名字或者会员的名字被利用或者故意提供给有可能损害职业名誉的业务、声明以及其他行为。会员不能允许会员所在公司的名字或者会员的名字被利用、参与或者被故意提供给任何会员知道或者一个知情的第三方合理认为是不合法的行为。会员不能参与到《加拿大人权法》所禁止的歧视行为中。会员应该向协会举报其他会员违反《道德原则和行为准则》规定的行为，以及依据常识判断为不能胜任工作、不讲诚信以及不够客观正直的会员违反《职业道德原则和行为准则》规定的行为。会员没有权利披露法律禁止披露的信息。会员只有在已经将相同举报材料给同僚以期获得其解释的情况下，才能举报该职业同僚。会员应该向协会报告任何会员有足够证据或者合理认为会对行业产生不利影响的情形。会员可以从事或参与到任何不损害公共利益以及职业准则的职位、交易、行业、办公室以及职责。

（二）信托责任

信托责任原则是指会员们应该为客户、雇佣方和其他利益相关者的利益来考虑，并且应该做好牺牲自身利益的准备去履行信托责任。会员们应该以被人信任为荣，而且在未获得客户知晓和同意的情况下不得利用自身特权。会员们应该努力保证形式和实质的独立性。

信托责任的行为准则涵盖了保密性、独立性、不当使用信息以及监管客户资产4个方面。保密性要求会员除了特殊情况外不能够在未获得许可的情况下披露或者使用任何在职业工作中或商业关系中获得的绝密信息，并列举了3种特殊状况。独立性要求会员做到形式和实质上都要保持独立，从鉴证和特定审计业务、破产业务、其他业务以及编制报表业务4个方面分别具体解释了独立性的要求。在没有雇主或者客户同意的情况下，会员不能利用雇主或者客户的相关保密信息直接或者间接谋取个人利

益。受托掌管现金以及其他资产的会员应该遵守诚信道德原则以及法律规定。会员必须对这些资金以及其他资产进行适当的记录。

(三) 职业谨慎和职业判断

职业谨慎和职业判断原则是指会员们应该在自身所在领域内不断提高专业知识和技能，并且谨慎地依据合理的职业判断运用这些技能。

会员应该不断了解和遵守所从事的与专业相关的领域内公认的职业标准，参加符合协会标准和政策的继续教育和职业发展活动，同时必须严格坚持职业行为的公认原则和标准，并对公认原则的范围和运用做出详细解释。会员必须以书面形式向客户阐述清楚根据条款规定的服务的性质和范围。除非会员有足够证据支持这种信息的流通或推荐，会员不能将公司名字或者自己名字用于有关财务信息的流通和推荐。

(四) 信息欺骗

信息欺骗原则是指会员们不得错报或漏报任何其已经知道或者应该知道的错误信息或者误导性信息。

无论是否公开发布，会员不能在信息有可能产生误解的情况下，对任何财务信息进行交流意见，不能够和任何会员知道或者理应知道有误或者误导性的书面或者口头的信件、报告、发言、陈述、财务披露或税务信息有牵连。对于会员已知的在财务信息中未予披露的，并且该漏报有可能对使用者产生舞弊的信息，会员应该予以披露。会员必须立即对会员已知的有关自己发表过意见或参与过的财务信息的重大差异进行披露。

(五) 职业行为

职业行为原则是指会员们在工作中应该公开公正地对待其他人。

职业行为准则分 20 条细则从业务承揽、业务收费、业务交接、公司名称等方面进行了详细阐释，规定会员在承揽业务时不得采取不当竞争方式、不得做有损前任会计师声誉的行为、不得对外宣称免费服务、不得直接或者间接接受转交工作的服务费、不能在鉴证业务和编制报表或原始税务申报书业务时记录或有佣金、不能通过有误导性、混淆性的广告或其他招揽客户手段取得客户等。此外，行为准则针对公司名称、注册、变更的方式、与非专业人士合作以及外聘专家的任用以及协会的会员等方面都做出了详细讲解。

(六)职业责任

职业责任原则是指会员们应该承担作为协会会员应尽的责任和义务,并且做出有利于职业和协会形象的行为。

职业责任行为准则分为14条,其针对会员身份、会员处分、会员不当行为与危害行为的处理、会员个人情况以及对外代表等方面进行了解释。准则规定,会员必须服从法规、法令、协会不断更新的《职业道德原则和行为准则》,以及相关委员会的规定和决议;会员不得通过欺诈或者其他不当手段获得会员身份;会员发现有通过欺诈或者其他不当手段获得会员身份的人应该立即告知协会;会员破产时应该立刻通知协会;会员不能在未经协会授权为"官方发言人"而做出任何可能被理解为代表协会或协会观点的声明或评论;会员不能够引用任何加拿大注册会计师协会的名字或标志在其信笺、名片、商业申明、商业指示、办公室标志或者广告中。

主要参考文献

[1] 陈汉文.企业伦理与会计职业道德[M].北京:经济科学出版社,2005.
[2] 叶陈刚.会计道德研究[M].大连:东北财经大学出版社,2002.
[3] CGA. Code of Ethics for Professional Accountants(2010)[EB/OL]. http://www.cga-canada.org/en-ca/ Standardslib/ca_ceproc.pdf, 2011-07-15.

(初稿执笔人:王　奇　潘诗润　武　苗　徐佳琪)

IMA的《职业道德标准》

一、《职业道德标准》概述

美国管理会计师协会(The Institute of Management Accountants,简称IMA)是一个全球领先的国际性管理会计师组织,也是一个致力于成为在管理会计和金融财务专业方面具有领导力的组织。自成立以来,它一直致力于促进企业内部的财会专业人士推动企业的整体绩效和表现。IMA成立于1919年,是一个非营利性教育机构,由美国全国成本会计师协会(National Association of Cost Accountants,简称NACA)衍生而来。IMA的主旨是为管理会计和金融专业方面的人员提供一个充满活力的论坛平台,并通过认证、研究和实践、教育、网络及对道德情操和专业实践的高要求来提升和推动他们事业的发展。由于管理会计师在世界经济的发展过程中所起的作用越来越大,因而为了提高注册管理会计师(Certified Management Accountants,简称CMA)的道德操行,IMA制定了管理会计师职业道德标准,并在CMA证书资格考试中对人员进行严格的道德考核。

美国管理会计师协会颁布的道德治理项目,其宗旨是鼓励组织和个人去运用和执行商业惯例时要与道德行为标准相一致,并为由于社会的变化和技术的进步所带来不确定性提供有价值的远见。美国管理会计师协会会员把道德定义为"道德在更广泛的意义上,它涉及人类行为有关什么是道义上的好与坏,正确与错误,是应用价值观的决策,这些价值观包括诚实、公平、责任、尊重和同情。"可见美国管理会计师协会对会计师的职业道德非常重视。管理会计师职业道德是保证管理会计工作有效运行的基础,它包括管理会计师的职业品德和良好的业务能力。美国已建立了较完善的管理会计师职业道德规范,其由注册会计师协会道德规范、管理会计师职业道德准则、财务经理协会道德法规等构成。另外,会计教科书、研究报告、已发表论文的科学结论中的职业道德也作为该体系的内容。IMA曾颁布了《管理会计师道德行为规范》(IMA

Statement of Ethical Professional Practice),它包括基准准则和道德裁决两部分①。

二、基准准则的主要内容

（一）职业胜任能力方面的要求

管理会计师要提供高质量的专业服务，必须具有较强的业务能力，因而管理会计人员有责任持续地发展他们的知识技能以保持适当的职业能力水平。取得管理会计师资格的专业人员，不能停留于已有的经验和知识而故步自封，而应当不断地接受后续教育，更新专业知识、提高业务能力；按照相关法律、法规和职业规范来履行以保证他们的职责；在适当地分析了相关和可依赖的信息后，准备完整、清晰的报告和建议书。管理会计师在企业会计核算所提供的信息基础上，计算和分析相关数据，为企业经营管理和决策提供全面、可信的内部报告。

（二）保密方面的要求

管理会计涉及的工作性质决定了他们能够掌握大量的企业内部信息，这些机密一旦泄露，将会给企业带来巨大的经济损失，因而管理会计人员有如下责任：除非官方法律要求，否则不能披露工作过程中所获取的秘密信息；告知下属对工作中所获取的信息要有适当的保密，并且监督他们的活动以保证他们保守秘密；禁止为个人或通过第三方获取不道德或违法的利益而使用或有迹象表明是从工作中获取的秘密信息。

（三）正直品行方面的要求

管理会计师为企业的管理活动提供决策信息，信息的质量不仅取决于管理会计师的技术水平，还取决于他们的品行。因此管理会计人员有以下责任避免事实上或表面上可能引起的利益冲突，并通知相关各方可能存在的各种潜在冲突；禁止从事那些有可能会侵害他人正常执行任务的各种活动；拒绝接受那些影响或可能影响他人作出正确行动的礼物、恩惠以及不怀好意的款项；禁止积极地或消极地阻挡企业合法的、符合道德目标的实现；认识到自身的职业限制并把这种限制告知相关人员，即使这种不足可能不利于作出负责任的判断或者获得成功的业绩；告知有利或不利的信息以及职业判断或意见；禁止支持或从事各种有损管理会计职业的行为；公正和客观地提供信息；

---

① http://www.imanet.org/PDFs/Statement%20of%20Ethics_web.pdf，2011-07-15.

充分披露那些可能合理预见会影响到潜在使用者理解报告、评论和推荐书的相关信息;遵守回避原则。

为了保证管理会计师所提供信息的客观性,对于明显涉及管理会计师切身利益的业务,管理会计师应该回避;对于涉及切身利益而他人未知的业务,管理会计师应主动声明并回避;禁止从事违反企业规章及企业目标的活动。管理会计师作为企业的高层管理人员或管理咨询人员,应该维护企业的利益,严格遵守企业的各项规章制度,为实现企业目标而努力。

(四) 客观性方面的要求

管理会计师对有关事项的调查、判断及意见的表述,应当基于客观的立场,以客观事实为依据,不受他人左右,不掺杂个人的主观意见。在分析问题和处理问题时,不能以个人的好恶或成见行事,应当提供真实客观的信息。管理会计师应当做到:披露客观、公正的信息——客观、公正的信息是管理人员作出正确决策的基础,管理会计师有责任保证信息的高质量;充分披露那些可能合理预见会影响报表使用人理解报告评价和建议书的相关信息。只有充分、翔实地披露信息,才能使信息的使用者正确地理解内部会计报告。

三、道德裁决的主要内容

行为标准的第二部分介绍了管理会计师发现企业存在不端行为时的处理方法。在应用道德行为标准时,管理会计人员可能会遇到识别非道德行为与解决某些道德行为之间的冲突等问题。对于重大的道德行为问题争端,管理会计人员应遵循企业已经建立的方针政策中的有关条款来解决这些矛盾。

当面对道德裁决(即道德行为冲突的解决)时,管理会计师必须严格遵守职业道德标准的基本原则,当基本原则的条款不能解决问题时,管理会计师应考虑采取下列习惯程序解决:(1)立即向上级报告,跟上一级领导讨论有关冲突的解决措施。但当上级领导和出现的冲突相关时,应在矛盾发生时直接报告给更高一级的管理层次。如果还不能令人满意地解决,管理会计人员可将这些争论问题反映或提交给更高的管理层次。一般来讲,解决道德行为冲突的权威性机构一般为审计委员会、董事会、受托管理委员会等。(2)如果道德行为冲突在经过企业内部所有管理层次努力解决后仍然存在,管理会计人员只有免去对这一问题的讨论,并给企业内部一个合适的管理部门代理人提供一份资料备忘录。(3)如果企业的某些道德行为冲突涉及法律规定,企业应将这些方面通知给适当的权力机构(官方或个人)。

主要参考文献

[1] 陈汉文. 企业伦理与会计职业道德[M]. 北京:经济科学出版社,2005.

[2] 叶陈刚. 会计道德研究[M]. 大连:东北财经大学出版社,2002.

[3] IMA. IMA Statement of Ethical Professional practice[EB/OL]. http://www.imanet.org/PDFs/Statement％20 of％ 20Ethics_web.pdf,2011-07-15.

(初稿执笔人:魏学强)

ISAR 的《职业会计师资格要求国际指南》

一、《职业会计师资格要求国际指南》概述

1982年,根据联合国经济及社会理事会(简称"经社理事会")第67号决议成立了"国际会计和报告标准政府间专家工作组"(International Working Group of Experts International Standards of Accounting and Reporting,简称ISAR)。它是联合国系统内唯一致力于在全球范围内对各国的会计和报告实务进行协调的政府间工作组。ISAR成立之初,经社理事会就明确要求其要关注国际会计和报告领域的发展,将工作重心放在考虑各国的需要,尤其是发展中国家的需要上。按照这一要求,ISAR自1983年开始每年召开一次专门会议,每次会议主题都是结合当时世界经济的发展趋势,针对一些热点的会计问题进行讨论和研究,并把形成的共识对外公告。

人类社会进入20世纪80年代以后,随着世界经济一体化进程的加快,为推进会计服务贸易自由化的进程,促使职业会计师服务的国际流动,ISAR认识到可靠、透明、可比的财务信息在贸易、投资和金融稳定方面的重要作用,以及会计和报告协调的重要性。另外,ISAR还认识到提高会计披露和审计的质量取决于合格的职业会计师的存在,以及对各国负责职业会计师资格要求进行协调的重要性。于是,它高度重视并密切与UNCTAD、WTO、IFAC以及IASC等国际性组织的沟通与合作,为《职业会计师资格要求国际指南》(Guideline for a Global Accounting Curriculum and Other Qualification Requirements)和《职业会计师职业教育的国际教学大纲》(Global Curriculum for Professional Education of Professional Accountants)两个重要文件的制定做出了积极的、不懈的努力,并把它积极推荐给各国负责职业会计师资质的政府机构和民间团体。

这两个文件从其构想的提出到征求意见稿的确定,再到正式文稿的讨论和通过,前后共历时6年。早在1993年,ISAR就开始着手研究会计师资格的国际标准问题,并提出了"为使全球的会计师有一个共同的标准,以保证会计职业的质量和信誉,有必要建立一个国际性的会计师资格标准"的建议;为给不同国家制定注册会计师资格要

求和教学大纲提供一套国际标准,以及为不同国家会计教育的发展提供一个方向性的建议。在1996年7月1日至5日在日内瓦举行的第十四届会议上,ISAR对制定全球会计师资格标准的可行性进行了详细讨论,于1998年年初完成了一份《职业会计师资格要求国际指南》意见稿,并由联合国贸发会发布了该意见稿。1999年2月17日至19日在日内瓦举行的第十六届会议上,讨论并通过了《职业会计师资格要求国际指南》和《职业会计师职业教育的国际教学大纲》两个极为重要的推动职业会计师资格标准国际化的纲领性文件,它的制定和出台也为在WTO框架下消除会计跨国服务的业务技术性障碍奠定了一定的基础。其中,《职业会计师职业教育的国际教学大纲》是以ACCA课程大纲为蓝本,是目前世界各地职业会计师考试课程设置的一个重要衡量基准。1999年,这两份文件的正式文稿发布后,财政部会计准则委员会秘书处组织有关人员对其翻译,并将译稿定名为《职业会计师资格要求国际指南》,由中国财政经济出版社于2001年出版发行。

《职业会计师资格要求国际指南》由两部分组成:第一部分是ISAR对各国关于职业会计师资格认定制度的建议;第二部分是《职业会计师职业教育的国际教学大纲》。文件中的职业会计师仅指那些得到认可的职业会计师或审计师团体的成员,或者是经过认证可以成为其成员的人,或是那些经过法定机构认可的可以作为职业会计师的人。

二、对各国职业会计师资格认定制度建议的主要内容

(一)总体要求

要求那些想成为职业会计师的人应当通过指定课程的学习,获得坚实的理论基础和全面的知识,具备适当时间的实践经验,成功通过资格考试以表明其职业胜任能力。

(二)对基础教育的建议

ISAR建议各国以IFAC所制定的《国际教育指南第9号——资格认证前教育、胜任能力评价及对职业会计师的经验要求》作为基础教育的指南,要求从事会计职业资格的申请人应该接受全面的教育,至少要具备下列9个方面的相关知识:对思想和事件的历史发展、现代世界的不同文化和国际视野的理解;对人类行为的基本知识的掌握;对思想和经济、政治、社会差别的感知;具备取得和评价资料的经验;具备进行调查、抽象思维和批判思维的能力;对文学、艺术和科学的欣赏;了解个人价值和社会价

值以及调查和判断程序;具有进行价值判断的经验;进行演讲和辩论的书面和口头交流技巧以及正式或非正式地表达意见的技巧。

(三) 对会计职业教育中非职业知识教育的建议

ISAR 建议使用 IFAC 公布的关于职业教育的一系列文件作为会计职业教育中非职业知识教育的指南,主要包括:《国际教育指南第 9 号——资格认证前教育、胜任能力评价及对职业会计师的经验要求》、《国际教育指南第 11 号——会计教育大纲中的信息技术》和《国际信息技术指南第 1 号——信息安全管理》。上述指南中,将职业知识的教育分成三大类,即关于组织和企业的知识、信息技术知识、会计及会计相关知识。其中,关于组织和企业的知识,按照《国际教育指南》第 9 号的要求,其核心内容应包括 6 个方面:经济学;针对企业的数量和统计方法;组织行为;经营管理;市场营销;国际商务。对于信息技术,指南要求所有职业会计师应具备下列 5 个方面的基本知识:商务系统中信息技术的概念;建立在计算机基础上的内部控制;企业系统的原理和实务;信息技术的采用、实施和使用;评价建立在计算机基础上的商务系统。ISAR 推荐的会计及会计相关知识核心内容主要包括下列 7 个方面:财务会计与报告;管理会计;税务;企业法和商法;外部审计和内部审计;金融和财务管理;职业道德。另外,ISAR 还建议会计职业教育应包括环境会计和报告。

(四) 对会计职业知识教育标准大纲的建议

ISAR 认识到设计和评价教育机构会计教学的需要,许多发展中国家和经济转轨国家需要一个比大纲更为详细的指南。许多发展中国家并不具备足够的财力,建立专门的机构来按照全球资本市场调整本国的会计师教育,这样他们就会面临进入资本市场的障碍。因此,为使其能够通过努力,在会计教育方面逐渐赶上其他国家,ISAR 在第 16 次会议上建议联合国贸发会制定一个会计教育的大纲范本。因为随着时间的推移和外部环境的变化,职业会计师的知识也应跟上时代变化,所以 ISAR 建议有必要在适当的时候对大纲范本进行更新。另外,ISAR 还建议各国把这份大纲范本作为设计理论知识和课程的参考,制定出自己的教学大纲。

(五) 对评价职业胜任能力的建议

ISAR 建议把 IFAC 关于评价职业会计师胜任能力的指南(包括在国际教育指南第 9 号中)作为这方面的指南。同时将其教育委员会研究简报第 1 号"对考试管理的建议"作为补充要求。

(六)对实践经验要求的建议

ISAR 建议将 IFAC 关于实践经验的指南(包括在国际教育指南第 9 号中)作为这方面的指南。同时将其讨论稿"实践经验"作为补充要求。指南指出:"适当时间的职业会计师实践要求,应该是作为资格认证过程的必要组成部分。实践时间的长度可以随职业会计师提供服务的环境不同而变化,这段时间应确保未来的职业会计师表现出已获得的知识、技能和职业道德。未来的职业会计师在相关会计岗位的实践经验应该由其所申请的职业团体决定,并且取得资格认证所需要的实践经验应在该职业团体认定的有经验成员的指导或监督下获得。"

(七)对继续职业教育计划的建议

ISAR 建议将 IFAC 关于继续教育的指南(包括在《国际教育指南第 2 号——继续职业教育》中)作为这方面的指南。在该指南中明确提出了继续职业教育的 3 个目标:保持和提高职业会计师具备的专业知识和职业技能;帮助职业团体成员运用职业技术,了解经济发展对客户员工和自己的影响;向社会提供职业团体成员具备相应专业知识和职业技能的合理保证,建议要求每个职业会计师每 3 年接受至少 90 个小时的继续职业教育,且职业会计团体或监管机构应监督这项建议的执行,并建立机制对未遵守建议的行为做出反应,包括采取纪律制裁行动。

(八)对坚持职业道德守则的建议

ISAR 建议将 IFAC 的《职业会计师职业道德守则》作为职业道德的指南。该指南指出:职业会计师的目标是达到职业精神的最高水准、职业表现的最高水平——服务于公共利益。要达到上述要求就要满足以下四项基本要求:良好的声誉、职业精神、服务质量和保守秘密。另外,还要遵守一系列基本原则,这些原则包括:公正、客观、职业胜任能力、应有的谨慎、保守秘密以及其他执行职业服务的相关准则。适当的职业道德观和专业技能是将职业阶层与其他人区分开来的重要标志,因此,ISAR 建议联合国贸发会各成员国要采取必要的措施来确保职业会计师的国家标准符合以上建议。ISAR 相信,这样做一定会增进本国职业会计师的发展,同时推动会计服务的国际交流。

三、《职业会计师职业教育的国际教学大纲》的主要内容

该大纲范本主要是参照英国特许会计师协会和加拿大注册会计师协会的教学大

纲，并结合 IFAC《国际教育指南第 9 号——资格认证前教育、胜任能力评价及对职业会计师的经验要求》和《国际教育指南第 11 号——会计教育大纲中的信息技术》两份文件，由联合国贸发会牵头，联合阿拉伯注册会计师协会、英国特许注册会计师协会、加拿大注册会计师协会、欧洲委员会、法语国家会计师联合会、苏格兰特许会计师协会、波兰会计准则委员会、IFAC 等协会的有关专家和国际会计公司的有关代表，一起讨论并共同制定出的一份作为职业会计师资格认定基准方面的重要文件。

该文件从基本知识与技能、职业(技术)教育、职业考试、实践经验、继续职业教育和注册政策 6 个不同层面详细阐述了想成为职业会计师所必须掌握的知识。在该文件中，第一次正式提出了"全球化会计教育"(global accounting education)的观念。同时，它为使各成员国能正确地理解该大纲，特强调以下三点：(1)该大纲的目的旨在为职业会计师教育规定技术教育方面的指南，指出对于希望成为职业会计师的人来说，仅拥有理论知识是不够的，他(或她)还必须能通过获取、分析、解释、综合、评估和交流信息从而在实务中运用理论知识。(2)全球化会计教育有许多方法，比较典型主要有两种，一种是投入法，它详细说明了职业会计师需要开发技能的基础和技术教育方面的规范；另一种是胜任能力法，该方法首先定义了胜任能力，胜任能力是指在职业范围内开展活动或在工作中相对于预期标准发挥作用的能力，然后详细说明职业会计师需要什么样的基本胜任能力。考虑到广大发展中国家的实际情况，专家认为采用第一种方法可能更容易实施，所以，专家们选择为职业教育制定一套教学大纲，而不是采用胜任能力法。(3)该大纲对于那些希望协调其教育体系以满足全球化要求的国家来说，仅仅只是一个开端。每个国家都应依据该大纲，制定自己相应的教学计划，并使其内容适合本国需求。该文件将其内容按知识类型的不同可归为三类：第一类是组织和商业经营知识；第二类是信息技术；第三类是会计和会计相关知识。下面是对大纲中各类知识和技术内容更为详细的说明和理解。

(一) 组织和商业经营知识

具体包括 5 类知识点：经济学；数量方法和商业统计；一般经营政策和基本组织结构；管理功能和实务、组织行为、营销功能、国际商业原则以及经营管理和战略。

1. 经济学方面的知识

它主要涉及：经济学问题、经济学方法和市场；弹性、价格监管和消费者选择；生产和企业经济政策；市场结构；竞争和垄断；市场结构：垄断竞争和控制；国家经济问题和运行指标；消费政策；货币、银行和利率；失业、通货膨胀和全球环境。归纳起来，就是要求职业会计师通过对该部分的知识学习，能够理解宏微观经济学的基本概念和理论,了解单个国家的经济运行原理以及全球经济之间的相互联系,并认识到国际贸易的重要性、外汇汇率变动及汇率平衡对企业经营的影响。

2. 数量方法和商业统计方面的知识

它主要涉及:基本算术运算;不确定性的计量;统计标示作为信息报告的一种方法;计算机在统计标示中的使用;统计学基本概念;用于标示给定情况下相关因素之间的关系;判断外部条件与内部条件影响的数学决策模型;概率基础;概率分布;抽样和抽样分布;统计估计;假设检验;回归和相关;多元回归、指数和时间序列;统计决策模型;矩阵和线性规划。归纳起来就是说,职业会计师通过对该部分的知识学习,能够用数学公式表达和解决问题,并能对运算的结果进行说明。另外,还要求其能够理解并运用一些统计方法来处理问题。

3. 一般经营政策和基本组织结构方面的知识

它主要涉及:一般企业政策;不同组织类型的结构、职能和目标;公司治理;组织及其社会文化和政治环境;组织和技术;技术的变化及其对经济效率、经济增长、生产方法、产品类型和组织结构的影响;小企业面临的特殊挑战以及非营利组织和政府组织。归纳起来就是说,职业会计师在通过对该部分的知识学习,能够描述出不同类型企业的性质和目的,辨认不同类型的组织结构并指出其发挥作用的机制,解释企业采用的策略、价值取向和政策的性质、目的以及社会文化和政治环境影响企业经营方法的机理,认识小企业面临的特殊挑战,了解非营利企业和盈利企业的运行差异。

4. 管理功能和实务、组织行为、营销功能和国际商业原则方面的知识

它主要涉及:管理部门作用、职能和形式;在提供信息、协助进行经营分析、解释和预测方面会计人员在管理队伍中的作用;营销、组织及其国际环境以及国际经营。归纳起来,就是要求职业会计师通过对该部分的知识学习,能够描述管理的本质和管理的形式,解释沟通在组织中的作用以及商业道德和商业声誉的重要性,评估企业营销的战略作用,概括管理人员在国际商务中面临的主要财务决策。

5. 经营管理和战略方面的知识

它主要涉及:战略管理和计划;对业务和服务进行管理;人力资源管理;工作环境的管理和信息技术策略运用。归纳起来,就是要求职业会计师通过对该部分的知识学习,能够从理论和实务上辨清战略管理的原则和概念,认识战略决策是企业管理部门对各种相互竞争方案权衡利弊的结果,解释如何管理和开发信息系统,理解管理人员在工作环境方面的作用和责任,评估人力资源开发对其组织的重要性。

(二)信息技术

具体包括7类知识点:经营系统中信息技术的概念;以计算机为基础的商务系统

的内部控制；商务系统的开发标准与实务；信息技术采用、实施与运用的管理；信息安全管理；人工智能、专家系统与模糊逻辑以及电子商务。在这里，尤其强调了对于信息技术知识的应用能力。

1. 经营系统中信息技术的概念

主要包括：通用系统概念；管理部门对信息的利用；硬件；系统软件；应用软件战略；数据组织和取得方法；网络和电子数据转换以及交易处理在特定业务中的应用。

2. 以计算机为基础的商务系统的内部控制

主要包括：控制目标；控制框架——控制层次；控制环境；风险评估；控制活动以及对控制的监测。

3. 商务系统的开发标准和实务

主要包括：信息在组织设计和行为中的作用；系统分析和设计技巧以及对信息系统开发过程的控制。

4. 信息技术采用、实施和运用的管理

主要包括：信息技术开发的战略思考；管理问题；信息技术的财务控制——计划和成本控制；安全、备份和恢复——访问、提供和连续性；操作问题；系统外购、开发和实施的管理；系统维护和更新的管理——标准和控制；终端用户计算机系统管理——信息中心的作用。

5. 信息安全管理

主要包括：信息安全的重要性；信息安全的原则和保障信息安全的最佳方法。

6. 人工智能、专家系统、模糊逻辑等

7. 电子商务

主要包括：电子商务性质；外域网及其在管理供应商、卖主、承包商供应链方面的应用；因特网和国际网站；产品和服务的营销；外部客户交易、支付和转移；在线银行业务；财务电子数据交换（Financial Electronic Data Interchange，简称 FEDI）以及与电子商务有关的安全事宜。

将上述 7 个方面归纳起来，就是要求职业会计师通过对该部分的知识学习，能够以财务系统为参照对信息系统的不同形式进行描述，理解数据处理系统的内部控制，对信息系统的运行进行评估，描述数据安全系统及其应用，讨论能够使系统维持准确和及时运行的程序，理解现行商业环境中电子商务的重要性。

（三）会计和会计相关知识

本部分知识点较多，具体包括 10 个方面：基础会计、财务报表的编制、会计职业和国际会计准则;高级财务会计实务;高级财务报告原则;管理会计——基本概念;管理会计——进行计划和控制的信息;税务;企业法和商法;审计基础;审计——高级概念;企业财务和财务管理。

1. 基础会计、财务报表的编制、会计职业和国际会计准则知识

它主要包括:会计思想与会计的理论背景;会计职业;职业道德;机构;关于财务报表的编制和列报的概念和原则;国际会计准则委员会和国际会计准则;会计数据的记录、处理和汇总;企业财务报表的编制和列报(物价稳定的条件下)以及财务报表的基本解释和运用。归纳起来,就是要求职业会计师通过对该部分的知识学习,能够概述财务会计和报告的作用和原则,为公司制企业和非公司制企业编制财务报表,阐述长期资产、短期资产、负债、商誉、或有事项及资产负债表(财务状况表)日后事项的会计处理,辩证地评价国际会计委员会的作用,理解国际会计委员会发布的国际会计准则,解释并运用财务报表。

2. 高级财务会计实务知识

它主要包括:会计理论框架;不同类型会计报表的编制及其他特殊会计议题;不同形式企业财务报表的编制;分析和评估财务及相关信息的高级概念;为满足使用者的要求与使用者交流的信息,编制报告并辅之以包括必要信息和解释的财务报表。归纳起来,就是要求职业会计师通过对该部分的知识学习,能够评价理论的和法定的会计框架以及国际会计准则,编制合伙、分支机构、合营及单个企业的财务报表,为其他组织编制特殊报告,为满足内部和外部使用者的需要分析并解释财务信息及其他信息。

3. 高级财务报告原则知识

它主要包括:会计师的职业活动;集团(合并)会计;重组、权益结合和企业合并会计的特殊议题;财务及相关信息的深入分析和评价;确定价格变动水平对财务状况的影响;评价财务报表及其分析的信息弱点和局限性以及企业停业会计。归纳起来,就是要求职业会计师通过对该部分的知识学习,能够解释、应用和严格评价国际会计准则和草案,编制企业集团报告,分析并解释财务报表和其他相关信息,执行并评价给定条件下财务重组计划,对公司解散和停业的主要方面做出解释,对企业合并(购买、处置和权益重组)进行会计核算,并具有遵照职业框架和道德框架工作的能力。

4. 管理会计——基本概念知识

它主要包括:背景信息;成本会计和管理会计框架;成本计算——资源投入的成本计算;成本计算方法——资源产出的成本计算;成本计算制度包括边际成本计算法与分摊成本计算法(吸收成本计算法)对比,以及成本和管理会计方法。归纳起来,就是要求职业会计师通过对该部分的知识学习,能够讨论成本和管理会计的作用及组织内

定量分析,在组织内使用不同的分类标准分析成本,描述并运用企业投入资源消耗的成本计算原则,论证适用于不同企业的产出成本计算方法,比较并评价吸收成本法与边际成本法及其他管理成本会计方法和技巧。

5. 管理会计——进行计划、决策和控制信息知识

它主要包括:实现预算计划和控制目标的信息;标准成本计算;经营计划;管理会计系统的设计;评价企业结构、功能和业绩指标变化对管理会计技术与方法的适用性与适当性的影响;为计划和控制而进行的业绩计量;为决策目的提供的其他信息;非财务业绩指标(如人均产量或每服务单位产量);企业非财务目标(如环境和社会目标)。归纳起来,就是要求职业会计师通过对该部分知识学习,能够在计划、控制和决策过程中应用管理会计技术,对标准成本法、预算和变量分析法用于计划和控制进行描述、阐述和评论,确定决策中的相关成本和适当方法,能在不同的决策环境下使用、识别、讨论并实施适用于不同环境的各种产品定价法,讨论战略管理会计决策的特性,评价适用于不同商业环境的业绩指标。

6. 税务知识

它主要包括:国家税收体系概述;员工及非公司企业的所得税;公司制企业的税务;增值税;资本所得税;遗产税;地方直接税(包括房地产税和其他财产税);其他税收(如行为税和公路税);全国保险计划;全国保障计划;信托;税收筹划和适当税收筹划方法的运用;利用计算机进行税收筹划和报税;关注职业道德——避税、税负最小化与偷漏税以及非国内(国外)经济活动引发的递延所得税负债。归纳起来,就是要求职业会计师通过对该部分的知识学习,能够阐述本国税收体系的运行,计算个人或非公司制企业的所得税,计算公司的递延所得税负债,了解主要税种对个人、合伙和公司各种交易的影响,认识到税务在个人和公司的财务计划和决策制定中的重要意义,了解适用于个人投资的国家税收法规的有关条款,认定达到税负最小化的方法(包括充分利用可选择的方案、减免和其他形式的优惠)。

7. 企业法和商法知识

它主要包括:关于应履行权利和义务的基本法律概念;法律的类别;国家法律制度;国家法律、指令和判例法的性质、目的、范围和主要原则;有关合同法的基本原则;销售合同;雇佣合同;有限责任公司的性质;公司法;资本和公司的融资;公司的管理和治理;社团法(如开展特定活动的俱乐部和合伙组织等,成员或合伙人的权利和义务,第三方的权利,规范财务报表和招股书的规则);关于破产的法律(在相关法律规定下申请破产的程序,债权人和其他利益相关方的权利)。归纳起来,就是要求职业会计师通过对该部分的知识学习,能够了解从事职业会计师工作所处的

法律环境,阐述影响职业会计师的各项法律,解释合同法的基本原则,认识销售合同的主要特点,了解公司的设立和融资活动(包括发行股份和借贷资本),解释公司的管理和治理(包括董事、管理人员、审计师和股东大会),了解国内与公司经营有关的重要的外部监管机构。

8. 审计基础知识

它主要包括:审计的性质、目的和范围;审计的监管体制及国际审计准则;审计的基本概念和原则;审计框架;审计计划和评价;证据的收集和分析以及审计的实施。归纳起来,就是要求职业会计师通过对该部分的知识学习,能够对审计的性质、目的和一般审计实务有基本的认识,解释财务报表审计的性质、目的和范围,评价审计理论框架以及国际审计准则,了解审计中的道德问题,描述在审计计划阶段制定的审计程序,解释、收集和评价审计证据的方法,讨论内部控制的性质,评估控制风险所需的程序以及控制测试的用途,解释审计抽样的性质,执行对个别资产负债表项目分类的实质性测试,理解审计中执行的其他基本环节。

9. 审计:高级概念知识

它主要包括:审计报告框架;就审计中发现的内部控制的薄弱环节与董事会及管理部门进行沟通;评估计算机商务系统;审计师责任风险;内部审计的目的和作用以及组织和规划复杂的审计项目(包括集团审计和联合审计)。归纳起来,就是要求职业会计师通过对该部分的知识学习,能够审查资产负债表日后事项对财务报表的影响、持续经营的条件、财务报表所反映信息的真实性和公允性,解释与管理部门和董事沟通的意义,编制和理解各种审计报告的式样及其含义,在计算机商务系统环境中执行审计程序,理解审计师的职业责任,解释内部审计的作用,探讨并执行高级及专门审计的实务和程序。

10. 企业财务和财务管理知识

它主要包括:不同类型机构的财务目标;营运资金的管理;财务管理的框架;公共部门财务管理的特殊问题;融资渠道;资本支出和投资;长期财务计划以及司库管理。归纳起来,就是要求职业会计师通过对该部分知识学习,能够理解营运资金管理的性质和范围,判断特定情况下适当的融资渠道,并评价其对企业资金结构的影响,运用恰当的方法和技术对投资进行评价,理解现行财务管理模式的有关概念,并能对财务管理理论发展与企业的相关性进行评价,选择资源优化运用的最佳方法(包括最有效的融资方法),理解本国和国际财务系统的运行,对可供选择的融资渠道进行评估,理解司库管理在营运资金和国际环境方面的作用,能根据影响决策因素的变动做出理智的财务管理决策。

主要参考文献

[1] 联合国贸易与发展会议.联合国国际会计和报告标准:职业会计师资格要求国际指南[M].财政部会计准则委员会秘书处,译.北京:中国财政经济出版社,2001.

[2] 许家林,高文进,孙贤林.会计教育国际化的形成基础:职业要求标准的变迁与影响[J].河南财政税务高等专科学校学报,2003(3):5-12.

[3] Intergovernmental Working Group of Experts on International Standards of Accounting and Reporting(ISAR), United Nations Conference on Trade And Development. Guideline on National Requirements for the Qualification of Professional Accountants[M]. New York: United Nations,1999.

(初稿执笔人:胡 伟)

IFAC 的《职业会计师国际教育准则》(IES)

一、《职业会计师国际教育准则》概述

国际会计师联合会(International Federation of Accountants,简称 IFAC)是一个由不同国家的职业会计师组织组成的非营利性、非政府性和非政治性的机构,它于 1977 年在德国慕尼黑召开的第 11 届世界会计师大会上宣告成立。IFAC 下设会员大会、理事会、秘书处、7 个专业委员会以及若干个特别工作组(Task Force)。会计教育委员会(Education Committee)是 IFAC 理事会的一个常设委员会,也是一个重要的机构,它主要负责制定指南、开展研究工作和促进信息交换,以确保会计师能够得到充分的培训,同时协助发展中国家会计教育的发展。教育委员会的成员由 IFAC 理事会的各国会员团体提名选出。成员最初任期 3 年,每年都进行选举,其中 1/3 的成员将会退职。委员会成员的连任不应超过两届三年的任期。每位委员会成员只有一票表决权。教育委员会负责针对职业会计师注册前的教育和培训以及会计职业组织会员的职业后续教育和发展,制定准则、指南、讨论稿及其他信息资料。此外,教育委员会期望在促进发达国家、发展中国家以及转型期国家的合作方面起到催化剂的作用,对在世界范围内会计教育计划的进展方面提供帮助,尤其是在该计划能够促进经济发展的地区。

为了确保全球范围内职业会计师教育的质量和一致性,国际会计师联合会(IFAC)教育委员会颁布了《国际教育公告框架》(Framework for International Education Pronouncements)和《国际教育准则导言》(Introduction to International Education Standards),国际会计教育准则理事会(The International Accounting Education Standards Board,简称 IAESB)发布了两种与会计教育相关的文件,分别是:国际教育准则(International Education Standard,简称 IES)第 1~8 号和国际教育公告(International Education Practice Statements,简称 IEPS)。IEPS 是帮助这些会员团体执行

这些准则,目前已经公布的有3号公报:IEPS No.1——职业价值、道德与态度发展与维护的途径与方法(IEPS No.1—Approaches to Developing and Maintaining Professional Values, Ethics, and Attitudes),讲的主要是职业道德问题;IEPS No.2——职业会计师的信息技术(IEPS No.2—Information Technology for Professional Accountants);IEPS No.3——职业会计师的初期职业发展(IEPS No.3—Initial Professional Development for Professional Accountants)。上述这些文件,构成了职业会计师准入教育和职业后续发展的全球性标准,也有助于IFAC各会员团体在本国范围内制定和实施教育标准和要求。

2010年1月发布了《国际教育准则》修订版,整个内容框架没有实质性的变化,主要变化在4个方面:纠正过时的参考资料;更新自旧版本发布以来,引进的关键词汇表;更新在2006年版本中的法定程序条款;纠正语法错误和过时的术语。

二、《国际教育公告框架》的主要内容

国际教育公告框架建立的目的在于:呈现一个"参考点或基础",以制定准则和指南;对"基本概念"做出定义;确定公告的范围、性质和权威性,同时澄清会计行业的定义问题。国际教育公告框架的建立能够更好地支持现有准则的实施,为各级会员在实施方面提供指导性的意见。

(一)引言

国际会计师联合会(IFAC)的宗旨是,在世界范围内利用统一的准则发展和增强会计职业界,使其能够为公众利益提供一贯高质量的服务。为了帮助实现这个宗旨,IFAC希望会员团体遵守职业会计师国际教育准则。由于各个国家的会员团体在文化、语言、教育、法律以及社会制度方面的巨大差异,加之会计师所扮演角色的多样性,因此,职业会计师国际教育准则仅仅建立了一些基本要素,以使那些为所有职业会计师设计的计划能以此为基础建立。这些要素是教育和发展计划期望包括的,同时也是有可能得到国际上的认可、接受和应用的。虽然这些准则不能超越当地官方公告,但是,会员团体在制定其教育和发展计划时必须应考虑到这些准则(也应当考虑到指南中提到的建议做法)。此外,会员团体还有义务向立法和监管部门建议职业会计师国际教育准则和指南,并在可能的范围内努力寻求当地官方公告与这些准则和指南之间的协调。

已通过的公告正文是由教育委员会用英文发布的,全部遵循美式英语的拼写习

惯。在获得 IFAC 批准后,允许会员团体自己负责将这些公告翻译成本国语言。但是,译文应当注明翻译机构的名称,并表明是正式批准文本的翻译。若产生分歧,则以最初的英文(美式)版本为准。

(二)教育委员会的宗旨和战略目标

教育委员会的宗旨是,通过世界范围内职业会计师教育和发展的进步,形成协调一致的准则,以服务于公众利益。为实现其宗旨,教育委员会目前已经制定了四项重要战略,即:了解职业会计师需求者当前和未来的需要,以及会计教育的内涵;为会员团体提供准则、指南以及其他形式的建议和帮助;了解执行中存在的问题;推进职业会计师教育。

教育委员会的目标包括:发布一系列准则和其他公告,以反映在注册前后职业会计教育和发展中的良好做法;为 IFAC 的遵从活动建立教育标准;对暴露出的与职业会计师教育和发展的有关问题,促成其在国际范围内进行讨论。

(三)公告的性质、范围和权威性

教育委员会公告应满足以下三个功能之一:描述"良好做法"(即为会员团体达到这些做法制定准则,并作为衡量标准);提供指南、解释、讨论、说明、应用举例,或以其他任何形式来帮助会员团体达到"良好做法";讨论、推动或为讨论教育问题提供便利,揭示事实,展示研究或调查成果(即描述情况),或者促进对这些问题的认识。三个功能(描述、提供指南、讨论并展示成果)在实现教育委员会的宗旨方面是有效的。不同的功能通过公告的三种不同类型来表示:职业会计师国际教育准则(IES);职业会计师国际教育指南(International Education Guidecines,简称 IEG);职业会计师国际教育论文(International Education Papers,简称 IEP)。IES 规定的是在职业会计师教育和发展中公认"良好做法"的标准。IEG 在如何实现"良好做法"或者当前"最佳做法"上提供建议和指导,以此来扶助职业会计师教育和发展中公认"良好做法"的执行。IEP 推动影响到职业会计师教育和发展的问题的讨论、辩论和展示成果,或者描述影响到会计职业教育和发展问题的相关利益情况。三者的权威性是递减的,这与它们计划的功能相一致。IES 描述良好做法,因此比仅提供指导(例如,指导如何实现良好做法)的 IEG 更具权威性;同样,IEG 比讨论问题(包括正在暴露的问题)和展示成果的 IEP 更具指导性。

(四)意见征询过程

教育委员会鼓励 IFAC 的会员团体、其他职业团体以及相关的个人和组织提出建议和提议。开展必要的调查研究、起草准则和指南的征求意见稿以及征集论文的责任,委员会可以将一部分交由分委员会、由委员会成员和技术顾问组成的项目小组或者个人负责。分委员会和项目小组的负责人应由委员会成员来担任,但是可以包括非委员会成员或非 IFAC 会员团体的成员。在制定阶段,教育委员会将授权一位项目经理来监督每一项报告的制定进展情况。项目经理是委员会成员或技术顾问,他们根据项目计划向控制小组报告并负责。控制小组由委员会主席和技术经理组成,其成立目的是监控制定教育公告所有项目的全过程。控制小组也检查早期的草稿,以便保证其与项目目标的一致性以及方法的一贯性。

教育委员会发布所有被提议的准则和指南的征求意见稿,由 IFAC 的会员团体、会计学术团体、政策制定者、政府机构以及对报告感兴趣的其他人发表评论。委员会将被提议的准则和指南征求意见给定一段合理的时间(通常是 6 个月),以便利益相关组织思考并对这些建议发表评论。这样,那些受到教育委员会公告影响的人们就有机会在公告定稿和发布之前发表自己的观点。教育委员会欢迎并考虑对征求意见稿所发表的所有评论,且对其认为合理的部分做出一些修改。委员会继续关注对发布后的准则和指南发表的评论,以便将来修正之用。同样的,对论文所作评论也将被注意,以利于将来修正借鉴以及推动问题的进展。

(五) 法定人数和表决说明

举行一次投票所需人数为委员会成员(或其代理人)的 3/4 以上。准则和指南的征求意见稿必须经到会总表决权人数 2/3 以上同意才能通过。在公告被出版和签署成为最终文件之前,准则、指南或论文的最终讨论稿必须经到会总表决权人数 2/3 以上通过才可以。

(六) 教育委员会使用的发展概念

"发展"不仅是一个过程,而且是一个结果。英文字典(如牛津词典和考林司词典)将"发展"解释为"导致"(过程)或"实现"(结果),一种更进一步的状况。因此,发展可以指一个"正在发展"的人(过程),也可以指一个"已经发展"的人(结果——完成状态)。作为一个过程,"发展"被教育委员会用成一个相当灵活的术语,用于总结某一个体成长的每个阶段。它指的是对提高胜任能力有帮助的专业能力的提高,即使专业能力已经达到了某种水平。从职业角度讲,发展大多数(但并非全部)是通过学习来实现的。

"学习"指的是个人获取能力的主要过程(即专业知识、专业技能、职业的价值、道德和态度)。学习可能是系统性的、正式的,也可能是非系统性的、非正式的。个人通过系统的过程学习,就被称为"教育"。相反的,还有很多其他比教育更有价值的学习程序,比如自学性质的开放性的获取知识、体验、观察、思考以及其他的以发展专业能力为目标的非计划性活动。"教育"指的是系统性的、组织化的,也常常是指那些正式的学习过程,因此这些过程的计划是很重要的。教育也包括称之为培训的发展过程形式。"培训"是一种特殊的教育形式,它注重的是人如何工作。培训通常是授课和实际操作的混合体。它指的是相关的经历,因此具有比教育的其他形式更实用和更适用的特点。培训可以是"在职"的(即实习生在工作场所从事实际操作),也可以是"脱产"的(即实习生不实际从事工作)。

(七)专业能力和胜任能力的关系

专业能力指用来表现能力的专业知识、专业技术、专业价值、道德和需要展现胜任能力的态度。专业能力指个人所掌握的能够确保完成自己职责的特质。拥有专业能力,表明一个人具有完全能够在岗位上完成任务的能力。

胜任能力是指有能力工作且达到一个既定标准,而这个标准要参考真实的工作环境。它指的是个人所采取的决定他们的实际表现能否达到需要标准的行动。如果一个人利用其专业能力执行任务且达到了所需标准,那么可以认定其具有胜任能力(即个人是专业胜任的)。专业能力和胜任能力的概念辨析表,如表3-1所示。

表3-1 专业能力和胜任能力概念辨析表

专业能力	胜任能力
主要概念	
特质	行为
潜在的	实际的
拥有	表明
可被描述为学习结果	可被描述为工作成果
专业能力的类型	胜任能力的类型
·专业知识 ·专业技能(例如,智力的、技术的、非技术的、组织的、个人的、人际的)	·包括与实务标准有关的一系列工作成果(例如,职能的、管理的、人际的)
·专业价值、道德和态度(例如,道德价值、专业态度、遵循高技术标准、怀疑态度、对持续提高和终身学习的承诺、对公众利益和社会责任的了解)	·包括与行为标准有关的一系列工作成果(例如,道德与专业行为,保持合理怀疑,与专业发展相联系的表现)

(八) 重要词汇

评估。在学习过程中的任何时候对专业胜任能力进行的所有测试形式(无论是书面测试还是其他形式,包括考试)。

最佳做法。在职业会计师的教育中,具有最高标准,最先进或是引导了一个新的领域。这些做法被认为是范例。

候选人。任何注册登记参加评估以作为职业会计师教育计划一部分的个人。

专业能力。证明胜任能力所需要的专业知识、专业技能以及专业价值、道德与态度。

胜任能力。能够使工作达到一个既定的标准,并且是在现实的工作场所中。

职业后续发展。为发展和保持职业会计师在职业环境中胜任工作的专业能力而进行的学习活动。

发展。由两部分组成:专业能力的获得,有助于促成胜任能力的形成;已获得能力的状态。

分散式学习。是指一个教育过程,在此过程中,大部分的知识自接收后在不同的时间得到传授,或者教师和学生在不同的地点进行传授和接收。

教育。是指以发展个人知识、技能和其他专业能力为目标的系统过程。它包括"培训"。

良好做法。对职业会计师的教育和发展至关重要,并且是在达到胜任能力所需标准上实施的因素。

高等教育。在中学层次以上,通常是在大学和学院中开展。

信息技术。硬件和软件产品,信息系统的操作和管理程序,以及将那些产品和程序应用到信息生产和信息系统开发、管理和控制任务所需要的人力资源和技能。

学习。个人获得专业能力所依赖的很宽泛的过程。

督导者。负责指导和建议实习生,以及帮助实习生达到胜任能力的职业会计师。

注册后。取得 IFAC 会员团体的个人会员资格之后的时期。

实务经验(或专业经验)。实习生或职业会计师所经历的、与职业会计师工作相关的工作经验。经验的安排是个人在工作中能够得到专业胜任能力(包括专业行为)的发展,也为个人提供了证明自己在工作中达到专业胜任能力的一种方式。

注册前。在成为 IFAC 个人会员取得资格之前的时期。

职业会计师。作为 IFAC 会员团体会员成员的个人。

职业会计教育。这种教育建立在常规教育基础之上,传授的是专业知识、专业技能、专业价值、道德和态度。它可能在也可能不在学术环境中进行。

专业知识。这些知识构成会计职业的主题以及其他商业学科的主题,并且共同组成职业会计师知识的最主要部分。

专业技能。在职业环境中用来合理、有效的应用专业知识和专业价值、道德和态度的各种能力。

职业价值、道德与态度。证明职业会计师是本职业中的一员所需要的职业行为和特征。它包括一些行为原则(即道德准则),这些原则通常与职业行为相关,并且被认为在定义职业行为的特殊特征中是至关重要的。

资格。职业会计师资格指的是,在给定的时点,个人被认可为职业会计师所应满足的、并且一直要满足的要求。

相关经验。在一个适合应用专业知识、专业技能以及专业价值、道德与态度的环境中参加业务活动。

专长。由一组在某一领域或多个领域中具有特殊胜任能力的会员团体对与职业会计师工作相联系的活动的正式认可。

学员。是指正在进行课程学习的个人,包括实习生。

会计人员。从事专业会计工作的、指导或帮助职业会计师的人员。

实习生。拥有注册前的工作经验及在工作场所接受培训的个人。

培训。工作岗位上从事的注册前后的教育活动,目标是使学员或职业会计师达到专业胜任能力方面的公认水平。

三、《国际教育准则导言》的主要内容

《国际教育准则导言》为职业会计师国际教育准则(IES)的发展提供了背景信息,描述了准则涉及的问题的范围,并且讨论了该准则被国际会计师联合会(IFAC)会员团体的教育计划采纳和应用的方法。

(一) 背景

会计教育和实务经验的目的是培养胜任的职业会计师,使他们能够在其职业生涯中为他们所从事的职业和社会做出积极的贡献。面对会计师事务所遇到的不断增多的变化,发展和保持一种学习的态度是学习和保持职业胜任能力的基本条件。学会学习涉及发展技能和策略,这些技能和策略有助于个体更有效的学习,以及运用有效的学习策略在今后的生活中继续学习。这是一个理解和使用多种策略来改善获取和应用知识的能力的过程。这个过程源于并将导致和加强一种置疑的精神以及终身学习的需求。

职业会计师的教育和实务经验应当为专业知识、专业技能和职业价值、道德与态度提供基础,从而能够使职业会计师在其职业生涯中不断学习和接受变化。这些能力将有助于职业会计师确认问题,找到解决问题所需的知识,明白在何处找到所需知识,并且知道如何以一种道德观念运用知识得到适合的答案。这些基本能力之间的平衡可能是不同的,但是需要发展知识基础和较强的技能以便产生具备职业价值、道德和态度以及胜任能力的职业会计师。

多年来,国际会计师联合会教育委员会已经发布了关于教育问题的指南和其他文件。该委员会认为,目前适合发布建立在以上框架基础之上的单独准则,通过独立的准则解决每个职业会计教育的主要要素。国际会计职业是在一套商定的国际会计和审计准则之上建立起来的,IES是对这些技术和职业准则的补充。职业会计师国际教育准则建立在以前由国际会计师联合会发布的国际教育指南的基础之上,并且不断更新,特别是《国际教育指南第9号——职业会计师的注册前教育、职业胜任能力的评估和职业会计师的经验要求》,以及《国际教育指南第10号——会计师职业道德:教育需求和实务应用》。这是基于这样一种认识:全球职业界对于制定和遵守职业胜任能力的准则的期望在不断增长,以此来满足公众的需求。

(二) 国际教育准则的范围

职业会计师国际教育准则意图通过为资格会计师的最低限度学习要求建立参考标准,来发展会计职业。最低限度学习要求包括教育和实务经验,以及职业后续发展。该准则的目标之一是确认需要涉及的学科范围,而不是建议应当开设的实际课程。这是因为世界不同的地区对被确认的学科的描述是不同的。一些会员团体需要一个更宽范围的学科,其他成员可能将更多的重点放在一定范围的学科之上,以满足其所培训的学员的特殊目的。但是,职业价值、道德和态度普遍存在于所有的地区并且可能与许多其他学科合并在一起。

国际会计师联合会认为其会员团体可能处于不同的发展阶段。必要的理解水平也可能在不同的职业会计团体和不同的时期之间有所不同。课程的一个重要限定因素是,当以一种更广泛的全球眼光来看,与某一国家、地区、文化或者专业团体相联系的一系列专业知识、专业技能、职业价值、道德和态度。职业会计师国际教育准则在下列准则中规定了职业会计师的学习和发展需求:IES No.1——职业会计教育计划的准入条件(IES No.1—Entry Requirements to A Program of Professional Accounting

Education); IES No. 2——职业会计教育计划的内容(IES No. 2—Content of Professional Accounting Education Programs); IES No. 3——职业技能与一般教育(IES No. 3—Professional Skills and General Education); IES No. 4——职业价值、道德与态度(IES No. 4—Professional Values, Ethics, and Attitudes); IES No. 5——实务经验要求(IES No. 5—Practical Experience Requiremenys); IES No. 6——专业能力和胜任能力的评估(IES No. 6—Assessment of Professional Capabilities and Competence); IES No. 7——职业后续发展:终身学习和职业胜任能力后续发展计划(IES No. 7—Continuing Professional Developement: A Program of Lifelong Learning and Continuing Developement of Professional Competence); IES No. 8——审计专业人员的胜任能力要求(IES No. 8—Competence Requirements for Audit Professionals)。

(三)职业会计师国际教育准则的运用

职业会计师国际教育准则的整体目标是以一种合适的方式将一个教育计划的各个部分组合起来,从而产生能够胜任的职业会计师。为了实现目标,各个部分的确切组合方式可以是多种多样的。不同的组合方式存在于世界不同地区。专业教育为会计师提供能够使他们保持贯穿其职业生涯的职业胜任能力的准备。专业教育可以在学校里进行,或者通过职业团体的课程来教授,或者二者同时进行。尽管国际教育准则1~7号是按照一定顺序列示的,但是它们并不是必然按照这个顺序来获得的。例如,专业教育可以与一般教育同时进行。即:在获得大学学位或者进行其他学习课程的同时,能够获得职业会计资格。专业教育也可以通过在完成另外一个相当于高等教育水平的学习课程之后,通过进一步学习来获得。

实务经验可以在学习计划之后获得,同时它可以作为一个学习计划;或者通过这些方法的组合来获得。但是,实务经验的性质需要满足《IES No. 5——实务经验要求》中说明的要求。教育过程可以建立在兼职或是全职的基础之上。如果教育过程与获取实务经验的过程处于同一期间或部分处于同一期间,那么这个过程将是有益的。不管候选人如何选择获得他们的教育,他们必须完成国际教育准则所阐述的职业会计教育的所有方面。教育和实务经验,以及社会和文化环境在不同国家和地区是不同的。会计师的发展所承担的责任需要适应这些方面的需求。当需要遵循国际教育准则时,人们普遍认为需求是变化的,可以采取多种不同的但相似的方法来遵循国际教育准则。

国际会计师联合会认为,每个职业团体不仅需要决定如何制定最好的遵守准则,而且需要决定将重点放在不同部分的哪些方面。此外,职业界是充满活力的。要注意继续监督每个主体工作的环境,以保证保留相关价值和专业价值的教育过程得到支持。成为国际会计师联合会会员团体的会员表明,在一个给定的时点,他被认为已经满足了作为职业会计师的资格要求。但是,在一个不断变化的时间里,专业胜任能力和终身学习能力的发展必须满足专业服务使用者的需求。终身学习的过程应很早开始,并且将贯穿于个人的职业生涯中。职业后续发展可以被看作是获得职业会计师资格教育计划的扩展。获得的专业知识、专业技能和职业价值、道德与态度不但继续发展,而且改善了个体特有的职业活动和责任。注册后职业后续发展问题将在《IES No.7——职业后续发展》中得到解决。

职业会计师国际教育准则在胜任能力评估概念方面已经做了很多工作。国际会计师联合会教育委员会已经在《IEP No.2——通向胜任的职业会计师》中发布了有关胜任能力评估方法的文件。会员团体需要关注出现的胜任能力的概念,以及如何更好地将胜任能力概念合并入各自的体系之中。为了在工作中证明其胜任能力,职业会计师需要具备一系列确定的专业知识、专业技能以及职业价值、道德和态度。这一系列能力是广泛的和不断增长的。胜任能力通过学习、工作和培训相结合来获得。虽然这些部分的组合可能有所不同,但是它将带来同样有效的教育和实务经验计划,这些计划能够为职业界发展其所需的胜任能力。

传播职业会计教育计划的教育者需要对国际会计职业和职业会计师个体的变化需求做出反应。在注册前教育中,教育方法应当着重为学员提供在获得资格后的自我导向型的学习工具。教育者可以自由采用在他们特定的文化中最能发挥作用的方式。但是,教育者需要得到培训,并且鼓励他们使用一种广泛的、以学习者为中心的教学方式,这些方式包括:使用案例教学、研究计划和其他方法来模拟工作环境;小组学习;改变教育方法和资料以适应职业会计师日益变化的工作环境;开设一门鼓励自我学习的课程,使学员学会独立学习,并且在获得资格之后一直具备这种学习能力;使用科技和电子教学;鼓励学员积极参与学习过程;使用计量和评估方法来反映职业会计师所需要的变化的知识、技能和职业价值、道德与态度;将不同主题和不同领域的知识、技能以及职业价值、道德与态度融合起来,以适应多方面的、复杂的职业需求环境;强调问题的确认和解决,即鼓励确认相关信息,使用逻辑评估,传达清楚的结论;揭示研究结果;激励学员发展职业怀疑态度和职业判断能力。教育计划需要反映学员何时被要求考虑经验、哪些进展顺利、哪些无法正常运转以及在未来相似情况下应当采取何种方法。在一种纯粹的学术环境中传播所有这些教学方法并不是唯一的解决方案。教育和实务经验的结合能够带来好处,使用实际例证可以使学员运用知识。一个设计良好的在职培训计划能够传递许多所需的经验。管理者、督导者和其他在实务经验中涉及到的人员需要以计划实务经验的最有效的方法得到培训。其他学习方法包括：小组学习或者办公室环境中的学习；将在解决问题中涉及的论题和实践与专业知识、专业技能和职业价值、道德与态度结合起来；将反思与后续工作复核作为一种学习方法。

达到为实现终身学习的目标需要一些专业知识、专业技能和职业价值、道德与态度的基本训练，这些知识和技能是职业能力的基础。为学员提供这样一种基本训练需要关注职业会计教育和实务经验计划。教育者和学者需要经常与职员在一起工作，以确保计划的相关性和逻辑连续性。会员团体希望考虑专业知识的规定与实务经验能够相互结合。

四、国际教育准则的主要内容

《IES No. 1——职业会计教育计划的准入条件》（IES No. 1—Entry Requirements to A Program of Professional Accounting Education）

对于一个寻求开展职业会计教育计划，从而使其成为国际会计师联合会会员团体会员的个体来说，准入条件应当至少等同于进入一所公认大学的学位计划或是与其等价的学习。个体需要获得职业会计教育计划，这是通过一种合适的学前教育水平来达到的，并且要学会为获得专业知识、专业技能和职业价值、道德与态度提供其所需的基础，而专业知识、专业技能以及职业价值、道德和态度是成为职业会计师的必要条件。职业会计工作教育的候选人需要具备一定的知识、技能和职业价值、道德与态度。所具备这些能力的程度是决定候选人进入职业教育计划的关键点。如果进入点的要求越低，那么职业会计教育计划所覆盖的范围越广。

职业会计教育计划的开端是多种多样的。很多职业会计教育计划开始在研究生水平之上。另外一些教育计划开始于后续再教育水平或者低于本科生学位的高等教育水平之上。大多数教育计划是由职业团体自身组织的，而不是通过大学或学院来组织的。一些计划要求具备工作经验和成熟的学员，候选人可以通过其职业和其他形式的学习方法参加到计划的不同部分。不论选择哪种方式，采用的准入条件都应当与职业团体拟定的职业会计教育整体计划相一致。对来自于所有可能的教育方式的候选人，不论其是否从再教育、远程教育或是高等教育开始，重要的是获得一定资格之上的具有可比性的职业胜任能力水平。需要有足够高的进入水平来为个体在职业会计教育计划中的可能取得的成功提供保证。与进入大学学位的标准相同，资格评估应当将标准参考信息与国际会计师联合会会员团体可获取的信息结合起来反复检查。即使有这些信息的帮助，资格评估仍可能是复杂的和困难的，只有审查了相关课程的具体的、详细的信息之后才可能得出准确的评价。大学学位计划可以被法规、认可的非法定团体或是市场所承认。学位计划的确认和评估可以将重点放在内容、长度和其他质量方面。

《IES No.2——职业会计教育计划的内容》(IES No. 2—Content of Professional Accounting Education Programs)

专业会计学习应当成为注册前计划的一部分。该学习应当足够深入且时间应当足够长,从而使候选人能够获取职业胜任能力所要求的专业知识。注册前教育的专业会计知识部分应包括至少两年的全日制学习(或同等的兼职学习)。学员应通过努力取得会计学位或专业资格来获取这些知识。

职业会计教育的内容应包括:会计、财务及相关知识;组织和企业知识;信息技术知识及胜任能力。会计、财务及相关知识提供了核心技术基础,这对成为成功的职业会计师来说十分重要。科目的组合因个人工作的部门和地点而有所不同。会计课程本身就在变化,并且会继续对迅速变化的市场需求做出改变。新的科目进入该课程,而且科目的相对重要性也在变化。会员团体为适应特殊环境的要求,可能会增加科目,或改变计划的平衡性。组织及企业知识提供了职业会计师工作的具体环境。关于企业、政府及非营利组织的广泛知识对职业会计师来说是十分重要的。组织及企业知识包括企业怎样组织、融资和管理,以及企业运营的全球环境。信息技术改变了职业会计师的作用。职业会计师不仅使用信息系统,采用IT控制技能,而且作为团队的一员,在评价、分析及管理该系统中也发挥着重要作用。

会计、财务及相关知识部分应包括如下学科领域:财务会计及报告;管理会计及控制;税收;企业和商业法律;审计和担保;金融和财务管理;职业价值及道德。

会计、财务及相关知识部分内容至少应在会计学位水平时传授。它包括:会计职业和会计思想的历史;内部及外部使用的企业经营报告的内容、概念、框架和含义,包括财务决策使用者需要的信息,以及对这些所需会计信息的作用做出中肯的评估;国内、国际的会计和审计准则;会计规范;管理会计,包括计划、预算、成本会计、质量控制、业绩评价及基本做法;提供具体、精确的财务数据和资产保全控制的概念、方法和程序;税收及其对财务决策和管理决策的影响;企业法律环境知识,包括特殊国家中适用于该职业的证券法和公司法;审计和其他担保服务的类型,包括风险评估和欺诈检查,以及实施的智力和程序基础;金融及财务管理知识,包括财务报表分析,金融工具,国内及国际资本市场和资源管理;职业会计师的道德责任和法律责任,这些责任是与其职业环境和更广泛的公共环境相关的;政府和非营利组织会计问题;非财务业绩评价在企业中的应用。

组织及企业知识部分应包括如下学科领域:经济学;企业环境;企业管理;商业道德;金融市场;定量方法;组织行为;管理和战略决策;市场营销;国际企业和全球化。组织及企业教育为未来的职业会计师提供了关于雇主和客户活动环境的知识。它也为注册前过程中掌握的所有职业技能提供了应用环境。能够理解这些知识,与有能力和经验去承担、参与并对组织和企业管理做出贡献是不同的。

信息技术部分应包括以下学科领域和胜任能力:IT一般知识;IT控制知识;IT控制胜任能力;IT使用人胜任能力;具有信息系统管理者、评价者或设计者的一种或多种胜任能力。信息技术知识部分可以多种方式提供,或者是以单独的课程形式,或者将该学科与组织及企业知识部分相结合,或者将其与会计或会计相关知识部分相结合。胜任能力也可以在IT知识部分以外通过工作经验获得。对于正式的IT教育部分来说,案例教学,与经验丰富的职业人员或相似的技术人员交流不仅可以增强主题的表达,还可以帮助学员发展与相关IT工作经验相结合的实践技能。

《IES No.3——职业会计师的专业技能》(IES No.3—Professional Skills and General Education)

想要成为职业会计师的个人应当获得下列技能:智力技能;技术和功能技能;个人技能;交流和交际技能;组织和商业管理技能。

智力技能通常分为6类水平,依次是:认知、理解、应用、分析、综合、评价。智力技能使职业会计师具有在一个复杂组织情况下解决问题、做出决定以及锻炼良好的判断能力。这些技能通常是通过广阔的一般教育来获得。需要的智力技能包括下列内容:定位、获得、组织和理解来自人员、印刷品和电子产品的信息的能力;询问、研究、逻辑性与分析性思考,推理以及严密的分析能力;确认和解决可能在不熟悉的情况下的非组织问题。

技术和功能技能包括一般技能和会计工作的特殊技能。它们是:数理能力(数学和统计应用)和精通信息技术能力;决定模型和风险分析;计量;报告;遵守立法和规章的要求。

个人能力与职业会计师的态度和行为有关。发展这些能力能够帮助个体学习和自我进步。它们包括:自我管理;创造力、影响力和自我学习;选择和安排在有限资源中优先使用权的能力以及组织工作以适应紧张期限的能力;参与和适应变化的能力;考虑制定决策时,职业价值、道德和态度的暗示作用;职业怀疑态度。

交际和交流技能使职业会计师为了组织的共同利益与其他人一起工作,接受和传递信息,形成有依据的判断和有效的制定决策。交际和交流技能包括以下能力:与他人在协商过程中工作,以抵挡和解决冲突;团队工作;与不同文化和知识背景的人员相互影响;在专业背景下商谈可接受的解决方案和协议;在一个文化交织的环境中有效的工作;通过正式的、非正式的、书面的和口头的交流有效地提出、讨论、报告和辩论观点;有效的倾听和阅读,包括对文化和语言差异的敏感性。

组织和商业管理技能对职业会计师来说越来越重要。组织和商业管理技能包括:战略计划、项目管理、人力资源管理和决策制定;组织和委派任务、激励和发展人员的能力;领导能力;专业判断和识别能力。

所有职业教育计划应当包括一般教育的一些部分。一般教育关注非专业知识、智力技能、个人技能、交际和交流技能、组织和管理技能的发展。广义的一般教育能够鼓励终身学习和为建立职业和会计学习提供一个基础。它包括:对一些观点和历史事件的变迁、当今世界不同文化和国际展望的理解;人类行为的基本知识;观点、问题的广度以及比较世界经济、政治和社会力量的意识;询问和数据评价的经验;处理询问、进行逻辑思考和理解严密思考的能力;艺术、文学和科学鉴赏力;个人价值和社会价值的意识以及询问和判断过程的意识;做出有价值的判断的经验。

一般教育可以通过诸多不同的方式和在不同的环境下获得。一般教育可以在任何学位计划情况下进行,伴随着与致力于与职业会计主题相关联的计划,它包括会计、金融和相关知识。组织、商业知识以及信息技术知识一般教育也可以与会计学位计划完全结合,并为通过该计划而展开的主要技能的获得提供准备。候选人可以先获得非会计学位,然后再获得职业会计师所需要的知识,这是通过职业团体设置的考试来达到的。候选人也可以通过与考试相结合的工作经验获得主要技能。这种结合应当包括一般知识和技能要素,从而发展胜任能力和必要能力,这些能力包括作为职业会计师所应具备的基本技术知识。因此,这些技能如何获得可能因国际会计师联合会会员团体的不同而不同。该准则如何被执行取决于每个主体所处的文化环境和主要教育结构。所以,部分一般教育可以在优先于高等教育的扩大的或者是扩展的再教育期间获得。

《IES No. 4——职业价值、道德与态度》(IES No. 4—Professional Values, Ethics, and Attitudes)

职业会计教育计划应当向潜在的职业会计师提供一个职业价值、道德与态度的框架,便于他们进行职业判断,以及从社会和同行业的利益出发以道德的方式行事。职业会计师应具备的职业价值、道德与态度包括一个遵守当地道德规范的承诺,这些道德规范应当与国际会计师联合会的道德规范相一致。

职业会计师教育计划中价值与态度的范围应当包括致力于:维护公众利益和提高对社会责任的敏感度;持续的发展和终身学习;可靠性、责任性、及时性以及谦虚和尊重的行为;遵守法律和法规。虽然不同的计划中对职业价值、道德与态度的学习方法会反映出不同的国家和文化环境以及不同的目的,但是所有的计划都应当至少包括:道德规范的本质;道德规范中以具体准则为基础的研究方法和框架研究方法二者的区别,以及它们的优缺点;遵守完整性、客观性的基本道德原则,以及对胜任能力、应有的责任心和保密性的承诺;职业行为和遵守技术准则;独立性、谨慎性、受托责任和公众预期;道德规范和行业;社会责任;道德规范和法律,包括法律、法规和公众利益之间的关系;不道德行为给个人、行业和整个社会带来的后果;商业道德和良好的公司治理;道德规范和职业会计师:告密、利益冲突、道德困境和它们的解决办法。

价值、道德与态度贯穿于职业会计师所做的每一件事,以及他们如何致力于市场诚信的建设之中。要鼓励学员们学习相关道德准则的作用,以及批判性地看待相关道德准则。通过参与的方式进行职业价值、道德与态度的教育。对职业会计师来说,从他们的道德经历中学习是很重要的。各会员团体应当要求实习生在正式批准成为会员之前,接受适当的培训和获得适当的实务经验。在培训和实务经验阶段需要精心计划,以便使学员有机会观察职业价值、道德与态度在工作中的应用。

《IES No. 5——实务经验要求》(IES No. 5—Practical Experience Requiremenys)

从担任职业会计师的工作中获取实务经验的阶段应当作为注册前计划的一部分。这个阶段应当足够长和足够集中,以使候选人能够证明他们已经掌握了专业知识、专业技能和职业价值以及道德和态度。此外,只有掌握了这些内容,他们才能拥有从事工作的职业胜任能力,才能在他们的职业生涯中获得持续发展。

实务经验阶段应当至少 3 年。带有较强实务会计应用成分的研究生(高于大学在校生水平,如硕士生)职业教育,可以折合为不超过 12 个月的实务经验。候选人在以职业会计师的身份公开出现之前,有必要经历一段足够长的实务经验阶段,也就是说,不仅仅局限于学术上的学习或为获取职业资格而进行的学习。学术上的学习或为取得职业资格而进行的学习是获取职业会计知识和证明已掌握的职业会计知识的有用方法。然而,这种学习并不能证明已经拥有了在工作中的职业胜任能力。实习生拥有的实务技能来自于他们在工作中积累的经验,只有拥有了这些技能,他们才能成为有能力的职业会计师。因此,实习生们需要获得与本职工作相关的实务经验,这些实务经验必须是他们所申请的职业组织认为合适的。会员团体和(或)监管机构应当确保候选人获得的实务经验是可接受的。为了取得职业会计师的资格,候选人需要具备一定的实务经验,这些实务经验应当在一个督导者的指导下来获得,而这个督导者一般由国际会计师联合会会员团体中的一个有经验的成员来担当。为了使实务经验计划有效,职业组织或监管机构、实习生、督导者和雇主有必要进行合作。这个实务经验计划应当对实习生和雇主双方都是有利的,并且由双方共同来制定这个计划。督导者应当定期复查对已获得的实务经验的记录。

《IES No.6——专业能力和胜任能力的评估》(IES No. 6—Assessment of Professional Capabilities and Competence)

在授予职业会计师资格之前,应当正式评估候选人的专业能力和胜任能力。国际会计师联合会会员团体应当负责确保该项最后评估是高质量的。这项最后评估可能由国际会计师联合会会员团体执行,或由一个国际会计师联合会会员团体广泛参与的监管机构来执行。

对专业能力和胜任能力的最后评估应当达到如下要求:以记录的形式保留候选人答复的重要部分;是可靠和有效的;尽量涵盖全部种类的专业知识、专业技能和职业价值、道德与态度,以确保评估是可信的;尽可能在接近注册前计划结束时进行。最后评估是国际会计师联合会会员团体的责任,通常由国际会计师联合会会员团体或监管机构来执行。对专业能力和胜任能力的评估具有多重目的,第一,会员团体和监管机构有责任确保职业会计师拥有雇主、客户和公众所期望的专业能力和胜任能力;第二,对他们的客户、雇主和相关股东负有保护义务的个人,需要充分表明他们具有履行这项义务的能力;第三,只有当那些达到胜任能力标准的人取得了职业会计师资格时,公众的利益才能够得到保护,职业的可信度才能得到提高。评估是否可靠、有效是考虑的关键因素。可靠的评估在一段时间能够产生客观一致的结果。有效的评估方法是对预期结果进行评估,并且可能使用定性和定量的判断尺度。对股东来说,评估必须是可接受的,并且评估还应当满足公众利益的需要。此外,评估还必须适合被评估的专业知识、专业技能和职业价值、道德与态度。在单独的某一期间对全部种类的专业能力和胜任能力进行评估是不实际的,但可以在多个期间来进行评估。一些资料可能在以前已经涉及,并且评估人员有权认为这些资料是已知的和明晰的。在其他情况下,经过实务经验阶段后,一部分的胜任能力可能已经得到评估。

国际会计师联合会承认针对专业能力和胜任能力的最后评估,并不存在单一的优先办法。每个会员团体根据具体情况选择需要采用的方法。这些需要考虑的因素包括:地理位置;教育和其他可利用的资源;评估的候选人数和他们的背景;培训机会。为了对候选人的专业能力和胜任能力的评估提供足够证据,在进行评估时,应该给予记录形式的答复分配较大的比重。除此之外,评估还应当包括口头和小组评估的要素,以及客观的测试。建立在实务基础上的问题和案例研究应用来测试更高水平的智力技能。评估需要保持在一定的难度水平,以适合职业会计师维持对专业能力和胜任能力的最后测试的可信度。对专业能力和胜任能力的评估,可能会设计到一个人注册前计划的各个部分。然而,在对最后注册部分进行评估的时候,需要尽可能提高其可行性,一直到旨在取得资格的个人注册前计划的最后。这项评估需要涵盖足够必需的专业知识、专业技能和职业价值、道德与态度,以此来表明一个人有专业能力和胜任能力具有取得职业会计师的资格。

《IES No.7——职业后续发展:终身学习和职业胜任能力后续发展计划》(IES No. 7—Continuing Professional Developement: A Program of Lifelong Learning and Continuing Developement of Professional Competence)

会员团体应向所有职业会计师宣传职业胜任能力后续发展和对终身学习承诺的重要性。所有职业会计师都有义务保持发展与其工作性质和职业责任相关的职业胜任能力。终身学习随着取得职业会计师资格的教育计划而发展并贯穿个人职业生涯始终。职业后续发展(CPD)是取得职业会计师资格的教育过程的扩展。在执业资格继续发展的时候,专业知识、专业技能和职业价值、道德与态度可以获得并且随着职业活动和个人责任做出适当的完善。会员团体应为获得 CPD 提供机会和资源,从而帮助职业会计师完成终身学习。会员团体应当要求所有的职业会计师保持发展与其工作和职业责任相关的、恰当的职业胜任能力。保持发展职业胜任能力的职责主要是由每一个职业会计师负责的。

不论职业会计师工作的部门或企业的规模如何,CPD 适用于所有的职业会计师。在制定 CPD 要求的时候,会员团体必须考虑在诸如职业终止和退休的情况下,什么对职业会计师来说是相关的和适当的。可接受的 CPD 活动需要发展职业会计师的专业知识、专业技能和职业价值、道德及态度,且应与职业会计师的现在、将来的工作和职业责任相关。职业会计师参加的一部分学习活动是可以用足够的原始资料验证的。因此,职业会计师有责任保留与 CPD 相关的记录和资料,并可以应会员团体的要求,提供充分的证据来证明自己与会员团体的规定保持一致。但是,另一部分学习活动不能验证,只可以衡量。衡量有 3 种不同的方法:投入法;产出法;综合法。采用投入法的会员团体应要求职业会计师:在每连续 3 年的期间内,至少完成 120 小时或同等学时的与职业发展相关的活动,且有 60 小时或同等学时可以得到证实;每年至少完成 20 小时或同等学时;追踪和评价学习活动以达到上述要求。采用产出法的会员团体应要求职业会计师通过提供定期证据来证明相关胜任能力的保持和发展,这些证据应当已经:由足够的原始资料客观证明;使用有效的胜任能力评估方法进行评价。结合使用投入法和产出法的会员团体应遵守该准则制定的可适用的投入和产出系统的原则。会员团体应建立一个系统程序来监督职业会计师是否达到了 CPD 的要求,并对未能达到要求者(包括未能提交报告或未能保持和发展胜任能力)进行适当的处罚。

《IES No.8——审计专业人员的胜任能力要求》(IES No.8—Competence Requirements for Audit Professionals)

该准则于2006年7月5日发布,并于2008年7月1日起开始实施。IES No.8适用于包括审计业务合伙人在内的所有审计专业人员,同时也规定凡参与行业审计的审计专业人员所应具备的专业胜任能力。由于新发布的IES No.8于2008年7月1日生效,因此IFAC会员团体修改了他们的政策和程序以确保所有的审计专业人员符合这个准则所规定的要求。IES No.8从以下3个方面提出了专业胜任能力要求,其基本内容如下。

1. 审计许可制度

不同的地区存在着不同的审计许可证制度。为了成为一名审计师,并获得审计师执照,或允许在审计报告上签字,职业会计师应最低限度地遵循IES 1~7的要求。监管机构、IFAC成员机构和其他负责签发审计执照的机构有责任确保关于许可证审核的相关规定与他们的环境是相适应的。因此,要求的最低限度为获得审计师执照或许可在审计报告上签字。在一些地区,职业会计师在具有签署审计报告的资格时,可能还没有获得标准所规定的经验。比如,IFAC会员团体及公众会计师事务所必须确保任何一个能在财务报表审计报告上签字的审计师必须具有所需的实践经验和能力。

2. 业务合伙人的胜任能力要求

审计业务合伙人比一般审计人员需要承担更大的责任,因此,需要更全面的专业知识和技能,更良好的价值价值观、职业道德与态度。另外,业务合伙人还需要证实他们能够充分了解审计过程并有能力与各方当事人进行沟通。当审计专业人员晋升到诸如业务合伙人之类的职位时,他们将需要证实具有以下胜任能力:对审计质量负领导责任;对遵守独立性要求形成结论;承接具体审计业务和继续维持客户关系;项目组任务分派,确保具备收集审计证据的能力和执行审计业务与签署审计报告的胜任能力;在审计业务的执行、指导和监督过程中遵守职业准则和法律要求;对所执行工作进行咨询、复核和讨论;出具有充分、适当的审计证据支持的适当的审计报告。

3. 特定环境及行业中审计专业人员的胜任能力要求

(1) 一般要求。IFAC会员团体和会计师事务所需要确保在特定环境或行业的历史财务信息审计中,审计专业人员应拥有与该环境或行业相关的专业知识和实践经验。当职业会计师已经获得了能力且证实了审计人员具备的胜任能力之后,对在特别行业(如银行和金融,采掘业和保险业)或环境(如跨国审计)中执行历史财务信息审计中的重大判定责任之前,他们需要具备更高水平的胜任能力。

(2) 跨国审计。参与跨国审计的审计专业人员应当满足审计专业人员的胜任能力要求,并掌握适用的财务报告和审计准则、跨地区审计和集团审计的控制、适用的公司治理要求、国家监管框架、全球、区域的经济和商业环境等知识。由于各个国家和地区的文化背景差异(如规范、习惯、行为和期望等),参与跨国审计的审计专业人员在一个比较单一的管辖范围内运用审计的职业价值观、职业道德及态度。在个人承担跨国审计专业人员的角色之前,应该对个人的专业能力进行评估。此外,评估应该是全面的,且允许个人证明他们胜任跨国审计专业人员所需的专业知识、专业技能和专业价值以及道德与态度。

(3) 特定行业。在某些特定行业,由于各行业性质的不同,要求对专业知识进行统一规定是不切实际的。因此,为了保证从事特定行业审计的审计专业人员具备相应的胜任能力,IFAC会员团体、职业会计师和会计师事务所应共同承担责任。

从事特定环境及行业历史财务信息审计的审计专业人员在对重大专业判定承担责任之前,必须具备一定的实务经验。从事审计实务的时间和强度必须保证审计专业人员能够证实他们拥有了必要的专业知识且能够在特定行业或环境中应用,此外,他们还具有胜任审计工作所要求的职业价值观、道德与态度。

主要参考文献

[1] 财政部注册会计师考试委员会办公室. 审计[M]. 北京:中国财政经济出版社,2009.
[2] 国际会计师联合会. 国际会计师联合会职业会计师国际教育准则[M]. 中国注册会计师协会,译. 北京:中国财政经济出版社,2005.
[3] http://lw.china-b.com/gllw/20090217/155770_1.html,2009-06-30.
[4] http://web.ifac.org/publications/international-accounting-education-standards-board,2011-07-16.

(初稿执笔人:江金锁)

第四篇　相关法律规范类

SAI的《社会责任国际标准——SA 8000》

一、《社会责任国际标准——SA 8000》概述

社会责任国际标准体系SA 8000（Social Accountability 8000 International Standard，简称SA 8000）是由总部设在美国的民间非政府组织社会责任国际（Social Accountability International，简称SAI）推出的第一个可用于第三方认证的社会责任国际标准。SAI前身是美国于1997年初成立的专门负责制定社会责任标准并予评估与认证的组织——经济优先委员会认可委员会（Council on Economic Priorities Admission Agency，简称CEPAA），2001年才更为现名。1997年10月，CEPAA在纽约召开的第一次会议上提出了社会责任标准（SA 8000）的草案并向社会公开发布，它是全球首个企业道德规范国际标准，其宗旨是确保各供应商供应的产品符合社会责任标准的要求，其范围适用于世界不同地区、不同行业和不同规模的公司。它的依据是国际标准化组织（International Organization for Standardization，简称ISO）所制订的质量管理指南中有关质量体系评估和认证机构的基本要求，它与ISO9000质量管理体系及ISO14000环境管理体系一样，是一套可被第三方认证机构审核的国际标准。在经过4年的公开咨询和深入研究后，SAI于2001年12月12日正式发布了SA 8000的第一次修订版，并将其确立为全球性的企业社会责任（Corporate Social Responsisility，简称CSR）标准。SA 8000颁布后，在国际社会尤其是西方发达国家很快获得了广泛支持。一些大的购销商都极力促使此标准的实施，国际知名的认证机构如SGS、BVQX、DNV、UL和ITS等，均已向SAI提出申请开展SA 8000认证服务。

从总体上看，SA 8000是一种基于国际劳工组织（International Labor Organization，简称ILO）宪章、联合国儿童权利公约和世界人权宣言而制定的，以保护劳动环境和条件、劳工权利等为主要内容的管理标准体系。它将企业社会责任分为两个方面：一是内部责任，包括人员管理、健康安全的生产环境与场所、适应变化的能力和对环境影响的管理等；二是外部责任，包括对所在社区、商业伙伴、供应商和消费者、人权及对全球资源的关心等。对于如何履行企业的社会责任，它则提出了符合社会责任的

企业管理、规范的企业报告和审计、不断提高的社会责任工作质量、获得表明社会责任工作成绩突出的称号、注重对社会进行有益的投资等途径。SA 8000 的主要内容涉及童工(Child Labour)、强制性雇工(Forced Labour)、歧视(Discrimination)、惩戒性措施(Disciplinazy Practices)、工作时间(Working Hours)、工资(Compensation)、健康与安全(Health & Safety)、组织工会的自由与集体谈判的权利(Freedom of Association and Right to Collective Bargaining)与管理系统(Management Systems)等 9 个方面,它对各个项目不仅提出了具体的标准,而且做出了相应的规定。

SA 8000 准则在经多方股东对起草方案一致同意后,第一版于 1997 年 9 月出版。考虑到工人的维持性生计和雇佣情况,此准则吸收了国际人权规范和国际劳动法的内容以促进工人利益的最大化。准则不仅采纳了国际标准组织的基础原则(ISO-based principles),还采纳了广泛的管理体系要求和考虑其持续性发展,并根据国际人权机构和国家劳动法建立的准则规范强调管理程序所应遵循的最低规定标准。准则一贯的目的是保障工人权利,使雇主能执行一种以准则体系为基础的方式以确保工人有适当的工作和工作环境。SA 8000 是建立在工人权利和福利并非雇主的负担的原则基础之上的,但并非是对影响健康的和适当的工作场所方面的人力资源投资。SA 8000 标准体系与 SA 8000 指导性文件用于评价公司对这些准则的遵守情况。SA 8000 指导性文件是对 SA 8000 标准体系的解释,并指导应如何执行这些规定,为鉴证工作的遵守提供操作案例,也是审计师和公司进行鉴证工作时对 SA 8000 遵守的指导手册。审计师和公司可通过向最高审计机关支付少许费用就可获得指导性文件。当社会环境发生变化时,SA 8000 也会定期进行修订,在进行修订和改进时并考虑利益相关者的意见,许多利益相关者对此也做了大量贡献。在社会各界人士和机构的帮助下,准则体系和指导性文件有望继续进行改善。最高审计机关热诚欢迎社会各界提供建议,也欢迎对 SA 8000、SA 8000 指导性文件和鉴证框架进行评价。

《SA 8000(2008)》是指社会责任 8000 的国际标准体系第三版,出于安全和合适的工作场所原因而自愿地遵守准则。该版本是 2001 年版本的修订版,它虽然注入了更为清晰、权威和灵活性的内容,但也保留了最初一版的精神和意图。因此,2008 版在以前版本使用时出现的问题以及误解的领域的基础上表述的更为准确。它还明确指出 2001 年版本自发布以来在实践中普遍滥用的情况。准则中关于社会责任的 9 条要求维持不变——既没有新的内容加入,也没有剔除里面的内容。但是建立在 2001 年以来准则使用者的经验基础上,对有些条例进行了修订。最高审计机关咨询部门的准则修订委员会最先开始对 SA 8000 准则进行修订,他们行使新准则具体语言表达的职能。2008 版准则的修订历时两年,包括两轮公众会议和一轮来自于公司、非政府组织(NGOs)、工会和学术界的专家评论。此次准则为社会准则制定而修订,并倡导遵守国际社会与环境鉴定和标志的准则(ISEAL's Standards)。国际社会责任的多方利益相关者咨询部门对所有文件以及在与他方共同达成的一致意见的基础上进行再次评价,并最终确定新准则。因此,起草性文件的目的是帮助审计师、雇主、供应链管理者、工人和其他利益相关者在行使 SA 8000 时能够理解修订了的准则的实质性变化。由于所有准则修订的实质性变化汇总在起草性文件里,从而得知起草者对准则修订的潜在目的也是为了使读者可以更好地了解修订的意图,准则应该如何解释,以及这些准则修订如何能影响工人、审计师和著名公司的潜在性含义。准则中的每项条款几乎都是在同等程度上进行的修订。然而,这些变化的大多数是形式上的而不是实质上的变化。形式上的变化是为了使准则在语言上的措辞更为准确,而且在某些情况下,能使准则的各条款之间更具有连贯性。与此相反,实质的内容修订形成了 2001 版和 2008 版准则之间的实质性差异。这些变化是起草性文件关注的焦点,变化也将影响准则实施的方式。当前许多新的详细准则观点是在 2004 年指导性文件加工处理之前形成的。因此,2004 年指导性文件的许多内容仍与现有观点有关联。按照章节的顺序对准则进行比较,详见以下内容。

二、《SA 8000(2008)》的主要内容

(一) 目的和范围

准则修订后,其目的并没有改变,但也并非是先前准则的规定。新准则的语言措辞使准则体系清晰的说明要确保工人权利和支持国家劳动法,并为雇主提供措施去证实和鉴别他们对准则的遵守情况。

1. 保护与授权;控制和影响的范围

主要要求有:(1)"保护与授权"一词说明了准则中雇主对工人义务的描述和工人索取权利的措施。(2)"公司的控制和影响范围"一词需要以案例为基础进行定义。但是语言措辞的内在意义确实影响准则拥护者的期望,因为准则拥护者尽力去确保整个供应链的工人权利。(3)供应链所指的对象是一个广义的概念,因为准则的起草者认为,权利是一个广义的概念,每个公司根据其利益相关者进行判断,而利益相关者是尽力去维持整个供应链的积极影响。

2. 可鉴证性

"SA 8000 具有可鉴证性,并且以证据为基础"。此陈述强调准则对执行准则基础

的关注性,并允许审计师轮流审查公司遵守准则的情况,而并非简单的检查即时情况。

(二) 标准化基础及其解释

1. 行业标准

在《SA 8000(2008)》下,公司必须遵守国家法律和主要行业标准(prevailing industry standards)。起草者修订准则的潜在目的是为了加强准则体系,不与工人利益最大化的主要行业标准的实践相冲突。工人利益最大化包括工人生计与雇佣的持续性。准则的修订不仅对审计师和审计事务所都具有实践意义,而且对国家和当地法律的知识体系也具有一定意义。如果在实施审计时违反了 SA 8000,那么在实践应用时必须充分的考虑当地国家法律或整个区域内关于主要行业标准的准则阐述。对于那些不能从当地的相关行业机构、雇主、工会、政府组织、民间社会组织和审计事务所所在地的其他类似实体获取信息的实践者而言,此准则修订也考虑了此类群体。

2. 新增规范

《SA 8000(2008)》参考了几项国际惯例的原则,而 2008 年版之前的版本却没有参考。此准则规范是为了满足国家政府立法机构的要求进行修订的,国家政府立法机构也为准则的解释和鉴别提供了一种参考,并指导新条款及其内容的修订。因为审计师和公司在遵守准则时对准则条例的理解是至关重要的。除此之外,国际劳动机构的网站也提供了新的资料和条例,这些资料和条例能进一步指导履行社会责任的雇主。

(三) 定义解释

1. 公司、职员和工人

《SA 8000(2008)》将 2001 版准则的公司定义分成两个部分:公司和职员。公司的定义与以前一样维持不变。虽然 2001 版准则的职员定义是在公司定义的范围之内,但《SA 8000(2008)》则对"职员"一词进行了单独定义。新准则的职员定义如下:被公司直接雇佣或与公司签订了工作合同的所有人员,包括董事、执行官、管理者、监管者和工人。之所以一贯使用"与公司签订了工作合同"一词是为了将家庭工作者、基层管理者和通过职业介绍所雇佣的工作者包括在"职员"定义的范围之内。"工人"是对"所有非管理职员"单独进行的定义。此准则在其条款适合于所有雇员时才使用"职员"词语,而不区分是被公司直接雇佣的还是与公司签订劳动协议的人员。此准则在其条款适合于所有非管理职员时才使用"工人"术语,包括工人组织或选举出的工人代表。

2. 纠正性与预防性措施

2001 版准则并没有对补救措施进行定义。虽然此准则对未遵守准则的情况起到一定的补救作用,但准则并没有对补偿措施加以规范。修订版准确强调,必须解决所需的时间表分析,以更好地确保假定造成不合格的工作场所能得到纠正。修订后的准则要求公司对未遵守的情况进行识别和评估,而识别与评估是对即将发生情况的纠正性措施作出反馈,并防止任何未遵守情况的发生,这是最重要的一个步骤。准则修订的目的是为了应对以往及现有有关工作场所变化的可能性,防止未来发生同样的情况。

3. 孩童定义

该准则删除了国际劳工组织第138条,但发展中国家例外。现在对孩童的定义并不含糊,除非当地法律对工作和强制性学校教育的最低年龄有更高的规定,否则一般是指年龄小于15岁的人员。这样定义的目的是说明较大的年龄人员也可以定义为孩童。准则的目的是为了反映全球的实质性用途,但只有部分国家仍实施第138条规定。

4. 人口贩卖

《SA 8000(2008)》新增了对人口贩卖(Human Trafficking)的禁止性规定,新准则在本质上更为清晰地说明对人口贩卖在实质上的要求。它清晰地规定人口贩卖是强制性劳工的一种形式,有关人口贩卖的定义请参考第2.4章的"被迫与强制性劳工协议"条款。起草者充分地考虑到人口贩卖新增的公告,并希望准则强调公司及其供应商不能在这种过分的犯罪事项中起到任何作用。

5. SA 8000 工人代表

工人代表的定义应体现在 SA 8000 审计准则条款第9.3条工人代表之中。工人代表是工人在现存的权威工会机构中选举出来的,在没有工会和没有劳资双方工资谈判协会组织时,工人代表是由其他工人选举出来的。工人代表的社会职责是为了方便工人就 SA 8000 方面的事项与管理者进行谈判。准则修订的起草者具体化了工人代表的选择与角色。首先,当工人进入工会组织时,工会应任命其选举的工人代表;其次,工人代表的作用并不意味着是按照管理者的要求形成委员会,而是意味着第9.3条强调的工人是否选择工人代表或工人代表如何实现其职责效用;最后,工人代表的职责意味着其权利足够大以允许更有效的资深工人管理者处理 SA 8000 事务,而且在处理审计事务时,充分限制工人代表以避免其替代或干涉工会的公正性。按照新准则的要求,即使没有工人代表,也能对公司进行鉴证,而且公司必须阐明其允许工人选举工人代表。如果工人决定不选举工人代表,审计师也必须进一步调查工人与管理层的沟通情况,以便判断工作场所沟通的有效性。

6. 工人组织

工人组织是工人组成的一种自愿性团体,此团体是为了维护和促进雇佣预计工作环境的改善。本规定已加入在 SA 8000 先前的版本中,并允许在国际劳工组织条例和 SA 8000 之间交替使用"工会"词语。

7. 劳资双方工资谈判协议

有关劳资双方工资谈判协议的定义是此次准则修订的新内容,因为此项定义在几项新准则中被视为审计标准来使用。

(四) 社会责任要求

1. 童工

公司出台对其童工进行补偿的政策,与以前准则一样,出台的政策是"签署协议",而不仅仅是"文件"。这项措施明确要求公司应将文件付诸实践。要求在对公司的童工补偿计划进行审查时能方便而有效的施行。第二项新变化清晰地要求公司必须为童工提供财务和其他支持以使以前雇佣的童工能进入学校并不断接受教育。如何核实公司支持计划的有效性的有关指导性建议已在指导性文件中作了进一步的讨论(2004 版及之后的版本)。准则反复强调并详细说明对年轻工作者工作小时的规定,并要求所有人的工作时限要遵守当地义务教育法的规定(不论这些工作者是否正接受学校教育)。由于年轻工作者处于青春期,因此新准则是为了保护年轻工作者限定所从事的最危险工作行为和工作时限。其他新增的重要条款是,年轻工作者每天的工作时限不得超过 8 个小时,并且不能在晚上的时间里工作,这些规定遵守了国际劳工组织第 138 条规定和第 146 条建议。

2. 被迫性与强制性劳工

公司禁止对保证金或身份证文件的保管。修订的准则对此进行了扩展,并更明确的新增了对公司供应商的规定,新规定中也规定供应商不能为了强迫工人持续工作而扣减工人薪酬。此次修订尽可能用清晰地方式来处理被迫性与强制性劳工的当前情况。参照了工人超时工作必须是自愿的这项要求,并规定工人在完成了日常的工作标准后有权离开工作场所。只要工人能给雇主一个合理的理由,就能自由的终止其工作协议。2008 年版新增了对特定工作场所发生问题的领域进行公布,也规定了要公布职员因不合理原因而辞职的权利。禁止公司及其供应商参与或支持人口贩卖。

3. 健康与安全

对公司的健康和安全政策及实践作了新规定。其主要关注的是公司为工人提供丰富而又频繁的职业指导。值得注意的是,起草者用更为规范且意义更广泛的词语"指导与说明"代替了之前的"培训",目的是为了帮助审计师评价公司提供的正式指导和正在进行的具体工作指导。它包括并非完全正式的指导工人一些工作方面的培训环境，还包括较正式的职业教育类型，如教室。其他重要的新增条款是要公布在发生工作事故的地方，指导措施应不断进行更新。起草者对此条款强调的是，雇主一直有义务识别和分析当前事故发生的地方并对其进行改进，此条款要求公司今后也要对工人进行指导。对于在工作场所和公司控制的地方发生的事故，要求公司对此事故进行记录。要求减少事故在未来发生的可能性并要求提高审计能力。公司必须自己花费资金为职员提供私人保护措施。公司必须为工人提供急救措施，并一直为工人提供工伤和工作引起疾病方面的医疗待遇。起草者是为了确保雇主对工人的健康和安全以及工作中所受的伤害要负全责，这些规定体现了起草者的目的。公司确定工作行为对新妈妈和孕妇伤害的风险，并要求公司采取所有适当措施使得这些伤害风险最小化。但是此规定要求雇主不得以此规定为由对孕妇进行检查，雇主不得歧视孕妇。因此这里的语言措辞并不是过分的保护孕妇，而是强调雇主对"采取所有合理措施进行评定、消除和减少风险"的责任。

此项准则是在国际劳工组织规定的基础上形成的。它能确保所有职员在未经雇主许可的情况下有权远避即将来临的各种危险。起草者意在用新的方式处理几项可怕的突发事件，特别是火灾，因为火灾会无情的杀死或伤害许多工人并使其离开他们所在的工作场所，公司必须首先指导如何避免火灾。

4. 工人协会的自由及劳资双方工资谈判的权利

积极赞成工人有权利去形成、参与和组织工会，并可以对劳资双方就工资问题进行谈判。明确规定有且只有工人能享有这份权利和实施这份权利，公司有义务尊重这份权利。此规定强调工人有权进行选择并不受管理者的干扰。新公司有责任去积极告知职员能自由参与他们所选择的工会，并且这样做也不会遭受公司的报复。雇主有义务证明他是积极的且持续的发展和贯彻必要措施以确保工人的工作场所是自由的并受环境的保护，这些要求都应能真正的考虑到工人。公司不能干涉工人组织的形成、工人组织的活动和劳资双方工资谈判。要求公司不得歧视工会代表，包括骚扰、威胁和报复。修订后的准则要求雇主确保管理者不得限制工人组织的有效运行和工人代表的持续性。

5. 歧视

明确要求禁止歧视现象，包括社会背景、出生、家庭责任和婚姻地位。主要是为了针对偏见，而不是为了禁止对价值、能力、技能或其他工作相关属性方面的歧视。要求公司不得对孕妇或处女进行检查。这项准则不仅遵守了国际劳工组织第183条的规定，而且保持了修订后准则的一致性，作为女性工作者必须了解雇主在相关方面的行为要求，修订后的准则具有孕妇和妇产事务的意义。

6. 训诫行为

起草者在"不参与"公司滥用处罚条例之后,新增了术语"无需容忍"一词。这就说明公司在遵守此条款时,既不通过职业中介所也不通过遵守这项条例的供应商。

7. 工作时限

要求公司遵守法律和行业标准,它不仅涉及工作时限,而且涉及对公共假日法的遵守;另一个是,每周的标准工作时间再次在新准则的规定下通过法律来进行定义,它不包括超时工作,即在任何情况下每周的工作时间不得超过48个小时。要求职员在连续的工作6天后,公司至少提供一天的休息时间,但是以下两个条件必须同时满足:国家法律允许工作时间超过以上限制;劳资双方工资谈判协议能随时生效并适当的允许对工作时间进行平均。规定工人的超时工作是自愿的,并且每周的超时工作时间不得超过12个小时(每周正常工作的工作时间不得超过48个小时)。明确规定了即使劳资双方工资谈判协议能使雇主要求超时工作,但是超时工作仍需同时满足:只有在公司为了满足其短期商业需求的条件下;遵守以上规定。

8. 薪酬

明确要求公司应保障职员最低生活工资的权利。禁止公司出于训诫的目的而扣取工人工资。但是当同时满足以下条件时可以例外:国家法律允许工资扣除的方面;劳资双方工资谈判协议生效时。工资与津贴成分明细账必须遵守所有适用的法律。要求公司对工人工资和津贴的总额要进行可靠且规范的记录,且要定期向工人披露其劳动价值。雇主在不能支付工人退休金、失业保障金或社会保障金时,新增条款也要求公司对其进行披露。当公司破产时,若政府没有社会保障体系保护离职工人,就会产生很大的问题。

9. 管理体系

公司有义务与其职员进行沟通,并且沟通的效率应在其申请鉴证时得以提高。公司必须证明公司在实质上遵守了法律和相关规定的要求。公司在对管理体系不断改进时,必须充分考虑到法律法规的变化、公司本身的内部控制条例以及公司其他规定,而这些都是一项代理程序。起草者意在确保公司的持续改善过程必须是更易理解和更为具体的,要求公司认可"工作场所是社会责任的重要组成部分",尊重工人个体、组织和有组织的工人,并且为工人代表创造一个积极的环境以对公司管理政策评价的工人产生重大的影响。明确规定,一个鉴证机构对准则遵守所许诺的义务比供应商对准则遵守的许诺义务要多;鉴证机构必须合理的追查并监控他们对准则的遵守情况。公司为所有职员提供"秘密"的方式以对管理者和工人代表对准则未遵守的情况进行报告。公司在处理未遵守事项时,要求公司遵循以下步骤:识别未遵守事项的根本原因、对未遵守事项作出补救措施和为未来对准则的遵守作出规划。这说明公司若遵循此处理步骤,那么将来对准则的遵守,公司更有可能具有可靠性和可持续性。

主要参考文献

[1] 罗建南.SA 8000 社会责任国际标准简介[J].湖南造纸,2003(2):41.

[2] 裴山,戴立贤.社会责任国际标准——SA 8000 简介[J].中国检验检疫,2000(7):26.

[3] 舒予.SA 8000 社会责任国际标准简介及意义[J].牙膏工业,2004(3):49-51.

(初稿执笔人:邹　萍)

ISO 的《ISO 14001——环境管理体系标准》

一、《ISO 14001——环境管理体系标准》概述

《ISO 14001——环境管理体系标准》（Environmental Management Systems-Requirements with Guidance for Use）是由国际标准化组织（International Organization for Standardization，简称 ISO）所发布。国际标准化组织（ISO）是由多国联合组成的非政府性国际标准化机构，于 1946 年在瑞士日内瓦成立，负责制定在世界范围内通用的国际标准，以推进国际贸易和科学技术的发展，加强国际间的经济合作，它是目前世界上最大、最具权威性的国际标准化专门机构。ISO 的目的和宗旨是："在全世界范围内促进标准化工作的发展，以便国际物资交流和服务，并扩大在知识、科学、技术和经济方面的合作"。其主要活动是制定国际标准，协调世界范围的标准化工作，组织各成员国和技术委员会进行情报交流，以及与其他国际组织进行合作，共同研究有关标准化问题。

ISO 的组织机构有合格评定委员会（Committee on Conformity Assessment，简称 CASCO）、消费者政策委员会（Committee on Consumer Policy，简称 COPOLCO）、发展中国家事务委员会（Committee for Standardization in the Developing Countries，简称 DEVCO）、信息系统和服务委员会（ISO Committee on Information Systems and Services，简称 INFCO）、特别咨询小组、技术管理局（Technical Management Board，简称 TMB）、技术委员会（Technical Committees，简称 TC）、理事会、中央秘书处和 ISO 全体大会等，可以分为非常设机构和常设机构。ISO 的最高权力机构是 ISO 全体大会（General Assembly），是 ISO 的非常设机构。1994 年以前，全体大会每 3 年召开一次。自 1994 年开始，根据 ISO 新章程，ISO 全体大会改为一年一次。ISO 的技术工作是通过技术委员会来进行的。根据工作需要，每个技术委员会可以设若干分委员会（SC），TC 和 SC 下面还可设立若干工作组（WG）。ISO 技术工作的成果是正式出版的国际标准，即 ISO 标准。ISO 至今已经颁发了 17 500 多个国际标准，其范围几乎涵盖所有技术领域。

1972年,联合国在瑞典斯德哥尔摩召开了人类环境大会。大会成立了一个独立的委员会,即"世界环境与发展委员会"。该委员会承担着重新评估环境与发展关系的调查研究任务,历时若干年,在考证大量素材后,于1987年出版了《我们共同的未来》(Our Common Future)的报告,这篇报告首次引入了"持续发展"观念,敦促工业界建立一个有效的环境管理体系。这份报告一颁布立即得到了50多个国家领导的支持,他们联合呼吁召开世界性会议专题讨论和制定行动纲领。1992年在巴西里约热内卢召开的环境与发展大会,183个国家和70多个国际组织出席了会议,大会发表了《关于环境与发展宣言》(rio declaration)(里约热内卢宣言),提出了环境保护与可持续发展行动方案,即建立国际性合作的重要性,引起了"绿色产品"、"绿色生产"的竞争。这次大会的召开,标志着全球谋求可持续发展的时代开始了。各国政府领导、科学家和公众认识到要实现可持续发展的目标,就必须改变工业污染控制的战略,从加强环境管理入手,建立污染预防(清洁生产)的新观念。企业通过"自我决策、自我管理"的方式,把环境管理融于企业全面管理之中。

国际标准化组织(ISO)于1993年6月成立了环境管理技术委员会(ISO/TC207),正式开展环境管理系列标准的制定工作(即ISO 14000系列标准),规范企业和社会团体等所有组织的活动、产品和服务的环境行为,支持全球的环境保护工作。

ISO/TC207的工作范畴计划分为7个方面,其基本分工如下:SC No.1——环境管理系统标准(Environmental Management Systems,简称EMS,英国为分委员会秘书处所在国);SC No.2——环境审核与相关调查(Environmental Auditing & Related Investigations,简称EA&RI,荷兰为分委员会秘书处所在国);SC No.3——环境标志(Environmental Labeling,简称EL,澳大利亚为分委员会秘书处所在国);SC No.4——环境行为评价(Environmental Performance Evaluation,简称EPE,美国为分委员会秘书处所在国);SC No.5——生命周期评估(Life Cycle Assessment,简称LCA,法国为分委员会秘书处所在国);SC No.6——术语和定义(Terms and Definitions,简称T&D,挪威为分委员会秘书处所在国);SC No.7——温室气体管理与相关活动(Greenhouse Gas Management and Related Activites,简称GGMRA,中国为分委员会秘书处所在国)。此外,还有两种文件:第一,是TCG——术语和定义(Terms and Definitions,简称T&D,挪威为分委员会秘书处所在国);第二,是工作组意见(Working Group,简称WG),主要有WG No.1——产品标准中的环境指标(德国为特别工作组所在国)、WG No.2——森林管理、WG No.3——环境设计、WG No.4——环境通讯和WG No.5——气候改变。

ISO给14000系列标准共预留100个标准号,其编号为ISO 14001-14100。SC

No.1——环境管理系统标准(EMS):14001-14009;SC No.2——环境审核与相关调查(EA & RI):14010-14019;SC No.3——环境标志(EL):14020-14029;SC No.4——环境行为评价(EPE):14030-14039;SC No.5——生命周期评估(LCA):14040-14049;SC No.6——术语和定义(T&D):14050-14059;WG No.1——产品标准中的环境指标:14060;其余备用。

1996年,ISO正式颁发了5项属于环境管理体系(Environmental Management System)和环境审核方面的标准:ISO 14001 环境管理体系——规范及使用指南;ISO 14004 环境管理体系——原理、体系和支撑技术通用指南;ISO 14010 环境审核指南——通用原则;ISO 14011 环境管理审核——审核程序——环境管理体系审核;ISO 14012 环境管理审核指南——环境管理审核员的资格要求(offers guidelines for quality and/or environmental management systems auditing),并于当年等同转化为我国标准;2002年ISO将环境审核三项标准同质量审核标准合一,形成ISO 19011:2002《质量和(或)环境审核指南》;2003年转化为我国标准GB/T 29011—2003;2004年,修改ISO 14001(为1996 ISO 14001):2004标准,我国于2005年转化为标准GB/T 24011—2004;截止到2009年3月20日,已经正式颁布的ISO 14000系列标准共有13项,还有5项准则正在制定中。

ISO 14001系列标准于1996年9月1日正式颁布。2004年11月15日,ISO/TC207正式发布ISO 14001:2004《环境管理体系——要求及使用指南》(Environment Management Systems—Requirements with Guidance for Use)标准,取代ISO 14001:1996《环境管理体系——规范及使用指南》(Environment Management Systems—Specification with Guidance for Use)标准。ISO 14001标准是ISO 14000系列标准的龙头标准,是组织建立环境管理体系以及审核认证的最根本准则。也就是说,对环境管理体系提出规范性要求,一切组织的环境管理体系必须遵照本标准的要素、规定和模式。从另一角度来看,在对组织进行环境管理体系认证时,应以ISO 14001为尺度衡量其符合性。环境管理体系是全面管理体系的组成部分,引用了管理学上著名的PDCA(Plan-Do-Check-Act)模式(即策划—实施—检查—评价),它要求组织在其内部建立并保持一个符合标准要求的环境管理体系,该体系由环境方针、策划(规划)、实施与运行、检查和纠正、管理评审等5个部分的17个要素构成。通过这些要素的有机结合和有效运行,组织的环境行为得到了持续改进。目前,国际、国内进行的ISO 14000认证是指对企业或政府环境管理体系的认证,取得的是ISO 14001认证证书。ISO 14001的5个部分与ISO 14000系列标准的其他标准均有联系。如:规划部分,必须以生命周期评估为基本方法开展对组织的分析,还应以环境标准、环境标志为目标进行规划。因此规划部分与 ISO 14040-60-20 等标准有关。又如:监测及纠正措施部分也与 ISO 14000 的其他标准有关,特别是审核、行为评价均不能脱离监测手段和内部纠正措施。再如:管理评审与环境审核密不可分,可以说 ISO 14000 的核心是 ISO 14001,因建立体系而派生出一系列相关的判定、审核、方法、定义和标准。

ISO 14001 标准以其系统化的思想和广泛的适用性,受到各国的重视,其主要特点有如下 6 个方面:(1)广泛的适用性。ISO 14001 标准适用于任何类型、规模以及各种地理、文化和社会条件的组织。标准不仅适用于企业,也适用于事业、政府部门、社团、服务行业和金融机构。此外,标准可用于内部管理,也可作为认证的依据。(2)自愿性。ISO 14001 标准不是强制性的,而是以自愿的原则决定是否采用。我国以往的环境保护工作主要是依靠政府推动,而 ISO 14001 标准则强调非行政手段。企业根据自身的特点、经济实力、技术及社会需求、相关方和市场压力,自行决定是否采用这套标准,建立并实施环境管理体系以及寻求认证。在实施过程中应该不改变原有的法律责任,但一经采用该标准并通过认证,那么该标准的贯彻就具有强制性。(3)兼容性。ISO 14001 标准引言中提到:"本标准规定的管理体系要求,不必独立于现行管理体系要求","本标准与 ISO 9000 系列标准遵循共同的体系原则",表明了 ISO 14001 标准与其他管理体系标准是兼容的、协调的。(4)强调法律法规的符合性。标准以遵守有关的法律法规为最低要求,但未提出绝对的环境行为要求。企业应在制定环境方针和目标指标时做出遵守法律、法规和其他要求的承诺,在监测测量中评价法律、法规的符合性。(5)强调污染预防、持续改进。标准自始至终强调以预防为主的原则。体系中的许多要素都有预防功能。特别是对污染源头的削减和全过程污染的控制,体现了当前环境保护的发展趋势。环境问题是一个积累过程,只有持续改进,不断减少这种积累,环境问题才会得以彻底解决。(6)强调相关方的观点。环境问题是一个全局性的问题,只靠局部改善是无济于事的。标准要求重视相关方观点,同时也影响相关方,带动相关方。因此,要求企业在识别环境因素时,应考虑自身可控制的环境因素,同时,也要考虑对相关方可施加影响的环境因素。

《ISO 14001——环境管理体系标准》由引言、范围、规范性引用文件、术语和定义、环境管理体系要求及附录 6 部分组成。

二、《ISO 14001——环境管理体系标准》的主要内容

(一) 引言

目前,各种类型的组织都越来越重视通过依照环境方针和目标来控制其活动、产

品和服务对环境的影响,以实现并证实良好的环境绩效。由于有关的立法日趋严格,促进环境保护的经济政策和其他措施都在相继制定,相关方对环境问题和可持续发展的关注也在普遍增长。许多组织已经推行了环境"评审"或"审核",以评价自身的环境绩效。但仅靠这种"评审"和"审核"本身,还不足以为一个组织提供保证,使之确信自己的环境绩效不仅现在满足,并将持续满足法律和方针要求。欲使评审或审核行之有效,须将其纳入一个组织整体的结构化的管理体系内予以实施。环境管理标准旨在为组织规定有效的环境管理体系要素,这些要素可与其他管理要求相结合,帮助组织实现其环境目标与经济目标。如同其他标准一样,这些标准不是用来制造非关税贸易壁垒,也不增加或改变组织的法律责任。

本标准规定了对环境管理体系的要求,使组织能根据法律法规的要求和重要环境因素的信息来制定和实施方针与目标。本标准拟适用于任何类型与规模的组织,并适用于各种地理、文化和社会条件。体系的成功实施有赖于组织中各个层次与职能的承诺,特别是最高管理者的承诺。这样一个体系可供组织制定其环境方针,规定一系列目标和过程,来实现方针的承诺,以及采取必要的措施来改进环境绩效,并证实体系符合本标准的要求。本标准的总目的是支持环境保护和污染预防,协调它们与社会和经济需求的关系。应当指出的是,其中许多要求是可以同时或重复涉及的。本标准第二版的修订重点是更加明确地表述第一版的内容;同时对 GB/T 19001 的内容予以必要的考虑,以加强两标准的兼容性,从而满足广大用户的需求。本标准规定了对组织的环境管理体系的要求,它能够用于对组织的环境管理体系进行认证/注册和(或)自我声明,它和用来为组织建立、实施或改进环境管理体系提供一般性帮助的非认证性指南有重要区别。环境管理涉及多方面内容,其中有些还具有战略与竞争意义。一个组织可以通过对本标准成功实施的证实,使相关方确信它已建立了适当的环境管理体系。其他一些标准,特别是 ISO/TC207 制定的关于环境管理的各种技术文件,提供了环境管理支持技术的指南。对其他标准的参阅仅用于获取信息。

本标准仅包含那些可以进行客观审核的要求。要得到对环境管理体系中诸多问题更加全面指导的组织,可参阅 GB/T 24004—2004。本标准除了要求在方针中承诺遵循适用的法律法规要求和其他应遵守的要求,以及进行污染预防和持续改进外,未提出对环境绩效的绝对要求,因为两个从事类似活动但具有不同环境绩效的组织,可能都是符合本标准要求的。许多组织通过由过程组成的体系以及过程的相互作用对运行进行管理,这种方式称为"过程方法"。GB/T 19001—2000 提倡使用过程方法。由于 PDCA 可以应用于所有的过程,因此这两种方式可以看作是兼容的。系统地采用和实施一系列环境管理技术,有助于得到对所有相关方的最优化结果。然而,采用本标准本身,并不能保证获得最优化的环境结果。环境管理体系能够促使组织为实现环境目标,在适宜的经济条件许可时,考虑采用最佳的可行技术,同时也要充分考虑到采用这些技术的成本效益。

本标准不包含针对其他管理体系的要求,如质量、职业健康安全、财务或风险等管理体系要求。但可以将本标准所规定的要素与其他管理体系的要素进行协调,或加以整合。组织可通过对现有管理体系做出修改,以建立符合本标准要求的环境管理体系。这里还要指出,对各种管理体系要素的应用,可能因不同的用途和不同的相关方而不同。环境管理体系的详细和复杂程度、体系文件的多少、所投入的资源等,取决于多方面因素,如体系覆盖的范围、组织的规模、其活动、产品和服务的性质等。中小型企业尤其如此。

(二) 范围

本标准规定了对环境管理体系的要求,使一个组织能够根据法律法规和它应遵守的其他要求,以及根据重要环境因素的信息来制定和实施环境方针与目标。它适用于那些确定为能够控制,或有可能施加影响的环境因素。但标准本身并未提出具体的环境绩效准则。

本标准适用于有下列愿望的任何组织:建立、实施、保持并改进环境管理体系;使组织本身确信能符合所声明的环境方针;通过下列方式展示对本标准的符合,即进行自我评价和自我声明、寻求组织的相关方(如顾客)对其符合性予以确认、寻求外部对它的自我声明予以确认、寻求外部组织对其环境管理体系进行认证/注册。本标准规定的所有要求都能纳入到任何一个环境管理体系中。其应用程度取决于诸如组织的环境方针的活动、产品和服务的性质以及运行场所及条件等因素。本标准还在附录 A 中对如何使用本标准提供了更加具体的指南。

(三) 引用标准

无引用标准。保留本章是为使本版中的章节号和上一版保持一致。

(四) 术语和定义

审核员(auditor)。有能力实施审核的人员。

持续改进(continual improvement)。不断对环境管理体系进行强化的过程,目的是根据组织的环境方针,实现对环境绩效的总体改进。

纠正措施(corrective action)。为消除已发现的不符合的原因所采取的措施。

文件(document)。信息及其承载媒介。

环境(environment)。组织运行活动的外部存在,包括空气、水、土地、自然资源、植物、动物、人,以及它们之间的相互关系。

环境因素(environmental aspect)。一个组织的活动、产品或服务中能与环境发生相互作用的要素。

环境影响(environmental impact)。由组织的环境因素全部或部分地给环境造成的任何有害或有益的变化。

环境管理体系(environmental management system)。组织管理体系的一部分,用来制定和实施其环境方针,并管理其环境因素。

环境目标(environmental objective)。与组织所要实现的环境方针相一致的总体环境目的。

环境绩效(environmental performance)。组织对其环境因素进行管理所取得的可测量结果。

环境方针(environmental policy)。由最高管理者就组织的环境绩效所正式表述的总体意图和方向。

环境指标(environmental target)。直接来自环境目标,或为实现环境目标所需规定并满足的具体的绩效要求,它们可适用于整个组织或其局部。

相关方(interested party)。关注组织的环境绩效或受其环境绩效影响的个人或团体。

内部审核(internal audit)。客观地获取审核证据并予以评价,以判定组织对其设定的环境管理体系审核准则满足程度的系统的、独立的、形成文件的过程。

不符合(non-conformity)。未满足要求。

组织(organization)。具有自身职能和行政管理的公司、集团公司、商行、企事业单位、政府机构或社团,或是上述单位的部分或结合体,无论其是否有法人资格,公营或私营。

预防措施(preventive action)。消除潜在不符合原因所采取的措施。

污染预防(prevention of pollution)。为了降低对环境的有害影响而采用(或综合采用)过程、惯例、技术、材料、产品、服务或能源以避免、减少或控制任何类型的污染物或废物的产生、排放或废弃。

程序(procedure)。为进行某项活动或过程所规定的途径。

记录(record)。阐明已取得的结果或提供已从事活动的证据的文件。

(五) 环境管理体系要求

1. 总要求

组织应根据本标准的要求建立环境管理体系,形成文件,实施、保持和持续改进环境管理体系,并确定它将如何实现这些要求。组织应确定环境管理体系覆盖的范围并形成文件。

2. 环境方针

最高管理者应确定本组织的环境方针并确保它在环境管理体系的覆盖范围内能够达到以下要求:适合组织活动、产品和服务的性质、规模和环境影响;包括对持续改进和污染预防的承诺;包括对遵守与其环境因素有关的适用法律法规要求和其他要求的承诺;建立和评审环境目标和指标的框架;形成文件,付诸实施,并予以保持;向所有为组织工作或代表它工作的人员传达;可为公众所获取。

3. 策划

(1) 环境因素。组织建立、实施并保持一个或多个程序,用来识别其环境管理体系覆盖范围内的活动、产品和服务中它能够控制或能够施加影响的环境因素,此时应考虑到已纳入计划的或新的开发、新的或修改的活动、产品和服务等因素,并确定对环境具有、或可能具有重大影响的因素(即重要环境因素)。组织应将这些信息形成文件并及时更新。组织应确保在建立、实施和保持环境管理体系时,对重要环境因素加以考虑。

(2) 法律法规和其他要求。组织应建立、实施并保持一个或多个程序,用来识别适用于其活动、产品和服务中环境因素的法律法规要求和其他应遵守的要求,并建立获取这些要求的渠道,并确定这些要求如何应用于它的环境因素。组织应确保在建立、实施和保持环境管理体系时,对这些适用的法律法规要求和其他环境要求加以考虑。

(3) 目标、指标和方案。组织应对其内部有关职能和层次建立、实施并保持形成文件的环境目标和指标。如可行,目标和指标应可测量。目标和指标应与环境方针相一致,并包括对污染预防、持续改进和遵守适用的法律法规要求及其他要求的承诺。组织在建立和评审环境目标时,应考虑法律法规要求和其他要求,以及它自身的重要环境因素。此外,还应考虑可选的技术方案,财务、运行和经营的要求,以及相关方的观点。组织应制定、实施并保持一个或多个旨在实现环境目标和指标的方案,其中应包括:规定组织内各有关职能和层次实现环境目标和指标的职责;实现目标和指标的方法和时间表。

4. 实施与运行

(1) 资源、作用、职责和权限。管理者应确保为环境管理体系的建立、实施、保持和改进提供必要的资源。资源包括人力资源和专项技能、组织的基础设施以及技术和财力资源。为便于环境管理工作的有效开展,应当对作用、职责和权限做出明确规定,形成文件,并予以传达。组织的最高管理者应任命专门的管理者代表,无论他(们)是否还负有其他方面的责任,应明确规定其作用、职责和权限,以便确保按照本标准的要求建立、实施和保持环境管理体系和向最高管理者报告环境管理体系的运行表现(绩效情况)以供评审,并提出改进建议。

(2)能力、培训和意识。组织应确保所有为它或代表它从事组织所确定的可能具有重大环境影响的工作人员,都具备相应的能力。该能力基于必要的教育、培训或经历。组织应保存相关的记录。

组织应确定它的环境因素以及与环境管理体系有关的培训需求并提供培训,或采取其他措施来满足这些需求,并应保存相关的记录。组织应建立、实施并保持一个或多个程序,使它或代表它工作的人员都意识到:符合环境方针与程序和符合环境管理体系要求的重要性;他们工作中的重要环境因素和实际的或潜在的环境影响,以及个人工作的改进所能带来的环境效益;他们在实现环境管理体系要求方面起到的作用与职责;偏离规定运行程序的潜在后果。

(3)信息交流。组织应建立、实施并保持一个或多个程序,用于有关其环境因素和环境管理体系的组织内部各层次和职能间的信息交流;接受外部相关方的联络,形成文件和答复。

组织应决定是否与外界交流它的重要环境因素,并将其决定形成文件。如果决定进行外部交流,那么就应该规定交流的方式并予以实施。

(4)文件。环境管理体系文件应包括:环境方针、目标和指标,对环境管理体系覆盖范围的描述;对环境管理体系主要要素及其相互作用的描述;相关文件的查询途径;本标准要求的文件,包括记录;组织为确保对涉及重要环境因素的过程进行有效策划、运行和控制所需的文件,包括记录。

(5)文件控制。应对本标准和环境管理体系所要求的文件进行控制。记录是一种特殊的文件,应按照要求进行控制。组织应建立、实施并保持一个或多个程序,以便在文件发布前进行审批,以确保其适宜性;必要时对文件进行评审和修订,并重新审批;确保对文件的修改和现行修订状态做出标识;确保适用文件的有关版本发放到需要它们的岗位;确保文件字迹清楚,标识明确;确保对策划和运行环境管理体系所需的外部文件做出标识,并对其发放予以控制;防止对过期文件的误用。如出于某种目的将其保留,要做出适当的标识。

(6)运行控制。组织应根据其方针、目标和指标,识别和策划与所确定的重要环境因素有关的运行,以确保它通过下列方式在规定的条件下进行:对于缺乏成文程序可能导致偏离环境方针、目标和指标的情况,应建立、实施并保持一个或多个成文的程序予以控制;在程序中规定运行准则;对于组织使用的产品和服务中所确定的重要环境因素,应建立、实施并保持程序,并将适用的程序和要求通报供方及合同方。

(7) 应急准备和响应。组织应建立、实施并保持一个或多个程序,用于确定可能对环境造成影响的潜在的紧急情况和事故,并规定响应措施。组织应对实际发生的紧急情况和事故作出响应,并预防或减少伴随的对环境的有害影响。组织应定期评审其应急准备和响应程序。必要时,特别是在事故或紧急情况发生后,应对其进行修订。可行时,组织还应定期检验上述程序。

5. 检查

(1) 监测和测量。组织应建立、实施并保持一个或多个程序,对可能影响重大环境运行的关键特性进行例行监测和测量。程序中应规定将监测环境表现、运行控制、目标和指标符合情况的信息形成文件。组织应确保所使用的监测和测量设备经过校准和检验,并予以妥善维护。应保存相关的记录。

(2) 合规性评价。为了履行对合规性的承诺,组织应建立、实施并保持一个或多个程序,以定期评价对适用环境法律法规的遵循情况。组织应保存对上述定期评价结果的记录。

组织应评价对其他要求的遵循情况。为此,组织可以把它和上述内容中所要求的评价一起进行,也可以另外制定程序,分别进行评价。组织应保存上述定期评价结果的记录。

(3) 不符合,纠正措施和预防措施。组织应建立、实施并保持一个或多个程序,用来处理实际或潜在的不符合,采取纠正措施和预防措施。程序中应规定以下方面的要求:识别和纠正不符合,并采取措施减少所造成的环境影响;对不符合进行调查,确定其产生的原因,并采取措施避免其重复发生;评价采取措施以预防不符合的需求;实施所制定的适当措施,以避免不符合的发生;记录采取纠正措施和预防措施的结果;评审所采取纠正措施和预防措施有效性。

所采取的措施应与问题和环境影响的严重性相适应。组织应确保对环境管理体系文件进行必要的更改。

(4) 记录控制。组织应根据需要,建立并保持必要的记录,用来证实符合其环境管理体系和本标准的要求,以及所取得的结果。组织应建立、实施并保持一个或多个程序,用于记录的标识、存放、保护、检索、留存和处置。环境记录应字迹清楚,标识明确,并具有可追溯性。

(5) 内部审核。组织应确保按照计划的间隔对环境管理体系进行内部审核。目的是判定环境管理体系,是否符合计划的环境管理安排和本标准的要求,是否得到了妥善的实施和保持;向管理者报告审核结果。

组织应策划、制定、实施和保持一个或多个审核方案,此时,应考虑所涉及运行环境的重要性和以前审核的结果。应建立、实施和保持一个或多个审核程序,用来规定策划和实施审核及报告审核结果、保存相关记录的职责和要求以及审核准则、范围、频次和方法。

审核员的选择和审核的实施均应确保审核过程的客观性和公正性。

6. 管理评审

最高管理者应按计划的时间间隔,对组织的环境管理体系进行评审,以确保它的持续适宜性、充分性和有效性。评审应包括评价对环境管理体系、环境方针、环境目标和指标进行改进的机会和修改需求。应保存管理评审记录。

管理评审的输入应包括:内部审核和合规性评价的结果;和外部相关方的交流,包括抱怨;组织的环境绩效;目标和指标的实现程度;纠正和预防措施的状况;以前管理评审的后续措施;客观环境的变化,包括与组织环境因素和法律法规和其他要求有关的发展变化;改进建议。管理评审的输出应包括为实现持续改进的承诺而做出的和环境方针、目标、指标以及其他环境管理体系要素的修改有关的决策和行动。

(六) 附录

附录 A 增补的内容完全是资料性的,目的是防止对 ISO 14001:2004 中"环境管理体系要求"的错误理解。

附录 B 给出了 ISO 14001 和 ISO 9000 与之间相近技术内容的对应关系。

主要参考文献

[1] 陈荣圻. ISO 14000 国际环境管理体系标准[J]. 印染,2001(1):33-36.

[2] 吴军年. 浅析 GB/T 24000-ISO 14000 环境管理体系标准[J]. 甘肃环境研究与监测,1998(11):51-54.

[3] http://www.iso.org/iso/about/the_iso_story.htm, 2011-03-12.

[4] http://www.iso.org/iso/iso_catalogue/catalogue_ics/catalogue_ics_browse.htm, 2011-03-12.

(初稿执笔人:胡鑫红)

ISAR 的《环境成本和负债的会计与财务报告》

一、《环境成本和负债的会计与财务报告》概述

随着环境污染问题成为世界各地的一个日益突出的经济、社会和政治问题,环境会计变得越来越与企业相关。自 20 世纪 80 年代后期以来,联合国国际会计和报告标准政府间专家工作组(International Working Group of Experts International Standards of Accounting and Reporting,简称 ISAR)分别在 1990 年、1992 年和 1994 年对世界各国环境会计的实施情况进行了 3 次国别调查。1995 年,ISAR 考察了各国环境会计标准的制定情况,发现尽管相当多的研究活动已经在国家层面上展开,但仍需要更进一步的努力来研究和评价所要提供的信息,以便确定适用于各国政府和其他有关各方最为恰当的指南。ISAR 的结论是,提供这样的指南是重要的。假如不立即采取行动,就会出现不一致的现象,随后,各成员国政府很快发现:它们不得不与其他成员国就其各自的会计标准和程序的差异问题进行协调。于是,在世界银行的资助以及特许注册会计师协会和加拿大注册会计师协会的专家以个人身份所提供技术的援助之下,ISAR 对其原来的指南进行了补充,使其更加明确,同时考虑了各国最佳的实务处理。

《环境成本和负债的会计与财务报告》(Accounting and Financial Reporting for Environmental Costs and Liablities)是 ISAR 于 1998 年 2 月 11 日至 13 日在其第 15 次会议上通过的,是国际上第一份关于环境会计和报告既系统又完整的指南。该报告的目的是把它认为对财务报告中环境交易和事项的最佳的会计处理方法,提供给企业、监管机构和准则制定机构。

二、《环境成本和负债的会计与财务报告》的主要内容

(一)立场文件的目的和重点

自 20 世纪 80 年代末期以来,ISAR 对有关环境会计的问题给予了广泛的关注,

并在国家和企业层面上开展了大量的调查活动。1991年,为了处理相关的环境问题,在一些会被董事会在其报告中加以披露或被管理部门加以讨论的项目上,ISAR达成了一致的意见。1995年,ISAR第13次会议专门讨论了环境会计问题。在这次会议上,ISAR指出,尽管大量的研究工作已经在进行,但仍需要做出进一步的努力来研究和评估所提供的信息,以便确认什么是适用于各国政府和其他有关各方的最恰当的指南。专家组的结论是:提供这样的指南是很重要的。

《环境成本和负债的会计与财务报告》的目的,是把它认为是对财务报告中的环境交易和事项的最佳的会计处理方法,提供给企业、监管机构和准则制定机构。关于计量和呈报的部分,是建立在对会计准则制定机构和其他组织已经和正在形成的立场的综合的基础之上的,其内容包括一些相关文献的摘要。关于披露部分的内容,要比所提及文献所载的内容更为全面,包括ISAR以前所建议的一些披露项目。ISAR意识到国际会计准则委员会(IASC)也正在考虑许多类似的问题。这份立场文件试图对公司环境影响会计和报告方面提出的多数问题进行归纳。国际会计准则委员会在近期不太可能公布这样一份全面的公告,但可能会将有关环境会计的问题分别纳入其相应的各单项准则之中,而这种做法可能要花上好几年的时间。这份立场文件的重点是,企业管理部门对委托管理的、与企业活动有关的环境资源所涉及财务的受托责任有影响。正如ISAR在1989年公布的《财务报表的目标与概念》中所指出的,财务报表的目标是报告企业的财务状况,以便有利于决策者据此做出决策,并可用来衡量管理部门对委托资源的受托责任的履行情况。对于许多企业而言,环境是一种重要的资源,所以,无论是从公司还是从社会利益的角度出发,它均应有效地加以管理。

(二)对环境成本和负债进行会计核算的必要性

随着环境污染等问题成为世界各地日益突出的经济、社会和政治问题,环境会计变得越来越与企业相关,不论它们是工商企业、非营利组织,还是政府企业。目前,人们正在国家和国际两个层面上采取措施,以保护环境,减少、阻止和缓解环境污染的影响。其结果导致现在的趋势是,要求企业向公众披露大量有关环境政策、目标和方案的信息,以及与这些政策、目标与方案相联系的成本与收益的信息,还要披露企业所面临的环境风险。

企业的环境业绩是如何影响其财务状况的,有关环境业绩的财务信息又是如何被用来评价和管理环境风险的,这常常是投资者和他们的顾问所关心的问题。债权人也有相同的需要,所不同的是,如果债务人无力偿还一项以土地作抵押的债务,债权人将不得不承担环境损害的责任,其涉及的金额可能远远高于初始的贷款额。由于环境成本对企业的所有者和股东投资回报具有潜在影响,所以他们对环境成本也十分关注。其他的利益相关者包括:顾客、供应商、监管机构、社会公众以及上述各方的代理人。所披露的信息,应使其不至于危害到企业敏感领域的商业秘密和企业的竞争地位。

(三) 范围

本文立场文件所涉及的是有关环境成本和负债的会计处理和报告。这些环境成本和负债是那些影响或者是可能影响企业的财务状况与成果的,从而要在财务报表中报告的成本与负债。对于那些不由企业负担的成本和事项的确认与计量,本文立场文件并不涉及。这类成本(通常被称作"外部成本"),包括由社会承担而非由企业承担的用于治理不良环境影响的成本,例如,空气污染和水污染对环境所造成的不良影响。

(四) 定义

立场文件采用下列特定的术语。

环境。是指我们周围存在的自然物质,包括空气、水、陆地、植物、动物和非再生资源(如石油、矿物等)。

资产。是指企业所控制的,由过去的事项所产生的,能给企业带来未来经济收益的资源。

负债。是指企业由于过去的事项所产生的一种当前的义务,其清偿会导致预期经济利益流出企业。

或有负债。是指在资产负债表日存在的,由于过去的事项所引起的潜在义务,其发生与否须由不为企业控制的未来不确定性事项的发生或不发生予以证实。

环境成本。是指依照对环境负责的原则,为管理企业的活动对环境造成的影响而采取的或被要求采取的措施的成本,以及因企业执行环境目标和要求而付出的其他成本①。

环境资产。是指因符合资产的确认标准而被资本化的环境成本。

环境负债。是指企业发生的符合负债的确认标准,并与环境成本相关的义务。在某些国家,当为履行义务所要支出的金额和时间不确定时,环境负债被称为"环境负债准备"。

资本化。是指将环境成本作为一项相关资产的组成部分或一项单独的资产加以恰当的记录。

---

① 例如,避免和处置废物、保持和提高空气质量、清除泄漏油料、去除建筑物中的石棉、开发更有利于环境的产品、开展环境审计和检查等方面的成本等。

义务。是指在特定事项发生时,应他人的要求,需要在将来某一日期或可确定日期,以转移或运用资产,提供服务或其他放弃经济利益的方式来履行对他人的责任或职责。

法定义务是指法律规定的、监管机构规定或合同所规定的义务。推定义务是指在特定的情形下,某一事实所导致的或据其推断或分析产生的义务,而不是基于法律的规定①;或出于道德、道义的考虑②,企业难以避免或不能避免的义务。

环境成本与负债会计是由一些具体的会计概念发展而来的,特别是"资产"和"负债"的定义。然而,为了更全面地反映某一特定企业或行业行为的环境影响,额外的披露可能也是必要的。

(五)环境成本的确认

环境成本应当在首次得以识别的期间加以确认。如果符合资产的确认标准,就应将环境成本资本化,并在当期及以后各受益期间进行摊销,否则,应作为费用计入当期损益。与环境成本有关的会计问题的关键在于,成本是在一个还是几个期间内确认,是资本化还是计入损益。在一些情况下,环境成本可能涉及当前发生的损害。例如,财产取得前发生的对周围环境的损害,前期发生、现在需要予以清理的事故或其他活动;对前期处置财产的清理;处置或处理前期发生的危险废弃物的成本。然而,会计准则通常不把环境成本视作前期调整,除非涉及会计政策变更或者是重大会计差错。所以,上述的例子并不属于前期调整。

假如环境成本与企业今后将要以下列方式取得的经济利益有着直接或者间接的联系,它应予以资本化:提高企业拥有的其他资产的能力,或者改进其安全状况或提高其效率;减少或防止可能由今后的经营活动所产生的环境污染;保护环境。资产的定义表明,如果企业发生的一项成本将在未来带来经济利益,那就应该将其资本化,并在利益实现时计入当期损益。因而,符合上述标准的环境成本应予以资本化。此外,将出于安全或环境原因发生的成本以及减少或防止潜在污染以保护未来环境而发生的成本予以资本化是恰当的。尽管这些成本可能不会直接产生经济利益,但是,企业为了从其他资产中获得或持续获得经济利益,发生上述成本是必要的。

许多环境成本并不会在未来带来经济利益,或者与未来经济利益没有足够的联系,因而不能将其资本化。这些成本包括:废物处理时与经营活动有关的清理成本;清

---

① 例如,也许企业没有法定的义务去消除某一特定区域的石油泄漏,但企业如果不这样做,其声誉和以后在这一地区开展经营活动的能力将受到很大的影响,出于这一考虑而产生的义务,即推定义务。

② 有时也被称为"公平义务"。

理前期活动引起的损害;持续的环境管理以及环境审计成本等。因不遵守环境法规而导致的罚款以及因环境损害而给予第三方的赔偿,均视为与环境相关的成本,而这些成本并不产生未来收益。当一项可以确认为资产的环境成本与另一项资产有关时,它应当作为其他资产的组成部分而不是单独确定。在大多数情况下,可以资本化的环境成本都与另一项资本资产有关,这些环境成本本身并不带来特定的或单独的未来收益,其未来收益存在于企业经营中使用的另一项生产性资产中。例如,清除建筑物中的石棉,这项工作本身并不产生未来经济收益或环境收益,受益的是建筑物,因此石棉清除成本被确认为一项独立的资产是不合适的。另一方面,一台能清除大气或水污染的机器,是能够产生特定或单独的未来利益的,因此可以将其作为资产单独确认。当一项环境成本作为另一资产价值的一部分时,应对这一资产进行评估,看其有无减值,如已减值,应将其减计至可回收价值。在某些情况下,资本化了的环境成本计入相关资产后,会导致资产的成本高于其可回收价值。所以,应对这项资产是否减值进行评估①。同样的,被确认为一项独立资产的环境成本也应就其是否减值进行评估。与环境因素有关减值的确认与计量所采用的原则,尽管与其他形式的减值相同,但其不确定性更大,特别是环境污染对相邻资产所产生的减值影响,应当予以考虑。

(六) 环境负债的确认

如果企业有支付环境费用的义务,那么应将其确认为负债。确认环境负债时,不一定要在法律上具有强制性的义务。有可能出现这样的情况:在不存在法定义务时,企业负有推定义务,或在法定义务基础上的推定义务。例如,企业可能将按照法律规定的标准清除污染作为其既定政策,这样做基于两点考虑:一是,如果不做出这项承诺,企业的商业信誉将会受到影响;二是,这样做是正确的、恰当的。然而,在这种情况下确认环境负债时,企业管理部门必须做出负担有关环境费用的承诺(如这项承诺是董事会决议,公众可以从公开的会议纪要或公告中获知)。同样的,不能仅仅因企业管理部门日后不能履行承诺就不确认负债。如果确定发生了不能履行承诺的情况,企业应在报表附注中披露这一事实及其原因。

在少数情况下,可能无法全部或部分地估计环境负债的金额,这并不意味着企业可以不披露其存在的环境负债这一事实。这时,应在财务报表附注中披露无法做出估计的事实及其原因。当环境损害涉及企业本身的财产或由于企业的经营活动而给其他的财产造成这一损害,但企业本身又无法纠正这一损害的义务时,应考虑在财务报

---

① 进一步的内容,参见国际会计准则委员会(IASC)的《资产减值》项目。

表附注中或在财务报表之外的附加报表中予以披露。当有合理的可能性表明,企业在将来某一期间有义务纠正这一损害时,应当将这一损害确认为一项或有负债。尽管企业在资产负债表日没有义务去清除某一项环境损害,但在其后,情况有可能发生变化。例如,新颁布的法律,或者企业决定处置其财产,在这些情况下会产生义务。无论在什么情况下,所有者和股东都有权利了解对企业自身的资产和对其他企业的财产所造成的环境损害达到了何种程度。对于应由企业负担的长期资产使用场地的恢复、关闭或迁移的成本,应当将其确认为企业的环境负债。确认时间是在可以确认要由企业来执行与场地的恢复、关闭和迁移有关的补救措施的时候。因而在相关的经营期内,为长期拆撤成本计提准备是一种可行的做法。既然有关未来长期资产使用场地的恢复、关闭或迁移的义务是在环境损害最初发生时就已经产生了,那么应当在这时确认一项环境负债,而不是等到损坏行为已经结束或者是场地被关闭时才确认。然而,由这种义务自身的性质所决定,企业可以选择在其相关的运营期内分期确认这一拆撤成本。对于前期的环境损害所引起的关于场地未来的恢复成本,出于为某项资产或经营活动提取准备的目的,应在损害发生的时候,将其确认为一项环境负债,同时予以资本化。许多情况下,在企业开始某一特殊活动之前和从事该活动的全过程之中均会对环境造成损害。例如,没有相关的采掘工作,采矿活动是无法进行的。一旦活动结束,企业往往要承担环境恢复成本。这一恢复成本应当与在其相关的环境损害发生之时,按权责发生制原则予以确认,其金额予以资本化并在相关的经营期内加以摊销。

(七) 补偿的确认

除非法律规定补偿额可以抵销,否则对于收到的第三方的补偿,不应从环境负债中扣除,而应单独记录为一项资产。如果按法律规定进行了抵销,那么应披露环境负债和各自所获补偿的总额。在大多数情况下,企业应对有争议的整个环境负债负主要责任。这是因为,如果第三方因某些原因不能进行赔偿,企业将不得不负担全部的成本。如果企业对第三方的拖欠部分不必负担责任,那么只需将本企业承担的部分记为环境负债。出售相关资产得到的预期收入和残值收入不应从环境负债中扣除。对于寿命有限的资产,在计算摊销额时,应考虑残值和变卖收入,否则将会导致重复计算,从而引起对环境负债的低估。

(八) 环境负债的计量

当准确地估计一项环境负债有困难时,应对其做近似的估计,并在报表附注中披露是如何得出该估计值的。极少数情况下,可能无法做出估计,那么应在报表附注中披露这一事实及其原因。在某些情况下,由于存在着大量的不确定性因素,从而难以估计环境负债。这些因素包括:场地、有害物质的危害程度和类型、可采用的级数以及修复标准的变化。尽管对实际负债做出估计可能是做不到的,但通常可以估计"损失的区间"。在这种情况下,应在给定一些区间内做最近似的估计。在不可能得出"最近似估计"的情况下,应按最低的金额确认。无法做出估计的情况很少,如果确实存在无法做出估计的情况,应在附注中披露这一事实,并说明理由。对于不需要在近期偿还的负债,专家组提供了一种用未来现金支出的现值来估计的方法,该方法是以从事所要求的活动的现行成本、现行法律和其他要求为基础。按照完全的现行成本法计量环境负债是可以接受的,对于长期拆撤成本而言,为相关经营期间的预期支出提取准备的方法也是可以接受的。企业应披露所使用方法的类型。当使用计提准备的方法时,所估计的长期拆撤成本的全部准备金额应当予以披露。

对于今后恢复场地、关闭或迁移设施成本相关的负债以及在相当长一段时间内不用清偿的负债,有多种计量方法,包括:现值法;现行成本法;在相关经营期内,为预期支出计提准备的方法。现值法和现行成本法都需要在目前按现有条件和法律对恢复场地、关闭或迁移设施所需的成本进行估计,即估计现行成本。按现行成本法,这一金额应确认为负债。在现值法下,对环境负债的计量,是按履行上述义务所需的未来现金支出的现值为基础的。为相关经营期间的预期支出计提准备的方法,是以最终所需的现金支出的估计金额为基础的,而非当期所需现金支出的金额。现值法需要货币时间价值的信息,以及影响未履行义务所需的预计现金流量的时间和金额的因素等信息。后面这些因素涉及对未来事项结果的估计,因而增加了这种方法的不确定性。因此,一部分人认为,以现值法确认财务报表中的负债,其可靠性是不够的。而现行成本法由于不存在未来事项的不确定性,因此比现值法可靠。然而,还有一部分人认为,随着负债初始确认与最终偿还之间期限的延长,现行成本决策有用性也会随之降低。此外,现值法的相关性胜过现行成本法的可靠性。

一些行业,在相关经营期间内为长期拆撤成本计提准备是一种可行的办法,如钻井平台和核能发电厂的拆撤。采取这一做法的理由是"符合实际",因为它能在某种程度上避免一些人为的报告收益和财务状况的极端随意性,这种随意性是由于对上述成本的估计发生变更所导致的。按现值法计量环境负债时,计量现值所用的折现率通常是无风险利率,如期限相同的政府债券。对近期内期望取得的技术进步应加以考虑,但经过长时间才能取得的技术进步则不予以考虑,对影响成本的预期通货膨胀也应加以考虑。每年应对环境负债的金额进行审查,并应随着估计未来支出的假设因素的变化加以调整。对一项新发生或新增加的负债,应依据义务发生期间的相关因素进行计量。而对于将在近期偿还的负债,通常使用现行成本法。

(九) 披露

披露环境成本和负债信息对于清晰反映或进一步解释资产负债表和收益表项目是很重要的,有关披露的内容可以包括在财务报告内,也可以列入财务报表的附注中,在某些情况下,还可以作为其他报告的组成部分。在决定是按照项目还是按大类进行信息披露时,不仅要考虑金额,还要考虑项目的性质。

1. 环境成本

企业应对确认为环境成本项目的类别加以披露。环境成本的发生有多种情况。一个企业所发生的成本可以提高其经营效率及环境效率。将哪些项目列为环境成本需要进行判断。一些企业可能只将"完全的、专门的"环境措施的成本列为环境成本。另一些企业可能将与环境有关的部分成本人为地进行分配。因而,有必要披露环境成本中包含哪些内容。在报表附注中应披露计入损益的金额,并区分经营成本和非经营成本,还应按适合企业经营性质和规模的方式,或按与企业相关的环境问题的类型,或同时按以上两种方法进行分析。对于资本化的环境成本的金额应于资本化当期在报表附注中反映。确认的项目类型可以包括但并不限于下列项目:排放污液的处理;废物、废气和空气污染的处理;固体废物的处理;场地的恢复;补救;回收;环境分析、控制和对环境法规的执行。由于不遵守环境法规而被判处的罚款和罚金,以及由于以往对环境的污染和损害而对第三方的赔偿作为与环境相关的成本,予以单独披露。与其他类型的环境成本不同,罚金、罚款和赔偿不向企业提供任何利益和回报,所以应单独予以披露。作为非常项目的环境成本也应当予以单独披露。

2. 环境负债

环境负债应在资产负债表或报表附注中单独予以披露,环境负债的计量基础(现值法或现行成本法)也应予以披露。对每一类重大的负债项目,应当披露关于负债性质的简要描述及清偿时间和条件的简要说明。

对于负债金额或偿还时间上存在的重大的不确定性,应予以披露。任何与已确认的环境负债计量有关的重大的不确定性和可能的后果范围应予以披露。如果采用现值法作为计量基础,应披露对估计未来现金支出和在报表中确认环境负债起关键作用的所有假定,包括:清偿环境负债的现行成本;计算环境负债所使用的预期长期通货膨胀率;对负债的未来清偿成本的估计;折现率。以上所要求披露的信息,可以帮助信息使用者判断企业未来财务资源的性质、时间及企业对未来财务资源的承诺。

3. 会计政策

任何与环境负债和成本相关的特定会计政策都应予以披露。

4. 通则

在财务报表中,应披露所确认的环境负债和成本的性质,包括:对环境损害的简要说明;要求企业对这些损害做出补救的法律、规章的简要说明;对据以计提准备的现有法律和技术所发生变化的简要说明。与某一实体及其所在行业相关的环境问题的类型应予以披露,包括:实体正式采纳的政策和方案;如果没有上述政策和方案,应披露这一事实;自实行该政策以来或在过去5年(孰短)中,在关键领域中作出的改进;由于政府要求而采取环境保护措施的程度和按照政府要求应达到的程度(如减少污染的时间表);按环境法规进行的任何重大活动①。政府在环境保护方面所提供的各种激励措施应该披露,例如捐赠和税收减免。通则中所建议的披露项目,应当在财务报表附注或其他报告中予以披露,这使得信息使用者可以评价一个企业的环境业绩对企业财务状况在现在和将来的影响。

主要参考文献

[1] 李心合,汪艳,陈波.中国会计学会环境会计专题研讨会综述[J].会计研究,2002(1):58-62.
[2] 联合国国际会计和报告标准政府间专家工作组.联合国国际会计和报告标准——环境成本和负债的会计与财务报告[M].刘刚,译.北京:中国财政经济出版社,2003.

(初稿执笔人:刘晓静)

---

① 摘自专家工作组《关于跨国公司会计与报告的结论》(联合国出版物,出售品编号:E.94.Ⅱ.A,纽约,第209段)。

ISAR 的《企业环境业绩与财务业绩指标的结合》

一、《企业环境业绩与财务业绩指标的结合——生态效率指标标准化的方法》概述

《企业环境业绩与财务业绩指标的结合——生态效率指标标准化的方法》(Integrating Environmental and Financial Performance at the Enterprise Level: A Methodology for Standardizing Eco-efficiency Indicators)是由联合国贸易与发展会议于 2000 年发布的,是联合国国际会计和报告标准政府间专家工作组(International Working Group of Experts International Standards of Accounting and Reporting,简称 ISAR)就环境会计问题所发布的一系列指南中的第二份文件。该报告的目的就是为企业把环境业绩与财务业绩指标结合起来使用以衡量企业在实现生态效率或可持续发展方面取得的进展。

二、《企业环境业绩与财务业绩指标的结合——生态效率指标标准化的方法》的主要内容

(一) 导论

1. 可持续发展观概念的提出

1990 年布伦特兰委员会(Bruntland Commission)将可持续发展定义为"一种既满足当代人的需要又不损害后代人满足他们自身需要的能力的发展"。"持续能力"既是环境问题,指物质环境和人类对自然资源的使用;同时也是社会和经济问题,指一代人以内和各代人之间的公平。很多人认为,可持续发展有三个支柱:经济繁荣、环境质量和社会公平。尽管人们对可持续发展的概念已经取得了一致的意见,但对于什么是具有可持续发展的全球经济及其实现途径并没有达成一致意见。企业到底正在做什么、应该做什么以及能做什么才可以将企业的日常经营活动引导到可持续发展的道路上

去,依然不是很清楚。

由于诸如国际商会(The International Chamber of Commerce,简称 ICC)和促进可持续发展全球企业委员会(World Business Council for Sustainable Development,简称 WBCSD)之类的产业协会或者没有提到可持续发展的概念,或者没有就可持续性对企业究竟意味着什么提供任何研究分析,也没有就如何实现可持续发展的方法提供指南,因此企业界对于可持续发展并没有一个统一的、清晰的认识。调查发现,仅有少数的企业将环境问题看成是关系到企业竞争力和具有战略意义的问题。尽管也有些企业的公司报告包含了可持续发展的内容,但看起来在这些环境报告中对于可持续发展和环境概念的使用仍有所混淆,对这两个概念未加区分[①]。

2. 环境报告的动因

促使企业改善环境业绩和对外环境报告的有利推动力是不同的利益相关者,如股东、债权人、财务分析师、顾客、雇员以及环保主义者等。他们出于不同的目的使用这些数据:减少他们自身所面临的借贷风险;判断贷款对象所面临的风险;了解掌握企业在管理环境问题和将环境问题纳入企业的长期发展战略方面的能力以及对企业所取得的进步进行横向或纵向的比较等。其他促使企业提高环境业绩、改善环境报告的动力包括国际的和地区的对环境业绩评估的要求。国际标准化组织业已制定了 ISO 14000 系列,它提供了关于环境问题的具体说明、指南及建议,这些包括标识、文件记录、评估、审计及检查。一个按照法律的要求确认其法定环境义务,并建立了适当的、有效的环境管理系统,采用了有益于环境保护技术的企业,可以将其未来可能因环境事故所引发的财务风险降到最低。首先,这样的企业可以仅支出较低的保险费用,以反映其降低的风险;其次,一个令人满意的风险等级可以是企业在发行债券和股票时,能够以更优惠的条件筹措到企业所需的资金;再次,保持一个绿色的企业形象可以增加销售收入。

用生态效率指标来衡量环境业绩与财务业绩之间的关系正被越来越多的人接受。要求企业报告环境业绩的压力越来越大,企业视之为表现企业致力于环保、获得竞争优势、树立自己在环境问题上的正面形象、增加员工环保意识、展示企业在达标方面的进步以及不仅仅满足于合规的目的。

3. 对环境业绩指标缺乏共识

联合国贸易与发展会议曾在 1998 年的一份报告中确定了一系列关键性的环境业绩指标,指标如下:最终影响环境的指标;造成潜在环境影响的风险指标;排放物和废

---

① A. Kolk, M. L. van der Veen, S. L. van Wateringen, D. van der Veldt, S. P. Walhain. KPMG International Survey of Environmental Reporting 1999[R/OL]. http://dare.uva.nl/record/888,2011-03-12.

弃物的指标(排放物和废弃物的数量和质量);投入指标(经营活动效率的评价);资源耗费指标;效率指标(能源和原材料的耗费);顾客指标(满意程度以及顾客的行为);财务指标。然而现行的环境披露依然是定性的、描述性的、片面的和缺乏可比性的。大部分的企业仍然不愿提供环境报告,其中的一个主要原因就在于缺乏标准化的指标体系。

标准化的指标体系可以用来监控和比较企业的环境业绩,或确立一个参照的标准。与财务业绩指标不同,该指标体系不是按照统一的国家或国际的准则进行计算,还没有对业绩进行比较的可靠尺度,因此标准化环境业绩指标的使用还没形成统一意见。目前,同一行业中的每一企业可以使用不同的环境指标报告其环境业绩,且每年都不一定会使用相同的指标。环境指标的差异是导致绝大多数环境报告毫无用处的原因。

(二)环境业绩指标

1. 环境业绩指标的定义与分类

ISO将"环境业绩"定义为某一组织对其环境方面进行管理的结果,这意味着对环境业绩的评价可参照企业的政策、目标和目的。该系列指南涉及了"本地环境"以及"全球环境",并概述了一些通用的"投入"和"产出"指标,例如能量和废弃物。用来评价企业环境业绩的指标是环境业绩指标(EPIs),它可以衡量企业资源耗费的效率与效果。

按反映企业环境管理的内容,环境业绩指标可以分为过程指标、系统指标和生态财务指标;按指标计量计算的复杂性,环境业绩指标可以分为简单性指标和复杂性指标。只计量一个变量的为简单性指标,如能源消耗或固体、液体废弃物的吨数;计量两个或更多的变量则为复杂性指标,如单位产出的能源消耗,单位产出的固体、液体废弃物或单位销售额的固体、液体废弃物。复杂性指标优于简单性指标,这是因为相对于一个时期内的生产和财务业绩而言,它可以衡量出一个企业在环境方面的业绩。这使得企业可以评价它在经营方面取得的进步。当对不同企业运营的环境影响进行比较时,这样的指标是有用的。

要使环境业绩指标更有用和更有意义,还必须具备以下特点:指标能够被披露,同时具有纵向可比性;应包括两个变量;在不同企业之间具有可比性(即横向可比性)。一般用于评价环境业绩可能的双变量指标有两种组合形式:一个环境变量与另一个环境变量之比,这两个环境变量均以实物为计量单位(资源消耗与废弃物产出比);一个以实物或价值为计量单位的环境变量与一个财务变量之比(例如,单位销售额二氧化碳排放量或环境成本占总成本的比)。

2. 环境变量标准化的必要性

可比性的缺乏使得人们无法评价同一企业随着时间的推移所取得的进步以及比较不同企业之间的业绩(横向参照),不具有可比性的信息会误导企业对自身环境业绩的评价,只有当信息在所有企业之间特别是在同一行业内可比时,环境业绩指标才会更具价值。为了环境报告的使用者能够对企业的环境业绩作出评价,一套可比的和可靠的环境业绩指标十分重要,这就需要通过对相关的环境变量和财务变量进行标准化来实现。首先,应使用同样的方法来构建每个企业的环境业绩指标;其次,构建环境业绩指标的方法应该与用于构造财务变量的方法相同。

3. 生态效率的概念

企业在现实中可以采取不同的环境策略。投资者越来越要求企业采取某一种具有生态效率的策略,这种策略能在增加(至少不减少)股东价值的同时,减少对环境的破坏。促进可持续发展全球企业委员会(WBCSD)认为,经济活动水平与所估计的地球的环境承受能力相适应时,就是生态效率的状态。其将生态效率的目标描述为"在最小化资源耗费和对环境负面影响的同时,最大化企业的价值"。生态效率的实现途径是"生态效率通过在逐步减少整个生命周期中的生态影响和资源耗费的同时,在价格上提供有竞争力的、可以满足人们需求的以及提高生活质量的产品和服务来实现"。生态效率型企业与其竞争对手相比,在生产相同产品上,使用了较少的资源,产生较小的对土壤、水和空气的污染,从而带来营运毛利的增加和公众形象的改善等。

生态效率指标是环境业绩变量与财务业绩变量的比率(生态效率=环境业绩指标/财务业绩指标)。该指标计量了单位价值的环境影响,它除了可以用来在同行业内的企业之间作比较,还可以用来监控某一企业的业绩变化。

4. 将环境业绩与财务业绩相结合

学术界和实务界的很多学者将环境业绩与财务业绩指标结合起来进行研究,但影响企业财务业绩的变量很多,人们很难精确地计算出二者之间的联系,因此越来越多的专家认为生态效率指标是财务业绩指标和环境业绩指标实现结合的一种方法。结合了环境业绩与财务业绩指标的生态效率指标可以被用来预测环境问题对未来财务业绩的影响,可以帮助投资者做出更好的投资决策。一个拥有平均水平以上的环境业绩的企业意味着极有可能获得更高更持久的利润。另外,与环境业绩水平较差的竞争对手相比较而言,环境业绩较佳的企业,其未来的投资需求也可以降低。较低的未来投资和更高的利润是提高企业价值的重要驱动因素,会持续影响企业未来的现金流量,从而对股东的投资价值产生积极的影响。

(三) 通用的环境业绩指标的选择与标准化

1. 需要通用的环境业绩指标与具体行业业绩指标的理由

若想通过生态效率概念将财务业绩与环境业绩相结合,那么首先就需要选择一些与环境业绩相关的生态效率指标。这些指标不仅具有通用性和直接性,同时还应加以标准化,以使其具有可比性和可靠性。另外,还应当把通用指标和具体的行业指标结合起来使用,因为具体的行业指标体现了行业差异。

通用的行业业绩指标应在世界范围、所有的企业和所有的部门内适用。标准化的通用环境业绩指标应该符合下列标准:针对全世界范围内的环境问题,因为经济的全球一体化和人类生存环境的唯一性使得环境问题影响全球化;包括所有的各类企业;包括所有的行业、部门;将与所有行业相关的宏观层面的环境问题与微观层面上的企业行为相结合,如全球变暖和企业的能源利用相结合;对环境和财务业绩均有直接影响,即环境指标应当在全球范围内予以关注的,直接与企业的生产过程、产品和服务相关,对企业的自由现金流量具有积极或消极影响的指标。通用环境业绩指标构建过程最好应当由环境报告的提供者和使用者同时参与,并在政治上和技术上达成共识。从政治角度而言,人们应该同意或者是认可环境业绩指标所反映的环境问题是重要的;从技术角度而言,用来计算指标的步骤应该是可接受的。

2. 确定最有用和最具相关性的环境业绩指标

获得在政治上和技术上均可接受的环境业绩指标的理想方法是尽可能地在国际协议的基础上确定指标。因为协议所解决的问题是已经公认的、重大的、需要解决的问题,而且所有的利益相关者都会直接或间接的影响着国际协议的形成。目前有4个协议试图对全球公认的环境问题进行治理:有关与后代的利益相一致的经济与社会发展问题的《21世纪议程》;有关臭氧层损耗物质问题的《蒙特利尔议定书》;有关限制导致全球变暖的气体排放的《京都议定书》;有关跨国界的有毒废弃物的控制与处理的《巴塞尔公约》。在《21世纪议程》所涉及的问题中,第二部分"为发展而进行的资源保护与管理"中第九~二十二章,都是与环境业绩指标问题相关的[①]。其中有3个是具有全球意义的通用指标:大气层的保护(第九章)、淡水资源的供给与水质的保护(第十八章)、固体废弃物(包括有毒废弃物)和废水相关问题的环保管理(第二十一章)。其他则为具体环境业绩指标,如沙漠化(第十二章)、生物多样性(第十五章)、放射性废弃物(第二十二章)。其他3个条约则对个别问题提供进一步的指导。

---

① 联合国环境与发展大会.21世纪议程[EB/OL]. http://www.un.org/esa/dsd/agenda21/res_agenda21_00.shtml,2011-03-11.

该报告基于通用的环境业绩指标应建立在这些公约基础之上的认识,选择了9个环境问题:不可再生资源的耗竭;淡水资源的耗竭;全球变暖;能源和与能源相关的导致全球变暖的气体排放;其他导致全球变暖的工业排放物;臭氧层的损耗问题;对臭氧层有害的物质的使用;对臭氧层有害的物质的排放以及固体和液体废弃物的处置(包括危险性废弃物)。并以排放量和财务类为基础将环境业绩指标划分两类。

3. 量化企业对环境问题的"贡献"

除了指明最终能够代表环境问题的环境业绩指标之外,还需要一种方法来计算一个数字,该数字可以反映企业在不可再生资源的耗竭、清洁水源的耗竭、全球变暖、臭氧层的损耗、固体和液体废弃物问题上的"贡献"。表4-1给出了所建议的以排放量为基础的环境业绩指标的概览量化方法。

表4-1 以排放量为基础的环境业绩指标

环境问题	以实物单位计量的环境项目,如质量(千克,吨)或能源(千焦,千瓦时)	评估与转化
不可再生能源的耗竭	购买的能源	初级能源要求(转换系数)
淡水资源的耗竭	水资源的使用	—
全球变暖	导致全球变暖的气体排放	全球变暖影响潜值
臭氧层损耗	破坏臭氧层的物质排放	臭氧层损耗潜值
固体和液体废物的弃置	固体和液体的废弃物	—

表4-2给出了以排放量为基础的环境业绩指标,所有指标均以实物单位进行计量。对其中的3个问题可以构建以下的综合指标,以反映环境问题对不同公司具体的财务影响。

表4-2 环境业绩指标的财务影响

环境问题	用货币单位计量的环境变量的财务影响
不可再生能源的耗竭	能源成本(购买能源的成本)
淡水资源的耗竭	水成本(购水的成本、水处理成本、水资源处置成本)
固体和液体废物的弃置	固体和液体的废弃物处理成本

(四)财务业绩指标的选择

1. 不同财务业绩指标

环境业绩指标分母的确定有两种方法:实物单位和价值单位。也就是说,企业业绩或者用实物单位表示(如以"吨"计量的产量),或者用价值单位表示(如以"货币"计量的销售收入)。因而可供选择的变量包括:增加值(销售收入与购入商品和劳务成本的差额)、销售收入、营业利润和净收益(税后利润)。在以上4个指标中,增加值(销售收入与购入商品和劳务成本的差额)是最恰当的选择,因为它只包括整个产品周期中与企业最为相关的环节,即企业能够实际控制的生产过程。只有增加值能够精确区分出企业对产品或劳务的贡献。销售收入和营业利润是容易令人产生误解的指标,在某种产品或劳务的整个生命周期中,二者不断积累,直到产品或劳务到达最终消费者手中为止。

2. 内部经营活动外包

采用增值法计算的生态效率指标符合一项重要的会计原则——配比原则,就是说,企业应该报告它所能控制的事项,即它实际在做什么,而不是它无法控制的事项。增值法降低了内部经营活动外包行为的影响,但它不能完全消除某些企业会借助经营行为外包化来提升环境业绩指标的可能性。内部经营活动外包也会影响财务比率分析,因为通过降低利润的经营活动外部化,可以达到优化财务比率的效果。因此分析者应把财务指标作为定性分析的起点,结合外包情况加以考虑。

从长远角度看,每个企业的成功都与所处行业的价值链密不可分,这意味着将高污染行为外部化,无论是对污染企业还是外包企业都是有害的。因此,也有人用生命周期分析代替价值法。但生命周期分析需要从整个价值链条所设计的众多供应商和消费者那里获取大量的数据,信息的搜集成本非常高,分析效果也不一定好。关于生命周期分析,一方面,其界限还没有取得普遍一致意见,还没有考虑对需要加总的数据进行标准化;另一方面,生命周期分析违反成本效益原则,从而使得价值法优于生命周期分析,这是因为价值法把活动限定在企业所能控制的范围之内。

3. 推荐的环境业绩指标体系

根据5个全球公认的环境问题及其相应的环境业绩指标,并将这些指标与最适当的财务指标结合在一起,该报告推荐了表4-3中5个生态效率指标,以较好的将企业环境业绩与财务业绩结合起来。

表4-3 推荐的环境业绩生态效率指标体系

环境问题	环境业绩指标
不可再生能源的耗竭	初级能源消耗量/增加值
淡水资源的耗竭	用水量/增加值
全球变暖	导致全球变暖气体排放量/增加值
臭氧层损耗	破坏臭氧层气体排放量/增加值
固体和液体废物的弃置	固体和液体废物量/增加值

上述 5 个问题也可从财务角度进行评估,见表 4-4 通过这些环境业绩指标,可以预测环境问题对未来财务业绩的影响。

表 4-4　推荐的环境业绩财务指标体系

问题	可供从财务角度进行评估的环境业绩指标
不可再生能源的耗竭	能源成本/增加值
淡水资源的耗竭	水成本/增加值
固体和液体废物的弃置	固体和液体废物成本/增加值

4. 标准化中的会计问题

所推荐的 5 个通用环境业绩指标体系在标准化的过程中有两个会计问题很重要:首先,对所确定的环境项目与变量的比值必须予以标准化。应当对下列的环境项目/变量构造达成一致意见:所购买的能源(MJ);用水/被改变的水(kg);用水/辅助用水(kg);与能源相关的导致全球变暖的气体排放(kg);导致全球变暖的其他工业排放物(kg);所购买的或在封闭系统中使用的破坏臭氧层的物质(kg);破坏臭氧层的物质排放(kg);固体、非矿液体废弃物(kg)。其次,在统一不同企业计算环境变量的方法后,这些环境变量还一定要与企业财务数据保持配套,即集团环境数据必须合并。环境业绩指标财务数据一定要具备某些特点才能对会计核算有用,为保证数据的一致性和可靠性,在记录经济业务时,应遵循一定的概念框架,明确报告主体的范围是财务会计的惯例。年度财务报告提供的是集团合并数据,包括母公司和子公司。

5. 与生成生态效率指标最为相关的财务会计假设和特征

(1) 假设。财务会计概念框架基于两个重要假设:权责发生制和持续经营。权责发生制要求,在交易发生时而非支付行为发生(现金基础)时,对其进行确认、计量和记录。持续经营假定报告主体会继续经营下去。

(2) 相关性、可靠性、可比性。财务和环境数据要有用,就必须具有相关性、可靠性和可比性,只有重要的信息才对使用者相关。

(3) 重要性。重要性概念要求财务报表披露所有可能影响使用者评价或决策的重要项目。判断某一项目重要与否,不仅要依据该项目的金额大小,还要依据该项目所起的作用。如果遗漏的某项信息会影响到依据财务报表的使用者所做的决策,那么该信息就是重要的。人们正关注在环境会计核算和报告中如何应用重要性概念,尽管某项经济业务从会计规则角度看并不重要,但它对环境业绩而言可能很重要。

(4) 实质重于形式。数据要可靠,就必须遵循实质重于形式原则。国际会计准则委员会认为①,信息如果要想反映其所欲反映的交易或事项,那就必须根据它们的实质和经济现实,而不是仅仅根据它们的法律形式进行核算和反映。交易或其他事项的实质,与它们的法律形式或人为杜撰的形式的明显外表并不总是一致的。

(5) 谨慎性。不确定性对信息的可靠性有着至关重要的影响。尽管财务报告是以过去发生的事项为基础编制的,但许多事项只有从未来结果的角度看才有意义。这些未来结果在编制报表时还不能够精确地确定,这就需要报表编制者运用职业判断来估计企业某些会计事项的未来结果。一般来说,谨慎性是指倾向于确认可能损失而非可能收益或资产的会计惯例。但对于环境会计,会计师通常不遵循谨慎原则,不愿意确认环境负债。这是由外部法律环境决定的,因为如果企业确认环境负债,那么第三方就可能提起相关诉讼。

(6) 可验证性。信息要可靠,就必须是可验证的。可验证性所关注的是,所使用的计量方法是否正确。如果使用得当,那么财务报表中反映的交易或事项的计量就具有相当的可靠性,以使那些内行的和独立的第三者能够验证所反映的信息与实际发生的经济业务是相符的,因而,可靠的财务和环境信息一定是可验证的。

(7) 可比性。可比性确保企业使用者以有意义的方式进行横向和纵向的分析。如果财务和环境信息是按可比的方式编制的,那么不同的企业或是同一企业在不同时间的业绩都能够相互比较。可比性要求在对财务与环境数据加总时使用统一程序,要求不同企业使用一套相同的定义、假设、计量和报告期间。

6. 合并

企业作为一个整体,环境数据必须合并,并且合并基础必须与财务数据相同。合并环境数据有助于信息使用者判断企业集团(如在不同国家设有分支机构和关联企业的跨国公司)完成环境目标和执行环境政策的程度。但在财务合并中应注意两个问题:

(1) 合并范围。合并范围说明哪些公司纳入了合并集团数据而哪些公司未纳入。不知道合并范围就不可能正确地解释合并数据。

(2) 合并方法。将不同企业或公司的数据加总起来得到集团数据的方法主要有3种:全面合并法、权益法和比例合并法。为了提供有用信息,必须要明确所使用的合并方法。合并方法和范围的选择会对合并财务数据产生重大影响。某些数据出现或不出现在合并报表内取决于不同的合并方法。①全面合并法。在全面合并法下,集团内

---

① 国际会计准则委员会.国际会计准则.1999年1月,第50段。

各企业财务报表上的资产、负债、权益、收入和费用都要逐项相加。需要抵消的内容包括：企业之间的余额、企业之间的交易、内部交易产生的未实现利润、内部交易产生的未实现损失（除非成本无法得到补偿）、内部投资的账面余额（尤指母公司）①与接受投资企业相应比例的权益。全面合并法通常适用于受母公司控制的所有企业，母公司直接或间接持有或控制50%或更多的投资权。②权益法。在权益法下，投资最初以成本入账，以后根据投资后享有被投资者净资产份额的变动对其进行调整。同全面合并法一样，集团内部往来的余额同集团内部交易及因而产生的未实现损益全部抵消。一般来说，权益法适用于对联营企业的投资。联营企业是指投资者对其有重要影响②（通常在20%~49%），但既不是投资者的子公司也不是其合营企业的企业。③比例合并法。在比例合并法下，合营者将其在共同控制实体的各项资产、负债、收益和费用中所占份额与自身财务报表的类似项目逐行合并，而且集团内部往来的余额和集团内部交易及其产生的未实现损益全部抵销。比例合并法通常只用于核算合营企业中的权益。国际会计准则委员会将"合营"定义为"两方或多方从事某项经济活动以从中获益的合同约定"（《国际会计准则第31号》第2段）。

（3）分部。标准化中需要考虑的最后一个问题是分部问题。有些企业具有极度多元化经营特征，为特定产品或服务提供一份单独的报告可能是恰当的。每个分部提供通用环境业绩指标将有助于解读整个集团的业绩。

（五）结论

该报告从不同的角度对标准化问题进行探讨。第一，它讨论了正在构建的各式各样的环境业绩指标，并且断言双变量的环境业绩指标比一个单变量的环境业绩指标更有意义；第二，它从全球环境问题的角度探讨了对每一个部门的每一个企业而言都是最重要的环境业绩指标，尽管在某些部门，还应当设计额外的环境业绩指标；第三，它着眼于财务业绩与环境业绩的结合，研究了何种财务变量与环境指标结合最佳；最后，它介绍了在一致性基础上提供相关、可靠、可比的环境和财务数据所必须遵循的会计概念和准则。财务数据的合并方法有三种，环保主义者应关注所采用的方法，保证环境数据与财务数据之间的配套。

---

① "母公司"被国际会计准则委员会定义为"有一个或多个分支机构的企业"，国际会计准则第27号，第6段。

② 国际会计准则委员会将"重大影响"描述为"具有参与被投资者的财务和经营政策的决定权力，但不具有对这些政策的控制权"（《国际会计准则第28号》第3段）。

主要参考文献

[1] 高前善.生态效率——企业环境绩效审计评价的一个重要指标[J].经济论坛,2006(7):87-88.

[2] 郭斌.企业生态效率指标及其应用的研究[J].科学之友,2008(9):90-91.

[3] 联合国贸易与发展会议(ISAR).联合国国际会计和报告标准——生态效率指标编制者和使用者手册[M].赵兰芳,高轶文,译.北京:中国财政经济出版社,2005.

[4] 联合国贸易与发展会议(ISAR).联合国国际会计与报告标准——企业环境业绩与财务业绩指标的结合 生态效率指标标准化的方法[M].刘刚,高轶文,译.北京:中国财政经济出版社,2003.

[5] 周一虹.生态效率指标:环境业绩指标和财务业绩指标结合方法探讨[J].兰州商学院学报,2005(3):1-4.

（初稿执笔人：孙秀丽）

ISAR 的《生态效率指标编制者和使用者手册》

一、《生态效率指标编制者和使用者手册》概述

《生态效率指标编制者和使用者手册》(A Manual for the Prepares and Users of Eco-efficiency Indicators)是由联合国国际会计和报告标准政府间专家工作组(International Working Group of Experts International Standards of Accounting and Reporting,简称 ISAR)制定,由联合国贸易与发展会议于 2004 年发布的为生态效率指标的编制者和使用者提供的指南。该手册是 ISAR 就环境会计问题所发布的第三份文献,是对前两份联合国报告的完善,与前两份报告一起构成一个系列。本手册的主要目标是为众多信息使用者提供对其制定决策有用的信息,以及对评价管理层受托责任的履行情况有用的信息。

ISAR 发布《生态效率指标编制者和使用者手册》的主要目标是为众多信息使用者提供对其制定决策有用的信息,以及对评价管理层受托责任履行情况有用的信息。手册以财务会计概念框架和准则作为生态效率会计的起点的原因在于:(1)生态效率指标连接了环境项目和财务项目,这样,生态效率指标可以同时使用来自于环境会计系统和财务会计系统的数据;(2)通用的框架极大地提高了生态效率报表的质量和一致性。在恰当的时候,需要考虑特殊行业和特殊地区的环境情况和问题,通用框架还为定期重新审视现存的和新制定的指导方针提供了指南;(3)环境项目和财务项目的结合可以提高决策的质量。

二、《生态效率指标编制者和使用者手册》的主要内容

(一) 生态效率报告的会计和报告概念框架

该部分详细介绍了生态效率会计框架、生态效率指标的目标、生态效率报表的要素和项目、基本假设、质量特征、项目的确认和计量。

1. 目的和立场

本框架的目的是：改善和协调用来定义、确认、计量和披露与企业事项和活动有关的生态效率信息的各种方法，以提高不同主体之间的可比性；为未来生态效率指标的制定和审视现存生态效率指标的指导方针提供指南；本框架并不提供生态业绩准则，但是生态效率指标可以为衡量生态业绩提供一个很好的参照标准。

2. 范围

本框架主要适用于提供关于企业生态效率信息的商业组织，也适用于公共部门和非营利组织。其涉及的范围包括：生态效率指标的目标——提供相对于财务业绩的企业环境业绩信息、改善决策制定、完善财务报表；生态效率报表的要素和项目——能源消耗、水资源耗用、全球气候变暖影响、臭氧破坏影响、废弃物；决定生态效率指标有用性的质量特征——可理解性、相关性和重要性、可靠性、可比性；生态效率会计和报告中使用的环境和财务项目的定义、确认和计量。

3. 使用者及其信息需求

依据国际会计准则委员会框架，生态效率指标的使用者包括：现在和潜在的投资者、雇员、贷款人、其他商业债权人、供应商、顾客、政府及其机构以及公众。大多数使用者将环境和财务项目作为其环境信息的主要来源，因此这些信息应该按照使用者的需要来编报。

4. 基本假设

本框架对生态效率报表的编制提出以下4点假设：报告主体一致性原则——与生态效率指标相对应的环境项目的主体与财务项目的报告主体应当一致；报告范围——报告主体至少应当包括生态效率报表5个环境要素所涉及活动的影响；权责发生制——可报告的资源耗用、排放物、环境影响、事项和活动应当在发生时确认，并在其相关的期间进行记录和报告；持续经营——报告主体在可预见的未来将会持续经营下去。

（二）指导方针

该部分介绍了水资源耗用、能源耗用、全球变暖影响、臭氧损耗量和废弃物这5个环境变量的影响，为其会计处理描述了一种方法，并提出与其相关的5项指标的计算、确认、计量和披露的方法，即每单位净增加值水资源耗用、每单位净增加值能源需求量、每单位净增加值全球变暖影响、每单位净增加值臭氧损耗量和每单位净增加值产生的废弃物。

1. 水资源耗用的会计处理

（1）水资源耗用的确认。水资源的使用分为河道外用水和河道内用水。河道外用水包括从水的某个源头提取、转移水资源。河道外用水可分为：家庭用水、商业用水、工业用水、灌溉用水、牲畜及其他动物用水、采矿用水以及发电用水。河道内用水①是指利用已经用过的水资源。虽然河道内用水是水资源保护的重要方面，但是我们当前的知识尚不能提供一种定量的方法将上述流量计入到生态效率报表中。除河道内用水进行水力发电外，建议企业披露第一次进行河道内用水的定量信息。上述定义的水资源的使用，应当在流量发生的期间内进行确认，如果水定期地存放在现场的贮水池中，就应当在报告期开始和结束时进行确认。这不包括封闭系统中作为储备使用的水。

（2）水资源耗用的计量。耗费的水是指回收的但不能直接用于重复使用或再次消耗的水资源数量。水的耗费体现了水资源的获取与河道外回流之间的差别，包括：第一，污水排放——指报告主体排放的使用过的或者经过处理的水资源的数量，该分类包括：①报告主体将使用过的污水排入公用废水收集系统中；②报告主体将使用过的或者经过现场处理的污水排入公用废水收集系统中；③报告主体将使用过的污水排入地表水、地下水或者土壤中；④报告主体将使用过的或者经过现场处理的污水排入地表水、地下水或者土壤中；第二，运输损失；第三，混入产品和农作物中的水；第四，由人畜消耗的水（饮用）；第五，蒸发掉的水；第六，没有排入大水体中的冷却水。

企业应当测量耗用的水资源，根据耗用水资源的体积，用"升"或"立方米"对其进行计量。如果耗用水资源数量是估计或是估算出来的，应当记录下不确定性的程度。

（3）信息披露。企业应当披露以下信息：第一，生态效率指标——"每单位净增加值水消耗量"；第二，计量水资源耗用时采用的会计政策；第三，会计期间内确认的水资源获取总量，各种来源及各种使用方式的水资源数量，以及上一年度上述指标各自的数量；第四，会计期间内规定和确认的水资源消耗总量、回流总量及每个分类各自的数量，以及上一年度上述指标各自的数量；第五，有关现场污水处理及公用污水系统中污水处理技术的定性信息；第六，对于水资源耗用政策、水资源耗用目标以及为达到目标所采取的措施等方面和企业管理层的立场。

2. 能源耗用的会计处理

该部分会计处理适用于所有企业。其并非意在为生产能源②的企业提供指引，焦点是能源的扩散及储存，不包括能源耗用的影响、有关能源供给的问题、采用的技术和能源来源、可再生及不可再生能源的质量以及与能源相关的可导致温室效应的气体排放。

---

① 河道内用水可以宽泛的定义为，为满足人类的需要和生态环境的需要，河川径流所需要保持的流量。
② 不是生产能源而是将能源从一种形式转换为另一种形式。除此之外，在日常用语中使用"生产"一词。

(1) 能源耗用的确认。能源是指能产生动力和(或)提供热能的能力。本手册中包括的与企业相关的不同形式和来源的能源有：产生于石油燃烧、气体燃烧、煤及煤产品燃烧、植物材料燃烧、废弃物的燃烧、蒸汽和周围自然系统的热能；动能①——电流、压力作业和机械作业。企业从第三方手中获得的、来自以下定义中的任何一种能源，并将其用于企业活动、产品或服务时，都应当看作是能源的购买。企业转让给第三方的、来自以下定义中的任何一种能源，并将其用于企业活动、产品或服务时，都应当看作是能源的销售。上述定义中的能源在以下两种情况下应当予以确认：第一，购买或出售时；第二，其数量和价值有可能被计量时。

(2) 能源耗用的计量。购买或出售的能源应当以适当的单位②计量其数值。如果能源数量是估计或估算出来的，应当将不确定性的程度记录下来。能源耗用是指报告主体为了利用其生产能力进行工作或为企业活动、产品和服务提供热能而投入的所有能量。为了报告生态效率，所有购买、出售或者储备的能源应当首先转化为热当量，然后再转化为功当量，包括：第一，燃料转化为热当量的转化系数的确定方法。不同的能源商品拥有不同的含热量，为使它们之间的数据具有可比性，利用能源产品中的净含热量③，将能源转化为热当量。对于石油产品而言，如果某国使用的能源产品列出了其净含热量的明确数值，则应当使用这些数值进行计算，否则应当采用默认值计算；对于煤和煤产品而言，如果能够得知实际的净含热量数据，则使用这些数据，否则，应当使用特殊国家及特殊地区的数据；对于气体而言，如果无法得知净含热量的实际值，但是知道气体的产生国，那么应当采用经济合作与发展组织(OECD)/国际能源机构(IEA)(2001b, 2001c)所发布的具体数值，没有发布的个别国家，采用默认值 34.20 兆焦每立方米(MJ/m^3)；对于植物材料燃料而言，默认情况下，采用能源商品供应商提供的数值；对于没有提供的，应采用气候变化政府间工作组(Intergovernmental Panel on Climate Change，简称 IPCC)(1996b)所发布的标准值；对于包括废弃物在内的其他能源，如果具体数值无法获得，则需要作出估计。第二，从热能到功的转化系数确定方法。在本框架下，有两种不同的能源分类：热能和功。为了能以功的形式提供给报告主体的能源具备可比性，需要将热能进行转化，即十亿瓦时 GWh 功当量＝0.35×兆焦 MJ 热当量×0.277 8，但是任何外部来源的蒸汽都采用由各种国家级的工程协会

---

① 动能包括一物体从一处到另外一处的纯粹直接运动。
② 第 11 届国际度量衡会议(Conferfence General des Poids et Mesures)(1960)采用了法国名称——国际单位系统，国际缩写 SI，作为推荐的实务计量单位系统。主管机构——国际度量衡局(Bureau International des Poids et Mesures)提供了所有单位系统的单位列表(http://www.bipm.fr/enus/3_SI)。
③ 净含热量(NCV)与总含热量的区别在于燃料燃烧时水蒸气产生的潜在热量不同。

出版发布的标准蒸汽表。本框架用"能源需求"来计量"每单位净增加值能源需求"这一生态效率指标,即能源的总需求为购买的功当量减去出售的功当量加上(或减去)以功当量的形式表示的能源产品的库存减少(或者增加)。

(3)信息披露。企业应当披露以下信息:第一,生态效率指标——每单位净增加值能源需求;第二,能源耗用所采用的会计政策;第三,会计期间内确认的各种能源的数量以及上一年度的各种能源的数量;第四,会计期间内确认的能源总量以及上一年度以功当量的形式表示的各种能源的数量;第五,对能源耗用、有关能源耗用的目标以及为达到目标所采取的措施等方面和管理层的立场。

3. 全球气候变暖影响的会计处理

该部分会计处理应用于京都议定书/协定中列出的导致全球气候变暖的物质。其中,能源生产企业、农业活动及林业需要开发一套特殊的全球气候变暖影响的会计指南。

(1)全球气候变暖影响的确认。温室效应气体是指京都议定书/协定中列出的所有气体:二氧化碳(CO_2)、甲烷(CH_4)、一氧化二氮(N_2O)、六氟化硫(SF_6)、全氟化碳(PFCs)和氟化烃(HFCs)。那些没有在京都议定书/协定中列出,但是当某种气体对全球变暖的作用在报告主体的全球变暖影响中所占比重超过1%时就应当包括在本范围内。温室效应气体应当在其排放的期间内进行确认,而依据生态效率报告的目的,只确认与能源耗用相关的二氧化碳的排放量[①]。其中,与能源和交通运输相关的温室效应气体,在基础能源确认时予以确认;与其他工业加工相关的温室效应气体,只有当这些气体在报告主体的全球变暖总影响中发挥重要作用时才予以确认。

全球变暖影响率指的是某物质对全球变暖假定产生的影响。全球变暖影响率以每公斤该物质中二氧化碳当量的公斤数表示。由于全球变暖影响率依赖于期限的长短,故该部分的会计处理,采用100年的期限。由于实际原因,与能源、交通运输相关的全球变暖影响,仅限于由于使用不可再生能源,包括电力供应在内,而造成的二氧化碳的排放。由矿物燃料耗用而排放的二氧化碳源自燃料中碳的含量,假定所有的碳被氧化为二氧化碳,并且没有碳残留;由用电导致的二氧化碳排放是以某特定国家的科技水平和能源耗用为基础的,即所谓的混合电,该数值来自国家能源机构提供的数据。

由报告主体承担的碳冲销或碳封存计划,其基于清洁发展机制(Clean Development Mechanism,简称CDM)、共同执行活动(Activities Jointly Implemented,简称AJI)或相类似的活动,在满足下列条件时予以确认,同时,当下述5个条件都能满足

---

① 二氧化碳的排放与燃烧中碳的含量相关,而其他与能源相关的温室效应气体则视所采用的技术而定。

时,温室效应气体的冲销和封存量可以扣除;该计划不侵犯参与方国家的发展目标、经济优先权和规章制度;该计划是一项附加要素,并非平常的事情;该计划不会引起消极的外部因素;该计划有足够的财务和管理能力的支持,拥有适当的基础设施和技术上的支持;该计划接受持续的监督,在可接受的确定性水平上,每年将有关碳影响的数据收集起来。

(2) 全球气候变暖影响的计量。采用全球变暖影响来计算生态效率指标,即每单位净增加值全球变暖影响,其计量步骤如下:第一步,确定耗用的能源总需求;第二步,以热当量表示的能源数量转换为二氧化碳的排放量;第三步,以功当量表示的电力的数量转换为二氧化碳的排放量;第四步,与其他工业加工相关的主要温室效应气体包括在其中;第五步,不同温室效应气体的数量与其各自全球变暖影响率相乘,得到报告主体的全球变暖影响。其中,石油产品、煤和煤产品、气体和植物材料燃料的二氧化碳排放系数以气候变化政府间工作组织提供的数据为基础;来自电力的二氧化碳排放系数以国际能源机构的数据为基础,一旦得知该具体国家的系数,则应采用该国的系数;与其他工业加工相关的温室效应气体应当测量其数量,当估计或计算气体数量时,应当记录不确定性的程度。

(3) 信息披露。企业应当披露温室效应气体的以下信息:生态效率指标——每单位净增加值全球变暖影响;对温室效应气体采用的会计政策;会计期间内确认的每种温室效应气体的数量以及上一年度各种气体的数量;会计期间内的全球变暖总影响以及上一年度各自的数据;对能源耗用、有关全球变暖的目标以及为达到目标所采用的措施等方面和管理层的立场。

4. 臭氧损耗物质的会计处理

该部分提及的会计处理适用于符合下述定义的臭氧损耗物质和企业能够通过特殊计量和程序影响的臭氧损耗物质。

(1) 臭氧损耗物质的确认。臭氧损耗物质(Ozone Depleting Substances,简称ODS),指蒙特利尔议定书要求控制的所有化学制品或物质。臭氧损耗物质可能以作为"使用系统"的组成部分而存在也可能作为物质而存在。符合上述定义的臭氧损耗物质,在生产、购买、再生、回收、重复利用、再次使用、毁变、出售或排放时,同时能够计量其数量或价格的情况下,应当将其在会计期间内进行确认。对于其存置应当在相应会计期间的期初和期末进行确认。那些包含臭氧损耗物质的混合物应按其具体组成部分分别予以确认①。臭氧损耗潜值(Ozone Depression Potenital,简称ODP),指通

---

① 查询混合物构成的相关信息,参见联合国环境规划署工业与环境臭氧活动项目派发的OAIC-DV MKV数据库参考工具,以及臭氧活动网址 http://www.unepie.org/ozonaction.html。

过与同等数量的氟利昂CFC-11(CFCL3)比较后,表明单位气体所含物质对同温层中臭氧层影响程度的数值。某种物质的臭氧损耗潜值,应按照蒙特利尔议定书中列示的最新臭氧损耗潜值加以确认。臭氧损耗贡献(Ozone Depletion Contribution,简称ODC),指臭氧损耗物质数量与该物质臭氧损耗潜值的乘积,是以氟利昂CFC-11当量表示的特定数量臭氧损耗物质的贡献值。

(2) 臭氧损耗物质的计量。应当对臭氧损耗物质进行测量或称量,计量单位包括公斤、公吨、升和立方米。对于估计或计算的臭氧损耗物质的数值,应记录其不确定性的程度。臭氧损耗物质的排放,指在企业经常的和非经常的经营活动中,臭氧损耗物质脱离报告主体,以至于企业在技术上不能再对相关的臭氧损耗物质加以控制。臭氧损耗物质排放量,为臭氧损耗物质总相关量扣除回收、再生、重复利用、毁变、作为给料使用、出售和存置的数量之后的差额。"臭氧损耗物质排放量"项目,可用于计算二级生态效率指标"每单位净增加值臭氧损耗物质排放量"。

(3) 信息披露。企业应当披露以下臭氧层损耗物质信息:生态效率指标——每单位净增加值臭氧损耗物质相关量;对臭氧损耗物质采用的会计政策;会计期间内确认的臭氧损耗物质总量以及上一年度各种物质各自的数量;会计期间内确认的臭氧损耗贡献总量以及上一年度各种物质各自的数量;对臭氧损耗物质和蒙特利尔议定书、臭氧损耗物质的目的和目标,以及实现目标所采取措施等方面和管理层的立场。对上述目标,要与蒙特利尔议定书中列出的目标进行比较分析,要特别关注替代技术、替代物质及其各自的环境影响。

5. 废弃物的会计处理

(1) 废弃物的确认。废弃物是指市场价值为负或零的非生产性产出。在废弃物价值随市场状况波动的情况下,可依据报告期内累计净费用与收入的比值来确定市场价值。废弃物按其性质可分为矿化物和非矿化物。当缺少关于废弃物性质的明确信息时,可认为该废弃物是非矿化的。关于废弃物的更多分类参见巴塞尔公约《控制危险废弃物及其处置物跨境转移》。在出现下述一种或多种情况时,废弃物可归为危险物:①属于巴塞尔公约附件Ⅰ所列任一种,及具有巴塞尔公约附件Ⅲ所示任一特征的废弃物;②具有巴塞尔公约附件Ⅲ所示任一特征的废弃物;③其他国家或国际控制系统所界定的废弃物,具有放射性;④上述①、②未涵盖的废弃物,但被产生废弃物的报告企业所在国国内法律定义为危险废弃物或视为危险废弃物。不属于上述四类范围的废弃物可归为其他废弃物。

符合上述定义的废弃物应当在其生成期间予以确认。在生成废弃物的临时现场存放的情况下,其存放量应在报告期初和期末进行确认。废弃物的性质应在其生成期间确认。废弃物类别应在其处置前予以确认。废弃物处置技术,指通过化学、生物或物理手段永久性改变废弃物状态的过程,目的在于减少或消除废弃物对人类和环境的危害。其可作如下细分:开放式或封闭式的再利用、再生产和再循环;废弃物焚化——低温废弃物焚化、高温废弃物焚化及水泥窑烧、废渣填埋(生物活性物质填埋、稳定物质填埋及惰性物质填埋);露天堆存;废弃物的事前处理和临时现场存放。如果无法取得特定公司关于处置技术的信息,则将假定实施填埋为处置技术。公司应披露能够所采用的废弃物处置技术水平的信息——最佳可行技术、平均水平技术和最差可行技术。如果未披露关于上述技术类型的信息,则假定采用了最差可行技术。废弃物处置技术,应在处置废弃物时(现场处置)或不再受报告企业控制时(非现场处置)予以确认。

(2)废弃物的计量。企业应当对废弃物进行测量或称量,计量单位包括公斤、公吨、升和立方米,但其应按重量而非体积来报告。对于估计或计算的废弃物数值,应记录不确定性区间。报告期间生成的废弃物总量,指符合废弃物类别定义,并经技术处理过的矿化、非矿化或危险废弃物的总量。"生成废弃物"用于计算生态效率指标"每单位净增加值废弃物生成数量"。

(3)信息披露。企业应当披露以下废弃物信息:生态效率指标——每单位净增加值废弃物生成数量;废弃物所采用的会计政策;会计期间内确认的废弃物总量以及上一年度各自的数量;确认的废弃物性质;确认的废弃物类别;确认的处置技术;废弃物能源化方案中的能源回收;对废弃物管理政策、关于废弃物的目标,以及实现目标所采取措施等方面和管理层的立场。

6. 财务项目的会计处理

该财务项目是用来规范生态效率会计核算和披露的参考数据。所有企业应当遵循本指南,对作为生态效率指标标准值的各项参考数据进行会计核算。所有财务项目的定义都遵循《国际会计准则》(IAS),财务项目的确认、计量和信息披露应遵循适用的国际会计准则标准。

7. 生态效率指标的合并

合并生态效率信息,是指母公司及其子公司和其在联营或合资企业拥有权益的生态效率数据,列示方法与单个企业相同。

(1)合并环境项目的主要问题。主要涉及:合并范围;合并方法;所采用的合并范围和合并方法会对合并财务报表和环境数据产生的实质影响。在不同的合并方法下,某些数据可能反映或无法反映在合并的集团账目中。

(2)目的。本手册旨在为母公司、其子公司及其对联营企业和合资企业的投资,对生态效率指标及其环境与财务项目的会计处理分别提供指南。

（3）指南范围。本指南适用于所有企业编制和披露子公司、联营企业投资和合资企业投资的合并生态效率数据。

（4）合并程序。编制合并生态效率时，对类似条件下的相同交易和其他事项的环境与财务项目，应当采用统一的会计政策。在确认环境信息时，企业应当关注与确认财务信息相同的一套经营活动与环境项目时必须采用统一的会计政策。因此，合并财务报告所使用的合并方法也同样适用于与生态效率指标相关环境项目的合并，即全面合并的生态效率数据包括由母公司控制的子公司的环境与财务项目。对于采用权益法合并的联营企业，合并生态效率数据不包括联营企业的环境和财务项目；对于采用比例合并法的合资企业，合并生态效率数据包括合资企业的环境与财务项目。在此情况下，合资企业的环境与财务项目按财务合并比例纳入合并生态效率数据。

（5）信息披露。在合并生态效率报表中，企业应披露所有子公司、联营和合资企业投资的下列信息：所有子公司、联营和合资企业投资的名称和概述；控制的程度（如所拥有的表决权比例）；财务报表合并方法；所有合并实体的生态效率信息，不论其是全面合并、比例合并或权益法合并；关于合并方法与程序的财务与环境方面的管理层讨论；关于报告期内兼并、购买或处置活动的财务与环境方面的管理层讨论。

主要参考文献

[1] 联合国贸易与发展会议(ISAR).联合国国际会计和报告标准——生态效率指标编制者和使用者手册[M].赵兰芳,高轶文,译.北京:中国财政经济出版社,2005.

[2] 联合国贸易与发展会议(ISAR).联合国国际会计与报告标准——企业环境业绩与财务业绩指标的结合 生态效率指标标准化的方法[M].刘刚,高轶文,译.北京:中国财政经济出版社,2003.

（初稿执笔人：胡亚君）

OECD 的《公司治理原则》

一、《公司治理原则》概述

1999年，经济合作发展组织（Organisation for Economic Co-operation and Development，简称 OECD）成员国的部长们签署了《经合组织公司治理原则》（OECD Principles of Corporate Governance，以下简称《原则》）。自1999年发布以来，该《原则》作为良好公司治理的国际基准在世界范围内获得了承认。这些原则被经合组织国家和非经合组织国家的政府、监管者、投资者、公司和利益相关者积极运用，并被"金融稳定论坛"采纳为"良好金融体系的12项关键标准"之一。2002年，经合组织开始对该《原则》进行修订，于2004年修订完成并发布。该《原则》提供了一套非强制性的准则、惯例以及实施指南，它能适应单个国家和地区的具体环境。经合组织还设立了一个论坛，以供成员国与非成员国之间进行实时对话和经验交流。为了应对环境的变化，经合组织将紧跟公司治理的发展趋势，认清潮流，寻找应对新挑战的对策。

二、《公司治理原则》的主要内容

（一）有效公司治理结构基础的保证

公司治理结构应该促进市场的透明和有效，与法律规定相协调，并且与不同的监管、规范和实施权威的责任分工清晰地结合起来。为确保一个有效的公司治理框架，建立恰当、有效的法律、规则和制度基础尤为必要，所有的市场参与者都能以此制度为基础建立他们的私人契约关系。典型的公司治理框架由法律、规则、自我规范、义务和商业惯例等元素组成，并且是一个国家特殊的环境、历史和传统作用的结果。不同国家之间，法律、规则、自我规范和义务等因素的最佳组合是不同的。由于新的经验的积累和商业环境的变化，公司治理框架的内容和结构也需要被调整。寻求实施本《原则》的国家应该监督本国的公司治理框架，包括规则、公司上市要求和商业惯例，以维护和强化国家保证市场完整性和经济发展的目标。在这里,考虑到公司治理结构不同元素之间的相互作用和相互补充,以及促进合理的、可靠的和透明的公司治理实务的能力是非常重要的。在发展一个有效的公司治理结构的过程中对这些因素的分析被视为重要的工具。至此,与公众有效和持续地磋商是一个重要的元素,这被广泛地视为一个好的做法。而且,每一个发展公司治理结构的权威机构、国家的立法者和规则的制定者都应适时地考虑需求、效果、有效的国际对话与合作。假如这些情况都满足,公司治理体系更可能避免过于规范化,以支持企业家实践和限制危害私营企业和公有机构间利益冲突的风险。

在发展公司治理结构的问题上应该持这样的观点,即公司治理结构能影响全面的经济运行和市场的完善,并且它能为市场参与者创造激励机制,促进市场的透明和有效。在一定权限范围内影响公司治理实务的规章制度要求应该与法律规定相协调,应该是透明的和可实施的。不同权威机关间在一定权限范围内的责任分工应该确保符合公众利益并相互关联。监管、规范和执行的权威部门应该有权威、综合能力和资源,以职业和客观的态度履行它们的职责。而且它们的裁决应该是及时的、透明的和被充分解释的。

(二) 股东权利和关键所有权的作用

公司治理结构可以保障和促进股东权利的行使。股权投资者拥有一定的产权,例如,上市公司的股份可以被购买、出售或转让。股权投资可以使投资者有权享有公司的利润,对公司债务的承担仅以其投资额为限。另外,公司给股权投资者提供了了解公司信息的权利,以及主要通过参与股东大会和表决来影响公司的权利。事实上,公司不能通过股东的表决来进行管理。公司股东是由利益、目标、投资水平和能力各不相同的个人和机构所组成,公司管理必须能够迅速做出商业决策。考虑到这一现实以及在迅速发展和不断变化的市场中管理公司事务的复杂性,不能期望股东们去承担管理公司事务的责任,公司战略及经营的责任便被交由董事会以及由董事会选出、激励并在必要时更换的公司管理团队来承担。股东权利对公司的影响集中在一些特定的基本议题上,比如,董事会成员的选举或其他影响董事会构成的方式、对公司组织文件的修订、对特殊交易的批准以及其他在公司章程和内部规章中规定的议题。这一节可以看作是对最基本的股东权利的陈述,而这些最基本的股东权利已在所有经济合作发展组织成员国中得到了法律上的确认。其他权利,诸如批准或选择审计师、对董事会成员的直接提名、抵押股份的能力、对利润分配的批准等,则存在于不同的地区中。

1. 基本股东权利

应该包括:所有权登记采用保密的方法;转让股份;及时、规范地获得公司相关、真实的信息;参加全体股东大会并有权投票;推选和解聘董事会成员;分享公司利润。

2. 股东对公司的根本性改变有参与决策并获得充分信息的权利

主要有:修订组织章程、法规或者类似的公司行政文件;增资扩股;特殊交易,包括转让所有或者实质上所有的资产,导致公司被出售。

3. 股东的其他权利

公司股东有机会且有效地参与全体股东大会,并拥有投票权。股东还应该被告知包括投票程序在内的全体股东大会运作的各项规定;应该充分、及时地向股东提供有关全体会议日期、地点和议程的信息,以及会议拟表决问题的全面、及时的信息;应该有机会向董事会询问,包括有关年度外部审计的问题,有关全体会议议程项目安排的问题以及有关在合理限制的条件下提出决议案的问题;方便股东有效参与,诸如董事会成员的提名和选举等关键的公司行政决策,股东有权在董事会成员和主要执行官的薪酬政策上表达自己的观点,董事会成员和雇员薪酬计划的权益构成应该得到股东的同意;可以亲自或者缺席投票,而不管亲自还是缺席投票,效果都应是一样的。

4. 披露

要求使某些股东获得一定程度上的,与其净资产不相配比的控制力的资本结构和安排应该加以披露。

5. 公司控制市场应该以有效和透明的方式运行

主要包括:在资本市场上,公司控制权获得的规定和程序以及特殊交易(比如合并、公司资产实质部分的出售),应该被清楚地表达和披露,以使投资者认识到他们的权利和追索权,交易应该在透明的价格和公平的条件下进行,从而保护该级别所有股东的权利;反接管的策略不应该被管理层和董事会用于逃避责任。

6. 行使权

包括机构投资者在内的所有股东,所有权的行使应该是便利的;机构投资者作为受托责任人,应该披露全面的公司治理政策和与其投资相关的投票政策,包括其决定适当使用投票权的程序;机构投资者作为受托责任人,应该披露他们如何处理与其投资有关的、能够影响主要所有权行使的实质性利益冲突。

7. 其他

除非为防止被滥用,否则应该允许包括机构股东在内的所有股东相互协商本《原则》中定义的有关其基本股东权利的问题。

(三) 股东的公平待遇

公司治理结构应该确保以下方面：包括少数和国外股东在内的所有股东都具有的公平待遇；所有股东在其权利受到侵害时，应该有机会获得有效的赔偿。投资者对于他们的投资会因受到公司管理层、董事会成员或有控制权股东的保护而免于被滥用的一个重要因素。公司管理层、董事会成员或控制权股东有机会从事通过损害无控制权股东的利益来增进他们自身利益的活动。在向股东提供保护的过程中，区分股东的事前权利和事后权利是有用的。事前权利可以是某些决策中的优先权利和有效多数，事后权利则允许当权利受到侵犯时要求赔偿。在法律和管制措施实施不力的地方，一些国家觉得有必要去加强股东的事前权利，比如在向股东大会议程中加入项目时设置较低的股权数量要求，或是对某些重大决策要求超过多数的股东同意。本《原则》支持给予外国和本国的投资者以平等的待遇。此外，本《原则》不主张政府对外国直接投资进行管制。

股东行使他们权利的一个方式就是对公司管理层和董事会成员提起法律和行政程序。经验显示，决定股东权利受保护程度的一个重要因素就是是否存在有效的手段以合理的成本和不须过分的拖延就能使股东因权利受侵害而获得赔偿。在少数股东有理由相信他们的权利受到侵害时，如果法律体系向少数股东提供了提起诉讼的机制，那么少数股东的信心将得到增强。提供这类执行机制是立法者和监管者的重要职责。一个法律体系如果使任何投资者都可以在法庭上向公司的行为提出挑战，那么这个法律体系将面临诉讼过多的风险。因此，许多法律体系引入了保护公司管理层和董事会成员免于被过多诉讼的条款，而这种保护采取了验证股东诉讼理由充分性的方式，即所谓管理层和董事会成员行为的"安全港"（比如商业判断规则）以及信息披露的"安全港"。最后，必须在允许投资者因所有者权利受损而寻求赔偿和避免过多诉讼之间达到一种平衡。许多国家已经发现，由证券监管者或其他监管机构组织的行政听证会或仲裁程序等提出的可供选择的裁决程序，是一个解决纠纷的有效方法，至少在初审阶段是如此。

1. 同级别相同层次的所有股东应该受到公平对待

主要包括：在同级别的任何层次中，所有股权应该具有相同的权利，所有投资者应该能够在购买前获得所有级别和层次股份所附权利的信息，任何投票权的改变都应该得到受其负面影响的那些级别股权的同意；为了少数股东的利益，应该避免其因控股股东直接或间接行为的滥用受到损害，而且应该具备有效的赔偿方法；保管人和代理人的投票应该与股权所有者的意见一致；消除跨国界投票的障碍；全体股东会议的程序和办法应该对所有股东一视同仁,公司程序不能使投票变得过于困难或花费过高。

2. 禁止内幕交易和恶意的自我交易

任何形式、任何方式的内幕交易和恶意的自我交易均被视为违规行为。

3. 董事会成员和关键执行官向董事会披露

董事会成员和关键执行官向董事会披露他们直接或间接代表第三方,在任何交易或事项中是否有直接影响公司的实质性利益。

(四)公司治理中利益相关者的作用

公司治理结构应该承认法律或双边协议所确立的利益相关者的权利并且鼓励公司与利益相关者在创造福利、工作岗位和整个企业的持续融资能力方面展开积极的合作。公司治理的一个关键方面是确保外部资本以股权和信贷的形式流入公司。公司治理也涉及寻找各种途径以鼓励公司中的各个利益相关者对公司特定的人力和物质资本进行经济上最佳水平的投资。公司的竞争力和最终成功是团队工作的结果,其体现了包括投资者、雇员、债权人和供应商在内的一系列不同资源提供者的贡献。公司应认识到利益相关者的贡献是构成建设有竞争力和获利性公司的宝贵资源。因此,培育利益相关者之间的财富创造型合作符合公司的长期利益。公司治理框架应认识到通过承认利益相关者的利益及他们对公司长期成功的贡献可以服务于公司的利益。

主要要求为:法律或双边协议确立的利益相关者的权利应该受到尊重;利益相关者的利益受到法律保护,利益相关者的权利受到侵害时应该有机会获得有效的赔偿;应该允许发展雇员参与业绩强化机制;在利益相关者参与公司治理过程中,他们应该可以及时、规范地获得相关、充分和可信的信息;利益相关者,包括单个雇员及他们的代表组织应该有权自由地表达他们对董事会非法或非道义规定的关注,而且他们的权利不应该因为上述行为而受到侵害;公司治理结构应该建立在一个有效的、有效率的结构上,并能有效强化债权人的权利。

(五)披露与透明化

公司治理结构应该确保及时、清晰地披露公司所有的实质性事项,包括财务状况、经营业绩、所有权和公司行政。在绝大多数经济合作与发展国家,公开上市企业和大型非上市企业的大量义务性和自愿性信息被汇总,然后传播给一个范围广泛的使用者群体。公开披露通常被要求至少以年度为基础,尽管一些要求半年度或季度的定期披露,或在对公司有实质性影响的情况发生时进行更频繁的披露。公司通常根据市场要求做出超过最低披露要求的自愿披露。一个能真正提高透明度的有力披露制度是以市场为基础的公司监控体系的关键特征,也是股东在具备必要信息基础上运用所有权权利方面能力的中心问题。来自拥有大规模活跃资本市场国家的经验显示,披露可以成为影响公司行为和保护投资者的有力工具。一个有力的披露制度可以帮助吸引资本并保持公众对资本市场的信心。与此相对照,无约束力的披露制度和不透明的做法会增加不道德行为和损害市场的完整性,对公司及其股东乃至整体经济造成损害。股东和潜在投资者要求获得足够详细的定期、可靠和可比的信息,以便他们对管理层的受托责任进行评价,并就价值、所有权和表决权做出明智的决策。不充足或不清晰的信息会减弱市场运作的能力,增加资本的成本并导致资源的无效配置。

披露有助于改善公众在环境、道德标准、公司及其所在社区的关系等方面对企业结构和活动、公司政策和经营的理解。经济合作与发展组织关于跨国企业的指导原则与这方面的问题相关。披露要求不应使企业承担不合理的行政或成本负担,也不应要求公司披露可能损害它们竞争地位的信息,除非这些披露在使投资决策获取充分信息和避免误导投资者方面是必要的。为了确定按最低要求应该披露的信息,许多国家运用了实质性的概念。实质性信息可以被定义为那些如被省略或歪曲就会影响信息使用者的经济决策的信息。

本《原则》支持在定期报告间对发生的实质性发展进行及时的披露。同时,也支持向所有股东在同一时间报告信息,以确保他们获得同等待遇。在保持与投资者和市场参与者的密切关系时,公司必须谨慎遵守这一平等待遇的基本原则。第一,披露应该包括但不限于以下实质性信息:公司财务和经营成效;公司目标;主要股份所有权和投票权;董事会和关键执行官的薪酬政策以及有关董事会成员的信息,包括他们的资格、选举办法、在其他公司担任的管理者职位和是否被董事会看作是独立的;相关会议事务;可预见的风险因素;关于雇员和其他股东的问题;治理结构和政策,特别是公司治理守则或者政策的内容以及完善的过程。第二,以高质量的财务会计标准和非财务披露方式披露信息。第三,独立、胜任和有资格的审计人员执行年度审计,为董事会和股东提供外部和有目标的保证,证明财务报告在所有可提供资料方面公允地代表了公司的财务状况和经营状况。第四,外部审计人员应该对股东负责并且在执行审计过程中对公司审计执行专业判断。第五,选择的信息渠道应公平、及时和有效率地传达给相关的信息使用者。第六,公司治理结构应该被一种有效的方式不断完善,这种方式应该能处理和改进分析者、经纪人、等级评估机构和其他部门的分析或建议,它应该与投资者的决策相关,并能排除妨碍他们的分析和建议整合的实质性利益冲突。

(六) 董事会的职责

公司治理结构应确保公司的战略性指导,有效地对董事会的管理工作进行监管,并且履行董事会对公司和股东的受托责任。在经济合作与发展组织国家内部及国家之间,董事会的结构与程序差异很大。一些国家具有将监督职能与管理职能分至不同实体的双层式董事会——一个是由非执行董事组成的"监督董事会",另一个是完全由执行董事组成的"管理董事会"。一些国家则具有由执行董事和非执行董事共同构成的单一型董事会,还有一些国家,存在出于审计目的的法定机构。本《原则》试图尽量通用于任何类型的具有治理企业和监督管理层职能的董事会结构。除了指导公司战略外,董事会还主要负责监督管理业绩并达到对股东的足够回报,同时防止利益冲突和平衡对公司的竞争性要求。为使董事会有效地履行它的职责,其必须能够进行客观、独立的判断。此外,董事会还具有一个重要的职责就是对为确保公司遵从包括税收、劳动、环境、平等机会、健康和安全法律在内的适用法律所建立的体系进行监督。在一些国家,公司发现清楚地说明董事会和管理层分别应承担哪些职责是有用的。

董事会不仅应对公司和股东负责,还有责任为公司和股东的最佳利益采取行动。另外,董事会还应适当考虑和公平处理包括雇员、债权人、顾客、供应商和当地社区在内的其他利益相关者的利益。对环境和社会标准的遵守也与这方面要求相关。第一,董事会的成员应具备渊博的知识背景,良好的诚信,以及应有的勤奋和细心,最大地满足公司和股东的利益。第二,董事会的决策对不同股东群体的影响是不同的,但董事会应公平地对待所有的股东。第三,董事会应遵守高标准的道德规范,考虑股东的利益。第四,董事会应发挥特定的关键作用,包括:回顾和指导公司战略、主要的行动计划、风险政策、年度预算和商业计划,设置业绩目标,监督执行情况和公司业绩,监管企业主要的资本支出、收购和出售;监控公司治理操作的有效性并在必要的时候做出适当的修改;选择、补充、监督甚至在必要时替换关键经营者并监督交接计划;从公司和公司股东的长远利益出发,修正关键经营者和董事会的薪酬;确保正规和透明的董事会任命和选举过程;监控管理当局、董事会成员和股东之间潜在的利益冲突,包括滥用公司资产和滥用关联方交易;确保公司会计和财务报告系统的整合,包括独立审计,内部控制系统的恰当性,特别是风险管理系统,财务和运行控制系统,使之符合法律和相关标准;监督报告披露和信息交流的全过程。第五,董事会应在公司事务方面实施客观、独立的决策。包括:董事会应考虑任命足够数量的非执行董事会成员,这些成员有能力对那些具有潜在利益矛盾冲突的任务实施独立的决策,这里的关键责任包括确保财务和非财务报告的整合,对董事会成员和关键经理人员的任命以及薪酬分配的检讨;当董事会成立时,董事会应该对其受托责任、成员组成和工作流程加以详细地说明及披露;董事会成员应有效地担负起他们的职责。第六,为了履行他们的职责,董事会成员应获取准确、相关和及时的信息。

主要参考文献

[1] 余畅.《OECD公司治理原则》下高校财务治理结构探析[J].财会通讯,2009(7):77-78.

（初稿执笔人：马怀花）

IFAC 的《公司行为准则制定指南》

一、《公司行为准则制定指南》概述

《公司行为准则制定指南》(Guidance for the Development of a Code of Corporate Conduct)由国际会计师联合会(International Federation of Accountants,简称 IFAC)下属的执业会计师委员会(Professional Accountants in Business Committee,简称 PAIB)于 2006 年 1 月发布。

IFAC 认为,为了履行保护公众利益、巩固会计职业以及为强大的国际经济的发展作出贡献的使命,IFAC 需要致力于促进公司治理的健全。2004 年,PAIB 与英国管理会计师特许协会(Chartered Institute of Management Accountants,简称 CIMA)联合发布了题为《企业治理——得出正确的结论》一文,指出企业治理包括两个方面:规则的遵守和组织的执行。这两个活动的核心都是坚持道德行为的较高准则。道德行为是所有商业的核心,良好的道德驱动了商业的发展。因此,PAIB 发布《公司行为准则制定指南》的目的,是帮助职业会计师在其组织内部制定和实施行为准则,以支持良好的公司治理实务。这不仅适用于在工商业供职的职业会计师,还可为在非营利组织和政府机构工作的会计师提供参考。

《公司行为准则制定指南》包括正文和附件两大部分。正文包括引言、制定行为规范的益处、职业会计师的职责、对组织行为的定义、制定行为规范的方法、对组织价值的定义、全球化经营的行为规范、全球商业经营的最佳实务、对具体规范的陈述和内容的评论、组织与管理层的挑战以及结论等内容。附录 A 和 B 举例说明了以价值为基础的行为准则和公共公司的行为准则。

二、《公司行为准则制定指南》的主要内容

(一) 引言

越来越多的组织意识到在行为规范中明确传达它们的价值观和指导原则是重要

的,而且是有用的。没有制订或遵循适当的行为准则已成为越来越被公众关心的问题。这是由于公司丑闻以及它们对资本市场和投资者的影响导致的。如今,许多商务人士将企业的正当行为、正直程度与其在市场的成功和营利能力相联系。

恰当制定的行为规范能为项目的实施提供环境,没有制定并有效实施行为准则的组织将遭受生产能力的浪费、较高的员工流动频率、增加的交易和代理成本以及增加的面对法律行为和欺诈的几率,这些最终都会增加资本的成本。因此,在一个组织内成功贯彻一套行为规范越来越被视为一项有竞争力的资产。

(二) 制定行为规范的益处

制定行为规范除了要求企业遵守法律和规章准则之外,还有以下好处:顾客更愿意购买遵守行为准则、有社会责任感的企业的产品;潜在的股东(包括机构投资者)现在亦将行为规范作为他们选择投资对象的标准;避免发生重大的丑闻等等。

(三) 职业会计师的职责

保证准确的记录、承担资产的受托责任以及减轻风险是对职业会计师授权的所有组成部分。一套有效的行为规范作为组织控制系统的关键组成部分,为职业会计师履行这些职责提供支持。同时,职业会计师在行为规范制定过程中的职责应该明确。作为首席执行官(The Chief Executive Officer,简称CEO)或首席财务官(The Chief Financial Officer,简称CFO)的会计师可能直接参与一项规范的制定与批准,从事内部审计的会计师可能参与评价在将不正当风险降到最低的过程中,这项规范是否是一个有效手段。除此以外,职业会计师的职责还包括:在其所支持的组织中识别潜在的道德问题;为解决冲突实施一个框架或决策制订过程;在行为规范的观点中明确表达作出某项决策的原因;确定、密切关注、沟通交流股东的期望,以及与满足他们的期望相关的成本、收益和风险;监督并报告组织行为规范的遵守情况;评价拟采取的行动是否有效管理了组织面临的风险。

虽然组织可能拥有自己的行为规范,但是职业会计师同样也被要求遵守其职业团体的道德规范。因此,IFAC职业团体中的职业会计师实际上被要求遵守IFAC的道德规范以及其所在的组织的行为规范。

(四) 定义组织行为

行为规范通常包括:道义的声明、行为或实务标准、商业方针或企业价值;目标,例如"最大数量上的最大利益"(the greatest good for the greatest number)、"尊重他人权利"和"成本和收益的平均分配";正直的品性,例如诚实、同情心、公平和受托责任。

行为准则是行为的原则、标准和规则。它指导组织制定决策、程序和制度,致力于增加股东的福利和尊重所有利益相关者的权利。典型的行为准则对以下内容加以规范:第一,组织的情况。包括组织的职责、理念;对适用的法律和规章的遵循;应履行的义务;企业资产的使用、管理情况,包括实物资产和无形资产以及沟通与教育等。第二,与公共利益相关者的关系。包括与政府的关系,比如政治活动与贡献、慈善捐赠等公共关系和环境保护等。第三,与雇员的关系。包括对利益冲突的解决方案、对雇员平等相待、保护雇员的隐私以及健康安全等问题。第四,与投资者的关系。包括对投资者的权利、报偿予以明确,对企业的经营建立披露程序等。第五,与客户的关系。包括客户信息的保密、产品与服务的质量、广告的真实性、与代理商和分销商等第三方的关系等。第六,与供应商的关系。包括平等对待、对利益冲突的解决等。第七,与竞争对手的关系。包括信息收集、处理利益冲突的程序以及对公平交易和自由竞争的规范等。

(五)制定行为规范的方法

选择制定行为规范的方法主要依赖于管理层的目标。一般而言,管理层的目标有以下三个:防止违法行为与公司丑闻;通过满足利益相关方的期望创造价值,即满足各方利益相关者的需求,以此获得良好声誉及由此产生的收益;创建一个拥有持久价值观的组织。与这三个目标相一致的制定行为准则的三阶段法及其优缺点有以下几种。

1. 第一阶段:与第一个目标相一致的行为准则制定的方法是遵循管理

即建立一套行为准则来保证组织遵循法律以及公众所要求的行为标准。通常包括以下程序:采用一套针对具体行为的准则并确保得到董事会和管理层的支持;培训员工遵守准则;对遵循情况进行监督并定期向高级管理层和董事会报告等。这种方法的优点是标准明晰,并且对违反准则行为有明确的处罚。缺点是只能针对有限的、能够容易区分为正确和错误的组织情况和行为进行规范,而且只设立了组织行为的最低标准,并且可能向员工暗示他们的行为受到控制是因为他们不被信任。不能满足于这种方法的组织,可以选择以下两种方法制定超出最低标准的行为准则。

2. 第二阶段:与第二个目标相一致的方法是利益相关方关系管理

即组织针对各利益集团的期望或要求制定全面的行为准则。通常包括以下程序:确定利益相关方;评价各利益集团的态度和意见;针对利益相关方的要求制定项目以及审计行为准则的有效性等。该方法的优点是组织能够调查到利益相关方的期望和态度,并能通过满足他们的要求得到回报。缺点是股东的期望因时间、地点的改变具有不确定性;一些期望不能被满足;在许多问题上缺乏指导,并且在行为的背后没有清晰的价值观作基础。另外,力求满足所有利益相关方需求的组织经常会面临判断其期望合理与否的需要,以及需要解释相关的方针政策只针对某些期望的原因。

3. 第三阶段:与第三个目标相一致的方法是创建基于价值观的组织

即定义组织的价值观,使其渗透到经营管理的所有方面以成为行为的判断标准。当遵循方法的有效性受到限制或者组织对利益相关方的需求过分敏感时,使得组织通过一套积极的价值观进行管理。其主要程序有:定义组织的价值观;传达价值观;对反映价值观的行为准则予以制度支持、监督价值观是否得到遵循并予以报告等。其中,应该特别重视对行为准则的解释以及培训员工对价值观的理解与应用。对价值观的界定应该从组织的最高职位开始进行,CEO应承诺对此投入必要的时间以及资源、经理和其他员工应积极参与,使得价值观在上下各级互相磋商承诺的基础上获得广泛的认同。该方法的优点是帮助组织建立强大的企业文化,使员工的行为变得自觉,而且当公司的决策与价值观相一致时,决策是富有成效的。缺点是目标实现是一个长期过程,并且从短期来看执行成本较高。在这一阶段中,价值观的选择由以下内容决定:利益相关方的期望和要求、管理层对正当行为的定义、组织创立者的价值观以及职业经理制定的一套长期的价值观等。

(六) 界定组织的价值观

以价值观为基础的组织的建立应该从最高职位开始。CEO不仅要明确表明将对价值观的建立作出努力的承诺,而且应当愿意对此过程投入所需的时间和个人的努力。作出价值观的声明(也被称为信条、道德规范的原则)需要一个经理和其他雇员组成的小组的广泛参与。通常,最好的价值观是通过磋商和共同的承诺建立的声明,而不是通过最高层人员的强迫。管理层应该信赖雇员将遵循规范,雇员也应该信赖管理层遵守相同的原则。

(七) 全球化经营的行为规范

对于全球性的组织,管理行为规范的遵守更加复杂和困难,产生的一些关于国外道德和价值观的难题包括以下几点:第一,组织如何处理与其总部不同的当地行为准则;第二,应该遵守总部制定的哪些行为准则;第三,当行为准则与当地的商业实务不同时,组织如何经营;第四,组织能否拥有一套统一的、在世界范围内有效的行为准则。

各组织对以上问题所作的回答是不同的。尽管如此,三阶段实施模型仍然适用。第一阶段,组织力求遵循每个当地管辖区的法律法规。处于这一阶段的组织仅希望减少面临法律诉讼和重大舞弊的风险,管理者认为没有责任也没有必要制定适用于所有经营所在国的行为准则;第二阶段,组织努力满足利益相关方的期望和要求。但缺点是在不同的文化环境下,各利益相关者对组织的要求可能相冲突,而且如果缺乏基本的行为准则,管理层很难解决冲突;第三阶段,组织为世界范围的经营管理建立一套统一的价值观和行为准则,但也可以接受小范围的变动以满足当地环境和法律要求。组织认为,如果人权和环境等价值观在世界范围内是普遍一致的,那么制定统一的标准极为重要,而且只有达到这一层次才能实现最大利益,这也是优秀的管理方式。组织在制定适用于国外机构的行为准则之前,应该考虑组织的类型、结构、文化、发展趋势等问题,例如行业监管情况、等级制度是简单的或是复杂的以及在当地的声誉等。还应该考虑行为准则在多大程度上与当地的文化相适应。另外,为了使公司在实施统一行为准则的同时符合当地法律法规的要求,可以对准则作适应性修改,但是要确保这样的修改不偏离公司总体的目标与价值观,并且需要得到管理层的事先批准。

(八) 全球商业经营的最佳实务

在制定运用于国外的规范之前,应该解决一些组织特定的考虑事项:第一,组织的类型是什么?它是否引起了公众和政府的实质性关注?组织受到的监管严厉或是宽松?它属于对环境敏感的行业吗?第二,组织的结构是怎样的?它是中心控制,还是其海外经营拥有较高程度的当地自治权?它的结构是一个简单的等级制度还是包括复杂的层次?第三,组织的文化历史和倾向是什么?应该调查它在国内以及海外违反法规行为的经历。另外,它因为其善行或者被查禁而被国际或当地知晓吗?第四,这项规范在多大程度上与国外的文化相适应?为了鼓励适应当地的法律法规,可以运用两项约定。首先,任何改变不能偏离总体企业的视野与价值观;其次,做出改变需要管理层事先批准以保证其一致性。第五,海外的机构应该提供行为培训吗?显然是应该的,但是组织应该更符合它自身的文化而不是当地国家的文化。例如,公司可能声明一项组织原则,所有的雇员会得到平等的机会并在工作中公平对待,不论当地的传统有何不同。另外,组织应该在价值观与当地的特色中寻找共同点与相似之处。

(九) 对具体规范的陈述和内容的评价

此部分评价规范的方法、内容、结构以及可能的效果。评价建立在与现行的最佳实务比较的基础之上。最佳实务被描述为以价值观为基础的行为项目,它集中于道德、实务与行为三者结合的清晰、可靠的规范。其目的是突出反复出现的问题,以及在制定有效的行为规范中应该考虑的问题。

1. CEO 的介绍信

CEO 明确签署规范以及传达最高管理层的支持而出具的介绍信有重要作用，不应该被轻视。这样的介绍信不仅包括了组织对经理和雇员正当行为所作的承诺声明，也包括了规范内容的概述。它在确定规范在多大程度上被较好的接受和解释时起关键作用。

2. 准确与明晰

当一项规范准确定义关键概念，并且清晰、充分地论述重大问题时，其可信赖程度与责任就加强了。

3. 法律与组织的行为规范

几乎所有的规范都包含一个部分，即规定了对介绍信和法律法规精神的遵循。应清晰区分组织行为与它在法律之下的义务之间的区别，因为被认为是不正当的行为也许是合法的。解释性的规范传达一个看法，即虽然法律可能要求某种水平的行为，但组织制定的任何更高标准的行为准则应继续作为雇员、经理和高级职员的指南。

4. 使用朴实、积极的语言

规范需要被所有的雇员容易理解，但是应避免消极表述。有效促进正当行为的规范使用语言朴实、积极的指导原则与解释。

5. 利益冲突

定义利益冲突应该更为精确，并且应使用带有解释性的、运用于特定情况举例的概念。对这一领域的指导首先应集中于培训雇员了解冲突是如何形成的。另外，应帮助雇员识别有潜在可能性发生利益冲突的情况。

6. 遵循条款

一个行文良好的、有效的规范易于遵循。沟通项目、培训以及遵循程序为指导员工、监督行为以及实施规范条款提供了有效的方法。

(十) 组织与管理层的挑战

有效地实施行为规范存在着许多障碍，包括：现有的管理层与雇员的态度；沟通价值观与准则的困难；与其他公司目标可能存在的冲突；实现其他公司目标的压力；制定、贯彻、实施规范所耗的资源与管理层时间的成本。行为准则可能与利润最大化目标相冲突，特别是在短期内。保证对行为规范的遵循是职业会计师所面临的下一个艰难的挑战之一。客户、投资者、大型社团以及政府股东需要信息和方法来评价组织外部和内部行为，包括遵守法律准则、实现股东期望以及与组织的价值观保持一致。因此,应该制定与行为准则的效力相关的措施,这是一项特别适合职业会计师从事的工作。考虑到这种方法,应该解决偏离的问题,例如行为偏离准则达到何种程度时,职业会计师被授权向管理层报告这一行为。此外,职业会计师也必须解决与规范的制定和运用相关的问题。例如,规范将如何融入管理控制系统,它可能在多大程度上影响战略、控制和变化过程等。

(十一) 结论

在行为规范中表达组织的文化对于实现组织目标和管理环境中的主要风险非常重要。重大丑闻已戏剧性的表现了这一现实,但是管理层自身必须确信行为规范对于达到最终成功的重要性。

随着时间的推移,组织获得了关于准则的经验,经理将认识到从仅仅拥有准则发展到确定其效果,并且积极运用准则以达到预期结果的必要性。这一步骤将需要更多的对于补偿、受托责任、遵循和控制问题的关注。企业中的职业会计师能满足这一需要。

附录 A:ABC 组织以价值为基础的行为准则

附录 A 以 ABC 组织为例说明以价值为基础的行为准则,其中包括来自 ABC 组织的总裁的一封信,其后的内容即为公司的行为准则,包括:

第一,行为准则。这份文件阐明了 ABC 组织及其雇员相互之间、对合作方以及对自己组织的责任。它能帮助企业成员了解所承担的责任,并且提醒关注可能产生的重大的法律和行为问题。在行为准则中可以找到 ABC 选择用于管理自身的基本价值观。

第二,受托责任与行为。对当地法律的遵守,以及遵守 ABC 组织的政策、程序和价值观不是选择性的。为避免雇员、客户、供应商以及组织遭遇不正当的行为,它们必须被遵守。

第三,企业行为概述。每个组织都依靠它的良好声誉而获得成功。ABC 组织依赖于它的雇员、商业伙伴以及程序来一贯以正确的方式做正确的事情,并且维持良好声誉。组织和每个雇员的看法是在每件事情中做到最好。

第四,ABC 组织的价值观。ABC 组织是基于价值观的组织。价值观为决策和行为提供普遍的框架,包括正直、优秀和受托责任等。

第五,企业行为指南。包括管理层责任、健康与安全、尊重与公平对待、人权以及个人关系等。

附录 B：公共机关的行为准则

政府领域的"七条行为准则"是①：

第一，无私。公共机关的职员应该仅根据公众利益作出决策。他们不应该以此为自己或其家庭、朋友谋取财务或其他重大的利益。

第二，正直。公共机关的职员不应该将其置身于对外界个人或组织的任何财务或其他恩惠中，这些个人或组织可能影响他们履行自己的公务职责。

第三，客观。在执行公共事务，包括进行公共委派、授予合同、或者推荐个人获奖或获得利益时，公共机关的职员应该以功论赏。

第四，责任。公共机关的职员对他们的决策和行为负责，并且服从对他们进行适当的调查。

第五，公开。公共机关的职员应该尽可能的公开他们所有的决策和行为。

第六，诚实。公共机关的职员有义务声明任何与他们的公共职务相关的私人利益，并且采取措施解决在保护公众利益的过程中发生的任何冲突。

第七，领导才能。公共机关的职员应该以领导才能和榜样作用来提倡和支持这些准则。

主要参考文献

[1] http://www.ifac.org，2011-03-12.

[2] http://www1.jrj.com.cn/NewsRead/Detail.asp，2011-03-12.

[3] International Federation of Accountants. Guidance for the Development of a Code of Corporate Conduct[EB/OL]. http://www.iasplus.com/ifac/0601ifacedcorpcode.pdf，2011-03-12.

（初稿执笔人：翟月梅）

---

① 见 http://www.ncl.ac.uk/nuls/research/wpapers/bridge1.html，2009-06-19。

COSO的《内部控制框架》

一、《内部控制框架》概述

1985年,为了遏制日益猖獗的会计舞弊活动,在美国证券委员会委员 James C. Treadway 的倡议下,美国会计学会(the American Accounting Association,简称 AAA)、美国注册会计师协会(the American Institute of Certified Public Accountants,简称 AICPA)、国际财务管理人员协会(Financial Executives International,简称 FEI)、内部审计师协会(the Institute of Internal Auditors,简称 IIA)和国家会计师协会(the National Association of Accountants,简称 NAA)等组织共同赞助成立了国家虚假财务报告委员会(The National Commission on Fraudulent Financial Reporting),由 James C. Treadway 担任主席,故简称为 Treadway 委员会。尔后,Treadway 委员会主要致力于调查导致会计舞弊活动的原因,并在此基础上为公司、独立审计人员、美国证券交易委员会和其他管理机构等提出解决方案。在提出的方案中强调了内部控制的重要性,建议要求所有的上市公司都应该在其年报中提供有关内部控制报告。报告内容包括管理当局对财务报告和内部控制负有责任,并反映这些责任的履行情况。另外,Treadway 委员会要求其发起组织继续进行内部控制方面的研究,以便为单位改进内部控制系统及评价其有效性提供一个纲领性文件。

在 Treadway 委员会结束其使命之后,1987年,该委员会的发起组织联合成立了一个新的民间专业组织——国家反对虚假财务报告委员会(The Committee of Sponsoring Organizations of the Treadway Committee,即 COSO 委员会)。COSO 委员会完全独立于各发起组织,代表来自于工业界、会计界、投资公司和纽约证券交易所。COSO 委员会最初是这些赞助机构为了扶助美国国家虚假财务报告委员会而成立的,致力于通过加强职业道德(行为准则)、有效的内部控制和公司治理来提高财务报告的质量。COSO 委员会的主要研究报告包括:《虚假财务报告:1987~1997年上市公司分析》(Fraudulent Financial Reporting:1987-1997-An Analysis of U. S. Public Companies)、《衍生工具使用的内部控制问题》(Internal Control Issues in Derivatives

Usage)、《内部控制——整合框架》(Internal Control-Integrated Framework)和《企业风险管理——整合框架》(Enterprise Risk Management-Integrated Framework)等。尤其在1992年9月,COSO委员会提出的指导内部控制的纲领性文件《内部控制——整合框架》报告(以下简称为COSO报告(1992))堪称内部控制发展史上的又一个里程碑,得到了美国联邦储备局、美国证券交易委员会、巴塞尔委员会等监管机构或国际组织的认可与采纳,其中的许多定义、建议及思想被吸收到立法与规则制定中,在全世界范围内产生了广泛的影响。该报告在1994年5月得到进一步修订,其宗旨是:为内部控制系统与程序的建立提供一个实用的、被广泛接受的标准,建立一个供审计过程中或日常使用的评价内部控制有效性的框架,提出促进财务报告透明度及明确管理责任的一些原则。

COSO报告(1992)详细归集了对内部控制理论研究弥足珍贵的背景资料,为我们展示了内部控制的历史发展轨迹。COSO报告最早认识到单位组织内实施控制的需要,尤其是政府、宗教组织和商业单位。为了满足指导和监督行动的需要,内部控制就建立起来,以努力确保单位目标的实现。随着时间的推移,越来越多的团体认识到内控对单位成功的重要性。特别是近年来,关于内部控制的性质、目的以及实现有效内部控制的方式等理论问题的探讨,更是取得了长足的进展。COSO报告(1992)发布后,得到了国际社会和各职业团体的广泛承认,并逐步将各界对内部控制的认识统一了起来。在COSO报告(1992)的基础上,美国内部审计师协会下属的研究基金于1994年修订了《系统可审计性与控制》(Systems Audibility and Control(1991年发布));加拿大特许会计师协会的控制指导(Criteria of Control,简称COCO)委员会于1995年发表《控制指导》(Guidance on Control)文件,并于1997年发布《评价控制的指导(草案)》;1996年美国注册会计师协会发布的《审计准则公告第78号》(SAS No.78)全面地接受了COSO报告的内容,并从1997年1月起取代了1988年发布的《审计准则公告第55号》(SAS No.55);美国的"信息系统审计与控制基金"于1996年发布了《审计准则及相关技术的控制目标》(Control Objectives for Information and Related Technology);巴塞尔委员会于1998年9月发布了《银行组织内部控制系统框架》(Framework for Internal Control Systems in Banking Organizations)。COSO委员会发布的研究成果对全世界的会计、审计和证券界都产生了深远影响,其中的一些概念和原理写入了教科书,成为研究人员经常引用的经典。COSO报告(1992)分为四个部分。第一部分是概要(Executive Summary),是给首席执行官及高层管理人员、董事、立法者及监管者提供一个高度概括的摘要。第二部分,即主体框架(Framework),它定义内部控制,描述内部控制的组成部分,并为管理当局、董事会或其他管理者评价内部控制有效性提供标准,摘要也包括在内。第三部分是对外报告(Reporting to External Parties),它补充了一些指导性的文件,以帮助组织(单位)向外部报告编制财务报告过程中的内部控制状况,或准备这样做。第四部分是评价工具(Evaluation Tools),为评价内部控制的有效性提供了有用的工具。

2004年10月,在1992年报告的基础上,结合《萨班斯-奥克斯利法案》(Sarbanes—Oxley Act)的相关要求扩展研究,COSO委员会发布了企业风险管理(Enterprise Risk Management,ERM)框架(以下简称为ERM框架)。ERM框架明确指出企业风险管理是指处理那些影响价值创造或价值保值的事项。它要求企业的管理层在4种风险反应中做出选择——规避、接受、减少或共担风险;管理层要采取一系列行动使风险反应选择和风险偏好及风险容忍度相一致;应制订和执行一系列政策和程序以保证管理层的风险反应选择得到有效的执行[①]。

二、《内部控制框架》的主要内容

(一) 内部控制的定义与目标

COSO报告(1992)主体框架的第一章主要介绍了内部控制的定义(Definition)。COSO报告指出,内部控制是受单位董事会、管理当局和其他职员的影响,旨在取得经营效果和效率、财务报告的可靠性、遵循适当的法规等目标而提供合理保证的一种过程。其构成要素应该取决于管理层经营单位的方式,并与管理过程相结合。这个定义尽管非常宽泛,但从某种角度来说,又比较模糊且存在某些片面性。

COSO在ERM框架报告中指出企业风险管理是一个过程,它是由一个主体的董事会、管理当局和其他人员实现的,应用于战略制定并贯穿于企业之中,旨在识别可能会影响主体的潜在事项。管理风险已使其在该主体的风险容量之内为主体目标的实现提供合理保证。ERM框架明确了内部控制以下内容:是一个过程;被人影响;应用于战略制定;贯穿整个企业的所有层级和单位;旨在识别影响组织的事件并在组织的风险偏好范围内管理风险;合理保证;为了实现各类目标。对比原来的定义,ERM概

---

① 本文主要在COSO报告(1992)的核心部分,即主体框架部分内容的基础上,结合2004年ERM框架对COSO报告(1992)的扩展,介绍新COSO报告(以下简称为COSO报告)的主体框架部分的内容。该部分由两个内容构成:第一部分内容分为8章,主要介绍了内部控制的概念、内部控制的构成要素、内部控制的作用以及单位内部相关方面在内部控制系统中的角色与责任;第二部分由五个附录构成,主要介绍了研究背景和内部控制定义的不同视角。

念要细化的多。由于新 COSO 报告提出了风险偏好、风险容忍度等概念,使得 ERM 的定义更加明确、具体。同时,ERM 又涵盖了内部控制所有合理的内容。

按照 COSO 的观点,内部控制已经包含在企业风险管理当中,而且是企业风险管理的一部分,并不是用企业风险管理框架取代内部控制框架,而是将内部控制框架纳入其中,公司不仅可以借助这个企业风险管理框架来满足他们内部控制的需要,而且 ERM 框架拓展了内部控制,更有力、更广泛地关注与企业风险管理这一更加宽泛的领域。由于内部控制致力于许多重要的目标,所以对健全内部控制系统的呼声越来越高,对其信息披露的要求也越来越多。建立健全内部控制越来越被视为是解决许多潜在问题的方案。内部控制对不同的相关方意味着不同的含义,这使得单位人员、立法者、政府管理人员及其他相关方面对内部控制的界定产生了差异,尤其是当相关术语界定不清,并在法律、法规与规定中表述不一致时,问题更加严重。

COSO 报告(1992)指出,定义并描述内部控制是为了制定一个共同的定义以适合各相关方面的需要,制定一个标准为单位评价和改善内部控制服务;适合于各种单位与组织,不论是大型单位或中小单位,不论是公众单位还是私人单位,也不管是盈利性单位还是非营利性单位。管理部门在设计有效的控制制度时,一般要考虑以下 3 个问题,或 3 个主要目标:(1)经营效率性和效果性。COSO(1992)报告指出,单位的内部控制是促进有效地运用其资源(包括人力资源),以最大限度地实现其目标的手段,这类控制的一个重要内容就是为内部决策的制定提供准确的信息。效率性和效果性的另一个重要方面是保护资产和各种有关记录。(2)财务报告的可靠性。管理部门应对为投资者、债权人和其他使用者编制的财务报告负责。因此,管理部门对保证财务报告中的信息是否按报告要求进行公允反映负有法律责任和职业责任。(3)遵守现行法律或法规要求。单位应遵守许多的法律和法规,有些法规要求企业应当有健全的制度。以上的 3 个目标中,第一个目标是针对单位的基本目标,包括业绩与利润目标以及保护财产等资源安全目标。第二个目标关注财务报告的编制与发布,包括会计期间的财务报告和简化的财务报告,或者根据这些报告提出的财务数据,比如公布的收入数据。第三个目标是要求单位遵从相关的法律与法规。这 3 个目标涉及不同的层面,并有所交叉,它适应不同的需要,并对每种需要给予了特别的关注。

ERM 框架提出,要力求实现 4 类目标:战略目标、经营目标、报告目标和合规目标。与《内部控制整体框架》提出的内部控制的两个目标(经营的效果和效率、财务报告的可靠性和法律法规的遵循性)相比,不但增加了战略目标,而且对报告的目标进行了拓展。在内部控制框架中,报告指的主要是对外公布的财务报告,报告目标主要关注的是公布的财务报告的可靠性,而在企业风险管理框架中,报告包括由企业编制、向内部和外部散发的所有报告。这些报告包括管理层内部使用的报告和那些用于监管备案和向其他利益相关者在内的外部各方发布的报告,而且范围从财务报表的财务信息扩展到更广泛的非财务信息。新增加的战略目标源于企业的使命,虽然是以平行的方式列示,但战略目标在整个目标体系中处于最高层次,其他的两个目标都要与战略目标协调一致,为战略目标服务。

(二) 内部控制的组成要素——COSO 报告(1992)

COSO 报告(1992)主体框架的第二章至第六章主要介绍了构成内部控制的 5 个相互关联的因素,即:控制环境(Control Environment)、风险评估(Risk Assessment)、控制活动(Control Activities)、信息和沟通(Information and Communication)以及监督(Monitoring)。这种分类应考虑单位的管理方式,因此应与单位的管理过程结合起来。尽管这些因素适合于任何实体,但在中小型单位的应用可以有别于大型单位。中小型单位的控制结构可以简化,采用非正式的控制也可以达到效果。以下描述了内部控制的构成因素,并列举了评价或加强这些因素的措施:

1. 控制环境

任何单位的核心是单位中的人及其活动。人的活动在环境中进行,人的品性包括操守、价值观和能力等,它们既是构成环境的重要因素之一,又与环境相互影响、相互作用。环境要素是推动单位发展的引擎,也是其他一切要素的核心[①]。控制环境决定了组织的基调,影响人们的控制意识,并渗透于管理过程。它是其他控制因素的基础,它为其他要素提供了基础规范与基本结构。为了了解和评价控制环境,应当考虑以下最重要的子因素:

(1) 员工的正直性和道德价值。正直性和道德价值是单位道德和行为标准及其如何在实际中得以传递和加强的结果。它们包括管理部门采取得以消除和减少那些可能促使职员从事不诚实、不合法或不道德行为的动机和欲望的措施。它们还包括通过政策公告、道德规范和事例等形式传递给职员的有关道德价值和行为标准的信息。

(2) 员工的胜任能力。能力是完成员工工作范围内的任务所需要的知识和技能。对能力的培养包括管理部门对具体工作所需能力水平的确定,以及为达到这种能力水平而对员工进行相应知识和技能的培训。

(3) 董事会或审计委员会的参与。有效的董事会应独立于管理当局,并且其成员要积极参与和检查管理部门的活动,了解单位经营状况。审计委员会通常负责监督单

---

① 吴水澎,陈汉文,邵贤弟.企业内部控制理论的发展与启示[J].会计研究,2000(5):3.

位的财务报告过程,并且外部审计师和内部审计师必须保持经常联系。这使得董事会和审计委员会可以就管理部门的正直性和与管理部门行为有关的事项展开讨论。

(4) 管理部门的哲学与经营作风。管理部门通过其行为向员工传递了关于内部控制重要性的明确信号。例如,管理部门是勇于承担风险还是回避风险?管理部门是由一个或几个大权独揽人掌握还是由正直的人掌握?管理部门对财务报告采取怎样的态度与行动,包括怎样解决会计处理方面的争议(例如使用稳健或激进的会计原则;会计准则是否被不当应用,重要信息是否披露,或者记录是否被操纵或篡改)?了解这些内容以及管理部门的哲学和经营风格的其他方面,可以知道管理部门对待内部控制的态度以及可接受的经营风险的实质,例如,管理当局是否经常涉及高风险投机,或者在面临可接受的风险时态度是否极度保守。

(5) 组织结构。单位的组织结构确定了现有的责任和权力的等级。保持适当的组织结构,确保能为管理活动提供必要的信息流;应适当确定主要负责人的职权范围,确保他们理解这些职责;主要负责人还应具备承担这些职责的知识与经验。

(6) 权力与责任的安排。单位应划分职责和进行授权,以实现组织目标与任务,经营功能和监管要求。职责与授权包括对涉及信息系统及授权变化时的责任;建立与控制相关的标准与程序,包括员工工作说明书;根据组织的规模大小、性质以及活动的复杂程度,保持足够的,具备专业技能的数据处理人员及会计人员。

(7) 人力资源政策及执行。内部控制的最重要因素是人。只要员工有胜任能力并且诚实可信,即使缺少其他控制也能高水平地工作。单位应建立员工的招聘、评价、培训、晋升和奖励员工的政策;若政策与程序有一定偏离,补救措施应具备适宜性;应对将雇佣的员工的背景进行适当的调查,尤其是调查员工是否存在本单位不可接受的一些行为等。

2. 风险评估

单位必须制定目标,该目标必须和采购、生产、销售和财务等工作相结合。为此,单位也必须设立辨认、分析和管理相关风险的机制,以了解自身所面临的风险,并适时加以处理。

风险评估是组织为取得其目标而确认和分析相关风险,以构成风险管理的基础。管理当局的风险评估作为设计和运行内部控制结构的一部分,使错误和不合法行为的发生降到最低水平。每个单位都面临来自内部和外部的不同风险,这些风险都必须加以评估。

风险评估的前提之一是确定目标,目标按不同的层次相互关联并保持一致。风险评估正是对实现这些目标所涉及的风险进行甄别和分析,为风险管理提供决策基础。

由于经济环境、行业环境、管理环境和经营环境在不断变化,因此,单位需要建立应对由这些变化所引起的特定风险的防范机制。

(1)目标。单位的整体目标,通常是由单位的理念及其所追求的价值所决定的,而与之相配合的是单位下一级各部门的具体目标。整体目标主要是:经营目标,包括绩效和获利目标及保障资产的安全,使其免受损失;财务报告目标,防止对外报送不真实的财务报告;遵守法律目标,单位应遵循国家的相关法律法规。

(2)风险。辨识和分析风险的过程是一种持续且反复的过程,也是有效内部控制的关键组成要素,管理阶层须谨慎注意各部门阶层的风险,并采取必要的管理措施。单位的风险一般是由外部因素和内部因素所产生的。外部因素包括:科技发展、顾客的需求或预期改变、竞争、新的法律和行政命令的颁布、自然灾害、经济环境改变等。内部因素包括:信息系统处理的中断、聘用的员工品质、培训方法及激励制度、经理人员的责任改变、单位活动的性质以及员工可接近资产的程度、董事会或监事会的坚定性及有效性等。

(3)管理变革。所有的组织都必须有一种机制或过程(正式的或非正式的)去识别发现能够显著改善他们实现目标或改变现状的能力的条件。必须有合理的机制以便预测(内外部)变化对组织绩效的影响,要么通过避免问题,要么利用机会。需要特别关注的情况变化有:经营环境的变化、聘用新的员工、采用新的或改良信息系统、迅猛的发展速度、新技术的应用、新的行业、产品或经营活动的开发、单位改组、海外经营活动和新会计方法的采用等。

3. 控制活动

单位必须制定控制的政策及程序,并予以执行,以帮助管理阶层保证其控制目标的实现——用以辨认并用以处理风险所必须采取的行动已有效落实。

控制活动是对所确认的风险采取必要措施,以保证单位目标实现的政策与程序。这些政策和程序有助于单位为了实现其目标而对风险采取必要的行动。任何单位都可能有很多这样的控制活动,贯穿于单位的每个层面和每项功能。它包括的范围很广,例如批准、授权、核查、验证、对账、检查经营业绩、保护财产和职责分工等。

(1)政策与程序。政策是指做什么,程序是由谁执行及采取什么行为,政策与程序能够确保做出针对风险的必要管理指导。政策与程序分三类:经营类、财务报告类和遵守法规类。为确保任务的完成必须要实施大量的控制措施。单位可以采取的控制措施包括:预防性控制、探测性控制、手册(指南)控制、计算机控制和管理控制等。这些控制措施不是为了控制而控制,或者是做看起来正确的事。它们是一些机制,也是实现目标的管理过程的组成部分。①高层的检查活动。重要的组织决策与计划都要经常检查,以检验目标是否达到。管理当局对此的分析与报告应该看作是控制活动。②直接管理。直接对单位某项活动负责的经理也要根据目标检查报告或相关事项。③信息处理控制。应该有各种控制措施以检查交易的准确性、完整性及授权合理性。输入的数据要验证复核,交易记录要连续编号,各处余额要相互符合,特殊情况要采取行动并报告,现行信息系统的变化与开发要有控制,对信息的接触要有合理的授权。④实物控制。实物资产如设备、存货、证券及现金都要定期清点并与控制记录核对。⑤业绩指标。业绩指标既可用于经营控制也可用于财务控制。要把不同的数据联系起来,分析其相互关系,探索正确的控制行动。⑥职责分工。将工作职责分割成多个岗位并分别由不同的人负责,以减少错误的或不当行为发生的风险。

(2) 信息系统控制。信息系统控制分两类,一般控制与应用系统控制。这些控制应用于所有系统,大型处理系统、小型处理系统以及终端计算环境。①一般控制(General Controls)。一般控制包括数据中心操作控制、职位设立与设计、操作员行动、备份及恢复程序、意外事故或故障处理计划;系统软件控制措施包括系统软件的有效获取、应用与维护、应该经过合理的授权接触系统以保护系统的安全等。②应用控制(Application Controls)。应用控制非常重要,因为它们与其他控制系统相连接,这些系统应确保能接受所有待处理的数据、所有输出的数据被适当传输。在许多情况下,电子化的编辑检验能防止输入错误,以检测并纠正这些错误。③一般控制与应用控制之间的关系。一般控制对应用控制发挥支持作用,应用控制的目的是确保数据处理的完整性与准确性。

(3) 组织特有的控制。因为每个组织都有其特定的目标及实施计划,因此,各自的内部控制也不相同。即使两个单位有相类似的目标和组织结构,他们的控制活动也会有所不同。每个单位由不同的人管理,其对内部控制的判断也会不同。影响内部控制的因素包括:单位管理者的能力与判断力;单位所处的环境与行业;组织的复杂程度、性质与范围;资产与人员的地理分散性;经营与信息处理方法的复杂性等。

4. 信息与沟通

信息与沟通是指与财务报告目标相关的信息系统的方法和记录,它存在于所有经营管理活动中。信息系统产生报告包括经营方面、财务方面、遵守法规方面相关的报告。通过沟通,使员工得以搜集和交换为开展经营、从事管理和进行控制等活动所需要的信息,包括管理者对员工的工作业绩的经常性评价。在信息方面要注意内部信息和外部信息的搜集和整理,在沟通方面也要注意内部和外部信息的交流渠道和方式,在信息技术的发展中注意控制信息系统。

(1) 信息。在单位中不同的部门都需要信息来展开业务,实现单位的各种目标,包括经营的、财务报告的及遵守法规的目标。例如财务信息,不仅仅用于编制财务报告,而且还用在经营决策上。信息的质量应包括:内容的适当性(appropriate);信息的及时性(timely);信息的现实性(current);信息的精确性(accurate);信息的可获取性(accessible)。获取信息的信息系统是经营活动的综合部分。它们不仅可以获得影响控制的决策所需要的信息,而且可以促使战略活动的执行。信息系统处理单位内部信息和外部信息。内部信息资料包括采购资料、销售交易资料、内部营业活动资料和内部生产过程资料;外部信息资料包括显示本单位产品的需求发生改变时,某种特定市场或行业的经济资料,用于单位生产的商品的资料,显示顾客偏好的市场情报,竞争对手产品开发活动的信息,立法机关与行政机关所发布的信息。信息系统应能及时获取内部和外部的信息,向管理当局提供对照目标的经营报告;能向相关的职员提供具体和及时信息,使他们能够有效履行职责;应根据信息战略计划开发或修订信息系统,信息战略要与单位整体战略相匹配,与单位目标相联系。

(2) 沟通。单位的信息系统提供有效信息给适当的人员,通过沟通,使员工能够知悉其经营、财务报告及履行遵循法律的责任。单位沟通包括内部沟通和外部沟通。内部沟通需要做到:所有的员工,特别是那些负有重要经营责任或财务管理责任的员工,除了得到用以管理其负责活动的重要资料以外,还应当得到来自最高管理层需谨慎承担内部控制责任的清楚信息。外部沟通应做到:顾客和供应商能经过开放的沟通渠道输入重要的信息;与相关的外部团体沟通,以便获悉关于本单位内部控制功能的重要信息;外部审计人员对单位营业、相关业务问题及控制系统进行审计后,以便提供给管理阶层及董事会重要的控制信息;政府机关复核或检查的结果,以便有效地弥补控制的缺失。

5. 监督

整个内部控制的过程必须施以恰当的监督,通过监督活动在必要时对其加以修正。监督是经营管理部门对内部控制的管理监督和内部审计监察部门对内部控制的再监督与再评价活动的总称。监督可以是持续性的或单独的,也可以将两者结合起来进行。单位主要应关注监督评审程序的合理性、对内部控制缺陷的报告和对政策程序的调整等等。持续的监督活动是在经营中进行的。它包括日常的管理与监督活动,以及其他员工在行使职权过程中所采取的行动。单独的评估活动的频率与范围将取决于对风险的评估及监督系统自身有效性的评估。内部控制中存在的问题必须向上级管理部门汇报,重要的问题则应向管理高层及董事会汇报。

(1) 持续的监督。持续的监督过程要有负责日常监督的职员,负责监控内部控制系统的运作;要有外部机构证实内部信息,或指出问题;应定期核对实物资产与会计记录(这是对内部审计及外部审计人员提出的);对加强内部控制的建议要作出及时的反应;以培训、讨论计划、及其他会议的形式让管理者获得内部控制是否有效运行的信息反馈;员工要定期报告他们是否执行了行为规范和控制活动;应进行有效的内部审计活动。

(2) 单独的监督。应确定单独进行的活动的范围与频率;注意评估过程的合理性;关注评价系统是否符合逻辑和适当;对相关文件与表格的格式与内容是否合适加以关注。

(3) 报告问题。在监督评估后,对内部控制中存在的问题应及时报告,并以恰当的格式报告。提交报告后还应采取适当的措施。

内部控制的5个组成要素之间相互关联并协同作用,组成一个有机的系统,能够对变化作出动态的反应。而且内部控制是与经营活动交织在一起的。内部控制最有效的作用方式是融合在单位的基本结构中,成为单位的组成部分。"内置"的控制可以保持高质量和高效率的主动性,能避免不必要的成本,保证对变化的情况做出快速的反应。内部控制的3个目标之间,以及为实现这3个目标所采取的控制要素之间都是互相关联的。5个要素分别与每个目标的实现相关。考察每个目标,例如经营的效率与效益性,所有5个方面都必须存在且运行良好,以确保内部控制是有效的。单位所设定的目标是一个单位努力的方向,而内部控制组成要素则是为实现或达成该目标所必需的条件,两者之间存在直接的关系。每一个组成要素适用于所有的目标类别,每一个组成要素也与每一个目标都有关。对于任何单位或单位中的任何部门,内部控制都极为重要。

(三) 内部控制的组成要素——COSO报告(2004)

ERM框架对以上5个要素进行深化和拓展,将其演变为8个要素。将原有的"控制环境"扩展为"内部环境",将风险评估这一要素,发展为目标设定、事项识别、风险评估和风险反应4个要素,使得原有的内部控制5要素发展为风险管理8要素:内部环境(Internal Environment);目标设定(Objective Setting);事项识别(Event Identification);风险评估(Risk Assessment);风险对策(Risk Response);控制活动(Control Activities);信息和沟通(Information and Communication);监督(Monitoring)。同时,ERM框架使一些规定更加明确。例如,虽然内部控制整体框架和ERM框架都强调对风险的评估,但ERM框架建议应更透彻地看待风险管理,即从固有风险和残存风险的角度来看待风险,对风险影响的分析则采用简单算术平均数、最差情形下的估计值或者事项分布等技术来分析。

在ERM框架下,企业首先设定目标,管理层识别出可能影响目标实现的事项;接着,根据风险可能产生的影响区分是风险还是机会,如果是风险,则进行风险评估;最后,根据管理层的风险偏好和风险容忍程度,对风险采取措施,包括规避、接受、减少和共担。ERM框架涉及的内部控制范围广泛,既包括企业战略层面的内部控制,也包括经营层面和报告层面的内部控制。虽然战略层面和经营层面内部控制缺失有可能导致企业经营不善,成为财务报告舞弊的诱因,但这种影响是间接的,报告控制仍是投资者关注的重点,同时也是评估内部控制有效性的重点,即内部控制主要还是对财务报告的可靠性提供合理保证的报告控制。ERM框架中内部控制的八要素如下。

1. 内部环境

内部环境包含组织的基调,它为主体内的人员如何认识和对待风险设定了基础,包括风险管理理念和风险容量、诚信和道德价值观以及它们所处的经营环境。

2. 目标设定

必须先有目标,管理当局才能识别影响目标实现的潜在事项。企业风险管理确保管理当局采取适当的程序去设定目标,确保所选定的目标支持和切合该主体的使命,并且与它的风险容量相符。

3. 事项识别

必须识别影响主体目标实现的内部和外部事项,区分风险和机会。如果是机会,机会应被反馈到管理当局的战略或目标制订过程中。

4. 风险评估

通过考虑风险的可能性和影响对其加以分析,并以此作为决定如何进行管理的依据。风险评估应立足于固有风险和剩余风险。

5. 风险应对

管理当局选择风险应对包括回避、承受、降低或者分担风险,并采取一系列行动以便把风险控制在主体的风险容限(risk tolerance)和风险容量以内。

6. 控制活动

制定和执行政策与程序以帮助确保风险应对得以有效实施。

7. 信息与沟通

相关的信息以确保员工履行其职责的方式和时机予以识别、获取和沟通。有效沟通的含义比较广泛,包括信息在主体中的向下、平行和向上流动。

8. 监控

对企业风险管理进行全面监控,必要时加以修正。监控可以通过持续的管理活动、个别评价或者两者结合来完成。

ERM 框架认为,企业风险管理并不是一个严格的顺次过程,前一个构成要素并不是仅仅影响接下来的那个构成要素。它是一个多方向的、反复的过程,在这个过程中,几乎每一个构成要素都能够、也的确会影响其他构成要素。

(四)内部控制系统的作用

第七章介绍了内部控制的局限(Limitations of Internal Control),指出了内部控制能够帮助组织实现什么,不能实现什么。报告中提到,无论设计多么完美,运行多么完善,内部控制系统只能给管理当局和董事会提供有关组织目标实现情况进行合理的保证。实现目标的可能性是由内部控制系统的内在约束因素决定的。这些约束因素包括决策判断失误,以及单纯的失误与错误可能引起内部控制系统无效。另外,内部控制也可能因两人或两人以上的共谋,以及凌驾于控制系统之上的领导者而失效。除此以外,内部控制系统设计的另一个约束因素是资源的有限性。因此,内部控制的设计必须考虑成本与收益。内部控制曾经被认为能够保证一个组织不会失败,即能保证这个组织总是能成功地运行,实现财务报告目标和灵活性目标。因此,在这个意义上,内部控制有时被认为是治疗组织现实的和潜在弊端的"万能药"。这种观点是错误的,尽管内部控制有助于组织实现其目标,但不是万能药。要认识到内部控制的局限性有两个概念应该把握。首先是内部控制,即使是有效的内部控制的运行也应与不同的目标相适应,因为目标是与组织的运行效率与效果相联系的。内部控制可以帮助管理当局获得单位的进展信息,但是,内部控制并不能保证目标自身的成功。其次,内部控制不能提供关于实现单位的 3 个目标的绝对保证。第一个局限主要在于某些特定的事件或条件不在管理当局的控制之下,第二个局限说明没有一个系统总是能够实现其预期的目标。

内部控制能够协助单位实现业绩和盈利目标,预防资源损失。它能合理保证财务报告真实可靠。它还促使单位遵守法律与法规,防止影响声誉和产生其他方面的不利后果。总之,它能使单位走向它想要去的地方,绕过路上的陷阱。即使有效的内部控制能够帮助单位实现其目标——完善管理者的管理,但内部控制并不能使一个本质上差劲的经理变成一个好经理。并且,政策、项目以及竞争对手的行动或者经济环境的变化都是超出管理者所能控制的。因此,内部控制并不能保证成功,甚至都不能保证单位实现其生存目标。内部控制能够合理保证财务报告是真实可靠的,且促使单位遵守法律与法规。

(五)单位内部相关方面在内部控制系统中的角色与责任

第八章主要介绍单位内部相关方面在内部控制系统中的角色与责任(Roles and

Responsibilities)。报告指出,单位每个机构中的每一个人在内部控制中都承担着一定的责任,管理当局则是对单位的内部控制系统承担责任。单位中的每一个个体都在内部控制中发挥自己的作用。报告分别介绍了单位的管理当局、董事会、内部审计人员和其他人员在单位内部控制系统中分别承担的责任。

1. 管理当局

管理当局对单位包括内部控制系统在内的所有活动承担直接责任。因此,在单位内处在不同层次上的管理层承担着不同的内部控制责任。他们的不同责任取决于组织的特征。在很多单位中,首席执行官(The Chief Executive Officer,简称CEO)必须对内部控制负终极的责任,应该拥有其"所有权"。CEO的影响力超越所有人,他或她设定了内部控制的基调,这种基调隐含的诚实正直、价值观以及其他因素影响着内部控制环境。在一个大型的单位里,CEO履行职能的方式是通过发挥领导作用,指导高级管理人员,并检查他们控制单位的活动。高级管理人员负责建立更具体的控制政策和程序,并给部门职员分配职责。在小单位中,CEO通常就是单位的所有者,他的影响方式往往更直接。在一个层级的组织结构中,一位经理在其负责的事务范围内就相当于CEO。首席财务官及财务人员有特别的意义,他们的控制活动横向、纵向涉及各个经营部门。首席财务经理的一个重要责任在于防止财务报告舞弊事件的发生。

2. 董事会

管理当局对董事会负责,董事会负责公司治理、给予指导及监督。有效的董事会成员应该是客观的、能干的和关注公司的。他们应该保持对单位经营活动及其经营环境的理解,为履行其董事职责留下足够的空间。管理当局可能会凌驾于内部控制之上,忽视或压制下级的沟通,有意误导事实以掩盖真相。一个强有力的、积极的董事会,如果向上的沟通渠道保持畅通,那么在高效率的财务、法律及内部审计部门协助下,就能够及时有效地发现并改正存在的问题。管理当局对单位财务报告的真实性负责,但一个有效的审计委员会(Audit Committee)在其中扮演了很重要的角色。审计委员会拥有独一无二的地位,它有对管理当局关于如何履行其财务报告责任的质询权,也有权采取措施来保证财务报告正确性。赔偿委员会(Compensation Committee)、财务委员会(The Finance Committee)、任命委员会(The Nominating Committee)、雇员福利委员会(The Employee Benefits Committee)等委员会均有各自的职责。

3. 内部审计人员

内部审计人员能对内部控制进行直接的评价,并能直接给予改进的建议。内部审计师协会专门建立了相关的准则,指出内部审计人员应对一个单位内部控制系统的充分性、有效性以及运行的质量进行检测和评价,并对此承担责任。内部审计人员对评估内部控制系统的有效性发挥着重要的作用,并对保持内控的持续有效性发挥作用。由于其在组织结构的特别地位及高度的权威性,内部审计部门在监督中发挥重要作用。

4. 单位其他人员

在某种意义上说,建立健全的内部控制是单位中所有人员的职责,因此对每个职员的工作都应该有明确的或隐含的说明。基本上每个职员都能提供内部控制系统所需的信息,或采取某种控制行动。并且,所有职员都必须通过沟通系统向上反映经营中的问题,违反职业准则的事件,以及其他违反政策的行为或违法行为。此外,一些外部的相关方也对单位实现目标有贡献,比如外部审计师,他们提供独立和客观的观点,直接通过财务审计报告或间接地给管理当局或董事会提供有用的信息,以帮助他们履行职责。

5. 外部审计人员

独立的注册会计师在对单位的财务报告进行客观评价时扮演了非常重要的角色。他们向管理当局和董事会提供有关单位实现其财务报告目标实现的独立客观的意见。

6. 立法者与监管机构

立法者与监管机构通过建立内部控制或通过检查特定的单位对内部控制施加影响。尽管有部分法律和监管机构能对关于经营和遵守法律等加以影响,但大多数相关的法律和监管机构只处理与财务报告相关的内部控制。

7. 与单位相关的组织

顾客、供应商和其他与组织有交易往来的其他单位在建立内部控制时也是很重要的影响因素。例如,顾客可以提供关于延期支付、质量较差的产品或服务等方面的信息以帮助单位建立控制系统。

8. 财务分析家、债券评估机构以及新闻媒体

财务分析家和债券评估机构会考虑与该单位是否具有投资价值相关的诸多因素。他们分析管理当局的目标和战略、历史财务报告以及与经济和市场地位相适应的财务预测信息和活动、短期和长期的潜在资源等。出版社和新闻媒体,特别是财经杂志,在某些时候也能起到相类似的作用。

主要参考文献

[1] 金彧昉,李若山,徐明磊. COSO 报告下的内部控制新发展——从中航油事件看企业风险管理

[J].会计研究,2005(2):32-38.

[2] 刘金文."三要素":内部控制理论框架的最佳组合[J].审计研究,2004(2):83-85.

[3] 柳木华.美国COSO委员会:借鉴与启示[J].当代财经,2006(8):118-120.

[4] 王义华,孟宪胜.内部控制整体框架理论——COSO报告[J].会计之友,2005(8B):12-13.

[5] 吴水澎,陈汉文,邵贤弟.企业内部控制理论的发展与启示[J].会计研究,2000(5):2-8.

[6] 张安民.从美国财务危机看COSO报告[J].会计研究,2002(8):61-62.

[7] 张文贤,孙琳.内部控制会计制度设计——理论·实务·案例[M].上海:立信会计出版社,2004.

[8] 中国内部审计协会.内部审计理论与实务[M].北京:中国石化出版社,2004.

[9] COSO. Internal Control-Integrated Framework(1992,Summary). http://www.coso.org/IC-Integrated Framework-summary.htm,2006-09-15.

[10] COSO. Enterprise Risk Management-Integrated Framework(2004). http://www.coso.org/ERM-IntegratedFramework.htm,2006-09-15.

(初稿执笔人:肖　曼　陈　燕)

美国的《萨班斯-奥克斯利法案》

一、《萨班斯-奥克斯利法案》概述

2001年12月,美国最大的能源公司——安然公司(Enron Corporation),突然申请破产保护,此后,公司丑闻不断,规模也"屡创新高",特别是2002年6月的世界通信(WorldCom)会计丑闻事件,"彻底打击了(美国)投资者对(美国)资本市场的信心"(Congress Report,2002)。为了改变这一局面,2002年7月25日,美国国会参众两院通过了《2002年公众公司会计改革和投资者保护法案》(即《2002年萨班斯-奥克斯利法案》,Public Company Accounting and Investor Protection Act of 2002,Sarbanes-Oxley Act of 2002,简称SOX法案)①。法案的第一句话就是"遵守证券法律以提高公司信息披露的准确性和可靠性,从而保护投资者及其他目的"。美国总统布什在签署"萨班斯法案"的新闻发布会上称"这是自罗斯福总统以来美国商业界影响最为深远的改革法案"。

该法案最初于2002年2月14日提交给国会众议院金融服务委员会(Committee on Financial Services),到7月25日国会参众两院最终通过,先后有6个版本,它们分别是:2月14日版、4月22日版、4月24日版、7月15日版、7月24日版和7月25日版,我们现在看到的是7月25日的最后版本。2002年2月14日提交到众议院金融服务委员会的版本,包括13章,主要内容集中在对注册会计师行业的监管,如:成立一个管制机构,监督注册会计师的运行;对该管制机构的运行给出一些原则性的规定;禁止公司官员、董事等相关人员对审计实务施加不当影响;加快财务披露的速度,包括对内幕交易和关联交易的电子披露;禁止退休和养老金冻结期间的内部交易;责成SEC修改公司信息披露的相关规定,设定最低检查期,并在指定的日期内提交对分析师的利益冲突、公司治理实务、执行和信贷评级机构等的专项研究报告。与最终通过的版本相比,第一稿较温和,不仅没有最终定稿所包括的各项严厉的刑事责任要求,而且对

---

① 该法案的另一个名称是"公众公司会计改革与投资者保护法案"。

会计职业监管相对较宽松。当然,这与该法案起草时间短有一定的关系,这是因为,2001年12月2日安然申请破产保护,第一稿正式提交的日期为2002年2月14日,这中间还包括一个月的国会休会期(2001年12月21日至2002年1月22日)。此外,当时世界通信等事件尚未爆发,社会舆论对企业管理层的态度还没有根本转变。

安然公司2001年12月2日申请破产保护,美国国会众议院"金融服务委员会"2001年12月12日就安然事件举行过第一次听证会,讨论安然倒闭对投资者及资本市场的影响,作为专家证人出席听证会的有SEC首席会计师,安达信的首席执行官等4人。国会于2002年1月下旬复会后,2月4日、5日又召集两次听证会,于2月14日正式提交第一稿。自2月14日起,众议院"金融服务委员会"就该法案先后进行了多次听证会,到4月22日列入国会正式立法的提案清单第247号,并根据听证情况进行了第一次比较系统地修订。4月22日的第二稿与第一稿相比,篇幅增加了将近一倍,主要变化是对公众监督组织(Public Regulatory Organization,简称PRO)的人员组成、经费来源与独立性以及具体运行等的规定更加细致,增加了要求SEC对公司高管在重新编制财务报表之前6个月销售公司证券所得部分进行审定并强迫其交出相应利得;具体讨论了对安然和安达信主要责任人的可能法律行为及其所得的处理;要求美国审计总署(GAO)对投资银行和财务顾问在安然、世界通信失败事件中的作用,特别是投资银行从事的纯粹帮助企业操纵现金流以掩盖其真实财务状况的行为;要求美国律师协会(American Bar Association)对其职业行为示范规则(Model Rule of Professional Conduct)以及SEC的规则展开研究,讨论相应职业道德指南是否有效地指导律师行为并保护公司股东利益。

第二稿提交后,众议院的讨论非常激烈,4月24日当天共提交了5份正式的修改意见,涉及内容包括:部分术语(A001),要求PRO成员中至少有一人从来没有获取过会计资格(A002),责成SEC对审计公开上市公司的事务所要求其不低于一半的收入来自审计(A003),成立一个联邦审计局以从事证券法所要求的财务报表审计(A004),对PRO的具体运行进行讨论与限定(A005)。上述修正案只有前两个获得通过,后三个都未能通过。在经过正式讨论后,国会责成工作人员进行修订,从而完成了第三稿。第三稿与第二稿相比,变化不大,主要调整就是在PRO成员的组成上,从原来的两个非会计人士和3个会计人士,改为一个从未接触过会计和两个最近两年未执业,其他就是一些遣词造句上的调整。

美国国会关于该法案的记录表明,从4月25日提交给参议院"银行、住房与城市事务委员会"讨论,之后直到7月15日,这之间没有关于该法案讨论、修订的记录。但实际上,参议院同期也在进行相应的立法行动。比如,参议院"银行、住房与城市事务委员会"自 2 月 12 日至 3 月 20 日,共举行了 10 次听证会,讨论安然、安达信事件的原因、影响与对策。其中,2 月 14 日的听证会邀请了国际会计准则委员会的秘书长、主席等就会计准则的表现形式以及美国"公认会计原则"等问题作证。3 月 8 日,参议员 Dodd 提交了有关重建投资者对会计行业信任的法案,该法案基本思路与众议院所提交的 H3673 相似,但增加了有关会计与审计准则,会计师事务所轮换等提议。

6 月 25 日,参议院"银行、住房和城市事务委员会"主席 Sarbanes 报告有关"公众公司会计改革与投资者保护 2002 法案",该法案的书面文本于 7 月 3 日正式提交给参议院,在 7 月 8 日至 15 日的讨论中,共收到 122 份补充或修正提案,最终于 7 月 15 日在参议院以 97 票对 0 票高票通过,最终通过的提案名称为"公司与犯罪舞弊责任 2002 法案"或"强化白领犯罪惩罚 2002 法案",但参议院同时将该法案与众议院提交的 HR3673 进行合并,成为 7 月 15 日的修改稿(第五稿)。

按照相关资料的介绍,当民主党参议员 Sarbanes 早在 6 月 18 日宣布将提交一份关于"公众公司会计改革与投资者保护法案"时,参议院内部的意见并不统一,共和党资深议员 Gramm 不支持该提案。有评论认为,如果不能取得 Gramm 的支持,估计该提案 2002 年内都无法获得通过。但 6 月下旬至 7 月上旬的一些事件,对该提案产生重大影响。其中,影响最大的是 2002 年 6 月 25 日公布的世界通信(WorldCom)38 亿美元假账事件。如果说,安然等公司丑闻令美国社会震惊,那么,世界通信赤裸裸的假账令美国社会愤怒。6 月 26 日,布什总统承诺要推进对世界通信事件的调查,并将相关人员"绳之以法",7 月 9 日,布什总统专程到华尔街发表演讲,宣布成立由司法部副总检察长(Deputy Attorney General)为主席的"公司舞弊惩治工作组",加大对公司高管人员涉及舞弊问题的刑事责任。同时,布什也要求国会在 7 月底休会前能够提交让其签字生效的法案。这一切,都促成了参议院最后快速通过对 S2673 的审议,并将其并入 HR3673。这样,修正后的草案篇幅又增加了一倍多,内容也发生了较大变化,从原来的 18 章压缩为 10 章,删除了对有关投资银行、律师等的讨论,将 S2673 的内容与第四稿的内容进行合并,如第 8 章"公司及舞弊罪的责任"(Corporate and Criminal Fraud Accountability)、第 9 章"严惩白领犯罪"(White-Collar Crime Penalty Enhancements)都是直接来自 S2673;将原先数章讨论的内容如对审计行为的不当影响,非法证券收入的测定与没收,内部人交易等并入"公司责任"(Corporate Responsibility)一章;正式确定监管会计职业的权威机构名称为"公众公司会计监督委员会"(Public Company Accounting Oversight Board),并对该机构的具体运作加以限定。本次修订稿基本确立了萨班斯法案最终版本的基调。7 月 17 日,参议院任命了由 Sarbanes 等 9 名参议员作为该项法案的主要评议人,负责与众议院进行沟通,进行后续的修订。

众议院同时也在采取相应的行动。7月15日,众议员Sensenbrenner提交了一份关于强化公司高管层舞弊责任的议案,16日获得众议院高票通过,通过的名称为"公司舞弊责任2002法案"(Corporate Fraud Accountability Act of 2002),并同时提交参议院"司法委员会"(the Committee on the Judiciary)进行讨论。该法案最终也并入HR3673,成为最终法案的第11章。7月17日,由参议院修改的法案被返回给众议院。不知是出于对众议院荣誉的维持,还是出于对自身荣誉的维护,Oxley要求全体众议员一致否决参议院的修改,并专门举行一个会议。当天的辩论结果是:将法案提交会议讨论,同时,任命了以Oxley为召集人的10位评议人。此外,众议院还就该法案的一些具体章节(如306,904,108,109等)任命了专门的成员作为评议人,要求对这些部分给出具体的修改意见。由于美国总统布什多次要求国会加快立法进程,并要求国会在8月份休会前能够提交一份最终法案让总统签署,因此,国会参众两院都在尽快协调双方之间的差距。自7月19日起,众议院的相关成员与参议院的会议成员举行会议,对相互分歧进行辩论,并于24日完成了对法案的修改。7月25日,该修正稿以高票分别在参众两院通过,7月30日,美国总统布什签字,萨班斯法案正式成为美国的一项法律。

二、《萨班斯-奥克斯利法案》的主要内容

《萨班斯-奥克斯利法案》共由11章内容所构成,各章的核心内容如下。

(一) 公众公司会计监察委员会

第101节——组建、管理条款。介绍了委员会组建的目的、法律地位、委员会的职责、SEC的决议、委员会委员的相关要求、委员会的权利和委员会的规则。

第102节——在委员会注册。规定要求会计师事务所进行强制注册,并且规定了注册申请的条件、介绍了注册申请的方法程序。

第103节——审计、质量控制和独立性准则及规定。阐述了审计、质量控制和道德准则的总则及规定,同时也介绍了独立性准则及规定以及与指定的会计师执业团体及顾问小组合作的相关规定、准则制定程序的评价。

第104节——对注册的会计师事务所的检查。规定对注册会计师事务所进行检查,规定了检查的频率、检查的程序、检查的进行、检查记录的保存、复核程序、出具报告以及中期SEC复核的相关条款。

第 105 节——调查和惩戒程序。规定了调查和惩戒的规则和程序,并对处罚的报告和处罚暂缓作了相关规定。

第 106 节——外国注册的会计师事务所。规定了适用于某些外国会计师事务所的准则及其享有的权利,并且对外国会计师事务所进行了定义。

第 107 节——SEC 对委员会的监管。规定 SEC 应有权对委员会进行监管和强制执行。并且对委员会进行了相关规定,还介绍了 SEC 对委员会采取的监管行为的复核以及批评委员会、其他处罚相关准则或规定。

第 108 节——会计准则。对《1933 年证券法》进行了修订,对 SEC 的职责、不影响 SEC 的权力以及以原则为基础的会计的研究与报告相关规则进行了阐述。

第 109 节——资金。规定了委员会获得资金的相关条款,规定了委员会年度预算、资金的来源与运用、年度会计业支持费相关条款,以及修正条款衔接、解释规则和委员会的启动资金条款。

(二) 审计师的独立性

第 201 节——审计师执业范围之外的业务。规定了审计师被禁止的行为,列示了事前需获许可的非审计业务条款的相关规定,阐明了免除权相关规定。

第 202 节——事前许可。对《1934 年证券交易法》的 10A 部分作了修订,并增加了事前许可条款。

第 203 节——负责审计合伙人的轮换。对《1934 年证券交易法》的 10A 部分作了修订,并增加了负责审计合伙人的轮换条款。

第 204 节——审计师向审计委员会报告。对《1934 年证券交易法》的 10A 部分作了修订,并增加了审计师向审计委员会报告的条款。

第 205 节——保持一致性的修订。对《1934 年证券交易法》的 3(a) 部分作了修订,并增加了审计委员会、注册会计师事务所含义的相关条款。

第 206 节——利益的冲突。对《1934 年证券交易法》的 10A 部分作了修订,并增加了利益的冲突条款。

第 207 节——关于强制轮换注册会计师事务所的研究。规定了关于强制轮换注册会计师事务所的研究、评论和报告的要求。

第 208 节——对 SEC 的授权。颁布了对 SEC 的相关规定,并且对审计师的独立性作了相关规定。

第 209 节——州级管理当局的考虑。规定了在监管非注册会计师事务所及其相关联人员时,州级管理当局尤其应考虑这些会计师事务所的规模及特点,以及这些事务所客户的企业规模及特点,并应独立判断其适用标准。

(三) 公司的责任

第301节——公众公司审计委员会。对《1934年证券交易法》的10A部分作了修订,并增加了与审计委员会相关的规定条款。

第302节——公司对财务报告的责任。规定了对制定规章的要求,指出公司迁址国外不影响本法案的效力,并且规定了其最终期限。

第303节——对审计不正当的影响。规定了对于影响审计不正当的相关权利及其相关的规定。

第304节——没收奖金及收益。本节规定若发行证券公司因行为不当引起的原始材料与任何证券法之规定不符而被要求重编会计报表,则公司首席执行官与首席财务主管应偿还发行证券公司:(1)在该公司首次发行证券或其在SEC备案后12个月内,从公司收到所有奖金、红利或其他奖金性或权益性酬金;(2)在上述12个月内通过买卖该公司证券实现的收益。本节也规定了SEC的免除权。

第305节——对公司官员及董事的处罚。对《1934年证券交易法》和《1933年证券法》作了相关修订。将"实质的不适用"更改为"不适用",增加了"公平地免责"。

第306节——在养老基金管制期内进行的内部交易。规定禁止在养老基金的管制期内进行内部交易,规定了《1974年雇员退休收入保障法》中关于向参与人和受益人公告的要求,并说明了其生效日期。

第307节——关于律师职业责任的规定。规定了对作为发行证券公司代理人的律师的言行制定的最低要求。

第308节——投资者公平基金。规定将民事处罚的罚款建立一个罚没收入基金来抚慰受害者,接受额外的捐赠以进行公平分配。

(四) 强化财务信息披露

第401节——定期报告中的披露。规定了信息披露要求,指出了SEC对模拟财务数据的规定,规定了对特殊目的实体(Special Purpose Entities,简称SPE)的研究和报告相关条款。

第402节——强化利益冲突的信息披露。规定禁止向管理人员提供个人贷款。

第403节——同管理层和主要股东有关的经济业务的披露。对《1934年证券交易法》第16节的标题及(a)小节作了更改。对披露要求和生效日期作了规定。

第404节——管理层对内部控制的评价。规定了内部控制方面的要求和内部控制评价报告条款。

第 405 节——例外情形。指出本法 401、402 和 404 节的相应规定,以及 SEC 根据上述规定发布的规则不适用于 1940 年《投资公司法》中规定的投资公司。

第 406 节——高级财务管理人员的道德守则。规定了道德守则的披露、变化、定义及规定制定的时限。

第 407 节——有关审计委员会财务专家的信息披露。提出了定义"财务专家"的相关规定、影响因素及其规定制定的时限。

第 408 节——加强定期信息披露的复核。要求对信息披露定期、系统地复核,规定了复核的标准以及对复核期间的要求。

第 409 节——实时信息披露。对《1934 年证券交易法》的第 13 节做出修订,在其结尾处加上"实时信息披露"。

(五)利益冲突的分析

第 501 节——证券执业机构及证券交易所如何管理执业证券分析师。指出了同证券分析师有关的规定,在《1934 年证券交易法》第 15 节 C 后增加"证券分析师及研究报告"。

(六)委员会的组成及其权利

第 601 节——财政拨款方面的权利。对《1934 年证券交易法》第 35 节后加入了"财政拨款方面的权利"的内容。

第 602 节——SEC 的执业许可权。对《1934 年证券交易法》第 4 节 B 后加入"SEC 的执业许可权"的内容。

第 603 节——联邦法院规定的市场禁入权。对《1934 年证券交易法》第 21 节(d)中结尾中加入"关于禁止参与发行低价股票的法院权力"的内容,对《1933 年证券法》第 20 节结尾中加入"关于禁止参与发行低价股票的法院权力"的内容。

第 604 节——证券经纪人和交易商的从业资格。对《1934 年证券交易法》和《1940 年投资顾问法》作了修订,对证券经纪人和交易商的从业资格作了相关规定。

(七)研究及报告

第 701 节——审计总署对会计师事务所合并行为的研究及报告。规定了审计总署对会计师事务所合并行为的研究及报告的研究要求、咨询及报告要求条款。

第 702 节——委员会对评级机构的研究及报告。规定了委员会对评级机构的研究及报告的研究要求与报告要求条款。

第703节——关于违法者和违法行为的研究和报告。规定了关于违法者和违法行为的研究和报告相关条款。

第704节——执法行为研究。规定了执法行为研究的研究要求和研究报告。

第705节——投资银行研究。规定了美国会计总署(GAO)研究和报告条款。

(八) 公司欺诈及其刑事责任

第801节——小标题。指出本章标题也可为"2002年公司欺诈及其刑事责任法案"。

第802节——篡改文件的刑事责任。修订了美国法典第18部分第73章,对在联邦调查和破产过程中销毁、更改或伪造记录和销毁公司审计记录追究刑事责任。

第803节——违反证券欺诈法不能免除债务。对美国法典第523(a)节第11章作了修订,规定违反证券欺诈法不能免除债务。

第804节——证券欺诈的限制性条款。对美国法典第1658节第28章作了修订,规定了对于涉及欺诈、伪造、操纵和策划等违反证券法管制要求的诉讼权的限制性期限及其适用范围。

第805节——对联邦判决指南关于妨碍司法公正和广义欺诈犯罪的回顾。规定加重欺诈和妨碍司法公正的判决,紧急授权和完成法案规定任务的期限。

第806节——保护提供欺诈证据的公众公司的雇员。对美国法典第73段第18章作了修订,是在欺诈案件中防止报复的民事诉讼。

第807节——公众公司欺骗股东的刑事责任。对美国法典第63节第18章作了修订,对证券欺诈追究刑事责任。

(九) 强化白领刑事责任

第901节——小标题。指出本章标题也可为"2002年强化白领刑事责任法案"。

第902节——企图和阴谋进行犯罪欺诈活动。对美国法典第63段第18章的1348节后增加了"企图和策划"条款,对任何企图和策划进行本章犯罪活动的,根据企图或阴谋策划的对象受到相应处罚。

第903节——邮件及电传欺诈的刑事责任。对美国法典第1341节第18章作了修订,将"五"替换成"20"。

第904节——违反《1974年雇员退休收入保障法》的刑事责任。修订了《1974年雇员退休收入保障法》第501节,增加了处罚力度。

第905节——修改关于白领犯罪行为的判决指南。对美国宣判委员会进行指示,以实行本法案的规定,并对宣判委员会的要求进行了规定,还对紧急授权和法案规定任务的期限作了规定。

第906节——公司对财务报告的责任。对美国法典第63段第18章的1349节作了修订,加入"公司官员证明财务报告失败"条款。

(十) 公司纳税申报表

第1001节——参议院要求考虑公司首席执行官签署纳税申报表。规定参议院要求公司首席执行官签署联邦所得税的退税证明。

(十一) 公司欺诈责任

第1101节——小标题。指出本章标题也可为"2002年公司欺诈责任法案"。

第1102节——篡改记录或者阻止官方调查。修订了美国法典第1512节第18章,对篡改记录或者阻止官方调查的行为追究刑事责任。

第1103节——SEC的暂时冻结权。修订了《1934年证券交易法》第21(c)节,在结尾增加"暂时冻结"条款,对SEC的暂时冻结权作了相应规定。

第1104节——联邦判决指南的修改。规定美国参议院审判委员会要求进行联邦判决指南的研究,考虑必要因素,并且规定了紧急授权和法案规定任务的期限。

第1105节——SEC有权禁止有关人士担任公司官员或者董事。修订了《1934年证券交易法》和《1933年证券法》,分别在第21(c)节结尾和第8A节结尾增加了"授权证券交易委员会禁止有关人士担任公司官员或者董事"条款。

第1106节——按照《1934年证券交易法》加重刑事责任。修订了《1934年证券交易法》第32(a)节,加重了刑事责任的惩罚力度。

第1107节——对举报人打击报复。修订了美国法典第1513节第18章,对向举报人打击报复的行为进行处罚。

主要参考文献

[1] Public Company Accounting Reform and Investor Protection Act of 2002. http://www.fed-soc.org/publications/pubID.55/pub_detail.asp, 2011-03-12.

(初稿执笔人:顾建华)

美国《证券法(1933)》及与会计相关的主要条款

一、美国《证券法(1933)》概述

美国的证券业务管理大概始于20世纪初,由各州制定各自的《蓝天法》加以规制。由于各州没有足够的人力、物力和财力来实施,同时也并不能有效打击证券跨州发行和出售的行为,因此建立一个统一高效的证券市场,适用统一的法律就成为普遍的需求。《证券法(1933)》的颁布奠定了美国金融证券法律的基础,是世界各国证券市场监管立法的典范,更为各国仿效和借鉴的对象。该法又称证券真实法(Truth in Securities Law),共28条,是第一部真实保护金融消费者的联邦立法,也是美国第一部有效的公司融资监管法。《证券法(1933)》无论是对其本国还是对于发展中的新兴证券市场国家都有十分重要的理论意义和现实意义。

(一) 市场经济背景

自19世纪末到20世纪20年代,美国成功地从农业社会过渡到了工业社会和消费型的社会,尤其是在"一战"的刺激下,发生了第二次工业革命,工业以惊人的速度增长。美国工业造就的社会一派繁荣,其股市在1921—1928年更是牛气冲天。然而从1929年9月到1932年7月,美国的道-琼斯工业指数股票价格跌幅超过89.16%,这也预示着美国从此进入了经济大萧条时期。从狂热中清醒的公众把怀疑、愤怒的目光再度聚焦到了华尔街,公众希望有人要对此负责,希望对无序嘈乱的华尔街市场进行规制,希望对专业证券商(specialists)、经纪人(brokers)、交易商(dealers)的龌龊行径,诸如卖空、洗盘交易、高压销售等进行清理,希望对发行人公司(尤其是空白支票公司)、银行(包括今天商业银行和投资银行)进行严格的治理。

人们进一步认识到,虽然基本上每个州都已经颁行了各自的《蓝天法》,但是这些《蓝天法》对于这次大崩盘是那么的无能为力,漏洞百出,因为每个州的《蓝天法》都只能在自己州内实施,而各个州的《蓝天法》对证券发行又采用宽严不同的标准,有的实行严格的实质管理,比如加利福尼亚州,有的州则强调信息公开,通过严厉的行政手段

和刑事制裁来防止欺诈,比如纽约州,更为糟糕的是,那些投资银行、经纪人、发行人可以通过州际邮件交易轻松地逃避任何一个州的监管,使得各州《蓝天法》形同虚设。不仅如此,很多州本身对自己的《蓝天法》也因财政困难而执行不力。在证券交易所方面,尽管像纽约证券交易所这样的大交易所有一套上市规则,但是它作为一个自律性的规则,再加上交易所之间的竞争,导致再好的规则其执行也是大打折扣的。1929年股市大崩盘是压断驼背的最后一根稻草,证券市场急需一部统一的联邦证券法。这些时代的迫切需求直接催生了美国联邦《证券法(1933)》,它们是美国联邦证券法颁布的市场经济背景。

(二) 政治背景

19世纪末20世纪初,美国工业持续地高度发展,社会也出现了史无前例的繁荣,民众的信心也膨胀到了前所未有的境界。然而,这种持续的高速发展,尤其是在柯立芝、胡佛政府的放任自由政策下,产生了不可避免的、严重的社会问题,并最终由股市大崩盘引发了经济大萧条。20世纪30年代初,哀鸿遍野的美国抛弃了胡佛和民主党的自由放任主义,而是选择了授权罗斯福进行社会改革。

罗斯福的新政分为两个阶段。第一阶段主要解决迫在眉睫的现实问题,即遏制经济大萧条,重在复兴,主要包括重建已崩溃的金融体系、复兴工农业、消除饥饿和失业;第二阶段则关注长远问题,重在改革,建立起美国的现代福利制度、金融体系等。美国20世纪二三十年代的经济大萧条是由金融崩溃引发的,而金融崩溃又是由疯狂投机引发的,所以罗斯福新政的第一阶段就从金融、证券入手,在其"百日新政"(1933年3月9日~6月16日)期间制定的15项立法中有三分之一涉及金融。关于证券立法方面,罗斯福就任的当月就树立起了皮科拉(Ferdinand Pecora)听证会支持者的形象,并在莫利等人的极力敦促下,罗斯福三易起草者,最终在其就任两个月后促使国会通过并于当年5月27日签署了《证券法(1933)》(Securities Act of 1933),这是美国联邦证券立法的第一部。它确立了注册登记制度,旨在规制美国证券发行,阻止劣质证券进入市场,保护投资者利益,要求"卖主当心"。这就是《证券法(1933)》颁布的政治背景。

(三) 《证券法(1933)》的立法渊源

《证券法(1933)》并非仅仅是股市大崩盘背景下罗斯福新政的结果,其立法渊源近可追溯至各州《蓝天法》、纽约证券交易所制定的规则,远则可追溯至英国数世纪以来公司法中有关注册披露的相关立法。《证券法(1933)》的起草者詹姆斯·M·兰迪斯

(James M. Landis)和本杰明·V·科恩(Benjamin V. Cohen)在起草该部证券法的时候也曾许诺费利克斯·法兰克福特(Felix Frankfurter)(法兰克福特稿的组织者),他们将以英国公司法作为他们撰写工作的出发点,从后来国会通过的法律文本来看,《证券法(1933)》也的确移植了英国公司法中有关注册披露方面的内容。

1. 英国公司法的注册披露制度

英国不仅是公司法的发源地,也是证券规制方面法律的源头地,其没有专门的证券法,证券方面的法律都包含在公司法中,由如下三个部分构成:公司法案例中有关证券的条款、法院就证券方面纠纷做出的判例和证券交易所等自律机构制定的自律规则。最早关于证券方面的法律是国会在1697年颁布的《抑制不当证券买卖防止投资风潮》,其目的在于抑制17世纪公司在殖民地经济扩张中因资金不足发行股票、债券集资而出现的证券过度投机、证券欺诈等行为。

此后,英国公司法又历经了数次修订,其中较为重要的有《1867年英国公司法》和《1890年董事责任法》(随后并入《1900年英国公司法》),前者规定了招股说明书应当披露的具体内容,而后者则修改了普通法上董事责任的相关规定,使公众公司董事和发起人在招股说明书存在不实陈述中承担严格责任,投资人无须再证明存在故意。最后,英国将以前颁布的公司法律加以整合,颁布了《1900年英国公司法》(The Companies Act,1900),将证券发行之披露制度定型化,并详细地规定了招股说明书应当包含公司备忘录、股本额、董事或拟任董事的姓名和住址、董事的股份数额、发行股份或债券的数额、与公司财产交易的卖方姓名与住址、支付情况、佣金情况、初步开支总额、发起人报酬及对价、重大合同的交易方及日期、审计事务所名称及住址、董事报酬的详细情况等具体内容。后来,在1908年的又一次公司法整合修订中,英国公司法对招股说明书的登记披露制度进行了强化,规定董事或拟任董事必须在招股说明书上签字,如果没有依照法律的规定提交招股说明书,将不会予以登记。虽然英国公司法后来在1917年和1928年又进行了修订,并且在1908年、1917年和1928年公司法的基础上,颁行了重要的《1929年英国公司法》(The Companies Act,1929),但是关于证券发行强制信息披露制度没有改变。《证券法(1933)》起草者参照的就是《1929年英国公司法》这一个版本。

2. 州《蓝天法》对证券发行的规制及法院实践

早在1933年美国国会颁布联邦《证券法(1933)》以前,实际上各州就曾经先后颁布了自己的证券法,以规制证券发行中的疯狂欺诈行为,这些法律都被冠以《蓝天法》。州第一部《蓝天法》是堪萨斯州在1911年颁布的,其目的在于防止那些"蓝天商人"的证券欺诈行为,紧跟着佐治亚州在1913年颁布了自己的《蓝天法》。这种堪萨斯州的立法模式通过联邦最高法院就几大"蓝天案"的裁决得到了加强,联邦最高法院在1917年裁定,密歇根州、俄亥俄州和南达科他州的制定法并没有违反宪法第14修正案,也未给州际商业带来不当的负担。截止到1919年,已经有32州仿效堪萨斯州颁布了自己的《蓝天法》。

在证券发行方面,包括科罗拉多、哥伦比亚特区、内华达、新泽西和纽约等在内的一些州采取宽松的法律,发行证券无须注册登记,或者只是进行有限的"通知备案"(notice filing)即可。但是,在加利福尼亚、佛罗里达、密苏里州、新墨西哥、南达科他、奥尔良、北达科他、田纳西和得克萨斯等州,其法律很严格,在这些州发行证券必须遵循"公平、公正、公开"原则,公司及其将发行的证券必须符合法律规定的实质性标准(substantive standards)。

对证券采取不同的规制方式,反映出了美国当时两种不同的哲学取向:宽松类法律假定,只要给投资者提供足够的投资决策方面的信息,他们就有能力保护自己;而严格类法律则认为,证券投资需要相当程度的商业知识和经验,然而大多数投资者对此两点素质却是缺乏的,因此假定只要公平地、充分地披露了的信息就能对投资者提供足够的保护是不符合逻辑的。大多数州的立法者采纳了后者,也因此,对于发行人和其将发行的证券大多数州采用了严格的实质性审核标准。但是,正如前文所述,每个州的《蓝天法》都只能在所颁布的州适用,那些欺诈的发行人可以通过选择到相对宽松的法律环境的州或者通过州际邮件的方式来发行劣质证券,从而规避严格的法律。

不仅各州《蓝天法》的制定对证券进行了专门的规制,各州的法院也进行了实践,通过判例来规制证券市场,较为有影响的判例后来甚至还被联邦最高法院采纳。这些对于后来的国会立法都具有重要的理论价值。

3. 纽约证券交易所的自律性规则

在《证券法(1933)》颁布以前,除了各州颁布了自己的《蓝天法》之外,纽约证券交易所上市登记委员会也制定了证券发售的规则,用以规制在自己交易所发售、交易的证券,虽然它曾发挥了一定的成效,但是它仅仅是一个自愿性规则,而且纽约证券交易所在竞争中也执行不力。但是,它对后来国会制定证券法的理论价值却是不可忽视的。

纽约证券交易所规定,股票在其交易所发售必须提交申请,在申请中必须披露公司章程、议事程序、租赁合约、特许经营权、公司财务结构、公司历史、公司负债、公司资产、5年内的财务报表、董事会决议、股东会决议、律师法律意见书和合格的近期资产评估报告等信息。这些规定,甚至超过了最严格的《蓝天法》的披露要求,以至于哈佛教授威廉·Z·里普利(William Z. Ripley)曾在1927年对纽约证券交易所的披露规定大加赞赏,"在促进公司充分披露信息的进程中,纽约证券交易所显然是当今最大的影响因素,在这一点上不存在万分之一的可疑性。"

(四)《证券法(1933)》的立法过程

1. 国会听证

针对1929年股市大崩盘,在民众的愤怒情绪和胡佛的"外国阴谋理论"迫使下,国会对股市进行了听证。其目的在于找出股市价格惊人下滑的原因,并为进行立法规制提供背景支持和建议。为此,国会进行了两次有影响的听证。

国会的第一次听证针对外国债券发行。这次听证是由参议员海勒姆·约翰逊(Hiram Johnson)领导的,从1931年12月18日开始,历时15天。通过对投资银行和美国政府的听证发现:投资银行为了赚取佣金,根本没有对债券进行尽职调查,即便是对已经知悉的风险也没有披露给投资者,甚至为了争揽业务还不惜重金贿买外国政府政要或其亲属,这样使得大量的外国垃圾债券在美国市场上发行;而美国政府漠视投资者的利益,非但没有表示异议,反而还鼓噪民众进行"投资"。

对股市大崩盘的听证,力度最大、最有影响的当属国会进行的第二次听证(Stock Exchange Practices Hearings)即皮科拉听证会。这次听证从1932年4月11日开始,在罗斯福当选并支持下,一直持续了两年多的时间。通过听证发现:不仅证券交易中存在联手抛售(bear raids)、洗盘交易(wash sale or match order)、卖空、内幕交易、短线交易、发行人炒卖自己公司股票、严重的差额贷款投机证券(margin buying)和利用集合基金操纵股市等欺诈违规行为,而且就是在证券的发行中也存在严重的高压销售、"优惠名单"、风险信息不披露、披露虚假信息等欺诈行为。

国会听证点燃了民众因股市大崩盘造成巨大损失的不满、紧张情绪,促成了美国联邦证券法的迅速出台,以至于罗斯福在后来还回忆道,在促使他的"第一个百日执政"实现司法管理过程中,皮科拉听证会发挥了决定性的作用。

2. 证券法案的三个版本

《证券法(1933)》起草三易其稿,最后还是通过参众两院的协调会才妥协下来。

(1) 昂特迈耶稿。塞缪尔·昂特迈耶(Samuel Untermyer)是公司改革运动的元老人物,也是皮科拉听证过程中经常被《纽约时报》提及的证券专家,20多年来他一直在从事证券研究并大声宣讲对证券监管的重要意义。罗斯福关于证券方面的立法工作其实早在其就任总统之前就开始了,就在其刚刚当选为总统后的几个小时里就有休斯顿·汤普森(Huston Thompson)的提议,也有其幕僚雷蒙德·莫利和阿道夫·伯利的敦促,他们认为就当前的形势,推出证券法是"一等一的大事情",也是施行新政的最好时机。在随后的12月份,罗斯福就授权其立法项目的主管人莫利就证券立法向昂特迈耶征求建议稿。1933年1月份,昂特迈耶提交了建议稿。其议案中有禁止利用邮件等欺诈的条款,但是,其建议稿同时将证券发行、证券交易、会计监管、证券交易所管理、证券法规的制定等证券监管权力授予了邮政部,然而罗斯福总统和莫利都对此持反对意见,这决定了其建议稿的流产。

(2)汤普森稿。休斯顿·汤普森是民主党人士,曾任司法部长助理、联邦贸易委员会主席等职,领导过联邦贸易委员会的反证券欺诈项目。罗斯福当选后,他也向罗斯福递交过备忘录,提出他在证券等法案方面的建议。由于不满意昂特迈耶稿的制度设计,在罗斯福就任总统(1933年3月4日)后不久就直接指示司法部长霍默·卡明斯(Homer Cummings)和商务部长丹尼尔·罗珀(Daniel Roper)与汤普森准备起草证券法案的另外一个版本。罗珀挑选了商务部的两名驻外律师沃尔特·米勒(Walter Miller)和奥利·巴特勒(Ollie Butler)来协助汤普森起草。三位起草者匆忙起草了一部法律议案,该法案既融合了州《蓝天法》和之前涉及公司证券的相关法律法规,还包括《1929年英国公司法》信息披露方面的条款。1933年3月19日,汤普森将其草案提交给罗斯福。该草案将证券监管的权力赋予联邦贸易委员会,并强调联邦贸易委员会并不对证券的品质做出保证。但是,除了法案规定的豁免证券外,任何证券的发行在销售前都必须向联邦贸易委员会进行登记,否则为非法;该草案还规定了严厉的民事责任条款,只要申请表中存在任何实质性错误陈述,投资者有权要求撤销交易并取回自己支付的价格;除此之外,该草案还授予联邦贸易委员会广泛的权力,如对所有证券进行调查的权力、对违法销售提起诉讼的权力、对"不以可靠原则为基础"的证券进行撤销的权力等。对于该草案,罗斯福几乎表示可以接受,在进行小幅修改后于3月29日提交给了国会参众两院。由于该草案授权联邦贸易委员会可以证券"不以可靠原则为基础"为由进行撤销,后来在众议院的听证中被质疑并因此被搁置;但是,该草案在参议院的境遇却有所不同,经过修改后在5月8日几乎没有争议地就通过了,这使得参众两院后来不得不开协商会进行最后的妥协。

(3)法兰克福特稿。费利克斯·法兰克福特(Felix Frankfurter)是哈佛大学的教授,早在罗斯福还是纽约州州长的时候,罗斯福就与他关系密切,并且经常就立法问题向他求教。在对昂特迈耶稿失望后,罗斯福曾同时联系另外两个起草准备小组,除了上述的汤普森小组外,另外一个就是法兰克福特小组。当汤普森稿在众议院被搁置后,罗斯福的立法项目主管人莫利就推出了法兰克福特小组,法兰克福特迅速召集了他的起草班子,即詹姆斯·M·兰迪斯(James M. Landis)、本杰明·V·科恩(Benjamin V. Cohen)和托马斯·G·科科伦(Thomas G. Corcoran)。三人之中兰迪斯是法兰克福特的高足,哈佛大学最出色的毕业生之一,也是哈佛大学历史上最年轻的教授,他对各州的《蓝天法》进行了详细的调查研究,在法案的起草过程中起了主要作用。该草案以法兰克福特指导的《1929年英国公司法》为出发点,由兰迪斯和科恩在两天之内(4月7日~4月9日)编就而成,在4月10日提交给众议院商业委员会主席萨姆·雷伯恩(Sam Rayburn),之后两人再与众议院首席起草人米德尔顿·比曼(Middleton Beaman)对该草案进行了精炼修改,并于4月21日完成。该草案仍然将证券监管的权力赋予联邦贸易委员会,而且还授权联邦贸易委员会对州际证券交易强制实施《蓝天法》和指定上市申请表中使用的会计准则;该草案对证券欺诈进行了定义,并对"公开上市的证券"和"私募证券"进行了界定;该草案规定,除了草案中列举的豁免证券外,都应当向联邦贸易委员会登记,并且应当披露草案附录项目列表中的内容。在进一步进行技术精炼后,雷伯恩于5月3日正式向商业委员会推出兰迪斯草案,商业委员会对豁免证券稍加扩充后于5月4日将草案提交众议院表决,在雷伯恩的强硬态度下众议院于5月5日以口头表决的方式一致通过了兰迪斯草案。然而,三天后,参议院却通过了汤普森草案的修改版。

3. 最后的妥协

由于参众两院最后就证券立法通过了两个不同的版本,两院不得不召开协商会,以期达成最后的妥协。协商会于5月15日开始,参议院由其银行委员会主席邓肯·弗莱切(Duncan Fletcher)率领,而众议院则由雷伯恩率领,参加协商会的还有汤普森草案的起草者米勒、巴特勒和兰迪斯草案的起草者兰迪斯、科恩、比曼等。弗莱切比较清楚罗斯福的倾向,所以一开始就将协商会的主席礼让给了雷伯恩,这样,协商会就在雷伯恩的主导下比较顺利地短时间内以兰迪斯版本为基础达成了妥协。妥协的结果是,双方都同意减轻法案的严厉程度;参议院放弃严厉的民事责任条款,众议院放弃联邦贸易委员会对州际贸易强制实施《蓝天法》的条款,并将等待期(waiting period)由30天缩短为20天;至于参议院通过的版本中被加入的第二标题(Title Ⅱ)则在总统发表特别声明后才生效。参众两院比较顺利地达成妥协后,两院就妥协版本再次投票,获得通过,罗斯福总统于1933年5月27日签署生效。

二、美国《证券法(1933)》中财务会计与信息披露的基本条款与要求

(一) 细则Ⅰ中的相关规定

第1条 发行者的资本估价书,其中包括批准的和已出售股本缴清的部分。该股

本分为多少数目和等级的股票的票面价值，以及没有票面价值的话其声明的或转让的价值。对各投票权力的说明、各种优惠、转换或交换权利、分享红利和利润的权利或每一等级的股款、与之相联系的每一其他等级，包括退休和清算权利或价值。

第 10 条 尚未兑现或将要建立的优先购买权与要提供的证券有联系的证券声明书。如有的话，加上所有能分配到超过全部优先购买权 10% 以上的人的姓名和地址。

第 11 条 发行的或包括在将要提供的股份中的每一等级股本的数量。

第 12 条 未偿还的和要提供的证券所造成的长期借款数量，并扼要说明这种债务的日期、到期时间、特点、利息率、分期偿还条款的特点和（如有的话）证券特点。如任何证券的替换是许可的，概括说明许可替换的条件。如替换允许不预先通知，要按此意思作具体声明。

第 13 条 详细说明具体的目的和（只要能定下来）为此目的大约要花费的大致数额。提供证券是为了筹集资金，如资金部分是从其他来源筹措，说明所筹措的数量和来源。

第 14 条 在过去的 1 年和随后的 1 年，由发行者或其前任直接或间接向以下的人支付或估计要支付的报酬：董事或发挥同样作用的人；其管理层和其他人。凡在任何这样的年份中，报酬超过 2.5 万美元的人都要列出姓名。

第 15 条 可从要提供的证券中获得的估计的净收入。

第 16 条 建议向公众提供证券的价格或计算这种价格的方法。这种证券任何部分被建议提供给任何人或各种类型的人，不包括承购人，因这种计算方法造成的任何变化，列举这些人的姓名，详细说明其类型。在提供证券之日前可建议变更价格，但此变更应立即通知委员会。

第 17 条 在出售要提供的证券方面，发行者或承购人直接或间接支付或将要支付的所有雇佣金或折扣。雇佣金应包括所有的已支付、拨出、处置的现金，或在出售这种证券方面，与任何其他人或为了任何其他人的利益达成承购人感兴趣的协议。对发行者有兴趣的，或发行者管理与指导的，或发行者共管的，某人出售的这种证券，支付或应支付的雇佣金应被视为已由发行者支付。如果已支付任何这样的雇佣金，应声明付给每个承购人的雇佣金数额。

第 18 条 为发行者的账目编制或承担的费用，第 17 项具体说明的雇佣金除外，应适当详细地逐项列出，标明数额或估计的数额，这与出售应提供的或应适当付费的证券有关，其中包括法律、管理、执照、证明和其他费用。

第 19 条 发行者在提交注册声明书之前的两年中，从出售任何证券中所获的净收入，以及向公众提供这种证券的价格和其主要承购者。

第20条 在提交注册声明书前两年之内支付的,或打算交付给任何创办人任何数量的费用,以及对进行任何这种支付的考虑。

第21条 卖主的姓名和地址,不是通过一般的经营活动获得或将获得的任何财产收购价格或信誉。向与这种收购有关的任何人支付任何雇佣金的数量,加上与这种收购有关的,造成或将要造成的任何开支,包括借款资助这种收购的费用。

第22条 每位董事、主要执行官员和每位拥有10%以上任何等级的股票或拥有10%以上发行者股票的股东所得股份的性质和程度的全部细目。这些股份来自不按发行者通常经营方式,在提交注册声明书前两年内获得或在此日期打算获得的财产。

第24条 不是按通常经营行为制定的每个重要合同的日期、各方和其简明陈述的一般效果。在提交注册声明书之时或之后,将全部或部分加以执行的合同;在没有提交之前就制定完毕的合同;任何管理合同或规定了专门奖金和有利润分享安排的合同;每一个重要的专利或重要的专利权利的合同;每一个由公用事业公司或其分公司制定或与其制定的,规定给予或接受技术或财务咨询或服务的合同(如果该合同包括要求任何一方每年交纳高于2.5万美元的现金或证券或任何有价值之物),应该视为重要合同。

第25条 提交注册声明书之前不超过90天这个日期的平衡表。该表按委员会要求的形式和详细程序说明发行者的所有资产及其种类(如可确定的话)和价格(将无形项目分开),其中包括向任何官员、董事、股东,或直接或间接管理发行者或被发行者管理的人,或受到发行者直接或间接共同管理的人所提供的超过2万美元的任何贷款。按委员会规定的形式和详细程度列出的发行者全部责任,其中包括发行者盈余,表明盈余多少,来自何处。所有情况应在提交注册声明书之前不超过90天提供。如果这种说明没有得到独立的公共或执业会计师的证明,除按本细则要求提交的平衡表外,应提交一份同样详细的关于发行者资产和负债的平衡表,该表应经独立的公共或执业会计师证明,在提交注册声明书之前,不超过1年时间内提供。

第26条 发行者的盈亏表应按委员会要求的形式和详细程度表明该表可提供的最近一年以及此前两年,每一年的盈利和收入,其性质及其来源、开支和固定费用。或者,如果该发行者从事实际经营活动不到3年,那么逐年说明从事实际经营活动的这段时间所发生的收入费用的来源和性质。如果提交注册声明书的日期已超过上个财政年度结束后6个月,应提供一个从结束到最新日期的注册声明书。这种表应表明在3年或不到3年的时间中,发行者的做法是什么,还涉及收费的特点,与其各种盈利账目相抵触的红利和其他的报酬、折旧费、消耗费以及维持费,其详细程度和形式均按委员会的要求而定。如果通过出售权利而获得的股息或利益已列入收入,应分别加以说明并声明计算这种存款的依据。该声明应把经常与非经常收入区分开,把任何投资与经营收入分开。任何这样的声明应由独立的公共或执业会计师证明。

第27条　如果要发行的证券的收益或收益的任何部分直接或间接用于购买任何公司,该公司的盈亏声明应由一个独立的公共或执业会计师证明,符合本细则第26条的要求,包括前3个财政年度,连同该公司经同样证明的、符合本细则第25条的要求的平衡表,于提交注册声明书前,不超过90天提交或如果该公司提交注册声明书前已超过90天,在发行者获得该公司之时提交。

(二) 细则Ⅱ中的相关规定

第1条　具体详细的目的以及为此目的应支付的大致数额,只要是可确定的话。如果该资金将部分从其他方面筹措,应说明其数量和来源。

第2条　固定债务的数量、由要提供的证券造成的、未偿还的流动债务的估计数额,不包括政府间债务。简要说明该债务的日期、到期时间、特点、利息率、分期偿还条款的特点和证券的特点(如有的话)。如任何证券的更换是许可的,说明许可更换的条件。如不预先通知就可更换,应发表具体声明。

第5条　按委员会规定的详细程度和形式,说明在可提供此种信息的最近一个财政年度和此前两年的每一年中按来源分类的收入和按目的分类的开支。

第6条　在合众国提供将要出售的证券的估计净收入。

主要参考文献

[1] [美]莱瑞·D·索德奎斯特.美国证券法解读[M].胡轩之,张云辉,译.北京:法律出版社,2004.
[2] http://www.sec.gov/about/laws.shtml.secact1933, 2011-03-12.

(初稿执笔人:林　芳)

美国《证券交易法(1934)》及与会计相关的主要条款

一、美国《证券交易法(1934)》概述

由于1929年经济大危机的影响,美国于1933年颁布了《证券法》。为了进一步对证券交易市场进行规制,罗斯福接着在1934年签署了美国联邦证券法的另外一部基础性立法,即《1934年证券交易法》(Securities Exchange Act of 1934)。作为美国现行的证券法律,主要规范关于证券的流通和退出市场以及信息披露和政府监管(二级市场)内容,在美国以及全世界证券法领域都具有重要的示范作用。

美国《1934年证券交易法》(《证券交易法》)于1934年6月6日颁布,该法具有混合性质,共36条,所涉及的范围非常广泛。就对投资者的保护范围而言,《证券交易法》比《证券法》广泛得多,致力于证券市场和证券交易的各个方面。《证券交易法》对特定证券的发行人增加了登记和报告等披露要求。同时,该法还监管证券交易商和其他市场专业人员、全国性证券交易所、全国证券交易商协会等自律组织以及市政证券自营商和政府证券自营商。《证券交易法》有关证券和发行人登记和报告可能会触犯该法的其他报告和救济条款。例如,对操纵行为、持有重要未公开信息时进行的不适当交易、内幕人员短线交易、委托代理权和收购要约等均有详细规定。与《证券法》类似,《证券交易法》也有一个普通条款,禁止欺诈和对与证券购买或销售有关的重要事实有重大错误陈述。《证券交易法》的保护范围既包括证券购买人,又包括证券的出售人。《证券交易法》还致力于证券市场的结构,包括对证券市场本身以及参与市场的中介机构的监管。该法要求对所有的全国性证券交易所及其会员交易商、自营商和经纪商进行注册。依据证券交易委员会制定的有关证券交易所或自律组织的责任的规定,证券交易委员会是经纪自营商的发证机构并且有权禁止其不专业的行为,同时,也对发证的经纪商和自营商制定了最低的资本要求。各国金融市场不断出现的重大丑闻显示,"一仆不事二主"的古老专业诚信原则(fiduciary principle)在证券市场中具有无法替代的作用,是证券市场中介机构监管的首要原则。

美国证券交易委员会的准司法权,是美国证券法律实施和证券市场规范发展的有

力保证。在签署《证券交易法》时,帕克拉向罗斯福强调"一部法律的好坏,关键取决于由谁来实施"。就《证券交易法》草案,罗斯福总统也在公开演讲中多次强调其价值。根据该法设立的美国证券交易委员会,在"华尔街中安排了一个警察",将监管的触角延伸到证券市场的每一个细小环节。证券交易委员会72年的实践证明,帕克拉的结论完全正确。总之,美国联邦证券法为达到其立法之目的,调用了一切可以调用的责任追究机制。违反联邦证券法能够引起刑事责任,违法行为还可以导致证券交易委员会的民事强制执行。而且,多年来的相关判例也显示,违反证券法可导致证券交易委员会的行政诉讼,还可能导致证券交易所或全国性证券协会的纪律制裁。执行联邦证券法并不仅限于政府或自律组织,私法救济手段同样发挥着巨大的作用。

二、美国《证券交易法(1934)》中财务会计与信息披露的基本条款与要求

第13条 定期报告和其他报告

第二款 报告的形式;账簿、记录和内部会计;指令

对于依据本章作出的报告,委员会可以规定提出所要求的信息的形式,规定在资产负债表和收益表中表示出来的项目和细节,规定在准备报告、估价和评价资产和负债、界定折旧和折耗、区别经常收入和非经常收入、区别投资收入和营业收入,在委员会认为必要或适当时准备直接或间接控制发行者或被发行者所控制、或在发行者直接或间接共同控制下的任何个人独立的和联合的资产负债表或收益表等方面应遵循的方法;但是至于其会计方法是根据合众国法律的会计和根据合众国法律规定的规则和规章规定的任何个人的报告,委员会关于报告的准则和规章应同该法律、规则或规章对同一题目的要求一致(但委员会的这些规则和规章,在委员会认为公共利益和对投资者的保护需要同这些要求不一致时,可以同这些要求不一致)。

具有依据本编第12条等级注册的某种证券的发行者和依据本编第15条第四款需要提交报告的发行者,应当做出和保存相当详细的、公平地反映交易和发行者资产支配状况的账簿、记录和账目;交易必须记录,以使准备财务报表时遵循普遍接受的会计原则或适用于此类报表的任何其他标准,以及保持对资产的说明;只有根据管理的一般和特殊的核准才能增加资产;每隔一段适当的时间,把记录下来的对资产的说明同现有资产加以比较,并对出现的任何差别采取适当行动。

任何人不得故意不执行或故意规避内部会计控制系统或故意篡改第2项中描述的账簿、记录和账目。

第 17 条　记录和报告

第五款　资产负债表和损益计算书；其他财务报表和信息

1. 资产负债表和损益计算书

(1) 每个已登记的经纪人或买卖商应每年向委员会提交由独立的会计师证明、以日历年或财政年度为基础编制的资产负债表和损益计算书，以及关于自己财务情况的其他财务报表（这些报表应如委员会所规定的那样，要经过证明）和信息，委员会认为这些以规则规定的财务报表和信息对维护公共利益和保护投资者是必要的和适当的。

(2) 每个已登记的经纪人和买卖商应每年把其经过证明的资产负债表和关于自己财务情况的其他财务报表和信息送交其客户，这些财务报表和信息是委员会依据本条第一款以规则规定的。

(3) 委员会在下述情况下可以以规则或命令有条件地或无条件地豁免任何已登记的经纪人和买卖商或某类这样的经纪人和买卖商，不受本项任何规定的约束：如果委员会决定，上述豁免同维护公共利益和保护投资者是一致的。

2. 其他财务报表和信息

委员会认为对维护公共利益和保护投资者是必要的和适当的时候，可以以规则规定依据本章提交的财务报表的形式和内容，以及在编制财务报表中使用的会计原则和会计标准。

主要参考文献

[1] http://www.sec.gov/about/laws.shtml.secact1933，2011-03-12.

（初稿执笔人：林　芳）

美国《公司法》及与会计相关的主要条款

一、美国《公司法》概述

(一) 美国公司法的发展

美国独立以前,各州公司的设立皆须获得英国国王的特许,正是凭借英国国王批准的这些特许公司的努力,才有了美国各州疆域拓展以及经济的初始繁荣,而这也使得美国的公司制度深深地打下了普通法系的烙印。美国在1776年宣布独立后,原本由英国国王及议会特许成立公司的权力转归13个独立的州议会行使。19世纪初期至中期前后,美国各州纷纷制定本州统一的公司法律,如纽约州于1811年制定了普通公司法。各州公司法开始普遍以自由注册的方式赋予公司法人人格以及股东有限责任的保护。从此,现代公司制度得以在美国生根发展。但美国公司立法的一个主要特点是,没有统一有效的国家级公司法律,各州对公司立法享有充分自主的权力,50个州即有50部公司法,这与其联邦结构的政治体制密切相关。

在公司立法形成之初,由于各州经济以及历史文化背景的差异,州与州之间的公司法律差别较大,但随着跨州(非本州)公司的大量出现,州与州之间的公司法律差别已开始缩小,原本以公司立法宽松而有"公司天堂"美誉的《特拉华州普通公司法》(Delaware General Corporation Law),与其他州的公司法之间的差异亦不是十分明显。为进一步缩小各州之间的差别,1950年,美国律师协会公司法委员会完成《商业公司法(示范文本)》(The Model Business Corporation Act)的制订,其以范本的形式为各州公司立法提供参照,其影响波及30多个州,而在对1950年、1984年版《商业公司法》基础上修订的1991年版《商业公司法(修订版示范文本)》(Revised Model Business Corporation Act),以其更为简洁的表达以及符合时代的条款,被更多的州参照制定,从而推进了美国公司法统一协调的前进步伐。从某种意义而言,尽管示范性质的《商业公司法》目前仍非各州应予遵循的法规,但其的确可以代表美国现行公司法律制度的主要内容与基本框架。依照美国立法惯例,凡是示范文本性质的法规,若经一定数量的州予以采用后即改称为统一法,比如《1996 统一有限责任公司法(Uniform Limited Liability Company Act 1996)》、《统一合伙法(Uniform Partnership Act)》及其修正版等即属此类。

无论是《商业公司法(修订版示范文本)》,还是各州公司法,均未如大陆法系的各国公司法典,即明确区分公司形态并予以针对性地规定。凡注册的公司(Corporation)即为公司法调整的唯一形态,各州普通公司法原则上是为所有大、中、小注册公司共同制定的法律。但附随于《商业公司法》示范文本一并作为范本使用的有 1982 年的《封闭公司附加规定(示范文本)》(Model Statutory Close Corporation Supplement)等。在各州的公司法中,也相应有关于封闭公司(Close Corporation)的专章或相关条文的规定,如美国《特拉华州普通公司法》第十四章便有关于封闭公司特殊条款的专章规定。依据该章第 342 条关于封闭公司特殊条款的专章规定,唯有具备以下特征的公司才可以归为封闭公司之列:股东人数一般不得超过 30 人;限制股份的自由转让;不得向公众公开募集资本。与《特拉华州普通公司法》关于封闭公司特征的规定相似,在《封闭公司附加规定(示范文本)》之中,将股东人数限定为 50 人,同时对股份不得自由转让以及不得公开募集资本的特性皆作了规定。

20 世纪 80 年代前后直至 90 年代初期,各州普遍兴起了以"有限责任公司"(Limited Liability Company,简称 LLC)命名的公司立法。从 1977 年怀俄明州以及 1982 年佛罗里达州有限责任公司法开始,美国律师协会于 1992 年提供了有限责任公司法的统一蓝本(A Prototype LLC Act),1994 年,美国国家统一州法委员会采纳了《统一有限责任公司法》(以下简称 ULLCA),1996 年又提供了新的版本。可以说,在大陆法系下的德国 1892 年有限责任公司法立法近 100 年后,美国似乎才真正兴起有限责任公司的立法狂热,各公司法专家正热门地探讨原有公司法原则与新兴有限责任公司如何协调或配套的问题,似乎有限责任公司是美国公司法律中一个真正全新的形态,一个令人陌生的领域。

新型的有限责任公司之所以兴起,是为了避免传统封闭公司法律的不利地位。美国各州普通公司法的立法基础,皆是以开发性募集资本以及大规模企业为基调,因此便有符合封闭公司的特征,诸如限制股份自由转让的优先受让权等内容的规定,但更多的有关大公司运营或治理结构的规定,被同等地适用于封闭公司。如关于股东会与董事会之双层体制,关于选举以及任免董事与经理的程序,关于双层会议召开的诸多应予注意的环节等。总之,封闭公司原本规模较小而股东之间关系相对密切,因而可以更为灵活地从事经营与管理的要求,在各州原有普通公司法下几乎均未得到满足。而且,封闭公司应与其他属于公司的形态主体一样,均被实施双重征税,亦即公司主体以法人身份交纳所得税,之后分配给股东的利润或股息所得还将被另行征税。这样,便使各州公司法下的封闭公司不仅缺乏经营的自主灵活性,而且还要承受繁重的双重征税压力,正是在这样的主体形态选择的困扰下,新型的有限责任公司得以兴起。新的公司形态允许人们以更为自由的经营协议(有限责任公司经营协议格式,Form of LLC Operating Agreement)的方式,来决定他们所想采取的经营模式,既可以由成员经营,也可以由经理经营,而且不再设置董事会,并准许分配利益的转让,因而此类形态下的投资者享有更为充分且自主的经营权力。尤为重要的是,新的有限责任公司无须承受双重征税之压力,这是有限责任公司得以兴起的另一主要原因所在。

在此值得指出的是,美国税收制度对公司企业立法进程的影响,一直都是巨大的。美国的合伙人企业形态之所以至今仍有着顽强的生命力和相当数量的投资群体,也主要是因为税收制度的优惠。美国固有的封闭公司之所以逐渐为新兴的有限责任公司所代替,而新兴的有限责任公司之所以使广大投资者趋之若鹜,也是因为税收制度的有效推动。美国税收制度影响公司企业制度的举措其实非常简单,亦即以是否存在双重征税的法律为衡量标准。按照1986年美国联邦税收规则第7701条以及相关补充规定,凡具有以下6个特征的组织,皆应按公司双层征税,若缺乏其中两个以上特征者,则可按合伙对待,享受单层征税的待遇。这6个特征是指:具有组织的表象,或者说概貌上像一个组织;具有经营商业以及分红的目标;永继存续,即公司不因成员变动而终止;股份利益可自由转让;集中管理,亦即独立于成员之外的类似于董事会之类的机构集中行使管理公司的权力;有限责任。这六个特征之中,具有组织表象以及经营商业与分红目标的两个特征,是任何谋求商业发展的组织或团体都应具备的,就连合伙也不例外。因此,若想获得单层征税的待遇,必须在剩下四个特征之中缺乏两个。由于有限责任公司必然具备有限责任的特征,事实上只能在永继存续、股份自由转让、集中管理这三个特征上,放弃其中的两个。于是,各州有限责任公司的立法,开始朝着这一目标框架迈进。可以很清楚地看出,美国ULLCA所设计的有限责任公司,其实就是公司与合伙的混合产物,即将公司的有限责任与合伙的灵活经营模式糅合在一块。这样设计的目的,显然是为了满足联邦税收规则中关于至少缺乏两个公司特征才可享受单层征税待遇的要求。于是,美国ULLCA所规定的有限责任公司制度,首先摒弃了公司集中管理的特征,摒弃了董事会机构,取而代之的是由合伙一般的成员或经理的经营模式。再则,公司资本不采取股份的方式,虽允许分配利益的转让但却严格限制成员资格的转让,从而便不具备股份自由转让的公司特征。更有甚者,美国ULLCA第303条第1款甚至允许有限责任公司的所有成员或者指定的成员,以章程条款或者书面同意的方式承担非有限的责任,即允许公司成员自愿地承担公司全部或指定范围内的债务、义务或责任,这种自愿承担是预先设定或同意的。这些条款,显然意在使有限责任公司尽可能满足单层征税的待遇条件。

美国联邦政府于1988年最早认可了依照怀俄明州有限责任公司法所注册的有限责任公司可以享受单层征税待遇。此后,各州关于有限责任公司的立法迅猛发展,短短的几年之间,美国各州皆已制定了有限责任公司的法律,其用意十分明显,即为本州投资者创造单层征税待遇的投资保障,不然,本州的资本显然将会流失至已经制定了有限责任公司法律的其他州。而封闭公司除了法律规定应当禁止股份自由转让外,以上其他特征皆由法律为其设定而难以放弃,因而封闭公司要像有限责任公司那样实现如合伙般的单重征税是很难做到的。于是,在美国现行公司法律中,普通公司法下的注册公司虽然仍在继续发展,但其中的封闭公司已是徘徊不前,美国式的新型有限责任公司形态将真正成为中、小型企业投资经营者的最优选择。

美国税收制度对其企业立法进程的影响,还可以体现在S公司这一较为典型的公司形态之中。所谓S公司,是美国联邦税收法典(Internal Revenue Code)特别创设的一种商业组织模式。虽然它并不能算是严格意义上的公司形态,但在美国的公司制度中,却同样具有为中、小企业投资者所注重的法律价值。S公司是与C公司对应的法律概念,它们都是美国联邦税收法典依据双重征税与否的标准,就公司形态所作的划分。通常而言,那些公司所得以及股东从公司利益分配所得皆应被征税的公司,即被双层征税(Double Taxation)的公司,被视为"C公司";而那些公司所得不用纳税却仅通过股东所得纳税的公司,即被单层征税(Pass-through Taxation)的公司,则为"S公司"。若想获得"S公司"的身份,除了申报之外,一般还必须具备以下条件:必须为本国公司(Domestic Corporation);仅发行一种股份(One Class of Stock);不超过35名股东(no more than 35 stockholders);所有股东皆为自然人(only individuals can be stockholders);每一自然人股东皆为美国公民(each stockholders must be a citizen of the U.S.)。从这些条件可以看出,"S公司"并非一定即为封闭公司,它与封闭公司的法律特征并不完全重合。但是,S公司却又主要是为了照顾实质意义上的小公司,以便让这些公司享有与合伙一样的非双重征税待遇。

就美国公司立法进程还应予以关注的是,传统普通合伙以及有限合伙形态一直朝着法人化以及有限责任化的目标迈进。在早期美国,沿袭了英国普通法的传统,合伙不被视为法人,或者说,不将合伙视为其组成成员(早期多为自然人)之外的"独立实体"(Separate Entity),合伙仅为其成员之集合体而已。1902年,美国统一州法委员会在着手制定统一合伙法时,哈佛大学法学院院长詹姆斯·巴尔·恩姆斯(James Barr Ames)被任命为负责起草者。该委员会曾接受恩姆斯院长的建议,按照合伙视为法律主体(Legal Entity)的理论定位来起草该法。在恩姆斯院长提交的合伙法草案中,合伙被定义为:"两个或两个以上的自然人为了从事商业并以分享利润为目的而联合组织的法人(A Legal Person)",除此之外,草案中的诸多条款亦都体现了合伙为法人的理论。遗憾的是,恩姆斯院长在工作未完成之前就去世了。随后,费城大学法学院院长威廉·查普尔·李维斯(William draper Lewis)被任命为继续起草完成《统一合伙法典》的负责人,李维斯院长反对将合伙视为法人理论,并说服委员会最终采纳了他的合伙应被视为成员集合的理论。在1914年最终出台的《统一合伙法》(Uniform Partnership Act)第6条,对合伙重新作了这样的定义:"合伙,指两个或两个以上的人以共有人的身份从事商业经营以获取利润的一个团体",显然,这是合伙集体理论的产物。《统一合伙法》采纳了集合体理论之后,长期以来一直不能很好地适应社会所需。在大多数人看来,合伙法人理论显然比合伙集合理论能更好地发挥合伙价值功能,因此对《统一合伙法》进行修正势在必行。在其他法律(如商法典、公司法典等)制定中,亦同样涉及合伙该如何与其他形态的组织协调定位的问题,合伙作为实体的种类之一也已得到确认。1994年《修正版统一合伙法》(Revised Uniform Partnership Act)得以出台。该法第101条第6项虽然将合伙做了定义:"两个或两个以上的人以共有人的身份共同从事商业经营以获取利润而成立的团体(An Association)",但此定义仍较模糊。随后,第201条第1款明确规定:"合伙是与其合伙人相区别的一个实体(An Entity)"。由此,普通合伙应被视为法人的主张,在美国各项法律中均得到统一。与普通合伙相伴随,1916年美国颁布了《统一有限合伙法》(Uniform Limited Partnership Act),除路易斯安那州外,其他各州均予以采纳。1976年又公布了《修正版统一有限合伙法》(Revised Uniform Limited Partnership Act,简称 RULPA),1985年再次进行修正。在RULPA之中,有限合伙与普通合伙一样,均被明确视为"人"的实体之列。

至20世纪90年代以来,两种新的合伙形态即有限责任合伙(Limited Liability Partnership,简称LLP)以及有限责任有限合伙(Limited Liability Limited Partnership,简称LLLP),正在分别替代传统的普通合伙以及有限合伙,从而使得新的合伙形态在美国大有蔓延发展的趋势。就LLP对传统普通合伙的替代与发展而言,主要在于限定普通合伙人的转承责任(Vicarious Liability),通俗而言,可以将其视为限定各普通合伙人之间的代过责任。LLP下,各普通合伙人对于LLP的正常债务,原则上仍应承担无限的责任,但传统普通合伙下,要求各合伙人之间对他人过错所招致的债务亦应连带负责的特征,LLP却予以摒弃。在现代合伙(主要是职业型的)朝大型化发展的时候,各合伙人之间已不再彼此了解,因此要求他们对他人的过错负连带责任显然是苛刻的,LLP的形态发展,便克服了传统合伙的这一不足。与LLP一样,LLLP

针对原先有限合伙下普通合伙人的责任,同样作出了限定不予代过的规定,从而使有限合伙下普通合伙人的责任进一步朝文明化、有限化迈进,当然 LLLP 下的普通合伙人对 LLLP 的正常债务显然同样还得承担无限责任。美国第一个 LLP 法规(Limited Liability Partnership Act)于 1992 年在得克萨斯州出现,至 1996 年,已将近一半的州制定了 LLP 法规,有些还甚至将 LLLP 的形态单独立法。总之,LLP 以及 LLLP 在美国大力倡导并特别流行,不久将来,席卷所有各州已是定局之势。但是,也必须看到,在 LLP 以及 LLLP 发展的同时,职业性公司(Profession Corporation)也似有大力发展的上述态势。相关法案有《1976 年统一有限合伙法及其 1985 年修正案》(Uniform Limited Partnership Act(1976)with 1985 Amendments)、《特拉华州有限责任合伙法》(Delaware Limited Liability Partnership Act)和《纽约州职业服务公司法》(New York Professional Service Corporation Law)。

美国公司法律制度是以英美法系的公司法理念为基础的,如美国各类公司所普遍采用的授权资本制。此外,不设监事会而仅设董事会的单层治理结构、股票信托制度、董事信托职责、公司秘书制度、破产及重估盈余等分配准则、股东派生诉讼制度等,皆属英美法系下的固有公司法理念。采用授权资本制,即可以授权公司在设立之后将所认购的资本募集到位,从而免除了公司设立时的资本缴付环节。类似大陆法系下公司设立过程中的验资证明制度也就无从谈起,再加上普遍许可一人设立公司,这就使得美国公司的设立相对地容易,乃至于像美国那样,几乎只是凭递交公司章程外加并不昂贵的注册费用,即可以设立一家公司。美国作为一个发达国家,市场经济建设已有几百年的历史,对于市场经济中所有可能存在的问题均有足够的经验,此外,公司制度在世界范围内又起步较早,公司法的理论研究已相当的细致、深入,现行的公司制度亦显然要相对地成熟、完善。例如,美国有关公司权能制度的规定,便体现了一个完全自由与开放的市场经济对公司主体权能的希望。美国公司法普遍规定,公司可以任何合法的目的而设立,合法性便是公司经营范围所在;公司可以不受任何净资产比例限制的转投资;公司可以相互借贷;公司可以为合伙人;公司可以捐赠;公司可以起诉、应诉、为交易以及拥有各类财产等。再如,美国各公司法普遍规定了合伙等可以为公司股东的制度;规定了为确保不同投资者之间自由选择经营模式的章程及章程细则制度;规定了便于诉讼送达的注册办事处与注册代理人制度;规定了符合市场效率原则的非会议形式的投票规则、代理投票制度以及符合现代数字化通信技术的会议形式;规定了补偿董事与经理及为他们预付费用的制度;规定了不当分配的法律责任;规定了公司合并、股份交换、形态转换等公司重组与重整制度;规定了较为规范可行的公司解散与清算制度,尤其是关于解散过程中的债权债务清理制度;规定了各类由公司组建与运营所引发诉讼的司法裁处机制等。这些都是美国发达的市场经济要求公司制度尽可能地自由、宽松、低成本、高效、务实以及讲信用的体现。

(二) 美国各州的公司法

按照美国宪法规定,有关公司的立法属于各州的权限范围,所以各州各自分别立法,每个州都有自己的公司法,而没有联邦统一的公司法。美国的公司法以成文法为主,成文法又以州法为主。然而,美国各州以及联邦法院在解释成文法的过程中,又分别积累了大量的案例,形成了各州及联邦法院的"案例法"。现在美国各州有关公司的立法虽然不完全统一,但差别也不是很大。由于特拉华州公司法(Delaware Corporate Law)规定比较灵活,设立程序简单方便,很多州外的公司以及外国的公司往往选用该州的公司法登记注册。据统计,在纽约证券交易所上市的公司中有 1/3 以上的公司是在特拉华州注册的,所以该州享有美国"公司天堂"的美誉,其立法机构和最高法院也就成了美国现代公司法的主要来源和权威。现在,纽约州的最高法院和州公司法也具有举足轻重的影响。

(三) 联邦公司成文法

美国联邦没有统一的公司法,而只是由国会通过的有关公司的成文法,主要有两个方面:

1. 反托拉斯法和反不公平竞争法

托拉斯(trust)原意是指信托,通俗地说,信托就是将财产交由他人代管。19 世纪末,信托被一些大财团用来作为实行垄断的工具。例如,1879 年,洛克菲勒成立的"标准石油"(Standard Oil)公司,为了挤垮竞争对手,用各种手段把美国 90% 的炼油集中于一个由 9 个受托人组成的信托,形成了美国石油工业的托拉斯。各种大企业联合的托拉斯,由于其形成的市场势力和采用的竞争手段,一方面侵害了农民和工人的利益,另一方面也残酷无情地挤垮了大量同业中的中小企业。对此,以美国西部的农民为中心,在全国范围内掀起了反托拉斯运动。迫于公众压力,美国国会接受了参议员谢尔曼(John Sherman)的提案,于 1890 年制定了《保护贸易和商业不受非法限制与垄断之害法》(An Act to Protect Trade and Commerce Against Unlawful Restraints and Monopolies),即所谓的《谢尔曼法》(Sherman Act),并于 1903 年在司法部内设立了独立的反托拉斯司。但由于该法规定的模糊性以及政府和法院的消极态度,使《谢尔曼法》在适用初期成为一纸空文,美国许多大工业托拉斯实际上正是在该法颁布以后发展起来的。在社会舆论的强大压力下,为了弥补《谢尔曼法》的缺陷,1914 年又颁布了《克莱顿法》(The Clayton Act)和《联邦贸易委员会法》(The Federal Trade Commission Act)。《克莱顿法》明确并增加了反托拉斯的规定,《联邦贸易委员会法》则规定了不正当竞争为非法,并设立联邦贸易委员会来执行反托拉斯法。这两项法律通过后,由于第一次世界大战的爆发和20世纪20年代经济一度的繁荣,反托拉斯法在当时并未得到执行,一直到30年代罗斯福新政时,在美国最高法院宣布促进垄断和管理经济的全国工业复兴法违宪之后,政府才转变态度,发动了一场大规模的反托拉斯运动。

2. 证券发行和交易法

20世纪30年代的经济危机造成许多公司和金融机构倒闭,导致美国金融和证券市场陷入混乱。为了整顿股票市场,美国联邦政府于1933年通过了《证券法》,于1934年通过了《证券交易法》。

(三) 示范商业公司法 (Model Business Corporation Act)

为了使各州相同对象的立法能够统一,美国的一些法律机构拟订了相关方面的示范法供各州议会参考。如果有若干州采用,就改为统一法,如统一商法典、统一合伙法等。美国全国律师委员会于1950年起草,并于1984年修订了美国《示范商业公司法》(下称《示范公司法》),它本身没有法律约束力,但它对各州《公司法》的制定影响很大。

二、美国《公司法》中财务会计与信息披露的基本条款与要求

(一) 基本状况

1934年联邦证券交易法案规定,董事、高级管理人员在股票交易中,包括内部人交易及正式与非正式的公司信息发布中都要承担披露责任。《萨班斯-奥克斯利法案》(The Sarbanes-Oxley Act)中10b-5法则不允许证券交易买卖中的任何人虚假陈述或遗漏陈述任何重大事实,如遗漏陈述了某重大事实在当时的情况下对陈述的理解会产生误导的话。美国证券交易委员会在凯第罗伯特公司一案中将10b-5法则的披露责任扩大到公司内部人:董事、高级管理人员或大股东。这项披露责任已成为证券交易中董事、高级管理人员最为重要的职责。

一直以来,一部分上市公司内部已设立了一定的会计、管理监督控制系统,并试图发挥董事会的监督作用。1934年《证券交易法》(Securities Exchange Act)第13(b)2款要求大多数上市公司实行公司内部会计监控系统,保障公司财务报告的准确性,以及防止挪用公款行为。美国主要股票交易所和NASDAQ要求上市公司成立由独立

董事构成的审计委员会,以监督公司内部控制系统的设置,保证公司财务报告的准确性。大多数上市公司多设有检查管理人员和雇员的行为是否符合法律规定的机构。董事会可授权该类委员会设置反托拉斯法、环保、反歧视等方面的控制系统,董事会还可以对于公司内部的责任发生来依靠公司内部或外部法律顾问进行法律审计。这种由董事会任命设立的公司内部监督控制系统在安然等公司破产以前就已被认为是董事会的主要功能之一。

虽然美国证券交易委员会和其他证券交易所敦促上市公司扩大其董事会构成基础,吸收独立董事参加,纽约股票交易所要求上市公司设立独立于公司管理层的审计委员会,美国各州法院在一般情况下也更为尊重独立董事的决定,而且一些公司已经逐步采纳使用独立董事的做法。但是,由于联邦法律规定的上市公司董事会执行的监督责任并不是直接责任,而且违反责任的董事也不承担个人责任,因而没有收到显著的监督效果。综上所述,虽然长期以来,董事、高级管理人员职责已经在不断发展、完善,但以往的联邦和各州的相关立法基本上是以传统公司股权结构特点为基点,以规范董事、高级管理人员自身责任为中心的法律体系,未针对大型上市公司股权和管理特点建立起相应的董事、高级管理人员法定职责的制衡机制和保障机制,股东诉讼几乎是对董事、高级管理人员商业行为唯一比较有效的制约方法,导致公司监管处于较为松弛的状态。

美国许多州从20世纪80年代末开始修改《公司法》,允许经理对比股东更广的利益相关者负责,从而给予经理拒绝恶意收购的法律依据。1989年,宾夕法尼亚州议会提出了新的《公司法》议案,其中最引人注目的一项条款就是赋予公司经理对相关利益者负责的责任,而不像传统《公司法》那样只对股东一方负责。这次《公司法》的修订引起了全美的争论,美国的主要商业刊物《Business Week》对宾州的《公司法》十分不满,认为它破坏了资本主义的核心概念:董事会和经理对股东负责。但同时美国另一主要的商业期刊《Forbes》则用"宾州社会主义"评价该《公司法》。尽管在理论界对此《公司法》还有很大争议,但到20世纪90年代初,全美已有29个州采用了类似的《公司法》,其核心思想是:公司经理应对公司的长远发展和全部相关利益者负责。由此,也就提出了相关利益者利益最大化的目标模式。

(二) 主要规定

1. 公司账簿

依照第9.9条规定,公司存续期间以及自公司解散之日起5年之内,公司经理应该维持和保留公司的所有账目、文件以及其他相关档案。经合理申请,在正常商业时间内,公司成员有权查阅和复制公司文件。所需费用由提出查阅申请的成员承担。

2. 资本账户

(1) 每一衡平法所有人均将维持一个单独的资本账户。主要有:(1)每位衡平法所有人①的资本账户,将增加下列数额:衡平法所有人以出资形式向公司提供的金钱数额;衡平法所有人以出资形式向公司提供财产的公平市场价值;公司向衡平法所有人分配的公司利润;公司向衡平法所有人特别分配的收入和所得;公司依照《1986年国内税收法》(及其随时的修订文本)第705(a)-(1)-(B)条规定向衡平法所有人分配的收入。(2)衡平法所有人的资本账户中将减去下列数额:公司向衡平法所有人分配的金钱;公司向衡平法所有人分配财产的公平市场价值;公司依照《1986年国内税收法》(及其随时的修订文本)第705-(a)-(2)-(B)条规定向衡平法所有人分配的公司支出;公司向衡平法所有人特别分摊的亏损和损失;公司向衡平法所有人分摊的损失。

(2) 所有者利益公司经允许而出售或转让时,根据《财政规章》第1.704-1(b)(2)(iv)条的规定,在出让人所出让的所有者利益的范围内,出让人的资本账户将变更为受让人的资本账户。

(3) 依照本条规定维持资本账户的方式,应该遵守《1986年国内税收法》(及其随时的修订文本)第704(b)条和《财政规章》的要求。

(4) 在公司清算时,必须根据衡平法所有人资本账户中的实际余额进行清算分配,而衡平法所有人资本账户中的实际余额,必须在充分考虑清算发生期间公司纳税年度所有资本账户的清算情形之后才予以确定。

3. 经营利润与亏损的划拨

应依照衡平法所有人相应的份额比例,在衡平法所有人之间划拨亏损。

4. 资本账户的特别划拨

(1) 当某衡平法所有人意外地收到《财政规章》第1.704-1(b)(2)(ii)(d)第(4)条、第(5)条或第(6)条规定的建立或增加该衡平法所有人的亏损资本账户的调整、划拨或分配时,公司的收入项目应特别划拨给该衡平法所有人,划拨数额和划拨方式应足以尽快撤销依照《财政规章》规定所建立的衡平法所有人的亏损资本账户。

(2) 依照第9.1条规定所划拨的亏损,不得超过在任何一个财政年度年底,不使任何一个成员亏损而可划拨的最大亏损数额。

(3) 尽管存在第9.2条的任何其他规定,如果在公司的一纳税年度中,《财政规

---

① 衡平法所有人(equitable owner),指受衡平法保护的土地所有权人或财产所有权人,如信托受益人等享有的财产所有权。

章》第1.704-2(d)条中定义的最少所得中出现了净减少,则公司应将该公司当年的收入项目与所得项目中等同于衡平法所有人在公司的最少所得中的净减少数额之份额,划拨入该衡平法所有人的资本账户。

(4) 尽管有除了第9.2条第(3)款规定之外的第9.2条的任何其他条款,在一个财政年度中,如果可归于无追索权债务的成员无追索权债务最少所得中出现了净减少,任何拥有可归于无追索权债务的成员无追索权债务最低所得的份额的成员,在该财政年度开始之时,将被特别划拨等同于可归于该无追索权债务的成员无追索权债务最低所得净减数额的、公司该财政年度的收入和所得项目。

(5) 第704(a)(2)(B)条规定的可归于公司的任何无追索权债务以及依据《财政规章》第1.704-2(i)条被分类为合伙(成员)无追索权扣减的公司亏损、扣减和支出项目,应依照上述《财政规章》的第1.704-2(i)条之规定,划入衡平法所有人的资本账户。

(6) 在对"无追索权扣减"(如《财政规章》第1.704-2(b)条所示)进行划拨的第一个纳税年度的年初,应依照该年度亏损划拨的方式,将扣减划拨给衡平法所有人。

(7) 在适用《财政规章》第1.704-1(b)(2)(iv)(m)(4)条之情形下,所得或亏损将被划拨给已取得过分配的衡平法所有人。

(8) 直接或间接地由于公司向衡平法所有人发行公司利益而产生的任何收入、所得、亏损或扣减,在可能的情形下,将在衡平法所有人之间进行划拨,以使发行项目的净额,加上依据本协议而向每位衡平法所有人进行的所有其他划拨,等同于假定公司未实现上述发行项目时,衡平法所有人将会被划拨的数额。

(9) 依据第9.2条第(1)、第(2)、第(3)、第(4)、第(5)、第(6)、第(7)款贷入衡平法所有人的资本账户或从衡平法所有人的资本账户中划出数额,在依据第9.1条规定确定随后的利润与亏损划拨时应计入,以使依据以上条款之规定,贷入衡平法所有人的资本账户或从衡平法所有人的资本账户中划出的净额等同于假定没有依据以上条款进行特别划拨,衡平法所有人的资本账户依据第9章的条款被划拨的净额。

5. 分配限制

如果一项拟定的分配进行之后,除了公司因衡平法所有人的出资而对衡平法所有人构成的债务之外的该公司的债务总额超过了该公司的资产总额,那就不得进行该项拟定的分配。

6. 会计原则

公司的利润与亏损应依照使用权责发生的会计方法时(警告:在多数情况下,必须使用权责发生的会计方法)所适用的会计原则确定。公司可选择使公司享有最大税收利益的会计方法。

7. 资本出资的利息与回报

除非做出其他特别的规定,否则任何成员就其向公司进行的资本出资,均不享有利息或任何回报。

8. 向公司贷款

本协议中的任何条款,均不禁止成员通过与公司订立协议的方式,向该公司进行担保借贷或非担保借贷。

9. 会计年度

任何公司的会计年度为日历年。

10. 记录、审计与报告

公司的经理,应保存该公司所有的经营与支出的记录与账目,所需费用由该公司承担。

主要参考文献

[1] [美]罗伯特·W·汉密尔顿. 美国公司法(第 5 版)[M]. 齐东祥,译. 北京:法律出版社,2008.
[2] 虞政平. 美国公司法规精选[M]. 北京:商务印书馆,2004.

(初稿执笔人:徐　澜)

加拿大《公司法》及与会计相关的主要条款

一、加拿大《公司法》概述

由于加拿大独特的历史背景、法律渊源和政治制度,其《公司法》呈现出以下特点:(1)公司法不统一。加拿大是一个联邦制国家,公司法分为联邦公司法和各省公司法。前者管制全国性的公司,后者管制主要在当地经营的公司。这就不可避免地导致了不统一性。(2)公司法修改频繁。加拿大法律主要来源于英国和法国,现在许多领域也借鉴了美国的一些制度规定。加拿大《公司法》的形成与发展大致经过了三个阶段。直到18世纪末,英国王室几乎不对加拿大签发特许状,批准其成立公司。但是随着经济的发展,对公司成立的限制被予以抛弃,第一部《公司法》于1801年在加拿大魁北克颁布。在此期间,加拿大的立法一般是以英国《公司法》为准,联邦和省均或多或少地倾向于逐字逐句地采用英国的法律,公司法也不例外。因此,19世纪加拿大公司立法可以说并无自己的特色。

20世纪特别是50年代之后,随着加拿大经济的长足发展,一系列重要的法律便随之出台。1970年《加拿大公司法》(Canada Corporations Act)中规定,在联邦级别下设立非营利性的法人包括基金会法人和社会团体法人,如各种专业研究组织、互助组织等,都受该法第二章所支配。1975年《加拿大商业公司法》(Canada Business Corporations Act)采用的是"准则主义",即只要符合联邦公司法的规定进行申请,提供拟成立的公司名称、董事或执行人、加拿大境内的公司注册地和交纳一定的费用即可。1984年《有限责任合伙法》(Limited Partnership Act)允许不参与业务经营的合伙人仅负有限责任,同时还享有广泛的权利:可在任何时候查询、复制、摘录有限合伙企业的账簿;应被告知并有权要求知道所有与有限合伙公司有关的事件,并得到完全的、正式的陈述;法院的命令应发给有限责任公司合伙人;对合伙企业的盈利有分配权等。1985年《加拿大商业公司法》以其立法体系的完整性和立法技术的严谨科学而著称,是加拿大公司法中极其重要的法律。该法的规定是以美国《统一商法典》第八章为依据的,但在多次修改后已形成了其特色:立法理念由"个人本位"转向"社会本位";政府对公司的监管力度不断加强,以保护中小股东和消费者的权益。由于经济发展的需要和各种商会的兴起,加拿大于 1985 年分别制定了《贸易委员会法》(Trade Commission Act)和《贸易联合法》(Trade Union Act)对公司及其他联合进行规范。

2001 年《联邦小公司指导》(Small Business Guide to Federal Incorporation)的颁布和实施促进了中、小型企业的发展,使中小企业主意识到在《加拿大商业公司法》下成立公司的益处,政府还提供了一系列的优惠措施,如减少联邦注册费、电子注册服务和电子划拨缴费等,以使成立公司更为简单易行。2001 年 6 月 14 日法案 S-11,即《加拿大商业公司法和加拿大合伙法修正案》被正式通过。该法案几乎完全替代了《加拿大商业公司法》的实施规则,没有存在价值的规则被废除,许多新方法应运而生。最主要的修改是增强了股东决定权,使得公司在抓住市场机遇时具有更大的灵活性。目前,先进的科学技术在加拿大《公司法》中被充分的使用了,如网上注册成立公司,不仅快捷方便而且节约了费用;再如电子存档,应当送报董事或由董事签发的通知、文件,可以由董事指定的任何方式通过电子或其他格式送报或者签发。

二、加拿大《公司法》中财务会计与信息披露的基本条款与要求

(一) 股东的权利与义务

为了保护中、小股东的利益,加拿大公司法中规定了股东的知情权。股东大会召开前,应提前至少 21 天通知股东,并且股东可以了解公司的有关经营情况和资金运用情况。该法还规定,在股东大会上的表决以举手方式进行,但是,有权在会上表决的股东或其表决权代理人可以要求以投票方式表决。普通股东的股息收益权取决于公司是否有足够的利润来支付股息和董事会所公布的股息账目。公司股东的基本义务只是向公司交纳认购的股金。但对特殊的股东,如公司的董事、审计师等,一定条件下可能对公司的义务和债务承担责任。现行加拿大《公司法》对董事、审计师的违法失职行为有严格的惩罚措施,即被单处或并处 5 000 加元以下的罚金或 6 个月以下的监禁。

(二) 管理者的权利与义务

在加拿大联邦及其各省,管理者所承担的责任一般是通过法院的判决所决定的。管理者所需履行的义务与管理者对股东及公司所负的责任相符合。该法要求管理者以"善良管理的人"、"理性人"的标准要求自己为公司谋求最大的福利而非为自己谋利。加拿大《公司法》允许董事以专业人员的报告为准进行决策。如果他们尽了一个

理性人所应有的谨慎，则其无需对公司的损失承担责任。该法为了避免公司与管理者的利益冲突，做出了一系列的规定，如董事或职员是现有或拟定的重大合同的当事人，或者对合同拥有重大利益，他们应以书面的方式披露利益的性质和程度。否则，法院可据此将合同搁置并附加它所认为合适的条件。另外，该法还对管理者附加了其他义务，如董事对6个月未付雇员的工资负无限连带责任。

（三）公司财务信息的披露

加拿大现行《公司法》规定，报告财务事务的主要资料来源是公司年度报告，其中载有经审计的财务报表，必须提交给在每届周年大会上的股东。审计师作为一个独立发表意见的个体，对所提供公司财务信息的公司负责。为了监督审计师的工作，审计委员会为审计师和董事提供了沟通渠道，以确保审计师的独立性。审计委员会中的大部分成员不是公司的全日制职工。任何公司股东年度大会的通知必须包括公司年度报告和股东通报的资料于该公司与董事建议名单。任何交易都需要股东的批准，以便使股东做出合理的评估和修改。各省证券委员会必须通知任何出售或购买的股份交易的董事和高级职员。当少数股东感到他们的利益受到不公平的对待时，大股东应采取一系列的法律补救办法。法院考虑诸多方面后会给予救济。

主要参考文献

[1] 王立民.加拿大法律发达史[M].北京:法律出版社,2004.

（初稿执笔人：王婧雅）

英国《公司法》及与会计相关的主要条款

一、英国《公司法》概述

英国是资本主义经济发展最早的国家,也是股份公司出现最早的国家之一。1600年成立的英国东印度公司就是股份公司的典型代表。英国《公司法》主要采取了成文法的形式,同时辅之以判例原则。英国最早的公司立法可以追溯到1835年颁布的《贸易公司法》(The Trading Companies Act)。1844年英国颁布了《股份公司法》(The Joint Stock Companies Act);1855年为了刺激私人投资,制定了《有限责任法》(The Limited Liability Act),1862年英国又制定了新《公司法》(The Company Act),1908年制定了统一的《公司法》。英国的《公司法》经常修改,新公司法通过后,原有的公司法就失效了。英国最具影响力的是 1948 年颁布的《公司法》,1961 年、1967 年、1970年、1976 年和 1980 年分别通过了对 1948 年《公司法》的修正案,1989 年又对公司法作了最新的修改。此外,1963年颁布的《股份转让法》、1958年通过的《防止欺诈(投资)法》、1949年颁布的《公司清理规则》以及其他法律中也有关于公司的规定。1890年通过的《合伙法》和 1907 年通过的《有限合伙法》主要是调整普通合伙和有限合伙,即大陆法系国家公司法调整的无限公司和两合公司。

英国公司法的产生可以追溯到 19 世纪。1844 年,英国颁布了《合作股份公司法》,这是世界上第一部认可公司独立法人地位的公司法。1855 年的《有限责任法》和1856 年经修改的《合作股份公司法》奠定了现代公司法的基础,在根本上确立了有限责任和公司独立人格的关键原则。从此企业家能够开发有风险的产业,投资人能够聚集各种资源,金融家能够投资于缺乏资金的发明人等等。同时,人们也逐渐认识到有限责任公司本身所赋予的有限责任和独立人格的特性已被董事会成员或公司的执行官滥用,由此,针对公司创设和运作规则等方面的法律应运而生。但是这些法律的目的主要是为在市场上吸收更多的资本金并设法营造和鼓励更多经济活动。19 世纪和20 世纪,英国《公司法》历经多次修改,每一次修改都是在高层次上将当时的需求纳入立法中。1857 年和 1858 年的《股份银行公司法》规定,银行业可以采取股份公司形式,《1908年公司法》引入私人公司并大幅度整合以前法律,《1929年公司法》增加控股公司与子公司之间的关系,规定可赎回优先股,《1948年公司法》强调会计公开,《1967年公司法》修改公司信息披露方面的规定。1972年英国加入了欧洲经济共同体,因此立法不得不融合和执行欧共体的相应法律规则。《1976年公司法》加强了公司信息披露的要求,这些变化最终在1985年的公司法中得到整合和反映。在此基础上,1989年颁布的《公司法》作了进一步的修改,但核心内容基本未变。

1998年,英国又一次迎来了大规模的公司法改革。这次改革的成果是产生了英国历史上最长的一部成文法,即《2006年公司法》。这一轮公司法改革从1998年开始,到2006年暂告结束。1998年,英国政府(贸易工业部)成立公司法审议指导小组(Company Law Review Steering Group),肩负着提出全面修改意见的任务,开始对以前公司法的实施情况进行综合审议。审议分成四个阶段并且在各个阶段发表了相关的报告:1999年2月发表的《战略性框架》(The Strategic Framework)阐述了审议的方法、方向、一些基本问题以及今后的工作;2000年3月发表的《发展框架》(Developing the Framework)分析了公司治理结构和小公司、私人公司,提出了建议;2000年11月发表的《完善结构》(Completing the Structure)则进一步修改报告并且提出建议。除此之外,指导小组曾经发布过的报告还包括1999年的《境外公司的法律改革》、《公司设立和资本维持》和《公司成员大会和股东通讯》,2000年的《资本维持:其他问题》、《公司抵押登记》和《交易披露》等。2005年3月17日,贸易工业部公布了《公司法改革——白皮书》(White Paper)和《小公司概要》(Company Law Bill: Small Business Summary)。2006年11月8日,公司法草案获得皇家御批,即《2006年公司法》。

英国《公司法》的特点之一是英国公司法主要调整有限责任公司与股份有限公司,调整的范围较广泛,包括证券及破产等内容;特点之二是比较灵活、自由,英国的公司法没有规定公司资本的最低限额,没有规定法定公积金制度等;特点之三是具有多边性,公司法随着经济的发展需要而不断修改,特别是进一步修改而与欧盟大陆法系国家的公司制度相统一。

二、英国《公司法》中财务会计与信息披露的基本条款与要求

现行英国《公司法》中关于财务会计与信息披露的基本条款与要求主要载于第15部分——账目和报告。

(一) 会计记录

第 386 条　备置会计记录的义务。主要包括：每个公司必须备置充分会计记录；充分会计记录指足以达到下列目的的记录：能表明和解释公司交易、合理准确地披露任何时候公司的财务状况、使得董事能够确保被要求编制的任何账目遵守本法的要求；会计记录必须包括公司收到和花费的所有金钱数额的日常记载、关于发生收款和开支的事项、公司资产和负债的记录；如果公司业务涉及货物交易，会计记录必须包括在公司每个财务年度结束时公司持有股份的声明、从中已经或将制作、任何股份声明的所有持股声明、除以日常零售交易的方式出售的货物外，所有货物出售和购买的声明。

第 387 条　备置会计记录的义务：犯罪。

第 388 条　备置记录的地点和期限。

第 389 条　备置记录的地点和期限：犯罪。

(二) 公司财务年度

第 390 条　公司财务年度。

第 391 条　会计参照期间和会计参照日期。

第 392 条　会计参照日期的变更。

(三) 年度账目

第 393 条　给出真实和公平观点的账目。

第 394 条　编制个别账目的义务。

每个公司的董事，必须为公司编制其每个财务年度的账目。

第 395 条　个别账目：可适用的会计框架。主要包括：公司的个别账目可以被编制，编制根据第 396 条（"公司法定个别账目"）和国际会计准则（"国际会计准则个别账目"）；慈善公司的个别账目必须是公司法个别账目；公司董事编制国际会计准则个别账目的首个财务年度（首个国际会计准则年度）之后，公司的所有后续个别账目必须根据国际会计准则编制，除非情形发生相关的变化。

第 396 条　公司法定个别账目。主要包括：公司法定个别账目必须包括财务年度最后一日的资产负债表和损益表；如果是资产负债表则对财务年度结束时的公司财务状况给出真实和公允的观点，如果是损益表则对财务年度内的公司损益给出真实和公允的观点；账目必须遵守通过规章作出的关于下列事项的规定：资产负债表和损益表的格式和内容以及以账目附注的方式提供的附加信息。

第397条　国际会计准则个别账目。

第398条　编制集团账目的选择权。

第399条　编制集团账目的义务。

第400条　被包括在欧洲经济区大集团之集团账目中的公司的免除。

第401条　被包括在非欧洲经济区大集团之集团账目中的公司的免除。

第402条　子事业不必被包括在合并中的免除。

第403条　集团账目:可适用的会计框架。

第404条　公司法定集团账目。公司法定集团账目必须包括:处理母公司和其子公司事务状况的合并资产负债表;处理母公司和其子公司损益的合并损益表。

第405条　公司法定集团账目:被包括在合并中的子公司。

第406条　国际会计准则集团账目。

第407条　集团内财务报告的一致性。母公司董事必须保证下列对象的个别账目:母公司;其每个子公司都使用相同的财务报告框架而被编制,除非他们认为有充分的理由不这样做。

第408条　编制集团账目时的个别损益表。

第409条　关于相关事业的信息。

第410条　关于相关事业的信息:替换遵守。

第411条　关于雇佣人数和成本的信息。

第412条　关于董事权益的信息:薪酬。

第413条　关于董事权益的信息:透支、信贷和保证。

第414条　账目的批准和签字。主要包括:公司年度账目必须经董事会批准,并且经一个公司董事代表董事会签字;必须在资产负债表上签字;如果账目根据适用于隶属小公司体制的公司的条款而被编制,资产负债表必须在签字上方的显著位置包括一个达到该效力的声明。

(四) 董事报告

第415条　制作董事报告的义务。主要包括:公司董事必须为公司每个财务年度制作董事报告;董事报告必须是与被报告在合并中的事业相关的合并报告;合适时,集团董事报告可以更加整体性地强调对被报告在合并中的事业重要的事项。

第416条　董事报告的内容:概述。主要包括:财务年度的董事报告必须载明以下信息:在财务年度内的任何时候系公司董事的人的名称以及在该年度内公司的主要活动;与集团董事报告相关的事业;除隶属于小公司体制的公司外,报告必须载明董事建议应当以红利形式支付的数额。

第 417 条　董事报告的内容:业务审查。主要包括:除非公司隶属于小公司体制,董事报告必须包括业务审查;业务审查的目的是通知公司成员并帮助他们评估董事如何履行第 172 条(促进公司成功的义务)的职责;业务审查必须包括:对公司业务的公平审查以及对公司面临的主要风险和不确定性的描述。

第 418 条　董事报告的内容:关于向审计师披露的声明。

第 419 条　董事报告的批准和签字。主要包括:董事报告必须经董事会批准,并且经一个公司董事或公司秘书代表董事会签字;如果报告根据小公司体制而被制作,其必须在签字上方的显著位置包括一个达到该效力的声明。

(五)上市公司:董事薪酬报告

第 420 条　制作董事薪酬报告的义务。上市公司董事必须为公司每个财务年度制作董事薪酬报告。

第 421 条　董事薪酬报告的内容。国务大臣可以通过规章对下列事项作出规定:必须被包括在董事薪酬报告中的信息;在报告中如何说明信息;报告可审计部分的内容。

第 422 条　董事薪酬报告的批准和签字。董事薪酬报告必须经董事会批准,并且经一个公司董事或公司秘书代表董事会签字。

(六)账目和报告的公布

第 423 条　传阅年度账目和报告之副本的义务。每个公司必须向下列人员发送其每个财务年度的年度账目和报告;每个公司成员;每个公司债券持有人;每个有权收到成员大会通知的人。

第 424 条　发送账目和报告之副本所允许的时间。

第 425 条　不发送账目和报告副本:犯罪。

第 426 条　提供简要财务报表的选择权。

第 427 条　简要财务报表的格式和内容:非上市公司。主要包括:非上市公司的简要财务报表必须满足以下要求:来源于公司年度账目,并且是根据本条以及本条之下制定的规章而制作;简要财务报表必须符合国务大臣通过规章所指定的格式,并包括其所指定的信息。

第 428 条　简要财务报表的格式和内容:上市公司。主要包括:上市公司的简要财务报表必须满足以下要求:来源于公司年度账目和董事薪酬报告并且是根据本条以及本条之下制定的规章而制作;简要财务报表必须符合国务大臣通过规章所指定的格式,并包括其所指定的信息。

第429条 简要财务报表:犯罪。

第430条 上市公司:可在网站获得的年度账目和报告。主要包括:上市公司必须确保其年度账目和报告满足以下要求:可在网站获得并且是在根据本条可获得公司下个财务年度的年度账目和报告之前,保持其可被获得;年度账目和报告必须可在以下网站获得:被公司或代表公司维持的并且是认定正被讨论之公司的。

第431条 成员或债券持有人要求账目和报告之副本的权利:非上市公司。

第432条 成员或债券持有人要求账目和报告之副本的权利:上市公司。

第433条 在被公布账目和报告之副本中被载明的签字人名称。

第434条 与法定账目的公布相关联的要求。主要包括:如果公司公布任何其法定账目,必须附带针对那些账目的审计师报告;编制财务年度法定集团账目的公司,禁止未经公布其法定集团账目就公布其该年度的法定个别账目。

第435条 与非法定账目的公布相关联的要求。主要包括:如果公司公布非法定账目,其必须连同该账目公布一个声明:该账目不是公司的法定账目;非法定账目所反映的任何财务年度相对应的法定账目,是否已经向登记官提交;对任何该财务年度公司法定账目,是否已经制作审计师报告;公司禁止与非法定账目一起公布针对公司法定账目的审计师报告。

第436条 与账目和报告相关之"公布"的含义。

(七)公众公司:将账目和报告送交成员大会

第437条 公众公司:将账目和报告送交成员大会。

第438条 公众公司:未能送交账目和报告的犯罪。

(八)上市公司:成员对董事薪酬报告的批准

第439条 上市公司:成员对董事薪酬报告的批准。

第440条 上市公司:与批准程序相关联的犯罪。

(九)提交账目和报告

第441条 向登记官提交账目和报告的义务。

第442条 提交账目所允许的期间。

第443条 允许的传阅期间。

第444条 隶属于小公司体制的公司的提交义务。主要包括：隶属于小公司体制的公司的董事必须向登记官提交每个财务年度的在该年度最后一日起草的资产负债表副本，并同时向登记官提交该年度的公司损益表副本，以及该年度的董事报告副本；董事必须同时向登记官提交针对那些账目的审计师报告副本。

第445条 中等规模公司的提交义务。主要包括：符合中等规模公司的公司董事，必须向登记官提交与财务年度相关的下列文件的副本：公司年度账目和董事报告；他们必须同时向登记官提交针对那些账目的审计师报告副本。

第446条 非上市公司的提交义务。主要包括：非上市公司的董事，必须向登记官提交与财务年度相关的下列文件的副本：公司年度账目和董事报告；董事必须同时向登记官提交针对那些账目的审计师报告副本。

第447条 上市公司的提交义务。主要包括：上市公司的董事，必须向登记官提交与财务年度相关之下列文件的副本：公司年度账目、董事薪酬报告和董事报告；他们必须同时向登记官提交针对那些账目的审计师报告副本。

第448条 被免除提交账目义务的无限公司。

第449条 提交简式账目时的特殊审计师报告。

第450条 简式账目的批准和签字。主要包括：简式账目必须经董事会批准，并且经一个公司董事或公司秘书代表董事会签字；必须在资产负债表上签字。

第451条 不提交账目和报告：犯罪。

第452条 不提交账目和报告：法院法令。

第453条 未能提交账目和报告的民事罚款。

主要参考文献

[1] 葛伟军. 英国 2006 年公司法[M]. 北京：法律出版社，2008.
[2] http://www.cqvip.com/onlineread/onlineread.asp，2011-03-13.

（初稿执笔人：田　野）

澳大利亚《公司法》及与会计相关的主要条款

一、澳大利亚《公司法》概述

1788年英国殖民者进入澳大利亚,随之而来的便是英国法,但殖民地的特殊情况决定了在澳洲发展起来的法律必然会呈现自己的独特性。澳大利亚的《公司法》是从继承英国法开始的,在模仿和吸收英国法中发展,并在偏离英国法中探寻自身的独特性。澳大利亚的《公司法》主要经历了沿用英国公司法时期、统一公司法时期以及现行的联邦公司法时期。

(一)沿用英国《公司法》时期

澳大利亚《公司法》起源于1862年英国公司法案[①]。19世纪60年代,澳大利亚的英国各殖民区皆已获得自治,享有制定宪法和法律的权利,各殖民区议会很快便将英国《公司法》的基本规定转变为自己的立法内容,同时针对本殖民区的特殊情况对英国母法做出小范围的改动,发源于维多利亚殖民区的"无责任公司"制度可视为早期澳大利亚殖民区公司制度"地方性"的代表。到19世纪末期,各州都颁布了部分基于该法案的公司立法,这些法案都各具特点。这一状况一直持续到20世纪前半叶,到20世纪50年代,各州立法都不统一。

(二)统一《公司法》时期

1901年澳大利亚联邦成立以后,按照联邦宪法的规定,公司事务由各州政法主管,有关公司的立法权归各州所有。20世纪工商业的发展使市场越来越趋向于"联邦化",而不只是在一州之内,这种州法不统一的局面为全国经济的进一步发展设置了障碍,需要迫切改革。20世纪60年代,各州同意由联邦颁布统一公司法。1961年到1963年,该法逐步形成。1962年开始到1963年,各州先后同意该法在其州内生效。

---

① http://blog.sina.com.cn/s/articlelist_1315905092_0_2.html,2011-03-12。

1964年，当时并不属于澳大利亚的巴布亚岛和新几内亚岛也采用了该法。这些内容相同的各州公司法在澳大利亚公司法学中被称为"1961—1962年统一公司法"(1961—1962 Uniform Companies Act，简称"1961—1962UCA")。

20世纪六七十年代，公司法特别是证券法持续发展和变化。联邦对它进行了改革，各州也进行了加强保护公众投资者的努力，包括强制会计、审计和接管、非公开交易等措施。此时小公司数量的激增导致了证券管理的发展，原来的公司登记机关纷纷转型为公司管理机关。

1975年工党掌权后，努力建立更加统一的公司管理机制。查林顿政府1978年与各州达成协议，该协议主要规定包括：(1)联邦公布统一公司法范本供各种颁布实施；(2)建立公司证券管理委员会，除公司登记事务外，各州公司管理机关将作为该委员会的代表机关工作。这一合作计划导致了1981年《公司法》的产生。

1986年工党继续掌权后，合作计划得以深入进行。但同时也出现了问题，很多人认为公司证券管理委员会执行无力而且效率低下，各州公司管理机关和国家公司证券管理委员会的并存导致功能重叠。

(三) 联邦公司法时期

1. 《公司法》(1989年)

1989年，联邦通过了1989年公司法案，试图建立国家层面的公司法。但各州将联邦告到最高法院认为联邦无权通过该法，结果各州胜诉。

2. 《公司法》(1991年)

1989年，各州诉联邦案中，各州胜诉后，联邦开始与各州协商并相继达成协议，同意扩大联邦在修订法律和公司统一管理方面的权利，以建立协作性的公司管理体系。1990年6月29日，该协议最终达成，协议主要内容包括：(1)各州颁布采纳修订后的1989年公司法案的法律，该法称为各州领公司法；(2)管理公司和证券事务的权力移交给澳大利亚证券委员会，现在称为澳大利亚证券投资委员会(Australian Securities and Investments Commission，简称ASIC)，该委员会为联邦政府机构；(3)在联邦立法中，联邦有权制订公司法的操作性规定，包括联邦刑事程序、行政审查等法律规定，公司法应按联邦法律解释的原则进行解释；(4)1989年各修订公司法的组织工作改由联邦政府负责，联邦政府有权提出修订议案，并且拥有四个投票权，而每州仅有一票。

3. 《公司法》(2001年)

1991年《公司法》的宪法效力在1999年至2000年期间遭到了来自澳大利亚高等法院的一系列质疑。在RE WAKIM案中，公司法中关于"交叉授权"的规定(即允许由联邦法院和州最高法院处理公司案件)并不能成为联邦法院对此有司法管辖权的根据。这就使得公司法"交叉授权"的规定无效。为解决因宪法层面的问题而导致的公司法效力不确定的问题,各州司法部长在 2000 年 8 月同意联邦就公司法和金融服务改革法案中的相关问题制定法律。根据澳大利亚宪法第 51 条中的规定,联邦国会有权根据各州国会的同意,就与联邦国会有关的事务制定法律,但是这一法律应当就该事务并且只在同意(或事后采纳)的该州有效。根据各州司法部长和联邦政府公司事务联席常务委员会的议定,联邦有权随后制订公司法计划,并实施这一计划。这一规定使得联邦国会获得了颁布通行澳大利亚的公司法案的宪法基础。新公司法案在 2001 年 7 月 15 日生效,取代了原公司法。澳大利亚在历史上第一次有了一部规定公司形式、经营和外部管理的国家法律。目前澳大利亚采用的是 2001 年颁布的《公司法》,但已被修订过多次。

二、澳大利亚《公司法》中财务会计与信息披露的基本条款与要求

澳大利亚现行的《公司法》[①]是 2001 年颁布,并经过多次修订后于 2009 年 2 月 27 日重新整理的公司法。澳大利亚主要通过《公司法》对公司的活动包括会计与财务活动进行立法管理,强调"真实与公允"。对会计的相关规范主要体现在《公司法》的第二章第 13 节(Chapter 2M)中,主要内容有:公司必须建立能够对交易事项和财务状况正确记载和解释的会计记录,根据这种记录要能够编制出符合"真实与公允"要求的会计报表,并且能够接受传统而正规的统计;规定了公司向全体股东及公司员工提交会计报表的期限;必须提示公司对外投资持股的具体情况及关联子公司的状况,必须编制合并会计报表,并对关联方交易的处理作了具体规定;在报表资料有可能被误解的情况下,必须增列有关补充资料加以说明;要求在董事报告书中说明公司的主要经营活动、税后利润形成准备金的情况、股票和债券发行情况、股利发放情况、坏账的处理估价、或有负债、董事津贴及重要的期后事项等。此外,对审计师的聘任及会计报表的审计也作出了规定。

(一) 概述(S 285)

本部分介绍了应该编制财务报告的实体、编制报告的流程,以及本章内容的适用

---

① 《2001 年公司法》,2001 年第 50 号,考虑到 2009 年第 9 号文件,于 2009 年 2 月 27 日重新编制。

范围。根据本章规定,所有公司、注册项目和披露实体必须进行财务记录,而其有些还需要编制年度财务报告,披露实体还必须编制半年度财务报告。实体编制财务报告的主要流程是:编制财务报告;编制董事会报告;审计财务报告并且获得审计报告书;将财务报告、董事会报告和审计报告提供给相关成员;向澳大利亚证券和投资委员会提供财务报告、董事会报告和审计报告;仅仅是公众公司在召开股东大会之前公布财务报告、董事会报告和审计报告。

(二) 财务记录(S 286-S 291)

本部分主要对财务记录进行规定,报告财务记录采用的文字、保存期限、保存方式和保存地点等。公司、注册项目或披露实体必须正确记录和解释它的交易、财务状况和业绩,并按照规定编制真实和公允的财务报告,然后按要求进行审计。记录的交易完成以后,相关财务记录必须再保留7年。财务记录可适用任何一种文字,但是没有采用英文进行记录的,必须按照要求在合理的时间内翻译成英文,提供给信息需要者。财务记录应该以硬拷贝的形式保存,如果财务记录采用的是电子格式,必须转换成硬拷贝的形式。公司、注册项目和披露实体应该决定财务记录的保存地点,如果保存地点在管辖权外,应该向澳大利亚证券和投资委员会提供书面材料说明这些财务记录的保存地点。

(三) 财务报告(S 292-S 323)

澳大利亚《公司法》对财务报告的要求主要分为年度财务报告和半年度财务报告,年度财务报告要求报告详细内容,半年度财务报告涉及内容相对简单,而且只要求披露实体必须编制半年度财务报告。

1. 年度财务报告和董事会报告

对公司年度财务报告和董事会报告的要求主要体现在 S 292~S 301 中,主要规定了提供财务报告和董事会报告的主体、财务报告的内容、财务报告的编制要求、董事会报告的信息以及审计财务报告的要求。

(1) 提供财务报告和董事会报告的主体(S 292-S 294)。所有的披露实体、公众公司、大型控股公司以及注册项目必须每年提供财务报告和董事会报告,对于小型控股公司只有在满足相关规定时才需编制财务报告和董事会报告,如持有5%股份以上的股东一起要求提供财务报告和董事会报告或公司由外国公司控股,并且在向澳大利亚证券和投资委员会提供财务报表的年度没有进行企业合并。

(2) 财务报告的内容(S 295)。每个会计年度的财务报告应该包括财务报表、财务报表附注以及董事会有关财务报表和附注的声明。财务报表的编制应该遵循会计准则;财务报表附注应该包括监管者和会计准则要求披露的内容,以及其他能够提供真实和公允报告的信息;董事会声明主要涉及是否有合理的理由相信公司、注册项目或披露实体在债务到期时能够偿付应付债务,公司财务报表和附注是否符合法规要求,如果公司、披露实体或注册项目已经上市,那么董事声明应该在公司总裁和首席财务执行官发布声明后,提供董事声明,还要包括公司、披露实体或注册项目的财务记录是否已按照相关要求进行保存。公司董事必须保证财务报表的编制符合本法规。

(3) 财务报告的编制要求(S 296-S 297)。财务报告的编制必须遵循会计准则,但是对于小型控股公司在特殊情况下可以不遵循会计准则,编制的财务报表和附注必须真实和公允地记录公司、注册项目或披露实体的财务状况和经营业绩。

(4) 董事会报告的信息(S 298-S 300A)。公司、注册项目或披露实体应该按照相关规定编制董事会报告,年度董事会报告包括基本信息和具体信息。

董事会报告的基本信息主要包括:第一,对于所有的公司、注册项目和披露实体每个会计年度的董事会报告必须对实体当年度的经营状况和经营业绩进行评价,报告实体在该年度发生的重大变化,实体的主要业务以及这些业务发生的重大变化,对公司的未来经营进行预测等。如果报告的信息可能会给实体带来不合理的损害,可以省略报告这些重要信息,并且在报告中进行解释。第二,如果公司或披露实体是上市公司,那么董事会报告还应该对实体的经营业务、财务状况以及经营战略和未来发展前景进行合理评估。

董事会报告的具体信息主要包括:第一,董事会的报告应该详细列示本年度支付的红利及进行的股利分配、董事会成员的姓名以及任职期限、实体发行的期权以及期权的详细信息、本年度向公司高管或审计人员支付的补偿金和保险费等。第二,对于上市公司,董事会报告还应该包括董事会有关薪酬管理的政策、政策和公司业绩的关系、有关薪酬的具体信息等。

(5) 审计每年财务报告(S 301)。公司、注册项目和披露实体每年编制的财务报告应该按照相关要求进行审计,并且由审计单位出具审计报告。对于小型控股公司,如果指南未要求进行审计或是为了满足条款 293 的需求,财务报告可以不进行审计。

2. 半年度财务报告和董事会报告

《公司法》中对半年度财务报告和董事会报告的要求和年度财务报告和董事会报告的要求类似,但是它要求披露实体必须编制半年度财务报告和董事会报告,对公司和注册项目没有要求编制半年度报告。

本部分主要涉及的内容包括:披露实体必须编制半年度财务报告和董事会报

告;半年度财务报告的基本内容;半年度财务报告的编制要求以及半年度董事会报告。

（1）披露实体必须编制半年度财务报告和董事会报告(S 302)。披露实体首先必须编制半年度财务报告和董事会报告,然后审计财务报告,并由审计单位出具审计报告,最后向澳大利亚证券和投资委员会提供财务报告、董事会报告和审计报告。

（2）半年度财务报告的基本内容(S 303)。半年度的财务报告应该包括半年度的财务报表、报表附注以及董事会声明。财务报表的编制必须遵循相关会计准则;报表附注应该报告监管者和会计准则要求披露的内容,以及其他能够提供真实和公允报告的信息;董事会声明主要涉及是否有合理的理由相信公司、注册项目或披露实体在债务到期时能够偿付应付债务,公司财务报表和附注是否符合法规要求,记录的内容是否真实和公允。

（3）半年度财务报告的编制要求(S 304-S 305)。编制的财务报告必须遵循会计准则和其他相关规章制度,编制的财务报表和附注必须真实、公允地反映披露实体的财务状况和经营业绩。

（4）半年度董事会报告(S 306)。披露实体的半年度董事会报告必须包括实体半年度的经营状况和经营业绩,以及在本期间增加的董事会成员信息。董事会报告还应包括一份董事会声明。

3. 向相关成员提供财务报告(S 314-S 318)

公司应该按照相关规定向公司全体股东和公司成员提供财务报告、董事会报告和审计报告,对于公司提供报告的期限如下:如果公众公司或披露实体不是注册项目,应该比较会计年度结束后召开股东大会的 21 天前与会计年度结束后的 4 个月内两者的截止日期,在最早的截止日期前提供报告;如果在会计年度结束后要向小型控股公司提供股东声明,那么应该比较提供股东声明的 2 个月内和财务年度结束后的 4 个月内两者的截止日期,在最晚的截止日期前向公司成员提供报告;对于注册项目必须在会计年度结束后的 3 个月内提供报告;对有的控股公司,应该在会计年度结束后的 4 个月内提供财务报告。

4. 向澳大利亚证券和投资委员会提交报告(S 319-S 322)

相关报告编制完成后,应该向澳大利亚证券和投资委员会提交报告。本部分对提交的细节进行了详细规定,主要内容包括:向澳大利亚证券和投资委员会提交年度报告;向澳大利亚证券和投资委员会提交半年度报告;澳大利亚证券和投资委员会有关提交报告方面的权利;如果财务报表或董事会报告在提交之后进行修订,应该提交修订后的报告。

5. 合并报表的特殊规定(S 323-S 323C)

如果公司、注册项目或披露实体必须编制合并报表,那么控制实体的董事或高管应该提供编制报表所需的全部信息。对合并报表进行审计时,控制实体应该允许审计人员查看账簿,并且提供审计人员所需的信息。

6. 会计年度和半年度(S 323D)

公司、注册项目或披露实体的第一个会计年度从注册或登记那天起,由董事决定包括以后的12个月或更多期限(不超过18个月)。对于以后的会计年度,如果不编制合并报表,那么一个会计年度为前一个会计年度结束后的12个月,董事也可以决定延长或减少会计年度期间(但是调整幅度不能超过7天);如果编制合并报表,合并实体的会计年度应该与编制合并报表的会计年度同步,为了同步一致,合并实体的会计年度可以适当缩短或延长,但是最长期限不能超过18个月。

半年度为公司、注册项目或披露实体一个会计年度的前6月。董事可以决定半年度期限的缩短或延长(但是调整幅度不能超过7天)。

(四) 聘任和罢免审计师(S 324AA-S 331AE)

本部分是对实体审计师的聘任和罢免进行的相关规定,主要涉及以下内容:单独的审计人员、审计事务所或授权的审计公司可以被聘任为公司或注册项目的审计师;对委派审计师的注册要求;审计师的独立性要求;故意淘汰审计师;上市公司的审计师轮换;聘任、罢免审计师和审计收费。

(五) 会计和审计准则(S 334-S 338)

本部分指名会计准则由澳大利亚会计准则委员会(Australian Accounting Standards Board,简称AASB)制定,并且应该符合《公司法》的要求。审计准则则由审计和鉴证准则委员会(Auditing and Assurance Standards Board,简称AUASB)负责起草和制定。

主要参考文献

[1] 何勤华.澳大利亚法律发达史[M].北京:法律出版社,2004.
[2] http://blog.sina.com.cn/s/articlelist_1315905092_0_2.html, 2009-05-18.
[3] http://www.comlaw.gov.au/, 2009-06-02.

(初稿执笔人:刘海英)

德国《公司法》及与会计相关的主要条款

一、德国《公司法》概述

德国是民商分立制的国家,关于商事组织的规范分别集中在《德国民法典》和《德国商法典》中。民法中调整的是社团和合伙的标准模式;商法中调整的是民事合伙的变体,即普通商事合伙(无限公司)、有限合伙(两合公司)、隐名合伙(隐名公司)、股份公司和股份两合公司。继 1892 年德国颁布了有限责任公司单行法后,商法典中的股份有限公司和股份两合公司的内容也从商法中分离出来,颁布了《股份及股份两合公司法》(下称《公司法》)。联邦德国没有专门统一的公司法典,其公司法是指德国有关公司制度的法律规范的总称。在大陆法系中,联邦德国的公司法,无论在对各种企业形式的法律理论概括还是在立法技术上,都比较精细完备,对欧洲大陆及其以外国家的公司立法产生过很大影响。

德国公司法具有以下特点:(1)分别制定调整不同公司关系的法律。针对各种公司的不同性质,比如在《商法典》中规定无限公司和两合公司;在《股份公司法》中规定股份有限公司和股份两合公司;在《有限责任公司法》中规定有限责任公司。(2)分别制定公司组织法和行为法。《股份公司法》和《有限责任公司法》主要规定公司的设立、变更和终止、公司章程、组织机构和股东的权利义务等,属于组织法范畴。《商法典》则主要规定有价证券的发行和转让等,属于行为法范畴。(3)有限责任与无限责任并存。在德国,股份有限公司和有限责任公司采取有限责任形式,具备法人资格。股份两合公司的部分股东虽负无限责任,但公司仍为法人。无限公司和两合公司采取无限责任形式,不是法人。(4)加强对有关公司的特殊问题的立法。1965 年《股份公司法》对康采恩等垄断性公司或企业作有关规定。专门制定《公司转换法》,具体规定已依法设立的公司转换为另一种公司的条件和程序。

对于选择企业的法律形式,联邦德国的公司法提供了一个广泛的可供挑选的可能性。联邦德国公司法原则上把公司区分为人合公司和资合公司两大类,人合公司包括民法上的合伙、无限公司和两合公司、隐名合伙、特定合伙经营以及欧洲法上的经济利益共同体;资合公司包括股份公司、有限责任公司和股份两合公司。此外,还包括非资合性的联合社团以及合作社。人合公司和资合公司的区别在于参加公司的股东与公司之间的紧密程度。人合公司的股东与公司之间的联系紧密,他们是公司财产的所有人,具有参与业务权、代表公司权以及个人的责任。经济领域更为活跃的资合公司的法律地位就完全不同,在其中股东的意志只是通过其资本,而不一定通过其个人因素表达出来;他们不是公司财产的所有人,同时也不承担公司债务。民法上的合伙、隐名合伙、特定合伙经营、欧洲法上的经济利益共同体、非资合性的联合社团以及合作社等不是主要的公司类型。

二、德国《公司法》的体系

(一) 综合性立法

综合性立法为《德国商法典》(Handelsgesetzbuch,简称 HGB),是德意志帝国于 1897 年 5 月 10 日首次颁布,并于 1900 年 1 月 1 日与《德国民法典》同时生效的一部法典。它与 1896 年 8 月 8 日发布的《德国民法典》共同构成德国私法的两大法典,其间历经多次修改。现行的《商法典》于 2003 年 12 月 1 日最新修订,分 5 卷共 905 条,分别对贸易基本概念、贸易公司、贸易法、贸易种类和海上贸易等五个方面进行了详尽的规定。其中,第二卷贸易公司部分主要对人员组合公司(以下简称人合公司)进行了界定;第三卷贸易法分为通用规定、资本组合公司(以下简称资合公司)规定以及银行、保险、金融服务等特定行业规定部分。

(二) 针对特定注册形式公司的专门立法

1. 《有限责任公司法》(GmbH-Gesetz)

该法颁布于 1892 年 4 月 20 日,最新修订于 2002 年 10 月 25 日,共有 6 章 87 条,对有限责任公司的成立、公司及股东法律关系、组织结构、公司章程修改及其解散、清算、破产和注销的各项事宜予以明确、具体的规范。

2. 《德国股份公司法》(Aktiengesetz)

该法于 1965 年 9 月 6 日颁布,其雏形可上溯至 1861 年 1 月的旧《德意志商法》。2003 年 11 月 27 日最新修订,共分 4 卷 20 章 410 条,从股份公司、股份两合公司、关联企业以及特殊性和惩罚性规定四个方面对股份公司的成立、机构设置、管理、业务开展、解散等予以规范。

3.《自由职业人员合伙公司法》(PartGG)

该法于1994年7月25日颁布,共11条,对自由职业者如何成立合伙公司、合作伙伴之间的法律关系等进行了规定。

4.《工商业合作社法》(Gesetz betreffend die Erwerbs- und Wirtschafts Genossenschaften,简称GeG)

该法于1994年8月19日生效,共10章165条,对如何成立合作社做出了规定。另外,德国《民法典》(BGB)对人合公司的最基本形式——民法公司(Gesellschaft bürgerlichen Rechts,简称GbR)也作出了规定。

(三)针对具体事物的专门立法

在原民主德国和联邦德国破产法基础上于1994年10月5日重新修改、颁布了《破产条例》,该法对企业申请破产的条件、过程作出了规定。1976年5月4日首次通过、2002年3月23日最新修订的《雇员共同决定法》,对资合公司以及2 000人以上的企业中雇员的决策参与权作出了规定。1969年5月18日颁布、2001年12月10日最新修订的《特定企业及企业集团账目公布法》对超过一定规模的企业如何公布账目进行了规定。1969年8月25日颁布、2003年12月24日最新修订的《解雇保护法》对6人及6人以上的企业解雇员工的有关条件和程序作出了规定。1997年1月1日生效的《交易所法》对企业上市的条件、过程、管理等作出了规定。

三、德国有关法规中关于财务会计与信息披露的基本条款与要求

(一)簿记的规定——《德国商法典》

第239条 商业簿记。在进行商业簿记和其他必要的记载时,商人应使用尚在使用之中的语言。使用缩写、数字、字母或符号的,在具体的情形,其含义必须固定。其要求是:在账簿中进行登记和其他必要的记载,必须完整、正确、及时和有序;登记或记载不得以不再能确定原内容的方式变更,也不得进行不能确定其为原来作出的或是后来才作出的变更;商业簿记和其他必要的记载也可以有序的单据文档或以数据载体的方式进行,但以这些簿记方式连同在此所采用的程序符合通常簿记的原则为限。在以数据载体的方式进行商业簿记和其他必要的记载时,特别是要保证数据在保管期间可供使用在适当的期间内随时可读。准用第1项至第3项。

(二) 财产目录的规定——《德国商法典》

第240条 财产目录。主要要求有：任何商人均应在其营业开始时，将其土地、债权和债务、现金的数额以及其他财产作成目录，并注明各项财产和债务的价值；商人应为每个营业年度的结束编制此种财产目录。营业年度的期间不得超过12个月，财产目录在符合通常营业的时间内编制；有形固定资产中的财产以及原材料和辅助材料定期更新，并且其总价值对企业具有次要意义的，以其存在的数量、价值和构成上只经受微小的变动为限，应以不变的数量和不变的价值列出。但通常每三年应进行一次实物清点；存货中的同种类财产以及其他同种类或近似同种类的动产和债务每次都可以划归为一类，并以加权平均值列出。

(三) 财务报表条款(适用于所有商人)的规定——《德国商法典》

第247条 资产负债表的内容。主要要求有：(1)在资产负债表上，应单独列示固定资产和流动资产、自有资本、债务以及递延项目，并对其进行充分的划分。(2)在固定资产中，只应列示长期用于营业经营的财产。(3)在资产负债表上，可以设置为所得税和收益税的目的而准许的负债项目。这些项目应作为具有公积金性质的特别项目列示，并依税法的规定解除。在此限度内，无需准备金。

第250条 递延项目。主要要求有：(1)以支出为决算日之后的一定时间的费用为限，支出在决算日之前，应作为递延项目列示在资产方。除此之外，可以列示下列项目：作为费用而被考虑的关税和消费税，但以其归于应在决算日列示的存货中的财产为限；作为费用而被考虑的、对应在决算日列示的或已从存货中公开扣除的定金的营业税。(2)以收入为决算日之后的一定时间的收益为限，收入在决算日之前，应作为递延项目列示在负债方。(3)债务的偿还额高于发行额的，差额可以列入资产方的递延项目。此差额应由可以分配于债务整个期限的年计划摊销额清偿。

第253条 财产和债务的估价。主要要求有：(1)财产最高以购置或生产成本估价，并减除依第2项和第3项的折旧和摊销额。债务应以其偿还额估价，不再能够期待对待给付的定金义务以其现值估价，准备金只应以依理性的商人评价为必要的余额估价；只有在作为准备金发生依据的债务包含利息成分时，才可以将准备金折为现在的价值。(2)对于固定资产中使用有时间限制的财产，应从购置或生产成本中减除计划折旧额。计划必须将购置或生产成本分配于预计可以使用财产的各个营业年度。对于固定资产中的财产，不管其使用有时间限制与否，以在决算日应赋予它的较低的价值对这些财产进行估价，可以进行计划外折旧；预计价值长期减少的，应进行计划外折旧。(3)对于流动资产中的财产,以在决算日由交易所价格或市价产生的较低的价值对其进行估价,应进行摊销。不能确定交易所价格或市价,并且购置或生产成本超过在决算日应赋予财产的价值的,应摊销至此项价值。此外,此摊销依理性的商人评价为必要为限,可以进行摊销,以防止在不久的将来因价值变动而须变更这些财产的估价。(4)在理性的商人评价范围内,准许进行折旧和摊销。(5)可以保持依第2项第3款、第3项或第4项的较低估价,即使进行此种估价的原因不再存在,也不例外。

第254条 税法上的折旧或摊销。主要要求有:以基于只在税法上准许的折旧或摊销的价值对固定或流动资产中的财产进行估价,也可以进行折旧或摊销。同第253条第5项。

第255条 购置和生产成本。主要要求有:(1)购置成本是指为取得一项财产并将其置于可以进行营业状态而支付的费用,但以费用可以单独归于该项财产为限。附带费用以及嗣后的购置费用,也属于购置成本。购置价格的减少应予扣除。(2)生产成本是指为制造、扩大一项财产行为进行超出其原来状态的重大改善而消费物品和使用劳务所发生的费用。材料费用、制造费用和制造特别费用属于此种范畴。在计算生产成本时,对于必要的材料间接费用、必要的间接制造费用和由制造引起的固定资产的价值损耗,可以计入适当部分。无需计入一般管理费用以及企业的福利机构、自愿的福利给付和企业养老费用。只有在第3款和第4款意义上的费用是在生产期间发生时,才可以考虑此种费用。销售费用不得列入生产成本。(3)借入资本的利息不属于生产成本。可以列示为制造一项财产融资而使用的借入资本的利息,但以其是在生产期间发生的为限;在此种情形,利息视为该项财产的生产成本。(4)为承受一个企业而履行的对待给付在扣除承受时的债务后超出该企业各项财产的价值差额,可以作为营业价值或商号价值列出。此项金额在以后每个营业年度,应通过摊销至少清偿1/4。但营业价值或商号价值的摊销,也可以按计划分配于预计使用此项价值的各个营业年度。

(四)资合公司资产负债表的补充规定——《德国商法典》

《德国商法典》的第266条至第274a条是对资合公司(股份有限公司、股份两合公司和有限责任公司)资产负债表的补充规定,其中第266条和第267条的规定如下:

第266条 资产负债表的格式

1. 资产负债表应以账户形式编制。大型和中型资合公司(第267条第3项、第2项)应将第2项所称的项目单独并按规定的顺序列示在资产方,将第3项所称的项目单独并按规定的顺序列示在负债方。对于小型资合公司(第267条第1项),只需编制简要资产负债表;只将第 2 项和第 3 项中用字母和罗马数字表示的项目单独并按规定的顺序列入此种资产负债表。

2. 资产方项目。(1)固定资产。包括无形资产(含特许权、工业产权和类似的权利和价值以及对此种权利和价值的许可;营业或商号价值;给付的定金)、有形固定资产(含土地、准土地权利和建筑物,包括他人土地上的建筑物;技术设备和机器;其他设备、经营和营业设施;给付的定金和在建设施)和金融资产(含关联企业的股份;向关联企业提供的贷款;参股;向有参股关系的企业提供的贷款;固定资产中的有价证券;提供的其他贷款)。(2)流动资产。包括存货(含原材料和辅助材料;在产品、未完成的劳务;产成品和商品;给付的定金)、债权和其他财产(含由供货和劳务产生的债权;对关联企业的债权;对有参股关系的企业的债权;其他财产)、有价证券(含关联企业的股份;自有股份;其他有价证券)、货币资金(含支票、库存现金、联邦银行和邮政汇划存款、在金融机构的存款)和递延项目。

3. 负债方项目。(1)自有资本。包括认缴资本、资本公积金、盈余公积金(含法定公积金;自有股份公积金;章定公积金;其他盈余公积金)、盈余结转/亏损结转和年度盈余/年度亏损。(2)准备金。包括养老和类似义务的准备金、税金准备金和其他准备金。(3)债务。包括债券(其中可转换的)、对金融机构的债务、已经获得的订货定金、由供货和劳务产生的债务、由承兑汇票和发行本票产生的债务、对关联企业的债务、对有参股关系的企业的债务、其他债务(由税金产生的债务,和在社会保障的范围内产生的债务)。(4)递延项目。

第 267 条 规模等级的限定。主要要求有:(1)小型资合公司是指不超出下列三个特征中的至少两个的资合公司:在扣除资产方列示的亏缺数额(第 268 条第 3 项)之后,资产负债表总计金额为 531 万德国马克;在决算日前的 12 个月内,销售收入为 1 062 万德国马克;年平均有 50 名雇员。(2)中型资合公司是指超过第一项所称的 3 个特征中的至少两个、但不超过下列 3 个特征中的至少两个的资合公司:在扣除资产方列示的亏缺数额(第 268 条第 3 项)后,资产负债表总计金额为 2 124 万德国马克;在决算日前的 12 个月内,销售收入为 4 248 万德国马克;年平均有 250 名雇员。(3)大型资合公司是指超过第二项所称的 3 个特征中的至少两个的资合公司。一个资合公司的股票或由其发行的其他有价证券在欧洲经济共同体的一个成员国的交易所获准进行官方交易或获准在有管理的市场进行交易,或已经申请准许进行官方交易或准许在有管理的市场进行交易的,该资合公司始终视为大型资合公司。(4)只有在连续两个营业年度的决算日超过或不超过依第 1 项至第 3 项第 1 款的特征时,才发生这些特征的法律效果。在改组或新设立的情形,在改组或新设立后的第一个决算日具备第

1项、第2项或第3项的要件时,即发生此种法律效果。(5)每次在3月31日、6月30日、9月30日和12月31日受雇的雇员人数总和的1/4,视为雇员的平均人数;在此,包括在国外受雇的雇员,但不包括为对其进行职业教育而受雇的人员。(6)雇员代表机构依其他法律享有的听取报告权和受告知权,不因此而受妨碍。

(五)资合公司损益表的补充规定——《德国商法典》

《德国商法典》的第275条至第278条是对资合公司损益表的补充规定,具体内容如下:

第275条 格式。主要要求有:(1)损益表应以垂直形式按总成本法或销售成本法编制。在此,对于第2项或第3项所称的项目,应按给定的顺序单独列出。(2)在采用总成本法时,应列示:销售收入;现存的产成品和在产品的增加或减少;其他作为资产列示的自产产品和劳务;其他营业收入;材料支出(含原材料和辅助材料以及购进商品的费用,购进的劳务的费用);人员支出(含工资和薪水,用于养老和救济的社会税捐和费用,其中用于养老的部分);折旧和摊销(含固定资产中无形资产的摊销和有形资产的折旧以及作为资产列示的营业经营开始和扩大的费用的摊销,流动资产中资产的摊销,但以其超出资合公司通常的摊销为限);其他营业费用;由参股产生的收入(其中,由关联企业产生的收入);由其他的有价证券和出借金融资产产生的收入(其中,由关联企业产生的收入);其他利息和类似收入(其中,由关联企业产生的收入);金融资产和流动资产中有价证券的摊销;利息和类似费用(其中,向关联企业的部分);主要经营活动的成果;营业外收入;营业外费用;非营业成果;所得和收益税;其他税金;年度盈余/年度亏损。(3)在采用销售成本法时,应列示:销售收入;为取得销售收入所提供的劳务的生产成本;营业总成果;销售费用;一般管理费用;其他营业收入;其他营业费用;由参股产生的收入(其中,由关联企业产生的收入);由其他的有价证券和出借金融资产产生的收入(其中,由关联企业产生的收入);其他利息和类似收入(其中,由关联企业产生的收入);金融资产和流动资产中有价证券的摊销;利息和类似费用(其中,向关联企业的部分);主要经营活动的成果;营业外收入;营业外费用;非营业成果;所得和收益税;其他税金;年度盈余/年度亏损。(4)在损益表上,只能将资本和盈余公积金的变动列示在"年度盈余/年度亏损"项目之后。

第276条 由规模等级决定的便利。主要要求有:小型和中型资合公司(第267条第1项、第2项)可以将第275条第2项第1点至第5点或第3项第1点至第3点、第6点的项目合并成一个以"毛损益"名称的项目。除此之外,小型资合公司不需要对"营业外收入"和"营业外费用"项目进行第277条第4项第2款和第3款要求的说明。

第277条　对损益表各个项目的规定。主要要求有：(1)由出卖和使用出租或收益出租对资合公司的主要经营活动为典型的产品和商品产生的收入，以及由出卖和使用出租或收益出租对资合公司的主要经营活动为典型的劳务并在扣除收入减除项目和营业税之后产生的收入，应作为销售收入列示。(2)作为现存财产的变动，不仅应考虑数量的变动，而且应考虑价值的变动；但对于折旧或摊销，只在其不超出资合公司通常的折旧或摊销的限度内才予以考虑。(3)依第253条第2项第3款的计划外折旧以及依第253条第3项第3款的摊销，每次都应单独列示，或在附录中注明。因承担损失而产生的收入和费用以及依盈余的共同关系、盈余移转合同或部分盈余移转合同获得的或移转的盈余，每次都应单独列示，并列示相应的名称。(4)在资合公司主要经营活动范围之外发生的收入和费用，应列示在"营业外收入"和"营业外费用"项目之下。关于这些项目的数额及其种类，以列示的数额对评价收益状况并非具有次要意义为限，应在附录中进行说明。对于应归于另一个营业年度的收入和费用，也适用第2款的规定。

第278条　税金。主要要求有：所得和收益税应以关于使用盈余的决议为依据计算；在确认年度决算时无此种决议的，应以关于使用盈余的方案为依据。关于使用盈余的决议与方案有出入的，无需变更年度决算。

（六）合作社资产负债表的补充规定——《德国商法典》

《德国商法典》的第337条是对合作社资产负债表的规定，内容如下：

第337条　对资产负债表的规定。主要要求有：(1)应列示社员的股金数额，以替代认缴资本。在此，应单独注明在该营业年度结束时已经退社的社员的股金的数额。对社股拖欠的到期应缴纳的出资在资产负债表上作为股金列示的，应在资产方以"对社股拖欠的到期应缴纳的出资"这一名称提取相应的数额。对社股拖欠的到期应缴纳的出资不作为股金列示的，数额应在"股金"项目中载明。在这两种情形，数额均应以名义价值列示。(2)应列示盈亏公积金，以替代盈余公积金，并对其进行如下划分：法定公积金；其他盈亏公积金，必须载明《关于营业和经济合作社的法律》第73条第3项的盈亏公积金和应由此种盈亏公积金向退社的社员支付的数额。(3)对于盈亏公积金，应单独列示：社员大会由上个年度的决算盈余提取的数额；由该营业年度的年度盈余提取的数额，为该营业年度取用的数额。

（七）资产负债表的规定——《德国有限责任公司法》

第41条　簿记与编制资产负债表的义务。主要要求有：管理董事有义务使公司依照规定进行会计工作;在每一营业年度最初 3 个月内,管理董事提出上一营业年度的资产负债表与损益计算书;章程可将上项期限延长至 6 个月内,如公司所属企业有以海外营业为其营业范围的,章程可规定将上项期限延长至 9 个月内。

第 42 条 资产负债表的编制。主要要求有:对业务上长期使用、不再出让的设备与其他资产,估价时入账价格以其购入价格或出厂价格为限;如已扣除损耗数额或已将其相应的更新基金入账,则可不按低于上项价格的价值入账;不得将组织与行政管理费用作为资产列入资产负债表;公司要求股东缴纳增缴股款的权利,只有在公司已决定要求其缴纳而股东并无放弃股份以免除缴纳的权利时,才能作为资产列入资产负债表;对列入资产负债表资产方的关于增缴股款的请求权,应由在负债方的等值资本金额予以平衡;章程确定的股本总额应列入负债方。各种储备金、更新基金以及已支付的增缴股款总额均应列入负债方,但已用作有关负债项的补偿而撤销者不在此限;由全部资产和负债相抵而得出的利润及亏损,应在资产负债表的结算中特别表明。

(八) 公司和股东的法律关系——《德国股份公司法》

第 57 条 投资不偿还不生息。主要要求有:投资不得偿还给股东。在允许购买自己的股票的情况下,支付的购买价金不被视为是对投资的偿还;对股东既不得允诺,也不得给付利息;在公司解散之前只准许将结算盈余分配给股东。

第 58 条 年度盈余的使用。主要要求有:(1)只有在股东大会确定年度账目的情况下,章程才可以规定,从年度盈余中提取款项划入另外的盈利储备金中。根据这样的章程规定,最多只能提取年度盈余的一半划入另外的盈利储备金中。同时,要划入法定储备金中的款项和亏损结转账目首先要从年度盈余中扣除。(2)如果董事会和监事会对年度账目作出确定,那么他们可以摄取年度盈余的一部分但最多是它的一半划入另外的盈利储备金中。章程可以授权董事会和监事会把年度盈余的一大部分或者一小部分划入另外的盈利储备金中,但对在交易所挂牌的公司,则只能把比年度盈余一半更多的部分划入另外的盈利储备金中。根据这样的章程规定,如果另外的盈利储备金超过了基本资本的一半,或者在划入后另外的盈利储备金超过了基本资本的一半时,董事会和监事会不得再将款项划入另外的盈利储备金中。第 1 款第 3 句的规定原则适用。(3)在不违反第 1 款、第 2 款规定的情况下,董事会和监事会可以将自有资本份额从固定资产和流动资产部分的价值补偿中和从在税法的盈利计算中产生的负债款项中(它不允许在特殊款项项目下用储备金份额来证明)提出,划入另外的盈利储备金中。这种储备金的款项或者在资产负债表中单独加以证实,或者在附注中加以说明。(4)股东大会可以在关于使用结算盈余的决议中将其他款项划入盈利储备金中或作为盈利转入新账。如果得到章程的授权,股东大会还可以作出一个不同于第1句的规定或不同于在股东中进行分配的另外一种使用决定。(5)股东有权要求得到结算盈余,只要结算盈余没有根据法律或章程通过第3款规定的股东大会决议,或者依据盈利使用决议作为附加开支而被排除在股东中进行分配。

第59条 结算盈余的分期付款。主要要求有:章程可以授权董事会在营业年度期满后根据预计的结算盈余向股东分期付款;只有对上个营业年度的临时结账中有一笔年度盈余金,那么董事会才准许分期付款,最多只允许将从年度盈余金中扣除根据法律或章程应划入盈利储备金中的款项后剩余款项的一半作为分期付款。此外,分期付款不得超过上一年结算盈余的一半;分期付款需得到监事会的同意。

第60条 盈利分配。主要要求有:股东的红利是按照股票票面价值的比例确定的;如果对基本资本的投资不涉及在同样情况下的所有股票,那么股东可以从可供分配的盈利中预先获得投资的百分之四的款项。如果可供分配的盈利不够支付,那么要按一个相应的较低的比率来确定款项。对在营业年度中支付的投资要根据支付的时间情况来考虑。章程可以规定另外一种营利分配方式。

(九)公司和股东的利息支付和利润分配——《德国股份公司法》

第20条 迟延利息。主要要求为,股东不按时缴付股本出资应缴款额时应依法支付迟延利息。

第29条 净利润的分配。主要要求有:如果章程未另作规定,股东对年度资产负债表上的净利润有请求权;利润的分配按股份比例进行。章程还可规定其他分配标准。

(十)公司的解散和清算——《德国股份公司法》

第71条 资产负债表,清算人的权利与义务。清算开始及其后每一年度,清算人应编制一份资产负债表。

第72条 财产分配。公司的财产应按股东股份比例分配。章程也可规定其他分配比例。

主要参考文献

[1] [德]托马斯·莱赛尔,吕迪格·法伊尔.德国资合公司法[M].高旭君,单晓光,刘晓海等,译.北京:法律出版社,2005.

[2] 卞耀武,贾红梅,郑冲. 德国股份公司法[M]. 北京:法律出版社,1999.
[3] 杜景林,卢谌. 德国股份法 德国有限责任公司法 德国公司改组法 德国参与决定法[M]. 北京:中国政法大学出版社,2000.
[4] 杜景林,卢谌. 德国商法典[M]. 北京:中国政法大学出版社,2000.

(初稿执笔人:康 婷)

法国《公司法》及与会计相关的主要条款

一、法国《公司法》概述

法国1807年的《商法典》第一编第3章涉及有关公司的规定,其中分为人的公司和物的公司。后者因经济发展的影响而作了较多的修改,并颁布了单行法作为补充。1866年的公司立法尤为重要,因为它对股份有限公司的法规大幅修改。1966年戴高乐执政时,法国重新制定了一部全面规定各种公司形式的、完整的、统一的公司法,即《商事公司法》。

法国于1966年7月24日出台的关于商事公司的第66-537号法律是一部具有很大影响的现代公司法。法律全文509条,对冠名为"合名公司"的无限责任公司、普通两合公司、有限责任公司以及股份有限公司等不同的公司类型均做了全面系统的规定,其中特别是对股份有限公司的规定更为详细,很明显地反映了立法者所关注的重心。因为股份有限公司是典型的现代企业的组织管理制度。法国这部公司法以严格的准则主义为核心,对公司的设立、发起人的行为与责任、公司的各种组织机构、权限、财务管理与监督都规定了严密的条款,尤其是在保留传统的董事会这种被称为"一元委员会制"的管理体制的基础上,借鉴了当时的联邦德国公司的管理制度,创设了新的"二元委员会制度",即"管理委员会加监事会"(directoire + conseil de surveillance)的公司治理结构。股份有限公司设"管理委员会"(directoire)时即由管理委员会领导而不再设董事会;管理委员会最多由5人组成;股票准许进入规范市场交易的公司,其管理委员会成员人数增为7人,成员可以是非公司股东,但监事会的每一个成员都必须是本公司一定数量股票的所有人。管理委员会的全体成员由监事会任命,并委任其中一人为管理委员会主席。监事会对管理委员会管理公司的活动实施经常性监督。管理委员会成员由股东大会解除职务。2001年5月15日第2001-420号法律将这一规定改为:管理委员会成员可以由股东大会解除职务,如果公司章程有此规定,由监事会解除其职务。进一步扩大了监事会的权力。这部公司法的另一个突出点是其罚则(刑事规定)部分,从第423条至第501条,将近80个条文,占全部条文的1/7,可谓是

"以重罚来保障公司活动的规范"。

但是,随着时间的推移,特别是社会经济环境的变化,近年来,法国立法机关对这部 40 多年前制定的法律进行了必要的重大修改,其中出现了一些新形式的公司,例如"一人公司"(一人有限责任企业)、"简化的股份有限公司"以及"工人参股股份有限公司"等。在商事公司发行的有价证券方面,修改的内容更多,其中包括取消了有关"可转股债券"和"可兑股债券"的规定,明确指出了"几种正在消失的有价证券,其中包括无表决权优先股(无表决权优先派息股)";有限责任公司实际上没有最低资本限制,并且在一定条件下也可以发行债务等,所有这些新的规定实际上是对传统的公司规则的一种宽松处理。

二、法国《民法典》中关于公司的相关规定

法国法律中的"公司"被称为"societe",这是一个多义词,通常有"社会"、"社团"之意,这也正说明了"大公司就是小社会"。法国公司立法始于 1673 年《商事敕令》,1804 年公布的《法国民法典》是资本主义国家最早的一部民法典。1804 年的法国《民法典》第 1832 条对"合伙"所做的定义是:"合伙为二人或数人同意将若干财产共集一处,而以分配经营所得利益为目的的契约"(李浩培等译,商务印书馆,1979 年版)。1978 年 1 月 4 日,第 78-9 号法律将《民法典》的这一条文修改为:"合伙(societe,公司)是二人或数人约定将其不分财产或技艺共集一处,以期分享利润或者获取由此可得之经济利益的契约"。1985 年 7 月 11 日,第 85-697 号法律再次对《民法典》第 1832 条进行了修改:"合伙(公司)由二人或数人依据一项契约约定将其财产或技艺用于共同事业,以期分享利润或者获取由此可得之经济利益而设立"。按照这些条文的表述,无论"是契约"还是"依契约而设立",我们都可以认为,现在的法国《民法典》依然体现着法国在这一问题上的传统观念:将公司看成是一种合同,一种可以"产生法人的合同"(伊夫·居荣:《法国商法》,法律出版社,2004 年版),也就是说,法国公司法持"公司设立契约"的观念。

三、法国《公司法》中关于会计账目的相关规定

现行《法国公司法典》中关于会计账目的规定,涉及第 232 款,共包括会计文件、公开募集资本的公司专有文件、费用的摊还与准备金、利润和账目的公告 5 个方面。

(一) 会计文件

关于会计文件的规定涉及第 232-1～6 共 6 条内容。

第 232-1 条的主要要求有:(1)每一会计年度终结,公司董事会或经理管理人均应按照《商法典》第一卷第二编第三章第二节的规定编制盘存表、年度账目以及一份书面管理报告,并在公司资产负债表内附有以下文件:(a)由公司设立的保证、票据担保及其他担保的全览,此项规定不适用于经营信贷或保险企业的公司;(b)由公司同意提供的其他担保的清单。(2)管理报告应为陈述在过去的会计年度内本公司的经营状况、可预见的发展变化、在本会计年度结束时与管理报告制定的日期之间发生的重大事件以及公司在研究与发展方面开展的活动。(3)本条所指的各项文件,相应情况下,按照最高行政法院提出资政意见后颁布的法令规定的条件提交给会计监察人。

第 232-2 条的主要要求有:(1)在符合最高行政法院提出资政意见后颁布的法令规定的、按照其薪金雇员的人数或者其营业额确定的两项标准之一的商事公司的,在可能时,考虑其活动的性质,公司董事会,或相应情况下,管理委员会或经理管理人,应当制定公司可以实现与可以支配的资产状态表,经营值排除在外,以及应当偿付的到期债务、预期损益表、资金安排计划表以及年度资产负债表和预期资金安排计划。上述最高行政法院提出资政意见后颁布的法令具体规定制定这些文件的形式、期限及文件的周期。(2)在确定公司薪金雇员人数时,直接或间接持有一半以上资本的公司的薪金雇员视同本公司的员工,不论被持股的公司为何种形式的公司。

第 232-3 条的主要要求有:(1)在股份有限公司里,董事会或管理委员会制定的有关公司发展变化的书面报告应当对第 232-2 条所指的各项文件做出分析。这些文件与报告同时通报给公司监事会、会计监察人与企业委员会。(2)在不遵守第 232-2 条及前款规定的情况下,或者如前款所指的报告中提供的情况需要另作说明时,会计监察人应当在其向董事会或者向管理委员会提交的报告中指出。会计监察人的报告应同时报送企业委员会,并在下一次股东大会上通报。

第 232-4 条的主要要求有:(1)在股份有限公司以外的其他公司里,第 232-2 条所指的各项报告由经理管理人制定,并通报给会计监察人、企业委员会,以及在相应情况下,在公司设有监事会时,通报给监事会。(2)在不遵守第 232-2 条及前款规定的情况下,或者如前款所指的报告中提供的情况需要另作说明时,会计监察人应当在其向经理管理人提交的报告中,或者在年度报告中指出。会计监察人可以要求将其提交给公司股东,或者在下一次股东大会上进行通报。该报告应报送企业委员会。

第 232-5 条的主要要求有:(1)按照第 233-18～26 条之规定建立集团账目的公

司,可以按照第 123-17 条规定的条件且不依第 123-18 条之规定,将其依据第 233-16 条所指意义上独家控制的公司的证券,按照其以集团结算规则决定的这种证券所代表的公司自有资本的份额,记入其资产负债表的资产栏目内。此种估价方法如得到采用,适用于符合前述条件的全部证券。在账目的附件中应载明所做的选择。(2)这些证券所代表的公司自有资金之总份额每年发生变动的相应部分不构成公司损益要素。这一部分变动应单独列入自有资本的一个栏目,不得纳入分配,不得用于填补亏损。但如出入相抵,总额出大于入,则记入损益账目。(3)如某一公司采用前款所指的方法,在受该公司控制的公司本身亦在相同条件下控制着其他公司时,受该公司控制的公司可以采用同样的方法。(4)最高行政法院提出资政意见后颁布的法令确定本条的实施办法。

第 232-6 条的主要要求有:按照第 123-17 条规定的条件所采用的年度账目的制定与评价方式发生变更时,应当在管理报告中指出,并且在相应情况下,应在会计监察人的报告中指出。

(二) 公开募集资本的公司专有的文件

关于公开募集资本的公司专有文件的规定涉及第 232-7 和第 232-8 两条内容。

第 232-7 条的主要要求有:(1)股票准予进入规范交易市场的公司(原规定为:"在证券交易所公开挂牌上市的公司"),应当在其年度账目中附有本期终结时公司所持有的全部有价证券的盘存表。同时还应附有拟向股东大会提议的有关可分派款项的使用与分配的明细表。(2)除可变资本投资公司以外的上述公司还应当最迟在每一会计年度前半年结束后的 4 个月内,制定并公布一份说明公司在过去的半年中经营成果与营业额的有关数据的报告,并且对公司在这一时期所进行的活动、本会计年度预期的发展变化以及过去半年中发生的重大事件做出说明。半年报告必须载入的事项以及公布报告的方式由最高行政法院提出资政意见后颁布的法令确定。会计监察人可以审核半年期报告中所提供情况的真实性。

第 232-8 条的主要要求有:如果公司的一半资本属于一家或数家股票准予进入规范市场交易的公司(原规定:"在证券交易所公开挂牌上市的公司"),股票没有获准进入规范交易的公司以及不具有可以发行股票之公司形式的公司,如果其资产负债超过(2000 年 9 月 19 日第 2000-916 号法令)"300 000 欧元"(原规定:"2 000 万法郎")或者其盘存值或其所持全部证券的交易价值超过(2000 年 9 月 19 日第 2000-916 号法令)"300 000 欧元"(原规定:"2 000 万法郎"),应当在其年度账目中附加其在本会计年度结束时所持有的有价证券的盘存表。

(三) 费用的摊还与准备金

关于费用的摊还与准备金(provisions)的规定涉及第 232-9 一条内容,其包括的内容如下:(1)除第 232-15 条第 2 款的规定保留外,设立公司的费用,可以在进行任何利润分派之前摊还,摊还费用的期限最迟为 5 年。(2)增加资本的费用最迟应在此种费用投入的那个会计年度之后第 5 个会计年度终结时摊还。此种费用从本次增加资本相关联的发行溢价总额中摊还。(3)但是,专一经营范围是建造与管理主要用于住宅出租的房产公司或房产租赁公司,以及工商用不动产公司,可以按照有关房产的相同条件分期摊还设立公司的费用以及增加资本的费用。获准对通讯业提供资金的公司按有关它们的建筑与设备相同的条件摊还设立公司的费用与增加资本的费用。

(四) 利润

关于利润的规定涉及第 232-10～20 共 11 条内容。

第 232-10 条的主要要求有:有限责任公司是可以发行股票的公司,应当从当年会计年度的利润中,必须时,扣除过去的亏损额度之后,至少提取 1/20 的款项用于设立公积金基金(fonds de reserve),称为"法定公积金"(reserve legale)。与此相抵触的一切审议决议均无效。在公积金数额达到公司资本 1/10 时,不再强制提取上述款项。

第 232-11 条的主要要求有:(1)可供分配的利润,由本会计年度所获得的利润,扣除前期亏损以及依据法律或章程的规定纳入公积金的款项以后,加上转入的前期利润构成。与此同时,股东大会可以决定将可处分的公积金中提取的款项纳入分配。在此情况下,这项决定应当明确指出从哪些公积金栏目中提取款项。任何情况下,股息均优先取自本期可以分配的利润。(2)除减少资本之外,在公司自有资金如分派利润之后低于公司注册资本加上法律或章程规定的不允许分配的公积金的数额,不得进行任何利润分配。(3)因重新估价而产生的差额部分不得进行分配。此种差额可以全部或部分纳入公司资本。

第 232-12 条的主要要求有:(1)在年度账目获得批准并确认有可以分配的款项之后,由股东大会确定可以用股息的形式分配给持股人的款额部分。(2)如在一个会计年度期中或结束时制定的并且经会计监察人出具证明的公司资产负债表显示,公司自前一会计年度终结以来,在设立必要的公积金以及应当摊还的款项之后,减去前期亏损数额与法律或章程规定应当纳入公积金的款项,并考虑转入的前期利润额,公司实现了利润,则可以在本期账目得到批准之前以分期预付股息的方式进行分配。此种预付股息的数额不得超过本款所指的利润额。此种分配应当按照最高行政法院提出资政意见后颁布的法令确定的条件与方式进行。(3)违反上述规则进行分配的任何股息均为虚假股息。

第232-13条的主要要求有:经股东大会投票表决可以分派的股息的支付方式由股东大会确定,或者在股东大会未予确定时,由公司董事会,或者相应情况下,由管理委员会或经理管理人确定。但是,股息应当在会计年度结束后最迟9个月期限内支付,否则法院决定延长该期限。

第232-14条的主要要求有:(1)公司章程可以规定,对凡是证明自己在本经营期终结时记名登记至少已经2年并且在开始支付股息之日仍然维持记名登记的股东,分派增加的股息,但增加的幅度在10%的限度之内。增加股息的比例由特别股东大会确定。在股票准许进入规范市场交易的公司时,对于同一股东,可以获得这种增加股息的股票的数量不得超过公司注册资本的5%,按照相同的条件,在无偿分派股票的情况下,也可以分派同样的增加股息。(2)在修改公司章程之后的第二个经营周期终结之前不得增加股息。

第232-15条的主要要求有:禁止为股东的利益规定固定的利息或附加利息,任何与此相抵触的条款均视为未予订立;国家给予股票以最低股息保证时,不适用前款之规定。

第232-16条的主要要求有:公司章程可以规定以"最先支付的股息"(premier dividende)的名义分派一种利息,此种利息按照已支付且未予偿还的股票的股数数额计算。除章程另有规定外,在计算最先支付的股息时,不考虑公积金。

第232-17条要求,公司不得要求股东或股份持有人返还任何股息,但是,在下列两个条件均具备的情况下除外:如股息的分派违反了第232-1条、第232-12条以及第232-15条的规定;如公司能够证明,股息受益人在分派股息时知道此项分派具有不符合规定之性质,或者依据分派时的具体情况受益人不可能不知道此种情形。

第232-18条的主要要求有:在可以发行股票的公司里,其章程可以规定,审议公司年度账目的股东大会有权给予每一位股东以选择权:对纳入分配的全部或部分股息以及分期预付的股息,在用现金支付和用股票支付两者之间进行选择;在公司有不同种类的股票的情况下,审议年度账目的股东大会有权决定已经认购的股票与有权分派股息或分期预派股息的股票是否属于同一种类;用股票支付股息或用股票支付分期预付的股息的要约,应当同时向所有股东发出。

第232-19条的主要要求有:按照第232-18条规定的条件(分派)发行的股票,发行价格不得低于面值;股票准予进入规范市场交易的公司(原规定为"在证券交易所公开挂牌上市或在二级市场上市的公司"),股票的(分派)发行价格不得低于分派决定做出之日前20个交易日的平均价格减去股息或分期预付之股息净额之后的90%;在其他公司里,股票的(分派)发行价格由公司选择确定:或以最近的资产负债表计算的资产净值除以现存证券的总数;或者按照董事会或管理委员会请求法院指定的鉴定专家的意见确定,确定(分派)发行价格规则的实施由会计监察人审核。会计监察人向第232-18条所指的股东大会提出专项报告;如果股东有权取得的股息或分期向其预付的股息不能构成整股股票,该股东可以在接受构成整股的股票同时接受余额的现金,或者如公司提出要求,该股东可以接受超过其可得数目的整股股票并补交差额部分的现金。

第232-20条的主要要求有:(1)用股票支付股息的请求,在必要情况下,同时交付第232-19条第2款所指的款额,必须在股东大会确定的期限内提出。该期限自股东大会之日起计算,不得超过3个月。只要股东提出上述要求,即告公司实现增加资本,且不必履行第225-142条、第225-144条第2款以及第225-146条规定的各项手续。但是,在公司增加资本的情况下,公司董事会或管理委员会可以在不超过3个月的期限内暂时中止行使请求用股票支付股息的权利。(2)在股东大会依本条第1款确定的期限届满后2个月内,公司董事会或管理委员会举行的第一次会议时应当确认按照本条规定发行的股票的数目,并对公司章程有关注册资本以及代表资本的股票数目的条款做出必要修改。

(五) 账目的公告

关于账目公告的规定涉及第232-21~23共三条内容。

第232-21条的主要要求有:(1)当合名公司的所有无限责任股东都是有限责任公司或者是可以发行股票的公司时,有义务在股东大会批准年度账目之后的1个月内,向法院书记室交存以下文件,一式两份,附于《商事及公司登记簿》:(a)年度账目、管理报告,以及相应情况下,集团结算报告、有关集团的报告、会计监察人关于年度账目与集团结算账目的报告,可能的情况下,应对股东大会向他们提出的修改意见做出补充说明;(b)提交股东大会审查的有关经营结果使用的建议以及经表决通过的使用经营结果的决议或者已经做出的决定。(2)在股东大会拒绝批准或者拒绝同意的情况下,其进行审议的复印件亦应在相同期限内交存。(3)如果合名公司的所有无限责任股东都是合名公司,或者合名公司的所有无限责任股东都是普通两合公司,而这些普通两合公司的所有无限责任股东是有限责任公司或者是可以发行股票的公司时,上述规定的义务应具有强制性。(4)为适用本条之规定,具有相似法律形式的外国法公司视为有限责任公司或可以发行股票的公司。

第 232-22 条的主要要求有：(1)所有有限责任公司均有义务在普通股东大会或者唯一的股东批准年度账目之后的 1 个月内，向法院书记室交存以下文件，一式两份，附于《商事及公司登记簿》：(a)年度账目、管理报告，以及相应情况下，集团结算报告、有关集团的报告、会计监察人关于年度账目与集团结算账目的报告，可能的情况下，应对股东大会或唯一的股东向它们提出的修改意见做出补充说明；(b)提交股东大会或唯一的股东审查的有关经营结果使用的建议以及经表决通过的使用经营结果的决议或者已经做出的决定。(2)在拒绝批准或者拒绝统一的情况下，股东大会或者唯一的股东进行审议的复印件亦在相同期限内交存。

第 232-23 条的主要要求有：(1)所有可以发行股票的公司具有义务在股东大会批准年度账目之后的 1 个月内，向法院书记室交存以下文件，一式两份，附于《商事及公司登记簿》：(a)年度账目、管理报告、会计监察人关于年度账目的报告，可能的情况下，应对股东大会就提交其审议的年度报告所提出的修改意见做出补充；以及相应情况下，集团结算账目、有关集团管理的报告、会计监察人关于集团结算账目的报告以及监事会的报告。(b)提交股东大会审查的有关经营结果使用的建议以及经表决通过的使用经营结果的决议。(2)在拒绝批准或者拒绝同一年度账目的情况下，股东大会审议决议的复印件亦应在相同期限内交存。

四、法国《公司法》中关于会计监察人的相关规定

《法国公司法典》中有关会计监察人的规定涉及《商法典》第八卷"若干规范的职业"中的第二编"会计监察人"和 1969 年 8 月 12 日第 69-810 号关于会计监察人职业组织与职业地位的法令两个部分。

(一) 关于会计监察人职业组织

该法第一部分共 3 章内容：职业的组织与监督；会计监察人的地位，该部分又包括登记与纪律、会计监察人的职业道德规范与独立地位以及民事责任；法定监督的实施，该部分又包括会计监察人的任命、回避、解除职务、任务以及会计监察人执行任务的方式。

(二) 关于会计监察人职业组织的管理

该法第二部分包括 6 个方面的内容：(1)会计监察人名册的制定。涉及以下两方面的内容：在名册上登记的条件(含自然人、公司)和在名册上登记的程序。(2)行业组

织。该部分包括4个方面的内容:一般规定;地区会计监察人理事会;地区会计监察人公会全体会议以及全国会计监察人公会理事会。(3)会计监察人的权利与义务。(4)纪律。该部分包括以下4个方面的内容:一般规定;纪律裁判权与程序;纪律处分的执行和其他规定。(5)工作日程安排与报酬。(6)会计监察职业民事合伙。包括以下3个方面的内容:合伙的设立(含一般规定;章程、合伙的资本;合伙注册登记及设立公告);合伙的运作(含合伙的管理;合伙股份的转让与转移;合伙人退出、新合伙人加入)和合伙的解散与清算(含合伙解散的原因;解散;合伙的转型)。(7)职业民事合伙与隐名合伙以外的会计监察人公司。包括以下两方面的内容:一般规定和会计监察人自由职业公司(含公司的设立与注册登记;公司的运行;公司的解散与清算)。(8)所有会计监察人公司的共同规定。包括职业活动的展开和纪律两方面的内容。

主要参考文献

[1] 金邦贵.法国商法典[M].北京:中国法制出版社,2000.
[2] 罗结珍.法国公司法典(上、下)[M].北京:中国法制出版社,2007.

(初稿执笔人:全 怡)

荷兰《公司法》及与会计相关的主要条款

一、荷兰《公司法》概述

荷兰与大多数欧洲大陆国家一样,属于成文法系国家,其公司法内容包含在《民法典》中。20世纪初,荷兰的企业治理与会计在国际上就有一定声誉,但直到1970年,企业编制财务报告实际上没有法律规定。1970年9月,荷兰公布了有关"企业年度报表"的公司法,公司财务报告才开始有了立法依据。由于荷兰没有独立的商法,该公司法于1975年收进了荷兰的《民法典》之中,包括对荷兰公司的财务报告的详细规定,具体如下:年度财务报表应显示当年的财务状况和经营成果的公允价值,其中所有项目必须适当地归类和表述;必须按照"稳妥的商业惯例"编制财务报表;必须披露有关表述资产和负债以及确定经营成果的依据;应在一致的基础上编制财务报表,对会计原则变动的重大影响应予披露;应在财务报表及其附加的注释中披露上期的比较财务信息。这些法定规则,构成了荷兰会计原则的基础。

荷兰公司法最大的特色,就是完全不划分本国公司与外国公司,即使是根据外国法律设立的公司也都可以在荷兰自由经营,包括担当契约当事人、成立合伙事业和建立法人机构。特别是荷兰并不限制企业雇佣拥有专长的外籍经理人或其他专业人才。在荷兰的各种机构法人形态中,包括以下几种:有限责任私人公司(Besloten Vennootshap,简称BV)、有限公司大众公司(Naam loze Vennootschap,简称NV)和其他数种合伙事业。当然外国投资人也可以在荷兰或荷兰企业联手在欧洲经营事业,有两种形态,一种是与荷兰公司共同成立合营企业,另一种则是兼并或购并当地公司。合资企业无论合伙企业或私人公司方式经营均无不可。荷兰的法人机构在国际间向来以体制健全而广受好评,荷兰公司法无疑对此有重要贡献。

二、荷兰《公司法》中与会计相关的主要条款

在荷兰,对企业会计最有影响力的法律是《公司法》,但在1975年荷兰将《公司法》

纳入《民法典》,1983年根据欧洲经济共同体第4号指令又作了重大修改。《民法典》对企业会计工作,尤其是财务报表的编制方法是相当宽容的,财务报表格式也可以在第4号指令所准许的十分广泛的格式中任意挑选。荷兰会计法律规范最鲜明的特点是:最大的自由选择空间、高度的职业道德标准,强调为企业内部管理服务。

作为欧盟成员国之一,为了适应欧盟的协调要求,《民法典》于1983年和1988年对有关条款进行了修订,并用"可接受的通用会计原则"取代了"良好惯例"这条标准。《民法典》中规定,整套财务报表的目的是:按照可接受的通用会计原则,提供有助于形成有关财务状况和损益的可靠意见信息;同时,在年度报表报告的范围内提供偿债能力和变现能力的信息。应注重的是,此处所称通用会计原则不是已接受的会计原则,而是可接受的会计原则,在含义上类似于英国的"真实与公允"观点。至于哪些会计原则是可接受的判定标准,由荷兰年度报告委员会提供。这些判定标准虽非法定,却被大多数企业所遵循。在1992年,荷兰颁布了新的《民法典》,其灵活性高于以往的民法典。公司法主要规定体现在《民法典》第二编。在立法过程中,荷兰政府有意识地将相关要求原则化,以便为企业根据自身发展的需要选择或者创造会计处理方法提供最大的空间。如"有助于形成可靠的意见"(sound judgement)、"有助于洞察企业的清偿能力"(sight)之类的表述,是法律上判断财务报告能否被接受的主要标准。这些术语非常抽象,与英国公司法的"真实与公允反映"的原则性要求非常相似。

《民法典》规定假如企业的利害关系集团,包括股东、雇员、劳资协议会及工会认为报表编制没有遵循法律的有关规定,可以向阿姆斯特丹法院的企业合议庭起诉。企业合议庭由三名法官和两名专家组成,设有陪审团。虽然合议庭的裁决只适用于某个被告公司,但它所坚持的立场可能会影响到其他公司的惯例。因为合议庭要求被告公司根据裁决订正财务报表,不遵从裁决将遭到罚款或监禁的惩罚。由于合议庭的存在及其裁决结果,荷兰《公司法》建立了一系列的判例作为补充。

三、荷兰《民法典》中关于会计的基本原则与方法

由《民法典》明确规定的会计原则是:持续经营原则、一致性原则、权责发生制原则、稳健性原则、收入实现原则以及个别项目的计价原则。主要会计方法如下:

(一)强调以现行价值作为资产计价的依据

在微观经济思想下,会计中的核心概念是资本的保持,会计计量基础的选择,必须对投入企业的资本按其真实价值计量。现行价值会计在荷兰会计中占有重要的地位,

如公司按历史成本编制财务表,需同时在报表注释中披露有关现行成本的信息;固定资产可按历史成本或现行价值计价。由于荷兰的影响,欧盟第 4 号指令在资产计价方面作出了折中规定,存货及固定资产计价基础,原则上按历史成本,但如成员国法律要求企业采用或答应企业采用现值计价,目前也可遵从其法律有关规定,将来视经济、货币等发展趋势再作决定。

(二) 许多项目可直接调整股东权益的预备金账户

对许多项目可直接调整股东权益的预备金账户,如不可预期的灾难损失、没收或国有化引起的损失、金融重组影响损失、偶发或非正常性质的项目,以及商誉的注销、会计原则的变更等。关于企业合并,荷兰与欧盟第 7 号指令要求的购买法相一致。合并形成的任何商誉可资本化后摊销,或直接从股东权益预备中注销,荷兰会计实务普遍采用后一种方法。

(三) 无形资产是否按资本化处理并无硬性规定

许多公司对无形资产采取一次注销的做法,而不作资本化处理。在按资本化处理的情况下,要在不超过 5 年的期限内摊销完毕。商誉的摊销期限可在合理限度内适当延长,但不超过 5 年。研究开发费用只要预期具有未来效益,即可予以资本化,但仍在不超过 5 年的期限内摊销完毕。

主要参考文献

[1] 常勋. 国际会计研究[M]. 北京:中国金融出版社,2005.
[2] 孙潇潇. 荷兰公司法概览[J]. 时代经贸,2008(8):53.
[3] Martha Meinema. Mandatory and Non-mandatory Rules in Dutch Corporate Law. http://www.docin.com/p-47779546.html,2011-03-12.
[4] http://www.66wen.com/09glx/gongshangguanli/kuaijixue/20051125/3048.html,2011-03-12.

(初稿执笔人:冯丽丽)

日本《公司法》及与会计相关的主要条款

一、日本《公司法》概述

在企业组织形式上,日本主要是公司制。公司主要有四种类型:股份有限公司、无限公司、两合公司和有限责任公司。日本称股份有限公司为株式会社,把有限责任公司称为有限会社。关于公司的组织和活动的法律规范,具有重要意义的是《商法》第2编。战后,日本受美国的影响,对商法公司篇及有限公司法作了多次修改。但是日本既没有像法国那样将公司法从商法中分离出来,也没有像德国那样将股份法从商法中分离出来,而是拘泥于商法的体系与条文,所以商法公司篇的条数和内容都比较凌乱。此外,日本还公布实施了《有限公司法》、《商法特例法》、《商业登记法》、《附担保公司债信托法》和《公司更生法》等。

关于日本公司法的演变,日本的公司立法始于明治维新之后,从单行公司条例的制定到商法典的编纂以及一次又一次地修订和补充,走过了一百年的曲折道路,目前已发展到相当完备的程度。回首日本公司立法的百年风雨历程,以第二次世界大战为界,前后分为两个阶段:

(一)战前日本《公司法》的形成与发展

明治维新以前,日本奉行闭关锁国政策长达200多年,资本主义受到极大扼制,商品经济很不发达。因此,公司制度及公司立法都不存在。1868年明治维新后,日本政府奉行"富国强兵、殖产兴业、文明开化"三大政策,开始走上一条西方化的资本主义道路,并随之引进了西方国家的公司制度与公司立法。战前日本公司法的形成与发展又经历了以下三个阶段。

1. 过渡时期

在这一时期,日本面临两个问题:是制定单行的公司条例还是编纂系统的商法典;是以法国法为模式还是走德国法道路。明治维新以后,日本政府为了推行"殖产兴业"政策,大力扶持近代工商业的发展,并从西方国家引进了风靡一时的公司制度。1869

年,日本相继在8个地区创办官民合营的通商公司与汇兑公司。1872年,日本又仿照美国制定了《国家银行法》,这是日本最早的有关特种公司的立法。但是,当时尚未制定出普遍适用的公司法规。实践中,涉泽荣一的《立会略则》被当作启蒙法规并加以使用。后来,随着公司的进一步推广应用,制定单独的公司法被提上议事日程。1874年日本开始制定公司条例,先后提出了几个草案,然而由于日本正在酝酿编纂系统的商法典,公司法的制定被纳入商法典的编纂事业之中。1881年,日本从德国聘请著名法学家海尔曼·劳埃斯拉担任政府法律顾问,帮助起草商法典。经过3年努力,1884年《商法典》草案脱稿,于1890年4月27日正式公布,并于次年1月1日施行。这部法典虽然是在德国法学家的帮助下制定的,但它却以法国商法典为蓝本,从形式到内容反映了法国法的特色。法典公布后,因卷入当时的"法典之争"而被延期施行,故历史上称之为"旧商法"。

2. 确立时期

1899年新商法的颁布,标志着日本公司法的正式确立,后又随形势的变化多次进行修改。1893年,日本政府任命梅谦次郎、冈野敬次郎和田部芳3人重新组成新商法起草委员会,负责按德国商法的模式对旧商法进行全面修改。随后,修改案经议会通过于1899年3月9日公布,于同年6月16日正式施行,这便是日本的新商法典。法典共分5编,其中的第2编共7章,对公司制度作了全面且系统的规定。新商法的颁布标志着日本公司法的正式形成。随着日本对外侵略扩张的得逞和垄断资本主义的形成,为了适应形势变化的需要,日本政府对商法典进行了多次修改。其中,1911年的修改最为引人注目。此次修改涉及内容200多条,而公司法部分就有100余条。通过修改,日本公司法的德国法色彩更为浓厚。

3. 变化时期

第二次世界大战期间,日本公司法发生了重大变化,主要表现在1938年公司法的修改和《有限公司法》的制定上。"一战"以后,随政治、经济形势的巨大变化,日本议会于1938年通过了一个商法典修改法案。法案对商法典进行了全面修改,修改后的条文总数比以前增加了近一倍,并将条文作了重新安排,使整个法典的面貌焕然一新,而此次修改的焦点则集中在有关股份公司的条款上。与此同时,为了促进中小企业的发展,成立一种适合于中小企业的新的公司形态,通过对其他国家有关法律的比较取舍,日本于1938年4月5日制定并公布了一部单行的《有限公司法》。自此以后,日本的有限公司如雨后春笋般发展起来,成为数量仅次于股份公司的又一种现代企业组织形式。《有限公司法》的制定,成为日本公司立法史上又一座里程碑,从而最终实现了日本公司立法的定型化。

(二)"二战"后日本《公司法》的改革与完善

"二战"后的日本经过短短的几十年的努力,从一片废墟中苏醒过来,一跃而成经济大国,创造出被世界经济学家称为"奇迹"的辉煌成就。导致战后日本经济腾飞的原因无疑有很多,但公司法的变革在其中所起的促进作用是不容否认的。与战后日本的经济发展相适应,日本公司法的演变先后经历了4个阶段。

1. 经济恢复与整顿时期

从1945年日本战败投降到1955年,这是日本经济的恢复与整顿时期,在法制建设上,日本迈出了西方化的第二步,即向英美法系靠拢,但同时由于曾经处于美军占领之下,因此受美国法的影响更深。这一时期,日本对其公司法也进行了革新,其中1950年的修改最为重要,此次修改主要从美国公司法中吸收了大量内容,如引进了美国的董事会制度、从确定资本制向授权资本制转变、废除股份两合公司等。此后,日本公司法开始融大陆法系与英美法系于一身,兼采两大法系之长。

2. 经济高速发展时期

从1955年至1973年,是日本经济高速发展的黄金时代。与经济的高速发展和企业形式的变化相适应,这一时期,日本的公司法领域发生了一系列重大变化,并形成了一些独具特色的公司制度,其中最引人注目的是法人持股制度与职工持股制度。在日本,法人股东在大企业中占据主导地位,特别是金融、保险业中企业法人的持股率高达70%,而个人股东仅占不到30%。法人之间的相互持股或环形持股形成银行、企业、保险业和商业服务业等一系列法人之间的互相渗透、依托、辅助与监督网络。而职工持股制度,就是在股份公司内部设立本企业职工持股会,由职工个人出资、公司给予少量补贴帮助职工个人积累资金陆续购买本企业股票的一种制度。

3. 经济低速增长时期

1974年是日本"二战"后的第一个负增长年,此后,日本经济开始进入调整和改造的低速增长阶段。与此相适应,日本公司法先后于1974年和1981年作了两次修改,涉及的主要内容有:首先,为了加强对财务会计的监督,特别制定了一个《商业特例法》;其次,针对日本社会存在的所谓"职业股东"与"拥客",为了保证股东大会的应有作用得以发挥,日本作出了关于禁止对股东行使权利进行干预或拉拢的规定;最后,对法人相互持股作了必要的限制。

4. 泡沫经济的膨胀与衰落时期

1985年,日本经济开始呈现繁荣景象,并随之出现了所谓"泡沫经济"的膨胀。然而,好景不长,随着1991年东京股市的"崩盘",日本经济很快转入萧条。泡沫经济的崩盘不仅给日本经济带来巨大的损失，同时也显示出日本经济结构、金融秩序以及公司制度等方面存在严重问题。为了尽快消除经济衰退给社会造成的影响，并结合公司法中存在的问题，日本于1990年和1992年两次对公司法进行了较大幅度的修改，并于1993年提出了关于公司法修改的最新法案。其主要内容有：对公司的最低资本金作了限制，承认并允许设立一人公司，提高监事地位与强化股东权利等。

纵观"二战"后日本公司法的改革与变化，总的看来正朝着不断完善更加符合国际潮流的方向发展。短短50多年先后经过了近10次修改，而法律的调研、探讨与审议等工作，更是一直没有停止过。可见，日本政府对公司法的重视程度较之战前有过之而无不及。

（三）1990—2000年日本《公司法》修改的主要内容

在这10年里，为适应日本产业结构和经济形势的变化，日本公司法又作了多次修改，修改的内容主要集中在公司重组、公司治理结构等方面，目的是提高公司重组的效率，建立企业内部激励机制，提高日本企业的竞争力。

1990年，取消了设立公司发起人数的最低限制。意味着1名发起人便可以通过发起设立的方式创立一人公司。这就为中小个人投资者创立不愿他人入股的公司和为现存的公司创立全资子公司提供了法律依据。1993年，进一步完善了监事制度。即将监事的任期由两年延长至3年，比董事的任期多出一年；同时规定大公司应选任3名以上监事，其中至少有1人为"外部监事"。据此来强化监事职能，防止公司经营舞弊。1994年，放松了公司回购股份的限制，允许股份公司在市场上购买不超过已发行总数10%的自己的股份，然后再出售给本公司董事及高级管理人员。以后又进一步规定，股份公司可以通过期权的方式，向本公司董事及高级管理人员出售股份。1997年，对公司合并制度进行了修改，使合并程序得以合理、简化。首先废除了公司合并中的股东报告大会和新设合并中的创立大会，合并时只需召开一次股东承认大会；其次新设了简易合并制度，据此小规模合并可以不召开股东承认大会；再次简化了对债权人的告知手续；最后明确了合并对异议债权人没有损害时，公司可以不进行清偿或提供担保。这些规定提高了合并的效率，促进了日本企业的联合和竞争力的提高。1999年，创设了股份交换制度和股份转移制度。通过股份交换，可以使既存的两个公司形成全资母子公司关系；通过股份转移，可以使现存公司创设自己的全资母公司。这两项制度的创设，为日本企业可以通过简便程序为组建全资母子公司关系的集团公司提供了法律依据，促进了日本企业的资源优化配置，提高了跨国公司和集团公司的竞争力。2000年，增加了关于公司分割的内容。通过公司分割可以将公司营业让与其他公司（新设或既存的公司）来继承,可以把一个公司分为两个以上的公司。公司分割制度的创立,满足了企业使某个事业部门独立出来以提高效益,或与其他公司的同类营业部门合并以确保优势地位的需要。

20世纪90年代之后,随着泡沫经济的破灭以及经济全球化的愈演愈烈,为了使日本企业适应日趋激烈的国际竞争的需要,日本开始频繁修改公司法,其中,仅2001年一年就进行了3次重大修改,此后更是连年修改不断。较近一次的公司法修改是在使公司法实现现代化的目标下进行的,其力度和广度都超过以往的各次修改,内容涉及整个公司法制,并形成了日本历史上第一部形式意义上的公司法典。该《公司法》经国会审议通过,已于2005年7月26日公布,在2006年4月开始实施。

(四) 日本《公司法》最新修改的主要内容

本次日本公司法的修改工作,主要是由日本法制审议会和日本执政党所属的国会议员负责进行的。从平成十二年(2000年)9月开始,日本法制审议会便着手进行有关公司法修改案的起草、审议工作。平成13年(2001年)4月18日,法制审议会公司法分会发表了《关于修改部分商法规定的法律案要纲草案》,同年9月5日该《草案》通过了法务大臣的审议。与此同时,国会议员也以"议员立法"的形式直接参与了本次公司法大修改的立法工作。自民党、公民党和保守党等三大执政党所属的国会议员分别于平成十三年5月13日和5月30日向国会提交了《关于库存股解禁的商法修改案》及《关于股东代表诉讼及监事制度的商法以及商法特别法修改案》。其中,《关于库存股解禁的商法修改案》,作为《修改商法部分规定的法律》(平成十三年6月29日法律第79号)于平成十三年6月22日通过参议院的审议,于6月29日正式公布。《关于股东代表诉讼及监事制度的商法以及商法特别法修改案》也于平成13年秋季召开的第153回临时国会上通过审议。

整个公司法的修改过程大体可以分为如下四个阶段:第一阶段,主要是从改善企业资金筹措手段的观点出发,审议、修改现行商法中有关自己股份的取得、保有及股份面额的限制性规定。该修改法案已通过平成十三年(2001年)第151回通常国会的审议,于平成十三年10月1日起施行。第二阶段,主要是从适应高度情报化社会发展的需要以及企业活动国际化的观点出发,审议、修改现行商法中有关股份的制度,补充了有关股东大会决议、董事会会议记录以及公司财务报表等书类的电子化方面的规定。该修改法案已通过平成十三年秋季第153回临时国会的审议,于平成十四年(2002年)4月1日起施行。第三阶段,将重点审议现行商法中有关公司组织机构及会计制度改革的问题。修改草案将由法务省提交给平成十四年第154回通常国会审议。第四阶段,将重点审议股票的不发行制度及公司法条文的口语化问题。具体日程的安排,将留待平成十五年(2003年)以后再作决定。

二、日本《公司法》中与财务会计相关的条款

(一) 会计原则

第431条 股份公司的会计,应遵循一般被认为公正妥当的企业会计惯例。

(二) 会计账簿

第432条 股份公司,须依法务省省令的规定,及时制作准确的会计账簿。

股份公司,须在自封闭会计账簿时起的10年期间内,将其会计账簿及有关其事业的重要资料进行保存。

第433条 享有全体股东表决权3%以上表决权的股东,或持有以发行股份3%以上数额的股份的股东,在股份公司的营业时间内,随时可以提出下列请求。本场合,须先表明该请求的理由后提出如下有关请求:①簿记或与此相关的资料以书面形式作成时,阅览或誊写该书面文件的请求;②会计账簿或与此相关的资料以电磁记录作成时,阅览或誊写法务省省令规定的方法表示的记录于该电磁记录上的事项的请求。

第434条 法院,可依申请或职权向诉讼当事人命令提交全部或部分会计账簿。

(三) 财务会计报表

第435条 股份公司须依法务省省令的规定,制作其成立日的资产负债表。股份公司须依法务省省令的规定,制作与各营业年度相关的财务会计报表及经营报告以及这些文件的附属明细表。财务会计报表及经营报告以及这些文件的附属明细表,可以以电磁记录制作。股份公司须在自制作财务会计报表时起的10年期间内,保存该财务会计报表及其附属明细表。

第436条 在有监事的公司,前条第2款的财务会计报表及经营报告以及这些文件的附属明细表,须依法务省省令的规定,接受监事的监查。

第437条 在设董事会的公司,董事须在发出年度股东大会召集通知之际,依法务省省令的规定,向股东提供已得到的前条第3款承认的财务会计报表及经营报告。

第438条 以下各项所列股份公司,董事须向年度股东大会提交或提供该各项规定的财务会计报表及经营报告。依前款规定被提交或提供的财务会计报表,须得到年

度股东大会的承认。董事须向年度股东大会报告依第 1 款的规定被提交或提供的经营报告的内容。

第 439 条　就设会计监查人公司,在得到第 436 条第 3 款承认的财务会计报表,作为按照法令及公司章程正确表示股份公司的财产及盈亏状况的财务会计报表,而符合法务省省令规定的要件的场合,不适合前条第 2 款的规定。本场合,董事须向年度股东大会报告该财务会计报表的内容。

第 440 条　股份公司需依法务省省令的规定,在年度股东大会闭会后及时公告资产负债表(大公司为资产负债表及损益表)。

第 441 条　股份公司为把握属于紧接最终营业年度一定日期的该公司的财产状况,可依法务省省令的规定,制作下列文件:决算日的资产负债表;有关自临时决算日所属营业年度的第一日至临时决算日期间的损益表。

第 442 条　股份公司须将财务会计报表等,在该各项规定的期间,置备于其总公司。

第 443 条　法院可依申请或职权,向诉讼当事人命令提交全部或部分财务会计报表及其附属明细表。

第 444 条　设会计监查人员,可以依法务省省令的规定制作与各营业年度相关的联结财务会计报表。联结财务会计报表,可以以电磁记录制作。在营业年度的最后一日,必须依证券交易法第 24 条第一款的规定向内阁总理大臣提交有价证券报告的大公司,须制作与该营业年度相关的联结财务会计报表。联结财务会计报表,须依法务省省令的规定,接受监事及会计监查人的监查。在设会计监查人的公司,已得到前款的监查的联结财务会计报表,须得到董事会的承认。在设会计监查人的公司,董事在发出年度股东大会召集通知之际须依法务省省令的规定,向股东提供已得到前款承认的联结财务会计报表。

第 445 条　股份公司的资本金金额,除本法另有规定的场合外,为设立或发行股份之际成为股东者,向该股份公司缴纳的股款或给付的财产的金额,不超过前款的缴纳股款或与给付相关金额的 1/2 的金额时,可以不作为资本金计入。依前款的规定决定不作为资本金计入的金额,须作为资本公积金计入。

第 446 条　股份公司的盈余金金额,为第一项至第四项所列金额的合计额减去第 5 项至第 7 项所列金额的合计额后所得的金额。

第 447 条　股份公司可以减少资本金金额。本场合,须经股东大会决议下列事项:资本金减少的金额;将资本金减少金额的全部或部分作为公积金时,其意旨及作为公积金的金额;资本金金额减少的生效之日。

第 448 条　股份公司可以减少公积金金额。本场合,须经股东大会的决议,决定下列事项:公积金减少的金额;将公积金减少金额的全部或部分作为资本金时,其意旨及作为资本金的金额;公积金金额减少的生效之日。

第 449 条　股份公司减少资本金或公积金时,该股份公司的债权人可以向该股份公司,就资本金等金额的减少提出异议。但是只减少公积金金额,且符合下列所有事项的场合不在此限:年度股东大会决定前条第 1 款各项所列事项;前条第 1 款第 1 项的金额不超过作为前项的年度股东大会召开之日的亏损额而依法务省省令规定的方法推算出的金额。

第 450 条　股份公司可以减少盈余金的金额,并增加资本金金额。本场合,须决定下列事项:盈余金减少的金额;资本金金额增加的生效之日。前款各项所列事项的决定,须经股东大会决议。前 1 款第 1 项的金额,不得超过同款第 2 项的日期的盈余金的金额。

第 451 条　股份公司可以减少盈余金金额,并增加公积金金额。本场合,须决定下列事项:盈余金减少的金额;公积金金额增加的生效之日。前款各项所列事项的决定,须经股东大会的决议;第一款第一项的金额,不得超过同款第 2 项日期的盈余金的金额。

第 452 条　股份公司可以经过股东大会决议,进行损失的处理、任意公积金的提取及其他盈余金的处分。本场合,须决定该盈余金的处分额及其他法务省省令规定的事项。

第 453 条　股份公司可以向其股东(该股份公司除外)分配盈余金。

第 454 条　股份公司要进行依前条规定的盈余金分配时,每次均须分别经股东大会决议决定下列事项:分配财产的种类及账簿价额的总额;向股东分配财产的相关事项;该盈余金分配的生效日期。

第 455 条　在前款第四款第一项规定的场合,股份公司需在同项期间的最后一日的 20 日之前,通知股东同项所列事项。股份公司须向行使金钱分配请求权的股东,代替该股东接受分配的财产,支付相当于该分配财产价额的金钱。本场合,按照以下各项所列场合的区分以该各项规定的金额作为该分配财产的价额:该分配财产为有市场价格的财产的场合,作为该分配财产的市场价格而依法务省省令规定的方法推算出的金额;前项所列场合之外的场合依股份公司的申请由法院确定的金额。

第 456 条　决定第 454 条第 4 款第 2 项的数额时,股份公司须向持有未满基准股份数额股份的股东支付,相当于根据前条第 2 款后段规定办法决定的作为持有基准股份数额股份的股东已经接受分配财产的价额面值而确定的金额,乘以该基准未满股份数之比例后所得的金额的金钱。

第457条 分配财产,须在记载或记录于股东名册的股东的住所或股东通知股份公司的场所交付。

依前款的规定交付分配财产所需费用,由股份公司负担。但因应属于股东责任的事由,其费用增加时,其增加额由股东负担。前两款的规定,不适用于向在日本无住所的股东交付分配财产。

第458条 自第453条至前条的规定,不适用于股份公司的净资产减少额少于300万日元的场合。

第459条 设会计监查人员(董事任期的最后一日,为在选任后1年之内终了的营业年度的中有关最终的营业年度的年度股东大会闭会日之后的日期者,以及为设监事公司而非设监事会公司者除外),可在公司章程规定董事会可以决定下列事项的意旨:(1)作出依第160条第1款规定的决定的场合之外的场合的第156条第1款各项所列事项;(2)相当于第449条第1款第2项的场合的第484条第1款第1项及第3项所列事项;(3)第452条后段的事项;(4)第454条第1款各项及同条第四款各项所列事项。但分配财产为金钱之外的财产且规定不赋予股东金钱分配请求权的场合除外。

第460条 存在依前条第1款规定的公司章程规定的场合,股份公司可以在公司章程规定,同款各项所列事项不经股东大会决议决定的事项。依前款规定的公司章程规定,限于在与最终营业年度相关的财务会计报表作为按照法令及公司章程正确表示股份公司财产及盈亏状况的财务会计报表,而符合法务省省令规定的要件的场合时有效。

第462条 股份公司违反前条第1款的规定,实施了同款各项所列行为的场合,通过该行为接受金钱交付者及执行有关该行为的职务的业务执行人,以及该行为为以下各项所列行为的场合的各项规定者,对该股份公司负连带责任支付相当于接受该金钱等的交付者接受交付的金钱等账簿价额的金钱的义务。

第463条 在前条第1款规定的场合,就股份公司通过第461条第1款各项所列行为,向股东交付的金钱等的账簿价额的总额超过该行为生效日的可分配额,善意的股东就该股东接受交付的金钱等,不负满足由支付前条第1款的金钱的业务执行人及同款各项规定者提出的求偿请求的义务。在前条第1款规定的场合,股份公司的债权人,可以让依同款规定承担义务的股东,支付相当于其接受交付的金钱等的账簿价额(该金额超过该债权人对股份公司享有的债权额场合,为该债权额)的金钱。

第464条 在股份公司应依第116条第1款规定的请求取得股份的场合,向提出该请求的股东支付的金钱数额超过该支付日的可分配额时,执行相关取得该股份的职务的业务执行人对股份公司负连带支付其超出额的义务。但该人已证明执行其职务未怠于注意时不在此限。前款的义务非经全体股东同意不得免除。

第465条 在股份公司实施了以下各项所列行为的场合,就与实施该行为日所属营业年度(其营业年度的前一营业年度不是最终营业年度时,为其营业年度的前一营业年度)相关的财务会计报表得到第438条第2款的承认(第439条前段规定的场合,为第436条第3款的承认)时的第461条第2款第3项、第4项及第6项所列金额的合计额超过同款第一项所列金额时,执行有关该各项所列行为的职务的业务执行人,对该股份公司负连带支付其超出额(该超出额超过该各项规定的金额的场合为该各项规定的金额)的义务。但该业务执行人已证明就执行其职务未怠于注意时不在此限。前款的义务非经全体股东同意不得免除。

主要参考文献

[1] 陈丽杰,王胜利,关文龙.日本《公司法》十年演变启示[J].中国经贸导刊,2001(11):8-9.

[2] 崔延花.日本公司法典[M].北京:中国政法大学出版社,2005.

[3] 刘永光.日本公司法最新修改述评[J].厦门大学法律评论,2002(3):214-233.

[4] 汪志平,李致平.日本新公司法:演进、背景和变革.安徽工业大学学报(社会科学版),2006(7):8-11.

[5] 杨丽英.从日本公司法的历史演变看我国的企业制度改革[J].重庆商学院学报,1999(3):52-54.

[6] 周继红.日本公司法中的公司法人代表制度[J].青海民族学院学报,1999(2):81-84.

(初稿执笔人:徐 翔)

附：中国《公司法》及与会计相关的主要条款

一、中国《公司法》概述

《中华人民共和国公司法》于1993年12月29日第八届全国人民代表大会常务委员会第五次会议通过，并于1994年7月1日正式施行。这标志我国企业立法体系打破旧体制下按所有制和行业立法的传统模式，注重市场经济发展中所有制主体多元化的现实，借鉴国际规范，建立起按企业的组织形式和法律形态立法的新体系。1999年12月25日召开的九届人大第十三次常务委员会会议对《公司法》进行了第一次修改，但由于当时条件所限，仅是局部微调。这次修改主要涉及两个方面：增加了国有独资公司设立监事会的规定；增加了支持高新技术股份有限公司发展规定。2005年10月27日，《中华人民共和国公司法》由中华人民共和国第十届全国人民代表大会常务委员会第十八次会议修订通过，于2006年1月1日起施行。

现行的《公司法》共有十三章219条条文，分别是：第一章"总则"，共设22条；第二章"有限责任公司的设立和组织机构"，共设49条；第三章"有限责任公司的股权转让"，共设5条；第四章"股份有限公司的设立和组织机构"，共设49条；第五章"股份有限公司的股份发行和转让"，共设21条；第六章"公司董事、监事、高级管理人员的资格和义务"，共设6条；第七章"公司债券"，共设10条；第八章"公司财务、会计"，共设9条；第九章"公司合并、分立、增资、减资"，共设7条；第十章"公司解散和清算"，共设11条；第十一章"外国公司的分支机构"，共设7条；第十二章"法律责任"，共设17条；第十三章"附则"，共设3条。

《公司法》从法律上确立了我国现代企业制度的基本框架：明确产权界定，强调公司经营自主，企业摆脱政府行政部门的干预，国家只对企业进行宏观调控和监督。该法还明确规定公司内部建立责任、权力分明的激励和约束相结合的机制，即建立股东大会、董事会和监事会这种现代公司治理结构；另外还有关于发行股票和公司债券、股份有限公司上市、公司解散和结算等规定。其中也有根据我国长期以来国有企业占主导地位的现状而制定的国有独资有限责任公司的特别规定。

二、中国《公司法》中与会计相关的主要条款

《中华人民共和国公司法》关于会计的条款主要是在"第8章公司财务、会计"中，自第164～172条共9条。其主要内容如下：

（一）关于会计制度建立的条款

第164条　公司应当依照法律、行政法规和国务院财政部门的规定建立本公司的财务、会计制度。

第172条　公司除法定的会计账簿外，不得另立会计账簿。对公司资产，不得以任何个人名义开立账户存储。

（二）关于财务会计报告的条款

第165条　公司应当在每一会计年度终了时编制财务会计报告，并依法经会计师事务所审计。财务会计报告应当依照法律、行政法规和国务院财政部门的规定制作。

第166条　有限责任公司应当依照公司章程规定的期限将财务会计报告送交各股东。股份有限公司的财务会计报告应当在召开股东大会年会的20日前置备于本公司，供股东查阅；公开发行股票的股份有限公司必须公告其财务会计报告。

（三）关于利润分配的条款

第167条　公司分配当年税后利润时，应当提取利润的10%列入公司法定公积金。公司法定公积金累计额为公司注册资本的50%以上的，可以不再提取。公司的法定公积金不足以弥补以前年度亏损的，在依照前款规定提取法定公积金之前，应当先用当年利润弥补亏损。公司从税后利润中提取法定公积金后，经股东会或者股东大会决议，还可以从税后利润中提取任意公积金。公司弥补亏损和提取公积金后所余税后利润，有限责任公司依照本法第35条的规定分配；股份有限公司按照股东持有的股份比例分配，但股份有限公司章程规定不按持股比例分配的除外。股东会、股东大会或者董事会违反前款规定，在公司弥补亏损和提取法定公积金之前向股东分配利润的，股东必须将违反规定分配的利润退还公司。公司持有的本公司股份不得分配利润。

第168条　股份有限公司以超过股票票面金额的发行价格发行股份所得的溢价款以及国务院财政部门规定列入资本公积金的其他收入，应当列为公司资本公积金。

第169条 公司的公积金用于弥补公司的亏损、扩大公司生产经营或者转为增加公司资本。但是,资本公积金不得用于弥补公司的亏损。法定公积金转为资本时,所留存的该项公积金不得少于转增前公司注册资本的25%。

(四) 关于选聘会计师事务所的条款

第170条 公司聘用、解聘承办公司审计业务的会计师事务所,依照公司章程的规定由股东会、股东大会或者董事会决定。公司股东会、股东大会或者董事会就解聘会计师事务所进行表决时,应当允许会计师事务所陈述意见。

第171条 公司应当向聘用的会计师事务所提供真实、完整的会计凭证、会计账簿、财务会计报告及其他会计资料,不得拒绝、隐匿、谎报。

主要参考文献

[1] 中华人民共和国公司法(2006)[EB/OL]. http://www.law-lib.com/law/law_view.asp, 2011-03-12.

(初稿执笔人:闫　瑶)